독자의 1초를 아껴주는 정성을 만나보세요!

세상이 아무리 바쁘게 돌아가더라도 책까지 아무렇게나 빨리 만들 수는 없습니다.

인스턴트 식품 같은 책보다 오래 익힌 술이나 장맛이 밴 책을 만들고 싶습니다.

땀 흘리며 일하는 당신을 위해 한 권 한 권 마음을 다해 만들겠습니다.

마지막 페이지에서 만날 새로운 당신을 위해 더 나은 길을 준비하겠습니다.

길벗 IT 도서 열람 서비스

도서 일부 또는 전체 콘텐츠를 확인하고 읽어볼 수 있습니다.
길벗만의 차별화된 독자 서비스를 만나보세요.

더북(TheBook) ▶ https://thebook.io

더북은 (주)도서출판 길벗에서 제공하는 IT 도서 열람 서비스입니다.

SPRING START HERE

Original English language edition published by Manning Publications. Copyright © 2021 by Manning Publications.
Korean edition copyright © 2024 by Gilbut Publishing Co,. Ltd. All rights reserved.

이 책의 한국어판 저작권은 대니홍 에이전시를 통한 저작권사와의 독점 계약으로 ㈜도서출판 길벗에 있습니다.
신저작권법에 의해 한국 내에서 보호를 받는 저작물이므로 무단전재와 복제를 금합니다.

스프링 교과서
Spring Start Here

초판 발행 • 2024년 5월 31일

지은이 • 로렌티우 스필카
옮긴이 • 정성권
발행인 • 이종원
발행처 • ㈜도서출판 길벗
출판사 등록일 • 1990년 12월 24일
주소 • 서울시 마포구 월드컵로 10길 56(서교동)
대표 전화 • 02)332-0931 | **팩스** • 02)323-0586
홈페이지 • www.gilbut.co.kr | **이메일** • gilbut@gilbut.co.kr

기획 및 책임편집 • 이다인(dilee@gilbut.co.kr) | **디자인** • 송민우 | **제작** • 이준호, 손일순, 이진혁
마케팅 • 임태호, 전선하, 차명환, 박민영, 지운집, 박성용 | **유통혁신** • 한준희 | **영업관리** • 김명자 | **독자지원** • 윤정아

교정교열 • 김윤지 | **전산편집** • 책돼지 | **출력 및 인쇄** • 금강인쇄 | **제본** • 금강제본

▶ 잘못 만든 책은 구입한 서점에서 바꿔 드립니다.
▶ 이 책은 저작권법에 따라 보호받는 저작물이므로 무단전재와 무단복제를 금합니다.
  이 책의 전부 또는 일부를 이용하려면 반드시 사전에 저작권자와 ㈜도서출판 길벗의 서면 동의를 받아야 합니다.

ISBN 979-11-407-1011-9 93000
(길벗 도서번호 080306)

정가 33,000원

독자의 1초를 아껴주는 길벗출판사

㈜도서출판 | IT교육서, IT단행본, 경제경영, 교양, 성인어학, 자녀교육, 취미실용 www.gilbut.co.kr
길벗스쿨 | 국어학습, 수학학습, 어린이교양, 주니어 어학학습, 학습단행본 www.gilbutschool.co.kr

페이스북 • www.facebook.com/gbitbook
예제소스 • https://github.com/gilbutITbook/080306

SPRING
START HERE

스프링
교과서

로렌티우 스필카 지음
정성권 옮김

추천의 글

스프링 프레임워크(Spring framework)는 2000년대 초 EJB(Enterprise Java Beans)의 대안으로 출현한 후 단순한 프로그래밍 모델과 다양한 기능, 서드 파티 라이브러리와의 통합 덕분에 빠르게 경쟁자를 앞질렀다. 여러 해를 지나면서 스프링 생태계는 어떤 프로그래밍 언어에서도 사용할 수 있는 가장 광범위하고 성숙한 개발 프레임워크로 성장했다. 자바 EE 8은 오라클이 개발을 중단하고 커뮤니티 주도로 자카르타 EE(Jakarta EE)라는 이름으로 유지 관리되었는데, 그러면서 스프링 프레임워크의 주요 경쟁자들은 경쟁에서 밀려났다.

최근 조사(http://mng.bz/l9VB와 http://mng.bz/B1Ar)에 따르면 스프링은 자바 애플리케이션 전체의 과반수가 사용하는 기반 프레임워크다. 이 사실은 엄청난 규모의 코드 베이스를 형성하며, 자바 개발자라면 누구나 반드시 배워야 할 중요한 이유가 되었다. 그들이 경력을 쌓는 동안은 이 기술을 접하지 않을 수 없기 때문이다. 나는 15년 동안 스프링으로 애플리케이션을 개발해 왔으며, 오늘날 내가 훈련 중인 다수의 회사 팀에서 거의 모두 스프링을 사용하고 있다.

하지만 이와 같은 큰 인기에도 양질의 입문 자료를 찾기가 매우 어렵다. 레퍼런스 문서는 수천 페이지에 달하며, 매우 특정한 시나리오에서나 유용할 세세한 사항까지 모두 설명하므로 입문자에게는 적합하지 않다. 온라인 비디오와 튜토리얼은 학생을 끌어들이는 데 실패했고, 소수의 책만이 스프링 프레임워크의 본질을 포착하고 있다. 또 현대 애플리케이션 개발에서 직면한 문제들과 무관한 주제에 긴 페이지를 할애하고는 한다. 그러나 이 책에서 다룬 모든 개념은 어떤 스프링 애플리케이션을 개발하든 간에 반복되는 중요한 주제이므로 뺄 것이 없다.

이 책은 스프링 프레임워크 기반의 프로젝트에서 독자를 신속하게 생산적 수준까지 도달할 수 있도록 친절히 안내한다. 직원 수천 명을 훈련한 필자 경험에 비추어 볼 때 오늘날 스프링을 사용하는 대다수 개발자는 이 책에 그린 것처럼 개념을 명확하게 보지 못한다. 또 개발자 역시도 이 책이 독자에게 경고하는 많은 함정을 알지 못한다. 내 소견으로 첫 스프링 프로젝트를 시작하는 모든 개발자에게 이 책은 필독서가 아닐까 싶다.

필자인 로렌티우(Laurențiu)는 수업으로 스프링을 가르치며 쌓은 풍부한 경험을 바탕으로 독자의 마음에 떠오를 전형적인 질문들을 미리 예상해서 책을 만들었다. 친근하고 따뜻한 어조를 채택하여 이 책을 쉽고 즐겁게 읽을 수 있게 했다. 특히 명확하고 깔끔한 구조로 복잡한 주제들을 점진적으로 나타내어 설명하고 다음 장에서 반복하는 이 책 방식이 매우 좋았다.

SPRING START HERE

이 책은 스프링 프레임워크를 사용하는 레거시 프로젝트에 관한 근본적인 문제들도 독자에게 소개한다는 점에서 더욱 훌륭하다. 스프링 부트(Spring Boot)가 지배하는 생태계에서 내부를 들여다보는 것은 매우 유용하다. 게다가 이 책은 최신 기술인 Feign 클라이언트와 심지어 리액티브 프로그래밍까지 독자에게 친절히 소개해서 도움을 준다.

이 책을 읽는 과정이 즐겁길 바라며, 작업이 복잡해질 때는 코드를 직접 다루는 것을 망설이지 말기 바란다.

빅터 렌테아(VICTOR RENTEA)
자바 챔피언, 트레이너, 컨설턴트

추천사

자바에 처음 도전하는 개발자에게 자바의 기초부터 응용까지 모두 채워 주는 반드시 읽어야 할 교과서 같은 책입니다. 자바 개발에서 이제는 보편화된 자바 프레임워크인 '스프링'을 개념 원리부터 고급 기술까지 여러 예제를 통해 친절히 설명하는 책으로, 이 책을 읽는다면 자바 실력을 향상시킬 수 있을 것입니다. 서비스를 개발하면서 경험하게 되는 모든 요소가 책에 잘 녹아 있어 실제 상용 서비스를 개발하는 것과 유사한 간접 경험도 할 수 있습니다. 개발자라면 꼭 일독을 권합니다.

장수백_위대한 상상 CTO

스프링 프레임워크의 기본기를 다지고 싶다면 〈스프링 교과서〉는 좋은 선택입니다. 이 책 내용을 따라가다 보면, 어느새 스프링 관련 지식이 차곡차곡 쌓이는 것을 느낄 것입니다. 1부에서는 스프링 프레임워크를 다룰 때 가장 중요한 개념인 스프링 컨텍스트와 AOP에 대한 기초적인 이해를 쌓을 수 있습니다. 2부에서는 스프링 부트와 스프링 MVC를 중심으로 테스트까지 다루고 있기 때문에 기본적인 웹 애플리케이션을 구축하는 방법을 배우며 전반적인 구현 사이클을 익힐 수 있습니다. 많은 독자가 이 책으로 스프링 프레임워크를 체계적으로 배우고, 그 가치를 깨닫고, 이를 계기로 스프링 프레임워크의 심화된 부분을 탐구하는 모습으로 이어 가길 기대해 봅니다.

신정호_LGU+ 아이들나라 대표

오늘날 소프트웨어 기술은 변화가 매우 빨라서 자고 일어나면 새로운 것들이 등장했다 어느새 사라지곤 합니다. 이런 세상에서 스프링 프레임워크, 스프링 부트, 스프링 클라우드는 개발자들에게 단단하고 검증된 코어 콘셉트가 시대를 관통하여 유지되는, 투자 가치가 있는 중요한 기술이 되었습니다. 하지만 그 세월만큼이나 업데이트 수효도 많아 스프링에 입문하고자 하는 개발자들이 어떤 것을 먼저 보아야 할지 선택하는 데 어려움을 느끼는 경우를 많이 보았습니다. 책은 이 어려움을 해결한 훌륭한 스프링 기술의 학습 도구일 뿐만 아니라, 소프트웨어 전반에서 사용하는 용어를 친절하게 설명함으로써 입문을 도와줍니다. 스프링 입문을 원하거나 현대 스프링의 사용 방법을 알고자 하는 모든 사람에게 큰 도움이 될 책입니다.

정윤진_포커스미디어 CTO

이 책은 스프링을 처음 접하는 입문자에게 최적의 선택입니다. 스프링을 처음 배우려는 입문자들에게는 쉽게 설명된 자료나 예제를 찾기가 하늘에 별따기와 같습니다. 이 책은 스프링의 주요 개념을 명확하고 간결하게 설명하며, 실제 업무에 적용 가능한 실전 예제를 다루고 있어 초심자들이 일정 궤도로 빠르게 올라갈 수 있도록 돕습니다. 국내 대부분의 클라우드 네이티브 애플리케이션은 스프링을 이용하여 구현하는 것이 표준이 되고 있습니다. 이 책은 개발자뿐만 아니라 프로젝트 참여자 모두에게 스프링 세계를 열어 주며, 성공에 필수적인 지식과 자신감을 제공할 것입니다.

이정인_VMWare Tanzu 상무

SPRING START HERE

최신 IT 트렌드는 단순히 새로운 것을 추구하지 않고 기존의 개념들을 실생활에 유용한 형태로 고도화하는 경향을 보입니다. 이런 접근을 고려할 때, 이 책의 구성은 과거 프로젝트들의 문제점을 설명하고, 이를 기술적으로 해결해 나가는 과정을 코드로 상세히 설명함으로써 개발자 역량을 높이는 데 큰 도움이 될 것입니다. 이 책은 종합적으로 스프링 프레임워크를 탐구하여 기초 개념부터 애플리케이션 구현에 필수적인 기술까지 체계적으로 안내합니다. 특히 스프링의 핵심 구성 요소를 명확히 설명하면서 실용적인 예시를 제공하여 개발자들이 프로젝트에서 프레임워크의 강력한 기능을 활용할 수 있도록 돕습니다. 이는 스프링 기초를 이해하려는 초보자뿐만 아니라 프레임워크 숙련도를 높이려는 경험 많은 개발자에게도 귀중한 자원이 될 것입니다.

정영준_AWS Container Specialist SA

이 책은 자바 백엔드 개발의 핵심을 탄탄히 다지고자 하는 사람들을 위한 '스프링 교과서' 그 자체입니다. 복잡한 스프링 프레임워크를 처음 접하는 사람들도 쉽게 이해할 수 있도록 설명하여 생생한 예시와 체계적인 설명으로 웹 서비스 구축의 기초부터 고급 기술까지 술술 읽을 수 있게 합니다. 특히 서비스 간 통신과 데이터 처리 방법을 알기 쉽게 설명하고, 자동화된 테스트의 중요성과 구현 방법을 실용적인 스프링 예제와 함께 제공하기에 실무에 바로 적용 가능한 지식을 얻을 수 있습니다. 이 책을 주니어, 미들레벨의 자바 백엔드 개발자들이 스프링 프레임워크를 마스터하며 시니어 개발자로 성장하는 데 필수적인 지침서로 추천합니다.

김현수_마이크로소프트 기술전략매니저

최근 IT 환경은 개발자 빌더가 중심이 되어 이끌어 가고 있습니다. 〈스프링 교과서〉는 스프링의 핵심 원리, 기술, 개념을 체계적으로 다루며 입문부터 중급 개발자까지 쉽게 이해할 수 있도록 구성했기에 회사 교육용으로도 적합합니다. 스프링을 배우는 개발자에게는 필독서와도 같습니다. 많은 사람이 이 책으로 공부하여 개발자 데이터 플랫폼에도 더 친숙해질 수 있길 바랍니다.

김상필_MongoDB 솔루션즈 아키텍트 매니저

많은 테크 기업의 엔지니어링 조직에서 상당수를 차지하는 백엔드 개발자가 하는 일은 대부분 스프링으로 애플리케이션을 작성하는 것이라고 해도 과언이 아닙니다(적어도 한국에서는). 이 책은 이처럼 대중화된 스프링 프레임워크를 준비하는 데 좋은 시작이라고 할 수 있습니다. 스프링을 처음 접하는 입문자부터 중급자까지 모두에게 유용한 정보와 실전 예제를 제공하여 스프링 기술을 효과적으로 이해하고 적용할 수 있도록 도와줍니다. 또 엔지니어링 조직에서 스프링을 사용하여 애플리케이션을 개발하는 데 필요한 기본 개념과 고급 기술을 모두 다루고 있습니다. 이 책으로 스프링 프레임워크를 더 잘 이해하고 효과적으로 활용할 수 있는 기반을 다질 수 있을 것입니다.

신영필_쿠팡페이 CTO

감사의 글

이 책의 제작 과정 내내 도움을 준 유능하고 전문적이며 친절한 이들이 없었다면 이 책은 존재하지 않았을 것이다.

먼저 언제나 필자 곁을 지켜 준 아내 다니엘라(Daniela)에게 진심으로 고마움을 전한다. 그녀의 소중한 의견, 지속적인 지원, 격려는 필자에게 큰 도움이 되었다.

또 처음부터 목차와 제안에서 소중한 조언을 아끼지 않은 모든 동료와 친구들에게도 감사의 마음을 전한다.

이 책을 현실로 만드는 데 많은 도움을 준 매닝 출판사 팀 모두에게도 매우 감사하다. 특히 마리나 마이클스(Marina Michaels), 알 슈러(Al Scherer), 장-프랑수아 모린(Jean-François Morin)의 엄청난 지원과 전문성에 감탄했다. 여러분이 한 조언은 이 책 가치를 크게 높였다.

책에 사용할 그림을 그려 준 친구 이오아나 괴츠(Ioana Göz)에게도 감사하고 싶다. 그녀는 필자 생각을 책 안에서 만화로 훌륭히 표현했다.

모든 단계에서 유용한 피드백을 제공해 준 검토자들 알랭 롬포(Alang Lompo), 알렉산더 카르펜코(Aleksandr Karpenko), 안드레아 카를로 그라나타(Andrea Carlo Granata), 안드레아 파치올라(Andrea Paciolla), 안드레스 다미안 사코(Andres Damian Sacco), 앤드류 오스왈드(Andrew Oswald), 바비 린(Bobby Lin), 보니 말렉(Bonnie Malec), 크리스티안 크로이처-벡(Christian Kreutzer-Beck), 다니엘 칼(Daniel Carl), 데이비드 리슬 오펜(David Lisle Orpen), 드언드레 러숀(DeUndre' Rushon), 하리나트 쿤타무칼라(Harinath Kuntamukkala), 하바드 월(Håvard Wall), 제롬 바통(Jérôme Baton), 짐 웰치(Jim Welch), 조앙 미구엘(João Miguel), 피레스 디아스(Pires Dias), 루시안 에나체(Lucian Enache), 매트 D.(Matt D.), 매튜 그린(Matthew Greene), 미카엘 비스트룀(Mikael Byström), 믈라덴 크네지치(Mladen Knežic), 네이선 B.(Nathan B.) 모두에게 감사의 마음을 전한다.

크로커(Crocker), 피에르-미셸 앙셀(Pierre-Michel Ansel), 라제시 모하난(Rajesh Mohanan), 리카르도 디 파스콸알레(Ricardo Di Pasquale), 수니타 차우드흐리(Sunita Chowdhury), 탄 위(Tan Wee), 조헵 아이나포어(Zoheb Ainapore), 여러분의 기여로 이 책은 훨씬 나은 작품이 되었다.

마지막으로 필자 여정을 도와준 친구들인 마리아 치투(Maria Chițu), 안드레아 투도세(Andreea Tudose), 플로린 추쿨레스쿠(Florin Ciuculescu), 다니엘라 일레아나(Daniela Ileana)에게 특별히 감사를 전한다.

옮긴이의 말

최근 다양한 웹 프레임워크가 도입되고 있지만 국내 SI 프로젝트와 많은 플랫폼 개발사에서 사용되는 웹 백엔드 프레임워크의 사실상 표준(defacto standard)은 스프링임을 부인할 수 없다. 따라서 많은 개발 조직에서 스프링 입문자는 꾸준히 유입되고 있는데, 이런 스프링의 인기에도 스프링 프레임워크의 개념과 원리를 친절히 설명한 책은 적은 것이 현실이다. 이 책은 스프링 컨텍스트, 빈(bean), 추상화, AOP의 기본 개념을 유쾌한 그림과 함께 알기 쉽고 재미있게 소개한다. 또 실제 웹 애플리케이션에 필요한 기능과 데이터 저장, 트랜잭션, 테스팅 기초도 자세히 설명한다. 이 한 권으로 스프링의 모든 것을 습득하기에 부족하겠지만 좋은 출발점이라고 생각한다. 시니어 스프링 개발자로 성장하기 위해서는 스프링 프레임워크의 기본 개념을 착실히 다지는 것도 중요하며 이 책은 그 기대를 충족시킨다. 저자는 자바 및 스프링 전문가로서 집필 활동은 물론 많은 온·오프라인 강연을 해 오고 있으며 그의 유튜브 채널에서 흥미로운 최신 자료를 꾸준히 소개하고 있다.

현 직장에서 개발 조직을 꾸리며 나를 포함한 구성원의 역량 향상을 위해 어떤 일을 할 수 있을까 나름 고민하며 시작한 일 중 하나가 바로 기술 서적의 번역이었다. 처음에는 대규모 시스템의 클라우드 전환을 앞둔 조직 구성원에게 마이크로서비스에 대한 지식과 기술이 필요하다 생각되어 번역을 시작했고, 그 결과 구성원과 올바른 MSA 원칙을 공유하고 학습하고 토론하며 실천할 수 있는 경험은 성공적인 클라우드 네이티브 전환을 이루는 데 큰 도움이 되었다. 소프트웨어 개발 역량이란 것이 자격증 같은 것(어렵더라도)으로 완성될 수 없고 이론과 실천이 병행되어야 하며 그것은 개발자가 속한 과업에서 이루어야 한다고 생각한다. 동료와 후배들을 도우려고 시작한 일이 의미 있는 결과로 이어지는 것 같아 보람이 있었고 독자들에게도 그것이 이어지면 좋겠다. 이후 조직에서는 다양한 서비스와 애플리케이션의 개발 요구가 늘어나 신규 개발자와 비개발자의 재교육과 전환 배치가 시도되었다. 대내외적으로도 백엔드 개발자의 수요는 늘어나고 역량은 중요해졌다. 이런 상황에서 스프링 기반의 백엔드 개발을 위한 훌륭한 입문서인 〈스프링 교과서〉를 전할 수 있어 다행이라고 생각한다. 부족한 글솜씨로나마 저자의 훌륭한 사상이 제대로 독자들에게 전달되었길 바라면서 원고 작업만큼 아이들과 함께하지 못한 미안함을 글로 대신 전한다.

2024년 벚꽃 만발한 어느 봄날

정성권

책 소개

여러분이 이 책을 펼쳤다는 것은 아마도 자바 생태계에서 소프트웨어 개발자로 활동하며 스프링을 배우면 얼마나 유용한지 알았다는 의미이리라. 이 책은 여러분이 스프링은 물론이고 프레임워크를 모른다고 가정한 채 스프링 기초부터 설명한다.

먼저 프레임워크가 무엇인지부터 시작하여 실제 예제를 점진적으로 다루며 스프링 기초를 배울 것이다. 프레임워크의 구성 요소와 기능을 사용하는 방법뿐만 아니라, 이런 기능 이면에서 일어나는 일의 본질도 배울 것이다. 특정 구성 요소를 사용할 때 프레임워크의 작동 방법을 이해하고 있다면 더 나은 앱을 설계하고 더욱 빠르게 문제를 해결할 수 있다.

이 책을 마치면 여러분은 다음과 같은 앱 구현에 중요한 기술을 습득하게 된다.

- 스프링 컨텍스트와 의존성 주입의 구성과 사용
- 애스펙트 설계 및 사용
- 웹 앱 구현
- 앱 간 데이터 교환 구현
- 데이터 영속화
- 구현 테스트

여러분이 다음 업무를 수행하고 있다면 이 책의 가치를 발견할 수 있을 것이다.

- 업무에서 스프링을 사용하는 앱 개발
- 자바 개발자 역할에 대한 기술 면접 성공
- 스프링 인증 획득

이 책의 1차 목적이 스프링 인증 시험을 준비할 수 있도록 도와주는 것은 아니지만, 일반적으로 인증 시험에 요구되는 세부 사항을 깊이 연구하기 전에 읽어야 할 필독서라고 생각한다.

대상 독자

이 책은 기본적인 객체 지향 프로그래밍 및 자바 개념을 이해하고 스프링을 배우거나 스프링 기초 지식을 새롭게 하고 싶은 개발자를 위한 것이다. 프레임워크에 대한 경험이 필요하지는 않지만, 이 책 전반에서 다루는 예제에 사용하는 언어인 자바는 이해할 수 있어야 한다.

스프링은 자바 앱에서 가장 자주 접하는 기술 중 하나이며 앞으로 더 많이 사용될 가능성이 높기 때문에 오늘날 자바 개발자가 알아야 할 필수 대상이 되었다. 이 책 내용을 배우면 자바 기술을 향상시키거나 자바 인터뷰를 성공적으로 통과하고, 스프링 기술을 사용하는 앱 개발에 필요한 스프링 기초 지식과 기술을 제공받을 수 있다. 이 책은 또한 더 복잡한 스프링 세부 내용을 더욱 깊이 공부할 수 있는 기회를 열어 줄 것이다.

이 책의 구성과 로드맵

이 책은 두 부분으로 나뉘어 총 15장으로 구성된다. 1부에서는 단순한 예제로 시작해서 스프링을 여러분 애플리케이션에 적용하는 방법을 보여 준다. 다음으로 실제 스프링 앱의 핵심을 이해할 수 있도록 예제를 작성한다. 스프링 코어(Spring Core) 기초를 마치면 스프링 데이터(Spring Data)와 스프링 부트 기초를 설명한다.

2장부터 이 책의 끝까지, 우리가 논의할 개념을 적용한 프로젝트 소스 코드에서는 이론적인 면도 설명한다. 이 책을 읽으면서 이 예제들도 함께 작성해 볼 것을 추천한다. 그렇게 하면 여러분 결과물을 책의 것과 비교할 수 있다.

그림 0-1에서 제시된 바와 같이, 각 장은 순서대로 읽도록 설계되었다. 2장에서 5장까지 스프링 컨텍스트를 논의하는 데 이 장의 예제들은 주로 이론적이다. 스프링 경험이 거의 없거나 전혀 없는 사람에게 이렇게 시작하는 것은 필수다. 걱정하지 마라! 가능한 가장 쉬운 방법으로 기초를 제시하고, 점차 예제와 주제를 심화시켜 실제 프로덕션 수준의 코드를 반영할 수 있게 했다.

▼ 그림 0-1 스프링을 전혀(또는 거의) 모르는 상태에서 시작한다면 첫 장부터 시작해서 순서대로 모든 내용을 읽는 방법이 가장 좋다

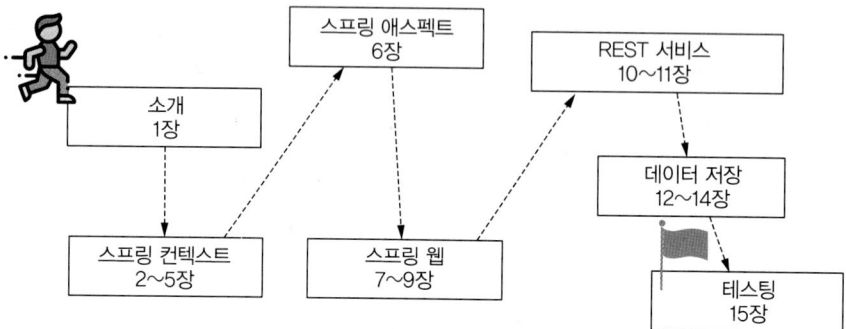

스프링 컨텍스트와 스프링 AOP를 이미 잘 이해하고 있다면 다음 그림과 같이 2부(7~15장) '구현'으로 바로 넘어갈 수 있다.

▼ 그림 0-2 스프링 프레임워크 기초를 이미 이해하고 스프링 컨텍스트 사용 및 애스펙트 설계 방법을 알고 있다면 실제 시스템에서 겪는 시나리오를 반영한 앱을 구현하기 위해 스프링 기능을 사용하는 2부부터 시작해도 된다

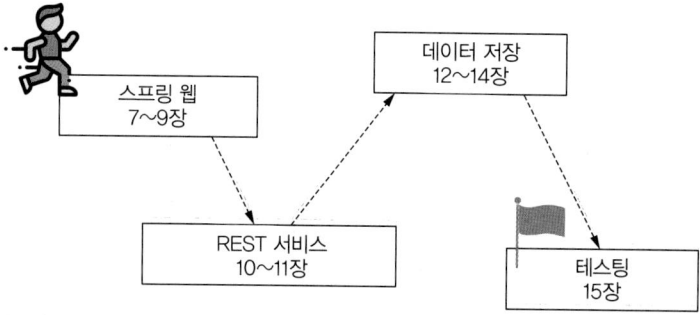

이 책을 다 읽고 나면 마치 전문가처럼 앱을 개발할 수 있는 많은 기술을 습득할 것이다. 오늘날 가장 자주 사용되는 기술을 사용하여 데이터베이스 연결 방법과 앱 간 통신 방법을 배우고 중요 주제 중 하나인 테스트 방법을 가르치며 책을 마무리할 것이다. 필자는 개인적인 경험과 유용한 조언을 적절히 배합하여 독자 여러분에게 유익한 정보를 제공할 것이다.

스프링은 광대한 우주와 같으며, 책 한 권으로 모든 것을 습득할 수는 없다. 하지만 이 책으로 프레임워크를 시작하고 스프링의 중요한 구성 요소를 사용하는 기본적인 기술을 배울 수는 있을 것이다. 필요하다면 책 전반에 걸쳐 논의하는 주제에 대한 세부 정보를 제공하는 다른 자료와 책을 참고할 것이다. 논의 주제에서 시야를 넓힐 수 있도록 이 추가 자료와 책들을 읽어 볼 것을 적극 추천한다.

예제 코드

이 책은 2장부터 14장까지 프로젝트 약 70개를 제공한다. 특정 예제를 작업할 때는 해당 예제를 구현하는 프로젝트 이름을 표시해서 구분한다. 필자가 추천하는 방법은 처음부터 직접 예제를 작성해 보고, 제공된 프로젝트는 여러분이 직접 만든 프로젝트와 비교하는 데만 사용하는 것이다. 이 방식은 여러분이 학습할 개념을 더 잘 이해하는 데 도움을 줄 것이다.

이 책의 모든 예제 코드는 길벗출판사 웹 사이트에서 도서 이름으로 검색하여 내려받거나 다음 깃허브 저장소에서 내려받을 수 있다.

- **길벗출판사 웹 사이트**: http://www.gilbut.com
- **길벗출판사 깃허브**: https://github/gilbutITbook/080306

각 프로젝트는 메이븐(Maven)으로 구축되어 있어 어떤 IDE로도 쉽게 임포트(import)할 수 있다. 필자는 IntelliJ IDEA를 사용하여 프로젝트를 작성했지만 이클립스(Eclipse), 넷빈즈(Netbeans) 또는 선택한 다른 도구에서도 실행 가능하다. 부록 A.6절에서 추천 도구에 대해 소개하니 필요하다면 참고하기 바란다.

이 책에는 예제 번호가 있거나 번호 없이 본문 사이에 포함된 많은 소스 코드가 포함되어 있다. 둘 모두 소스 코드는 일반 텍스트와 구분하려고 코드 서체로 표기되어 있다. 때로는 코드가 변경된 부분을 강조하고자 굵은 글꼴로 표시하기도 한다. 예를 들어 새로운 기능이 기존 코드 줄에 추가될 때다. 대부분 본래의 소스 코드는 가독성을 위해 책에서 사용 가능한 페이지 공간에 맞게 줄 바꿈과 들여쓰기가 추가되었다. 또 소스 코드의 주석은 본문에서 설명할 때는 주석 목록에서 생략한 경우가 많다. 하지만 중요한 개념을 강조하는 코드 주석을 많은 예제에 추가해 두었다.

베타 테스터 후기

〈스프링 교과서〉는 스프링 프레임워크의 깊은 이해가 스프링 부트를 효과적으로 사용하는 데 왜 중요한지 강조하고 있습니다. 스프링 부트의 철학은 스프링의 강력한 기능을 쉽고 빠르게 사용할 수 있도록 하는 '관례에 의한 설정(convention-over-configuration)'과 '자동 구성(auto-configuration)'에 있습니다. 이는 개발자가 번거로운 설정 작업 없이도 스프링 애플리케이션을 신속하게 구축하고 배포할 수 있게 도와줍니다. 그러나 그 기반에는 제어의 역전(IoC), 의존성 주입(DI), 관점 지향 프로그래밍(AOP) 등 스프링 핵심 원리가 있습니다.

이 책은 이런 원리들을 철저히 학습하여 스프링 부트의 자동화된 기능을 적절히 활용하고, 견고하고 확장성 있는 애플리케이션을 구축하고자 하는 개발자에게 이상적인 가이드를 제공합니다. 스프링 입문자부터 경험 많은 개발자까지, 스프링 생태계에 더 깊이 뛰어들고 싶은 모든 사람에게 이 책은 실용적인 지식과 자신감을 제공할 것입니다.

홍수영_LINE+ 백엔드 개발자

시중에 스프링 관련 도서가 여럿 있지만 회사 교육용으로 사용하기에는 조금 아쉬운 부분들이 있었습니다. 하지만 〈스프링 교과서〉를 읽으며 이 책을 사내 교육용으로 사용한다면 아주 좋은 선택지가 되겠다고 생각했습니다. 스프링을 활용하는 데 필요한 모든 내용을 훌륭하게 설명하고 있으며 입문자가 문제없이 소화할 수 있도록 구성되었습니다.

초급 개발자에서 중급 개발자로 도약하고 싶은 개발자에게 올바른 방향성을 제시해 줄 이 책을 추천합니다.

김종열_에코시스템 프로젝트 관리자

스프링 핵심 원리를 빠르게 훑고 중심을 세우고 싶은 사람에게 추천합니다. 핵심 원리를 코드와 함께 제시하므로 적절하게 이론과 실습의 균형을 이룰 수 있습니다. 실무를 고려한 단계적 설명을 따라 차근차근 실습하다 보면 스프링 원리를 자연스럽게 체득할 수 있습니다.

'스프링은 방대하다'는 평가에 겁먹은 채로 원리 이해 없이 반쪽짜리 스프링을 사용하고 있다면 일독을 권합니다. 너른 스프링 세상에 뛰어드는 데 이정표가 되어 줄 것입니다.

은아_주니어 개발자

이 책은 스프링의 이해에서 시작하여 다양한 스프링 기술과 개념을 체계적으로 다루고 있으며, 잘 구성된 예시 코드와 설명으로 복잡한 개념을 이해하기 쉽게 도와줍니다. 특히 흐름도와 함께 핵심 스프링 개념을 쉽게 이해할 수 있어 입문자가 보기 좋습니다. 〈스프링 교과서〉라는 책 제목처럼 원리와 구현, 테스트까지 모든 사이클을 책 한 권으로 볼 수 있어 입문자에서 초급자 사이의 개발자에게 특히 추천하고 싶습니다.

이호철_프런트엔드 개발자

〈스프링 교과서〉는 스프링 여행을 시작하기에 좋은 책입니다. 스프링으로 프로젝트를 생성하는 방법부터 시작하여 스프링 기초, 스프링 MVC, 스프링 데이터, 테스트까지 풍부한 예제와 친절한 도식화로 방대한 스프링 생태계를 설명하고 있어 유용했습니다. 특히 각 기능의 장단점을 비교하는 부분과 실제 개발에서 주로 사용하는 방법, 주의해야 될 점들을 설명한 부분이 스프링을 처음 접하는 사람에게 큰 도움을 줄 것 같습니다. 부록으로 소프트웨어 아키텍처, HTTP와 JSON의 기초, 추가 학습을 위한 권장 자료를 탄탄하게 제공하여 저자와 역자의 정성을 느낄 수 있었습니다.

윤진수_취업준비생

〈스프링 교과서〉는 자바 웹 프레임워크 스프링의 입문자부터 실무자까지 모두가 읽기 좋은 책입니다. 입문자라면 책 내용을 처음부터 천천히 따라 하며 스프링 개념부터 실사용까지 해 볼 수 있으며, 실무자라면 개발 과정에서 궁금한 부분이나 막히는 부분을 편하게 찾아보기 좋습니다. 특히 스프링의 다양한 모듈과 기술 스택, 데이터베이스 연동, 보안, 테스트 등도 포함하고 있습니다. 스프링 생태계를 다루는 종합적인 자료로서 큰 가치가 있는 이 책을 추천합니다.

권도한_프리랜서 개발자(안동고등학교 학생)

목차

1부 기초 ····· 023

1장 현실 세계의 스프링 ····· 025

1.1 마이크로서비스 아키텍처로 진화 027

1.2 스프링 생태계 030
- 1.2.1 스프링 코어의 이해: 스프링 기초 031
- 1.2.2 스프링 데이터 액세스 기능을 사용한 앱 영속성 구현 032
- 1.2.3 웹 앱 개발을 위한 스프링 MVC 기능 033
- 1.2.4 스프링 테스트 기능 033
- 1.2.5 스프링 생태계의 프로젝트 033

1.3 실제 시나리오에서 스프링 035
- 1.3.1 백엔드 앱 개발에서 스프링 사용 036
- 1.3.2 자동화 테스트 앱에서 스프링 사용 038
- 1.3.3 데스크톱 앱 개발에서 스프링 사용 039
- 1.3.4 모바일 앱에서 스프링 사용 040

1.4 프레임워크를 사용하지 말아야 할 때 040
- 1.4.1 작게 만들어야 한다 041
- 1.4.2 보안에는 맞춤형 코드가 필요하다 042
- 1.4.3 기존의 과도한 맞춤화로 프레임워크가 실용적이지 못하다 042
- 1.4.4 프레임워크로 바꾸어도 이점이 없다 042

1.5 이 책에서 배울 것 044

1.6 요약 044

2장 스프링 컨텍스트: 빈 정의 ····· 047

2.1 메이븐 프로젝트 생성 049

2.2 스프링 컨텍스트에 새로운 빈 추가 055
- 2.2.1 @Bean 애너테이션을 사용하여 스프링 컨텍스트에 빈 추가 059

2.2.2 스테레오타입 애너테이션으로 스프링 컨텍스트에 빈 추가　068
   2.2.3 프로그래밍 방식으로 스프링 컨텍스트에 빈 추가　073
 2.3 요약　076

3장　스프링 컨텍스트: 빈 작성 ····· 079

 3.1 구성 파일에서 정의된 빈 간 관계 구현　081
   3.1.1 두 @Bean 메서드 간 직접 메서드를 호출하는 빈 작성　085
   3.1.2 @Bean 메서드의 매개변수로 빈 와이어링하기　089
 3.2 @Autowired 애너테이션을 사용한 빈 주입　091
   3.2.1 @Autowired로 클래스 필드를 이용한 값 주입　092
   3.2.2 @Autowired를 사용하여 생성자로 값 주입　095
   3.2.3 setter를 이용한 의존성 주입 사용　096
 3.3 순환 의존성 다루기　097
 3.4 스프링 컨텍스트에서 여러 빈 중 선택하기　099
 3.5 요약　106

4장　스프링 컨텍스트: 추상화 ····· 109

 4.1 계약 정의를 위한 인터페이스 사용　110
   4.1.1 구현 분리를 위해 인터페이스 사용　111
   4.1.2 시나리오 요구 사항　114
   4.1.3 프레임워크 없이 요구 사항 구현　115
 4.2 추상화와 함께 의존성 주입　120
   4.2.1 스프링 컨텍스트에 포함될 객체 정하기　121
   4.2.2 추상화에 대한 여러 구현체 중에서 오토와이어링할 것을 선택　127
 4.3 스테레오타입 애너테이션으로 객체의 책임에 집중　132
 4.4 요약　134

5장 스프링 컨텍스트: 빈의 스코프 및 수명 주기 ····· 137

5.1 싱글톤 빈 스코프 사용   139
5.1.1 싱글톤 빈의 작동 방식   139
5.1.2 실제 시나리오의 싱글톤 빈   146
5.1.3 즉시 및 지연 인스턴스 생성 방식   148

5.2 프로토타입 빈 스코프 사용   151
5.2.1 프로토타입 빈의 동작 방식   151
5.2.2 실제 시나리오에서 프로토타입 빈 관리   156

5.3 요약   161

6장 스프링 AOP로 애스펙트 사용 ····· 163

6.1 스프링에서 애스펙트 작동 방식   165
6.2 스프링 AOP를 사용한 애스펙트 구현   169
6.2.1 간단한 애스펙트 구현   169
6.2.2 가로챈 메서드의 매개변수 및 반환 값 변경   179
6.2.3 애너테이션된 메서드 가로채기   185
6.2.4 사용 가능한 다른 어드바이스 애너테이션   188

6.3 애스펙트 실행 체인   189
6.4 요약   195

2부 구현 ····· 197

7장 스프링 부트와 스프링 MVC 이해 ····· 199

7.1 웹 앱이란   200
7.1.1 웹 앱에 대한 일반적인 개요   201
7.1.2 스프링으로 웹 앱을 구현하는 다양한 방식   203

7.1.3 웹 앱 개발에서 서블릿 컨테이너 사용   206

7.2 스프링 부트의 마법   209

7.2.1 프로젝트 초기화 서비스를 이용한 스프링 부트 프로젝트 생성   210
7.2.2 의존성 스타터를 사용한 의존성 관리 간소화   216
7.2.3 의존성에 기반을 둔 관례에 따라 autoconfiguration 사용   218

7.3 스프링 MVC로 웹 앱 구현   219

7.4 요약   224

8장   스프링 부트와 스프링 MVC를 이용한 웹 앱 구현 ····· 227

8.1 동적 뷰를 사용한 웹 앱 구현   228

8.1.1 HTTP 요청에서 데이터 얻기   234
8.1.2 클라이언트에서 서버로 데이터를 전송하려고 요청 매개변수 사용   235
8.1.3 경로 변수로 클라이언트에서 서버 데이터 전송   239

8.2 HTTP GET과 POST 메서드 사용   241

8.3 요약   251

9장   스프링 웹 스코프 ····· 253

9.1 스프링 웹 앱에서 요청 스코프 사용   255

9.2 스프링 웹 앱에서 세션 스코프 사용   264

9.3 스프링 웹 앱에서 애플리케이션 스코프 사용   275

9.4 요약   279

10장   REST 서비스 구현 ····· 281

10.1 REST 서비스를 이용한 앱 간 데이터 교환   283

10.2 REST 엔드포인트 구현   285

10.3 HTTP 응답 관리   290

10.3.1 객체를 응답 본문에 전송   291

10.3.2 응답 상태 및 헤더 설정 294
10.3.3 엔드포인트 수준에서 예외 관리 296

10.4 요청 본문을 사용하여 클라이언트의 데이터 가져오기 302

10.5 요약 304

11장 REST 엔드포인트 사용 ····· 307

11.1 스프링 클라우드 OpenFeign으로 REST 엔드포인트 호출 312

11.2 RestTemplate으로 REST 엔드포인트 호출 316

11.3 WebClient로 REST 엔드포인트 호출 320

11.4 요약 327

12장 스프링 앱에서 데이터 소스 사용 ····· 329

12.1 데이터 소스 331

12.2 JdbcTemplate으로 영속성 데이터 작업 334

12.3 데이터 소스 구성을 사용자 정의 344
12.3.1 애플리케이션 프로퍼티 파일에서 데이터 소스 정의 345
12.3.2 사용자 정의 DataSource 빈 사용 347

12.4 요약 350

13장 스프링 앱에서 트랜잭션 사용 ····· 351

13.1 트랜잭션 355

13.2 스프링에서 트랜잭션의 작동 방식 357

13.3 스프링 앱에서 트랜잭션 사용 359

13.4 요약 371

14장   스프링 데이터로 데이터 영속성 구현 ····· 373

14.1 스프링 데이터란   374

14.2 스프링 데이터의 작동 방식   377

14.3 스프링 데이터 JDBC 사용   383

14.4 요약   393

15장   스프링 앱 테스트 ····· 395

15.1 올바른 테스트 작성   398

15.2 스프링 앱에서 테스트 구현   400

    15.2.1 단위 테스트 구현   401

    15.2.2 통합 테스트 구현   416

15.3 요약   419

부록 A ····· 421

A.1 아키텍처 방식   422

    A.1.1 모놀리식 방식   422

    A.1.2 서비스 지향 아키텍처   425

    A.1.3 마이크로서비스에서 서버리스까지   431

    A.1.4 추가 참고 자료   432

A.2 컨텍스트 구성에 XML 사용   433

A.3 HTTP 기초 이해   435

    A.3.1 HTTP란 무엇인가?   435

    A.3.2 클라이언트와 서버 간 언어로서 HTTP 요청   436

    A.3.3 HTTP 응답: 서버가 응답하는 방식   440

    A.3.4 HTTP 세션   443

A.4 JSON 형식 사용   445

A.5 MySQL 설치와 데이터베이스 생성 447
    A.5.1 1단계: 로컬 시스템에 DBMS 설치하기 448
    A.5.2 2단계: DBMS용 클라이언트 애플리케이션 설치하기 448
    A.5.3 3단계: 로컬 DBMS에 연결하기 448
    A.5.4 4단계: 새 데이터베이스 생성하기 451

A.6 권장 도구 454

A.7 심화 학습용 추천 자료 456

A.8 IntelliJ에서 예제 프로젝트 오픈 및 실행 458
    A.8.1 1단계: IntelliJ 설치하기 458
    A.8.2 2단계: 예제 내려받기 459
    A.8.3 3단계: 예제 프로젝트 오픈하기 459
    A.8.4 4단계: JDK 설치 또는 설정하기 460
    A.8.5 5단계: 실행하기 461

찾아보기 462

제 1부

기초

1장 **현실 세계의 스프링**

2장 **스프링 컨텍스트: 빈 정의**

3장 **스프링 컨텍스트: 빈 작성**

4장 **스프링 컨텍스트: 추상화**

5장 **스프링 컨텍스트: 빈의 스코프 및 수명 주기**

6장 **스프링 AOP로 애스펙트 사용**

모든 건물은 기초 위에 세운다. 프레임워크도 마찬가지다. 1부에서는 스프링 프레임워크를 실현하는 기본 구성 요소인 스프링 컨텍스트와 스프링 애스펙트의 사용 방법을 학습한다. 이 책 후반부에서는 모든 스프링 기능은 이 필수 구성 요소에 의존함을 알게 될 것이다.

1장

현실 세계의 스프링

1.1 마이크로서비스 아키텍처로 진화
1.2 스프링 생태계
1.3 실제 시나리오에서 스프링
1.4 프레임워크를 사용하지 말아야 할 때
1.5 이 책에서 배울 것
1.6 요약

이 장에서 다룰 내용
- 프레임워크란 무엇인가?
- 프레임워크를 사용해야 할 때와 피해야 할 때
- 스프링 프레임워크는 무엇인가?
- 실제 시나리오에서 스프링 사용하기

스프링 프레임워크(Spring framework), 줄여서 스프링은 자바 생태계 일부인 애플리케이션 프레임워크다. **애플리케이션 프레임워크**(application framework)는 애플리케이션을 개발하는 기본 구조를 제공하는 공통 소프트웨어 기능의 집합이다. 또 애플리케이션 프레임워크는 모든 프로그램 코드를 맨 처음부터 작성하는 수고를 덜어 주어 수월하게 애플리케이션을 구현하게 한다.

오늘날 대규모 백엔드 솔루션에서 자동화 테스트 앱까지 다양한 종류의 애플리케이션을 개발할 때 스프링을 사용한다. 자바 기술과 관련된 많은 설문 조사 보고서(2020년 JRebel 조사: http://mng.bz/N4V7, JAXEnter 조사: http://mng.bz/DK9a)에 따르면 스프링은 현재 가장 많이 사용하는 자바 프레임워크다.

스프링이 인기를 끌면서 개발자는 자바 외 다른 JVM 언어에서도 스프링을 더 자주 사용하기 시작했다. 우리는 지난 몇 년 동안 코틀린(Kotlin: JVM 제품군에서 높이 평가되는 언어 중 하나)과 함께 스프링을 사용하는 개발자가 괄목할 만한 성장을 이루는 것을 목격했다. 이 책에서는 스프링 기본에 집중하며 실사례에 스프링을 사용할 수 있는 필수 기술을 가르칠 것이다. 따라서 이 주제에 더 친숙하고 스프링에 집중할 수 있도록 자바로 작성한 예제만 사용한다. 책 전반에서 데이터베이스 연결, 애플리케이션 간 통신 설정, 앱의 보안 및 테스트 등 필수 기술을 예제와 함께 논의하고 적용해 볼 것이다.

다음 장에서 기술적인 세부 사항을 더 자세히 살펴보기 전에 스프링 프레임워크와 실제로 어디에 사용할지 이야기해 보자. 스프링이 이토록 높이 평가되는 이유는 뭘까? 또 언제 스프링을 사용해야 할까?

특히 이 장에서는 스프링 프레임워크를 설명하며 프레임워크 실체에 집중할 것이다. 1.1절은 프레임워크를 사용하는 이점을 설명하고, 1.2절은 스프링을 시작하려면 배워야 할 구성 요소와 스프링 생태계를 논의한다. 1.3절은 실제 시나리오를 바탕으로 스프링 프레임워크의 기능과 사용법을 알려 준다. 1.4절은 프레임워크를 사용하지 않는 것이 나은 경우를 논한다. 스프링 프레임워크를 사용하기 전에 먼저 프레임워크에 대한 이 모든 사항을 이해해야 한다. 그렇지 않으면 망치로 정원을 가꾸는 것과 같다.

여러분 수준에 따라 이 장이 어렵게 느껴질 수도 있다. 여러분이 들어 보지 못한 몇 가지 개념을 소개할 수도 있는데, 그때마다 혼란스러울지도 모른다. 하지만 걱정하지 말자. 지금은 일부 내용을 이해할 수 없더라도 이 책을 읽으면서 점차 명확해질 것이다. 이 책에서는 때때로 이전 장에서 언급한 내용을 참고한다. 스프링 같은 프레임워크 학습이 항상 선형적인 학습 경로를 제공하는 것은 아니기에 때로는 완전한 그림을 보기 전에 더 많은 퍼즐 조각을 모을 때까지 기다려야 할 수도 있다. 하지만 결국에는 선명한 이미지를 얻고 전문가처럼 앱을 개발하는 데 필요한 중요한 기술을 익히게 될 것이다.

1.1 마이크로서비스 아키텍처로 진화

이 절에서는 프레임워크를 설명한다. 프레임워크란 무엇일까? 이 개념은 어떻게, 왜 생겨났을까? 무언가를 사용하도록 동기를 부여하려면 그 무언가가 여러분에게 어떤 가치를 제공하는지 알아야 한다. 스프링도 마찬가지다. 필자 경험에서 습득한 지식을 공유하고, 실제 시나리오에서 스프링을 포함한 다양한 프레임워크를 연구하고 사용하면서 여러분은 필수 사항을 자세히 배울 것이다.

애플리케이션 프레임워크는 우리가 애플리케이션을 구축하는 기능의 집합으로, 앱을 구축하는 데 사용할 수 있는 광범위한 도구와 기능을 제공한다. 프레임워크가 제공하는 모든 기능을 사용할 필요는 없으며, 만들려는 앱이 요구하는 사항에 따라 사용할 프레임워크 부분을 적절히 선택하면 된다.

그림 1-1은 애플리케이션 프레임워크 비유 중 필자가 좋아하는 것이다. 이케아(Ikea) 같은 DIY 상점에서 옷장을 구입한다고 가정해 보자. 이케아에서 파는 옷장은 조립된 옷장이 아니기에 만드는 데 필요한 부품과 조립 방법이 적힌 설명서가 있을 것이다. 여러분은 옷장을 주문했는데 꼭 필요한 부품 대신에 테이블, 옷장 등 어떤 가구든 조립할 수 있는 부품을 받았다고 상상하자. 옷장을 만들려면 그것을 조립할 수 있는 알맞은 부품을 찾아야 한다. 애플리케이션 프레임워크도 이와 같다. 애플리케이션 프레임워크는 앱을 구축하는 데 필요한 다양한 소프트웨어를 제공한다. 여러분은 올바른 결과를 얻기 위해 어떤 기능을 선택하고 어떻게 조립해야 할지 알아야 한다(그림 1-1).

프레임워크 아이디어는 새로운 것이 아니다. 소프트웨어 개발 역사를 통틀어 프로그래머들은 여러 애플리케이션에서 작성한 코드 일부를 재사용할 수 있음을 관찰했다. 구현된 애플리케이션이 많지 않은 초기에 각 애플리케이션은 고유했고 특정 프로그래밍 언어를 사용하여 원점에서부터 개발했다. 소프트웨어 개발 영역이 확장되고 점점 더 많은 애플리케이션이 시장에 출시되기 시작하면서 이런 많은 애플리케이션의 요구 사항이 유사하다는 것을 쉽게 알 수 있었다. 그중 몇 가지를 예로 들어 보자.

- 로깅 오류, 경고(warning), 정보(info) 메시지는 모든 앱에서 발생한다.
- 대부분의 애플리케이션은 트랜잭션을 사용하여 데이터 변경을 처리한다. 트랜잭션은 데이터 일관성을 관리하는 중요한 메커니즘을 나타낸다. 이 주제는 13장에서 자세히 설명한다.
- 애플리케이션 대부분은 공통으로 발생하는 동일한 취약점에 보호 메커니즘을 사용한다.
- 애플리케이션 대부분은 유사한 방법으로 상호 통신한다.

- 애플리케이션 대부분은 캐싱 또는 데이터 압축처럼 성능을 향상하는 데 유사한 메커니즘을 사용한다.

▼ 그림 1-1 데이비드는 UASSEMBLE 상점에서 옷장을 주문했지만 상점(프레임워크)은 데이비드(프로그래머)에게 새 옷장(앱)을 만드는 데 필요한 부품(소프트웨어 기능)만 배송한 것은 아니다. 상점은 그가 옷장을 만드는 데 필요할 것 같은 부품을 모두 배송했다. 제대로 된 결과(애플리케이션)를 얻고자 알맞은 부품(소프트웨어 기능)을 선택하고 조립하는 방법은 데이비드(프로그래머)가 정한다

그리고 이런 예는 많다. 앱에서 구현된 비즈니스 로직의 코드양은 애플리케이션 엔진을 구성하는 휠과 벨트(종종 '배관'이라고도 함)보다 훨씬 작다는 것이 확인되었다.

필자가 '비즈니스 로직 코드'라고 할 때는 애플리케이션의 비즈니스 요구 사항을 구현하는 코드를 의미한다. 이 코드는 애플리케이션에서 사용자가 기대한 것을 구현한다. 예를 들어 '특정 링크를 클릭하면 청구서가 생성된다'는 기능은 사용자가 기대하는 것이다. 여러분이 개발하는 애플리케이션 코드 부분은 이 기능을 구현하며, 개발자는 이 코드 부분을 비즈니스 로직 코드라고 한다. 그러나 모든 앱은 보안, 로깅, 데이터 일관성 등 다른 여러 측면을 더 많이 다룬다(그림 1-2).

또 비즈니스 로직 코드는 기능적 관점에서 애플리케이션을 다른 애플리케이션과 구분 짓게 만드는 요소다. 차량 공유 시스템과 소셜 네트워킹 앱처럼 이 두 앱을 이용하는 경우의 사용 사례는 다르다.

> Note ≡ **사용 사례**(use case)는 사용자가 앱을 이용하는 이유를 나타낸다. 예를 들어 차량 공유 앱에서 사용 사례는 '차량 요청하기'이며, 음식 배달을 관리하는 앱에서 사용 사례는 '피자 주문하기'가 된다.

▼ 그림 1-2 사용자 관점에서 보면 비즈니스 로직 코드는 빙산과 같다. 사용자는 주로 비즈니스 로직 코드 결과를 관찰하지만 이는 앱 전체 기능을 빌드하는 부분 중 극히 일부일 뿐이다. 빙산의 대부분이 수면 아래에 있듯이 엔터프라이즈 앱에서는 의존성(dependencies)으로 제공되기에 코드 대부분을 볼 수 없다

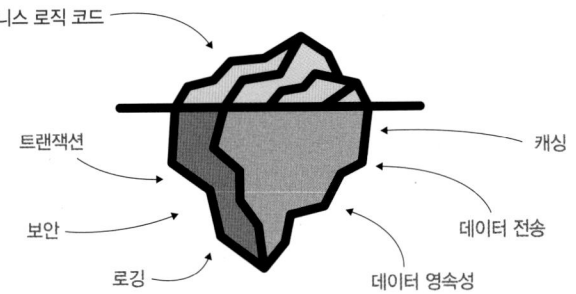

다른 조치를 취하기는 하지만 둘 모두 데이터 저장, 데이터 전송, 로깅, 보안 구성, 캐싱 등이 필요하다. 다양한 애플리케이션에서 비업무용으로 구현한 이것을 재사용할 수 있다. 매번 같은 기능을 다시 작성하는 것이 효율적일까? 당연히 아니다.

- 자체 개발하지 않고 재사용함으로써 많은 시간과 비용을 절약할 수 있다.
- 이미 많은 앱에서 사용하는 기존 구현체는 다른 사람이 이미 테스트했기 때문에 버그를 불러올 가능성이 낮다.
- 동일한 기능을 이해하는 많은 개발자에게 조언을 구할 수 있기 때문에 커뮤니티 혜택을 볼 수 있다. 직접 코드를 구현했다면 그것을 아는 사람은 소수에 불과할 것이다.

전환 이야기

필자가 작업한 첫 번째 애플리케이션 중 하나는 자바로 개발된 거대한 시스템이었다. 이 시스템은 구식 아키텍처 서버를 중심으로 설계된 여러 애플리케이션으로 구성되었으며 모두 자바 SE로 처음부터 작성했다. 이 애플리케이션 개발은 25년 전 언어로 작성되었고, 이 때문에 시스템이 이런 형태를 띠게 되었다. 그리고 당시에는 거의 아무도 그 시스템이 얼마나 커질지 상상하지 못했다. 당시에는 더 진보된 시스템 아키텍처 개념이 존재하지 않았고 느린 인터넷 연결로 전체적인 시스템 작동 방식이 개별 시스템과는 차이가 있었다.

하지만 시간이 흐르고 몇 년 후 앱은 큰 진흙 덩어리와 같은 모습이 되어 버렸다. 이 책에서는 다룰 수 없는 나름의 이유로 팀은 현대적인 아키텍처로 전환하기로 결정했다. 이 변경은 먼저 코드를 정리하는 것을 의미했고, 주요 단계 중 하나는 프레임워크를 사용하는 것이었다. 필자와 동료들은 스프링을 사용하기로 결정했다. 당시에는 자바 EE(지금은 자카르타 EE(Jakarta EE)로 명명)를 대안으로 고려할 수 있었지만, 팀 구성원 대부분은 구현 및 유지 보수가 수월한 스프링을 선택하는 것이 더 낫다고 판단했다.

전환은 쉽지 않았다. 동료 몇 명과 해당 도메인 전문가, 애플리케이션 자체를 잘 알고 있는 우리는 이 전환에 많은 노력을 투자했다.

결과는 놀라웠다! 코드 줄의 40% 이상을 제거했다. 이 전환은 프레임워크 사용이 얼마나 중요한 영향을 미칠 수 있는지 처음으로 이해한 순간이었다.

> Note ≡ 프레임워크의 선택과 사용은 애플리케이션의 설계 및 아키텍처와 연결된다. 여러분은 스프링 프레임워크를 배우면서 이 주제를 더 많이 배우는 것이 얼마나 유용한지 알게 될 것이다. 자세한 내용을 알고 싶다면 부록 A.1절에서 소개된 훌륭한 자료와 함께 소프트웨어 아키텍처에 관한 토론을 찾을 수 있다.

1.2 스프링 생태계

이 절에서는 스프링, 스프링 부트(Spring Boot), 스프링 데이터(Spring Data) 등 스프링과 관련된 프로젝트를 설명한다. 책에서는 프로젝트와 이들 관계를 배울 것이다. 실제 시나리오에서는 다양한 프레임워크를 함께 사용하는 것이 일반적이며 각 프레임워크는 앱의 특정 부분을 더 빠르게 구현할 수 있도록 설계되었다.

스프링을 단순히 프레임워크라고도 하지만, 실제로는 훨씬 더 복잡하다. 스프링은 여러 프레임워크의 생태계다. 일반적으로 개발자가 스프링 프레임워크를 언급할 때는 다음과 같은 소프트웨어 기능 일부분을 언급한다.

1. **스프링 코어**(Spring Core): 기본 기능을 포함하는 스프링의 기반 부분 중 하나다. 이 기능 중 하나가 바로 스프링 컨텍스트다. 2장에서 자세히 배우겠지만, 스프링 컨텍스트는 스프링이 앱의 인스턴스를 관리할 수 있게 하는 스프링 프레임워크의 기본 기능이다. 그리고 다른 스프링 코어로 스프링 애스펙트(aspects)도 있다. 애스펙트는 스프링이 앱에서 정의한 메서드를 가로채고 조작할 수 있는데, 6장에서 자세히 설명한다. 또 다른 스프링 코어로 스프링 표현 언어(Spring Expression Language, SpEL)가 있는데, 특정 언어를 사용하여 스프링 구성 내용을 작성할 수 있다. 이 모두가 새로운 개념이라 잘 알고 있으리라 기대는 하지 않지만, 스프링 코어가 앱에 통합하는 데 사용되는 메커니즘을 담고 있다는 사실을 곧 이해할 수 있을 것이다.

2. **스프링 모델-뷰-컨트롤러**(MVC): HTTP 요청을 처리하는 웹 애플리케이션을 개발할 수 있게 하는 스프링 프레임워크 일부분이다. 7장부터 스프링 MVC를 사용할 것이다.

3. **스프링 데이터 액세스**(Spring Data Access): 스프링 기본 부분 중 하나로, SQL 데이터베이스에 연결하여 앱 영속성 계층을 구현하는 데 사용할 수 있는 기본 도구를 제공한다. 13장에서 스프링 데이터 액세스를 사용할 것이다.

4. **스프링 테스팅**: 스프링 애플리케이션 테스트를 작성하는 데 필요한 도구를 담고 있다. 이 주제는 15장에서 논의한다.

스프링 프레임워크를 태양계에 비유해서 상상해 보자. 스프링 코어는 모든 프레임워크를 유지하는 중심의 항성으로 표현된다(그림 1-3).

▼ 그림 1-3 스프링 프레임워크 중심에 스프링 코어가 있는 태양계로 비유할 수 있다. 소프트웨어 기능들은 중력장으로 가까이 끌어당기는 스프링 코어 주변의 행성이다

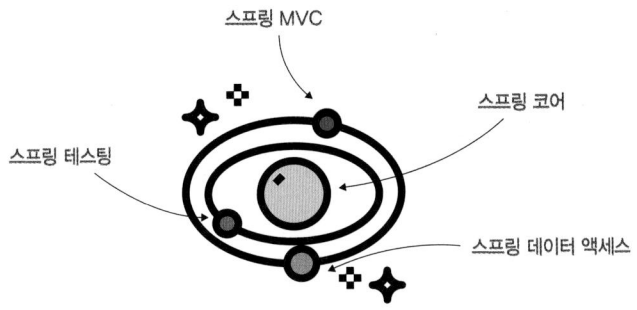

1.2.1 스프링 코어의 이해: 스프링 기초

스프링 코어는 앱에 통합되는 기본 메커니즘을 제공하는 스프링 프레임워크 일부분이다. 스프링은 **제어 역전**(Inversion of Control, IoC) 원칙을 기반으로 작동한다. 이 원칙을 사용하면 앱이 실행을 제어하는 대신 다른 소프트웨어 부분, 여기에서는 스프링 프레임워크에 제어 권한을 넘긴다. 우리는 구성(configuration)을 이용하여 앱 로직을 정의하도록 작성된 코드 관리 방법을 프레임워크에 지시한다. 제어 역전(IoC)에서 '역전'은 앱이 자체 코드로 실행을 제어하거나 의존성을 사용하지 못하는 대신 프레임워크(의존성)가 앱과 앱의 코드를 제어한다는 의미다(그림 1-4).

> Note ≡ 이 맥락에서 '제어(controls)'라는 용어는 '인스턴스 생성' 또는 '메서드 호출' 같은 작업을 나타낸다. 프레임워크는 앱에서 정의한 클래스의 객체를 생성할 수 있다. 여러분이 작성하는 구성을 기반으로 스프링은 메서드를 가로채서 다양한 기능으로 보강한다. 예를 들어 스프링은 특정 메서드를 가로채서 메서드 실행 중에 나타날 수 있는 오류를 기록할 수 있다.

▼ 그림 1-4 제어 역전(IoC): 다른 여러 의존성을 사용하는 자체 코드를 실행(execution)하는 것과 달리 IoC 시나리오에서 앱 실행은 의존성으로 제어된다. 스프링 프레임워크가 실행 중에 앱을 제어한다. 따라서 IoC 실행 시나리오를 구현하는 것이다

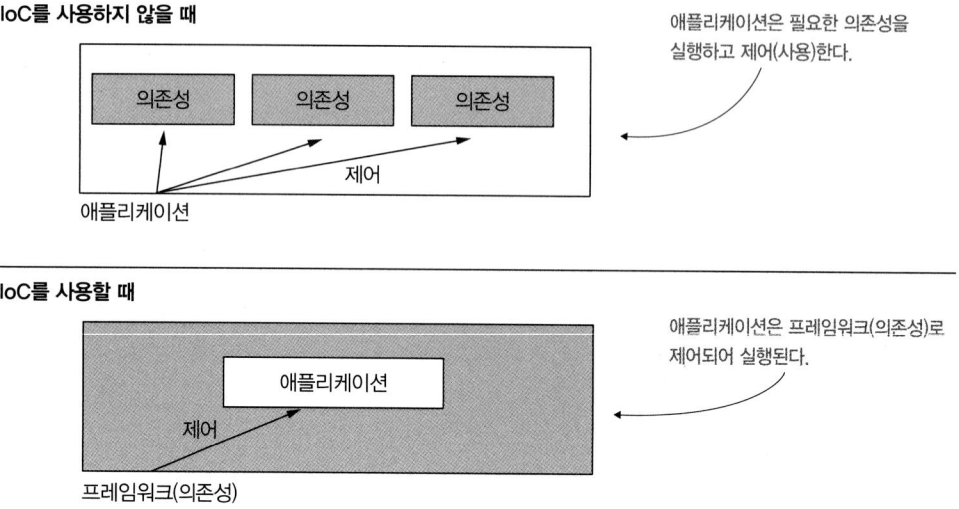

앞으로 2~5장에서는 스프링 IoC 기능을 논의하며, 스프링 코어를 이용한 스프링 학습을 시작할 것이다. IoC 컨테이너는 애플리케이션의 스프링 구성 요소와 애플리케이션의 구성 요소를 프레임워크에 결합한다. 종종 스프링 컨텍스트라고 하는 IoC 컨테이너를 사용하여 특정 객체를 스프링에 전달해서 프레임워크가 구성한 방식으로 객체를 사용할 수 있게 한다.

6장에서 우리는 스프링 관점 지향 프로그래밍(Aspect-Oriented Programming, AOP)을 계속 논의할 것이다. 스프링은 IoC 컨테이너에 추가된 인스턴스를 제어할 수 있으며, 가능한 작업 중 하나는 이 인스턴스의 동작인 메서드를 가로채는 것이다. 이 기능을 **메서드 애스펙팅**(aspecting the method)이라고 하며, 스프링 AOP는 프레임워크가 앱과 상호 작용하는 일반적인 방법 중 하나다. 이 특성은 스프링 AOP를 필수 요소 중 하나로 만들기도 한다. 스프링 코어에는 자원 관리, 국제화(i18n), 형 변환, 스프링 표현 언어(SpEL)도 있다. 이 책 전반에서 다루는 예제에서 이 특징들을 접할 것이다.

1.2.2 스프링 데이터 액세스 기능을 사용한 앱 영속성 구현

애플리케이션 대부분에서는 처리하는 데이터를 유지하는 것이 중요하다. 데이터베이스와 협업이 기본 주제이며, 스프링에서는 많은 경우에 데이터 영속성을 관리하는 데 데이터 액세스(Data Access) 모듈을 사용한다. 스프링 데이터 액세스에는 JDBC 사용, 하이버네이트(Hibernate)와 같은 객체 관계형 매핑(Object-Relational Mapping, ORM) 프레임워크와 통합, 트랜잭션 관리가 포함된다.

ORM 프레임워크가 무엇인지 아직 모르거나 하이버네이트를 들어 본 적이 없더라도 걱정하지 말자. 이 책 후반부에서 논의할 것이다. 앞으로 12~14장에서 스프링 데이터 액세스를 시작하는 데 필요한 모든 것을 다룬다.

1.2.3 웹 앱 개발을 위한 스프링 MVC 기능

스프링으로 개발된 가장 일반적인 애플리케이션은 웹 애플리케이션이며, 스프링 생태계 내에서 다양한 방식으로 웹 애플리케이션과 웹 서비스를 작성할 수 있게 하는 많은 도구 세트를 제공한다. 스프링 MVC를 사용하여 오늘날 수많은 애플리케이션에서 흔히 사용되는 표준 자바 서블릿(Java Servlet) 방식으로 앱을 개발할 수 있다. 7장에서 스프링 MVC를 사용하는 방법을 자세히 설명한다.

1.2.4 스프링 테스트 기능

스프링 테스트 모듈은 단위(unit) 및 통합(integration) 테스트를 작성하는 데 사용할 수 있는 다양한 도구 세트를 제공한다. 테스트를 주제로 작성된 페이지가 많은데, 특히 15장에서는 스프링 테스트를 시작하는 데 필수적인 모든 것을 논의할 것이다. 또 이 주제와 관련된 모든 내용을 상세하게 습득하려면 읽어야 하는 중요한 자료도 참고할 것이다. 필자 경험에 따르면, 테스트를 이해하지 못하는 개발자는 성숙한 개발자라고 할 수 없다. 따라서 이 주제에 관심을 가져야 한다.

1.2.5 스프링 생태계의 프로젝트

스프링 생태계는 이 절 앞부분에서 논의한 기능 그 이상이다. 이 생태계에는 잘 통합되어 더 큰 세계를 형성하는 다른 프레임워크의 큰 집합이 포함되어 있다. 여기에는 스프링 데이터, 스프링 시큐리티(Spring Security), 스프링 클라우드(Spring Cloud), 스프링 배치(Spring Batch), 스프링 부트 등 프로젝트가 있으며, 앱을 개발할 때 이런 프로젝트를 더 많이 함께 사용할 수 있다. 예를 들어 스프링 부트, 스프링 시큐리티, 스프링 데이터를 모두 사용하여 앱을 만들 수 있다. 앞으로 몇몇 장에서는 스프링 생태계의 다양한 프로젝트를 활용하는 작은 프로젝트에서 작업할 것이다. 여기에서 필자가 말하는 프로젝트라는 것은 독립적으로 개발된 스프링 생태계의 한 부분을 의미한다. 각 프로젝트에는 기능을 확장하는 별도의 작업 팀이 있으며, 스프링 공식 사이트(https://spring.

io/projects)에서 각 내용을 참고할 수 있다.

스프링이 생성한 이 방대한 우주 중에서 스프링 데이터와 스프링 부트도 언급할 것이다. 이 두 프로젝트는 앱에서 자주 접하므로 처음부터 알아 두는 것이 중요하다.

스프링 데이터로 영속성 기능 확장

스프링 데이터(Spring Data) 프로젝트는 최소한의 코드 작성으로 쉽게 데이터베이스에 연결하고 영속성(persistence) 계층을 사용할 수 있도록 해 주는 스프링 생태계의 한 부분을 구현한다. 이 프로젝트는 SQL 및 NoSQL 기술을 모두 활용하며, 데이터 영속성을 이용한 작업 방식을 단순화하는 고수준 계층을 생성한다.

> Note ≡ 스프링 코어 모듈인 스프링 데이터 액세스(Spring Data Access)도 있고, 스프링 데이터라는 스프링 생태계와는 독립적인 프로젝트도 있다. 스프링 데이터 액세스에는 트랜잭션 메커니즘 및 JDBC(Java DataBase Connectivity) 도구 등 기본적인 데이터 액세스 구현이 포함되어 있다. 스프링 데이터는 데이터베이스 액세스와 개발 접근성을 향상시키며, 앱이 다양한 종류의 데이터 소스에 연결할 수 있도록 광범위한 도구 세트를 제공한다. 이 주제는 14장에서 논의할 것이다.

스프링 부트

스프링 부트(Spring Boot)는 '구성보다 관례(convention-over-configuration)' 개념을 도입한 스프링 생태계의 프로젝트 중 하나다. 이 개념의 주요 사상은 프레임워크의 모든 구성을 사용자가 직접 설정하는 대신 스프링 부트가 필요에 따라 정의할 수 있는 기본 구성을 제공하는 것이다. 그 결과 알려진 규칙을 따르고 앱은 서로 차이가 크지 않아 코드를 덜 작성하게 된다. 따라서 앱마다 모든 구성을 새로 작성하는 대신 기본 구성에서 시작하여 관례와 다른 부분을 변경하는 것이 더 효율적이다. 자세한 스프링에 관한 사항은 7장에서 다룬다.

스프링 생태계에는 방대하고 많은 프로젝트가 있다. 그중 일부는 다른 것보다 더 자주 접하며, 일부는 특별한 요구가 없다면 애플리케이션을 구축하는 데 전혀 사용되지 않을 수도 있다. 이 책에서는 시작하는 데 필수적인 프로젝트인 스프링 코어, 스프링 데이터, 스프링 부트를 사용한다. 스프링 생태계를 구성하는 전체 프로젝트 목록은 스프링 공식 사이트에서 확인할 수 있다.

스프링의 대안

스프링의 대안을 논의하기 어려운 이유는 이를 전체 생태계의 대안으로 오해할 수 있기 때문이다. 그렇지만 스프링 생태계를 구성하는 많은 개별 구성 요소 및 프로젝트에 대해 오픈 소스나 상용 프레임워크 및 라이브러리 같은 다른 대안을 찾을 수 있다.

예를 들어 스프링 IoC 컨테이너의 경우 몇 년 전 자바 EE 명세(specification)는 개발자들에게 매우 인정받는 솔루션이었다. 다소 사상이 다른 자바 EE(2017년에 자카르타 EE(https://jakarta.ee/)에서 오픈 소스로 재작성)는 컨텍스트와 의존성 주입(Context and Dependency Injection, CDI) 또는 EJB(Enterprise Java Beans) 같은 명세를 제공했다. CDI 또는 EJB를 사용하여 객체 인스턴스의 컨텍스트를 관리하고 애스펙트(aspects: EE 용어에서는 '인터셉터(interceptors)'라고 함)를 구현할 수 있었다. 또 구글 쥬스(Guice, https://github.com/google/guice)는 컨테이너의 객체 인스턴스 관리를 위한 프레임워크로 인정받았다.

개별적으로 수행된 일부 프로젝트에는 여러 대안이 가능하다. 예를 들어 스프링 시큐리티(Spring Security) 대신 아파치 시로(Apache Shiro, https://shiro.apache.org/)를 사용할 수 있다. 또는 웹 앱을 구현하는 데 스프링 MVC와 스프링 관련 기술 대신 플레이(Play) 프레임워크(https://www.playframework.com/)를 선택할 수 있다.

최근 전도유망한 프로젝트는 레드햇 쿼커스(Red Hat Quarkus)다. 쿼커스는 클라우드 네이티브를 구현하고자 설계되었으며, 빠른 단계를 거쳐 점점 더 완성도가 높아지고 있다. 앞으로는 자바 생태계(https://quarkus.io/)에서 엔터프라이즈 앱을 개발하고 있는 주요 프로젝트에서 쿼커스를 보더라도 놀라운 일이 아닐 것이다.

필자는 항상 대안을 고려하라고 조언하고 싶다. 소프트웨어 개발에서는 열린 마음을 가져야 하며, 하나의 솔루션을 '유일한 것'으로 맹신해서는 안 된다. 특정 기술이 다른 기술보다 더 잘 작동하는 시나리오는 언제라도 찾을 수 있다.

1.3 실제 시나리오에서 스프링

지금까지 스프링을 개괄적으로 살펴보았고 이제 여러분은 언제, 왜 프레임워크를 사용해야 하는지 알 수 있다. 이 절에서는 스프링 프레임워크를 사용하기에 매우 적합한 애플리케이션 시나리오를 몇 가지 제시한다. 필자는 개발자가 스프링 같은 프레임워크를 사용할 때 백엔드 애플리케이션으로만 사용하는 경우를 매우 자주 보았고, 심지어는 프레임워크 용도를 백엔드 웹 애플리케이션으로 제한해 버리는 경우도 있었다. 많은 경우 스프링을 이런 방식으로 사용하기는 하나, 프레임워크는 이런 시나리오로만 국한되지 않는다는 사실이 중요하다. 자동화 테스트 앱 개발 또는 독립형 데스크톱 시나리오 같은 다양한 종류의 애플리케이션 팀이 스프링을 성공적으로 사용하는 것을 보여 주었다.

필자가 본 스프링을 성공적으로 사용한 몇 가지 공통적인 실제 시나리오를 자세히 설명하려고 한다. 그렇다고 이것들이 유일하게 가능한 시나리오는 아니며, 이 경우라고 해도 스프링이 항상 적합한 것도 아니다. 1.2절에서 논의한 것, 즉 프레임워크가 모든 경우에 적합하지 않을 수도 있다는 점을 기억해야 한다. 다음은 일반적으로 스프링이 적합한 공통적인 사례다.

1. 백엔드 앱 개발
2. 자동화 테스트 프레임워크 개발
3. 데스크톱 앱 개발
4. 모바일 앱 개발

1.3.1 백엔드 앱 개발에서 스프링 사용

백엔드 애플리케이션은 시스템의 한 부분으로, 서버 측에서 실행되고 데이터를 관리하며 클라이언트 애플리케이션 요청을 처리한다. 사용자는 클라이언트 앱을 직접 사용하여 기능에 접근한다. 더 자세히 설명하자면, 클라이언트 앱은 백엔드 앱에 사용자 데이터 작업을 요청한다. 백엔드 앱은 데이터베이스를 사용하여 데이터를 저장하거나 다른 방식으로 다른 백엔드 앱과 통신할 수 있다.

실제 시나리오에서 은행 계좌의 거래를 관리하는 백엔드 애플리케이션을 상상해 보자. 사용자는 웹 애플리케이션(온라인 뱅킹) 또는 모바일 앱을 사용하여 계정에 액세스하고 이를 관리할 수 있다. 모바일 앱과 웹 앱은 모두 백엔드 애플리케이션의 클라이언트다. 사용자의 트랜잭션을 관리하려면 백엔드 애플리케이션은 다른 백엔드 솔루션과 통신해야 하고, 관리하는 일부 데이터는 데이터베이스에 유지해야 한다. 다음 그림은 이런 시스템의 아키텍처를 시각화한 것이다.

> Note ≡ 그림 1-5를 완벽히 이해하지 못했더라도 걱정하지 마라. 필자는 여러분이 메시지 브로커가 어떤 것이고 구성 요소 간에 데이터 교환 방법을 어떻게 설정하는지 이해한다고 가정하지 않는다. 필자가 바라는 점은 이런 시스템이 현실 세계에서는 복잡해질 수 있고 스프링 생태계의 프로젝트가 이런 복잡성을 최대한 제거하기 위해 만들어졌다는 것을 여러분이 이해하는 것이다.

▼ 그림 1-5 백엔드 앱은 다른 앱과 여러 방식으로 상호 작용하고 데이터베이스를 사용해서 데이터를 관리한다. 백엔드 앱은 일반적으로 복잡하고 다양한 기술을 사용한다. 프레임워크는 백엔드 솔루션을 더 빠르게 구현하는 도구를 제공해서 쉽게 구현할 수 있게 한다

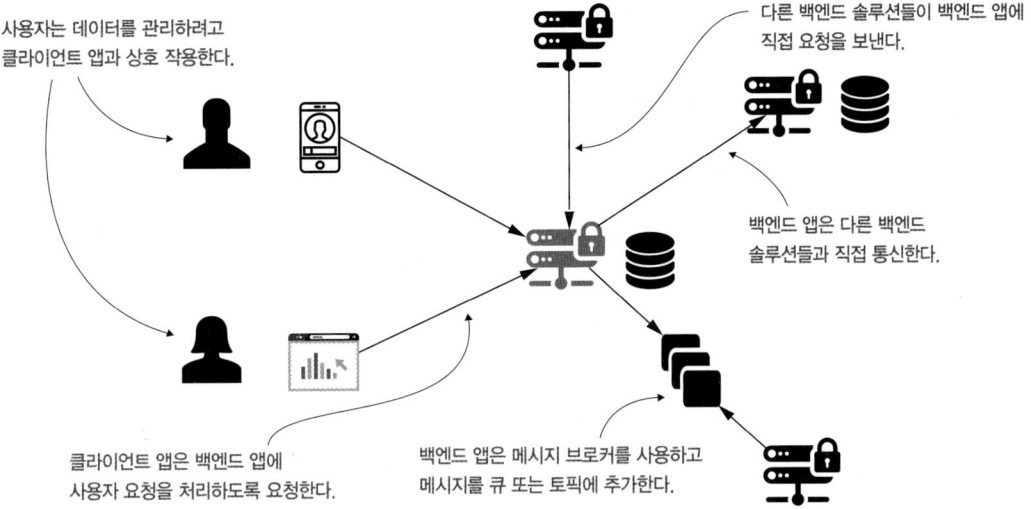

스프링은 백엔드 애플리케이션을 구현하는 훌륭한 도구 세트를 제공한다. 스프링은 다른 앱과 통합은 물론 다양한 데이터베이스 영속성까지 백엔드 솔루션에서 일반적으로 구현하는 다양한 기능을 제공하므로 더 쉽게 구현할 수 있다. 개발자가 이런 애플리케이션에 스프링을 더 많이 사용하는 것은 놀라운 일이 아니다. 기본적으로 프레임워크는 이런 구현에 필요한 모든 것을 제공하며, 모든 종류의 아키텍처 스타일에 매우 적합하다. 다음 그림은 백엔드 앱에 스프링을 사용할 수 있는 가능성을 보여 준다.

▼ 그림 1-6 백엔드 애플리케이션에 스프링을 사용할 기회는 다른 애플리케이션이 호출할 수 있는 기능을 노출하는 것부터 데이터베이스 액세스를 관리하는 것까지, 애플리케이션을 보호하는 것부터 제삼자 메시지 브로커를 통한 통합을 관리하는 것까지 무궁무진하다

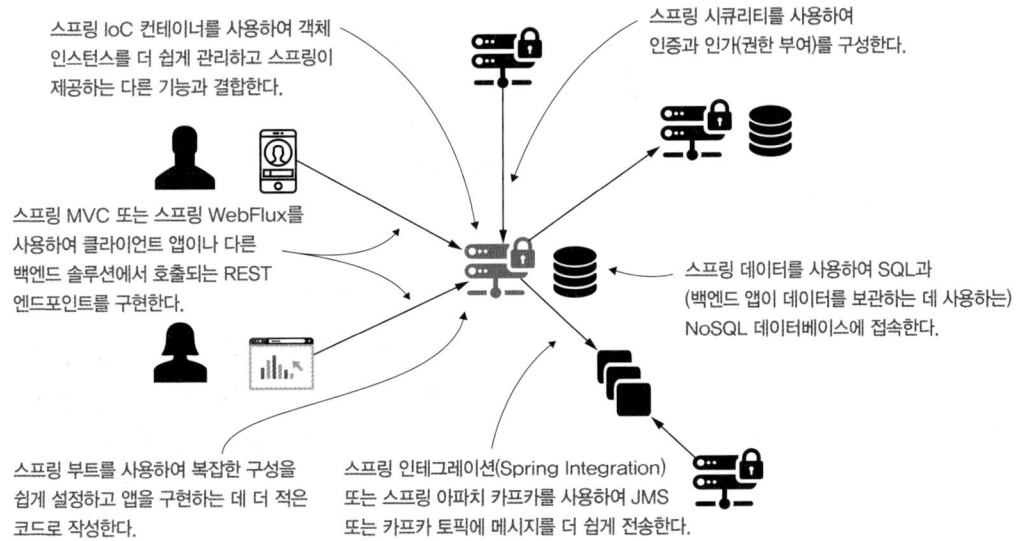

1.3.2 자동화 테스트 앱에서 스프링 사용

오늘날 우리는 구현하는 시스템의 종단 간(end-to-end) 테스트를 위해 종종 자동화 테스트를 사용한다. 자동화 테스트는 개발 팀에서 애플리케이션이 예상대로 작동하는지 확인하는 데 사용하는 소프트웨어 구현체를 의미한다. 개발 팀은 자동화 테스트 시행 일정을 잡아 앱을 자주 테스트하고 문제가 있다면 개발자에게 알릴 수 있다. 이런 기능이 있다면 개발자는 새로운 기능을 개발하는 동안 앱의 기존 기능에 문제가 있을 때 알림을 받을 수 있기 때문에 안심할 수 있다.

소규모 시스템에서는 수동으로 테스트를 수행할 수 있지만, 언제나 테스트 케이스를 자동화하는 것이 더 낫다. 더 복잡한 시스템의 경우 모든 흐름(flow)을 수동으로 테스트하는 것은 생각할 수 없다. 시스템 흐름이 너무 많아 완전히 포함하려면 엄청난 시간과 노력이 필요하기 때문이다.

테스트받는 시스템의 모든 흐름을 검증하는 책임을 진 앱을 별도의 팀에서 구현하는 것이 가장 효율적인 해결책이다. 개발자가 시스템에 새로운 기능을 추가하는 동안 이 테스트 앱도 새로운 기능을 포함하도록 보강해서 팀은 기대한 대로 모든 것이 잘 작동하는지 확인한다. 종국에는 개발자가 통합 도구를 사용하여 앱이 정기적으로 실행되도록 스케줄링하여 변경 사항을 가능한 빨리 피드백받게 할 수 있다(그림 1-7).

▼ 그림 1-7 팀은 테스트 환경에 테스트 앱을 배포한다. 젠킨스(Jenkins) 같은 지속적 통합 도구는 앱을 정기적으로 실행하고 팀에 피드백을 전송함으로써 팀은 항상 시스템 상태를 인식하고 개발 중 문제가 발생했는지 파악할 수 있다

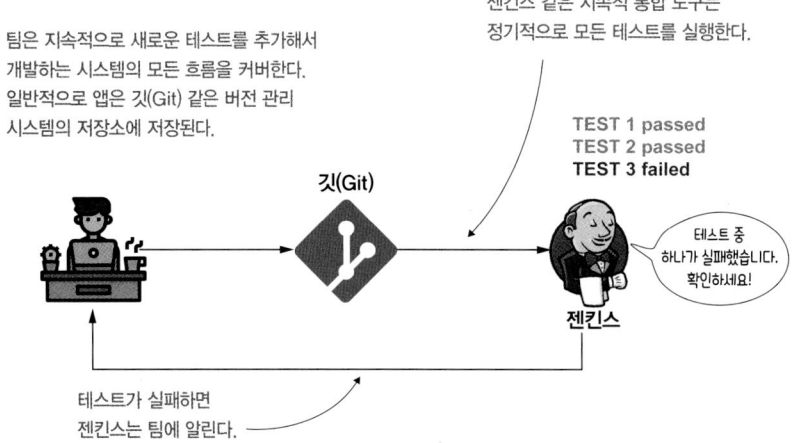

이런 애플리케이션은 백엔드 앱만큼 복잡해질 수 있다. 여러 흐름을 검증하려면 앱은 시스템 구성 요소와 통신하고 데이터베이스에도 연결해야 하기 때문이다. 때때로 앱은 다양한 실행 시나리오를 시뮬레이션하려고 외부에 의존하는 것들을 흉내 내기(mock)도 한다. 테스트 시나리오를 작성하려고 개발자는 셀레늄(Selenium), 쿠쿰버(Cucumber), 게이지(Gauge) 등 여러 프레임워크를 사

용한다. 하지만 이런 프레임워크와 함께 앱은 여전히 스프링 도구에서 여러 이점을 얻을 수 있다. 예를 들어 앱은 스프링 IoC 컨테이너를 사용하여 코드를 보다 쉽게 유지 관리할 수 있도록 객체 인스턴스를 관리할 수 있다. 스프링 데이터를 사용하면 데이터 유효성을 검사해야 하는 데이터베이스에 연결할 수도 있다. 또 특정 시나리오를 시뮬레이션하거나 단순히 스프링을 사용하여 일부 REST 엔드포인트를 호출하고자 브로커 시스템의 큐나 토픽에 메시지를 보낼 수 있다. (설명이 급히 진행되는 것처럼 보여도 걱정할 필요는 없다. 이 책을 읽어 가면서 의미가 명확해질 것이다. 그림 1-8 참고)

▼ 그림 1-8 테스트 앱은 데이터베이스에 연결하거나 다른 시스템이나 테스트받는 시스템과 통신해야 할 수 있다. 개발자는 스프링 생태계의 구성 요소로 이런 기능 구현을 단순화한다

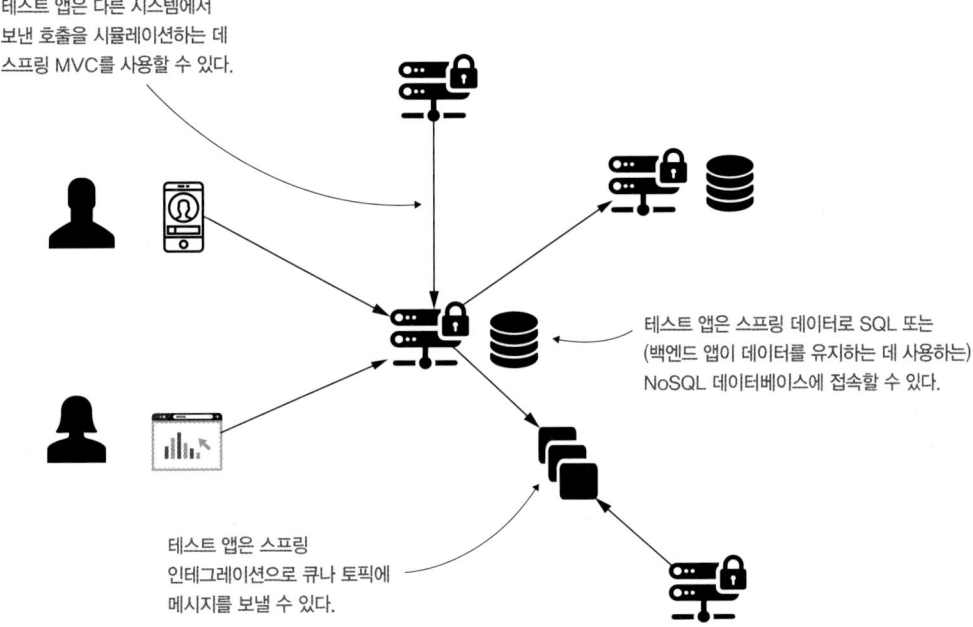

1.3.3 데스크톱 앱 개발에서 스프링 사용

오늘날 데스크톱 애플리케이션은 웹 또는 모바일 앱이 사용자와 상호 작용하는 역할을 대신하므로 자주 개발하지 않는다. 하지만 소수의 데스크톱 애플리케이션은 여전히 존재하며, 그 기능을 개발하는 데 스프링 생태계의 구성 요소가 좋은 선택지가 될 수 있다. 데스크톱 앱은 스프링 IoC 컨테이너를 효과적으로 사용하여 객체 인스턴스를 관리할 수 있다. 이렇게 하면 앱 구현이 더 깔끔해지고 유지 보수성도 향상된다. 또 앱은 스프링 도구로 백엔드나 다른 구성 요소(예를 들어 웹

서비스 호출 또는 다른 원격 호출 기술)와 통신하거나 캐싱을 구현하는 등 다양한 기능을 구현할 수 있다.

1.3.4 모바일 앱에서 스프링 사용

스프링 커뮤니티는 안드로이드를 위한 스프링(Spring for Android) 프로젝트(https://spring.io/projects/spring-android)[1]로 모바일 애플리케이션 개발을 돕는다. 아마도 이런 상황은 거의 발생하지 않겠지만, 스프링 도구로 안드로이드 앱을 개발할 수 있다는 점은 언급할 가치가 있다. 이 스프링 프로젝트는 안드로이드용 REST 클라이언트와 보안 API 액세스를 위한 인증 지원을 제공한다.

1.4 프레임워크를 사용하지 말아야 할 때

이 절에서는 때때로 프레임워크 사용을 피해야 하는 이유를 설명한다. 프레임워크를 사용해야 할 때와 사용하지 말아야 할 때를 아는 것은 중요하다. 작업에 너무 많은 도구를 사용하면 때로는 더 많이 노력하고도 더 나쁜 결과를 얻을 수 있다. 공감되지 않는다면 전기톱을 사용해서 빵을 자르는 상황을 상상해 보면 된다. 최종 결과를 얻기 위해 시도하고 달성할 수는 있지만 일반 칼을 사용하는 것보다 더 어렵고 에너지 낭비도 크다(결국에는 얇게 썬 빵 대신 빵 부스러기만 남을 수도 있다). 프레임워크를 사용하는 것이 결코 좋은 아이디어가 아닌 몇 가지 시나리오를 논의한 후에는 프레임워크를 사용함으로써 필자가 속한 팀에서 앱 구현에 실패한 사례를 이야기하고자 한다.

소프트웨어 개발을 수행하는 모든 곳에 프레임워크를 적용해서는 안 된다는 사실을 밝혔다. 프레임워크가 적합하지 않거나 적합하지만 스프링 프레임워크는 아닌 상황이 발생할 수 있다. 다음 중 프레임워크를 사용하지 않는 편이 더 나은 시나리오는 어떤 것일까?

---

[1] 역주 이 프로젝트는 현재 중단되었다.

1. 가능한 한 작은 공간에 특정 기능을 구현해야 한다. 이때 공간(footprint)은 앱의 파일들이 차지하는 저장소 메모리를 의미한다.
2. 특정 보안 요구 사항으로 오픈 소스 프레임워크를 사용하지 않고 앱에서 맞춤형 코드를 구현해야 한다.
3. 프레임워크에서 과도한 맞춤화(customization) 작업이 필요해서 사용하지 않을 때보다 더 많은 코드를 작성해야 한다.
4. 이미 해당 기능을 제공하는 앱이 있고 프레임워크를 사용하도록 변경해도 아무런 이점을 얻을 수 없다.

이런 사항들을 더 자세히 논의해 보자.

1.4.1 작게 만들어야 한다

1. 시나리오는 애플리케이션을 작게 만들어야 하는 상황이다. 오늘날 시스템에서는 서비스가 컨테이너로 제공되는 경우가 점점 더 많아졌다. 여러분은 도커(Docker), 쿠버네티스(Kubernetes) 또는 이 주제와 관련된 다른 용어들과 함께 컨테이너(container)를 들어 본 적이 있을 것이다(들어 본 적이 없더라도 문제없다).

컨테이너 전체는 이 책 범위를 벗어난 주제이므로, 지금으로서는 이런 배포 방식을 사용할 때 애플리케이션을 가능한 한 작게 만들고 싶다는 사실만 알면 된다. 컨테이너는 애플리케이션이 들어 있는 상자와 같다. 컨테이너에 앱을 배포하는 것과 관련된 한 가지 중요한 원칙은 컨테이너를 쉽게 폐기할 수 있어야 한다는 점이다. 즉, 최대한 빨리 폐기하고 다시 생성할 수 있어야 한다. 여기에서 앱 크기(점유 공간)는 매우 중요하다. 앱을 작게 만들면 앱 초기화 시간을 줄일 수 있기 때문이다. 그렇다고 컨테이너에 배포된 모든 앱에 프레임워크를 사용하지 않는다는 것은 아니다.

그러나 일반적으로 크기가 매우 작은 앱의 경우 다른 프레임워크에 의존성을 추가하기보다 초기화를 개선하고 크기를 더 작게 만드는 것이 더 적절하다. 이 경우에 해당되는 것이 바로 **서버리스 함수**(server-less function)라고 하는 애플리케이션 타입이다. 이런 서버리스 함수는 컨테이너에 배포되는 작은 애플리케이션이다.

배포 방식에 접근할 부분이 거의 없어서 마치 서버 없이 실행되는 것처럼(이름을 서버리스로 지은 이유) 보인다. 이런 앱은 크기가 작아야 하므로 특정한 앱에는 가능한 한 프레임워크를 추가하지 않는 것이 좋다. 함수 크기 때문에도 프레임워크가 필요하지 않을 것이다.

1.4.2 보안에는 맞춤형 코드가 필요하다

2. 시나리오는 앱에 대한 보안 요구 사항으로 인해 프레임워크를 사용할 수 없는 특정 상황이다. 이 시나리오는 일반적으로 국방 또는 정부 기관 분야의 앱에서 발생한다. 정부 기관에서 사용하는 모든 앱에 프레임워크를 사용할 수 없는 것은 아니지만 일부 앱에는 제한이 적용된다. 그 이유가 궁금하다면, 스프링 같은 오픈 소스 프레임워크를 정부 기관 앱에 사용한다고 가정해 보자. 누군가가 특정 취약점을 발견하고 알렸을 때, 해커는 이 사실을 악용할 수 있게 된다. 때때로 이런 앱의 이해 관계자는 그들 시스템을 해킹할 가능성을 최대한 낮추길 원한다. 이 때문에 제삼자 소스를 사용하는 대신 기능을 다시 만들어야 할 수도 있다.

> Note ≡ 잠깐, 필자는 이전에 취약점이 존재할 때 누군가 그 취약점을 발견할 수도 있기 때문에 오픈 소스 프레임워크를 사용하는 것이 더 안전하다고 말했다. 여러분도 충분한 시간과 자금을 투자한다면 아마 직접 해낼 수 있을 것이다. 물론 일반적으로는 프레임워크를 사용하는 것이 더 저렴하다. 또 추가적인 주의가 필요 없다면 프레임워크를 사용하는 것이 더 합리적이다. 하지만 일부 프로젝트에서 이해 관계자는 정말로 정보를 비공개하고 싶어 한다.

1.4.3 기존의 과도한 맞춤화로 프레임워크가 실용적이지 못하다

3. 시나리오는 프레임워크의 구성 요소를 너무 많이 맞춤화해서 사용하지 않았을 때보다 더 많은 코드를 작성해야 하는 상황이다. 1.1절에서 자세히 설명했듯이, 프레임워크는 앱을 실현하기 위해 비즈니스 코드로 조합하는 부분을 제공한다. 프레임워크에서 제공하는 이런 구성 요소는 꼭 들어맞지는 않기에 다양한 방식으로 맞춤화해야 한다. 기능을 처음부터 개발하기보다 프레임워크의 구성 요소와 조합 방식을 맞춤화하는 것이 정상적이다. 그러나 앞서 언급한 과도한 맞춤화 상황에 처했다면 아마도 부적합한 프레임워크를 선택했거나(대안을 찾았거나) 아예 사용하지 말았어야 한다.

1.4.4 프레임워크로 바꾸어도 이점이 없다

4. 시나리오에서는 이미 존재하고 앱에서 작동 중인 것을 대체하려고 프레임워크를 사용하는 실수가 발생할 수 있다고 언급했다. 때때로 우리는 기존 아키텍처를 새로운 것으로 교체하고 싶은 유혹을 받는다. 새로운 프레임워크가 나타나 인기를 얻어 모두가 사용한다면 우리 앱도 그 프레임

워크를 사용하지 못할 이유가 있느냐고 물어볼 수 있다. 당연히 사용할 수는 있지만 작동하는 것을 교체해서 성취하려는 것을 주의 깊게 분석해야 한다. 어떤 경우에는 1.1절에서 소개한 이야기처럼 앱을 변경하고 특정 프레임워크에 의존하는 것이 더 도움이 될 수 있다. 이 변경으로 이점을 얻는다면 그렇게 하라! 변경하는 이유는 앱을 보다 유지 관리하기 쉽게 만들고 싶거나, 성능을 높이고 싶거나, 더 안전하게 만들고 싶기 때문이다. 그러나 이런 변경으로 혜택을 누리지 못할 수도 있으며, 확신이 서지 않는데도 진행한다면 결국 나중에는 나쁜 결과를 위해 시간과 돈을 투자했음을 알게 될지 모른다. 지금부터 필자 경험담을 들려 주고자 한다.

피할 수 있는 실수

프레임워크를 사용하는 것이 항상 최선의 선택은 아니며, 필자는 이 사실을 직접 고생하며 깨달았다. 몇 년 전, 필자와 동료들은 웹 애플리케이션의 백엔드 작업을 하고 있었다. 시간은 소프트웨어 아키텍처를 비롯한 많은 것에 영향을 미친다. 앱은 JDBC를 사용하여 오라클 데이터베이스에 직접 연결하고 있었으며 코드는 꽤 지저분했다. 앱은 데이터베이스에 쿼리를 실행해야 하는 모든 곳에서 명령문을 오픈했고 여러 행(row)에 쓰기 쿼리를 전송했다. 여러분이 JDBC를 직접 사용한 앱을 접해 보지 않았을 정도로 젊다면 모를 수도 있는데 정말 길고 지저분한 코드였다.

당시 다른 방법론을 사용하여 데이터베이스 작업을 수행하는 몇몇 프레임워크가 점점 더 인기를 얻고 있었다. 하이버네이트(Hibernate)를 처음 접했을 때를 기억한다. 하이버네이트는 ORM 프레임워크로, 데이터베이스에서 테이블과 테이블의 관계를 객체와 객체의 관계로 처리할 수 있다. 이를 올바르게 사용하면 코드를 덜 작성하고 더욱 직관적으로 기능을 작성할 수 있다. 그러나 자칫 잘못 사용하면 앱 속도는 느리고 코드는 직관적이지 않으며 버그까지 발생할 수도 있다.

필자와 동료들이 개발 중이던 애플리케이션에는 변화가 필요했다. 우리들은 그 지저분한 JDBC 코드를 개선할 수 있음을 알고 있었다. 적어도 필자는 코드 줄 수를 최소화할 수 있으리라 생각했다. 이 변경은 유지 관리에 큰 이점을 가져왔을 것이다. 다른 개발자들과 함께 JdbcTemplate(12장에서 이 도구를 배운다)이라는 스프링에서 제공하는 도구를 사용할 것을 제안했다. 하지만 다른 사람들은 하이버네이트를 사용할 것을 강력히 주장했다. 하이버네이트는 상당히 인기 있는 도구였는데 왜 사용하지 않았을까? (실제로 하이버네이트는 여전히 가장 인기 있는 프레임워크 중 하나로 13장에서 스프링과 통합하는 방법을 배울 것이다.) 필자는 해당 코드를 완전히 새로운 방법론으로 변경하는 일은 매우 어렵다는 것을 알 수 있었다. 게다가 이 변경은 아무런 이득이 없었고 버그를 만들 위험도 높았다.

다행히 이 변경 작업은 개념을 증명하는 것(proof of concept)에서 출발했다. 몇 달 후 많은 노력을 하고 스트레스를 받고는 팀은 결국 이를 포기하기로 결정했다.

우리 팀은 제안한 것을 분석한 후 JdbcTemplate을 사용하여 구현을 완료했다. 우리는 많은 코드 줄을 제거해서 더 깔끔한 코드를 작성할 수 있었고, 이 변경을 위해 새로운 프레임워크를 도입할 필요도 없었다.

1.5 이 책에서 배울 것

이 책을 펼친 여러분은 아마도 자바 생태계의 소프트웨어 개발자일 것이다. 이 책이 추구하는 목적은 여러분이 프레임워크와 스프링을 전혀 모른다 가정하고 스프링 기초를 가르치는 것이다. 지금부터는 스프링이라고 하면 프레임워크의 핵심 부분뿐만 아니라 스프링 생태계까지 의미한다.

이 책을 마치면 여러분은 다음 작업을 수행하는 방법을 배우게 된다.

- 스프링 컨텍스트를 사용하고 프레임워크에서 관리하는 객체를 중심으로 애스펙트를 구현한다.
- 스프링 앱의 메커니즘을 구현하여 데이터베이스에 연결하고 지속적 데이터로 작업한다.
- 스프링으로 구현된 REST API를 사용하여 데이터 교환 방식을 설정한다.
- 구성보다는 관례 방식을 사용하는 기본 앱을 만든다.
- 스프링 애플리케이션의 표준 클래스 설계에서 모범 사례를 사용한다.
- 스프링으로 구현한 것을 적절히 테스트한다.

1.6 요약

- 애플리케이션 프레임워크는 애플리케이션 개발을 위한 기본 구조를 제공하는 공통 소프트웨어 기능 집합이다.
- 프레임워크는 앱을 직접 개발하는 대신 구현을 위해 조합된 기능을 제공하여 앱을 더 효율적으로 빌드하도록 돕는다. 프레임워크를 사용하면 시간이 절약되고 결함 있는 기능을 구현할 가능성이 낮아진다.
- 스프링처럼 널리 알려진 프레임워크를 사용하면 대규모 커뮤니티 이점을 활용할 기회가 생긴다. 다른 사람들도 이미 유사한 문제에 직면했을 가능성이 높으며, 유사한 문제를 다른 사람이 어떻게 해결했는지 배울 수 있으므로 여러분 조사 시간을 절약할 수 있다.

- 애플리케이션을 구현할 때는 프레임워크를 사용하지 않는 가능성까지 포함하여 항상 모든 가능성을 고려하라. 하나 이상의 프레임워크를 사용하기로 결정했다면 모든 대안을 고려하라. 프레임워크 목적, 어떤 사람들이 사용하는지(커뮤니티 규모가 얼마나 큰지 등), 시장에 출시된 기간(성숙도)을 생각해야 한다.
- 스프링은 단순한 프레임워크가 아니다. 핵심 기능을 나타내려고 종종 스프링을 '스프링 프레임워크'라고 하지만 스프링은 애플리케이션 개발에 사용되는 많은 프로젝트로 구성된 전체 생태계를 제공한다. 각 프로젝트는 특정 도메인 전용이며, 앱을 구현할 때 이런 프로젝트를 더 많이 사용하여 원하는 기능을 구현할 수 있다. 이 책에서 사용할 스프링 생태계 프로젝트는 다음과 같다.
  - 스프링 코어는 스프링 기반을 구축하고 컨텍스트, 애스펙트, 기본 데이터 액세스 같은 기능을 제공한다.
  - 스프링 데이터는 앱의 영속성 계층을 구현하는 데 편리한 고수준의 도구 세트를 제공한다. 스프링 데이터를 사용하면 SQL 및 NoSQL 데이터베이스와 함께 작업하는 것이 얼마나 쉬운지 알 수 있을 것이다.
  - 스프링 부트는 '구성보다는 관례' 방식을 적용하는 스프링 생태계의 프로젝트다.
- 학습 자료(예 책, 기사, 동영상 강의)는 때때로 백엔드 애플리케이션에서만 스프링 예제를 제공한다. 백엔드 앱을 위해 스프링이 확산된 것은 사실이지만, 데스크톱 애플리케이션 및 자동화 테스트 앱 같은 다른 종류의 앱을 위해서도 스프링을 사용할 수 있다.

memo

2장

스프링 컨텍스트: 빈 정의

2.1 메이븐 프로젝트 생성

2.2 스프링 컨텍스트에 새로운 빈 추가

2.3 요약

이 장에서 다룰 내용
- 스프링 컨텍스트의 필요성 이해하기
- 스프링 컨텍스트에 새로운 객체 인스턴스 추가하기

이 장에서는 매우 중요한 스프링 프레임워크 요소인 컨텍스트(context)로 작업하는 방법을 배운다. 컨텍스트는 스프링 앱에서 애플리케이션 컨텍스트라고도 한다. 컨텍스트를 프레임워크가 관리할 모든 객체 인스턴스를 추가하는 앱의 메모리 공간이라고 상상해 보라. 기본적으로 스프링은 애플리케이션에서 정의한 어떤 객체도 알지 못한다. 스프링이 객체를 볼 수 있게 하려면 컨텍스트에 객체를 추가해야 한다. 이 책 뒷부분에서는 앱에서 스프링이 제공하는 다양한 기능을 사용하는 방법을 설명한다. 또 이런 기능들을 연결하려면 컨텍스트를 이용하여 객체 인스턴스를 추가하고 객체 간 관계를 설정해야 한다는 것을 배운다. 스프링은 컨텍스트 안의 인스턴스를 사용하여 앱이 제공하는 다양한 기능에 앱을 연결한다. 이 책에서는 트랜잭션, 테스트 등 가장 중요한 기능의 기본을 배우게 될 것이다.

스프링 컨텍스트가 어떤 것이며 어떻게 작동하는지 배우는 것은 스프링 사용 방법을 배우는 첫 번째 단계다. 스프링 컨텍스트의 관리 방법을 알지 못하면 앞으로 배울 다른 거의 모든 작업을 수행할 수 없기 때문이다. 컨텍스트는 사용자가 정의한 인스턴스를 스프링이 제어할 수 있게 해 주는 복잡한 메커니즘이다. 이런 방식으로 스프링은 프레임워크가 제공하는 기능을 사용할 수 있다.

이 장에서는 스프링 컨텍스트에 객체 인스턴스를 추가하는 방법을 배우면서 시작한다. 3장에서는 추가한 인스턴스를 참조하고 인스턴스 간 관계를 설정하는 방법을 배울 것이다.

이런 객체 인스턴스를 '빈(bean)'이라고 할 것이다. 물론 학습에 필요한 구문을 위해 코드 일부를 작성할 것이며, 이 책과 함께 제공되는 프로젝트에서 모든 코드를 찾을 수 있다(책에서 사용된 소스 코드는 https://github.com/gilbutITbook/080306에서 내려받을 수 있다). 접근 방식에 대한 시각적 자료와 자세한 설명으로 코드 예제를 보강할 예정이다.

점진적으로 스프링을 소개하고 모든 단계를 차근차근 수행하고 싶다. 따라서 이 장에서는 스프링 컨텍스트에서 작업하려면 알아야 하는 구문(syntax)에 집중한다. 나중에 알게 되겠지만 앱의 모든 객체를 스프링으로 관리할 필요는 없어서 모든 객체 인스턴스를 스프링 컨텍스트에 추가하지 않아도 된다. 지금은 스프링에서 관리할 인스턴스를 추가하는 방법을 배우는 데 집중하기 바란다.

2.1 메이븐 프로젝트 생성

이 절에서는 아파치 메이븐(Apache Maven) 프로젝트를 생성하는 방법을 설명한다. 메이븐은 스프링과 직접적으로 관련된 주제는 아니지만, 사용하는 프레임워크에 관계없이 앱의 빌드 프로세스를 쉽게 관리하는 데 사용하는 도구다. 코딩 예제를 따라 하려면 메이븐 프로젝트의 기본 내용을 알아야 한다. 메이븐은 실제 시나리오에서 스프링 프로젝트에 가장 많이 사용되는 빌드 도구 중 하나다(그레이들(Gradle)이 2위를 차지하고 있지만 이 책에서는 다루지 않는다). 메이븐은 워낙 잘 알려진 도구이기 때문에, 이미 메이븐의 구성 정보를 사용하여 프로젝트를 생성하고 의존성을 추가하는 방법을 알 수도 있다. 이때는 이 절을 건너뛰고 2.2절로 바로 넘어가도 좋다.

빌드 도구는 앱을 더 쉽게 빌드하는 데 사용하는 소프트웨어다. 앱 빌드 일부인 작업을 수동으로 수행하는 대신 빌드 도구가 수행하도록 구성한다. 앱 빌드에 자주 포함되는 작업 몇 가지는 다음과 같다.

- 앱에 필요한 의존성 내려받기
- 테스트 실행
- 구문이 정의한 규칙 준수 여부 검증
- 보안 취약점 확인
- 앱 컴파일
- 실행 가능한 아카이브에 앱 패키징

예제에서 의존성을 쉽게 관리할 수 있도록 우리가 개발하는 프로젝트에 빌드 도구를 사용해야 한다. 이 절에서는 책 예제를 개발하는 데 필요한 내용만 다루며, 메이븐 프로젝트를 생성하는 과정을 단계별로 살펴보고 프로젝트 구조에 관한 필수 사항을 설명한다. 메이븐 사용 방법을 더 자세히 알고 싶다면 발라지 바라나시(Balaji Varanasi)가 집필한 〈Introducing Maven: A Build Tool for Today's Java Developers〉(Apress, 2019)를 추천한다.

아주 기초적인 것부터 시작해 보자. 먼저 다른 앱을 개발할 때와 마찬가지로 통합 개발 환경(Integrated Development Environment, IDE)이 필요하다. 최근에는 IntelliJ IDEA, 이클립스, 스프링 STS, 넷빈즈(Netbeans) 등 모두 전문적인 IDE가 메이븐 프로젝트를 지원하므로 원하는 것을 선택하면 된다. 이 책에서는 필자가 가장 자주 사용하는 IDE인 IntelliJ IDEA를 사용할 것이다. 메이

본 프로젝트 구조는 동일하므로 어떤 IDE를 선택하든 상관없다.[1]

그럼 새 프로젝트를 만드는 것부터 시작해 보자. IntelliJ에서 **File > New > Project**를 선택하여 새 프로젝트를 생성하면 다음 창이 열린다.

❤ 그림 2-1 새로운 메이븐 프로젝트 생성: File > New > Project를 선택하면 이 창이 열린다[2]

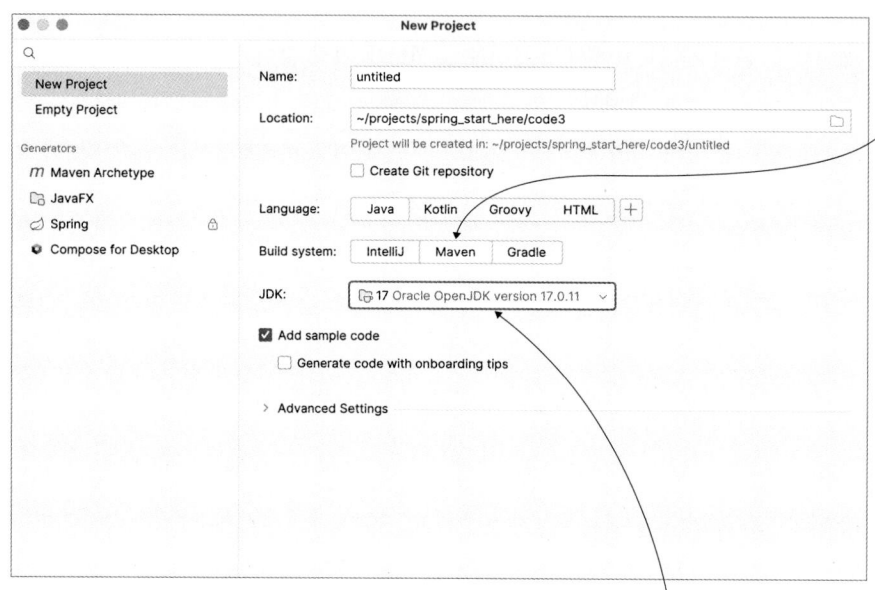

프로젝트 이름과 저장할 위치를 선택하는 것 외에도 Advanced Settings에서 다음을 지정할 수 있다.

- 그룹 ID(Group ID): 관련된 여러 프로젝트를 그룹화하는 데 사용
- 아티팩트 ID(Artifact ID): 현재 애플리케이션 이름
- 버전(Version): 현재 구현 상태의 식별자[3]

---

1 **역주** 번역 시점의 최신 버전인 IntelliJ IDEA 2023.3.2 커뮤니티 에디션과 오라클 OpenJDK 17을 사용했다. 따라서 원서의 IntelliJ 버전과 차이가 있고 스크린샷 이미지도 최신 버전의 IntelliJ로 맞추었다.

2 **역주** IntelliJ에서 JDK 18 같은 상위 버전의 SDK를 사용할 때 "Cannot determine path to 'tools.jar' library for 18…" 빌드 오류 메시지를 접한다면 여러분 IntelliJ가 최신 버전의 JDK를 지원하지 못하기 때문일 수 있다. 예를 들어 IntelliJ 2020.3 버전은 JDK 17 이상을 지원하지 못하므로 2020.3.4 버전으로 업그레이드하면 된다.

3 **역주** 프로젝트를 생성할 때 버전 설정이 나오지 않는다면 생성 후 pom.xml 파일에서 설정할 수 있다.

▼ 그림 2-2 프로젝트 생성을 완료하기 전에 프로젝트에 이름을 지정하고 IDE에서 프로젝트를 저장할 위치를 지정해야 한다. 선택 사항으로 프로젝트에 그룹 ID, 아티팩트 ID 및 버전을 지정할 수 있다. 모두 지정했다면 오른쪽 아래 모서리에 있는 [생성(Create)] 버튼을 눌러 프로젝트 생성을 완료한다

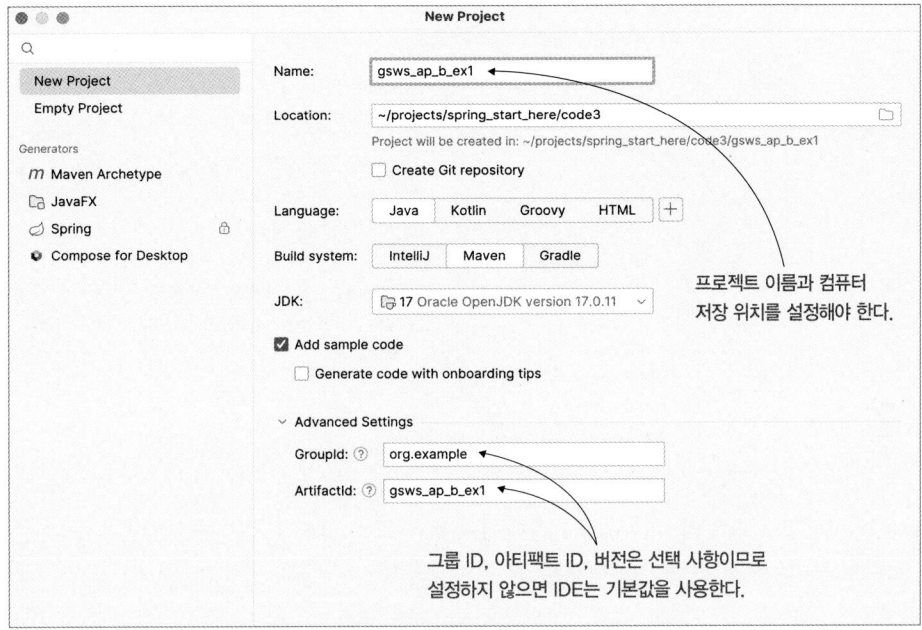

실제 앱에서 이 속성은 필수적인 세부 정보이므로 반드시 설정해야 한다. 하지만 여기에서는 이론적인 예제만 다루기 때문에 이를 생략할 수 있으며, IDE가 이 속성에서 기본값을 입력하게 둘 수 있다.

프로젝트를 생성하면 그림 2-3과 같이 표시된 구조가 나타난다. 다시 말하지만, 메이븐 프로젝트 구조는 프로젝트 개발을 위해 선택한 IDE에 의존하지 않는다. 프로젝트를 먼저 살펴보면 다음 두 가지 주요 사항을 관찰할 수 있다.

- **src 폴더**: 소스 폴더라고도 하며, 앱에 속한 모든 것을 넣을 수 있다.
- **pom.xml 파일**: 새 종속성 추가처럼 메이븐 프로젝트 구성을 작성하는 파일이다.

메이븐은 src 폴더를 다음 두 하위 폴더로 구성한다.

- **main 폴더**: 애플리케이션의 소스 코드를 저장한다. 이 폴더에는 자바 코드와 구성 정보가 java 및 resources라는 두 하위 폴더에 개별적으로 포함된다.
- **test 폴더**: 단위 테스트의 소스 코드를 저장한다. 단위 테스트 및 정의 방법은 15장에서 자세히 설명한다.

▼ 그림 2-3 메이븐 프로젝트의 구성을 보여 준다. 앱에 포함되는 모든 것은 src 폴더에 추가되고 하위 main 폴더에 애플리케이션의 소스 코드가 포함되며 test 폴더에 단위 테스트의 소스 코드가 포함된다. pom.xml 파일에는 메이븐 프로젝트에 대한 구성 정보가 기록된다. 예제에서는 주로 의존성을 정의하는 데 이 파일을 사용할 것이다

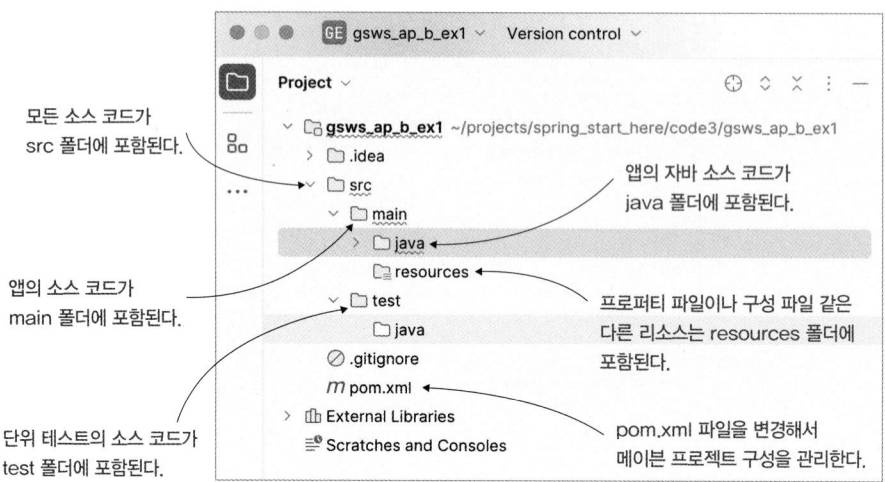

다음 그림은 메이븐 프로젝트의 main/java 폴더에 새로운 소스 코드를 추가하는 방법을 보여 준다. 앱의 새로운 클래스들이 이 폴더에 포함된다.

▼ 그림 2-4 java 폴더 안에는 애플리케이션의 일반 자바 패키지와 클래스가 생성된다. 이런 클래스는 앱의 전체 로직을 정의하고 추가한 의존성을 사용한다

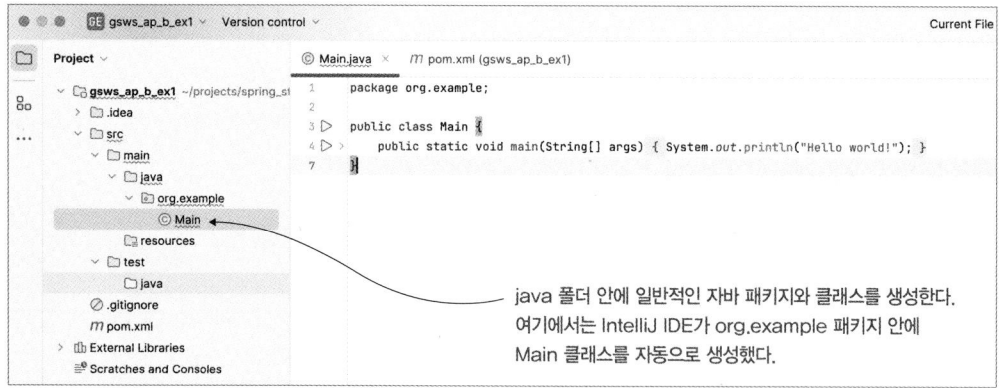

이 책에서 만든 프로젝트에서는 예제 기능을 구현하고자 라이브러리 또는 프레임워크 같은 외부 의존성을 많이 사용한다. 이런 의존성을 메이븐 프로젝트에 추가하려면 pom.xml 파일 내용을 변경해야 한다. 다음 목록에서는 메이븐 프로젝트를 생성한 직후 pom.xml 파일의 기본 내용을 확인할 수 있다.

예제 2-1 pom.xml 파일의 기본 내용

```xml
<?xml version="1.0" encoding="UTF-8"?>
<project xmlns="http://maven.apache.org/POM/4.0.0"
         xmlns:xsi="http://www.w3.org/2001/XMLSchema-instance"
         xsi:schemaLocation="http://maven.apache.org/POM/4.0.0
         http://maven.apache.org/xsd/maven-4.0.0.xsd">

    <modelVersion>4.0.0</modelVersion>
    <groupId>org.example</groupId>
    <artifactId>sq-ch2-ex1</artifactId>
    <version>1.0-SNAPSHOT</version>

    <properties>
        <maven.compiler.source>17</maven.compiler.source>
        <maven.compiler.target>17</maven.compiler.target>
        <project.build.sourceEncoding>UTF-8</project.build.sourceEncoding>
    </properties>
</project>
```

이 pom.xml 파일에서 프로젝트는 외부 의존성을 사용하지 않는다. 프로젝트의 외부 의존성 폴더(External Libraries)를 보면 JDK만 표시될 것이다(그림 2-5).

▼ 그림 2-5 기본 pom.xml 파일을 사용하면 프로젝트에서는 외부 의존성으로 JDK만 활용한다. 이 책에서 사용할 pom.xml 파일을 변경하는 이유 중 하나는 앱에 새로운 의존성을 추가하기 위해서다

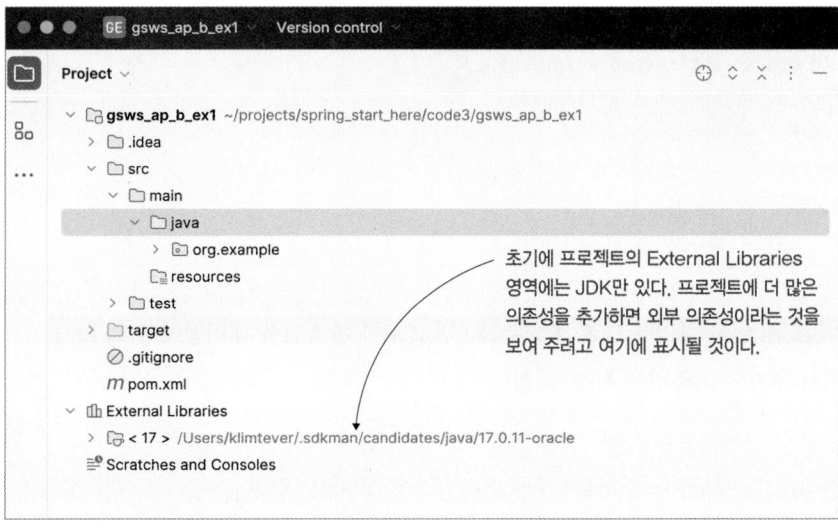

다음 예제는 프로젝트에 외부 의존성을 추가하는 방법을 보여 준다. 모든 의존성을 <dependencies>와 </dependencies> 태그 사이에 작성한다. 각 의존성은 의존성 속성(의존성의 그룹 ID, 아티팩트 이름, 버전)을 작성하는 <dependency>와 </dependency> 태그 집합으로 나타낸다. 메이븐은 이 세 가지 속성에 대해 제공한 값으로 의존성을 검색하고 리포지터리에서 의존성을 내려받는다. 이 책에서는 사용자 정의 리포지터리를 구성하는 방법은 자세히 설명하지 않을 것이다. 메이븐은 기본적으로 'Maven central'이라는 리포지터리에서 의존성(일반적으로 JAR 파일)을 내려받는 점만 알아 두면 된다. 내려받은 JAR 파일은 그림 2-6과 같이 프로젝트의 외부 의존성 폴더에서 찾을 수 있다.

예제 2-2 pom.xml에 새로운 의존성 추가하기

```xml
<?xml version="1.0" encoding="UTF-8"?>
<project xmlns="http://maven.apache.org/POM/4.0.0"
         xmlns:xsi="http://www.w3.org/2001/XMLSchema-instance"
         xsi:schemaLocation="http://maven.apache.org/POM/4.0.0
         http://maven.apache.org/xsd/maven-4.0.0.xsd">
    <modelVersion>4.0.0</modelVersion>
    <groupId>org.example</groupId>
    <artifactId>gsws_ap_b_ex1</artifactId>
    <version>1.0-SNAPSHOT</version>

    # <properties>...</properties> 생략

    <dependencies>   ◀── <dependencies>와 </dependencies> 태그 사이에 프로젝트를 위한 의존성들을 추가한다.
        <dependency>   ◀── 의존성은 <dependency>와 </dependency> 태그 사이에 포함하여 표현한다.
            <groupId>org.springframework</groupId>
            <artifactId>spring-jdbc</artifactId>
            <version>6.1.6</version>
        </dependency>
    </dependencies>
</project>
```

예제 2-2와 같이 pom.xml 파일에 의존성을 추가하면 IDE가 종속성을 내려받아 이제 External Libraries 폴더에서 추가된 의존성을 찾을 수 있다.

다음 절에서는 스프링 컨텍스트의 기본 사항을 설명할 것이다. 메이븐 프로젝트를 생성하고 스프링 컨텍스트를 관리하고자 spring-context라는 스프링 의존성 사용 방법을 배울 수 있다.

▼ 그림 2-6 pom.xml 파일에 새 종속성을 추가하면 메이븐은 해당 종속성을 나타내는 JAR 파일을 내려받는다. 이런 JAR 파일은 프로젝트의 External Libraries 폴더에서 찾을 수 있다

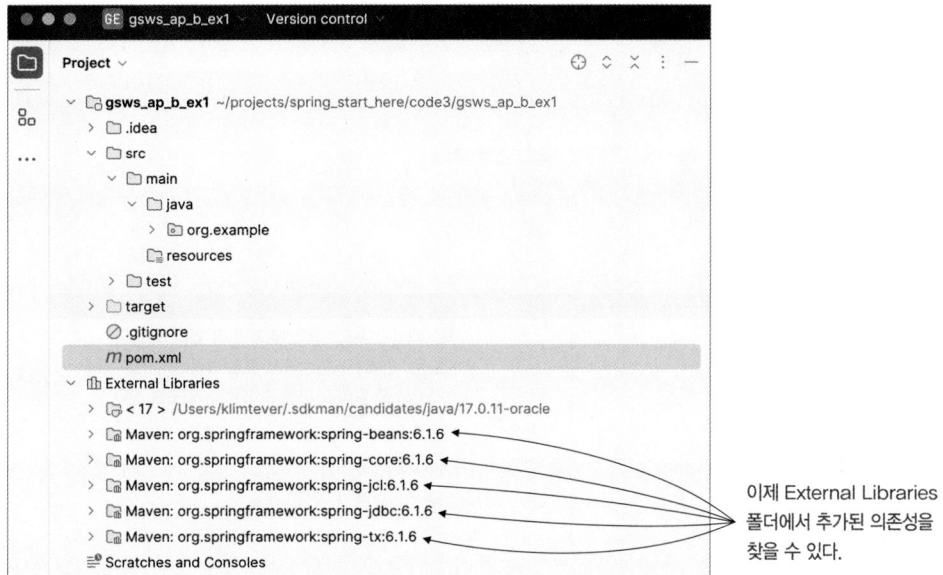

2.2 스프링 컨텍스트에 새로운 빈 추가

SPRING START HERE

이 절에서는 스프링 컨텍스트에 빈(bean) 같은 새로운 객체 인스턴스를 추가하는 방법을 알아볼 것이다. 스프링 컨텍스트에 빈을 추가하는 방법에는 여러 가지가 있으며, 스프링이 빈을 관리하고 제공하는 기능을 앱에 플러그인할 수 있음을 알 수 있다. 작업에 따라 빈을 추가하는 특정 방법을 선택하게 되는데, 언제 어떤 방법을 선택해야 하는지도 알게 될 것이다. 간단히 말하자면, 다음 방법으로 컨텍스트에 빈을 추가할 수 있다(이 장 뒷부분에서 자세히 설명한다).

- @Bean 애너테이션 사용
- 스테레오타입(stereotype)[4] 애너테이션 사용
- 프로그래밍 방식

---

4 역주 스프링 스테레오타입은 스프링 컨테이너가 스프링 관리 컴포넌트로 식별하게 해 주는 단순한 표시(marker)다. @Component, @Controller, @Service, @Repository 등이 해당된다.

먼저 프레임워크를 (심지어 스프링마저도) 전혀 참조하지 않는 프로젝트를 만들어 보자. 그런 다음 스프링 컨텍스트를 사용하는 데 필요한 의존성을 추가하고 생성해 보자(그림 2-7).

▼ 그림 2-7 먼저 개체 인스턴스와 빈 스프링 컨텍스트를 만든다

당신이 하려는 것

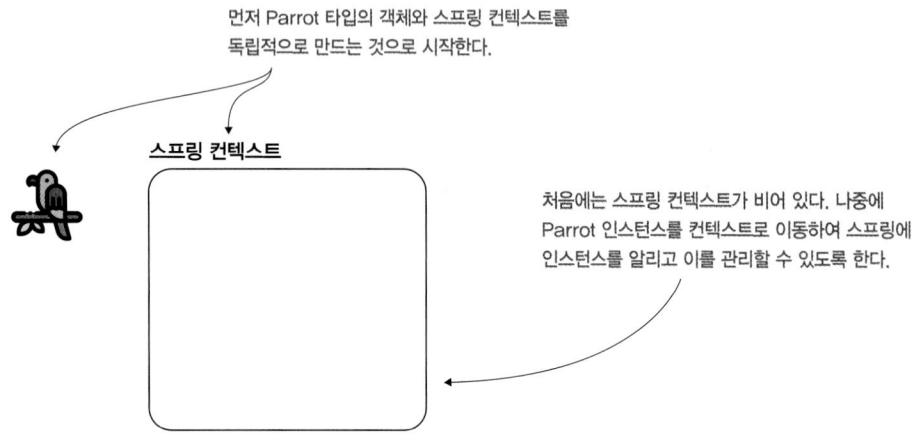

이 예제는 2.2.1절부터 2.2.3절까지 작업할 스프링 컨텍스트 예제에 빈을 추가하기 위한 선작업이 될 것이다.

메이븐 프로젝트를 생성하고 클래스를 정의한다. 재미를 위해 앵무새인 Parrot 클래스를 만들고 이름을 나타내기 위해 String 속성을 추가해 보자(예제 2-3). 이 장에서는 스프링 컨텍스트에 빈을 추가하는 데만 초점을 맞추므로, 구문을 더 잘 기억하는 데 도움이 되는 어떤 객체든 사용해도 상관없다. 이 예제의 코드는 sq-ch2-ex1 프로젝트에서 찾을 수 있는데, 책의 예제 프로젝트는 https://github.com/gilbutITbook/080306에서 내려받을 수 있다. 동일한 프로젝트 이름을 사용하거나 다른 이름을 사용할 수 있다.[5]

예제 2-3 Parrot 클래스

```
public class Parrot {

    private String name;
    // getters와 setters 생략
}
```

---

5 역주 책의 예제 프로젝트를 오픈할 때는 File > New > Project Existing Sources 또는 File > Open을 선택하고 해당 프로젝트의 pom. xml을 클릭한다. 이후 열리는 팝업 창에서 Open as Project 및 Trust Project를 선택하면 예제 프로젝트를 오픈할 수 있다.

다음 예제에서 볼 수 있듯이, Parrot 클래스 인스턴스를 생성할 수 있는 main 메서드가 포함된 클래스를 정의할 수 있다. 필자는 보통 이 클래스 이름을 'Main'으로 지정한다.

예제 2-4 Parrot 클래스 인스턴스 생성하기

```java
public class Main {

    public static void main(String[] args) {
        Parrot p = new Parrot();
    }
}
```

이제 프로젝트에 필요한 의존성을 추가할 차례다. 메이븐을 사용하므로 다음 목록에 표시된 것처럼 pom.xml 파일에 의존성을 추가한다.

예제 2-5 스프링 컨텍스트 의존성 추가하기

```xml
<project xmlns="http://maven.apache.org/POM/4.0.0"
         xmlns:xsi="http://www.w3.org/2001/XMLSchema-instance"
         xsi:schemaLocation="http://maven.apache.org/POM/4.0.0
         http://maven.apache.org/xsd/maven-4.0.0.xsd">
    <modelVersion>4.0.0</modelVersion>
    <groupId>org.example</groupId>
    <artifactId>sq-ch2-ex1</artifactId>
    <version>1.0-SNAPSHOT</version>
    <dependencies>
      <dependency>
        <groupId>org.springframework</groupId>
        <artifactId>spring-context</artifactId>
        <version>6.1.6</version>
      </dependency>
    </dependencies>
</project>
```

눈여겨보아야 할 점은 스프링이 모듈형으로 설계되었다는 것이다. 모듈형은 스프링 에코시스템의 일부 기능을 사용할 때 앱에 스프링 전체를 추가할 필요 없이 사용할 부분만 추가하면 된다는 의미다. 이런 이유로 예제 2-5에서는 스프링 컨텍스트 의존성만 추가한 것을 볼 수 있는데, 이는 스프링 컨텍스트를 사용하는 데 필요한 종속성을 가져오라고 메이븐에 지시한다. 이 책 전반에서는 구현하는 내용에 따라 프로젝트에 다양한 종속성을 추가하기는 하지만 항상 필요한 것만 추가한다.

> Note ≡ 어떤 메이븐 의존성을 추가해야 하는지 어떻게 알 수 있는지 궁금할 것이다. 사실 필자는 너무 많이 사용해서 외울 정도로 숙지하고 있지만, 이를 외울 필요는 없다. 새 스프링 프로젝트로 작업할 때마다 추가해야 하는 의존성을 스프링 레퍼런스(https://docs.spring.io/spring-framework/docs/current/spring-framework-reference/core.html)에서 바로 검색할 수 있다. 일반적으로 스프링 의존성은 org.springframework 그룹 ID의 일부다.

프로젝트에 이 의존성이 추가되면 스프링 컨텍스트 인스턴스를 생성할 수 있다. 다음 예제에서 스프링 컨텍스트 인스턴스를 생성하기 위해 주요 메서드를 어떻게 변경했는지 확인할 수 있다.

예제 2-6 스프링 컨텍스트 인스턴스 생성하기

```
public class Main {

    public static void main(String[] args) {
        var context =
            new AnnotationConfigApplicationContext();  ◀─ 스프링 컨텍스트의 인스턴스를 생성한다.
        Parrot p = new Parrot();
    }
}
```

> Note ≡ AnnotationConfigApplicationContext 클래스를 사용하여 스프링 컨텍스트 인스턴스를 생성한다. 스프링은 여러 구현체를 제공하지만 대부분은 오늘날 가장 많이 쓰는 접근 방식인 애너테이션을 이용한 구현인 AnnotationConfigApplicationContext 클래스를 사용하므로, 이 책에서는 이 클래스를 중점적으로 다룬다. 하지만 필요한 내용만 설명할 것이다. 이제 막 스프링을 시작한다면 컨텍스트 구현과 이런 클래스의 상속 체인은 자세히 다루지 않는 것이 좋다. 그렇게 하면 본질적인 부분에 집중하지 못하고 중요하지 않은 세부 사항으로 길을 잃을 가능성이 높기 때문이다.

그림 2-8에 표시된 것처럼 Parrot 클래스의 인스턴스를 생성하고 프로젝트에 스프링 컨텍스트 의존성을 추가한 후 스프링 컨텍스트의 인스턴스를 생성했다. 이제 다음 단계에서 목표는 컨텍스트에 Parrot 객체를 추가하는 것이다.

지금까지 필수 요건인 뼈대 프로젝트를 생성했다. 이 프로젝트는 다음 절에서 스프링 컨텍스트에 빈(bean)을 추가하는 방법을 이해하는 데 사용될 것이다. 2.2.1절에서는 @Bean 애너테이션을 사용하여 스프링 컨텍스트에 인스턴스를 추가하는 방법을 계속 학습한다. 또 2.2.2절과 2.2.3절에서는 스테레오타입 애너테이션을 사용하여 인스턴스를 추가하는 방법과 프로그래밍 방식으로 인스턴스를 추가하는 방법도 알아볼 것이다. 세 가지 접근 방식을 모두 논의한 후에는 이를 비교해 보고 각 접근 방식을 사용할 때 가장 적합한 주변 환경을 알아볼 것이다.

▼ 그림 2-8 스프링 컨텍스트 인스턴스와 Parrot 인스턴스를 생성했다. 이제 스프링 컨텍스트 안에 Parrot 인스턴스를 추가해서 스프링이 인스턴스를 인식하게 할 것이다

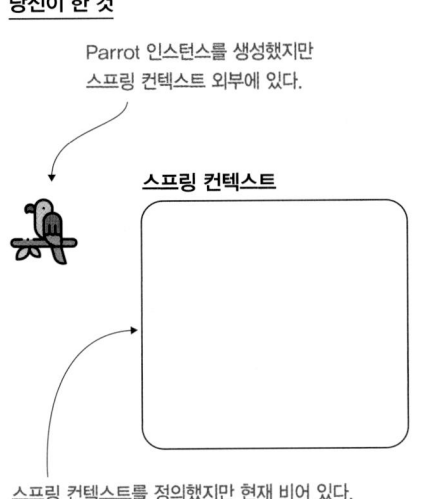

2.2.1 @Bean 애너테이션을 사용하여 스프링 컨텍스트에 빈 추가

이 절에서는 @Bean 자바 애너테이션(Java Annotation)을 사용하여 스프링 컨텍스트에 객체 인스턴스를 추가하는 방법을 설명한다. 이것으로 프로젝트에 정의된 클래스(이 예제에서는 Parrot)의 인스턴스뿐만 아니라 직접 만들지는 않았지만 앱에서 사용하는 클래스도 추가할 수 있다. 처음 시작할 때 이 방식이 가장 이해하기 쉽다고 생각한다. 스프링에서 빈을 추가하는 방법을 배우는 이유는 스프링이 빈 일부인 객체만 관리할 수 있기 때문이라는 점을 기억하라. 먼저 @Bean 애너테이션을 사용하여 스프링 컨텍스트에 빈을 추가하는 방법을 간단한 예로 다룬 후 동일하거나 다른 타입의 빈을 여러 개 추가하는 방법을 보여 줄 것이다.

@Bean 애너테이션을 사용하여 스프링 컨텍스트에 빈을 추가할 때 따라야 하는 단계는 다음과 같다(그림 2-9).

1. (@Configuration 애너테이션이 지정된) 프로젝트 구성 클래스를 정의한다. 나중에 설명하겠지만, 스프링의 컨텍스트를 구성하는 데 사용할 구성 클래스를 정의한다.
2. 컨텍스트에 추가하려는 객체 인스턴스를 반환하는 메서드를 구성 클래스에 추가하고 @Bean 애너테이션으로 메서드에 주석을 추가한다.
3. 스프링이 1.에서 정의한 구성 클래스를 사용하게 한다. 나중에 배우겠지만, 우리는 구성 클래스를 사용하여 다양한 프레임워크 구성을 작성한다.

이 단계를 sq-ch2-ex2 프로젝트에 적용해 보자. 여기에서 설명하는 모든 단계를 별도로 진행하려면 각 예제별로 새 프로젝트를 만드는 것이 좋다.

▼ 그림 2-9 빈 애너테이션으로 컨텍스트에 빈을 추가하는 단계를 보여 준다. 스프링 컨텍스트에 인스턴스를 추가하면 프레임워크가 객체를 인식하여 인스턴스를 관리할 수 있게 된다

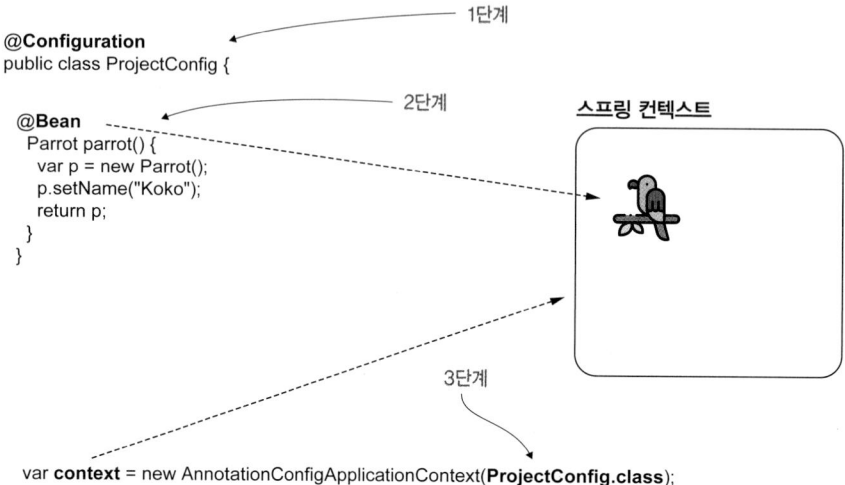

> Note ≡ 구성 클래스는 스프링 애플리케이션에서 스프링이 특정 작업을 수행하도록 지시하는 데 사용하는 특수한 클래스다. 예를 들어 스프링에 빈을 생성하거나 특정 기능을 활성화하도록 지시할 수 있다. 이 책 나머지 부분에서 구성 클래스에서 정의할 수 있는 다양한 것들을 배운다.

1단계: 프로젝트에서 구성 클래스 정의하기

첫 번째 단계는 프로젝트에서 구성 클래스를 생성하는 것이다. 스프링 구성 클래스는 @Configuration 애너테이션이 지정되었다는 특징이 있다. 우리는 구성 클래스로 프로젝트에 대한 다양한 스프링 관련 구성을 정의한다. 이 책 전반에서 구성 클래스를 사용하여 구성할 수 있는 다양한 내용을 배우지만 지금은 스프링 컨텍스트에 새 인스턴스를 추가하는 데만 집중할 것이다. 다음 목록은 구성 클래스를 정의하는 방법을 보여 준다. 필자는 이 구성 클래스 이름을 'ProjectConfig'라고 지었다.

예제 2-7 프로젝트의 구성 클래스 정의하기

```
@Configuration  ← @Configuration 애너테이션을 사용하여 이 클래스를 스프링 구성 클래스로 정의한다.
public class ProjectConfig {

}
```

> Note ≡ 더 쉽게 코드를 이해할 수 있도록 클래스를 다른 패키지로 분리했다. 예를 들어 구성 클래스는 config 패키지에, 메인 클래스는 main 패키지에 만들었다. 클래스를 패키지로 구성하는 것은 좋은 방법이며, 실제 구현에서도 이 방법을 따르는 것이 좋다.

2단계: 빈을 반환하는 메서드를 생성하고 @Bean 애너테이션을 메서드에 추가하기

구성 클래스로 할 수 있는 일 중 하나는 스프링 컨텍스트에 빈을 추가하는 것이다. 이를 위해서는 컨텍스트에 추가하려는 객체 인스턴스를 반환하는 메서드를 정의하고 그 메서드에 @Bean 애너테이션을 추가해야 한다. 이렇게 하면 스프링에 스프링 컨텍스트를 초기화할 때 이 메서드를 호출해야 하고 반환된 값을 컨텍스트에 추가해야 한다고 지시하게 된다. 다음 예제는 현재 단계를 구현하는 구성 클래스의 변경 사항을 보여 준다.

> Note ≡ 이 책 프로젝트에서는 장기적으로 지원되는 최신 자바 버전인 자바 11을 사용한다. 점점 더 많은 프로젝트가 이 버전을 채택하고 있다. 이전 버전의 자바를 사용하고 있다면, 코드에서 작동하지 않는 유일한 특정 기능은 var 예약 타입일 것이다. 필자는 코드를 더 짧고 읽기 쉽게 만들고자 코드에서 var를 사용하고 있지만, 이전 버전의 자바 (예 자바 8)를 사용하려면 var를 추정되는 타입으로 대체해야 한다. 이렇게 하면 자바 8에서도 프로젝트가 실행된다.[6]

예제 2-8 @Bean 메서드 정의하기

```
@Configuration
public class ProjectConfig {

    @Bean    ←──── @Bean 애너테이션을 추가하여 스프링에 컨텍스트가 초기화될 때
    Parrot parrot() {      이 메서드를 호출하고 반환된 값을 컨텍스트에 추가하라고 지시한다.
        var p = new Parrot();
        p.setName("Koko");   ←──── 나중에 앱을 테스트할 때를 대비해서 Parrot에 이름을 설정한다.
        return p;   ←──── 스프링은 메서드가 반환한 Parrot 인스턴스를 컨텍스트에 추가한다.
    }
}
```

메서드에 사용한 이름에는 동사가 포함되어 있지 않다는 것을 확인하라. 일반적으로 메서드는 동작을 나타내므로 메서드 이름에 동사를 넣는 것이 자바의 모범 사례라고 배웠을 것이다. 하지만 스프링 컨텍스트에서 빈을 추가하는 데 사용하는 메서드는 이 규칙을 따르지 않는다. 이런 메서드는 반환하는 객체 인스턴스를 나타내며 이제 스프링 컨텍스트의 일부가 된다. 메서드 이름도 빈의 이름이 된다(예제 2-8과 같이 이제 빈 이름은 'parrot'이다). 관례에 따라 명사를 사용할 수 있으

---

6 역주 앞서 언급했듯이, 역자는 자바 17과 자바 21에서 테스트했으며 자바 11 이상에서는 코드 변경 없이 테스트를 수행할 수 있을 것이다.

며, 대부분은 클래스와 이름이 같다.

3단계: 새로 생성된 구성 클래스로 스프링이 컨텍스트를 초기화하도록 만들기

스프링에 빈이 되어야 하는 객체 인스턴스를 알려 주는 구성 클래스를 구현했다. 이제 스프링이 컨텍스트를 초기화할 때 이 구성 클래스를 사용하도록 해야 한다. 다음 예제는 처음 두 단계에서 구현한 구성 클래스를 사용하도록 Main 클래스에서 스프링 컨텍스트의 인스턴스화를 변경하는 방법을 보여 준다.

예제 2-9 정의된 구성 클래스를 기반으로 스프링 컨텍스트 초기화하기

```
public class Main {

    public static void main(String[] args) {
        var context =
            new AnnotationConfigApplicationContext(ProjectConfig.class);
    }
}
```

스프링 컨텍스트 인스턴스가 생성될 때 구성 클래스를 매개변수로 전송하여 스프링이 이를 사용하도록 지시한다.

현재 Parrot 인스턴스가 실제로 컨텍스트가 포함되었는지 확인하려면 다음 예제에 표시된 것처럼 인스턴스를 참조하고 콘솔에서 이름을 출력한다.

예제 2-10 컨텍스트의 Parrot 인스턴스 참조하기

```
public class Main {

    public static void main(String[] args) {
        var context =
            new AnnotationConfigApplicationContext(ProjectConfig.class);
        Parrot p = context.getBean(Parrot.class);
        System.out.println(p.getName());
    }
}
```

스프링 컨텍스트에서 Parrot 타입의 빈 참조를 가져온다.

이제 콘솔에서 컨텍스트에 추가한 앵무새 이름(여기에서는 Koko)을 볼 수 있다.

> Note ≡ 실제 시나리오에서는 단위 테스트와 통합 테스트를 사용하여 구현이 원하는 대로 작동하는지 검증한다. 이 책의 프로젝트는 단위 테스트를 구현하여 논의된 동작을 검증한다. 이 책은 '입문용'이므로 아직은 단위 테스트를 잘 모를 수도 있다. 혼란을 피하고 논의할 주제에 집중할 수 있도록 15장까지는 단위 테스트를 설명하지 않는다. 하지만

◯ 계속

단위 테스트 작성법을 이미 알고 있다면, 각 메이븐 프로젝트의 테스트 폴더에서 구현된 모든 단위 테스트를 확인할 수 있다. 단위 테스트가 어떻게 작동하는지 아직 잘 모른다면 논의 주제에만 집중하는 편이 좋다.

이전 예제와 마찬가지로 스프링 컨텍스트에 모든 종류의 객체를 추가할 수 있다(그림 2-10). 또 String과 Integer를 추가하고 작동하는지 확인할 수 있다.

▼ 그림 2-10 스프링 컨텍스트에 어떤 객체든 추가하여 스프링이 인식하게 할 수 있다

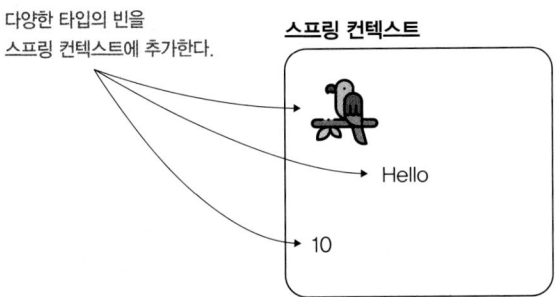

다음 예제에서는 String 및 Integer 타입의 빈을 구성 클래스에 추가하는 방법을 보여 준다.

예제 2-11 빈 두 개 이상을 컨텍스트에 추가하기

```
@Configuration
public class ProjectConfig {

    @Bean
    Parrot parrot() {
        var p = new Parrot();
        p.setName("Koko");
        return p;
    }

    @Bean    ◀── 스프링 컨텍스트에 "Hello" 문자열 추가
    String hello() {
        return "Hello";
    }

    @Bean    ◀── 스프링 컨텍스트에 정수 10 추가
    Integer ten() {
        return 10;
    }
}
```

> Note ≡ 스프링 컨텍스트의 목적을 기억하라. 그 목적은 스프링이 관리해야 할 것으로 생각되는 인스턴스를 추가하는 것이다(이렇게 하면 프레임워크에서 제공하는 기능을 연결할 수 있다). 실제 앱에서는 모든 객체를 스프링 컨텍스트에 추가하지 않는다. 4장 예제부터는 출시 준비가 된 앱 코드에 보다 가까워지며, 그 후로는 스프링이 관리해야 하는 객체에 더 집중할 것이다. 지금은 스프링 컨텍스트에 빈을 추가할 수 있는 방법에 중점을 둔다.

이제 앵무새 객체와 동일한 방식으로 이 새로운 빈 두 개를 참조할 수 있다. 다음 예제는 새로운 빈 값을 인쇄하도록 어떻게 Main 메서드를 변경했는지 보여 준다.

예제 2-12 콘솔에 새로운 빈 두 개 출력하기

```java
public class Main {

    public static void main(String[] args) {
        var context = new AnnotationConfigApplicationContext(ProjectConfig.class);
        Parrot p = context.getBean(Parrot.class);   // 명시적으로 형 변환(type casting)은 할 필요 없다.
        System.out.println(p.getName());            // 스프링은 요청받은 빈 타입을 컨텍스트에서 찾는다.
        String s = context.getBean(String.class);   // 그러한 빈이 없다면 스프링은 예외를 던진다.
        System.out.println(s);
        Integer n = context.getBean(Integer.class);
        System.out.println(n);
    }
}
```

이제 앱을 실행하면 다음 코드 스니펫(snippet)처럼 콘솔에 빈 세 개의 값이 인쇄된다.

```
Koko Hello 10
```

지금까지 스프링 컨텍스트에 서로 다른 타입의 빈을 하나 이상 추가했다. 하지만 동일한 타입의 객체를 둘 이상 추가할 수도 있을까?(그림 2-11) 그렇다면 이런 객체를 어떻게 개별적으로 참조할 수 있을까? 새 프로젝트인 sq-ch2-ex3을 생성하여 동일한 타입의 빈을 스프링 컨텍스트에 여러 개 추가하는 방법과 나중에 참조하는 방법을 알아보자.

❤ 그림 2-11 @Bean 애너테이션이 달린 여러 메서드를 사용하여 동일한 타입의 빈을 스프링 컨텍스트에 더 추가할 수 있다. 각 인스턴스에는 고유 식별자가 있다. 나중에 참조하려면 빈의 식별자를 사용해야 한다

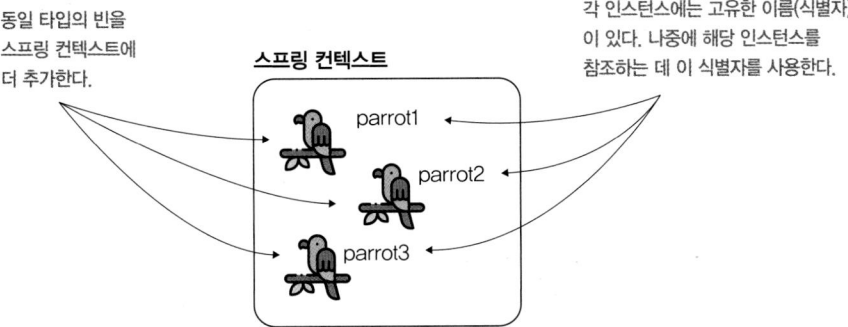

> Note ≡ 빈 이름과 앵무새 이름을 혼동하지 마라. 이 예제의 스프링 컨텍스트에서 빈 이름(또는 식별자)은 parrot1, parrot2, parrot3이며, 이를 정의하는 @Bean 메서드 이름과 같다. 필자가 앵무새에 부여한 이름은 Koko, Miki, Riki다. 앵무새 이름은 Parrot 객체의 속성에 불과하며 스프링에는 아무 의미가 없다.

Bean 애너테이션이 붙은 메서드를 더 선언하기만 하면 동일한 타입의 인스턴스를 원하는 만큼 선언할 수 있다. 다음 예제는 구성 클래스에서 Parrot 타입의 빈 세 개를 선언하는 방법을 보여 준다. 이 예제는 sq-ch2-ex3 프로젝트에서 찾을 수 있다.

예제 2-13 스프링 컨텍스트에 동일한 타입의 빈 여러 개 추가하기

```
@Configuration
public class ProjectConfig {

    @Bean
    Parrot parrot1() {
        var p = new Parrot();
        p.setName("Koko");
        return p;
    }

    @Bean
    Parrot parrot2() {
        var p = new Parrot();
        p.setName("Miki");
        return p;
    }

    @Bean
```

```java
    Parrot parrot3() {
        var p = new Parrot();
        p.setName("Riki");
        return p;
    }
}
```

물론 타입만 지정해서는 더 이상 컨텍스트에서 빈을 가져올 수 없다. 그렇게 하면 스프링이 선언한 인스턴스 중 어떤 것을 참조할지 짐작할 수 없기 때문에 예외가 발생한다. 다음 예제를 보자. 이런 코드를 실행하면 스프링에서 사용하려는 인스턴스를 정확히 지정해야 한다고 경고하는 예외가 발생할 것이다.

예제 2-14 타입으로 Parrot 인스턴스 참조하기

```java
public class Main {

    public static void main(String[] args) {
        var context =
            new AnnotationConfigApplicationContext(ProjectConfig.class);
        Parrot p = context.getBean(Parrot.class);   // 이 줄에서 예외가 발생하는 이유는 스프링은
        System.out.println(p.getName());             //  사용자가 참조하는 Parrot 인스턴스 세 개 중
    }                                                 //  어떤 것을 참조하는지 추정할 수 없기 때문이다.
}
```

애플리케이션을 실행하면 다음의 코드 스니펫에 표시된 것과 유사한 예외가 발생한다.

```
Exception in thread "main"
org.springframework.beans.factory.NoUniqueBeanDefinitionException: No
qualifying bean of type 'main.Parrot' available: expected single matching
bean but found 3:
    parrot1,parrot2,parrot3   // 컨텍스트에 있는 Parrot 빈들의 이름이다.
    at ...
```

이런 모호성 문제를 해결하려면 빈 이름을 사용하여 인스턴스 중 하나를 정확하게 참조해야 한다. 기본적으로 스프링은 @Bean으로 주석이 달린 메서드 이름을 빈 이름으로 사용한다. 이것이 바로 동사를 사용하여 @Bean 메서드 이름을 지정하지 않는 이유다. 이때 빈의 이름은 parrot1, parrot2, parrot3이다(메서드는 Bean을 나타낸다). 이런 이름은 예외 메시지의 이전 코드 스니펫에서 찾을 수 있다. 발견했는가? 이름을 사용하여 이런 빈 중 하나를 명시적으로 참조하도록 main 메서드를 변경해 보자. 다음 예제에서 parrot2 빈을 어떻게 참조했는지 살펴볼 수 있다.

예제 2-15 식별자로 빈 참조하기

```java
public class Main {

    public static void main(String[] args) {
        var context =
            new AnnotationConfigApplicationContext(ProjectConfig.class);
        Parrot p = context.getBean("parrot2", Parrot.class);  ← 첫 번째 매개변수가 참조할
        System.out.println(p.getName());                          인스턴스 이름이다.
    }
}
```

지금 앱을 실행하면 더 이상 예외가 표시되지 않는 대신 콘솔에 두 번째 앵무새 이름인 Miki가 표시될 것이다.

빈에 다른 이름을 지정하려면 @Bean 애너테이션의 이름(name) 또는 값(value) 속성 중 하나를 사용한다. 다음 구문에서 "miki" 부분을 빈 이름으로 바꿀 수 있다.

- @Bean(name="miki")
- @Bean(value="miki")
- @Bean("miki")

다음 코드에 표시되는 변경 사항을 관찰할 수 있으며, 이 예제는 sq-ch2-ex4라는 프로젝트에서 찾을 수 있다.

```java
@Bean(name="miki")  ← 빈 이름을 설정한다.
Parrot parrot2() {
    var p = new Parrot();
    p.setName("Miki");  ← 앵무새 이름을 설정한다.
    return p;
}
```

> **빈을 기본으로 정의하기**
>
> 이 절 앞부분에서는 스프링 컨텍스트에서 같은 종류의 빈을 여러 개 가질 수 있지만 이름을 사용하여 참조해야 한다고 설명했다. 종류가 같은 빈이 여러 개 있을 때는 컨텍스트에서 빈을 참조할 때 다른 방법을 선택할 수 있다.
>
> 스프링 컨텍스트에 동일한 종류의 빈이 여러 개 있다면 그중 하나를 **기본**(primary) 빈으로 만들 수 있다. @Primary 애너테이션을 사용하여 기본으로 설정하려는 빈을 표시한다. 기본 빈은 선택할 빈이 여러 개 있고 사용자가 이름을 지정하지 않을 때 스프링이 선택하는 빈이다. 단순히 말하면, 스프링의 디폴트 빈이다. 다음 코드는 @Primary 애너테이션된 @Bean 메서드가 어떤 모습인지 보여 준다.

○ 계속

```
@Bean
@Primary
Parrot parrot2() {
    var p = new Parrot();
    p.setName("Miki");
    return p;
}
```

이름을 지정하지 않고 Parrot을 참조하는 경우 이제 스프링은 기본적으로 Miki를 선택한다. 물론 한 타입의 빈에서는 하나의 빈만 기본으로 정의할 수 있다. 이 예제는 sq-ch2-ex5 프로젝트에 구현되어 있다.

2.2.2 스테레오타입 애너테이션으로 스프링 컨텍스트에 빈 추가

이 절에서는 스프링 컨텍스트에 빈을 추가하는 다른 방식을 배운다(이 장 뒷부분에서 각 방식을 비교하고 언제 어떤 방식을 선택해야 하는지 논의할 것이다). 스프링 컨텍스트에 빈을 추가하는 것은 프레임워크에서 관리해야 하는 애플리케이션의 객체 인스턴스를 스프링이 인식하게 하므로 매우 중요하다는 것을 기억하자. 스프링은 컨텍스트에 빈을 추가하는 더 많은 방법을 제공한다. 시나리오에 따라 이런 접근 방식 중 하나를 사용하면 다른 방법보다 더 편함을 알게 될 것이다. 예를 들어 스테레오타입 애너테이션을 사용하면 더 적은 코드로 스프링이 컨텍스트에 빈을 추가하도록 지시할 수 있다.

나중에 스프링이 여러 가지 스테레오타입 애너테이션을 제공함을 알게 될 것이다. 하지만 이 절에서는 스테레오타입 애너테이션을 사용하는 일반적인 방법에 집중한다. 여기에서는 이 중 가장 기본적인 @Component를 사용하는 예제를 보여 줄 것이다.

스테레오타입 애너테이션을 사용하려면 스프링 컨텍스트에 추가해야 할 인스턴스의 클래스 위에 이 애너테이션을 추가해야 한다. 이렇게 하는 것을 클래스를 컴포넌트(component)로 표시했다고 한다. 앱이 스프링 컨텍스트를 생성하면 스프링은 컴포넌트로 표시된 클래스의 인스턴스를 생성하고 해당 인스턴스를 컨텍스트에 추가한다. 이 방식을 사용하면 스테레오타입 애너테이션으로 지정된 클래스를 찾을 위치를 스프링에 알려 주는 구성(configuration) 클래스가 필요하다. 또 두 가지 방식(@Bean과 스테레오타입 애너테이션)을 모두 사용할 수 있다. 이후 장에서는 이런 종류의 복잡한 예제를 다룰 것이다.

이 과정에서 수행해야 할 단계는 다음 그림과 같다.

1. @Component 애너테이션으로 스프링이 해당 컨텍스트에 인스턴스를 추가할 클래스(이 경우 Parrot)를 표시한다.
2. 구성 클래스 위에 @ComponentScan 애너테이션으로 표시한 클래스를 어디에서 찾을 수 있는지 스프링에 지시한다.

Parrot 클래스를 예로 들어 보자. Parrot 클래스에 스테레오타입 애너테이션 중 하나인 @Component 애너테이션을 지정하여 스프링 컨텍스트에 클래스 인스턴스를 추가할 수 있다.

▼ 그림 2-12 스테레오타입 애너테이션을 사용할 때 두 단계를 고려하라. 첫째 스프링 컨텍스트에 추가할 클래스에 스테레오타입(@Component) 애너테이션을 사용한다, 둘째 @ComponentScan 애너테이션으로 스프링이 스테레오타입 애너테이션이 추가된 클래스를 찾을 수 있게 한다

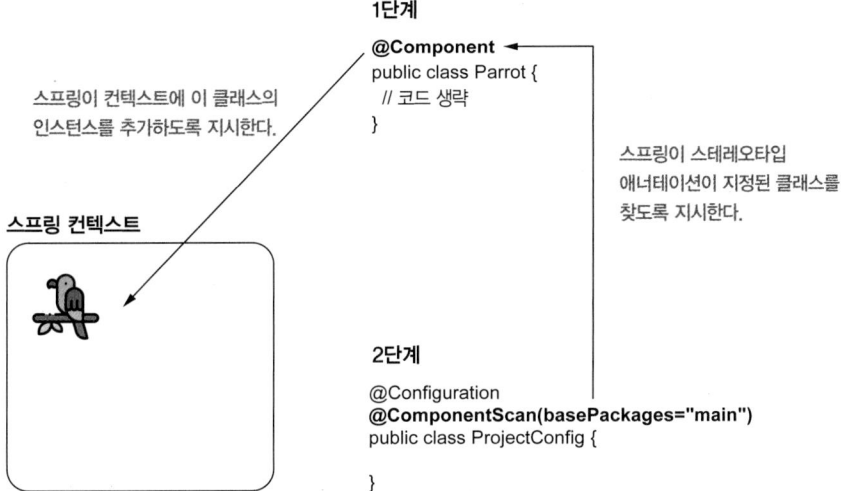

다음 예제는 Parrot 클래스에 대해 @Component 애너테이션을 사용하는 방법을 보여 준다. 이 예제는 sq-ch2-ex6 프로젝트에서 찾을 수 있다.

예제 2-16 Parrot 클래스에 대해 스테레오타입 애너테이션 사용하기

```
@Component          ◀──── Parrot 클래스에 대해 @Component 애너테이션을 사용하면 스프링은
public class Parrot {      이 클래스의 인스턴스를 생성하고 스프링 컨텍스트에 추가한다.

    private String name;
    public String getName() {
        return name;
    }

    public void setName(String name) {
        this.name = name;
```

            }
        }

하지만 잠깐! 이 코드는 아직 동작하지 않는다. 기본적으로 스프링은 스테레오타입 애너테이션으로 지정된 클래스를 검색하지 않기 때문에 코드를 그대로 두면 스프링은 스프링 컨텍스트에 Parrot 타입의 빈을 추가하지 않는다. 스프링에 스테레오타입 애너테이션으로 지정된 클래스를 검색하도록 지시하려면 구성 클래스에 @ComponentScan 애너테이션을 추가해야 한다. 또 @ComponentScan 애너테이션으로 이런 클래스를 찾을 위치를 스프링에 알려 줄 수 있다. 단순히 스테레오타입 애너테이션으로 지정된 클래스가 있는 패키지들을 열거하여 매개변수(basePackages)에 제공하기만 하면 된다. 다음 예제는 프로젝트의 구성 클래스에 대해 @ComponentScan 애너테이션을 사용하는 방법을 보여 준다. 필자는 패키지 이름을 'main'으로 지정했다.

예제 2-17 @ComponentScan 애너테이션으로 스프링이 검색할 위치 지정하기

```
@Configuration
@ComponentScan(basePackages="main")  ← 애너테이션의 basePackages 속성으로 스프링에 스테레오타입
public class ProjectConfig {            애너테이션이 지정된 클래스를 찾을 위치를 알려 준다.

}
```

이제 스프링에 다음을 지정한다.

1. 컨텍스트에 추가할 인스턴스의 클래스(Parrot)
2. 이런 클래스를 찾을 수 있는 위치(@ComponentScan 사용)

> **Note ≡** 이제 빈을 정의하는 데 더 이상 메서드가 필요하지 않다. 더 적은 코드를 작성하여 동일한 결과를 얻을 수 있기 때문에 이 방식이 더 나아 보인다. 하지만 이 장을 마칠 때까지 기다리기 바란다. 시나리오에 따라 두 접근 방식 모두 유용함을 알 수 있을 것이다.

다음 예제에 제시된 대로 main 메서드를 계속 작성하면 스프링이 컨텍스트에서 빈을 생성하고 추가한다는 것을 확인할 수 있다.

예제 2-18 스프링 구성을 테스트하는 main 메서드 정의하기

```
public class Main {

    public static void main(String[] args) {
        var context =
```

```
            new AnnotationConfigApplicationContext(ProjectConfig.class);
        Parrot p = context.getBean(Parrot.class);
        System.out.println(p);         ◀── 스프링 컨텍스트에서 가져온 인스턴스를 기본 String 형식으로 출력한다.
        System.out.println(p.getName()); ◀── 스프링이 컨텍스트에 추가한 Parrot 인스턴스에
                                              아직 이름을 설정하지 않았기 때문에 null이 출력된다.
    }
}
```

이 애플리케이션을 실행하면 스프링이 해당 컨텍스트에 Parrot 인스턴스를 추가한 것을 볼 수 있는데, 첫 번째 값은 이 인스턴스의 기본 문자열(string) 타입 표현이다. 하지만 이 앵무새(Parrot 인스턴스)에 이름을 할당하지 않았기 때문에 두 번째 출력된 값은 null이다. 스프링은 클래스의 인스턴스만 생성하지만, 나중에 이 인스턴스를 어떤 식으로든 변경하는 것(이름을 할당하는 등)은 여전히 우리가 해야 할 일이다.

이제 스프링 컨텍스트에 빈을 추가할 때 가장 자주 접하는 두 가지 방법을 간단히 비교해 보자(표 2-1).

실제 시나리오에서는 가능한 한 스테레오타입 애너테이션을 사용하고(이 방식이 코드 작성량이 적기 때문), 다른 방법으로 빈을 추가할 수 없을 때만 @Bean을 사용한다(예를 들어 라이브러리 일부로 포함된 클래스에 대한 빈을 생성하므로, 해당 클래스에 스테레오타입 애너테이션을 추가할 수 없는 경우가 해당된다).

▼ 표 2-1 장단점: 스프링 컨텍스트에 빈을 추가하는 두 방법을 비교하여 언제 어떤 것을 사용할지 이해한다

@Bean 애너테이션 사용	스테레오타입 애너테이션 사용
1. 스프링 컨텍스트에 추가할 인스턴스의 생성을 완전히 제어할 수 있다. @Bean이 달린 메서드 안에서 인스턴스를 생성하고 구성하는 것은 사용자 책임이다. 스프링은 해당 인스턴스만 받아 컨텍스트에 그대로 추가한다. 2. 이 메서드를 사용하면 동일한 타입의 인스턴스를 스프링 컨텍스트에 더 추가할 수 있다. 2.2.1절에서 우리는 스프링 컨텍스트에 Parrot 인스턴스 세 개를 추가했다. 3. @Bean 애너테이션을 사용하여 스프링 컨텍스트에 모든 객체 인스턴스를 추가할 수 있다. 즉, 인스턴스를 정의한 클래스가 앱 내에서 정의되지 않아도 추가할 수 있다. 앞서 우리는 스프링 컨텍스트에 String과 Integer 타입을 추가했다. 4. 생성하는 각 빈에 대해 별도의 메서드를 작성해야 하므로 앱에 상용구 코드가 추가된다. 이런 이유로 프로젝트에서 @Bean을 사용하기보다는 스테레오타입 애너테이션을 선호한다.	1. 프레임워크가 인스턴스를 생성한 후에만 인스턴스를 제어할 수 있다. 2. 이렇게 하면 컨텍스트에 클래스의 인스턴스를 하나만 추가할 수 있다. 3. 스테레오타입 애너테이션은 애플리케이션이 소유한 클래스의 빈을 생성하는 데만 사용할 수 있다. 예를 들어 2.2.1절에서 한 것처럼 @Bean 애너테이션을 사용하여 String 또는 Integer 타입의 빈을 추가할 수 없다. 변경할 클래스를 소유하고 있지 않기 때문에 스테레오타입 애너테이션으로 해당 타입의 빈을 추가할 수 없다. 4. 스테레오타입 애너테이션을 사용하여 스프링 컨텍스트에 빈을 추가해도 앱에 상용구 코드가 추가되지 않는다. 일반적으로 앱에 속한 클래스에서는 이 방식을 선호할 것이다.

PostConstruct를 사용하여 인스턴스 생성 후 관리하기

이 절에서 설명한 것처럼 스테레오타입 애너테이션을 사용하면 스프링에 빈을 생성하고 해당 컨텍스트에 추가하도록 지시할 수 있다. 하지만 @Bean 애너테이션을 사용하는 것과 달리 인스턴스 생성은 완전히 제어할 수 없다. @Bean을 사용하면 스프링 컨텍스트에 추가한 각 Parrot 인스턴스의 이름을 정의할 수 있지만, @Component를 사용하면 스프링이 Parrot 클래스의 생성자를 호출한 후에는 어떤 것도 할 수 없다. 스프링이 빈을 생성한 직후에 몇 가지 명령을 실행하려면 어떻게 해야 할까? 이때는 PostConstruct 애너테이션을 사용할 수 있다.

스프링은 자바 EE에서 유래한 @PostConstruct 애너테이션을 가져와 사용한다. 이 애너테이션을 스프링 빈과 함께 사용하여 빈을 생성한 후 스프링이 실행하는 일련의 명령을 지정할 수 있다. 컴포넌트 클래스에서 메서드를 정의하고 해당 메서드에 @PostConstruct 애너테이션을 추가하면 생성자가 실행을 완료한 후 스프링이 해당 메서드를 호출하도록 지시할 수 있다.

pom.xml에 @PostConstruct 애너테이션을 사용하는 데 필요한 메이븐 의존성을 추가해 보자.

```
<dependency>
    <groupId>javax.annotation</groupId>
    <artifactId>javax.annotation-api</artifactId>
    <version>1.3.2</version>
</dependency>
```

자바 11보다 이전 버전을 사용한다면 이 의존성은 추가할 필요가 없다. 자바 11 이전에는 자바 EE 의존성이 JDK 일부분이었지만, 자바 11에서는 자바 EE 의존성을 포함하여 SE와 관련 없는 API가 JDK에서 제거되었다.

@PostConstruct처럼 제거된 API의 일부분이었던 기능을 사용하려면 앱에 명시적으로 의존성을 추가해야 한다.

이제 다음 코드에서 볼 수 있는 것처럼 Parrot 클래스에서 메서드를 정의할 수 있다.

```
@Component
public class Parrot {

    private String name;

    @PostConstruct
    public void init() {
        this.name = "Kiki";
    }
    // 코드 생략
}
```

이 예제는 sq-ch2-ex7 프로젝트에서 찾을 수 있다. 이제 콘솔에서 앵무새 이름을 출력하면 앱이 Kiki라는 값을 출력하는 것을 확인할 수 있다.

이것과 매우 비슷하지만 실제 앱에서는 잘 사용하지 않는 @PreDestroy 애너테이션을 사용할 수 있다. 이 애너테이션을 사용하면 스프링이 컨텍스트를 닫고 삭제하기 직전에 호출되는 메서드를 정의할 수 있다. @PreDestroy 애너테이션은 JSR-250에도 설명되어 있으며 스프링에서 차용했다. 하지만 보통은 이 애너테이션을 사용하지 말고 스프링이 컨텍스트를 지우기 전에 무언가를 실행하는 다른 접근 방식을 찾는 편이 좋은데, 스프링이 컨텍스트를 삭제하는 데 실패할 수 있기 때문이다. 데이터베이스 연결을 닫는 것처럼 민감한 작업을 @PreDestroy 메서드에 정의하는 상황을 상상해 보자. 스프링이 이 메서드를 호출하지 않으면 큰 문제가 발생할 수 있다.

2.2.3 프로그래밍 방식으로 스프링 컨텍스트에 빈 추가

여기에서는 프로그래밍 방식으로 스프링 컨텍스트에 빈을 추가하는 방법을 설명한다. 스프링 5에서는 스프링 컨텍스트에 프로그래밍 방식으로 빈을 추가하는 방법이 소개되었는데, 이는 컨텍스트 인스턴스의 메서드를 호출하여 컨텍스트에 새 인스턴스를 직접 추가할 수 있어 유연성이 매우 뛰어나다. 컨텍스트에 빈을 추가하는 사용자 재정의 방법을 구현하고 싶지만 @Bean 또는 스테레오타입 애너테이션 방식이 요구에 충족되지 않을 때는 이 방식을 사용한다. 애플리케이션의 특정 구성 정보에 따라 스프링 컨텍스트에 특정 빈을 등록해야 한다고 가정해 보자. @Bean 및 스테레오타입 애너테이션을 사용하면 시나리오 대부분을 구현할 수 있지만 다음 코드에서 제시된 작업은 수행할 수 없다.

```
if (condition) {
    registerBean(b1);    ◀── 조건이 참이면 스프링 컨텍스트에 특정 빈을 추가한다.
} else {
    registerBean(b2);    ◀── 참이 아니면 스프링 컨텍스트에 다른 빈을 추가한다.
}
```

앵무새 예를 계속 사용해 보자면 시나리오는 다음 그림과 같다. 앱이 앵무새 무리를 인식하는데, 그중 일부는 나뭇가지에 앉아 있고 다른 일부는 잎사귀에 앉아 있다. 앱은 그중 나뭇가지에 앉아 있는 앵무새만 스프링 컨텍스트에 추가하고 싶다.

▼ 그림 2-13 registerBean() 메서드를 사용하면 스프링 컨텍스트에 특정 객체 인스턴스를 추가할 수 있다

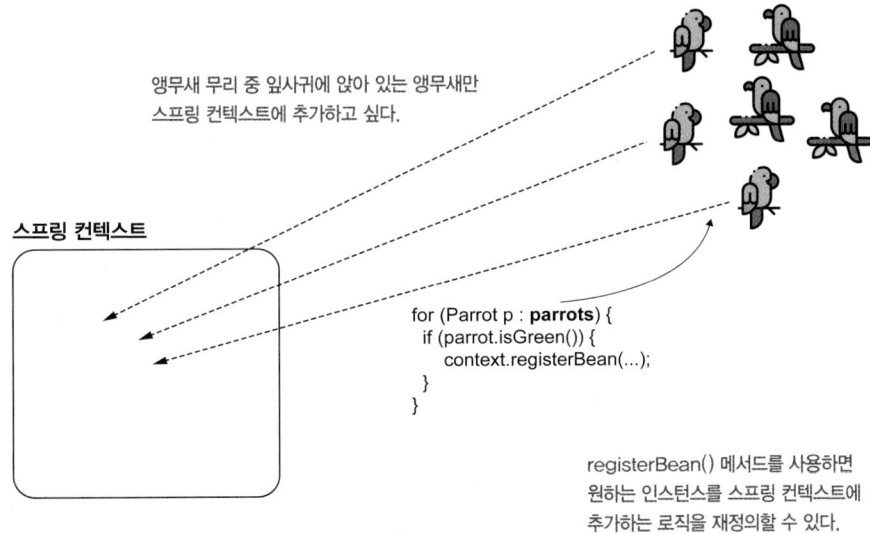

이 메서드가 어떻게 작동하는지 살펴보자. 프로그래밍 방식으로 스프링 컨텍스트에 빈을 추가하려면 ApplicationContext 인스턴스의 registerBean() 메서드를 호출만 하면 된다. registerBean()에는 다음 코드에 표시된 것처럼 매개변수 네 개가 있다.

```
<T> void registerBean(
    String beanName,
    Class<T> beanClass,
    Supplier<T> supplier,
    BeanDefinitionCustomizer... customizers);
```

1. 첫 번째 매개변수 beanName은 스프링 컨텍스트에서 추가할 빈 이름을 정의한다. 추가할 빈에 이름을 지정할 필요가 없다면 메서드를 호출할 때 null 값을 사용할 수 있다.

2. 두 번째 매개변수는 컨텍스트에 추가할 빈을 정의하는 클래스다. Parrot 클래스의 인스턴스를 추가하고 싶다면 이 매개변수에 지정할 값은 Parrot.class가 된다.

3. 세 번째 매개변수는 Supplier의 인스턴스다. 이 Supplier의 구현체는 컨텍스트에 추가할 인스턴스 값을 전달해야 한다. Supplier는 java.util.function 패키지에서 찾을 수 있는 함수형 인터페이스라는 점을 기억하라. Supplier 구현체의 목적은 매개변수 없이 사용자가 정의한 값을 반환하는 것이다.

4. 네 번째 마지막 매개변수는 BeanDefinitionCustomizer의 varargs다. (이 이름이 익숙하지 않더라도 괜찮다. BeanDefinitionCustomizer는 빈의 다양한 특징을 구성하려고 구현하는 인터페이스일 뿐이다. 예를 들어 기본(primary) 빈으로 설정한다.) 이 매개변수는 varargs 타입으로 정의되므로 이를 완전히 생략하거나 BeanDefinitionCustomizer 타입의 값을 더 지정할 수 있다.

sq-ch2-ex8 프로젝트에서 registerBean() 메서드 사용 예제를 찾을 수 있다. 이 프로젝트의 구성 클래스가 비어 있고, 빈 정의 예제에 사용한 Parrot 클래스는 POJO(Plain Old Java Object)이며, 아무런 애너테이션도 사용하지 않았다는 것을 알 수 있다. 다음 코드에서는 이 예제에서 정의한 구성 클래스를 찾을 수 있다.

```
@Configuration
public class ProjectConfig {

}
```

필자는 빈을 생성하는 데 사용하는 Parrot 클래스를 정의해 보았다.

```java
public class Parrot {

    private String name;
    // getters와 setters 생략
}
```

프로젝트의 main 메서드에서 registerBean() 메서드로 스프링 컨텍스트에 Parrot 타입의 인스턴스를 추가했다. 다음 예제에서 main 메서드 코드를 보여 준다. 다음 그림은 registerBean() 메서드를 호출하는 구문에 중점을 둔다.

예제 2-19 registerBean() 메서드로 스프링 컨텍스트에 빈 추가하기

```java
public class Main {

    public static void main(String[] args) {
        var context =
            new AnnotationConfigApplicationContext(ProjectConfig.class);
        Parrot x = new Parrot();      ← 스프링 컨텍스트에 추가하고 싶은 인스턴스를 생성한다.
        x.setName("Kiki");

        Supplier<Parrot> parrotSupplier = () -> x;   ← 이 인스턴스를 반환할 Supplier를 정의한다.

        context.registerBean("parrot1",
                    Parrot.class, parrotSupplier);   ← registerBean() 메서드를 호출하여 이 인스턴스를 스프링 컨텍스트에 추가한다.

        Parrot p = context.getBean(Parrot.class);    ← 컨텍스트에 있는 빈을 검증하려고 앵무새 빈을
        System.out.println(p.getName());                참조하여 이름을 콘솔에 출력한다.
    }
}
```

▼ 그림 2-14 registerBean() 메서드를 호출하여 프로그래밍 방식으로 빈을 스프링 컨텍스트에 추가한다

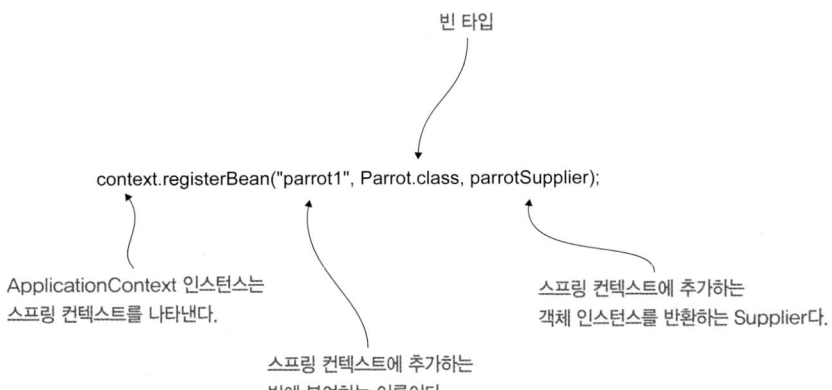

하나 이상의 빈 구성자(configurator) 인스턴스를 마지막 매개변수로 사용하여 추가할 빈의 다양한 특성을 설정하라. 예를 들어 다음 코드에 표시된 것처럼 registerBean() 메서드 호출을 수정해서 빈을 기본 빈으로 만들 수 있다. 기본 빈은 컨텍스트에 동일한 타입의 빈이 여러 개 있을 때 스프링이 기본적으로 선택할 인스턴스를 정의한다.

```
context.registerBean("parrot1",
                     Parrot.class,
                     parrotSupplier,
                     bc -> bc.setPrimary(true));
```

이제 스프링 세계에 첫발을 내디뎠다. 스프링 컨텍스트에 빈을 추가하는 방법을 배우는 것은 부차적으로 보일 수 있지만 사실은 더 중요하다. 이 기술을 익혔다면 이제 3장에서 설명하는 스프링 컨텍스트에서 빈을 참조할 수 있다.

> Note ≡ 이 책에서는 최신 구성(configuration) 방식만 사용한다. 하지만 개발자가 초창기에 스프링 프레임워크를 구성했던 방법을 알고 있는 것도 중요하다. 당시에는 이런 구성을 작성할 때 XML을 사용했다. 부록 A.2절에서는 XML을 사용하여 스프링 컨텍스트에 빈을 추가하는 방법을 경험할 수 있는 간단한 예제를 제공한다.

2.3 요약

- 스프링에서 가장 먼저 배워야 할 것은 스프링 컨텍스트에 객체 인스턴스(빈)를 추가하는 것이다. 스프링 컨텍스트는 스프링이 관리하기 원하는 인스턴스를 담을 바구니라고 할 수 있다. 스프링은 여러분이 컨텍스트에 추가한 인스턴스만 볼 수 있다.
- 스프링 컨텍스트에 빈을 추가하는 방법은 세 가지다. @Bean 애너테이션, 스테레오타입 애너테이션, 프로그래밍 방식을 사용하여 스프링 컨텍스트에 빈을 추가할 수 있다.
  - 스프링 컨텍스트에 인스턴스를 추가하려고 @Bean 애너테이션을 사용하면 어떤 종류의 객체 인스턴스도 빈으로 추가할 수 있으며, 심지어 같은 종류의 다수 인스턴스도 추가할 수 있다. 이런 관점에서 볼 때 이 방식은 스테레오타입 애너테이션을 사용하는 것보다 유연하지만, 컨텍스트에 추가될 개별 인스턴스에 대해 구성 클래스에서 별도의 메서드를 만들어야 하므로 더 많은 코드를 작성해야 한다.

- 스테레오타입 애너테이션을 사용하면 특정 애너테이션(예 @Component)이 있는 애플리케이션 클래스만을 위한 빈을 생성할 수 있다. 이 구성 방식은 코드를 덜 작성하므로 구성을 더욱 편하게 읽을 수 있다. 직접 정의하고 애너테이션을 추가할 수 있는 클래스는 @Bean 애너테이션보다 이 방식을 선호할 것이다.
- registerBean() 메서드를 사용하면 스프링 컨텍스트에 빈을 추가하는 로직을 재정의하여 구현할 수 있다. 이 접근 방식은 스프링 5 이상에서만 사용할 수 있다는 점을 기억해야 한다.

memo

3장

스프링 컨텍스트:
빈 작성

3.1 구성 파일에서 정의된 빈 간 관계 구현

3.2 @Autowired 애너테이션을 사용한 빈 주입

3.3 순환 의존성 다루기

3.4 스프링 컨텍스트에서 여러 빈 중 선택하기

3.5 요약

이 장에서 다룰 내용
- 빈 간 관계 설정하기
- 의존성 주입 사용하기
- 의존성 주입으로 스프링 컨텍스트의 빈에 액세스하기

2장에서는 스프링 컨텍스트(스프링이 관리할 객체 인스턴스를 추가할 수 있는 앱 메모리의 공간)를 설명했다. 1장에서 설명한 것처럼 스프링은 IoC 원칙을 사용하기 때문에 어떤 앱 객체를 제어해야 할지 스프링에 알려야 한다. 스프링이 제공하는 기능으로 앱 객체를 보강하려면 해당 객체에 대한 제어가 필요하다. 2장에서는 스프링 컨텍스트에 객체 인스턴스를 추가하는 여러 방법과 이런 인스턴스(빈)를 스프링 컨텍스트에 추가하여 스프링이 인식하게 하는 방법도 배웠다.

이 장에서는 스프링 컨텍스트에 추가한 빈을 액세스하는 방법을 설명한다. 2장에서는 컨텍스트 인스턴스의 getBean() 메서드를 사용하여 빈에 직접적으로 액세스했다. 하지만 앱에서는 필요한 곳에 스프링 컨텍스트의 인스턴스 참조를 제공하도록 스프링에 지시함으로써 하나의 빈에서 다른 빈으로 직관적으로 참조할 수 있게 해야 한다. 이 방법으로 빈들 사이의 관계를 설정한다(하나의 빈은 필요할 때 호출을 위임하고자 다른 빈에 대한 참조를 갖게 된다). 이미 알고 있겠지만, 객체 지향 프로그래밍 언어에서는 객체가 동작을 구현할 때 다른 객체에 특정 책임을 위임해야 할 때가 많기 때문에 스프링을 프레임워크로 사용할 때도 객체 간 이런 관계를 설정하는 방법을 알아야 한다.

지금부터 스프링 컨텍스트에 추가한 객체에 액세스할 수 있는 더 많은 방법이 있다는 것을 배우고 예제, 그림, 코드를 이용하여 각 방법을 학습할 것이다. 이 장이 끝나면 스프링 컨텍스트를 사용하고 빈 간의 관계를 구성하는 데 필요한 기술을 습득할 수 있다. 이 기술은 스프링을 사용하는 근간이며, 이 장에서 설명하는 방식을 적용하지 않는 스프링 앱은 찾기 어려울 것이다. 따라서 이 책의 모든 내용(다른 책이나 기사, 영상 매체로 배우게 될 모든 내용 포함)은 2장부터 5장까지 설명된 방식을 제대로 이해하는 데 달려 있다.

2장에서 우리는 @Bean 애너테이션을 사용하여 스프링 컨텍스트에서 빈을 추가하는 방법을 배웠다. 3.1절은 @Bean 애너테이션을 사용하여 구성 클래스에서 정의할 두 빈 사이의 관계를 구현하는 것에서 시작한다. 여기에서는 빈 간 관계를 설정하는 두 가지 방법을 설명한다.

- 빈을 생성하는 메서드를 직접 노출하여 빈을 연결한다(이를 **와이어링**(wiring)이라고 한다).
- 스프링이 메서드 매개변수를 이용하여 값을 제공하도록 활성화한다(이를 **오토와이어링**(auto-wiring)이라고 한다).

그런 다음 3.2절에서는 세 번째 방식을 설명하는데, 이는 IoC 원칙을 기반으로 한 기술인 **의존성 주입**(Dependency Injection, DI)이다. 두 빈 간 관계(오토와이어링 예시이기도 함)를 구현하고자 @Autowired 애너테이션을 사용하여 스프링에서 DI 사용 방법을 설명할 것이다. 실제 프로젝트에서는 이 두 가지 방식을 함께 사용한다.

> Note ≡ 2장과 3장 예제가 실제 제품 코드와는 거리가 멀다고 생각할 수도 있다. 결국 실제 앱은 앵무새와 사람을 관리하지 않으니까 말이다. 하지만 필자는 가장 간단한 예제부터 차근차근 시작해서 실제로 모든 스프링 앱에서 사용할 필수 구문에 집중하게 하고 싶었다. 이렇게 하면 여러분과 논의한 접근 방식이 어떻게 작동하는지 제대로 이해하고 집중할 수 있기 때문이다. 4장부터는 클래스 설계가 실제 프로젝트에서 볼 수 있는 설계와 더 가까워질 것이다.

3.1 구성 파일에서 정의된 빈 간 관계 구현

이 절에서는 @Bean 애너테이션으로 메서드를 지정하는 구성 클래스에서 정의된 두 빈 간 관계를 구현하는 방법을 배운다. 스프링 구성을 사용하여 빈 간 관계를 설정할 때 이 방식을 자주 접하게 될 것이다. 2장에서는 클래스가 JDK 또는 다른 의존성의 일부인 경우처럼 빈을 추가하려는 클래스를 변경할 수 없을 때 @Bean 애너테이션으로 스프링 컨텍스트에 빈을 추가하는 방법을 설명했었다. 이런 빈 간 관계를 설정하려면 이 절에서 설명된 방식을 배울 필요가 있다. 지금부터 이런 방식이 어떻게 작동하는지 살펴보고, 빈 간 관계를 구현하는 데 필요한 단계를 설명한 후 작은 코드로 작성된 프로젝트에 이 단계를 적용해 볼 것이다.

스프링 컨텍스트에 앵무새(parrot)와 사람(person)이라는 두 인스턴스가 있다고 가정해 보자. 우리는 이 인스턴스를 생성하고 컨텍스트에 추가하고 사람이 앵무새를 소유하도록 만들고 싶다. 이를 위해서는 두 인스턴스를 연결해야 한다. 간단한 예제로 불필요한 복잡성을 추가하지 않고도 스프링 컨텍스트에서 빈을 연결하는 두 가지 접근 방식을 논의할 수 있으며 스프링 구성에만 집중할 수 있다. 두 방식(와이어링 및 오토와이어링) 모두 다음과 같이 두 단계가 있다(그림 3-1).

1. 2장에서 배운 대로 스프링 컨텍스트에 사람과 앵무새 빈을 추가한다.
2. 사람과 앵무새 사이의 관계를 설정한다.

▼ 그림 3-1 스프링 컨텍스트에 빈 두 개가 있어 두 빈 사이의 관계를 설정하려고 한다. 이 관계를 통해 한 객체는 다른 객체에 책임을 위임할 수 있다. 이 작업은 빈을 선언하는 메서드를 직접 호출해서 빈 간 연결을 설정하는 와이어링(wiring) 방식을 사용하거나 오토와이어링(auto-wiring) 방식으로 수행할 수 있다. 여러분은 여기에서 프레임워크의 의존성 주입 기능을 사용한다

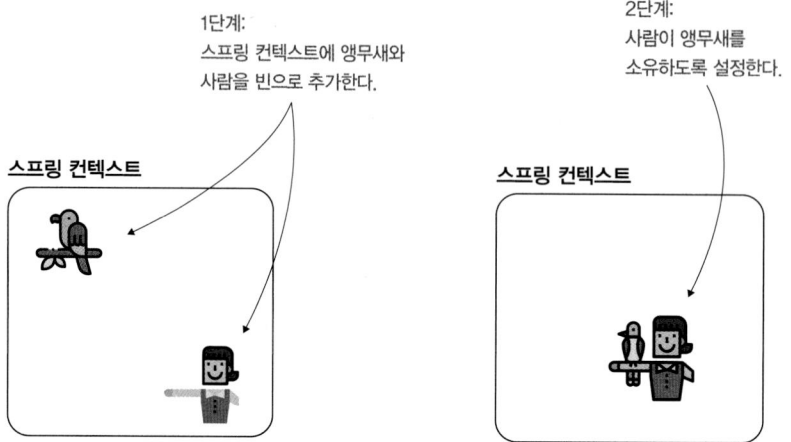

그림 3-2는 그림 3-1보다 더 기술적인 방식으로 사람과 앵무새 객체 사이의 has-A 관계를 나타낸다.

두 방식 중 하나를 살펴보기 전에 먼저 이 장의 첫 번째 예제(sq-ch3-ex1)를 시작하여 2.2.1절(1단계)에서 설명했던 구성 클래스에서 @Bean 애너테이션이 지정된 메서드로 스프링 컨텍스트에 빈을 추가하는 방법을 기억해 보자. 앵무새 인스턴스와 사람 인스턴스를 추가할 것이다. 이 프로젝트가 준비되면 두 인스턴스 간 관계를 설정하도록 프로젝트를 변경한다(2단계). 3.1.1절에서는 와이어링을 구현하고, 3.1.2절에서는 @Bean 애너테이션이 달린 메서드에 대한 오토와이어링을 구현한다.

▼ 그림 3-2 빈 간 관계 구현: 이 다이어그램은 Person과 Parrot 객체 간 has-A 관계를 단순화한 것으로, 와이어링과 오토와이어링을 사용하여 이 관계를 구현한다

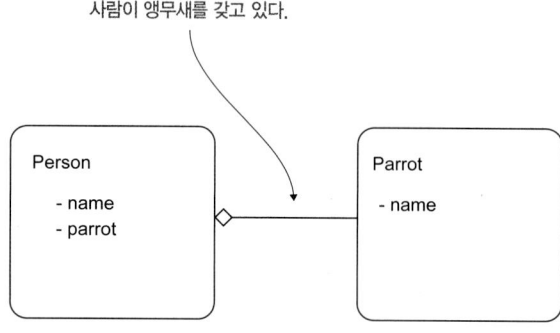

다음 코드에서 알 수 있듯이, 메이븐 프로젝트의 pom.xml 파일에 스프링 컨텍스트에 대한 의존성을 추가한다.

```xml
<dependency>
    <groupId>org.springframework</groupId>
    <artifactId>spring-context</artifactId>
    <version>5.3.8</version>
</dependency>
```

그런 다음 Parrot 객체와 Person 객체를 기술하는 클래스를 정의한다. 다음 코드에서 Parrot 클래스 정의를 확인할 수 있다.

```java
public class Parrot {

    private String name;
    // getters와 setters 생략

    @Override
    public String toString() {
        return "Parrot : " + name;
    }
}
```

다음 코드에서는 Person 클래스 정의를 보여 준다.

```java
public class Person {

    private String name;
    private Parrot parrot;

    // getters와 setters 생략
}
```

다음 예제는 구성 클래스의 @Bean 애너테이션을 사용하여 빈 두 개를 정의하는 방법을 보여 준다.

예제 3-1 Person 및 Parrot 빈 정의하기

```java
@Configuration
public class ProjectConfig {
@Bean
    public Parrot parrot() {
        Parrot p = new Parrot();
        p.setName("Koko");
```

```
        return p;
    }

    @Bean
    public Person person() {
        Person p = new Person();
        p.setName("Ella");
        return p;
    }
}
```

이제 다음 예제에서 볼 수 있듯이, Main 클래스를 작성하고 두 인스턴스의 연결 여부를 확인할 수 있다.

예제 3-2 Main 클래스 정의

```
public class Main {

    public static void main(String[] args) {
        var context =
            new AnnotationConfigApplicationContext(ProjectConfig.class); ← 구성 클래스(ProjectConfig)를 기반으로
                                                                          스프링 컨텍스트 인스턴스를 생성한다.
        Person person =
            context.getBean(Person.class); ← 스프링 컨텍스트에서 Person 빈의 참조를 얻는다.

        Parrot parrot =
            context.getBean(Parrot.class); ← 스프링 컨텍스트에서 Parrot 빈의 참조를 얻는다.

        System.out.println(
            "Person's name: " + person.getName()); ← 스프링 컨텍스트의 Person 빈인지
                                                    확인하려고 이름을 출력한다.
        System.out.println(
            "Parrot's name: " + parrot.getName()); ← 스프링 컨텍스트의 Parrot 빈인지
                                                    확인하려고 이름을 출력한다.
        System.out.println(
            "Person's parrot: " + person.getParrot()); ← 인스턴스 사이의 관계 여부를
                                                        확인하려고 Person 빈의
                                                        Parrot을 출력한다.
    }
}
```

이 앱을 실행하면 다음 코드와 유사한 콘솔 출력이 표시된다.

```
Person's name: Ella      ◀── 스프링 컨텍스트의 Person 빈이다.
Parrot's name: Koko      ◀── 스프링 컨텍스트의 Parrot 빈이다.
Person's parrot: null    ◀── 사람과 앵무새의 관계가 아직 설정되지 않았다.
```

여기에서 관찰해야 할 가장 중요한 부분은 Person's parrot이 null(세 번째 출력 줄)이라는 것이다. 하지만 사람과 앵무새 인스턴스 모두 컨텍스트에 있다. 이 출력이 null이라는 것은 인스턴스 사이에 아직 아무런 관계가 설정되지 않았음을 의미한다(그림 3-3).

▼ 그림 3-3 컨텍스트에 빈 두 개를 추가하여 두 빈 간 관계를 추가로 구성했다

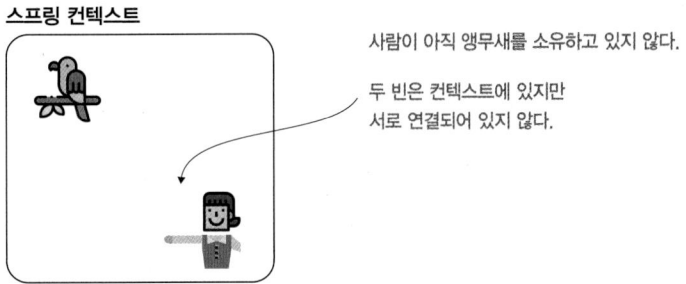

3.1.1 두 @Bean 메서드 간 직접 메서드를 호출하는 빈 작성

이 절에서는 Person과 Parrot 클래스의 두 인스턴스 간 관계를 설정한다. 이를 위한 첫 번째 방법(와이어링)은 구성 클래스에서 한 메서드에서 다른 메서드를 호출하는 것이다. 이 방법은 직관적이므로 자주 사용된다. 다음 예제에서는 사람과 앵무새 사이의 연결을 설정하고자 구성 클래스에서 약간의 변경을 수행한 것을 확인할 수 있다(그림 3-4). 모든 단계를 분리하고 코드를 더 쉽게 이해할 수 있도록 두 번째 프로젝트(sq-ch3-ex2)에서 이 변경 사항을 분리했다.

예제 3-3 직접 메서드 호출을 사용하는 빈 간 링크 설정하기

```
@Configuration
public class ProjectConfig {

    @Bean
    public Parrot parrot() {
        Parrot p = new Parrot();
        p.setName("Koko");
        return p;
    }
```

```
    @Bean
    public Person person() {
        Person p = new Person();
        p.setName("Ella");
        p.setParrot(parrot());   ◀── 사람의 앵무새 속성에 앵무새 빈의 참조를 설정한다.
        return p;
    }
}
```

앱을 실행하면 콘솔에서 변경된 출력을 확인할 수 있다. 다음 코드 출력처럼 이제 두 번째 줄에서 Ella(스프링 컨텍스트에 속한 사람)가 Koko(스프링 컨텍스트에 속한 앵무새)를 소유하고 있음을 알 수 있다.

```
Person's name: Ella
Person's parrot: Parrot : Koko   ◀── 사람과 앵무새의 관계가 설정되었음을 확인할 수 있다.
```

▼ 그림 3-4 다이렉트 와이어링(direct wiring)을 이용하여 빈 간 관계를 설정한다. 이 방식은 설정하려는 빈을 반환하는 메서드를 직접 호출하는 것을 의미한다. 의존 관계를 설정하는 빈을 정의하는 메서드에서 이 메서드를 호출해야 한다

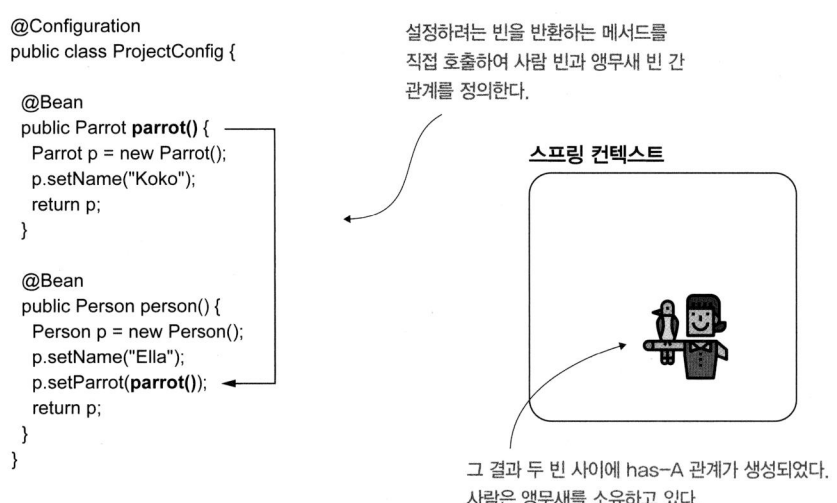

필자가 수업에서 이 방식을 가르칠 때마다 어떤 사람들은 이렇게 질문한다. "이렇게 하면 Parrot 인스턴스(그림 3-5) 두 개가 생성되는 것 아닌가요?" 하나는 스프링이 생성하여 컨텍스트에 추가하는 인스턴스고, 다른 하나는 person() 메서드가 parrot() 메서드를 직접 호출할 때 인스턴스가 생성되는 것이 아니냐고 생각할 수도 있지만 그렇지 않다. 실제로 이 애플리케이션에는 전체적으로 단 하나의 Parrot 인스턴스만 있다.

처음에는 이상하게 보일 수 있지만 parrot() 메서드를 호출하면 스프링은 스프링 컨텍스트의 앵무새 빈을 참조하고 싶어 한다는 것을 알아챌 만큼 똑똑하다. @Bean 애너테이션으로 스프링 컨텍스트에 빈을 정의하면 스프링은 메서드가 호출되는 방식을 제어하고 메서드 호출 위에 로직을 적용할 수 있다(6장에서 스프링이 메서드를 가로채는 방법을 자세히 알아볼 것이다). 지금은 다음 설명처럼 person() 메서드가 parrot() 메서드를 호출할 때 스프링이 로직을 적용한다는 점을 기억하자.

▼ 그림 3-5 스프링은 첫 번째 @Bean 애너테이션 메서드인 parrot()을 호출할 때 앵무새 인스턴스를 생성한다. 그런 다음 스프링은 두 번째 @Bean 애너테이션 메서드인 person()을 호출할 때 사람 인스턴스를 생성한다. 두 번째 메서드인 person()은 첫 번째 메서드인 parrot()을 직접 호출한다. 이렇게 하면 Parrot 타입의 인스턴스가 두 개 생성될까?

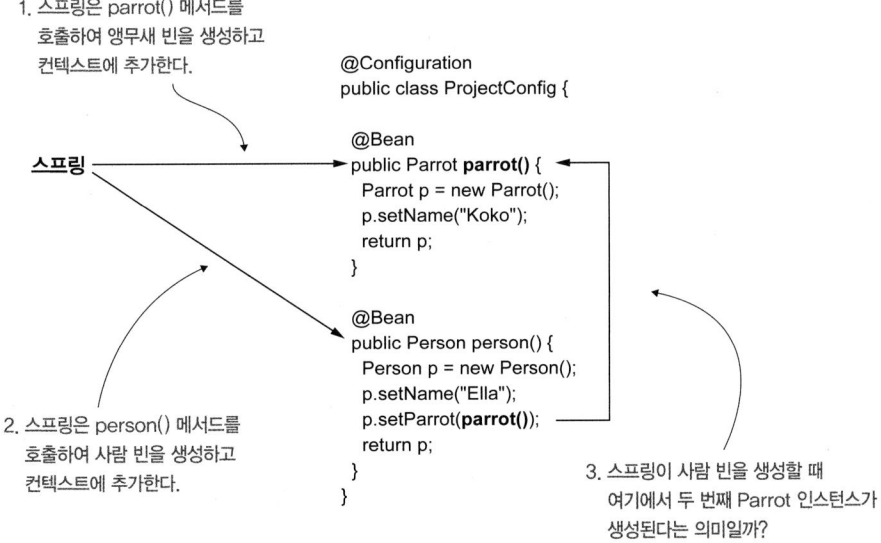

앵무새 빈이 컨텍스트에 이미 있을 때 스프링은 parrot() 메서드를 호출하는 대신 해당 컨텍스트에서 직접 인스턴스를 가져온다. 앵무새 빈이 아직 컨텍스트에 없을 때 스프링은 parrot() 메서드를 호출하고 빈을 반환한다(그림 3-6).

▼ 그림 3-6 @Bean 애너테이션된 두 메서드가 서로 호출하면 스프링은 사용자가 두 빈 사이에 링크를 생성하려 한다고 인식한다. 빈이 컨텍스트에 이미 있는 경우(3A) 스프링은 호출을 @Bean 메서드로 전달하지 않고 기존 빈을 반환한다. 빈이 존재하지 않는 경우 (3B) 스프링은 빈을 생성하고 해당 참조를 반환한다

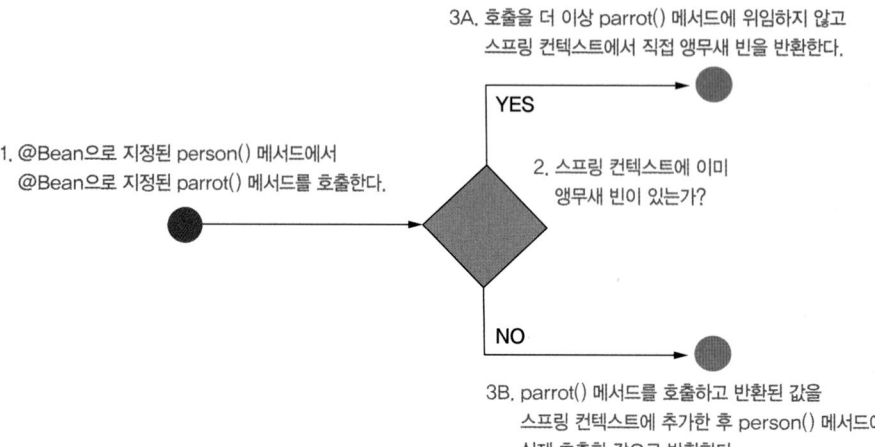

사실 이 동작을 테스트하는 것은 매우 쉽다. Parrot 클래스에 no-args(매개변수 없는 기본) 생성자를 추가하고 이 생성자에서 콘솔에 메시지를 인쇄하기만 하면 된다. 콘솔에 메시지가 몇 번이나 인쇄될까? 동작이 올바르다면 메시지는 한 번만 표시된다. 실험을 하나 해 보자. 다음 코드에서는 Parrot 클래스를 변경하여 no-args 생성자를 추가했다.

```java
public class Parrot {

    private String name;

    public Parrot() {
        System.out.println("Parrot created");
    }
    // getters와 setters 생략

    @Override
    public String toString() {
        return "Parrot : " + name;
    }
}
```

앱을 다시 실행한다. 다음 코드처럼 출력이 변경되었으며, 이제 'Parrot created'라는 메시지도 출력된다. 이 메시지가 한 번만 나타나는 것을 볼 수 있는데, 이는 스프링이 빈 생성을 관리하고 parrot() 메서드를 한 번만 호출한다는 것을 입증한다.

```
Parrot created
Person's name: Ella
Person's parrot: Parrot : Koko
```

3.1.2 @Bean 메서드의 매개변수로 빈 와이어링하기

이 절에서는 @Bean 메서드의 직접 호출에 대한 대안을 보여 준다. 참조하려는 빈을 정의하는 메서드를 직접 호출하는 대신 해당 객체 타입의 메서드에 매개변수를 추가하고 스프링이 해당 매개변수를 이용하여 값을 제공하는 것에 의존하는 방식이다(그림 3-7). 이 방식은 3.1.1절에서 설명한 방식보다 좀 더 유연하다. 이 방식을 사용하면 참조하려는 빈이 @Bean으로 애너테이션된 메서드로 정의되든 2장에서 설명한 @Component 같은 스테레오타입 애너테이션으로 정의되든 상관없다. 하지만 필자 경험에 따르면 개발자가 빈을 작업할 때 어떤 방식을 사용할지는 유연함을 고려하기보다 각 개발자의 취향에 따라 결정된다. 어느 한 방식이 다른 방식보다 낫다고 할 수는 없지만, 실제 시나리오에서는 두 방식을 모두 접하게 되므로 이를 이해하고 사용할 수 있어야 한다.

여기에서는 @Bean 메서드를 직접 호출하는 대신 매개변수를 사용하는 방식을 보여 주고자 sq-ch3-ex2 프로젝트에서 개발한 코드를 가져와 컨텍스트에서 두 인스턴스 간 링크를 설정하도록 변경해 볼 것이다. 새 예제는 sq-ch3-ex3이라는 프로젝트에서 분리할 것이다.

▼ 그림 3-7 @Bean 메서드의 매개변수로 정의하면 스프링이 컨텍스트에서 해당 매개변수 타입의 빈을 제공하도록 지시한다. 그런 다음 두 번째 빈(사람)을 생성할 때 제공된 빈(앵무새)을 사용할 수 있다. 이렇게 하면 두 빈 간에 has-A 관계를 설정할 수 있다

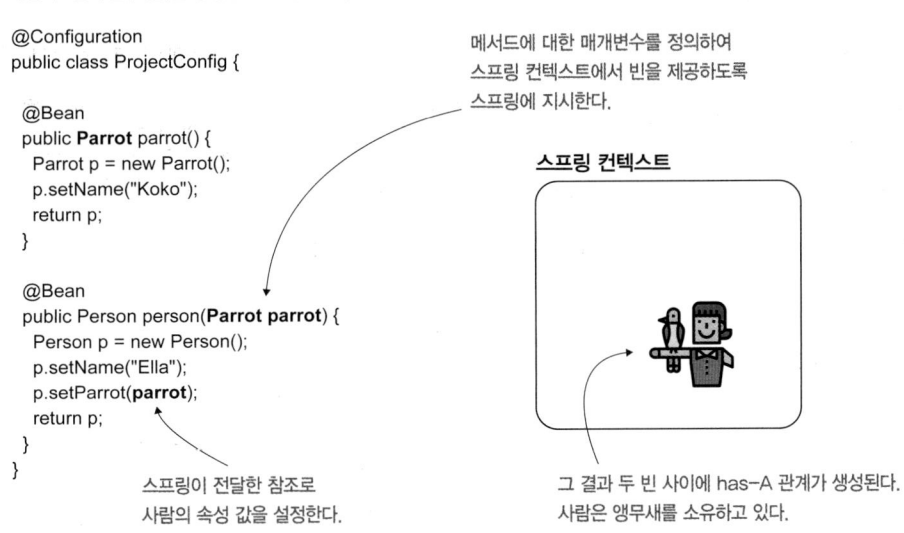

다음 예제에서 구성 클래스의 정의를 찾을 수 있다. person() 메서드를 살펴보자. 이제 Parrot 타입의 매개변수를 받고 해당 매개변수의 참조를 반환된 사람의 속성으로 설정했다. 메서드를 호출할 때 스프링은 컨텍스트에서 앵무새 빈을 찾아 그 값을 person() 메서드의 매개변수에 주입해야 한다는 것을 알고 있다.

예제 3-4 메서드의 매개변수를 사용하여 빈 의존성 주입하기

```
@Configuration
public class ProjectConfig {

    @Bean
    public Parrot parrot() {
        Parrot p = new Parrot();
        p.setName("Koko");
        return p;
    }

    @Bean
    public Person person(Parrot parrot) {    ← 스프링은 이 매개변수에 앵무새 빈을 주입한다.
        Person p = new Person();
        p.setName("Ella");
        p.setParrot(parrot);
        return p;
    }
}
```

이전 단락에서는 '주입(inject)'이라는 단어를 사용했다. 지금부터는 DI, 즉 의존성 주입이라고 할 것이다. 이름에서 알 수 있듯이, DI는 프레임워크가 특정 필드 또는 매개변수에 값을 설정하는 기법이다. 스프링은 person() 메서드를 호출할 때 특정 값을 매개변수로 설정하고 이 메서드의 의존성을 해결한다. DI는 IoC 원리를 응용한 것으로, IoC는 프레임워크가 실행될 때 애플리케이션을 제어하는 것을 의미한다. 그림 1-4에서도 보았던 것을 그림 3-8에서 다시 한 번 보여 주며 IoC 논의를 정리해 볼 것이다.

DI는 생성된 객체 인스턴스를 관리하고 앱을 개발할 때 작성하는 코드를 최소화하는 데 도움이 되는 매우 편리한 방법이라 스프링뿐만 아니라 DI를 자주 사용하게 된다.

▼ **그림 3-8** IoC 원칙을 사용하지 않는 애플리케이션은 자체적으로 실행을 제어하고 다양한 의존성을 사용한다. IoC 원칙을 사용하는 애플리케이션은 의존성이 앱 실행을 제어하도록 위임한다. DI가 바로 이런 제어에 대한 예다. 프레임워크(의존성)는 앱의 객체 필드에 값을 설정한다

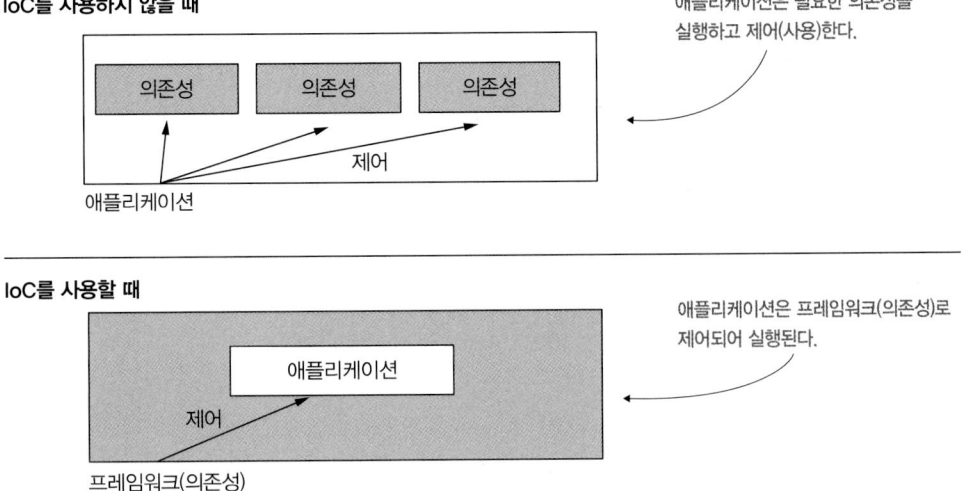

앱을 실행하면 콘솔의 출력은 다음 코드와 유사하며, 앵무새 Koko가 실제로 Ella라는 사람과 연결되어 있는 것을 확인할 수 있다.

```
Parrot created
Person's name: Ella
Person's parrot: Parrot : Koko
```

3.2 @Autowired 애너테이션을 사용한 빈 주입

이 절에서는 스프링 컨텍스트에서 빈 간 링크를 만드는 데 사용되는 또 다른 접근 방식을 설명한다. 빈을 정의하는 클래스를 변경할 수 있을 때(그 클래스가 의존성 일부가 아닐 때) @Autowired 라는 애너테이션을 참조하는 이 기법을 자주 접하게 될 것이다. @Autowired 애너테이션을 사용하면 스프링이 컨텍스트에서 값을 주입하길 원하는 객체 속성을 표시하고, 의존성이 필요한 객체를 정의하는 클래스에 이 의도를 직접 표시할 수 있다. 이 방식은 3.1절에서 논의한 대안보다 두 객

체 간 관계를 더 쉽게 확인할 수 있게 해 준다. @Autowired 애너테이션을 사용하는 방법에는 다음 세 가지가 있다.

- **클래스의 필드에 값 주입하기**: 예제와 개념 증명(PoC)에서 흔히 볼 수 있는 방법이다.
- **클래스의 생성자 매개변수로 값 주입하기**: 실제 시나리오에서 가장 자주 사용하는 방법이다.
- **setter로 값 주입하기**: 프로덕션 수준의 코드에서는 거의 사용하지 않는 방법이다.

이것을 더 자세히 논의하고 각각 예제를 작성해 보자.

3.2.1 @Autowired로 클래스 필드를 이용한 값 주입

이 절에서는 개발자들이 예제에서 @Autowired를 사용하는 세 가지 방법 중 가장 간단한 필드 위에 애너테이션을 사용하는 방법부터 설명한다(그림 3-9). 앞으로 배우겠지만, 이 방식은 매우 간단한데 단점도 있어 프로덕션 코드를 작성할 때는 사용하지 않는다. 하지만 예제, 개념 증명(PoC), 테스트 작성에서 자주 쓰므로 사용 방법을 알아야 한다. 자세한 내용은 15장에서 설명할 것이다.

▼ 그림 3-9 필드에 @Autowired 애너테이션을 사용하면 컨텍스트에서 해당 필드 값을 제공하도록 스프링에 지시한다. 스프링은 사람과 앵무새라는 빈 두 개를 생성하고 앵무새 객체를 Person 타입의 빈 필드에 주입한다

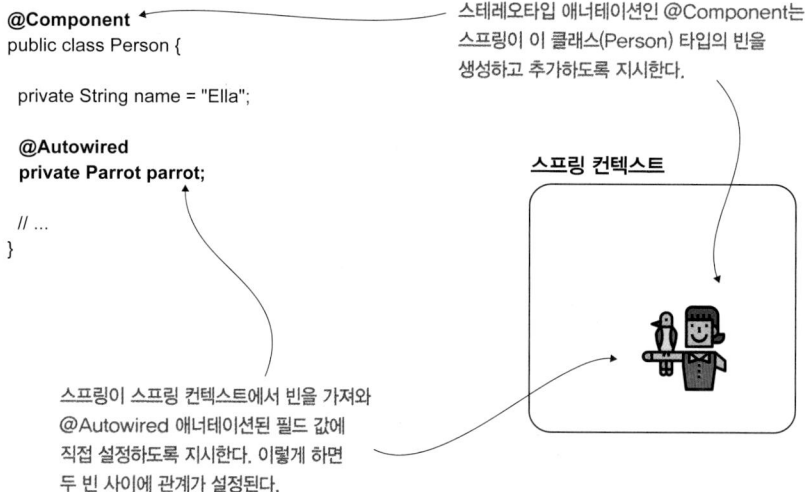

Person 클래스의 parrot 필드에 @Autowired 애너테이션을 추가하여 해당 컨텍스트에서 스프링에 값을 주입하고 싶다고 알리는 프로젝트(sq-ch3-ex4)를 작성해 보자. 두 객체를 정의하는 클래스부터 시작해 볼 것이다. Person과 Parrot을 정의하는 클래스부터 시작하며, 다음 코드에서

Parrot 클래스 정의를 확인할 수 있다.

```
@Component
public class Parrot {

    private String name = "Koko";

    // getters와 setters 생략

    @Override
    public String toString() {
        return "Parrot : " + name;
    }
}
```

여기에서는 2장(2.2.2절)에서 배운 스테레오타입 애너테이션인 @Component를 사용한다. 즉, 구성 클래스로 빈을 생성하는 대신 스테레오타입 애너테이션을 사용한다. @Component로 클래스에 애너테이션을 할 때 스프링은 해당 클래스의 인스턴스를 생성하고, 스프링 컨텍스트에 추가해야 한다는 것을 알고 있다. 다음 코드는 Person 클래스의 정의를 보여 준다.

```
@Component
public class Person {

    private String name = "Ella";

                   필드에 @Autowired 애너테이션을 추가하면,
    @Autowired ◀── 해당 컨텍스트에서 적절한 값을 주입하도록 스프링에 지시하게 된다.
    private Parrot parrot;

    // getters와 setters 생략
}
```

> Note ≡ 이 예제에서는 스테레오타입 애너테이션을 사용하여 스프링 컨텍스트에 빈을 추가했다. @Bean을 사용하여 빈을 정의할 수도 있지만, 실제 시나리오에서는 대부분 스테레오타입 애너테이션과 함께 @Autowired를 쓸 때가 많으므로 가장 유용한 이 방식에 집중해 보자.

구성 클래스를 정의하여 예제를 계속 진행해 보자. 구성 클래스 이름은 'ProjectConfig'라고 한다. 이 클래스에서는 2장(2.2.2절)에서 배운 대로 @ComponentScan 애너테이션으로 @Component 애너테이션을 사용하여 애너테이션을 지정한 클래스를 어디에서 찾을 수 있는지 그 위치를 스프링에 알려 준다. 다음 코드는 구성 클래스의 정의를 보여 준다.

```
@Configuration
@ComponentScan(basePackages="beans")
public class ProjectConfig {

}
```

그런 다음 이 장의 이전 예제에서 사용한 것과 동일한 방식으로 Main 클래스에서 스프링이 앵무새 빈의 참조를 올바르게 주입했음을 증명할 것이다.

```
public class Main {

    public static void main(String[] args) {
        var context =
            new AnnotationConfigApplicationContext(ProjectConfig.class);

        Person p = context.getBean(Person.class);

        System.out.println("Person's name: " + p.getName());
        System.out.println("Person's parrot: " + p.getParrot());
    }
}
```

앱 콘솔에는 다음 표시된 출력과 유사한 내용이 인쇄될 것이다. 출력의 두 번째 줄은 Koko라는 앵무새가 Ella라는 사람 빈의 소유임을 증명한다.

```
Person's name: Ella
Person's parrot: Parrot : Koko
```

프로덕션 코드에서 이 방식이 바람직하지 않은 이유는 무엇일까? 이 방식을 사용하는 것이 완전히 잘못된 것은 아니지만, 프로덕션 코드로 앱을 유지 관리하고 테스트할 수 있도록 만들고 싶을 것이다. 필드에 직접 값을 주입한 결과는 다음과 같다.

- 다음 코드에서 보듯이 필드를 final로 만들 수 있는 방법은 없으며, final로 만들면 초기화한 후 아무도 값을 변경하지 못하게 할 수 있다.

```
@Component
public class Person {

    private String name = "Ella";

    @Autowired
```

```
        private final Parrot parrot;  ← 초깃값 없이는 final 필드를 정의할 수 없기 때문에 컴파일이 실패한다.
    }
```

- 초기화할 때 값을 직접 관리하는 것이 더 어렵다.

나중에 15장에서 배우겠지만, 때로는 객체의 인스턴스를 생성하고 단위 테스트 의존성을 쉽게 관리할 필요가 있다.

3.2.2 @Autowired를 사용하여 생성자로 값 주입

스프링이 빈을 생성할 때 객체의 속성에 값을 주입하는 두 번째 방법은 인스턴스를 정의하는 클래스의 생성자를 사용하는 것이다(그림 3-10). 이 방법은 프로덕션 코드에서 가장 자주 이용되는 방식이며 필자가 권장하는 것이기도 하다. 이 방법을 이용하면 필드를 final로 정의할 수 있어 스프링이 필드를 초기화한 후에는 아무도 필드 값을 변경할 수 없다. 생성자를 호출할 때 값을 설정할 수 있다는 점은 스프링이 여러분을 대신하여 필드를 주입하는 방식에 의존하지 않는 특정 단위 테스트를 작성할 때도 도움이 된다(이 주제는 나중에 자세히 설명한다).

▼ 그림 3-10 생성자의 매개변수를 정의하면 스프링은 생성자를 호출할 때 해당 컨텍스트의 빈을 해당 매개변수 값으로 전달한다

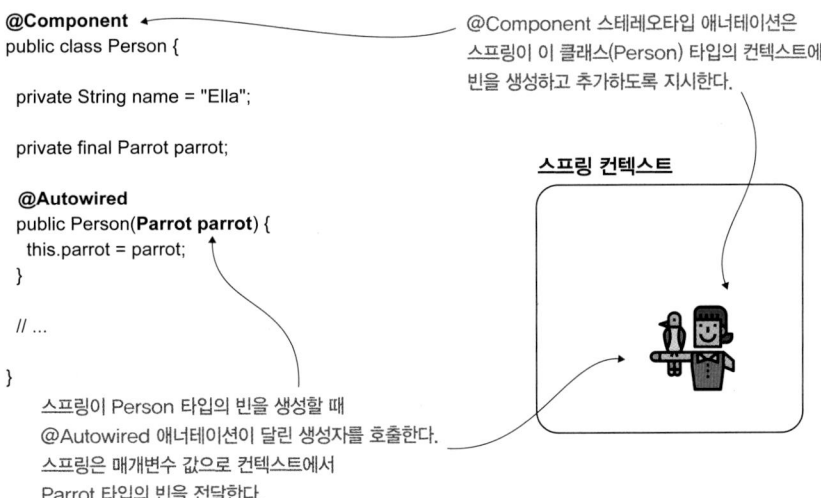

필드 주입 대신 생성자 주입 방식으로 변경하도록 3.2.1절의 프로젝트를 빠르게 구현할 수 있다. 다음 예제에 표시된 것처럼 Person 클래스만 변경하면 된다. 클래스에 대한 생성자를 정의하고 @Autowired로 애너테이션을 달아야 한다. 이제 Parrot 필드도 final로 만들 수 있으며, 구성 클래스는 변경할 필요가 없다.

예제 3-5 생성자를 이용하여 값 주입하기

```
@Component
public class Person {

    private String name = "Ella";
    private final Parrot parrot;   ◄── 이제 필드를 final로 설정하여 초기화한 후 값을 변경할 수 없게 한다.

    @Autowired   ◄── 생성자에 @Autowired 애너테이션을 사용한다.
    public Person(Parrot parrot) {
        this.parrot = parrot;
    }

    // getters와 setters 생략
}
```

모든 단계와 변경 사항을 유지하고자 이 예제를 sq-ch3-ex5 프로젝트로 분리했다. 앱을 시작하면 3.2.1절 예제와 동일한 결과가 표시되는 것을 확인할 수 있다. 다음 코드에서 볼 수 있듯이, 사람이 앵무새를 소유하고 있으므로 스프링은 두 인스턴스 간 링크를 올바르게 설정했다는 것을 알 수 있다.

```
Person's name: Ella
Person's parrot: Parrot : Koko
```

> Note ≡ 스프링 4.3 버전부터 클래스에 생성자가 하나만 있다면 @Autowired 애너테이션을 생략할 수 있다.

3.2.3 setter를 이용한 의존성 주입 사용

개발자가 의존성 주입을 위해 setter를 사용하는 방식을 적용할 때는 많지 않다. 이 방식은 가독성이 떨어지고, final 필드를 만들 수 없으며, 테스트를 더 쉽게 만드는 데 도움이 되지 않는 등 장점보다 단점이 더 많다. 그럼에도 언젠가 여러분이 이런 문제를 접하게 될 때 이 방식이 왜 필요한지 의문을 품지 않았으면 하는 마음에서 이 주입 방식을 언급하고 싶다. 비록 필자는 이 방식을 추천하지 않지만, 몇몇 오래된 앱에서 이 방식이 사용된 것을 본 적이 있다.

setter 주입을 사용한 예제는 sq-ch3-ex6 프로젝트에서 확인할 수 있으며, Person 클래스만 변경하면 이를 구현할 수 있다는 것을 알 수 있다. 다음 코드에서는 setter에 @Autowired 애너테이션을 사용했다.

```
@Component
public class Person {

    private String name = "Ella";
    private Parrot parrot;

    // getters와 setters 생략

    @Autowired
    public void setParrot(Parrot parrot) {
        this.parrot = parrot;
    }
}
```

앱을 실행하면 다음과 같이 이전에 설명한 예제와 출력이 동일하다.

```
Person's name: Ella
Person's parrot: Parrot : Koko
```

3.3 순환 의존성 다루기

스프링이 애플리케이션의 객체들에 대한 의존성을 빌드하고 설정하게 위임하는 것은 편리하다. 이 작업을 스프링에 맡기면 많은 코드를 작성하지 않고도 앱을 더 쉽게 읽고 이해할 수 있다. 하지만 스프링은 때때로 혼동될 수 있는데, 실제로 자주 발생하는 시나리오는 실수로 순환 의존성(circular dependency)을 생성하는 것이다.

순환 의존성(그림 3-11)은 빈(빈 A)을 생성하기 위해 스프링이 아직 없는 다른 빈(빈 B)을 주입해야 하는 상황을 의미한다. 하지만 빈 B도 빈 A에 대한 의존성이 필요하다. 따라서 빈 B를 생성하려면 먼저 빈 A가 있어야 한다. 이제 스프링은 교착 상태(deadlock)에 빠졌다. 빈 B가 필요하기 때문에 빈 A를 생성할 수 없고, 빈 A가 필요하기 때문에 빈 B를 생성할 수 없다.

▼ 그림 3-11 순환 의존성: 스프링은 Parrot 타입의 빈을 생성해야 하나 Parrot은 Person을 의존성으로 가져 스프링은 먼저 Person을 생성해야 한다. 그러나 Person을 생성하려면 스프링이 먼저 Parrot을 생성해야 한다. 스프링은 지금 교착 상태에 빠졌고 Person이 필요해서 Parrot을 만들 수 없으며 Parrot이 필요하기 때문에 Person을 만들 수 없다

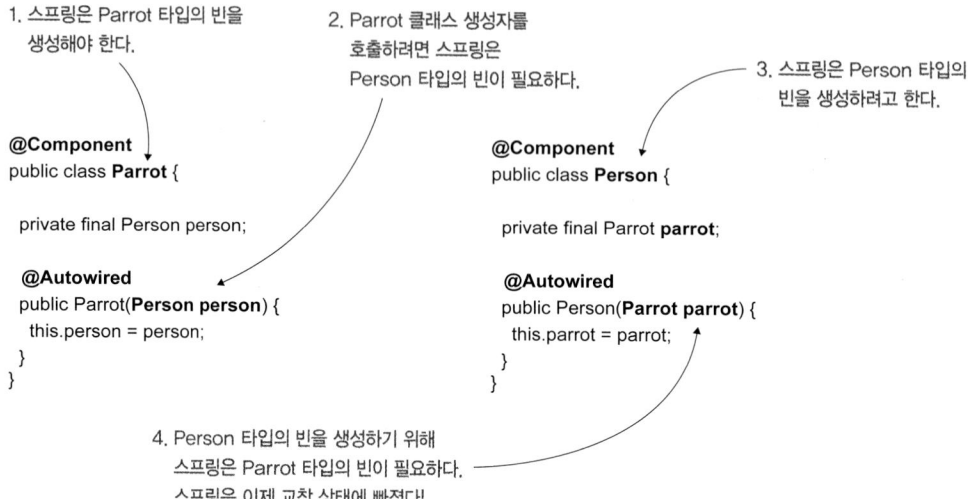

순환 의존성은 피하기 쉽다. 생성을 위해 다른 객체에 의존해야 하는 객체를 정의하지 않는지 확인하면 된다. 이와 같이 한 객체에서 다른 객체로 의존성을 갖는 것은 잘못된 클래스 설계다. 이때는 코드를 재작성해야 한다.

아마도 앱에서 순환 의존성을 한 번도 겪지 않은 스프링 개발자는 없을 것이다. 이런 시나리오를 알고 있어야 문제가 발생했을 때 원인을 파악하고 빠르게 해결할 수 있다.

sq-ch3-ex7 프로젝트에 순환 의존성 예가 있다. 다음 코드에 제시된 것처럼 Parrot 빈의 인스턴스를 생성할 때 Person 빈에 의존하도록 만들었고 그 반대도 동일하다. Person 클래스는 다음과 같다.

```
@Component
public class Person {

    private final Parrot parrot;

    @Autowired
    public Person(Parrot parrot) {  ← 스프링은 Person 인스턴스를 생성하는 데 Parrot 빈이 필요하다.
        this.parrot = parrot;
    }

    // 코드 생략
}
```

Parrot 클래스는 다음과 같다.

```java
public class Parrot {

    private String name = "Koko";
    private final Person person;

    @Autowired
    public Parrot(Person person) {   ←── 스프링은 Parrot 인스턴스를 생성하는 데 Person 빈이 필요하다.
        this.person = person;
    }

    // 코드 생략
}
```

이런 구성으로 앱을 실행하면 다음과 같이 예외가 발생한다.

```
Caused by: org.springframework.beans.factory.BeanCurrentlyInCreationException:
Error creating bean with name 'parrot':
Requested bean is currently in creation: Is there an unresolvable circular reference?
at org.springframework.beans.factory.support.DefaultSingletonBeanRegistry.before
SingletonCreation(DefaultSingletonBeanRegistry.java:347)
```

이 예외를 통해 스프링은 발생한 문제를 알려 주려고 한다. 예외 메시지는 매우 명확하다. 스프링은 순환 의존성과 상황을 야기한 클래스를 처리한다. 이런 예외를 발견할 때마다 예외에 지정된 클래스를 찾아 순환 의존성을 제거해야 한다.

3.4 스프링 컨텍스트에서 여러 빈 중 선택하기

이 절에서는 스프링에서 매개변수 또는 클래스 필드에 값을 주입해야 하지만 선택할 수 있는 동일한 타입의 빈이 여러 개 있는 시나리오를 설명할 것이다. 스프링 컨텍스트에 Parrot 빈이 세 개 있다고 가정해 보자. Parrot 타입 값을 매개변수에 주입하도록 스프링을 구성하면 스프링은 어떻게 동작할까? 이런 시나리오에서 프레임워크는 동일한 타입의 빈 중 어떤 빈을 주입하도록 선택할까?

구현에 따라 다음 경우가 존재할 수 있다.

1. 매개변수의 식별자가 컨텍스트의 빈 중 하나의 빈 이름과 일치하는 경우다(값을 반환하는 @Bean으로 애너테이션도 메서드 이름과 동일하다). 이때 스프링은 매개변수와 이름이 동일한 빈을 선택한다.
2. 매개변수의 식별자가 컨텍스트의 빈 이름과 일치하지 않는 경우에는 다음과 같은 선택지가 있다.
   - 빈 중 하나를 기본으로 표시한 경우(2장에서 설명했듯이 @Primary 애너테이션 사용) 스프링은 기본 빈을 선택한다.
   - @Qualifier 애너테이션을 사용하여 특정 빈을 명시적으로 선택할 수 있는데, 앞으로 이 장에서 논의할 것이다.
   - 어떤 빈도 기본 빈이 아니며, @Qualifier를 사용하지 않았다면 앱은 예외를 발생시켜 실패한다. 컨텍스트에 타입이 동일한 빈이 여러 개 있어 어떤 빈을 선택할지 모르겠다는 메시지를 출력한다.

스프링 컨텍스트에 한 타입의 인스턴스가 두 개 이상 있는 시나리오를 sq-ch3-ex8 프로젝트에서 더 살펴볼 것이다. 다음 예제는 Parrot 인스턴스 두 개를 정의하고 메서드 매개변수를 사용하여 주입을 사용하는 구성 클래스를 보여 준다.

예제 3-6 빈이 두 개 이상 있을 때 매개변수 주입하기[1]

```
@Configuration
public class ProjectConfig {

    @Bean
    public Parrot parrot1() {
        Parrot p = new Parrot();
        p.setName("Koko");
        return p;
    }

    @Bean
    public Parrot parrot2() {
        Parrot p = new Parrot();
        p.setName("Miki");
        return p;
```

---

[1] 역주 예제 3-6은 sq-ch3-ex8에서 Person 빈 생성 로직을 수정한 것이다.

```
        }

        @Bean
        public Person person(Parrot parrot2) {    ← 매개변수 이름(parrot2)이 Miki 앵무새의
            Person p = new Person();                  빈 이름(parrot2)과 일치한다.
            p.setName("Ella");
            p.setParrot(parrot2);
            return p;
        }
    }
```

이런 구성으로 앱을 실행하면 다음과 같은 콘솔 출력을 볼 수 있다. 이 앵무새를 나타내는 빈 이름이 parrot2이기 때문에 스프링이 사람 빈을 Miki라는 앵무새에 연결한 것을 관찰할 수 있다(그림 3-12).

```
Parrot created
Parrot created
Person's name: Ella
Person's parrot: Parrot : Miki
```

▼ 그림 3-12 스프링 컨텍스트에 타입이 동일한 인스턴스가 두 개 이상 포함되어 있을 때 스프링이 컨텍스트에서 특정 인스턴스를 제공하도록 지시하는 한 가지 방법은 이 인스턴스 이름을 사용하는 것이다. 매개변수 이름을 스프링이 제공하고자 하는 인스턴스와 동일하게 지정하면 된다

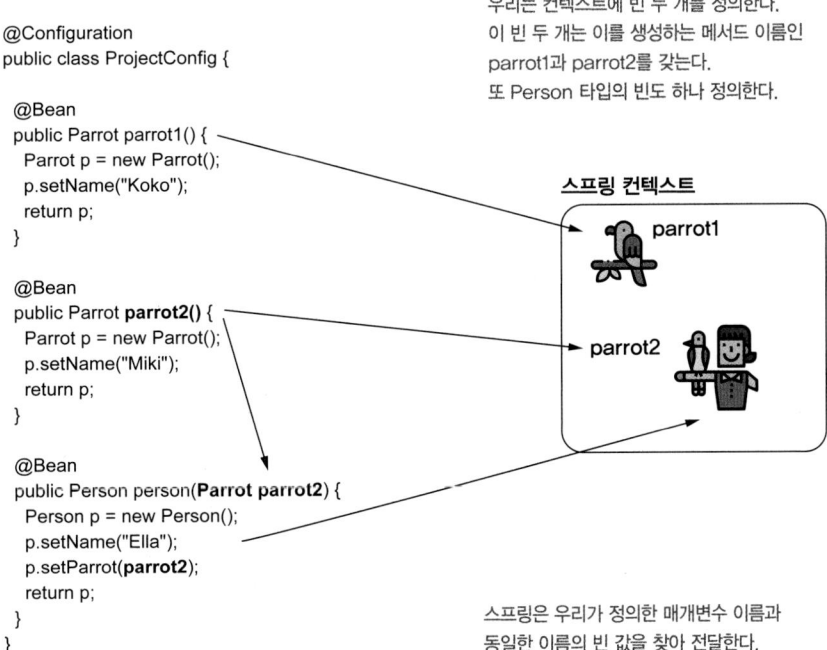

실제 시나리오에서는 매개변수 이름에 의존하는 것을 피하고 싶을 것이다. 다른 개발자가 실수로 쉽게 리팩터링하고 변경할 수 있기 때문이다. 좀 더 안심할 수 있는 방법으로 필자는 보통 특정 빈을 주입하려는 의도를 표현하고자 @Qualifier 애너테이션을 사용하는 방식이 가독성이 더 좋아 선호한다. 다시 말하지만, 필자 경험상 @Qualifier 애너테이션을 사용하는 것에 대해 개발자들의 찬반 의견이 존재한다. 필자는 의도를 명확하게 정의하고 싶을 때 사용하는 편이 더 좋다고 보지만, 다른 개발자들은 이 애너테이션을 추가하면 불필요한 (상용구) 코드가 생성된다고 생각할 수 있다.

다음 예제에서는 @Qualifier 애너테이션을 사용한다. 매개변수의 특정 식별자 대신 @Qualifier 애너테이션의 값 속성으로 주입하려는 빈을 지정하는 것을 확인할 수 있다.

예제 3-7 @Qualifier 애너테이션 사용하기

```java
@Configuration
public class ProjectConfig {

    @Bean
    public Parrot parrot1() {
        Parrot p = new Parrot();
        p.setName("Koko");
        return p;
    }

    @Bean
    public Parrot parrot2() {
        Parrot p = new Parrot();
        p.setName("Miki");
        return p;
    }

    @Bean
    public Person person(@Qualifier("parrot2") Parrot parrot) {   // ← @Qualifier 애너테이션을 사용하면 컨텍스트에서 특정 빈을 삽입하려는 의도를 명확하게 표시할 수 있다.
        Person p = new Person();
        p.setName("Ella");
        p.setParrot(parrot);
        return p;
    }
}
```

애플리케이션을 다시 실행하면 콘솔에 다음 결과가 출력된다.

```
Parrot created
Parrot created
Person's name: Ella
Person's parrot: Parrot : Miki
```

@Autowired 애너테이션을 사용할 때도 비슷한 상황이 발생할 수 있다. 이 상황을 만들기 위해 별도로 sq-ch3-ex9 프로젝트를 만들었다. 이 프로젝트에서는 @Bean 애너테이션을 사용한 Parrot 타입의 빈 두 개와 스테레오타입 애너테이션을 사용한 Person 인스턴스 하나를 정의한다. Parrot 빈 두 개 중 하나를 Person 타입의 빈에 주입하도록 스프링을 구성해 볼 것이다.

다음 코드에 표시된 것처럼 구성 클래스에서 @Bean 애너테이션으로 Parrot 타입의 빈 두 개를 정의하려고 하므로 Parrot 클래스에 @Component 애너테이션을 추가하지 않았다.

```
public class Parrot {

    private String name;

    // getters, setters, toString() 생략
}
```

@Component 스테레오타입 애너테이션으로 Person 타입의 빈을 정의한다. 다음 코드에서 생성자의 매개변수 이름(parrot2)을 관찰하라. 필자가 'parrot2'로 정한 이유는 스프링이 해당 매개변수에 주입하려는 컨텍스트 빈 이름이기 때문이다.

```
@Component
public class Person {

    private String name = "Ella";
    private final Parrot parrot;

    public Person(Parrot parrot2) {
        this.parrot = parrot2;
    }

    // getters와 setters 생략
}
```

구성 클래스에서 @Bean 애너테이션을 사용하여 Parrot 타입의 빈 두 개를 정의한다. 스테레오타입으로 애너테이션된 클래스를 찾을 수 있는 위치를 스프링에 알려 주려면 @ComponentScan을 추가해야 한다는 것을 잊지 말자. 이 경우 Person 클래스에 @Component 스테레오타입 애너테이션을

달았다. 다음 예제는 구성 클래스의 정의를 보여 준다.

예제 3-8 구성 클래스에서 Parrot 타입 빈 정의하기

```
@Configuration
@ComponentScan(basePackages="beans")
public class ProjectConfig {

    @Bean
    public Parrot parrot1() {
        Parrot p = new Parrot();
        p.setName("Koko");
        return p;
    }

    @Bean
    public Parrot parrot2() {    ← 현재 설정에서는 parrot2라는 이름의 빈이
        Parrot p = new Parrot();      Person 빈에 주입된다.
        p.setName("Miki");
        return p;
    }
}
```

다음 코드의 main 메서드를 실행하면 어떻게 될까? 어떤 앵무새를 소유하게 될까? 생성자 매개변수 이름이 스프링 컨텍스트 빈 이름 중 하나(parrot2)와 일치하고 스프링은 이 빈을 주입하므로 앱이 콘솔에 출력되는 앵무새 이름은 'Miki'가 된다(그림 3-13).

```
public class Main {

    public static void main(String[] args) {
        var context =
            new AnnotationConfigApplicationContext(ProjectConfig.class);
        Person p = context.getBean(Person.class);
        System.out.println("Person's name: " + p.getName());
        System.out.println("Person's parrot: " + p.getParrot());
    }
}
```

이 앱을 실행하면 다음과 같이 출력된다.

```
Person's name: Ella
Person's parrot: Parrot : Miki
```

▼ 그림 3-13 스프링 컨텍스트에 타입이 동일한 빈이 여러 개 포함되어 있다면 스프링은 매개변수와 이름이 일치하는 빈을 선택한다

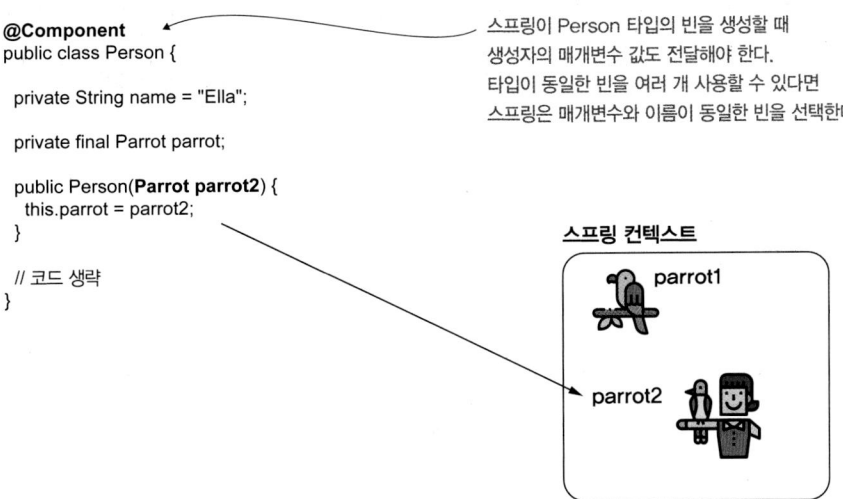

@Bean 애너테이션이 달린 메서드 매개변수를 설명했던 것처럼 변수 이름에 의존하지 않는 것이 좋다. 그보다 필자는 @Qualifier 애너테이션으로 '컨텍스트에서 특정 빈을 주입한다'는 의도를 명확하게 표현하는 것을 선호한다. 이렇게 하면 누군가가 변수 이름을 리팩터링해서 앱 작동 방식에 영향을 미칠 가능성을 최소화할 수 있다. 다음 코드에서 Person 클래스에 적용한 변경 사항을 살펴보자. @Qualifier 주석으로 스프링이 컨텍스트에서 주입하길 원하는 빈 이름을 지정하고 생성자 매개변수의 식별자에 의존하지 않는다. sq-ch3-ex10 프로젝트의 변경 사항을 참조하라.

```
@Component
public class Person {

    private String name = "Ella";
    private final Parrot parrot;

    public Person(@Qualifier("parrot2") Parrot parrot) {
        this.parrot = parrot;
    }

    // getters와 setters 생략
}
```

앱 동작은 바뀌지 않고 출력도 동일하게 유지된다. 이 방식을 사용하면 코드에 실수가 발생할 가능성을 줄일 수 있다.

3.5 요약

- 스프링 컨텍스트는 프레임워크가 관리하는 객체를 유지하는 데 사용하는 앱 메모리 공간이다. 프레임워크가 제공하는 기능으로 스프링 컨텍스트에서 보강해야 하는 모든 객체를 추가해야 한다.
- 앱을 구현할 때는 한 객체에서 다른 객체를 참조해야 한다. 이것으로 한 객체가 자신의 책임을 실행할 때 다른 객체에 작업을 위임할 수 있다. 이 동작을 구현하려면 스프링 컨텍스트에서 빈 간 관계를 설정해야 한다.
- 다음 세 가지 방식 중 하나를 사용하여 두 빈 간 관계를 설정할 수 있다.
  - 빈을 생성하는 메서드에서 다른 빈을 생성하는 @Bean 애너테이션된 메서드를 직접 참조한다. 스프링은 컨텍스트에서 사용자가 빈을 참조한다는 것을 알고 있으며, 빈이 이미 있을 때는 동일한 메서드를 다시 호출하여 다른 인스턴스를 생성하지 않는 대신 컨텍스트에서 기존 빈에 대한 참조를 반환한다.
  - @Bean 애너테이션된 메서드에 매개변수를 정의한다. 스프링은 이 @Bean이 지정된 메서드에서 매개변수를 발견하면 해당 매개변수 타입의 빈을 컨텍스트에서 검색하고 해당 빈을 매개변수 값으로 전달한다.
  - @Autowired 애너테이션을 사용하는 방식은 다음 세 가지다.
    - 컨텍스트에서 빈을 주입하도록 스프링에 지시하려는 클래스의 필드에 @Autowired 애너테이션을 추가한다. 이 방식은 예제와 개념 증명(PoC)에서 자주 사용된다.
    - 빈을 생성하기 위해 스프링이 호출할 생성자에 @Autowired 애너테이션을 추가한다. 스프링은 컨텍스트에 있는 다른 빈을 생성자의 매개변수로 주입한다. 이 방식은 실제 코드에서 가장 많이 사용된다.
    - 스프링이 컨텍스트에서 빈을 주입하려는 속성의 setter에 @Autowired 애너테이션을 추가한다. 이 방식은 프로덕션 수준의 코드에서는 자주 사용되지 않는다.
- 스프링에서 클래스의 속성이나 메서드 또는 생성자 매개변수를 사용하여 값이나 참조를 제공하도록 허용할 때는 스프링이 IoC 원칙으로 지원되는 기술인 DI를 사용한다고 할 수 있다.

- 서로 의존하는 빈 두 개를 생성하면 순환 의존성이 발생한다. 스프링은 순환 의존성이 있는 빈은 생성할 수 없고, 예외를 발생시키며 실행은 실패한다. 빈을 구성할 때는 순환 의존성을 피해야 한다.
- 컨텍스트에 타입이 동일한 빈이 두 개 이상 있을 때 스프링은 그중 어떤 빈을 주입해야 하는지 정하지 못한다. 주입해야 할 인스턴스를 스프링에 알려 주는 방법은 다음과 같다.
    - 의존성 주입을 위해 빈 중 하나를 기본값으로 표시하는 `@Primary` 애너테이션을 사용한다.
    - 빈 이름을 지정하고 `@Qualifier` 애너테이션을 사용하여 빈 이름으로 주입한다.

memo

4장

스프링 컨텍스트: 추상화

4.1 계약 정의를 위한 인터페이스 사용

4.2 추상화와 함께 의존성 주입

4.3 스테레오타입 애너테이션으로 객체의 책임에 집중

4.4 요약

이 장에서 다룰 내용
- 인터페이스를 사용하여 계약 정의하기
- 스프링 컨텍스트에서 빈 추상화 사용하기
- 추상화와 함께 의존성 주입 사용하기

이 장에서는 스프링 빈과 함께 추상화(abstraction)를 사용하는 방법을 설명한다. 이 주제는 실제 프로젝트에서 구현을 분리하는 데 추상화를 사용할 때가 많아 매우 중요하다. 이 장에서 배우겠지만, 우리는 구현을 분리함으로써 애플리케이션의 유지 관리 및 테스트를 편하게 할 수 있다.

4.1절에서는 인터페이스를 사용하여 계약을 정의하는 방법을 다시 한 번 살펴본다. 이 주제에 접근하기 위해 먼저 객체 책임을 논하고 객체가 앱의 표준 클래스 설계에 어떻게 적용되는지 알아볼 것이다. 코딩 기술로 스프링을 사용하지 않은 작은 시나리오를 구현하되, 요구 사항을 구현하고 추상화로 앱 의존 객체를 분리하는 데 중점을 둔다.

그런 다음 4.2절에서는 추상화와 함께 DI를 사용할 때 스프링의 동작을 설명한다. 4.1절에서 작업한 구현을 바탕으로 앱 의존성에 스프링을 추가할 것이다. 그런 다음 스프링 컨텍스트로 의존성 주입을 구현한다. 이 예제로 프로덕션 수준으로 구현함으로써 기대할 수 있는 것(실제 시나리오에 대한 전형적인 책임이 있는 객체와 의존성 주입(DI) 및 스프링 컨텍스트를 사용한 추상화)에 더 가까워질 수 있을 것이다.

4.1 계약 정의를 위한 인터페이스 사용

이 절에서는 인터페이스를 사용하여 계약을 정의하는 방법을 설명한다. 자바에서 인터페이스는 특정 책임을 선언하는 데 사용하는 추상 구조다. 인터페이스를 구현하는 객체는 이 책임을 정의해야 한다. 동일한 인터페이스를 구현하는 여러 객체는 해당 인터페이스가 선언한 책임을 다른 방식으로 정의할 수 있다. 인터페이스는 '무엇이 발생해야 하는지(필요 대상)'를 지정하는 반면, 인터페이스를 구현하는 모든 객체는 '어떻게 그것이 발생해야 하는지(발생 방법)'를 지정한다고 볼 수 있다.

어렸을 때 필자 아버지는 가지고 놀라며 낡은 라디오를 주셨다(당시 필자는 무언가를 분해하는 것에 꽤 심취했었다). 필자는 그 라디오를 보면서 케이스 볼트를 풀 수 있는 무언가가 필요하다는 것을 깨달았다. 잠시 고민한 끝에 칼이 있으면 좋겠다고 생각해서 아버지께 칼을 빌려 달라고 했다. 아버지는 "칼이 왜 필요하니?"라고 물으셨고, 케이스를 여는 데 필요하다고 대답했다. "오!" 아버지는 말씀하셨다. "칼보다는 드라이버를 쓰는 게 낫겠구나. 여기 있다!" 그때 필자는 무엇을 해야 할지 모를 때는 해결책을 찾기보다 필요한 것을 먼저 물어보는 편이 더 현명함을 배웠다. 인터페이스란 객체가 필요한 것을 요청하는 방식이다.

4.1.1 구현 분리를 위해 인터페이스 사용

이 절에서는 계약이 무엇인지와 함께 인터페이스를 사용하여 자바 앱에서 계약을 정의하는 방법을 설명한다. 비유로 시작한 후 몇 가지 시각 자료를 이용하여 계약 개념과 언제 인터페이스를 사용하면 유용한지 알아볼 것이다. 그런 다음 4.1.2절 문제에 대한 요구 사항을 계속 살펴보고 4.1.3절에서 프레임워크 없이 이 시나리오를 해결할 것이다. 또 4.2절에서는 우리 레시피에 스프링을 첨가하고, 계약으로 기능을 분리할 때 스프링 의존성 주입이 어떻게 작동하는지 알아볼 것이다.

비유를 들어 설명하겠다. 우리는 목적지로 이동하려고 우버(Uber) 같은 차량 공유 앱을 사용한다. 일반적으로 차량 공유 서비스를 사용할 때는 차량 외관이나 운전자가 누구인지 신경 쓰지 않는다. 그저 목적지에 가기만 하면 된다. 필자는 제시간에 목적지에 도착하기만 하면 그 수단이 자동차든 우주선이든 전혀 상관없다. 차량 공유 앱은 인터페이스다. 고객은 자동차나 운전자를 요청하는 것이 아니라 이동(trip)을 요청한다. 서비스를 제공할 수 있는 차를 가진 드라이버라면 누구나 고객 요청에 응할 수 있다. 고객과 드라이버는 앱(인터페이스)으로 분리되어 있어 고객은 차량이 요청에 응답하기 전에는 드라이버가 누구인지, 어떤 차량이 자신을 태울지 알 수 없으며, 드라이버도 누구를 위해 서비스를 제공하는지 알 수가 없고 알 필요도 없다. 이와 같은 비유로 자바 객체와의 관계에서 인터페이스가 어떤 역할을 하는지 추론할 수 있다.

배송 앱에서 배송할 패키지의 세부 정보를 인쇄해야 하는 객체를 구현한다고 가정해 보자. 인쇄된 세부 정보는 목적지 주소별로 정렬되어야 한다. 세부 정보를 인쇄하는 객체는 배송 주소별로 패키지를 정렬하는 책임을 다른 객체에 위임해야 한다(그림 4-1).

▼ 그림 4-1 DeliveryDetailsPrinter 객체는 배송 주소별로 배송 세부 정보를 정렬하는 책임을 SorterByAddress라는 다른 객체에 위임한다

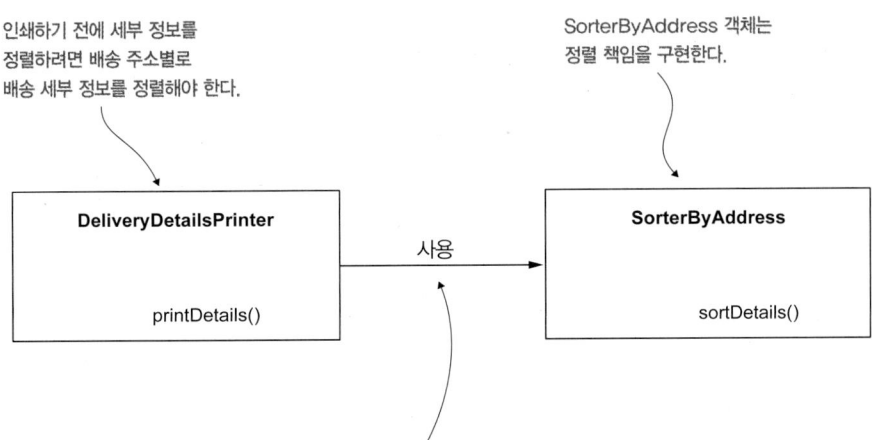

그림 4-1에서 볼 수 있듯이, DeliveryDetailsPrinter는 SorterByAddress 객체에 정렬 책임을 직접 위임한다. 이 클래스 디자인을 그대로 유지하면 이 기능을 변경해야 할 때 어려움을 겪을 수 있다. 나중에 인쇄된 세부 정보 순서를 발신인 이름 순으로 새롭게 변경한다고 가정해 보자. SorterByAddress 객체를 새로운 책임을 구현하는 다른 객체로 대체해야 하지만, 정렬 책임을 사용하는 DeliveryDetailsPrinter 객체도 변경해야 한다(그림 4-2).

▼ 그림 4-2 두 객체는 강력하게 결합되어 있으므로 정렬 책임을 변경하려면 이 책임을 사용하는 객체도 변경해야 한다. 더 잘 설계되었다면 정렬 책임을 사용하는 객체를 변경하지 않고도 정렬 책임을 변경할 수 있다

```
public class DeliveryDetailsPrinter {

  private SorterByAddress sorter;

  public DeliveryDetailsPrinter(SorterByAddress sorter) {
    this.sorter = sorter;
  }

  public void printDetails() {
    sorter.sortDetails();
    // 배송 세부 정보 출력
  }

}
```

정렬 책임을 변경해야 한다면 코드를 변경해야 할 위치는 바로 여기다.

이 설계를 어떻게 개선할 수 있을까? 객체의 책임을 변경할 때 변경된 책임을 사용하는 다른 객체까지 변경할 필요가 없도록 하고 싶다. 이 설계 문제는 DeliveryDetailsPrinter 객체에서 필요한 것과 필요한 방법을 모두 지정하기 때문에 발생한다. 앞서 설명한 것처럼 객체는 필요한 것만 지정하고 필요한 것이 어떻게 구현되는지는 전혀 알지 못해도 된다. 물론 이를 위해 인터페이스를 사용한다. 그림 4-3에서는 두 객체를 분리하려고 Sorter 인터페이스를 도입했다. DeliveryDetailsPrinter 객체는 SorterByAddress를 선언하는 대신 Sorter가 필요하다고만 지정했다. 이제 DeliveryDetailsPrinter가 요청한 작업을 해결하는 데 필요한 객체를 원하는 만큼 늘릴 수 있다. Sorter 인터페이스를 구현하는 모든 객체는 언제든지 DeliveryDetailsPrinter 객체의 의존성을 만족시킬 수 있다. 다음 그림은 인터페이스를 사용하여 분리한 후 DeliveryDetailsPrinter 객체와 SorterByAddress 객체 간 의존성을 시각적으로 표현한 것이다.

▼ 그림 4-3 인터페이스로 책임을 분리한다. 구현에 직접 의존하는 대신 DeliveryDetailsPrinter 객체는 인터페이스에 의존한다. DeliveryDetailsPrinter는 특정 구현에 종속되지 않고 이 인터페이스를 구현하는 모든 객체를 사용할 수 있다

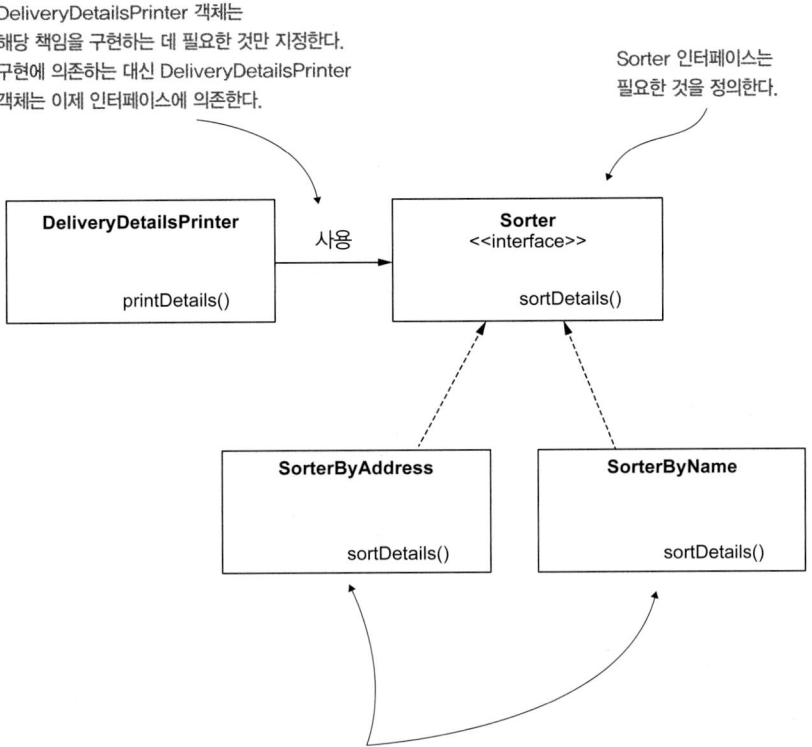

다음 코드에서 Sorter 인터페이스 정의를 볼 수 있다.

```java
public interface Sorter {
    void sortDetails();
}
```

그림 4-4와 그림 4-2를 비교해 보자. DeliveryDetailsPrinter 객체는 구현에 직접 의존하는 것이 아니라 인터페이스에 의존하기 때문에 배송 세부 정보에 따라 정렬되는 방식이 바뀌더라도 추가로 변경될 필요가 없다.

▼ 그림 4-4 DeliveryDetailsPrinter 객체는 Sorter 인터페이스에 의존한다. Sorter 인터페이스의 구현을 변경하더라도 이 책임을 사용하는 객체(DeliveryDetailsPrinter)를 더 변경할 필요가 없다

```
public class DeliveryDetailsPrinter {

  private Sorter sorter;

  public DeliveryDetailsPrinter(Sorter sorter) {
    this.sorter = sorter;
  }

  public void printDetails() {
    sorter.sortDetails();
    // 배송 세부 정보 출력
  }

}
```

이제 Sorter 인터페이스의 어떤 구현체라도 사용할 수 있으며 더 이상 해당 책임을 사용하는 객체를 변경할 필요가 없다.

이제 이론을 설명했으므로 여러분은 클래스 설계에서 서로 의존하는 객체들을 분리하는 데 왜 인터페이스를 사용하는지 이해할 수 있을 것이다. 다음으로 시나리오에 대한 요구 사항을 구현해 본다. 프레임워크 없이 일반 자바로 요구 사항을 구현할 것이며, 객체의 책임과 인터페이스로 객체를 분리하는 데 중점을 둘 것이다. 이 절 마지막에는 사용 사례를 구현하기 위해 협업하는 객체들을 정의하는 프로젝트를 만들어 볼 것이다.

4.2절에서는 프로젝트를 변경하고 스프링을 추가하여 의존성을 이용한 객체와 객체 간 관계를 관리해 본다. 이런 단계별 접근 방식을 이용하면 앱에 스프링을 추가하는 데 필요한 변경 사항과 변경으로 얻을 수 있는 이점을 보다 쉽게 관찰할 수 있다.

4.1.2 시나리오 요구 사항

지금까지는 간단한 예제를 위해 앵무새처럼 단순한 객체를 선택했다. 이런 예제와 객체가 프로덕션용 애플리케이션에서 사용하는 것과 유사하지는 않더라도 학습해야 하는 구문(syntax)에 집중하는 데는 도움이 된다. 이제 한 걸음 더 나아가 이전 장에서 배운 내용을 실제 환경에 더 가까운 예제에 사용해 보자.

팀 업무 관리용 앱을 구현한다고 가정해 보자. 이 앱의 기능 중 하나는 사용자가 업무에 대한 댓글을 남길 수 있도록 하는 것이다. 사용자가 댓글을 게시하면 해당 댓글은 데이터베이스 등 어딘가에 저장되고 앱은 설정된 특정 주소로 이메일을 보낸다.

이 기능을 구현하려면 객체를 설계하고 올바른 책임과 추상화를 찾아야 한다.

4.1.3 프레임워크 없이 요구 사항 구현

이 절에서는 4.1.1절에서 설명한 요구 사항을 구현하는 데 중점을 둔다. 지금까지 인터페이스에 대해 배운 내용을 바탕으로 이를 수행할 것이다. 먼저 구현할 객체(책임)를 식별해야 한다.

표준적인 실제 애플리케이션에서는 사용 사례를 구현하는 객체를 일반적으로 **서비스**(service)라고 하며, 여기에서도 그렇다. 우리는 '댓글 게시' 사용 사례를 구현하는 서비스가 필요하며, 이 객체 이름은 'CommentService'로 지정한다. 필자는 프로젝트에서 서비스 클래스라는 역할이 눈에 띄도록 클래스 이름 끝에 'Service'를 붙이길 좋아한다. 좋은 명명 규칙에 대한 자세한 내용은 〈Clean Code(클린 코드: 애자일 소프트웨어 장인 정신)〉(인사이트, 2013)의 2장을 추천한다.

요구 사항을 다시 분석해 보면, 사용 사례가 댓글 저장과 댓글을 이메일로 보내는 두 가지 행동(action)으로 구성되어 있음을 알 수 있다. 이 두 행동은 상당히 상이하므로 서로 다른 두 책임(responsibility)으로 간주하여 두 개의 객체로 구현해야 한다.

데이터베이스와 직접 작업하는 객체가 있을 때 일반적으로 이런 객체 이름을 **리포지터리**(repository)라고 한다. 때로는 이런 객체를 **데이터 액세스 객체**(Data Access Object, DAO)라고도 한다. 댓글 저장 기능을 구현하는 객체 이름을 'CommentRepository'로 지정해 보자.

마지막으로 실제 앱에서는 앱 외부와 통신을 담당하는 객체를 구현할 때 이런 객체 이름을 **프록시**(proxy)로 지정하므로 이메일 전송을 담당하는 객체 이름을 CommentNotificationProxy로 지정한다. 다음 그림은 이 세 가지 책임 관계를 보여 준다.

▼ 그림 4-5 CommentService 객체는 '댓글 게시' 사용 사례를 구현한다. 이를 위해서는 CommentRepository와 CommentNotificationProxy 객체가 구현한 책임에 위임해야 한다

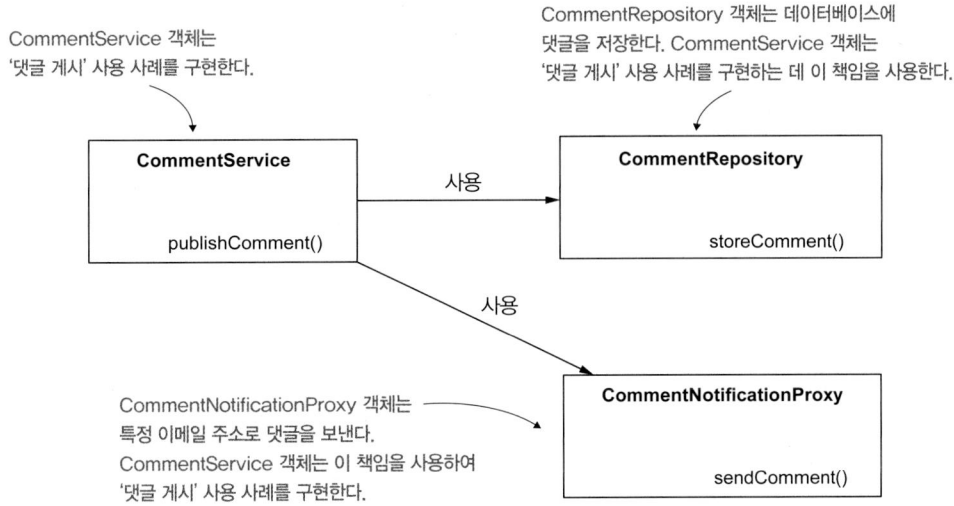

하지만 잠깐! 구현 간에 직접적으로 결합하면 안 된다고 말하지 않았나? 인터페이스를 사용하여 구현을 분리해야 한다. 이제 드디어 CommentRepository는 데이터베이스로 댓글을 저장할 수 있다. 그러나 향후에는 다른 기술이나 외부 서비스를 사용하도록 변경해야 할 수도 있다. CommentNotificationProxy 객체도 마찬가지다. 지금은 이메일로 알림을 보내지만 향후 버전에서는 다른 채널로 댓글 알림을 보내야 할 수도 있다. 우리는 의존성을 변경해야 할 때 의존성을 사용하는 객체까지 변경할 필요가 없도록 CommentService를 의존성 구현과 확실하게 분리해야 한다.

다음 그림은 추상화로 이 클래스 설계를 분리하는 방법을 보여 준다. CommentRepository와 CommentNotificationProxy를 클래스로 설계하는 대신 기능을 정의하기 위해 이 클래스들을 구현할 수 있는 인터페이스로 설계한다.

▼ 그림 4-6 CommentService 객체는 CommentRepository 및 CommentNotificationProxy 인터페이스가 제공하는 추상화에 의존한다. DBCommentRepository와 EmailCommentNotificationProxy 클래스는 이 인터페이스를 구현한다. 이런 설계는 '댓글 게시' 사용 사례의 구현을 의존성에서 분리하고 향후 개발에서 애플리케이션을 쉽게 변경할 수 있도록 한다

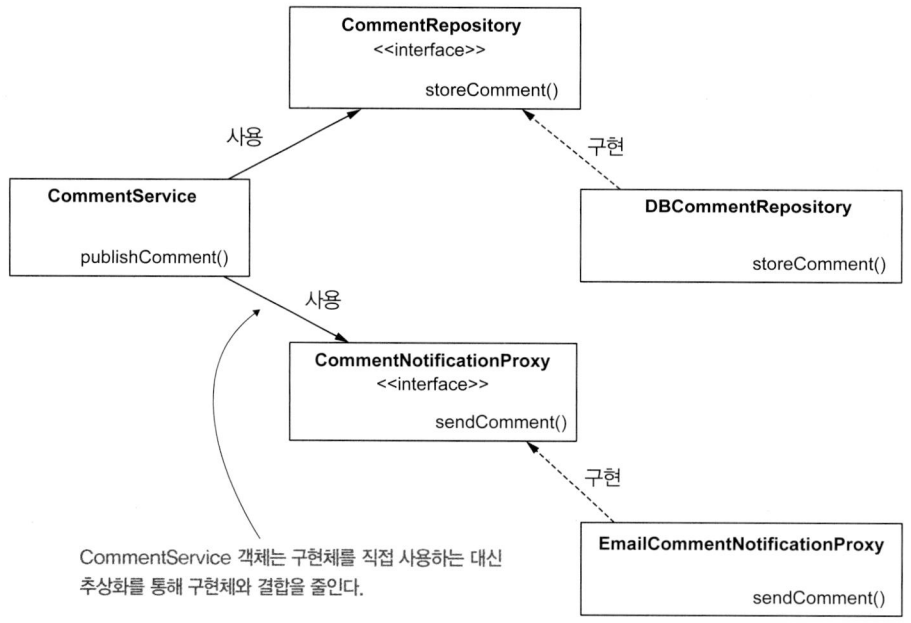

이제 구현 내용을 명확히 파악했으니 코딩을 시작해 보자. 지금은 pom.xml 파일에 외부 의존성을 추가하지 않고 일반 메이븐 프로젝트를 생성한다. 이 프로젝트 이름을 sq-ch4-ex1로 지정하고 다음 그림과 같이 구성하여 각기 다른 책임에 따라 패키지로 분리한다.

▼ 그림 4-7 프로젝트 구조를 보여 준다. 프로젝트 구조를 쉽게 읽고 이해할 수 있도록 각 책임에 대해 별도 패키지를 선언한다

필자는 앞서 (앱이 가진 주요 책임에 여러분이 먼저 집중하도록) 댓글을 어떤 식으로든 보이게 해야 한다는 것을 언급하지 않았다. 댓글을 정의하려면 작은 POJO 클래스를 작성하기만 하면 되므로, 이 POJO 클래스를 작성하면서 사용 사례를 구현해 보자. 이런 타입의 객체는 단순히 앱이 사용하는 데이터를 모델링하는 역할을 하기 때문에 **모델**(model)이라고 한다. 여기에서는 텍스트(text)와 작성자(author)라는 두 가지 속성을 가진 댓글을 고려한다. Comment 클래스를 정의하는 곳으로 model이라는 패키지를 생성하자. 다음 예제는 이 클래스 정의를 나타낸다.

> Note ≡ POJO는 의존성이 없는 단순 객체로, 속성과 메서드로만 기술된다. 이 경우 Comment 클래스는 작성자 및 텍스트라는 두 가지 속성으로 댓글의 상세를 기술하는 POJO를 정의한다.

예제 4-1 댓글 정의하기

```
public class Comment {

    private String author;
    private String text;

    // getters와 setters 생략
}
```

이제 리포지터리와 프록시의 책임을 정의할 수 있다. 다음 예제에서 CommentRepository 인터페이스 정의를 볼 수 있다. 이 인터페이스로 정의된 계약은 CommentService 객체가 사용 사례를 구현

하는 데 필요한 storeComment(Comment comment) 메서드를 선언한다. 이 인터페이스와 이를 구현하는 클래스는 프로젝트의 리포지터리 패키지에 저장한다.

예제 4-2 CommentRepository 인터페이스 정의하기

```
public interface CommentRepository {
    void storeComment(Comment comment);
}
```

이 인터페이스는 CommentService 객체가 댓글 저장이라는 사용 사례를 구현하는 데 필요한 기능만 제공한다. 이 계약을 구현하는 객체를 정의할 때는 storeComment(Comment comment) 메서드를 재정의하여 구현 방법을 정의해야 한다. 다음 코드에서 DBCommentRepository 클래스의 정의를 확인할 수 있다. 아직 데이터베이스에 연결하는 방법을 알지 못하므로 이 작업을 시뮬레이션하려고 콘솔에 텍스트만 출력해 볼 것이다. 12장부터 애플리케이션을 데이터베이스에 연결하는 방법도 배울 것이다.

예제 4-3 CommentRepository 인터페이스 구현하기

```
public class DBCommentRepository implements CommentRepository {

    @Override
    public void storeComment(Comment comment) {
        System.out.println("Storing comment: " + comment.getText());
    }
}
```

마찬가지로 CommentService 객체에 필요한 두 번째 책임에 대한 인터페이스인 CommentNotificationProxy를 정의한다. 이 인터페이스와 이를 구현하는 클래스는 프로젝트의 proxies 패키지에서 정의한다. 다음 목록은 이 인터페이스를 보여 준다.

예제 4-4 CommentNotificationProxy 인터페이스 정의

```
public interface CommentNotificationProxy {
    void sendComment(Comment comment);
}
```

시연에서 사용할 이 인터페이스의 구현을 다음 코드에서 볼 수 있다.

예제 4-5 CommentNotificationProxy 인터페이스 구현

```java
public class EmailCommentNotificationProxy
        implements CommentNotificationProxy {

    @Override
    public void sendComment(Comment comment) {
        System.out.println("Sending notification for comment: "
                                + comment.getText());
    }
}
```

이제 CommentService 객체의 두 의존성(CommentRepository와 CommentNotificationProxy)을 사용하여 객체 자체를 구현할 수 있다. 서비스 패키지에서 다음 예제처럼 CommentService 클래스를 작성할 수 있다.

예제 4-6 CommentService 객체 구현

```java
public class CommentService {

    private final CommentRepository commentRepository;           // ← 클래스의 속성으로
    private final CommentNotificationProxy commentNotificationProxy;  //   의존성 두 개를
                                                                 //   정의한다.

    public CommentService(    // ← 객체가 생성될 때 생성자의 매개변수로 의존성을 제공한다.
            CommentRepository commentRepository,
            CommentNotificationProxy commentNotificationProxy) {

        this.commentRepository = commentRepository;
        this.commentNotificationProxy = commentNotificationProxy;
    }

    public void publishComment(Comment comment) {   // ← '댓글 저장'과 '알림 전송' 책임을
        commentRepository.storeComment(comment);    //   의존성에 위임하는 사용 사례를 구현한다.
        commentNotificationProxy.sendComment(comment);
    }
}
```

이제 다음 예제에서 볼 수 있는 것처럼 Main 클래스를 작성하고 전체 클래스 설계를 테스트해 보자.

예제 4-7 Main 클래스에서 사용 사례 호출하기

```
public class Main {

    public static void main(String[] args) {
        var commentRepository =
            new DBCommentRepository();              ◀── 의존성 객체들을 생성한다.
        var commentNotificationProxy =
            new EmailCommentNotificationProxy();
                                                    의존성을 제공하여 서비스
        var commentService = new CommentService(  ◀── 클래스 인스턴스를 생성한다.
            commentRepository, commentNotificationProxy);

        var comment = new Comment();
        comment.setAuthor("Laurentiu");             '댓글 게시' 사용 사례를 위해 매개변수로
        comment.setText("Demo comment");          ◀── 전달할 댓글 인스턴스를 생성한다.

        commentService.publishComment(comment);   ◀── '댓글 게시' 사용 사례를 호출한다.
    }
}
```

이 애플리케이션을 실행하면 콘솔에서 CommentRepository와 CommentNotificationProxy 객체가 출력한 다음 두 문자열을 볼 수 있다. 다음 코드에서 이 출력 부분을 볼 수 있다.

```
Storing comment: Demo comment
Sending notification for comment: Demo comment
```

4.2 추상화와 함께 의존성 주입

SPRING START HERE

이 절에서는 4.1절에서 구현한 클래스 설계 위에 스프링 프레임워크를 적용한다. 이 예제를 통해 스프링이 추상화를 사용할 때 의존성 주입을 관리하는 방법을 설명할 수 있다. 대부분의 프로젝트에서 추상화로 객체 간 의존성을 구현하기 때문에 이 주제는 필수적이다. 3장에서 우리는 의존성 주입을 논의했고, 구체적인 클래스로 스프링이 컨텍스트에서 빈 값을 설정하도록 변수를 선언했다. 하지만 이 장에서 배우겠지만 스프링은 추상화 개념도 이해한다.

먼저 프로젝트에 스프링 의존성을 추가한 후 이 애플리케이션의 객체 중 어떤 객체를 스프링에서

관리해야 할지 결정할 것이다. 스프링이 어떤 객체를 인식하도록 해야 하는지 정하는 방법도 배운다.

그런 다음 스프링과 스프링의 의존성 주입 기능을 사용하도록 4.1절에서 구현한 프로젝트를 조정한다. 추상화와 함께 의존성 주입을 사용할 때 나타날 수 있는 다양한 상황을 자세히 설명하고, 이 절 마지막 부분에서는 스테레오타입 애너테이션도 깊이 살펴볼 것이다. 이 절에서 여러분은 `@Component`가 사용 가능한 유일한 스테레오타입 애너테이션이 아니라는 것과 언제 다른 애너테이션을 사용해야 하는지 알 수 있을 것이다.

4.2.1 스프링 컨텍스트에 포함될 객체 정하기

2장과 3장에서 스프링을 논의할 때는 구문에 중점을 두었기 때문에 현실 시나리오의 사용 사례를 반영하지 못했다. 따라서 스프링 컨텍스트에 객체를 추가해야 하는지 여부는 논의할 수 없었다. 지금까지 논의한 내용을 바탕으로 모든 앱 객체를 스프링 컨텍스트에 추가해야 한다고 생각할 수 있지만 사실은 그렇지 않다.

스프링 컨텍스트에 객체를 추가하는 가장 큰 이유는 스프링이 객체를 제어하고 프레임워크가 제공하는 기능으로 객체를 더욱 보강할 수 있도록 하려는 것임을 기억해야 한다. 따라서 "이 객체를 프레임워크에서 관리해야 하는가?"라는 질문에 따라 쉽게 결정할 수 있어야 한다. 우리 시나리오에서 이 질문에 답하는 것은 어렵지 않은데, 우리가 사용하는 유일한 스프링 기능이 DI뿐이기 때문이다. 객체가 컨텍스트로부터 주입해야 하는 의존성이 있거나 그 자체가 의존성인 경우 해당 객체를 스프링 컨텍스트에 추가해야 한다. 구현을 살펴보면 의존성이 없고 그 자체로 의존성이 아닌 유일한 객체는 Comment라는 것을 알 수 있다. 이 클래스 설계에 있는 다른 객체들은 다음과 같다.

- `CommentService`: CommentRepository와 CommentNotificationProxy 의존성 두 개를 갖고 있다.
- `DBCommentRepository`: CommentRepository 인터페이스를 구현하며 CommentService의 의존성이다.
- `EmailCommentNotificationProxy`: CommentNotificationProxy 인터페이스를 구현하며 CommentService의 의존성이다.

그렇다면 왜 Comment 인스턴스를 추가하지 않을까? 필자는 스프링 강좌를 강의할 때 이 질문을 자주 받는다. 프레임워크가 관리할 필요도 없는데 스프링 컨텍스트에 객체를 추가하면 앱에 불필요한 복잡성이 추가되어 앱의 유지 관리가 어려워지고 성능이 저하된다. 스프링 컨텍스트에 객체를 추가하면 프레임워크가 제공하는 특정 기능을 사용하여 객체를 관리할 수 있다. 프레임워크에서 얻는 이점도 없는데 스프링이 관리할 객체만 추가하는 것은 오버엔지니어링(over-engineering) 구현을 하는 것이다.

2장에서는 클래스가 프로젝트에 속해 있고 변경할 수 있다면 스테레오타입 애너테이션(@Component)을 사용하는 것이 스프링 컨텍스트에 빈을 추가하는 가장 편리한 방법이라고 설명했다. 여기에서도 이 방식을 사용할 것이다.

다음 그림에서 두 인터페이스가 흰색인 것을 볼 수 있다(@Component로 표시하지 않는다). 필자는 학생들이 구현에서 인터페이스를 사용할 때 스테레오타입 애너테이션을 어디에 사용해야 하는지 혼란스러워 하는 경우를 종종 보았다. 스프링이 인스턴스를 생성하고 이런 인스턴스를 컨텍스트에 추가하는 데 필요한 클래스에 스테레오타입 애너테이션을 사용한다. 인터페이스나 추상 클래스는 인스턴스화할 수 없기 때문에 스테레오타입 애너테이션을 추가하는 것은 의미 없다. 구문상으로는 이 작업을 수행할 수 있지만 유용하지 않다.

▼ 그림 4-8 @Component 스테레오타입 애너테이션으로 표시할 클래스는 회색으로 표시된다. 컨텍스트가 로드되면 스프링은 이런 클래스의 인스턴스를 생성하고 해당 컨텍스트에 추가한다

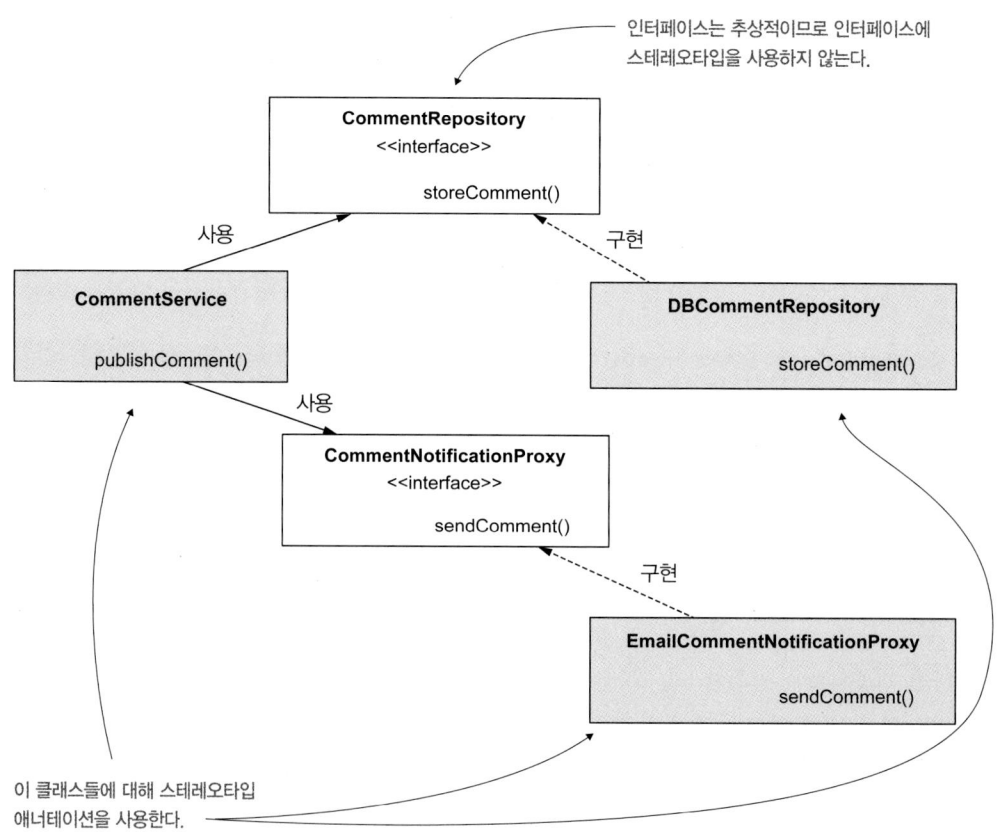

sq-ch4-ex1 프로젝트의 코드를 변경하여 이런 클래스에 @Component 애너테이션을 추가해 보자. 다음 예제에서 DBCommentRepository 클래스에 대한 변경 사항을 확인할 수 있다(sq-ch4-ex2).

예제 4-8 DBCommentRepository 클래스에 @Component 추가하기

```
                   @Component로 클래스를 표시하면 스프링이 클래스의 인스턴스를 만들고
@Component  ◀──── 이를 빈으로 추가하도록 지시한다.
public class DBCommentRepository implements CommentRepository {

    @Override
    public void storeComment(Comment comment) {
        System.out.println("Storing comment: " + comment.getText());
    }
}
```

다음 예제에서 EmailCommentNotificationProxy 클래스의 변경 사항을 볼 수 있다.

예제 4-9 EmailCommentNotificationProxy 클래스에 @Component 추가하기

```
@Component
public class EmailCommentNotificationProxy
        implements CommentNotificationProxy {

    @Override
    public void sendComment(Comment comment) {
        System.out.println(
                "Sending notification for comment: " + comment.getText());
    }
}
```

다음 예제에서 @Component 애너테이션을 추가하여 CommentService 클래스도 변경한다. CommentService 클래스는 다른 두 컴포넌트에 대한 의존성을 CommentRepository 및 CommentNotificationProxy 인터페이스로 선언한다. 스프링은 속성이 인터페이스 타입으로 정의된 것을 인식하고 컨텍스트에서 이런 인터페이스를 구현한 클래스로 생성된 빈을 검색할 수 있을 정도로 똑똑하다. 2장에서 설명했듯이, 클래스에는 생성자가 하나만 있기 때문에 @Autowired 애너테이션은 선택 사항이다.

예제 4-10 CommentService를 컴포넌트로 만들기

```
@Component  ◀──── 스프링은 이 클래스를 빈으로 생성하고 컨텍스트에 추가한다.
public class CommentService {
```

```
        private final CommentRepository commentRepository;
        private final CommentNotificationProxy commentNotificationProxy;
                    이 클래스에 생성자가 두 개 이상이라면 @Autowired를 사용해야 한다.
                                                스프링은 이 생성자로 빈을 생성하며,
        public CommentService(                  빈 인스턴스를 생성할 때 스프링 컨텍스트에서
                CommentRepository commentRepository,   매개변수의 레퍼런스(또는 레퍼런스들)를 주입한다.
                CommentNotificationProxy commentNotificationProxy) {
            this.commentRepository = commentRepository;
            this.commentNotificationProxy = commentNotificationProxy;
        }

        public void publishComment(Comment comment) {
            commentRepository.storeComment(comment);
            commentNotificationProxy.sendComment(comment);
        }
    }
```

스테레오타입으로 애너테이션된 클래스를 찾을 수 있는 위치를 스프링에 알려 주고 앱을 테스트하기만 하면 된다. 다음 예제는 프로젝트의 구성(configuration) 클래스에서 @ComponentScan 애너테이션을 사용하여 스프링에 @Component로 애너테이션된 클래스를 찾을 위치를 알려 주는 방법을 보여 준다. @ComponentScan은 2장에서 설명했다.

예제 4-11 구성 클래스에서 @ComponentScan 사용하기

```
                    @Configuration 애너테이션은 이 클래스가 구성 클래스임을 나타낸다.
                        @ComponentScan 애너테이션을 사용하여 스프링에 스테레오타입으로 애너테이션된 클래스를
                        검색할 패키지를 알려 준다. 여기에서 model 패키지는 스테레오타입 애너테이션이 달린 클래스를
@Configuration
@ComponentScan(     포함하지 않기 때문에 추가되지 않았다는 것을 볼 수 있다.
    basePackages = {"proxies", "services", "repositories"}
)
public class ProjectConfiguration {

}
```

> Note ≡ 이 예제에서는 @ComponentScan 애너테이션의 basePackages 속성을 사용한다. 스프링은 @ComponentScan 애너테이션의 basePackageClasses 속성으로 클래스를 직접 지정할 수 있는 기능도 제공한다. 패키지를 정의할 때 장점은 패키지 이름만 언급하면 된다는 것이다. 즉, 패키지에 컴포넌트 클래스 20개가 포함되었다면 20개 대신 한 줄(패키지 이름)만 작성하면 된다. 단점은 개발자가 패키지 이름을 변경할 때 @ComponentScan 애너테이션 값도 변경해야 한다는 사실을 깜빡할 수 있다는 것이다. 클래스를 직접 언급하면 코드를 더 많이 작성해야 할 수 있지만, 코드를 변경할 때 @ComponentScan 애너테이션도 수정해야 한다는 사실을 즉시 알 수 있다. 수정하지 않

◐ 계속

는다면 앱이 컴파일되지 않기 때문이다. 프로덕션 애플리케이션에서는 두 가지 방법을 모두 사용할 수 있으며, 필자의 경험상 어느 방법이 다른 방법보다 더 낫다고 말하기는 어렵다.

설정을 테스트하기 위해 다음 예제에 제시된 대로 새로운 Main 메서드를 만들어 보자. 이 예제에서는 스프링 컨텍스트를 시작하고, 컨텍스트에서 CommentService 타입의 빈을 가져온 후 publishComment (Comment comment) 메서드를 호출한다.

예제 4-12 Main 클래스

```java
public class Main {

    public static void main(String[] args) {
        var context =
            new AnnotationConfigApplicationContext(ProjectConfiguration.class);

        var comment = new Comment();
        comment.setAuthor("Laurentiu");
        comment.setText("Demo comment");

        var commentService = context.getBean(CommentService.class);
        commentService.publishComment(comment);
    }
}
```

애플리케이션을 실행하면 다음 코드처럼 출력된 것을 볼 수 있고 CommentService가 두 의존성에 액세스하여 CommentService 객체가 올바르게 호출했다는 것을 보여 준다.

```
Storing comment: Demo comment
Sending notification for comment: Demo comment
```

이것은 작은 예제라서 스프링이 경험을 크게 개선한 것처럼 보이지 않겠지만, 다시 살펴보자. DI 기능을 사용하면 CommentService 객체와 그 의존성 인스턴스를 직접 생성하지 않아도 되며, 이들 간 관계를 명시적으로 설정할 필요도 없다. 클래스가 세 개 이상 있는 실제 시나리오에서 스프링이 이 클래스의 객체와 의존성을 관리하면 정말 큰 차이를 만들어 낸다. 개발자는 **상용구 코드** (boilerplate code)라는 암시적으로 표현될 수 있는 코드[1]를 제거하고 애플리케이션 기능 자체에 집중할 수 있게 한다. 이런 인스턴스를 컨텍스트에 추가하면 다음 장에서 설명할 기능으로 인스턴스를 제어하고 보강할 수 있다는 점을 기억하라.

---

1 역주 애플리케이션의 핵심 기능과 직접적으로 관련이 없는 구성, 설정, 초기화와 관련된 반복적이고 일반화된 코드를 의미한다.

추상화와 함께 의존성을 주입하는 다양한 방법

3장에서 우리는 오토와이어링(auto-wiring)을 사용할 수 있는 다양한 방법을 배웠다. 필드, 생성자 또는 설정자 주입 방법에 사용할 수 있는 @Autowired 애너테이션을 설명했으며 @Bean(스프링이 컨텍스트에 빈을 생성하는 데 사용) 애너테이션된 메서드의 매개변수로 구성 클래스 내에서 오토와이어링을 사용하는 방법도 설명했다.

물론 이 절에서는 실제 사례로 가장 많이 사용되는 생성자 주입 방식부터 시작하지만 다른 접근 방식도 알고 있어야 한다고 생각한다. 필자는 이 절에서 살펴본 것처럼 추상화를 사용한 DI가 3장에서 배운 모든 DI 방식과 동일하게 작동한다는 점을 강조하고 싶다. 이를 증명하기 위해 sq-ch4-ex2 프로젝트를 수정하여 @Autowired로 필드 의존성 주입(field dependency injection)을 먼저 해 보자. 그런 다음 프로젝트를 다시 변경하여 구성 클래스에서 @Bean 메서드를 사용해 보면 추상화를 이용한 DI가 어떻게 작동하는지 테스트할 수 있다.

우리가 작업하는 모든 단계를 유지하기 위해 첫 번째 시연에서 sq-ch4-ex3이라는 새 프로젝트를 만든다. 다행히도 변경해야 하는 것은 CommentService 클래스뿐이다. 생성자를 제거하고 다음 코드에서 표시된 대로 클래스의 필드를 @Autowired 애너테이션으로 표시한다.

```
@Component
public class CommentService {

    @Autowired
    private CommentRepository commentRepository;

    @Autowired
    private CommentNotificationProxy commentNotificationProxy;

    public void publishComment(Comment comment) {
        commentRepository.storeComment(comment);
        commentNotificationProxy.sendComment(comment);
    }
}
```

필드는 이제 final이 아니며, @Autowired로 표시된다. 스프링은 기본 생성자로 클래스의 인스턴스를 생성한 후 스프링의 컨텍스트에서 두 의존성을 가져와 주입한다.

이제 예상할 수 있겠지만, 추상화와 함께 @Bean 애너테이션된 메서드의 매개변수로 오토와이어링을 사용할 수 있다. sq-ch4-ex2 프로젝트에서 sq-ch4-ex4 프로젝트를 분리해서 생성하고, 이 프로젝트에서 CommentService 클래스의 스테레오타입 애너테이션(@Component)과 의존성 두 개를 완전히 제거했다.

게다가 구성 클래스를 변경하여 빈을 생성하고 빈 간 관계도 설정했다. 다음 코드는 새롭게 바뀐 구성 클래스를 보여 준다.

```
@Configuration
public class ProjectConfiguration {

    @Bean
    public CommentRepository commentRepository() {
        return new DBCommentRepository();
    }

    @Bean
```

@Configuration ← 스테레오타입 애너테이션을 사용하지 않기 때문에 @ComponentScan 애너테이션이 더 이상 필요 없다.

각각의 두 의존성에 대해 빈을 생성한다.

◐ 계속

```
    public CommentNotificationProxy commentNotificationProxy() {
        return new EmailCommentNotificationProxy();
    }

    @Bean
    public CommentService commentService(
            CommentRepository commentRepository,  ⟵ 참조를 제공하도록 지시한다.
            CommentNotificationProxy commentNotificationProxy) {
        return new CommentService(commentRepository, commentNotificationProxy);
    }
}
```

인터페이스 타입으로 정의된 @Bean 메서드의 매개변수를 사용하면 스프링은 컨텍스트에서 매개변수의 타입과 호환되는 빈에 대한 참조를 제공하도록 지시한다.

4.2.2 추상화에 대한 여러 구현체 중에서 오토와이어링할 것을 선택

지금까지는 추상화와 함께 DI를 사용할 때 스프링 동작에 중점을 두었다. 하지만 예제에서는 주입이 필요한 각각의 추상화 타입에서 하나의 인스턴스만 추가하는 것을 다루었다.

한 단계 더 나아가 요청된 추상화와 일치하는 인스턴스가 스프링 컨텍스트에 더 많이 있을 때는 어떻게 되는지 살펴보자. 이 시나리오는 실제 프로젝트에서 발생할 수 있으며, 앱이 예상한 대로 작동하려면 이 경우에 대처하는 방법을 알아야 한다.

서로 다른 두 클래스로 생성된 빈이 두 개 있고, 이 두 빈이 CommentNotificationProxy 인터페이스를 구현한다고 가정해 보자(그림 4-9). 다행히 스프링은 3장에서 설명한 빈 선택 메커니즘을 사용한다. 3장에서 스프링 컨텍스트에 동일한 타입의 빈이 두 개 이상 있을 때 이런 빈 중 어떤 빈을 주입할지 스프링에 알려야 한다는 것을 배웠다. 또 다음과 같은 두 가지 접근 방법도 배웠다.

- @Primary 애너테이션으로 구현할 빈 중 하나를 기본값으로 표시한다.
- @Qualifier 애너테이션으로 빈 이름을 지정한 후 DI를 위해 해당 이름으로 참조한다.

▼ 그림 4-9 실제 시나리오에서는 동일한 인터페이스에 대한 구현체가 여러 개 존재할 수 있다. 이 인터페이스에 의존성 주입을 사용할 때는 어떤 구현체를 주입할지 스프링에 지정해야 한다

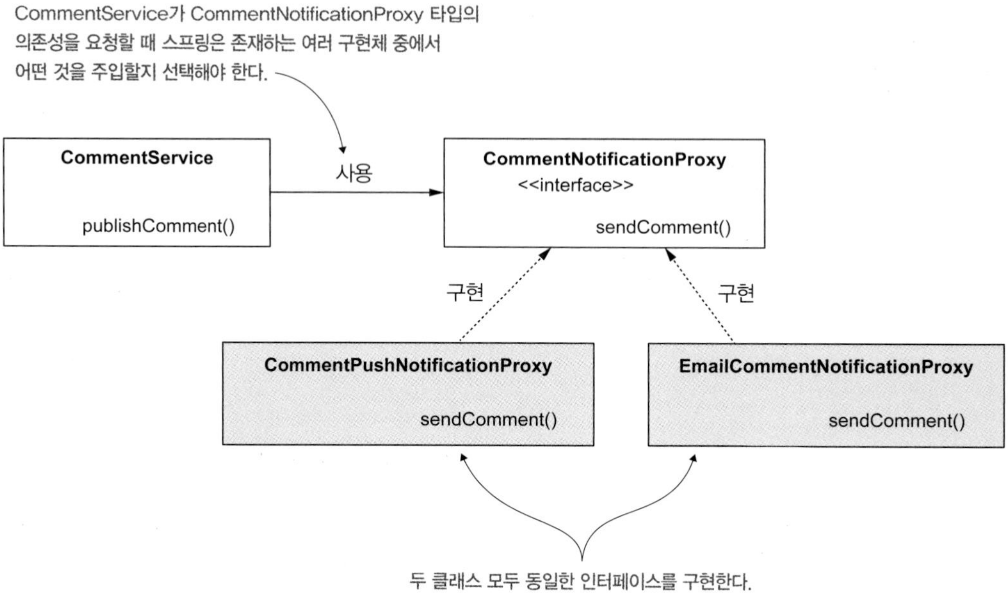

```
CommentService가 CommentNotificationProxy 타입의
의존성을 요청할 때 스프링은 존재하는 여러 구현체 중에서
어떤 것을 주입할지 선택해야 한다.
```

```
┌─────────────────┐         ┌─────────────────────────┐
│ CommentService  │   사용   │ CommentNotificationProxy│
│                 │────────▶│     <<interface>>       │
│ publishComment()│         │     sendComment()       │
└─────────────────┘         └─────────────────────────┘
                                 ▲              ▲
                              구현               구현
                                 │              │
        ┌──────────────────────────────┐  ┌──────────────────────────────┐
        │ CommentPushNotificationProxy │  │ EmailCommentNotificationProxy│
        │                              │  │                              │
        │       sendComment()          │  │       sendComment()          │
        └──────────────────────────────┘  └──────────────────────────────┘
                           ▲                              ▲
                           └──────────────┬───────────────┘
                       두 클래스 모두 동일한 인터페이스를 구현한다.
```

이제 이 두 가지 방식이 추상화에서도 작동한다는 것을 증명해 보자. 다음 예제에서 볼 수 있듯이, 애플리케이션에 CommentNotificationProxy 인터페이스를 구현한 새로운 클래스인 CommentPushNotificationProxy를 추가하고 이 방식들을 하나씩 테스트해 보자. 예제를 구분하고자 sq-ch4-ex5라는 새 프로젝트를 만들었다. 이 예제는 sq-ch4-ex2 프로젝트의 코드를 기반으로 작성했다.

예제 4-13 CommentNotificationProxy 인터페이스에 대한 새로운 구현

```
@Component
public class CommentPushNotificationProxy
        implements CommentNotificationProxy {    ◀── 이 클래스는 CommentNotificationProxy
                                                      인터페이스를 구현한다.
    @Override
    public void sendComment(Comment comment) {
        System.out.println(
            "Sending push notification for comment: " + comment.getText());
    }
}
```

이 애플리케이션을 그대로 실행하면 스프링이 컨텍스트에서 두 빈 중 어떤 빈을 주입할지 알 수 없어 예외가 발생한다. 다음 코드는 예외 메시지에서 가장 흥미로운 부분을 발췌한 것이다. 이 예

외는 스프링이 직면한 문제를 명확히 설명하는데, '한 개가 매칭될 것을 예상했지만 두 개가 발견되었습니다(expected single matching bean but found 2)'는 메시지가 포함된 NoUniqueBeanDefinitionException이다. 이는 프레임워크가 컨텍스트에서 주입해야 하는 기존 빈들에 대한 지침이 필요하다는 것을 보여 준다.

```
Caused by: org.springframework.beans.factory.NoUniqueBeanDefinitionException:

No qualifying bean of type 'proxies.CommentNotificationProxy' available:
    expected single matching bean but found 2:
commentPushNotificationProxy,emailCommentNotificationProxy
```

@Primary로 주입에 대한 기본 구현 표시하기

첫 번째 해결책은 @Primary를 사용하는 것이다. 다음 예제에서 볼 수 있듯이, @Component 애너테이션 전후에 @Primary를 추가하여 이 클래스에서 제공하는 구현을 기본 구현으로 표시하기만 하면 된다.

예제 4-14 @Primary를 사용하여 기본 구현으로 표시하기

```
@Component
@Primary    ◄── @Primary를 사용하여 DI에 대한 기본 구현으로 표시한다.
public class CommentPushNotificationProxy
        implements CommentNotificationProxy {

    @Override
    public void sendComment(Comment comment) {
        System.out.println(
                "Sending push notification for comment: " + comment.getText());
    }
}
```

이 작은 변경만으로도 앱은 다음 코드처럼 더 친숙한 메시지를 출력한다. 스프링이 실제로 새로 생성된 클래스의 구현을 주입했다는 것을 알 수 있다.

```
Storing comment: Demo comment                                기본 구현으로 표시했기 때문에
Sending push notification for comment: Demo comment   ◄── 스프링은 새 구현을 주입한다.
```

이때 필자가 주로 듣는 질문은 '구현체가 두 개 있지만, 스프링은 항상 둘 중 하나만 주입할까? 그렇다면 이 경우에는 왜 두 클래스가 다 필요할까?'라는 것이다.

실제 시나리오에서 이런 상황이 어떻게 발생할 수 있는지 논의해 보자. 이미 알고 있듯이, 앱은 복잡하고 많은 의존성을 사용한다. 특정 인터페이스에 대한 구현을 제공하는 의존성을 사용하지만 (그림 4-10), 어느 순간 제공된 구현이 앱에 적합하지 않아 커스텀 구현을 정의하기로 결정할 수 있다. 이때 가장 간단한 해결책은 @Primary를 사용하는 것이다.

▼ 그림 4-10 우리는 특정 인터페이스에 대한 구현을 이미 제공하는 의존성을 사용할 때가 있다. 이런 인터페이스에 대한 커스텀 구현이 필요하다면 기본 DI 구현으로 표시하도록 @Primary를 사용할 수 있다. 이렇게 하면 스프링은 의존성에서 제공하는 구현이 아닌 여러분이 정의한 커스텀 구현을 주입한다

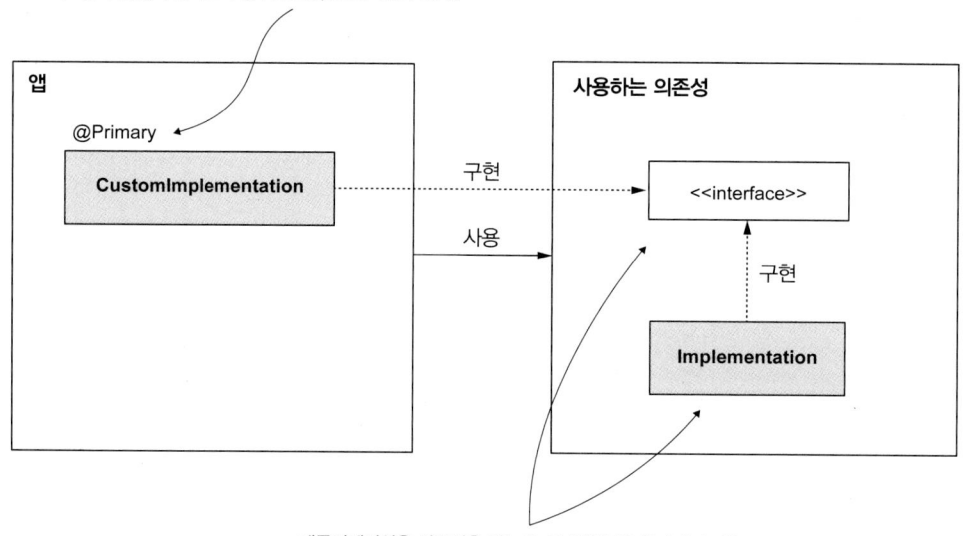

@Qualifier로 의존성 주입에 대한 구현 이름 지정하기

때때로 프로덕션 앱에서 동일한 인터페이스에 대한 구현을 여러 개 정의해야 하고 서로 다른 객체가 이런 구현을 사용하는 경우가 있다. 댓글 알림을 이메일 또는 푸시 알림으로 두 가지 구현해야 한다고 가정해 보자(그림 4-11). 이 알림 구현들은 여전히 동일한 인터페이스에 대한 구현이지만 앱 내에서 서로 다른 객체에 의존한다.

이 방식을 테스트하고자 코드를 변경해 보자. 해당 구현은 sq-ch4-ex6 프로젝트에서 찾을 수 있다. 다음 그림은 @Qualifier 애너테이션으로 특정 구현 이름을 지정하는 방법을 보여 준다.

▼ 그림 4-11 서로 다른 객체가 동일한 계약에 대해 서로 다른 구현을 사용해야 하는 경우 @Qualifier로 이름을 지정하면 스프링이 어디에서 어떤 의존성을 주입해야 하는지 알려 줄 수 있다

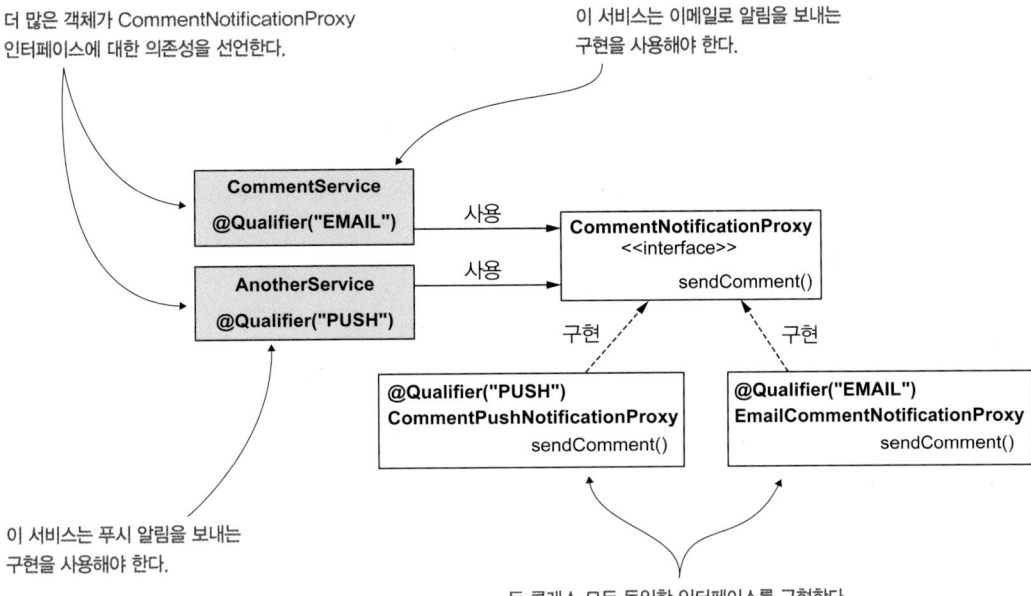

CommentPushNotification 클래스는 다음과 같다.

```
@Component
@Qualifier("PUSH")   ← @Qualifier로 "PUSH" 구현이라고 명명한다.
public class CommentPushNotificationProxy
       implements CommentNotificationProxy {

    // 코드 생략
}
```

EmailCommentNotificationProxy 클래스는 다음과 같다.

```
@Component
@Qualifier("EMAIL")   ← @Qualifier로 "EMAIL" 구현이라고 명명한다.
public class EmailCommentNotificationProxy
       implements CommentNotificationProxy {

    // 코드 생략
}
```

스프링이 이 중 하나를 주입하도록 하려면 @Qualifier 애너테이션으로 구현 이름을 다시 지정하기만 하면 된다. 다음 예제에서 특정 구현을 CommentService 객체의 의존성으로 주입하는 방법을 알아보자.

예제 4-15 @Qualifier로 스프링이 주입해야 하는 구현 지정하기

```
@Component
public class CommentService {

    private final CommentRepository commentRepository;
    private final CommentNotificationProxy commentNotificationProxy;

    public CommentService(    ◀── 특정 구현을 사용하려는 매개변수에서는 @Qualifier로 애너테이션을 추가한다.
            CommentRepository commentRepository,
            @Qualifier("PUSH") CommentNotificationProxy commentNotificationProxy) {

        this.commentRepository = commentRepository;
        this.commentNotificationProxy = commentNotificationProxy;
    }

    // 코드 생략
}
```

스프링은 앱을 실행할 때 @Qualifier를 사용하여 지정된 의존성을 주입한다. 콘솔 출력을 살펴보면 다음과 같다.

```
Storing comment: Demo comment
Sending push notification for comment: Demo comment    ◀── 스프링은 푸시 알림에 대한 구현을 주입한다.
```

4.3 스테레오타입 애너테이션으로 객체의 책임에 집중

지금까지 스테레오타입 애너테이션을 논의할 때 예제에서는 @Component만 사용했다. 하지만 실제 구현을 보면 개발자가 동일한 목적으로 다른 애너테이션을 사용하기도 한다는 것을 알 수 있다. 이 절에서는 두 가지 스테레오타입 애너테이션인 @Service와 @Repository 사용 방법을 보여 준다.

실제 프로젝트에서는 스테레오타입 애너테이션을 명시적으로 사용하여 컴포넌트 목적을 정의하는 것이 관행이다. 보통은 @Component가 사용되며 구현하는 객체의 책임에 대한 세부 정보는 제공하지 않는다. 하지만 개발자는 일반적으로 몇 가지 알려진 책임이 있는 객체를 사용한다. 4.1절

에서 설명한 두 가지 책임은 서비스(service)와 리포지터리(repository)다.

서비스는 사용 사례를 구현하는 책임이 있는 객체이며, 리포지터리는 데이터 지속성을 관리하는 객체다. 이런 책임들은 프로젝트에서 매우 일반적이며 클래스 설계에서 중요하므로 이들을 표시하는 고유한 방법이 있다면 개발자가 앱 디자인을 더 잘 이해하는 데 도움이 된다.

스프링은 서비스 책임을 담당하는 컴포넌트를 표시하는 @Service 애너테이션과 리포지터리 책임을 구현하는 컴포넌트를 표시하는 @Repository 애너테이션을 제공한다(그림 4-12). 세 가지(@Component, @Service, @Repository) 모두 스테레오타입 애너테이션이며 스프링이 애너테이션된 클래스의 인스턴스를 생성하고 스프링 컨텍스트에 추가하도록 지시한다.

▼ 그림 4-12 @Service와 @Repository 애너테이션으로 클래스를 설계할 때 컴포넌트 책임을 명시적으로 표시한다. 스프링이 그 책임에 대해 특정 책임을 제공하지 않는다면 @Component를 계속 사용한다

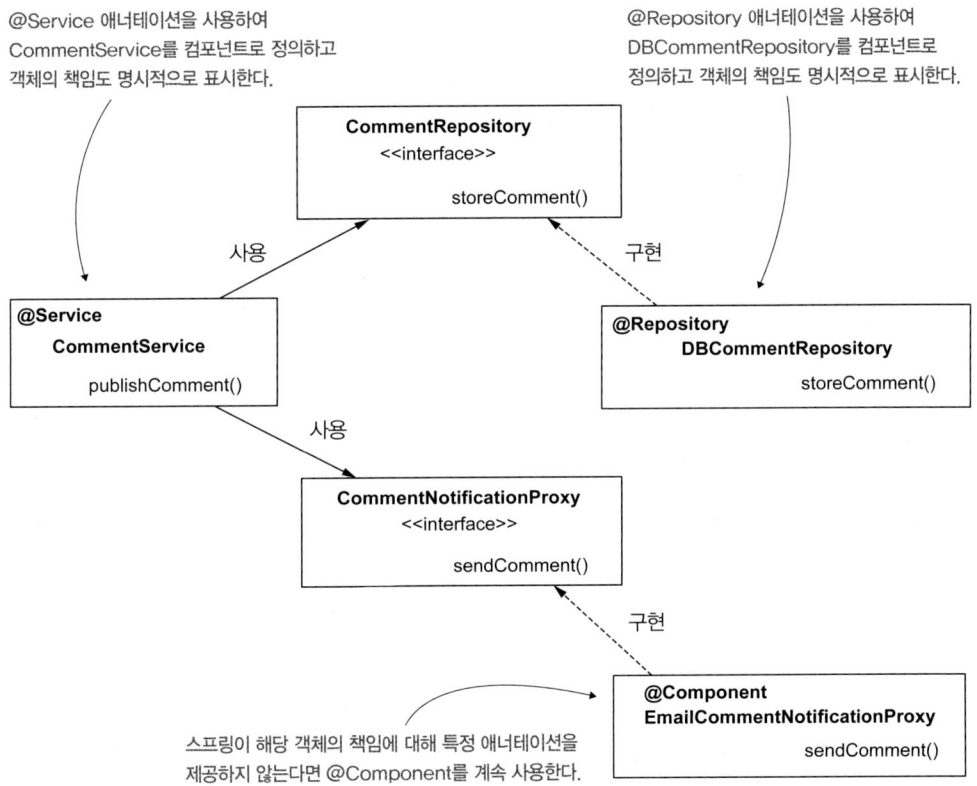

이 장 코드에서는 @Component 대신 @Service로 CommentService 클래스를 표시한다. 이렇게 하면 객체의 책임성을 명시적으로 표시할 수 있어 클래스를 읽는 모든 개발자가 이런 측면을 더 잘 파악할 수 있다. 다음 코드는 이 클래스에 @Service 스테레오타입 애너테이션이 추가된 것을 보여준다.

```
@Service  ◄── @Service를 사용하여 이 객체를 서비스 책임을 가진 컴포넌트로 정의한다.
public class CommentService {

    // 코드 생략
}
```

마찬가지로 다음과 같이 리포지터리 클래스의 책임을 @Repository 애너테이션을 사용하여 명시적으로 표시한다.

```
@Repository  ◄── @Repository를 사용하여 이 객체를 리포지터리 책임을 가진 컴포넌트로 정의한다.
public class DBCommentRepository implements CommentRepository {

    // 코드 생략
}
```

이 sq-ch4-ex7 프로젝트의 소스 코드는 역시나 깃허브에서 찾을 수 있다.

4.4 요약

- 추상화로 구현을 분리하는 것은 클래스 설계를 구현하는 좋은 방법이다. 객체를 분리하면 애플리케이션의 많은 부분에 영향을 주지 않고도 구현을 쉽게 변경할 수 있다. 이런 측면은 애플리케이션을 더 쉽게 확장하고 유지 관리할 수 있게 해 준다.
- 자바에서는 인터페이스로 구현을 분리한다. 또 인터페이스로 구현 간 계약을 정의한다고도 말한다.
- 의존성 주입과 함께 추상화를 사용할 때 스프링은 요청된 추상화의 구현으로 생성된 빈을 검색하는 방법을 알고 있다.
- 스프링에 인스턴스를 생성하고 이 인스턴스를 컨텍스트에 빈으로 추가하도록 지시할 클래스에 스테레오타입 애너테이션을 사용한다. 그러나 인터페이스에는 스테레오타입 애너테이션을 사용하지 않는다.

- 스프링 컨텍스트에 동일한 추상화에 대한 여러 가지 구현으로 생성된 빈이 많을 때 어떤 빈을 주입할지 지시하려면 다음 방법을 수행한다.
  - @Primary 애너테이션을 사용하여 그중 하나를 기본값으로 표시한다.
  - @Qualifier 애너테이션으로 빈 이름을 지정한 후 스프링에 해당 빈 이름으로 빈을 주입하도록 지시할 수 있다.
- 서비스 책임이 있는 컴포넌트가 있다면 @Service 스테레오타입 애너테이션을 사용한다. 마찬가지로 컴포넌트에 리포지터리 책임이 있다면 @Component 대신 @Repository 스테레오타입 애너테이션을 사용한다. 이렇게 하면 컴포넌트의 책임을 명시적으로 표시할 수 있어 클래스 설계를 읽고 이해하기 더 편하게 만들 수 있다.

memo

5장

스프링 컨텍스트: 빈의 스코프 및 수명 주기

5.1 **싱글톤 빈 스코프 사용**

5.2 **프로토타입 빈 스코프 사용**

5.3 **요약**

이 장에서 다룰 내용
- 싱글톤 빈 스코프 사용하기
- 싱글톤 빈을 위한 즉시 및 지연 인스턴스 생성하기
- 프로토타입 빈 스코프

지금까지 스프링에서 관리하는 객체 인스턴스(빈)에 대한 몇 가지 필수 사항을 논의했다. 빈을 생성할 때 알아야 하는 중요 구문을 다루었고 빈 간 관계를 설정(추상화 사용의 필요성 포함)하기 위해 논의했지만 스프링이 언제 어떻게 빈을 생성하는지는 중점을 두지 않았다. 이런 관점에서 우리는 프레임워크의 기본 방식에만 의존해 왔다.

이 책 앞부분에서 이런 측면을 다루지 않은 이유는 프로젝트에서 우선 필요한 구문에 집중하길 원했기 때문이다. 프로덕션 앱의 시나리오는 복잡하며 프레임워크의 기본 동작에 의존하는 것만으로는 충분하지 않을 때가 있다. 따라서 이 장에서 우리는 스프링이 컨텍스트에서 빈을 관리하는 방법을 좀 더 깊이 논의할 필요가 있다.

스프링에는 빈을 생성하고 수명 주기를 관리하는 여러 가지 방식이 있으며, 스프링 세계에서는 이런 접근 방식을 **스코프**(scope)라고 한다. 이 장에서는 스프링 앱에서 자주 볼 수 있는 두 가지 스코프인 **싱글톤**(singleton)과 **프로토타입**(prototype)을 설명한다.

> Note ≡ 9장에서는 웹 애플리케이션에 적용되는 추가적인 빈의 세 가지 추가 스코프인 요청(request), 세션(session), 애플리케이션(application)을 자세히 설명할 것이다.

싱글톤은 스프링에서 빈의 기본 스코프에 해당되며 지금까지 우리가 사용해 온 것으로, 5.1절에서 싱글톤 빈 스코프를 설명한다. 먼저 스프링이 싱글톤 빈을 관리하는 방법을 다룬 후 실제 앱에서 싱글톤 스코프를 사용하는 데 필요한 필수 사항을 논의할 것이다.

5.2절에서는 프로토타입 빈 스코프를 이어서 설명한다. 여기에서는 프로토타입 스코프가 싱글톤과 어떻게 다른지, 둘 중 하나를 적용해야 하는 실제 상황에 초점을 맞춘다.

5.1 싱글톤 빈 스코프 사용

싱글톤 빈 스코프는 스프링 컨텍스트에서 빈을 관리하는 기본 방식을 정의한다. 또 이 방식은 프로덕션 앱에서 가장 많이 접하게 될 빈 스코프이기도 하다.

5.1.1절에서는 싱글톤 빈을 어디에 사용해야 하는지 이해하는 데 필수적인 싱글톤 빈의 생성 및 관리 방법을 배우면서 논의를 시작할 것이다. 이를 위해 2장에서 배운 것처럼 빈을 정의하는 데 사용할 수 있는 다양한 접근 방식으로 두 가지 예제를 살펴보고 이런 빈에 대한 스프링의 동작을 분석할 것이다. 그런 다음 5.1.2절에서 실제 시나리오에서 싱글톤 빈을 사용할 때 중요한 측면에 대해 논의할 것이다. 이 절에서는 싱글톤 빈의 인스턴스를 생성하는 두 가지 방식(즉시(eager) 및 지연(lazy))과 프로덕션 앱에서 이를 사용해야 하는 위치를 논의하는 것으로 마무리할 것이다.

5.1.1 싱글톤 빈의 작동 방식

싱글톤 스코프의 빈을 관리하는 스프링 동작에서 시작해 보자. 특히 싱글톤은 스프링에서 가장 많이 사용되는 기본 빈 스코프이므로 이 스코프를 사용할 때 무엇을 기대할 수 있는지 알아야 한다. 이 절에서는 스프링 동작을 쉽게 이해할 수 있도록 작성한 코드와 스프링 컨텍스트 사이의 연결 고리를 설명한 후 몇 가지 예제를 통해 동작을 테스트해 볼 것이다.

스프링은 컨텍스트를 로드할 때 싱글톤 빈을 생성하고 빈에 이름(빈 ID라고도 함)을 할당한다. 특정 빈을 참조할 때 항상 동일한 인스턴스를 얻기 때문에 이 스코프 이름을 싱글톤이라고 한다. 하지만 스프링 컨텍스트에서 이름이 다른 경우 동일한 타입의 인스턴스를 더 많이 가질 수 있음에 유의해야 한다. 이 부분을 강조하는 이유는 여러분이 과거에 이미 '싱글톤(singleton)' 디자인 패턴을 알고 있고 사용했을 가능성이 있기 때문이다. 싱글톤 디자인 패턴을 모른다면 혼동할 염려가 없으므로 다음 단락을 건너뛰어도 된다.

하지만 싱글톤 패턴이 어떤 것인지 알고 있다면 앱에 특정 타입의 인스턴스가 하나만 있어야 한다고 생각할 수 있으므로 스프링에서 작동 방식이 이상하게 보일 수 있다. 스프링에서 싱글톤 개념은 동일한 타입의 여러 인스턴스를 허용하며, 싱글톤은 이름별로 고유하지만 앱 단위로 고유하지 않다는 것을 의미한다(그림 5-1).

❤ 그림 5-1 앱에서 싱글톤 클래스라고 하면 앱 스코프 내에 하나의 인스턴스만 제공하고 인스턴스 생성을 관리하는 클래스를 의미한다. 하지만 스프링에서 싱글톤은 컨텍스트에 해당 타입의 인스턴스가 하나만 있다는 것을 의미하지 않는다. 단지 인스턴스에 이름이 할당되고 동일한 인스턴스가 항상 그 이름을 통해 참조된다는 의미를 갖는다

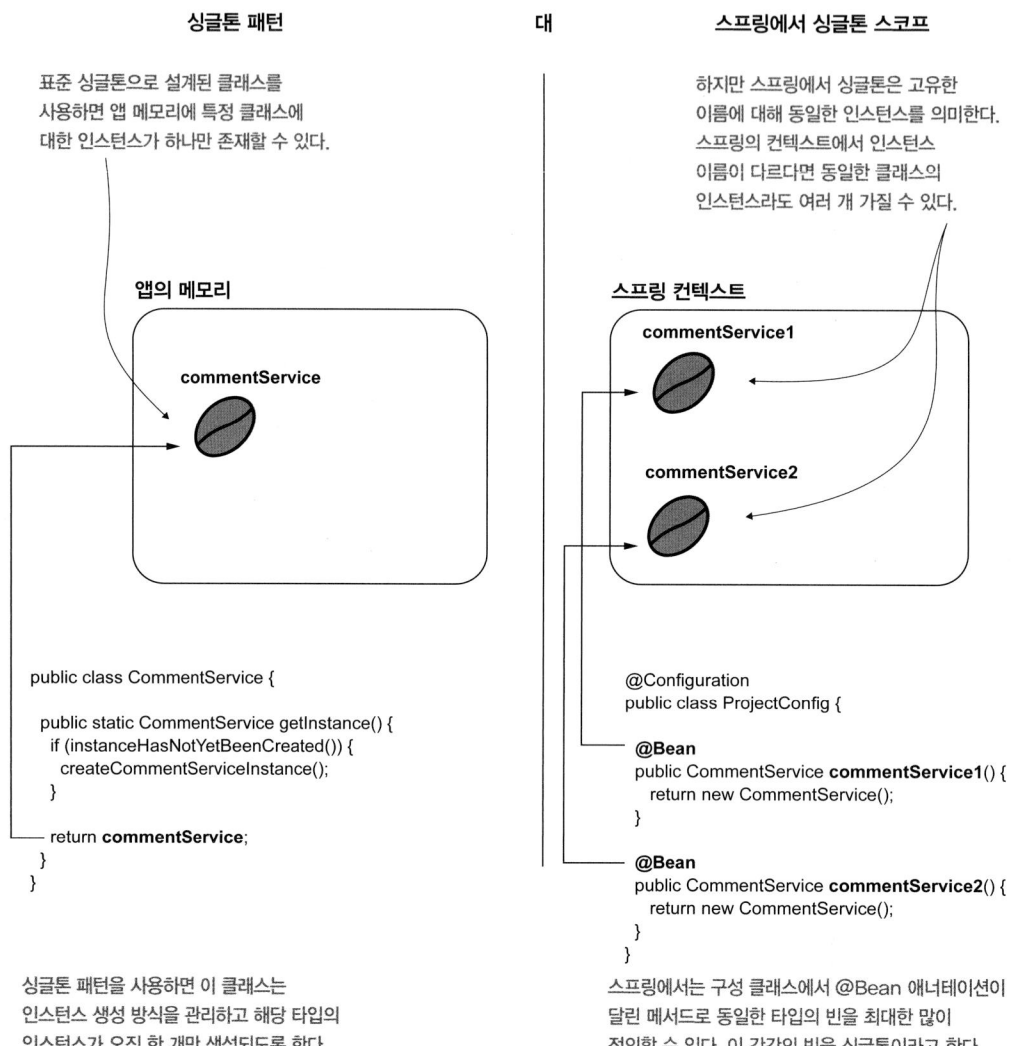

@Bean으로 싱글톤 스코프의 빈 선언하기

@Bean 애너테이션을 사용하는 예제(스프링 컨텍스트에 인스턴스를 추가한 후 메인 클래스에서 여러 번 그 인스턴스를 단지 참조하는 예제)로 싱글톤 빈의 동작을 시연해 보자. 이 시연으로 빈을 참조할 때마다 동일한 인스턴스를 얻는다는 것을 증명할 수 있다.

다음 그림은 컨텍스트를 구성하는 코드 주변의 컨텍스트를 시각적으로 표현한 것이다. 그림에서 원두는 스프링이 컨텍스트에 추가한 인스턴스를 나타낸다. 컨텍스트에는 관련된 이름을 가진 인스턴스(커피 원두(빈))가 하나만 포함되어 있다는 것을 알 수 있다. 2장에서 설명한 것처럼 @Bean 애너테이션 접근 방식을 사용하여 컨텍스트에 빈을 추가할 때 @Bean으로 애너테이션된 메서드 이름이 빈 이름이 된다.

▼ 그림 5-2 싱글톤 빈을 보여 준다. 앱은 시작할 때 컨텍스트를 초기화하고 빈을 추가한다. 이 경우 @Bean을 선언하는 데 @Bean 애너테이션 방식을 사용한다. 메서드 이름이 빈의 식별자가 된다. 이 식별자를 사용하면 언제나 동일한 인스턴스에 대한 참조를 얻는다

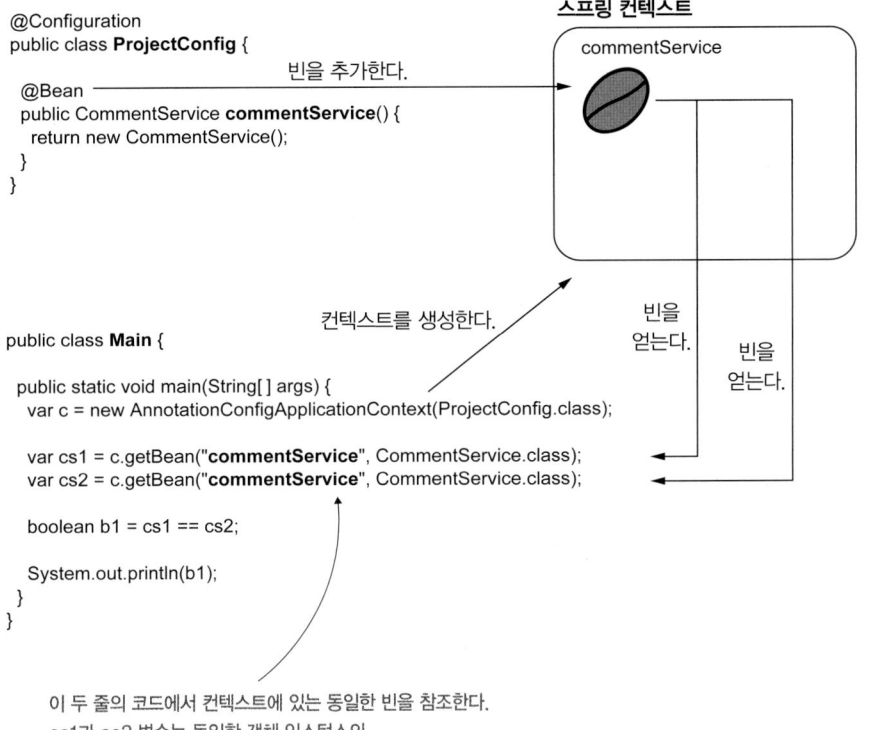

이 예제에서는 @Bean 애너테이션 접근 방식을 사용하여 스프링 컨텍스트에 빈을 추가했다. 하지만 싱글톤 빈을 @Bean 애너테이션에서만 생성할 수 있다고 생각하지 않길 바란다. 스테레오타입 애너테이션(예 @Component)을 사용하여 컨텍스트에 빈을 추가했더라도 결과는 동일했을 것이다. 다음 예제로 이 사실을 설명해 보겠다.

또 이 시연에서는 스프링 컨텍스트에서 빈을 가져올 때 명시적으로 빈 이름을 사용했다는 점에 유의하라. 2장에서 스프링 컨텍스트에 해당 종류의 빈이 하나만 있을 때는 더 이상 이름을 사용할 필요가 없다는 것을 배웠다. 즉, 빈의 타입을 사용하여 해당 빈을 가져올 수 있다. 이 예제에서는

단순히 동일한 빈을 참조한다는 것을 강조하고자 이름을 사용했다. 2장에서 설명했듯이, 타입으로만 참조할 수도 있고 컨텍스트에서 빈을 가져오는 두 경우 모두 컨텍스트에서 동일한(그리고 유일한) CommentService 인스턴스에 대한 참조를 얻을 수 있다.

코드를 작성하고 실행하여 이 예제를 마무리하자. 이 예제는 sq-ch5-ex1 프로젝트에서 찾을 수 있다. 다음 코드에 표시된 대로 빈 CommentService 클래스를 정의해야 한다. 그런 다음 그림 5-2와 같이 구성 클래스와 메인 클래스를 작성한다.

```java
public class CommentService {

}
```

다음 예제는 @Bean 애너테이션이 달린 메서드를 사용하여 스프링 컨텍스트에 CommentService 타입의 인스턴스를 추가하는 구성 클래스 정의를 보여 준다.

예제 5-1 스프링 컨텍스트에 빈 추가

```java
@Configuration
public class ProjectConfig {

    @Bean   ← 스프링 컨텍스트에 CommentService 빈을 추가한다.
    public CommentService commentService() {
        return new CommentService();
    }
}
```

다음 예제에는 싱글톤 빈에 대한 스프링의 동작을 테스트하기 위한 Main 클래스가 있다. CommentService 빈을 두 번 참조하고 모두 동일한 참조 값을 얻을 것이라고 예상한다.

예제 5-2 싱글톤 빈에 대한 스프링 동작을 테스트하는 데 사용된 Main 클래스

```java
public class Main {

    public static void main(String[] args) {
        var c = new AnnotationConfigApplicationContext(ProjectConfig.class);

        var cs1 = c.getBean("commentService", CommentService.class);
        var cs2 = c.getBean("commentService", CommentService.class);

        boolean b1 = cs1 == cs2;   ← 두 변수는 동일한 참조 값을 갖기 때문에 비교 연산 결과는 항상 참이다.
```

```
        System.out.println(b1);
    }
}
```

앱을 실행하면 싱글톤 빈인 스프링이 매번 동일한 참조 값을 반환하기 때문에 콘솔에 true가 출력된다.

스테레오타입 애너테이션으로 싱글톤 빈 선언하기

앞서 언급했듯이, 싱글톤 빈에 대한 스프링 동작은 @Bean 애너테이션으로 선언할 때와 스테레오타입 애너테이션을 사용할 때가 다르지 않다. 하지만 이 절에서는 예제를 이용하여 이런 사실을 적용하려고 한다.

서비스 클래스 두 개가 리포지터리에 종속되는 클래스 설계 시나리오를 생각해 보자. 다음 그림에 표시된 것처럼 CommentRepository라는 리포지터리에 의존하는 CommentService와 UserService가 모두 있다고 가정한다.

▼ 그림 5-3 시나리오 클래스 설계를 보여 준다. 사용 사례를 구현하려고 두 서비스 클래스는 리포지터리에 의존한다. 싱글톤 빈으로 설계되었다면 스프링 컨텍스트는 각 클래스에 대해 하나의 인스턴스를 보유할 것이다

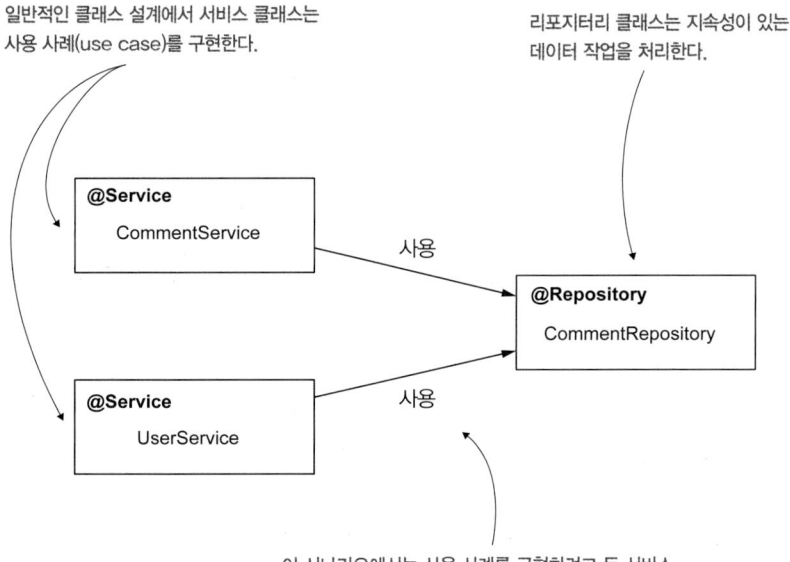

여기에서 이런 클래스들이 서로 의존하는 이유는 중요하지 않으며, 서비스는 아무 일도 하지 않는다(시나리오일 뿐이다). 이 클래스 설계가 더 복잡한 앱의 일부라고 가정하고, 빈 간 관계와 스프링이 컨텍스트에서 링크를 설정하는 방법에 중점을 둔다. 다음 그림은 이를 구성하는 코드 근처의 컨텍스트를 시각적으로 표현한 것이다.

▼ 그림 5-4 스테레오타입 애너테이션을 사용하여 빈들을 생성할 때 빈들도 싱글톤 스코프다. @Autowired로 빈의 참조를 스프링에 요청할 때 프레임워크는 요청받은 모든 곳에 싱글톤 빈에 대한 참조를 주입한다

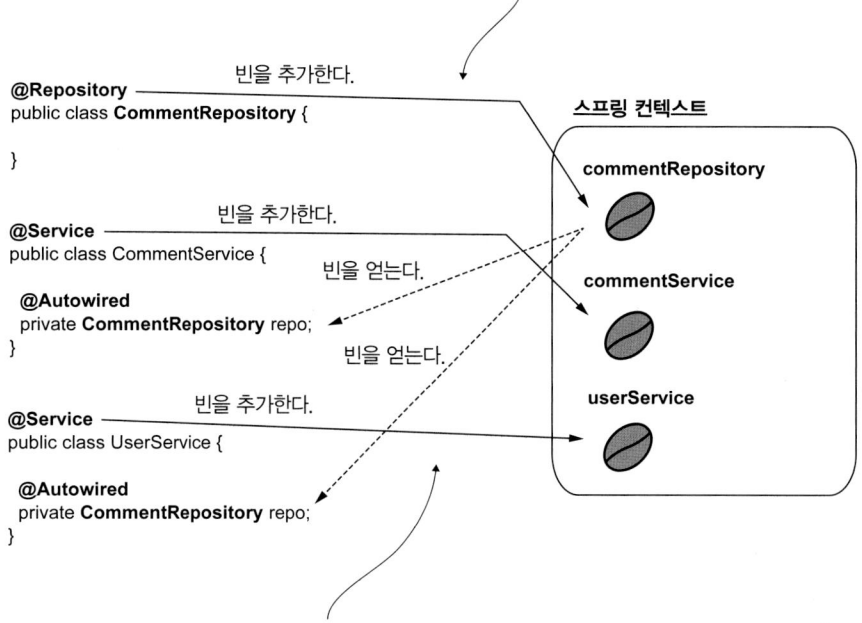

이 클래스 세 개를 생성하고 스프링이 서비스 빈에 주입하는 참조를 비교하여 이 동작을 검증해 볼 것이다. 스프링은 두 서비스 빈에 동일한 참조를 주입한다. 다음 코드에서 CommentRepository 클래스(sq-ch5-ex2 프로젝트)의 정의를 볼 수 있다.

```
@Repository
public class CommentRepository {

}
```

다음 코드는 CommentService 클래스의 정의를 보여 준다. @Autowired를 사용하여 스프링이 클래스에서 선언된 속성에 CommentRepository 타입의 인스턴스를 주입하도록 지시한 것을 볼 수 있다. 또 스프링이 두 서비스 빈에 동일한 객체 참조를 주입한다는 것을 검증하는 데 사용할 getter 메서드도 정의했다.

```
@Service
public class CommentService {

    @Autowired
    private CommentRepository commentRepository;

    public CommentRepository getCommentRepository() {
        return commentRepository;
    }
}
```

CommentService와 같은 로직으로 UserService 클래스를 정의하는 코드는 다음과 같다.

```
@Service
public class UserService {

    @Autowired
    private CommentRepository commentRepository;

    public CommentRepository getCommentRepository() {
        return commentRepository;
    }
}
```

이 절의 첫 번째 예제와 달리 이 프로젝트에서는 구성 클래스가 비어 있다. 스테레오타입 애너테이션이 달린 클래스를 찾을 수 있는 위치만 스프링에 알려 주면 된다. 2장에서 설명한 것처럼, 이런 클래스를 찾을 위치를 스프링에 알려 주려면 @ComponentScan 애너테이션을 사용해야 한다. 구성 클래스 정의는 다음 코드에서 보여 준다.

```
@Configuration
@ComponentScan(basePackages={"services", "repositories"})
public class ProjectConfig {

}
```

Main 클래스에서 두 서비스에 대한 참조를 가져오고 의존성을 비교하여 스프링이 두 서비스 다 동일한 인스턴스를 주입했음을 증명할 수 있다. 다음 예제는 메인 클래스를 보여 준다.

예제 5-3 Main 클래스에 싱글톤 빈을 주입하는 스프링 동작 테스트하기

```
public class Main {

    public static void main(String[] args) {
        var c = new AnnotationConfigApplicationContext(     ← 구성 클래스를 기반으로
                    ProjectConfig.class);                      스프링 컨텍스트를 생성한다.

        var s1 = c.getBean(CommentService.class);    ┐ 스프링 컨텍스트에서 두 서비스 빈에 대한
        var s2 = c.getBean(UserService.class);       ┘ 참조를 가져온다.

        boolean b =    ← 스프링이 주입한 리포지터리 의존성에 대한 참조 값을 서로 비교한다.
            s1.getCommentRepository() == s2.getCommentRepository();
        System.out.println(b);    ← CommentRepository 의존성이 싱글톤이므로 두 서비스는
    }                                동일한 참조를 사용한다. 따라서 이 b 값은 항상 콘솔에 'true'로 출력된다.
}
```

5.1.2 실제 시나리오의 싱글톤 빈

지금까지 스프링이 싱글톤 빈을 관리하는 방법을 설명했다. 이제는 싱글톤 빈으로 작업할 때 주의해야 할 사항을 논의할 차례다. 먼저 싱글톤 빈을 사용해야 하거나 사용하지 말아야 하는 몇 가지 시나리오를 떠올려 보자.

싱글톤 빈의 스코프는 앱의 여러 컴포넌트가 하나의 객체 인스턴스를 공유할 수 있다고 가정하기 때문에 가장 중요하게 고려해야 할 점은 이런 빈이 **불변**(immutable)이어야 한다는 것이다. 대부분 실제 앱은 여러 스레드(예 모든 웹 앱)로 작업들을 실행한다. 이런 시나리오에서는 여러 스레드가 동일한 객체 인스턴스를 공유한다. 이런 스레드가 인스턴스를 변경하면 **경쟁 상태**(race condition) 시나리오가 발생한다(그림 5-5).

경쟁 상태는 멀티스레드 아키텍처에서 여러 스레드가 공유 자원을 변경하려고 할 때 발생할 수 있는 상황이다. 경쟁 상태가 발생하면 개발자는 스레드를 적절히 동기화하여 예기치 않은 실행 결과나 오류를 방지해야 한다.

❤ 그림 5-5 여러 스레드가 싱글톤 빈에 액세스하면 동일한 인스턴스에 액세스하게 된다. 이런 스레드가 동시에 인스턴스를 변경하려고 하면 경쟁 상태가 발생한다. 이 경쟁 조건은 빈이 동시성을 위해 설계되지 않으면 예기치 않은 결과나 실행 예외를 유발한다

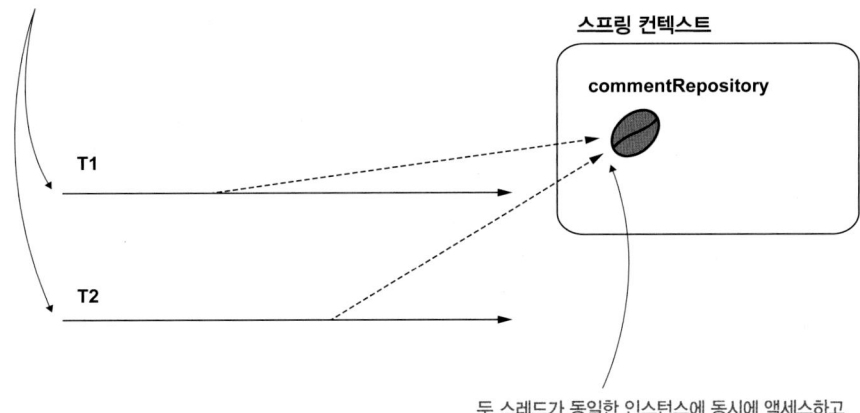

속성이 변경되는 가변(mutable) 싱글톤 빈을 사용하려면 주로 스레드 동기화를 사용하여 동시성이 있는(concurrent) 빈이 되도록 직접 만들어야 한다. 하지만 싱글톤 빈은 동기화되도록 설계되지 않았다. 싱글톤 빈은 일반적으로 앱에서 근간이 되는 클래스 설계를 정의하고 책임을 위임하는 데 사용된다. 기술적으로는 동기화가 가능하지만 좋은 방법은 아니다. 동시성이 있는 인스턴스에서 스레드를 동기화하면 앱 성능에 큰 영향을 미칠 수 있다. 대부분의 경우 동일한 문제를 해결하고 스레드 동시성을 피할 수 있는 다른 방법을 찾을 것이다.

3장에서 생성자 DI가 좋은 방법이며 필드 주입보다 선호되는 방법이라고 말한 것을 기억하는가? 생성자 주입의 장점 중 하나는 인스턴스를 불변으로 만들 수 있다는 것이다(빈의 필드를 final로 정의). 이전 예제에서 필드 주입을 생성자 주입으로 대체하여 CommentService 클래스 정의를 개선할 수 있다. 더 좋은 클래스 설계는 다음 코드와 같다.

```
@Service
public class CommentService {

    private final CommentRepository commentRepository;   ← 필드를 final로 정의하면 이 필드는
                                                           변경될 수 없다는 것을 강조할 수 있다.
    public CommentService(CommentRepository commentRepository) {
        this.commentRepository = commentRepository;
    }

    public CommentRepository getCommentRepository() {
```

```
        return commentRepository;
    }
}
```

> 빈의 사용 방법은 다음 세 가지로 귀결된다.
> - 프레임워크가 특정 기능으로 해당 빈을 보강할 수 있도록 스프링에서 관리해야 할 때만 스프링 컨텍스트에 객체 빈을 생성한다. 프레임워크에서 제공되는 기능이 객체에 필요하지 않다면 객체를 빈으로 만들 필요 없다.
> - 스프링 컨텍스트에서 객체 빈을 만들어야 한다면, 불변인 경우에만 싱글톤으로 만들어야 한다. 변경 가능한 싱글톤 빈을 설계하지 마라.
> - 빈을 변경 가능해야 한다면 5.2절에서 설명하는 프로토타입 스코프를 사용하는 것이 방법이 될 수 있다.

5.1.3 즉시 및 지연 인스턴스 생성 방식

대부분의 경우 스프링은 컨텍스트를 초기화할 때 모든 싱글톤 빈을 생성하는데, 이것은 스프링의 기본 동작이다. 지금까지 우리는 기본 동작만 사용했는데, 이를 **즉시 인스턴스 생성**(eager instantiation) 방식이라고도 한다. 이 절에서는 프레임워크의 다른 방식인 **지연 인스턴스 생성**(lazy instantiation) 방식을 논의하고 이 두 가지 방식을 비교할 것이다. 지연 인스턴스 생성 방식을 사용하면 스프링은 컨텍스트를 생성할 때 싱글톤 인스턴스를 생성하지 않는다. 그 대신 빈을 처음 참조할 때 각 인스턴스를 생성한다. 예제로 두 방식의 차이점을 관찰한 후 프로덕션 앱에서 사용할 때 장단점을 논의해 보자.

첫 시나리오는 기본(즉시) 초기화(sq-ch5-ex3 프로젝트)를 테스트하는 데 빈만 필요하다. 지금까지 사용하던 이름을 그대로 유지하므로 이 클래스 이름을 'CommentService'로 지정하겠다. 다음 코드에서 한 것처럼 @Bean 애너테이션 방식이나 스테레오타입 애너테이션을 사용하여 이 클래스를 빈으로 만든다. 하지만 어느 쪽이든 클래스의 생성자에서 콘솔 출력을 추가해야 하며 이것으로 프레임워크가 이 생성자를 호출하는지 쉽게 관찰할 수 있다.

```
@Service
public class CommentService {

    public CommentService() {
        System.out.println("CommentService instance created!");
    }
}
```

스테레오타입 애너테이션을 사용할 때 구성 클래스에서 @ComponentScan 애너테이션을 추가하는 것을 잊지 마라. 구성 클래스 코드는 다음과 같다.

```
@Configuration
@ComponentScan(basePackages={"services"})
public class ProjectConfig {

}
```

Main 클래스에서는 스프링 컨텍스트의 인스턴스만 생성한다. 여기에서 관찰해야 할 중요한 점은 그 누구도 CommentService 빈을 사용하지 않는다는 것이다. 하지만 스프링은 컨텍스트에 인스턴스를 생성하고 저장한다. 앱을 실행할 때 CommentService 빈 클래스의 생성자에서 출력 메시지를 보고 스프링이 인스턴스를 생성한다는 것을 알 수 있다. 다음 코드는 Main 클래스를 보여 준다.

```
public class Main {

    public static void main(String[] args) {   ← 이 앱은 스프링 컨텍스트를 생성하지만 어디에서도
        var c = new AnnotationConfigApplicationContext(ProjectConfig.class);   CommentService 빈을 사용하지 않는다.
    }
}
```

앱이 어디에도 빈을 사용하지 않더라도, 앱을 실행하면 콘솔에서 다음 출력을 확인할 수 있다.

```
CommentService instance created!
```

이제 예제(sq-ch5-ex4 프로젝트)에서 클래스(스테레오타입 애너테이션 방식의 경우) 또는 @Bean 메서드(@Bean 메서드 접근 방식의 경우)에 @Lazy 애너테이션을 추가해서 변경한다. 누군가가 빈을 사용할 때만 생성하도록 스프링에 지시했기 때문에 앱을 실행할 때 콘솔에 앞의 메시지가 더 이상 출력되지 않는 것을 볼 수 있다. 그리고 이 예제에서는 아무도 CommentService 빈을 사용하지 않는다.

```
@Service
@Lazy   ← @Lazy 애너테이션은 누군가 처음 이 빈을 참조할 때만 스프링에 빈을 생성하도록 지시한다.
public class CommentService {

    public CommentService() {
        System.out.println("CommentService instance created!");
    }
}
```

다음 코드처럼 Main 클래스를 변경하고 CommentService 빈에 대한 참조를 추가한다.

```
public class Main {

    public static void main(String[] args) {
        var c = new AnnotationConfigApplicationContext(ProjectConfig.class);

        System.out.println("Before retrieving the CommentService");
        var service = c.getBean(CommentService.class);
        System.out.println("After retrieving the CommentService");
    }
}
```

이 코드 줄에서 스프링은 CommentService 빈의 참조 값을 제공해야 한다.
이때 빈 인스턴스도 생성한다.

앱을 다시 실행하면 콘솔에서 출력을 확인할 수 있다. 프레임워크는 빈이 사용될 때만 빈을 생성한다.

```
Before retrieving the CommentService
CommentService instance created!
After retrieving the CommentService
```

그러면 언제 즉시(eager) 인스턴스를 사용하고 언제 지연(lazy) 인스턴스를 사용해야 할까? 대부분의 경우 컨텍스트 인스턴스가 생성될 때 프레임워크가 처음부터 모든 인스턴스를 생성하도록 하는 것이 더 편리하다(즉시 인스턴스 생성 방식). 이렇게 하면 한 인스턴스가 다른 인스턴스에 책임을 위임할 때 두 번째 빈은 어떤 상황에서도 이미 존재하게 된다.

지연 인스턴스 생성 방식에서는 프레임워크가 먼저 인스턴스가 있는지 확인한 후 없다면 결국 인스턴스를 생성해야 한다. 즉, 성능 관점에서 볼 때 한 빈이 다른 빈에 위임될 때 프레임워크가 수행해야 하는 일부 검사를 절약할 수 있으므로 컨텍스트에 인스턴스가 이미 있는 것이 더 좋다(즉시 인스턴스 생성 방식). 이 방식의 또 다른 장점은 무언가 잘못되어 프레임워크가 빈을 생성할 수 없다면, 앱을 시작할 때 이 문제를 확인할 수 있다는 것이다. 지연 인스턴스화를 사용하면 앱이 이미 실행 중이고 빈을 생성해야 하는 시점에 문제를 확인할 수 있다.

하지만 지연 인스턴스 생성 방식이 모두 나쁜 것은 아니다. 얼마 전에 필자는 방대한 모놀리식 애플리케이션을 작업한 적이 있다. 이 앱은 여러 곳에 설치되어 클라이언트가 다양한 목적으로 사용되었다. 대부분의 경우 특정 클라이언트는 많은 기능을 사용하지 않았기 때문에, 스프링 컨텍스트와 함께 모든 빈의 인스턴스를 생성하는 것은 불필요하게 많은 메모리를 차지했다. 이 앱에서 개발자는 대부분의 빈을 지연 인스턴스로 생성하도록 설계하여 앱이 필요한 인스턴스만 생성하게 했다.

필자는 기본적으로 즉시 인스턴스 생성 방식을 사용하라고 조언하고 싶다. 일반적으로 이 방식이 장점이 더 많기 때문이다. 모놀리식 앱에서 앞서 설명한 것과 같은 상황에 처했다면 먼저 앱 설계에 문제가 없는지 확인해 보자. 지연 인스턴스 생성 방식을 사용해야 한다는 것은 종종 앱 설계에 잠재적인 문제가 있다는 신호일 수 있다. 예를 들어 필자의 경험에 따르면 앱이 모듈식 또는 마이크로서비스로 설계되었다면 더 나은 경우도 있었다. 이런 아키텍처들을 적용했다면 개발자가 특정 클라이언트에 필요한 것만 배포할 수 있고, 빈을 지연 인스턴스로 만들 필요도 없었을 것이다. 하지만 현실에서는 비용이나 시간과 같은 다른 요인으로 모든 것이 가능한 것은 아니다. 문제의 진짜 원인을 치료할 수 없더라도 증상의 일부만이라도 치료할 수 있을 때도 있다.

5.2 프로토타입 빈 스코프 사용

이 절에서는 스프링이 제공하는 두 번째 빈 스코프인 **프로토타입**(prototype)을 설명한다. 이 절에서 분석할 일부 사례에서는 싱글톤 대신 프로토타입 스코프의 빈을 사용할 수 있다. 5.2.1절에서는 프로토타입으로 선언된 빈에 대한 프레임워크 동작을 설명한다. 그런 다음 빈의 스코프를 프로토타입으로 변경하는 방법을 배우고 몇 가지 예제를 다루면서 이를 시도해 볼 것이다. 마지막으로 5.2.2절에서는 프로토타입 스코프를 사용할 때 알아야 할 실제 상황을 논의한다.

5.2.1 프로토타입 빈의 동작 방식

앱에서 프로토타입 빈을 어디에 사용할지 논의하기 전에 먼저 프로토타입 빈을 관리하는 스프링 동작을 파악해 보자. 보다시피 아이디어는 간단하다. 프로토타입 스코프의 빈에 대한 참조를 요청할 때마다 스프링은 새로운 객체 인스턴스를 생성한다. 프로토타입 빈의 경우 스프링은 객체 인스턴스를 직접 생성하고 관리하지 않는다. 프레임워크는 객체의 타입을 관리하고 빈에 대한 참조를 요청받을 때마다 새로운 인스턴스를 생성한다. 그림 5-6에서는 빈을 커피 나무로 표현했다(즉, 빈을 요청할 때마다 새 인스턴스를 얻는다). 여전히 '빈(원두)' 용어를 사용하지만, 프로토타입 빈에 대한 스프링 동작을 빠르게 이해하고 기억할 수 있도록 돕고자 커피 나무라는 용어를 사용했다.

다음 그림에서 볼 수 있듯이, 빈의 스코프를 변경하려면 @Scope라는 새 애너테이션을 사용해야 한다. @Bean 애너테이션 방식을 사용하여 빈을 생성할 때, @Scope는 빈을 선언하는 메서드에 대해 @Bean과 함께 사용된다. 스테레오타입 애너테이션을 사용하여 빈을 선언할 때는 빈을 선언하는 클래스 위에 @Scope 애너테이션과 스테레오타입 애너테이션을 사용한다.

❤ 그림 5-6 @Scope 애너테이션을 사용하여 빈 스코프를 프로토타입으로 변경한다. 이제 이 빈을 참조할 때마다 새로운 객체 인스턴스를 얻을 수 있으므로 빈은 커피 나무로 표현된다. 이런 이유로 cs1과 cs2 변수는 다른 참조 값을 갖고 이 코드의 출력은 항상 false다

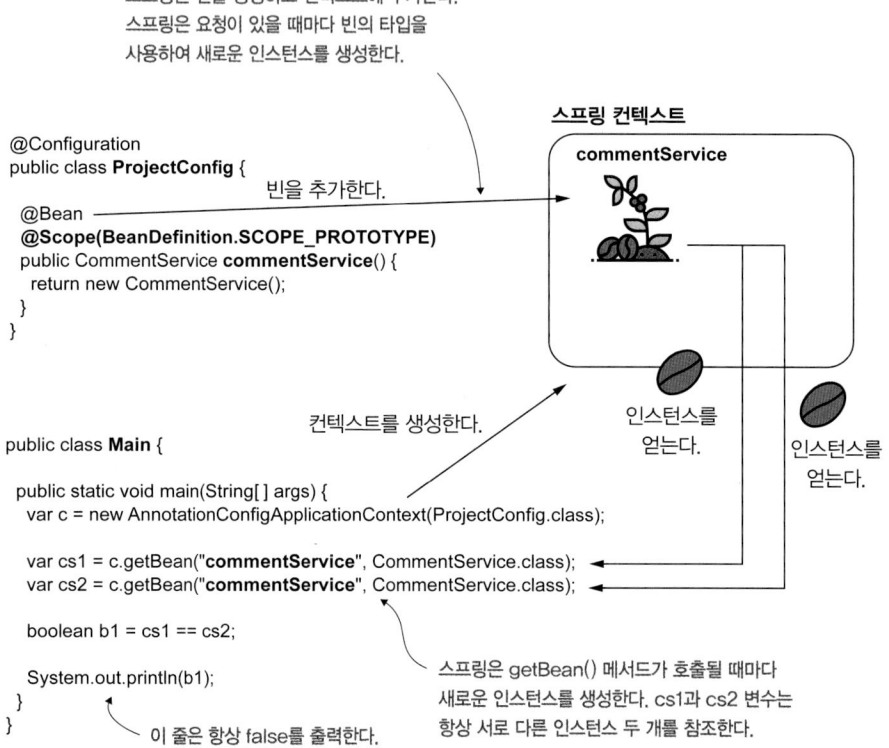

프로토타입 빈을 사용하면 빈을 요청하는 각각의 스레드가 서로 다른 인스턴스를 얻기 때문에 더 이상 동시성 문제가 발생하지 않는다. 따라서 변경 가능한(mutable) 프로토타입 빈을 정의하는 것은 문제가 되지 않는다(그림 5-7).

▼ 그림 5-7 여러 스레드가 특정 프로토타입 빈을 요청하면 각각의 스레드는 서로 다른 인스턴스를 얻는다. 이렇게 하면 스레드들이 경쟁 상태에 빠지지 않는다

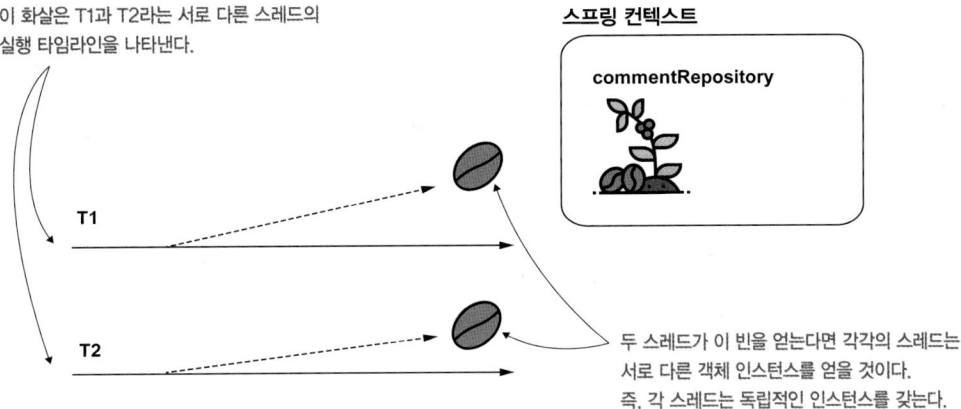

@Bean으로 프로토타입 스코프의 빈 선언하기

더 알아보기 위해 프로토타입 빈을 관리하는 스프링의 동작을 보여 주는 sq-ch-ex5 프로젝트를 작성하고 실제로 확인해 볼 것이다. CommentService라는 빈을 생성하고 프로토타입으로 선언하여 해당 빈을 요청할 때마다 새로운 인스턴스를 얻는다는 것을 확인할 수 있다. 다음 코드는 CommentService 클래스를 보여 준다.

```java
public class CommentService {

}
```

다음 예제에서 볼 수 있는 것처럼 구성 클래스에서 CommentService 클래스를 사용하여 빈을 정의한다.

예제 5-4 구성 클래스에서 프로토타입 빈 선언하기

```java
@Configuration
public class ProjectConfig {

    @Bean
    @Scope(BeanDefinition.SCOPE_PROTOTYPE)   ← 이 빈을 프로토타입 스코프로 만든다.
    public CommentService commentService() {
        return new CommentService();
    }
}
```

빈을 요청할 때마다 새로운 인스턴스를 얻는다는 것을 증명하고자 Main 클래스를 생성하고 컨텍스트에 빈을 두 번 요청한다. 참조 값이 다르다는 것을 확인할 수 있고 다음 예제에서 Main 클래스 정의를 찾을 수 있다.

예제 5-5 Main 클래스에서 프로토타입 빈에 대한 Spring 동작 테스트하기

```
public class Main {

    public static void main(String[] args) {
        var c = new AnnotationConfigApplicationContext(ProjectConfig.class);

        var cs1 = c.getBean("commentService", CommentService.class);
        var cs2 = c.getBean("commentService", CommentService.class);

        boolean b1 = cs1 == cs2;     ◀── 두 변수 cs1과 cs2가 서로 다른 인스턴스를 참조한다.
        System.out.println(b1);      ◀── 항상 'false'가 콘솔에 출력된다.
    }
}
```

앱을 실행하면 콘솔에 항상 false가 출력되는 것을 볼 수 있는데, 이는 getBean() 메서드를 호출할 때 받은 두 인스턴스가 서로 다르다는 것을 증명한다.

스테레오타입 애너테이션으로 프로토타입 스코프 빈 선언하기

sq-ch5-ex6 프로젝트를 생성하여 프로토타입 스코프로 오토와이어링된 빈 동작도 관찰해 보자. CommentRepository 프로토타입 빈을 정의하고 다른 서비스 빈 두 개에 @Autowired로 빈을 삽입한다. 각 서비스 빈이 서로 다른 CommentRepository 인스턴스를 참조하고 있다는 것을 관찰할 것이다. 이 시나리오는 5.1절에서 싱글톤 스코프 빈을 사용한 예제와 유사하지만, 이제 CommentRepository 빈은 프로토타입이다. 그림 5-8은 빈 간 관계를 설명한다.

다음 코드는 CommentRepository 클래스 정의를 보여 준다. 빈 스코프를 프로토타입으로 변경하려면 클래스에 추가된 @Scope 애너테이션을 확인하라.

```
@Repository
@Scope(BeanDefinition.SCOPE_PROTOTYPE)
public class CommentRepository {

}
```

▼ 그림 5-8 각 서비스 클래스가 CommentRepository 인스턴스를 요청한다. CommentRepository는 프로토타입 빈이므로 각 서비스는 각각 다른 CommentRepository 인스턴스를 얻는다

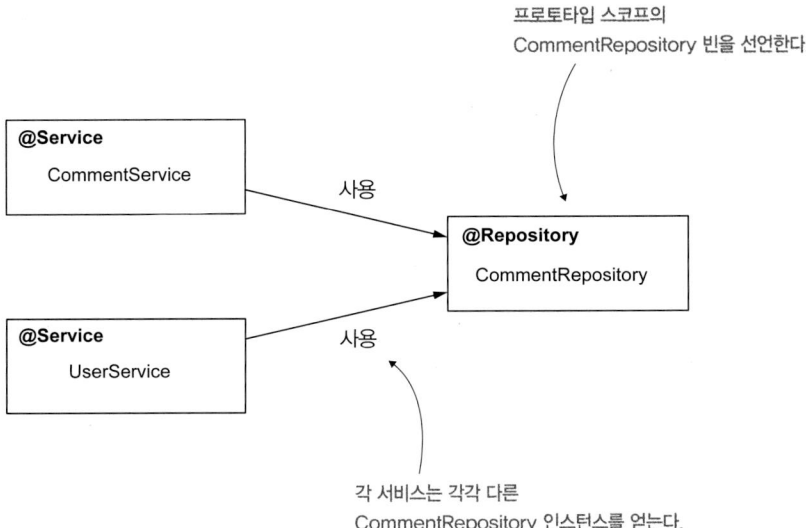

두 서비스 클래스는 @Autowired 애너테이션으로 CommentRepository 타입의 인스턴스를 요청한다. 다음 코드는 CommentService 클래스를 보여 준다.

```
@Service
public class CommentService {

    @Autowired
    private CommentRepository commentRepository;

    public CommentRepository getCommentRepository() {
        return commentRepository;
    }
}
```

이전 코드에서 UserService 클래스 또한 CommentRepository 빈의 인스턴스를 요청한다. 그리고 구성 클래스에서 @ComponentScan 애너테이션을 사용하여 스프링에 스테레오타입 애너테이션된 클래스를 찾을 위치를 알려야 한다.

```
@Configuration
@ComponentScan(basePackages={"services", "repositories"})
public class ProjectConfig {

}
```

프로젝트에 Main 클래스를 추가하고 스프링이 CommentRepository 빈을 주입하는 방법을 테스트한다. Main 클래스는 다음 예제에서 보여 준다.

예제 5-6 Main 클래스에서 프로토타입 빈을 주입하는 스프링 동작 테스트하기

```
public class Main {

    public static void main(String[] args) {
        var c = new AnnotationConfigApplicationContext(ProjectConfig.class);

        var s1 = c.getBean(CommentService.class);    ← 서비스 빈에 대한 컨텍스트에서 참조를 얻는다.
        var s2 = c.getBean(UserService.class);

                        주입된 CommentRepository 인스턴스에 대한 참조 값을 비교한다.
        boolean b = ← CommentRepository는 프로토타입 빈이므로 비교 결과는 항상 'false'다.
            s1.getCommentRepository() == s2.getCommentRepository();

        System.out.println(b);
    }
}
```

5.2.2 실제 시나리오에서 프로토타입 빈 관리

지금까지 스프링 동작에 중점을 두고 스프링이 프로토타입 빈을 관리하는 방법을 설명했다. 이 절에서는 사용 사례와 프로덕션 앱에서 프로토타입 스코프의 빈을 사용해야 하는 경우에 더 중점을 두고 설명한다. 5.1.2절의 싱글톤 앱과 마찬가지로, 논의된 특성을 고려하고 프로토타입 빈이 적합한 시나리오와 싱글톤 빈을 이용하여 프로토타입 빈을 피해야 하는 시나리오를 분석해 보자.

프로토타입 빈을 싱글톤 빈만큼 자주 접하지는 않지만, 빈을 프로토타입으로 만들지 결정하는 데 사용할 수 있는 좋은 패턴이 있다. 싱글톤 빈은 변경되는 객체와는 그다지 좋은 친구가 아니라는 점을 기억하라. 댓글을 처리하고 유효성을 검사하는 CommentProcessor라는 객체를 설계했다고 가정해 보자. 서비스에서는 사용 사례를 구현하려고 CommentProcessor 객체를 사용하지만, CommentProcessor 객체는 처리할 댓글을 속성으로 저장하고 그 메서드는 그 속성을 변경한다(그림 5-9).

▼ 그림 5-9 서비스 클래스는 가변(mutable) 객체를 사용하여 사용 사례에 대한 로직을 구현한다

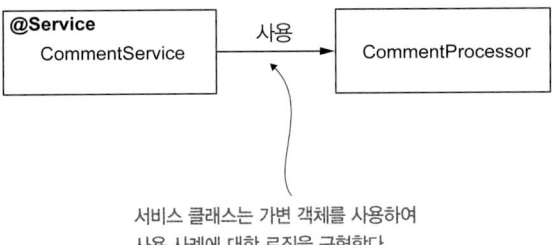

서비스 클래스는 가변 객체를 사용하여
사용 사례에 대한 로직을 구현한다.

다음 예제는 CommentProcessor 빈의 구현을 보여 준다.

예제 5-7 가변 객체는 프로토타입 스코프의 잠재적 후보(sq-ch5-ex7 참조)

```
public class CommentProcessor {
    private Comment comment;

    public void setComment(Comment comment) {
        this.comment = comment;
    }

    public Comment getComment() {
        return this.comment;
    }

    public void processComment() {      ◀
        // comment 속성을 변경한다.
    }                                        두 메서드가 Comment 속성 값을
                                             변경한다.
    public void validateComment() {     ◀
        // comment 속성을 검사하고 변경한다.
    }
}
```

다음 예제에서는 이 CommentService에서 CommentProcessor 클래스를 사용하여 사용 사례를 구현하는 예제를 보여 준다. 서비스 메서드 sendComment()에서 CommentProcessor 클래스의 생성자를 호출하여 인스턴스를 생성하고 사용한다.

예제 5-8 서비스에서 가변 객체로 사용 사례 구현하기

```
@Service
public class CommentService {
```

```
    public void sendComment(Comment c) {
        CommentProcessor p = new CommentProcessor();  ◀── CommentProcessor 인스턴스를 생성한다.
        p.setComment(c);          ◀─┐
        p.processComment(c);         ├── CommentProcessor 인스턴스를 사용하여
        p.validateComment(c);     ◀─┘   Comment 인스턴스를 변경한다.
        c = p.getComment();  ◀── 수정된 Comment 인스턴스를 가져와 추가로 사용한다.
        // 추가 작업 수행
    }
}
```

게다가 CommentProcessor 객체는 스프링 컨텍스트 안에 있는 빈도 아니다. 어떤 객체를 빈으로 만들지 결정하기 전에 '꼭 빈이어야 할까?'라는 질문을 스스로에게 던지는 것이 중요하다. 프레임워크가 제공하는 일부 기능으로 객체를 보강하도록 스프링이 객체를 관리해야 할 때만 객체가 컨텍스트의 빈이어야 한다는 것을 기억하라. 이 시나리오 자체만으로는 CommentProcessor 객체가 빈이 될 필요는 전혀 없다.

하지만 CommentProcessor 빈이 일부 데이터를 유지하기 위해 CommentRepository 객체를 사용해야 하고, CommentRepository는 스프링 컨텍스트의 빈이라고 가정해 보자(그림 5-10).

▼ 그림 5-10 CommentProcessor 객체가 CommentRepository 인스턴스를 사용해야 할 때 가장 쉽게 인스턴스를 얻는 방법은 DI를 요청하는 것이다. 하지만 이렇게 하려면 스프링은 CommentProcessor에 대해 알아야 하므로 CommentProcessor 객체가 컨텍스트의 빈이어야 한다

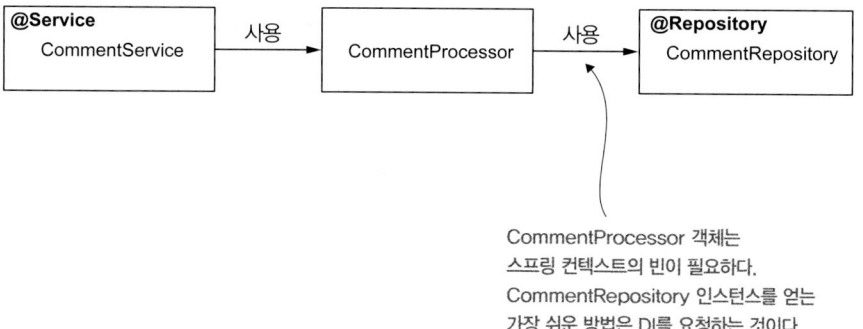

이 시나리오에서 스프링이 제공하는 DI 기능의 이점을 누리려면 CommentProcessor가 빈이 되어야 한다. 일반적으로 스프링으로 객체에 특정 기능을 보강하려는 경우가 있다면 언제나 그 객체는 빈이 되어야 한다.

우리는 CommentProcessor를 스프링 컨텍스트의 빈으로 만든다. 하지만 싱글톤 스코프로 정의할 수 있을까? 그렇지 않다. 이 빈을 싱글톤으로 정의하고 여러 스레드가 이 빈을 동시에 사용하면 5.1.2절에서 설명한 것처럼 경쟁 상태(race condition)에 빠지기 때문이다. 어떤 스레드에서 어

떤 댓글을 제공했는지, 댓글이 올바르게 처리되었는지 알 수가 없다. 이 시나리오에서는 각 메서드 호출마다 독립된 CommentProcessor 객체 인스턴스를 얻길 원한다. 다음 코드에 표시된 것처럼 CommentProcessor 클래스를 프로토타입 빈으로 변경할 수 있다.

```java
@Component
@Scope(BeanDefinition.SCOPE_PROTOTYPE)
public class CommentProcessor {

    @Autowired
    private CommentRepository commentRepository;

    // 코드 생략
}
```

이제 스프링 컨텍스트에서 CommentProcessor의 인스턴스를 가져올 수 있다. 하지만 조심하라! 이 인스턴스는 sendComment() 메서드를 호출할 때마다 필요하므로 빈에 대한 요청은 메서드 안에 있어야 한다. 이런 결과를 얻기 위해 @Autowired를 사용하여 스프링 컨텍스트(ApplicationContext)를 CommentService 빈에 직접 주입할 수 있다. 다음 예제처럼 sendComment() 메서드에서는 getBean()을 사용하여 애플리케이션 컨텍스트에서 CommentProcessor 인스턴스를 가져온다.

예제 5-9 CommentProcessor를 프로토타입 빈으로 사용하기

```java
@Service
public class CommentService {

    @Autowired
    private ApplicationContext context;

    public void sendComment(Comment c) {
        CommentProcessor p =
                    context.getBean(CommentProcessor.class);   ◀── 이 메서드를 호출하면 항상 새로운
                                                                    CommentProcessor 인스턴스가 제공된다.
        p.setComment(c);
        p.processComment(c);
        p.validateComment(c);

        c = p.getComment();
        // 추가 작업 수행
    }
}
```

CommentProcessor를 CommentService 빈에 직접 주입하는 실수를 범하지 마라. CommentService 빈은 싱글톤이므로 스프링은 이 클래스의 인스턴스 하나만 생성한다. 따라서 스프링은 이 클래스의 빈 자체를 생성할 때 이 클래스의 의존성들을 한 번만 주입한다. 이 경우 결과적으로 하나의 CommentProcessor 인스턴스만 존재한다. sendComment() 메서드 호출마다 단 하나의 인스턴스가 사용되므로 여러 스레드가 있다면 싱글톤 빈에서 동일한 경쟁 상태에 직면한다. 다음 예제에서 이 방식을 소개하는데, 이 동작을 시도하고 증명하는 연습이라고 생각하자.

예제 5-10 프로토타입을 싱글톤에 주입하기

```java
@Service
public class CommentService {

    @Autowired
    private CommentProcessor p;   // 스프링은 CommentService 빈을 생성할 때
                                  // 이 빈을 주입한다. 그러나 CommentService가
                                  // 싱글톤이기 때문에 스프링은 CommentProcessor를
                                  // 한 번만 생성하고 주입한다.

    public void sendComment(Comment c) {
        p.setComment(c);
        p.processComment(c);
        p.validateComment(c);

        c = p.getComment();
        // 추가 작업 수행
    }
}
```

프로토타입 빈 사용에 대한 필자 의견을 제시하며 이 절을 마무리하겠다. 일반적으로 필자가 개발하는 앱에서는 프로토타입 빈과 가변 인스턴스를 피하는 것을 선호한다. 하지만 때로는 리팩터링하거나 오래된 애플리케이션에서 작업해야 할 때가 있다. 필자는 과거에 오래된 애플리케이션에 스프링을 추가하는 앱 리팩터링 작업을 할 때 이런 일을 겪은 적이 있다. 그 앱은 여러 곳에서 가변 객체를 사용했는데, 단시간에 사용된 모든 곳을 리팩터링하는 것은 불가능했다. 팀이 각각의 경우를 점진적으로 리팩터링할 수 있는 프로토타입 빈을 사용해야 했다.

다시 한 번 싱글톤과 프로토타입 스코프를 간단히 비교해 보자. 표 5-1은 두 가지 특징을 나란히 보여 준다.

▼ 표 5-1 싱글톤 및 프로토타입 빈 스코프 간의 간단한 비교

싱글톤	프로토타입
• 프레임워크는 이름을 실제 객체 인스턴스와 연관시킨다. • 빈 이름을 참조할 때마다 동일한 객체 인스턴스를 얻게 된다. • 컨텍스트가 로드될 때 또는 처음 참조될 때 인스턴스를 생성하도록 스프링을 구성할 수 있다. • 싱글톤은 스프링의 기본 빈 스코프다. • 싱글톤 빈에 변경 가능한 속성을 포함할 것을 권장하지 않는다.	• 이름은 타입과 연관되어 있다. • 빈 이름을 참조할 때마다 새로운 인스턴스가 생성된다. • 프레임워크는 빈을 참조할 때 항상 프로토타입 스코프에 대한 객체를 생성한다. • 빈을 명시적으로 프로토타입으로 표시해야 한다. • 프로토타입 빈은 변경 가능한 속성을 포함시킬 수 있다.

5.3 요약

- 스프링에서 빈의 스코프는 프레임워크가 객체 인스턴스를 관리하는 방법을 정의한다.
- 스프링은 싱글톤과 프로토타입이라는 두 가지 빈 스코프를 제공한다.
  - 싱글톤을 사용하면 스프링은 해당 컨텍스트에서 직접 객체 인스턴스를 관리한다. 각 인스턴스에는 고유한 이름이 있으며, 이 이름을 사용하여 항상 특정 인스턴스를 참조한다. 싱글톤은 스프링의 기본 스코프다.
  - 프로토타입을 사용하면 스프링은 객체 타입만 고려한다. 각 타입에는 고유한 이름이 있다. 스프링은 빈 이름을 참조할 때마다 해당 타입의 새로운 인스턴스를 생성한다.
- 스프링이 싱글톤 빈을 생성하는 두 시점(스프링 컨텍스트가 초기화될 때(eager) 또는 빈이 첫 번째 참조될 때(lazy))을 설정할 수 있다. 기본적으로 빈은 즉시 인스턴스 생성 방식으로 생성된다.
- 앱에서는 싱글톤 빈을 주로 사용한다. 동일한 이름으로 참조하는 모든 곳에서 동일한 객체 인스턴스를 얻기 때문에 여러 스레드가 이 인스턴스를 액세스하여 사용할 수 있다. 따라서 인스턴스는 불변으로 만들면 좋다. 하지만 빈 속성에 대해 변경 작업을 수행하고 싶다면 스레드 동기화를 처리하는 것은 사용자 책임이다.

- 빈처럼 변경 가능한 객체가 필요하면 프로토타입 스코프를 사용하는 것이 좋은 방법이 될 수 있다.
- 프로토타입 스코프의 빈을 싱글톤 스코프의 빈에 주입할 때는 주의해야 한다. 이렇게 하면 싱글톤 인스턴스는 항상 동일한 프로토타입 인스턴스를 사용하게 된다. 스프링이 싱글톤 인스턴스를 생성할 시점에 동일한 프로토타입 인스턴스를 주입하기 때문이다. 이는 일반적으로 악성 설계다. 빈을 프로토타입 스코프로 만드는 이유는 사용할 때 항상 독립된 인스턴스를 얻어야 하기 때문이다.

6장

스프링 AOP로
애스펙트 사용

6.1 스프링에서 애스펙트 작동 방식

6.2 스프링 AOP를 사용한 애스펙트 구현

6.3 애스펙트 실행 체인

6.4 요약

이 장에서 다룰 내용
- 애스펙트(관점) 지향 프로그래밍(AOP)
- 애스펙트 사용하기
- 애스펙트 실행 체인 사용하기

지금까지 스프링 컨텍스트를 논의했으며, 우리가 사용한 유일한 스프링 기능은 IoC 원칙 기반의 DI다. DI를 사용하면 프레임워크가 사용자가 정의한 객체를 관리하고, 필요한 곳에서 그 객체를 사용하도록 요청할 수 있다. 2~5장에서 설명했듯이, 빈을 참조하게 하려면 대부분은 @Autowired 애너테이션을 사용한다. 스프링 컨텍스트에서 이런 객체를 요청하면 스프링이 요청한 곳에 객체를 '주입한다'고 한다. 이 장에서는 IoC 원칙에 기반을 둔 또 다른 강력한 기술인 **애스펙트**(aspects)의 사용 방법을 배운다.

애스펙트는 프레임워크가 메서드 호출을 가로채고 그 메서드의 실행을 변경할 수 있는 방법으로, 사용자가 선택한 특정 메서드 호출 실행에 영향을 줄 수 있다. 이 방법을 사용하면 실행 중인 메서드에 속한 로직 일부를 추출할 수 있는데, 특정 시나리오에서는 코드 일부를 분리하면 해당 메서드를 더 쉽게 이해할 수 있다(그림 6-1). 이것으로 개발자는 메서드 로직을 읽을 때 로직과 관련된 세부 사항에만 집중할 수 있다. 이 장에서는 애스펙트를 구현하는 방법과 언제 사용해야 하는지 설명한다. 피터 파커(Peter Parker) 삼촌의 대사인 "큰 힘에는 큰 책임이 따른다!"라는 말처럼, 애스펙트는 강력한 도구이므로 신중하게 사용하지 않으면 원하는 목적과는 정반대로 유지 관리하기 어려운 앱이 될 수 있다. 이런 접근 방식을 **애스펙트(관점) 지향 프로그래밍**(Aspect-Oriented Programming, AOP)이라고 한다.

애스펙트를 학습해야 하는 또 다른 중요한 이유는 스프링이 제공하는 많은 중요한 기능을 구현할 때 애스펙트를 사용하기 때문이다. 프레임워크가 어떻게 작동하는지 이해할 수 있다면 나중에 어떤 문제에 직면했을 때 디버깅하는 데 걸리는 많은 시간을 절약할 수 있다. 스프링에서 애스펙트가 사용되는 기능의 적절한 예는 **트랜잭션성**(transactionality)이며, 이는 13장에서 설명한다. 트랜잭션성은 오늘날 대부분의 앱이 지속적 데이터의 일관성을 유지하는 데 사용하는 주요 기능 중 하나다. 애스펙트에 의존하는 또 다른 중요한 기능은 보안 구성(security configuration)으로, 앱이 자체 데이터를 보호하고 원치 않는 사람이 데이터를 보거나 변경하지 않게 만드는 데 도움을 준다. 이런 기능을 사용하는 앱에서 어떤 일이 발생하는지 제대로 이해하려면 먼저 애스펙트를 학습해야 한다.

6.1절에서 애스펙트를 이론적으로 소개하며 애스펙트가 어떻게 작동하는지 배울 것이다. 이런 기본 사항을 이해한 후에는 6.2절에서 애스펙트의 구현 방법을 학습한다. 시나리오부터 시작해서 애스펙트 사용을 위해 가장 실용적인 구문을 설명하는 데 사용할 예제를 개발할 것이다. 6.3절에서는 동일한 메서드를 가로채기 위해 여러 애스펙트를 정의하고 이런 시나리오를 처리할 때 어떤 일이 발생하는지 알아볼 것이다.

▼ 그림 6-1 비즈니스 로직을 다른 코드와 함께 두면 앱을 이해하기 어렵게 만들기 때문에 적절하지 못한 경우가 있다. 한 가지 해결책은 애스펙트를 사용하여 코드 일부를 비즈니스 로직 구현과 다른 곳으로 옮기는 것이다. 이 장면에서 프로그래머인 제인은 비즈니스 코드와 함께 작성된 로깅 코드에 좌절하는데 드라큘라 백작이 그녀에게 로그를 애스펙트로 분리하는 애스펙트 마법을 보여 준다

6.1 스프링에서 애스펙트 작동 방식

SPRING START HERE

이 절에서는 애스펙트의 작동 방식과 애스펙트를 사용할 때 접하게 되는 필수 용어를 배운다. 애스펙트 구현 방법을 배우면 새로운 기술을 사용한 앱을 더 쉽게 유지 관리할 수 있다. 또 특정 스프링 기능이 앱에 어떻게 연결되는지도 이해할 수 있다. 이런 내용을 먼저 살펴본 후 6.2절의 구현 예제로 바로 넘어갈 것이다. 하지만 코드 작성으로 바로 들어가기 전에 구현할 내용에 대해 이해하는 것은 도움이 될 것이다.

애스펙트는 사용자가 선택한 특정 메서드를 호출할 때 프레임워크가 실행하는 로직의 일부다. 애스펙트를 설계할 때는 다음 사항을 정의한다.

- 특정 메서드를 호출할 때 스프링이 실행하길 원하는 코드는 **무엇인지**(what) 정의한다. 이를 **애스펙트**(aspects)라고 한다
- 앱이 **언제**(예 메서드 호출이 아닌 메서드 호출 전 또는 후) 이 애스펙트 로직을 실행해야 하는지 정의한다. 이를 **어드바이스**(advice)라고 한다.
- 프레임워크가 **어떤**(which) 메서드를 가로채기(intercept)해서 해당 애스펙트를 실행해야 하는지 정의한다. 이를 **포인트컷**(pointcut)이라고 한다.

애스펙트 용어와 함께 애스펙트 실행을 트리거하는 이벤트를 정의해 주는 **조인트 포인트**(joint point) 개념도 발견할 것이다. 하지만 스프링에서 이런 이벤트는 항상 메서드 호출이다.

의존성 주입과 마찬가지로 애스펙트를 사용하려면 애스펙트를 적용하려는 객체를 관리할 수 있는 프레임워크가 필요하다. 2장에서 배운 방식을 활용하여 스프링 컨텍스트에 빈을 추가하고 프레임워크가 빈을 제어해서 사용자가 정의한 애스펙트를 적용할 수 있다. 애스펙트가 가로챈 메서드를 선언하는 빈 이름을 **대상 객체**(target object)라고 한다. 다음 그림은 이런 용어를 요약한 것이다.

▼ 그림 6-2 애스펙트와 관련된 용어를 보여 준다. 스프링은 특정 메서드(포인트컷)가 호출될 때 일부 로직(애스펙트)을 실행한다. 포인트컷에 따라 로직이 실행되는 시점을 지정해야 한다(예 이전). 그 시점을 어드바이스라고 한다. 스프링이 메서드를 가로채려면 가로채기되는 메서드를 정의하는 객체가 스프링 컨텍스트의 빈이어야 한다. 따라서 빈은 애스펙트의 대상 객체가 된다

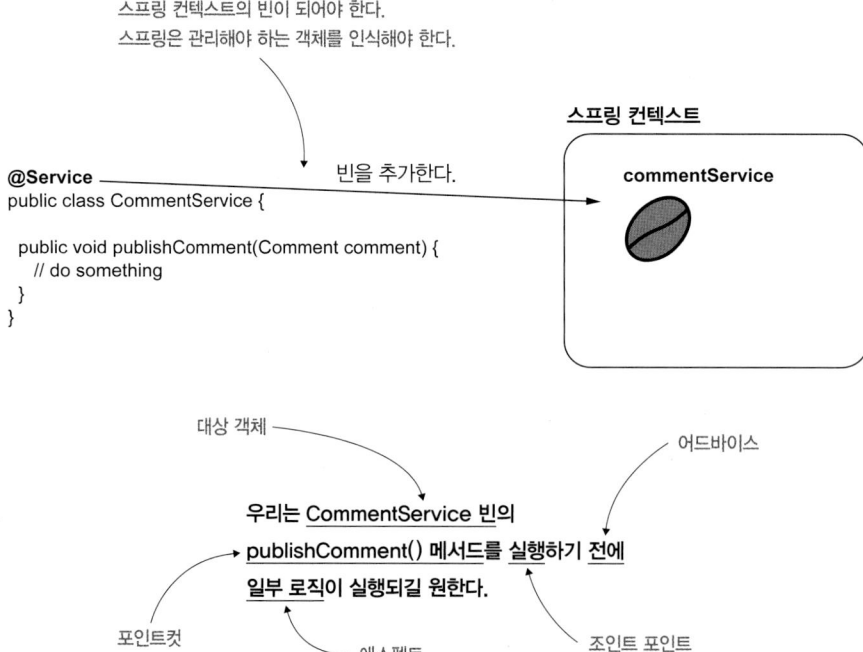

그렇다면 스프링은 어떻게 각 메서드 호출을 가로채서 애스펙트 로직을 적용할까? 이 절 앞부분에서 설명했듯이, 객체는 스프링 컨텍스트의 빈이어야 한다. 하지만 객체를 애스펙트 대상으로 만들었기 때문에 컨텍스트에서 빈을 요청할 때 스프링은 빈에 대한 인스턴스 참조를 직접 제공하지 않는다. 스프링은 실제 메서드 대신 애스펙트 로직을 호출하는 객체를 제공한다. 스프링은 실제 빈 대신 **프록시**(proxy) 객체를 제공한다. 이제 컨텍스트의 getBean( ) 메서드를 직접 사용하든 DI를 사용하든 컨텍스트에서 빈을 얻을 때는 언제나 빈 대신 프록시 객체를 받게 된다(그림 6-3). 이렇게 감싸는 방식을 **위빙**(weaving)이라고 한다.

▼ 그림 6-3 애스펙트를 위빙한다. 즉 스프링은 실제 빈에 대한 참조를 제공하는 대신 프록시 객체에 대한 참조를 제공하고 메서드 호출을 가로채며 애스펙트 로직을 관리한다

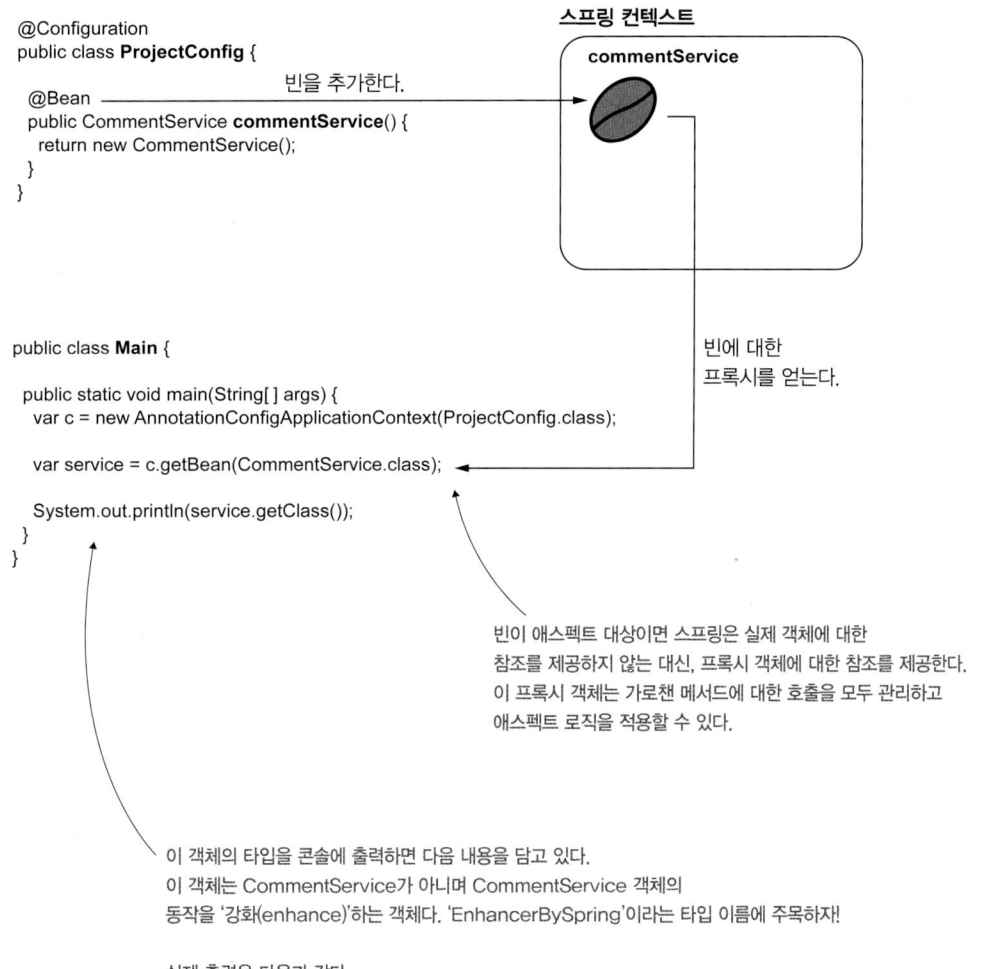

다음 그림은 메서드를 호출할 때 애스펙트가 메서드 호출을 가로채지 못한 경우와 애스펙트가 메서드 호출을 가로채는 경우를 비교한 것이다. 프록시는 애스펙트 로직을 적용하고 실제 메서드에 호출을 위임한다.

▼ 그림 6-4 메서드가 애스펙트화되지 않은 경우 호출은 해당 메서드로 직접 전달된다. 메서드에 대한 애스펙트를 정의하면 호출은 프록시 객체를 통과한다. 프록시 객체는 애스펙트로 정의된 로직을 적용한 후 실제 메서드에 호출을 위임한다

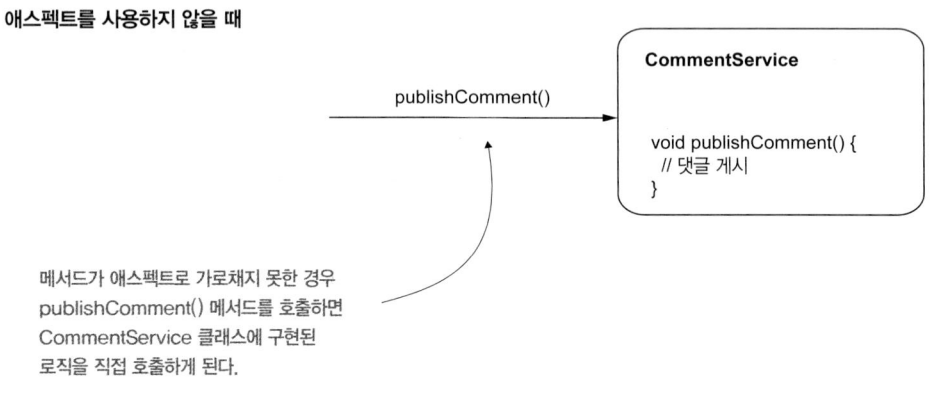

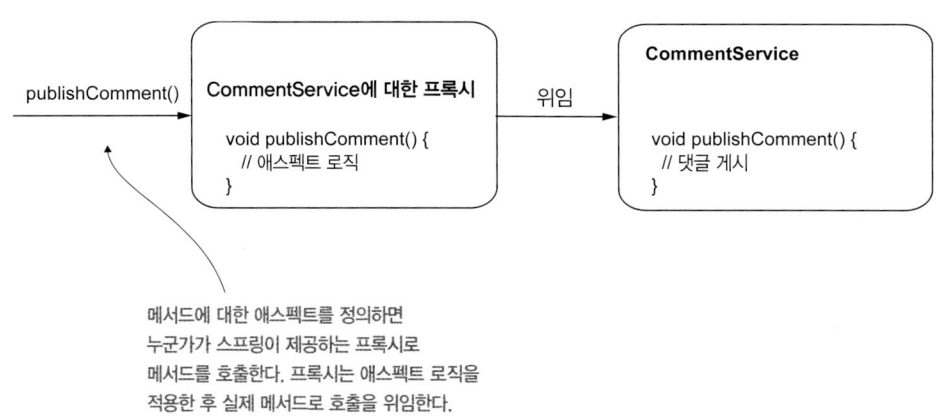

이제 우리는 애스펙트에 대한 큰 그림과 스프링이 애스펙트를 관리하는 방법을 이해했으며, 앞으로 스프링이 애스펙트를 구현하는 데 필요한 구문을 논의할 것이다. 6.2절에서는 시나리오를 설명한 후 애스펙트로 시나리오의 요구 사항을 구현한다.

6.2 스프링 AOP를 사용한 애스펙트 구현

이 절에서는 현실의 사용 사례와 가장 관련성이 높은 애스펙트 구문을 배운다. 시나리오를 고려하고 그 요구 사항을 애스펙트로 구현해 볼 것이다. 이 절이 끝나면 여러분은 실제 시나리오에서 가장 자주 발생하는 문제를 해결하는 데 애스펙트 구문을 적용할 수 있다.

서비스 클래스로 여러 사용 사례를 구현하는 애플리케이션이 있다고 가정해 보자. 앱이 각 사용 사례를 실행할 때 시작 및 종료 시간을 저장해야 한다는 새로운 규정에 따라 팀은 사용 사례의 시작 및 종료에 대한 모든 이벤트를 기록하는 기능을 구현하기로 결정했다.

6.2.1절에서는 이 시나리오를 가능한 가장 간단한 방법으로 해결하는 데 애스펙트를 사용하며, 이것으로 애스펙트를 구현하는 데 필요한 사항을 배울 것이다. 6.2.2절에서는 애스펙트가 가로챈 메서드의 매개변수나 메서드가 반환한 값을 사용하거나 변경하는 방법을 설명한다. 6.2.3절에서는 애너테이션을 사용하여 특정 목적을 위해 가로채려는 메서드를 표시하는 방법을 알아본다. 개발자는 종종 애너테이션을 사용하여 애스펙트가 가로챈(intercepted) 메서드를 표시한다. 다음 장에서 배우겠지만, 많은 스프링 기능이 애너테이션을 사용한다. 6.2.4절에서는 스프링 애플리케이션에 사용할 수 있는 어드바이스(advice) 애너테이션에 대한 더 많은 대안을 제공한다.

6.2.1 간단한 애스펙트 구현

이 절에서는 시나리오를 해결하는 간단한 애스펙트를 구현하는 방법을 설명한다. 새로운 프로젝트를 만들고 구현을 테스트하는 데 사용할 메서드가 포함된 서비스 클래스를 정의하여 우리가 정의한 애스펙트가 최종적으로 원하는 대로 작동하는지 증명해 볼 것이다.

이 예제는 sq-ch6-ex1 프로젝트에서 찾을 수 있다. 이 예제에서는 스프링 컨텍스트 의존성 외에도 spring-aspects 의존성이 필요하다. 다음 코드에 표시된 것처럼 pom.xml 파일을 업데이트하고 필요한 의존성을 추가해야 한다.

```
<dependency>
    <groupId>org.springframework</groupId>
    <artifactId>spring-context</artifactId>
    <version>6.1.6</version>
</dependency>
<dependency>   ← 애스펙트를 구현하는 데 이 의존성이 필요하다.
    <groupId>org.springframework</groupId>
```

```
    <artifactId>spring-aspects</artifactId>
    <version>6.1.6</version>
</dependency>
```

예제를 더 간소하게 하고 애스펙트와 관련된 구문에 집중할 수 있도록 CommentService라는 하나의 서비스 객체와 이 객체가 정의하는 publishComment(Comment comment)라는 사용 사례만 고려해 보자. CommentService 클래스에 정의된 이 메서드는 Comment 타입의 매개변수를 받는다. Comment는 모델 클래스이며 다음 코드에서 볼 수 있다.

```
public class Comment {
    private String text;
    private String author;

    // getters와 setters 생략
}
```

> **Note** 4장에서 모델 클래스는 앱에서 처리하는 데이터를 모델링하는 클래스라는 것을 기억하라. 이 예제에서 Comment 클래스는 텍스트와 작성자라는 속성을 가진 댓글임을 보여 준다. 그리고 서비스 클래스는 앱의 사용 사례를 구현한다. 4장에서는 이런 책임을 더 자세히 논의했으며 예제에서 이 클래스를 사용했다.

예제 6-1에서 CommentService 클래스 정의를 찾을 수 있다. 스프링 컨텍스트의 빈으로 만들고자 CommentService 클래스에 @Service 스테레오타입 애너테이션을 추가했다. CommentService 클래스는 시나리오의 사용 사례를 나타내는 publishComment(Comment comment) 메서드를 정의한다.

또 이 예제에서는 System.out을 사용하는 대신 Logger 타입의 객체를 사용하여 콘솔에 메시지를 작성하는 것을 볼 수 있다. 실제 앱에서는 콘솔에 메시지를 작성할 때 System.out을 사용하지 않고, 일반적으로 로깅 기능을 사용자 정의하고 로깅 메시지를 표준화하는 데 더 많은 유연성을 제공하는 로깅 프레임워크를 사용한다. 로깅 프레임워크에 대한 몇 가지 좋은 옵션은 다음과 같다.

- Log4j(https://logging.apache.org/log4j/2.x/)
- Logback(http://logback.qos.ch/)
- JDK와 함께 제공되는 자바 로깅 API(http://mng.bz/v4Xq)

로깅 프레임워크는 스프링 사용 여부와 관계없이 모든 자바 앱과 호환된다. 이 프레임워크들은 스프링과 관련이 없어 지금까지는 여러분 집중도를 높이려고 예제에서는 사용하지 않았다. 하지만 이제 스프링은 충분히 익혔으므로, 예제에서 이런 프레임워크를 추가하여 프로덕션 수준의 앱에서 쓰는 구문에 익숙해지도록 할 것이다.

예제 6-1 예제에 사용되는 Service 클래스

```
@Service   ← 스테레오타입 애너테이션(@Service)을 사용하여 이 클래스를 스프링 컨텍스트의 빈으로 만든다.
public class CommentService {
                                        사용 사례를 호출할 때마다 앱의 콘솔에 메시지를
    private Logger logger =   ← 로깅하려고 logger 객체를 사용한다.
         Logger.getLogger(CommentService.class.getName());

    public void publishComment(Comment comment) {   ← 이 방법은 시연에 대한 사용 사례를 정의한다.
        logger.info("Publishing comment: " + comment.getText());
    }
}
```

이 예제에서는 프로젝트에 다른 의존성을 추가하지 않으려고 JDK 로깅 기능을 사용한다. logger 객체를 선언할 때 매개변수로 이름을 지정해야 한다. 그러면 이 이름이 로그에 표시되어 로그 메시지 소스를 쉽게 관찰할 수 있다. 클래스 이름을 사용할 때도 많은데, 이 예제에서는 CommentService.class.getName()을 사용했다.

또 구성 클래스를 추가하여 스프링에 스테레오타입 애너테이션된 클래스를 검색할 위치를 알려야 한다. 필자는 services 패키지에 서비스 클래스를 추가했는데, 다음 코드에서 볼 수 있듯이 @ComponentScan 애너테이션에서 지정해야 한다.

```
@Configuration
@ComponentScan(basePackages="services")   ← @ComponentScan으로 스프링에 스테레오타입
public class ProjectConfig {                 애너테이션된 클래스를 검색할 위치를 알려 준다.

}
```

다음 예제처럼 서비스 클래스의 publishComment() 메서드를 호출하는 Main 클래스를 작성하고 현재 동작을 관찰해 보자.

예제 6-2 앱 동작을 테스트하려고 Main 클래스 사용하기

```
public class Main {

    public static void main(String[] args) {

        var c = new AnnotationConfigApplicationContext(ProjectConfig.class);

        var service = c.getBean(CommentService.class);   ← 컨텍스트에서 CommentService 빈을
                                                            가져온다.
```

```
        Comment comment = new Comment();     ◄── Comment 인스턴스를 생성하여 publishComment()
        comment.setText("Demo comment");          메서드의 매개변수로 전달한다.
        comment.setAuthor("Natasha");

        service.publishComment(comment);     ◄── publishComment() 메서드를 호출한다.
    }
}
```

앱을 실행하면 콘솔에서 다음 출력을 볼 수 있다.

```
Feb 26, 2024 12:39:53 PM services.CommentService publishComment
INFO: Publishing comment:Demo comment
```

publishComment() 메서드에서 출력한 내용을 볼 수 있으며, 이것이 우리가 논의한 예제를 해결하기 전 앱 모습이다. 서비스 메서드 호출 전후에 콘솔에 메시지를 출력해야 한다는 점을 기억하라. 이제 메서드 호출을 가로채고 호출 전후에 출력하는 애스펙트 클래스로 프로젝트를 개선해 보자.

애스펙트를 생성하려면 다음 단계를 따라야 한다(그림 6-5).

1. 구성 클래스에 @EnableAspectJAutoProxy 애너테이션을 추가하여 스프링 앱에서 애스펙트 메커니즘을 활성화한다.
2. 새 클래스를 생성하고 @Aspect 애너테이션을 추가한다. @Bean 또는 스테레오타입 애너테이션을 사용하여 스프링 컨텍스트에 이 클래스에 대한 빈을 추가한다.
3. 애스펙트 로직을 구현할 메서드를 정의하고 스프링에 어드바이스 애너테이션을 사용하여 언제 어떤 메서드를 가로챌 것인지 지시한다.
4. 애스펙트 로직을 구현한다.

▼ 그림 6-5 애스펙트를 구현하려면 네 가지 쉬운 단계를 따른다. 먼저 앱에서 애스펙트 기능을 활성화해야 하고 애스펙트 클래스를 생성하고 메서드를 정의한다. 다음으로 스프링에 언제 어떤 것을 가로챌 것인지 지시한다. 마지막으로 애스펙트 로직을 구현한다

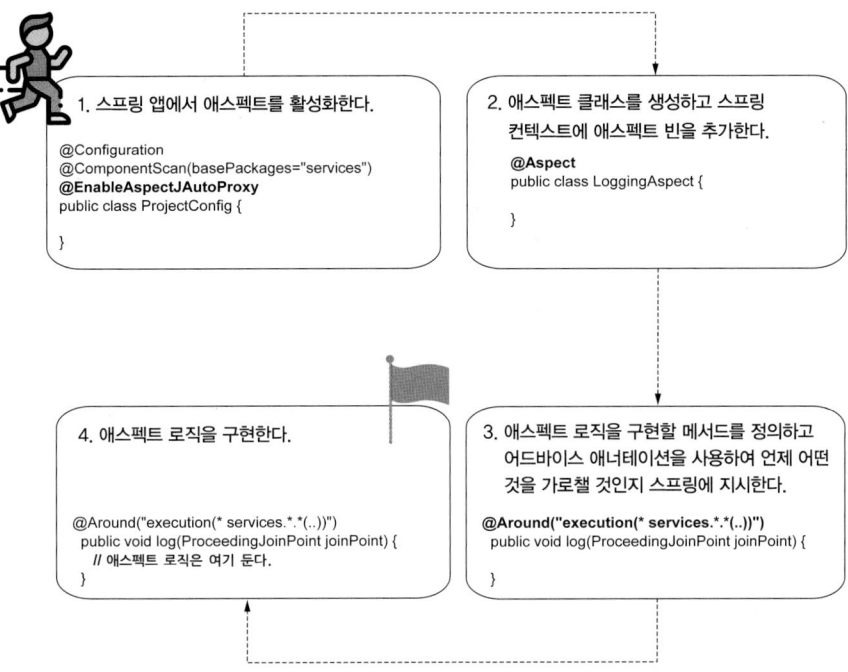

1단계: 앱에서 애스펙트 메커니즘 활성화하기

첫 번째 단계에서는 앱에서 어떤 메커니즘을 사용할 것인지 스프링에 지시해야 한다. 스프링에서 제공하는 특정 메커니즘을 사용할 때마다 특정 애너테이션으로 구성 클래스에 애너테이션을 지정하여 명시적으로 활성화해야 한다. 대부분 이런 애너테이션 이름은 'Enable'로 시작한다. 이 책으로 다양한 스프링 기능을 활성화하는 애너테이션을 더 많이 배우게 될 것이다. 예제에서는 @EnableAspectJAutoProxy 애너테이션을 사용하여 애스펙트 기능을 활성화해야 한다. 구성 클래스는 다음 예제에서 볼 수 있다.

예제 6-3 스프링 앱에서 애스펙트 메커니즘 활성화하기

```
@Configuration
@ComponentScan(basePackages="services")
@EnableAspectJAutoProxy  ← 스프링 앱에서 애스펙트 메커니즘을 활성화한다.
public class ProjectConfig {

}
```

2단계: 애스펙트를 정의하는 클래스를 생성하고 이 클래스의 인스턴스를 스프링 컨텍스트에 추가하기

스프링 컨텍스트에서 이 애스펙트를 정의하는 새로운 빈을 만들어야 한다. 이 객체에 메서드가 있고, 이 메서드가 특정 메서드 호출을 가로채 특정 로직을 보강한다. 다음 예제에서 이 클래스 정의를 볼 수 있다.

예제 6-4 애스펙트 클래스 정의하기

```
@Aspect
public class LoggingAspect {

    public void log() {
        // 추가 구현
    }
}
```

2장에서 배운 방식 중 하나를 사용하여 이 클래스의 인스턴스를 스프링 컨텍스트에 추가할 수 있다. 빈 애너테이션을 사용하기로 했다면 다음 코드처럼 구성 클래스를 변경해야 한다. 물론 스테레오타입 애너테이션을 원한다면 그것을 사용할 수도 있다.

```
@Configuration
@ComponentScan(basePackages="services")
@EnableAspectJAutoProxy
public class ProjectConfig {

    @Bean   ◀── LoggingAspect 클래스 인스턴스를 스프링 컨텍스트에 추가한다.
    public LoggingAspect aspect() {
        return new LoggingAspect();
    }
}
```

스프링은 관리해야 하는 모든 객체를 알아야 하므로 이 객체를 스프링 컨텍스트에서 빈으로 만들어야 한다는 점을 기억하라. 이 점이 바로 필자가 2장부터 5장까지 스프링 컨텍스트 관리 방식을 강조한 이유다. 이런 기술은 스프링 앱을 개발할 때 거의 모든 곳에서 사용한다.

또 @Aspect 애너테이션은 스테레오타입 애너테이션이 아니다. @Aspect를 사용하면 이 클래스가 애스펙트 정의를 구현한다고 스프링에 알려 줄 수 있지만 스프링이 이 클래스에 대한 빈을 생성해 주는 것은 아니다. 2장에서 배운 구문 중 하나를 명시적으로 사용하여 클래스에 대한 빈을 생성하고 스프링이 이런 방식으로 관리하도록 해야 한다. 클래스에 @Aspect 애너테이션을 달았다고 해서 컨텍스트에 빈으로 추가되지 않는다는 사실을 잊어버리는 것은 흔히 범하는 실수다. 필자는 이를 잊어버려 많은 좌절을 겪는 경우를 보았다.

3단계: 어드바이스 애너테이션으로 스프링에 언제 어떤 메서드를 가로챌지 지시하기

이제 우리는 애스펙트 클래스를 정의했으며 어드바이스를 선택하고 메서드에 적절히 애너테이션한다. 다음 예제에서 @Around 애너테이션을 어떻게 추가하는지 확인할 수 있다.

예제 6-5 어드바이스 애너테이션으로 특정 메서드에 애스펙트 적용하기

```
@Aspect
public class LoggingAspect {

    @Around("execution(* services.*.*(..))")  ← 어떤 메서드를 가로챌지 정의한다.
    public void log(ProceedingJoinPoint joinPoint) {
        joinPoint.proceed();  ← 실제 가로채는 메서드에 위임한다.
    }
}
```

@Around 애너테이션을 사용하는 것 외에도 애너테이션 값으로 특이한 문자열 표현식을 사용했고, 애스펙트 메서드에 매개변수도 추가한 것을 볼 수 있다. 이들은 무엇일까?

하나씩 살펴보자. @Around 애너테이션의 매개변수로 사용된 특이한 표현식은 스프링이 어떤 메서드 호출을 가로채야 하는지 지정한다. 이 표현식에 겁먹지 마라! 이 표현식 언어를 AspectJ 포인트컷 언어라고 하며, 이를 사용하려고 따로 배우거나 외울 필요는 없다. 실제로는 복잡한 표현식을 사용하지 않기 때문이다.[1] 필자는 이런 표현식을 작성해야 할 때 항상 문서(http://mng.bz/4K9g)를 참고한다.

이론적으로는 가로채려는 특정 메서드 호출 집합을 식별하기 위해 매우 복잡한 AspectJ 포인트컷 표현식을 작성할 수 있다. 이 언어는 정말 강력하다. 하지만 이 장 뒷부분에서 설명하겠지만, 복잡한 표현식을 작성하는 일은 언제나 피하는 것이 좋다. 대부분은 더 간단한 대안을 찾을 수 있다.

필자가 사용한 표현식은 다음과 같다(그림 6-6). 이 표현식은 메서드의 리턴 타입, 메서드가 속한 클래스, 메서드 이름 또는 메서드가 수신하는 매개변수에 관계없이 스프링이 서비스 패키지에 있는 클래스에 정의된 모든 메서드를 가로채는 것을 의미한다.

---

[1] 필자는 이런 표현식을 작성해야 할 때 스프링이 제공하는 AspectJ 문서를 참고한다. 자세한 내용은 다음 URL을 참고한다.
https://docs.spring.io/spring-framework/reference/core/aop/ataspectj.html

▼ 그림 6-6 예제에 AspectJ 포인트컷 표현식이 사용된다. 이 표현식으로 메서드의 리턴 타입 및 속한 클래스와 전달된 매개변수에 관계없이 스프링이 서비스 패키지의 모든 메서드를 가로채기하도록 지시할 수 있다

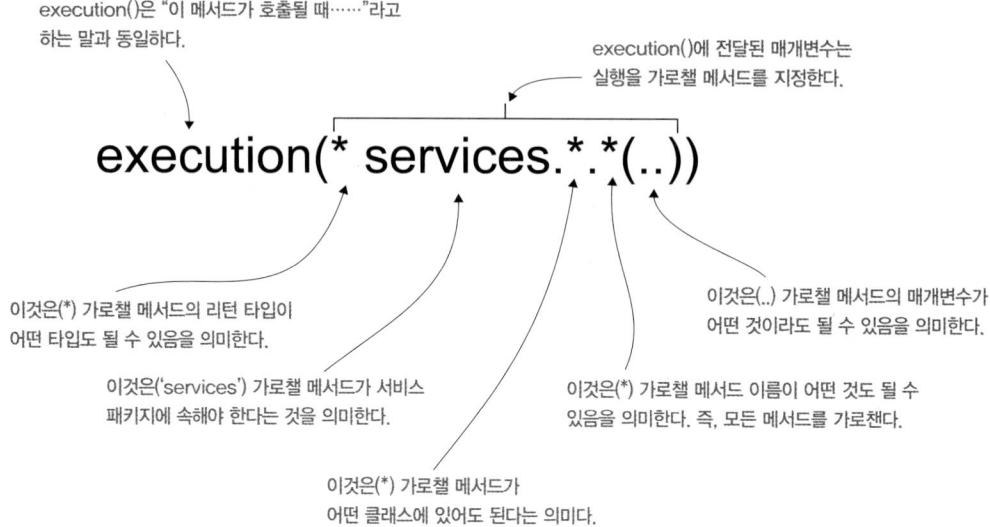

표현식이 그다지 복잡해 보이지는 않는다. 그렇지 않은가? 이런 AspectJ 포인트컷 표현식이 초보자를 겁먹게 하는 경향이 있다는 것을 알고 있지만, 스프링 앱에서 이런 표현식을 사용하려고 AspectJ 전문가가 될 필요는 없다.

이제 메서드에 추가한 두 번째 요소인 가로챌 메서드를 나타내는 ProceedingJoinPoint 매개변수를 살펴볼 것이다. 이 매개변수로 하는 주요 작업은 실제 메서드에 추가 위임해야 하는 시점을 애스펙트에 알려 주는 것이다.

4단계: 애스펙트 로직 구현하기

예제 6-6에서 필자는 애스펙트에 대한 로직을 추가했다. 이제 애스펙트는 다음을 수행한다.

1. 메서드를 가로챈다.
2. 가로챌 메서드가 호출되기 전에 콘솔에 메시지를 출력한다.
3. 가로챌 메서드가 호출된다.
4. 가로챌 메서드가 호출된 후 콘솔에 메시지를 출력한다.

다음 그림에서 이 동작을 시각적으로 표현한다.

▼ 그림 6-7 애스펙트 동작을 보여 준다. LoggingAspect는 메서드 호출 전후에 무언가를 표시하여 메서드 실행을 감싼다. 이렇게 하면 간단한 애스펙트 구현을 확인할 수 있다

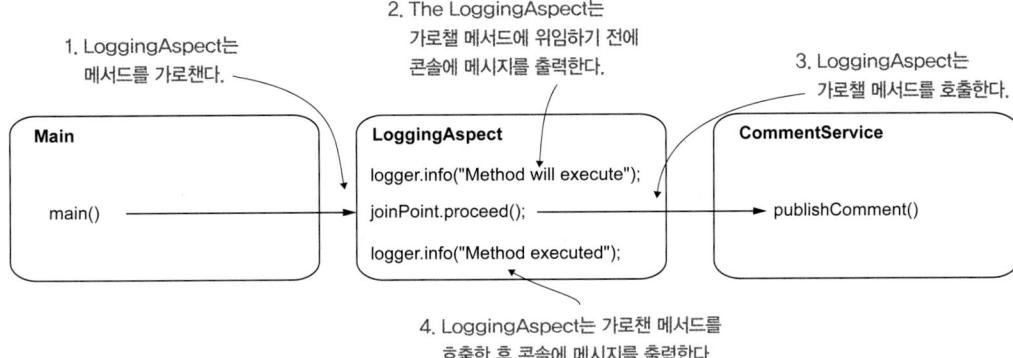

예제 6-6 애스펙트 로직 구현하기

```
@Aspect
public class LoggingAspect {

    private Logger logger = Logger.getLogger(LoggingAspect.class.getName());

    @Around("execution(* services.*.*(..))")
    public void log(ProceedingJoinPoint joinPoint) throws Throwable {
        logger.info("Method will execute");  ← 가로챌 메서드를 실행하기 전에 메시지를 출력한다.
        joinPoint.proceed();  ← 가로챌 메서드를 호출한다.
        logger.info("Method executed");  ← 가로챈 메서드를 실행한 후 메시지를 출력한다.
    }
}
```

ProceedingJoinPoint 매개변수의 proceed() 메서드는 가로챌 메서드인 CommentService 빈의 publishComment()를 호출한다. proceed()를 호출하지 않는다면 애스펙트는 가로챌 메서드에 위임되지 않는다(그림 6-8).

▼ 그림 6-8 애스펙트의 매개변수인 ProceedingJoinPoint의 proceed() 메서드를 호출하지 않는다면 애스펙트는 가로챌 메서드에 더 이상 위임하지 않는다. 이 경우 가로챌 메서드 대신에 해당 컴포넌트가 단순히 실행된다. 메서드 호출자는 실제 메서드가 실행되지 않는다는 것을 알지 못한다

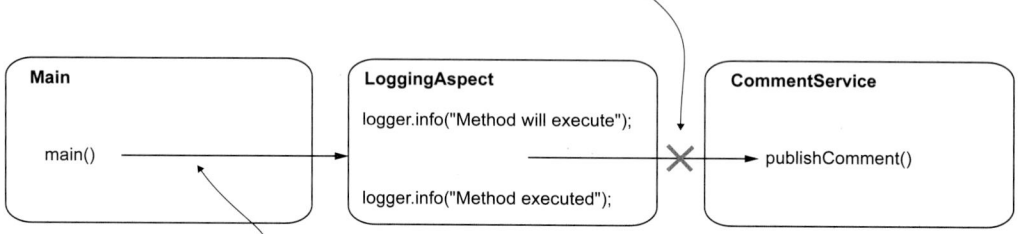

실제 메서드가 더는 호출되지 않는 로직을 구현할 수도 있다. 예를 들어 어떤 권한 부여 규칙을 적용하는 애스펙트는 앱이 보호하는 메서드에 추가로 위임할지 여부를 결정한다. 권한 부여 규칙이 충족되지 않는다면 애스펙트는 가로챌 메서드(애스펙트가 보호하려는)에 위임하지 않는다(그림 6-9).

▼ 그림 6-9 애스펙트는 가로채려는 메서드로 위임하지 않기로 결정할 수 있다. 이 동작은 메서드 호출자에게 속임수를 쓰는 것처럼 보인다. 호출자는 실제로 호출한 로직이 아닌 다른 로직을 실행하게 된다

또 proceed() 메서드가 Throwable을 던지는 것을 확인하라. proceed() 메서드는 가로챈 메서드에서 발생하는 모든 예외를 던지도록 설계되었다. 이 예제에서는 더 전파하기 쉬운 방법을 선택했지만, 필요하다면 **try-catch-final** 블록을 사용하여 이 Throwable을 처리할 수 있다.

애플리케이션(sq-ch6-ex1)을 다시 실행하여 콘솔 출력에서 애스펙트와 가로챈 메서드의 로그를 모두 확인할 수 있다. 출력은 다음 코드와 유사하다.

```
Feb 27, 2024 1:11:11 PM aspects.LoggingAspect log
INFO: Method will execute    ◀── 이 줄은 애스펙트에서 출력된 것이다.
Feb 27, 2024 1:11:11 PM services.CommentService publishComment
INFO: Publishing comment:Demo comment    ◀── 이 줄은 실제 메서드에서 출력된 것이다.
Feb 27, 2024 1:11:11 PM aspects.LoggingAspect log
INFO: Method executed    ◀── 이 줄은 애스펙트에서 출력된 것이다.
```

6.2.2 가로챈 메서드의 매개변수 및 반환 값 변경

앞서 이미 애스펙트가 정말 강력하다고 언급했다. 메서드를 가로채서 실행을 변경할 수 있을 뿐만 아니라 호출하는 데 사용되는 매개변수를 가로채서 해당 매개변수나 가로챈 메서드가 반환하는 값을 변경할 수도 있다. 이 절에서는 작업 중인 예제를 변경하여 가로챈 메서드가 매개변수와 반환 값에 어떤 영향을 미칠 수 있는지 증명할 것이다. 이렇게 하는 방법을 알면 애스펙트를 사용하여 구현할 수 있는 것이 훨씬 더 많아진다.

서비스 메서드를 호출하는 데 사용된 매개변수와 메서드가 반환한 내용을 기록하려고 한다고 가정해 보자. 이런 시나리오를 구현하는 방법을 보여 주려고 이 예제를 sq-ch6-ex2라는 프로젝트로 분리했다. 메서드가 반환하는 내용도 참조하므로 다음 코드에 표시된 것처럼 서비스 메서드가 값을 반환하도록 변경했다.

```
@Service
public class CommentService {

    private Logger logger = Logger.getLogger(CommentService.class.getName());

    public String publishComment(Comment comment) {
        logger.info("Publishing comment: " + comment.getText());
        return "SUCCESS";    ◀── 시연을 위해 이제 메서드는 값을 반환하게 되었다.
    }
}
```

애스펙트는 가로챈 메서드 이름 및 매개변수를 쉽게 찾을 수 있다. 애스펙트 메서드의 Proceeding JoinPoint 매개변수는 가로챈 메서드를 나타낸다. 이 매개변수를 사용하여 가로챈 메서드와 관련된 모든 정보(매개변수, 메서드 이름, 대상 객체 등)를 가져올 수 있다. 다음 코드는 호출을 가로채기 전에 메서드 이름과 메서드를 호출하는 데 사용된 매개변수를 가져오는 방법을 보여 준다.

```
String methodName = joinPoint.getSignature().getName();
Object [] arguments = joinPoint.getArgs();
```

이제 세부 정보를 로깅하도록 애스펙트를 수정한다. 다음 예제에서 애스펙트 메서드에 필요한 변경 사항을 볼 수 있다.

예제 6-7 애스펙트 로직에서 메서드 이름 및 매개변수 가져오기

```
@Aspect
public class LoggingAspect {

    private Logger logger = Logger.getLogger(LoggingAspect.class.getName());

    @Around("execution(* services.*.*(..))")
    public Object log(ProceedingJoinPoint joinPoint) throws Throwable {

        String methodName = joinPoint.getSignature().getName();   ← 가로챈 메서드 이름과
        Object [] arguments = joinPoint.getArgs();                  매개변수를 가져온다.

                                                                  가로챈 메서드 이름과 매개변수를 로깅한다.
        logger.info("Method " + methodName +
                  " with parameters " + Arrays.asList(arguments) + " will execute");  ←

        Object returnedByMethod = joinPoint.proceed();   ← 가로챌 메서드를 호출한다.

        logger.info("Method executed and returned " + returnedByMethod);

        return returnedByMethod;   ← 가로챈 메서드 반환 값을 반환한다.
    }
}
```

▼ 그림 6-10 애스펙트는 메서드 호출을 가로채 매개변수와 가로챈 메서드의 실행 후 반환 값에 접근할 수 있다. main() 메서드는 CommentService 빈의 publishComment() 메서드를 직접 호출하는 것처럼 보이므로 호출자는 애스펙트가 호출을 가로챘는지 알 수 없다

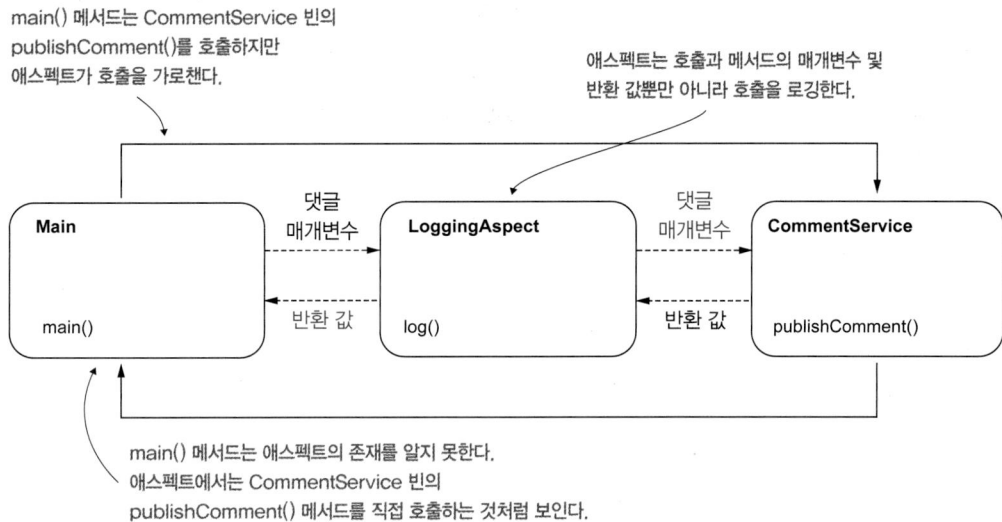

그림 6-10은 흐름을 쉽게 시각화한다. 애스펙트가 어떻게 호출을 가로채서 매개변수와 반환 값에 접근할 수 있는지 관찰하라. 다음 예제에 표시된 것처럼 publishComment()가 반환 값을 인쇄하도록 main() 메서드를 변경했다.

예제 6-8 애스펙트의 동작을 관리하려고 반환 값 출력하기

```java
public class Main {

    private static Logger logger = Logger.getLogger(Main.class.getName());

    public static void main(String[] args) {
        var c = new AnnotationConfigApplicationContext(ProjectConfig.class);
        var service = c.getBean(CommentService.class);
        Comment comment = new Comment();
        comment.setText("Demo comment");
        comment.setAuthor("Natasha");

        String value = service.publishComment(comment);

        logger.info(value);   ◀── publishComment() 메서드의 반환 값을 출력한다.
    }
}
```

앱을 실행하면 콘솔에서 애스펙트와 main() 메서드에서 출력한 반환 값을 볼 수 있다.

```
Feb 28, 2024 1:10:05 AM aspects.LoggingAspect log          ◀── 애스펙트가
INFO: Method publishComment with parameters [Comment{text='Demo comment',  출력한
↪ author='Natasha'}] will execute                             매개변수
Feb 28, 2024 1:10:05 AM services.CommentService publishComment
INFO: Publishing comment:Demo comment  ◀── 가로챈 메서드가 출력한 메시지
Feb 28, 2024 1:10:05 AM aspects.LoggingAspect log
INFO: Method executed and returned SUCCESS  ◀── 애스펙트가 출력한 반환 값
Feb 28, 2024 1:10:05 AM main.Main main
INFO: SUCCESS  ◀── main() 메서드가 출력한 반환 값
```

하지만 애스펙트는 훨씬 더 강력하다. 다음 항목들을 이용하여 가로챈 메서드의 실행을 변경할 수 있다.

- 메서드로 전송된 매개변수 값 변경하기
- 호출자가 받는 반환 값 변경하기
- 호출자에게 예외를 던지거나(throw) 가로챈 메서드에서 캐치(catch) 및 처리하기

가로챈 메서드의 호출을 매우 유연하게 변경할 수 있다. 심지어 동작을 완전히 변경할 수도 있다(그림 6-11). 하지만 조심하라! 애스펙트를 통해 로직을 변경하면 로직의 일부가 투명해져 잘 드러나지 않는다. 명확하지 않은 부분을 숨기지 않도록 주의하라. 로직 일부를 분리하는 발상은 코드 중복을 피하고 관련 없는 것을 숨겨 개발자가 비즈니스 로직 코드에 쉽게 집중할 수 있도록 하는 것이다. 애스펙트를 작성할 때는 개발자 입장에서 생각해야 한다. 코드를 이해해야 하는 사람은 무슨 일이 일어나고 있는지 쉽게 파악할 수 있어야 한다.

sq-ch6-ex3 프로젝트에서는 가로챈 메서드에서 반환되는 값이나 매개변수를 바꾸어 호출을 변경하는 방법을 보여 준다. 다음 예제는 매개변수를 보내지 않고 proceed() 메서드를 호출할 때 애스펙트가 가로챈 메서드로 원래 매개변수를 전송하는 것을 보여 준다. 하지만 proceed() 메서드를 호출할 때 매개변수를 전달하게 할 수 있다. 이 매개변수는 가로챈 메서드로 원래 매개변수 값 대신 전달하는 객체 배열이다. 애스펙트는 가로챈 메서드에서 반환된 값을 로깅하지만 호출자에게는 다른 값을 반환한다.

▼ **그림 6-11** 애스펙트가 가로챈 메서드에 사용되는 매개변수와 그 메서드 호출자가 반환받는 값을 변경할 수 있다. 이 방법은 강력하고 가로챈 메서드를 유연하게 통제할 수 있다

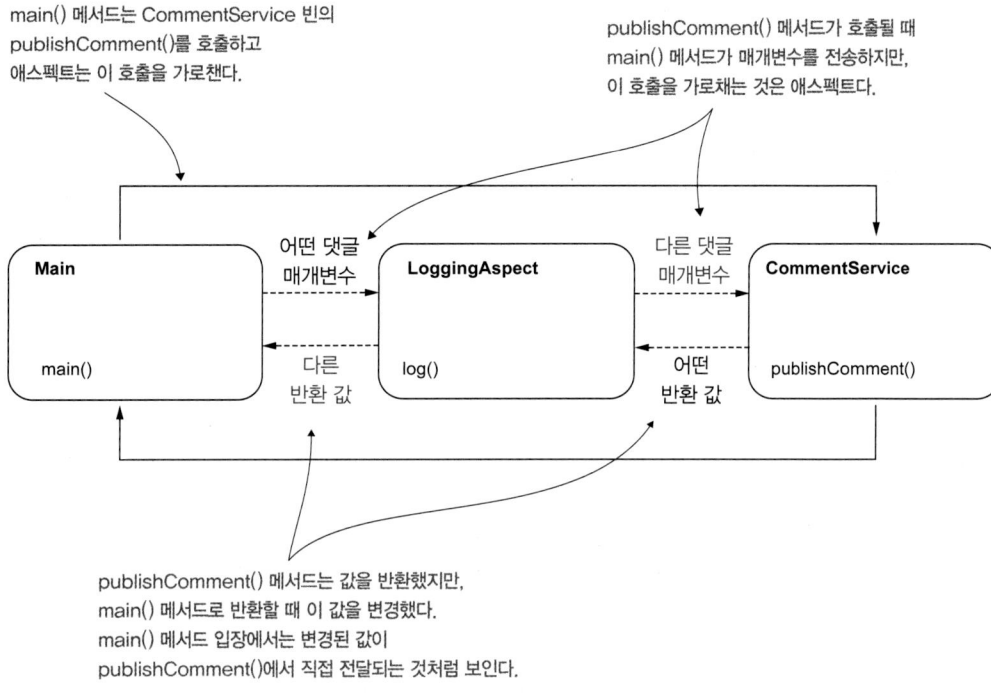

예제 6-9 매개변수 및 반환 값 바꾸기

```
@Aspect
public class LoggingAspect {

    private Logger logger =
            Logger.getLogger(LoggingAspect.class.getName());

    @Around("execution(* services.*.*(..))")
    public Object log(ProceedingJoinPoint joinPoint) throws Throwable {
        String methodName = joinPoint.getSignature().getName();
        Object [] arguments = joinPoint.getArgs();
        logger.info("Method " + methodName +
                   " with parameters " + Arrays.asList(arguments) + " will execute");

        Comment comment = new Comment();
        comment.setText("Some other text!");
        Object [] newArguments = {comment};

        Object returnedByMethod = joinPoint.proceed(newArguments);    ← 다른 댓글 인스턴스를
                                                                        메서드 매개변수의 값으로
                                                                        전달한다.
```

```
            logger.info("Method executed and returned " + returnedByMethod);

            return "FAILED";   ◀── 가로챈 메서드에서 반환된 값을 로깅하지만 호출자에게는 다른 값을 반환한다.
        }
    }
```

앱을 실행하면 다음과 같이 출력된다. publishComment() 메서드가 받은 매개변수 값은 메서드를 호출할 때 전송한 값과 다르다. publishComment() 메서드는 값을 반환하지만 main() 메서드는 다른 값을 받는다.

```
  publishComment() 메서드가 Demo comment라는 텍스트가 포함된 댓글과 함께 호출된다.
  Mar 1, 2024 2:14:27 PM aspects.LoggingAspect log
  INFO: Method publishComment with parameters [Comment{text='Demo comment',
      author='Natasha'}] will execute
  Mar 1, 2024 2:14:27 PM services.CommentService publishComment
  INFO: Publishing comment:Some other text!   ◀──  publishComment() 메서드는 Some other text!라는
  Mar 1, 2024 2:14:27 PM aspects.LoggingAspect log    텍스트가 포함된 댓글을 받는다.
  INFO: Method executed and returned SUCCESS  ◀── publishComment() 메서드는 SUCCESS를 반환한다.
  Mar 1, 2024 2:14:27 PM main.Main main
  INFO: FAILED  ◀── main()이 전달받는 반환 값은 FAILED다.
```

> **Note ≡** 반복해서 하는 말이지만, 이 점은 매우 중요하므로 애스펙트를 사용할 때는 반드시 주의해야 한다. 쉽게 암시될 수 있는 관련 없는 코드 줄을 숨길 때만 사용해야 한다. 애스펙트는 그 힘이 매우 강력해서 관련된 코드를 숨기는 '어두운 세력(dark side)'으로 끌어들여 앱을 유지 보수하기 더 어렵게 할 수 있다. 애스펙트를 신중하게 사용하라!

그렇다면 가로챈 메서드의 매개변수를 변경하는 애스펙트는 필요할까? 그 반환 값을 변경하는 것은 필요한 일일까? 그렇다. 때로는 이런 방식이 유용할 때가 있다. 이 방식을 모두 설명한 이유는 다음 장에서 애스펙트에 의존하는 특정 스프링 기능을 사용하기 때문이다. 예를 들어 13장에서는 트랜잭션을 설명하는데 스프링의 트랜잭션은 애스펙트에 의존한다. 이 주제를 배우고 나면 애스펙트를 이해하는 것이 매우 유용함을 알 것이다.

애스펙트가 어떻게 작동하는지 이해한다면 스프링을 이해하는 데도 상당한 도움이 된다. 필자는 개발자들이 자신이 사용하는 기능 이면에 무엇이 있는지 이해하지 못한 채 프레임워크를 사용하기 시작하는 것을 종종 본다. 당연히 많은 경우 이런 개발자는 앱에 버그나 취약성을 가져오거나 앱의 성능과 유지 보수성을 떨어뜨린다. 필자는 사용하기 전에 항상 어떻게 작동하는지 학습하라고 조언하고 싶다.

6.2.3 애너테이션된 메서드 가로채기

이 절에서는 스프링 앱에서 자주 사용되는 중요한 접근 방식인 애너테이션을 사용하여 애스펙트별로 가로채야 하는 메서드를 표시하는 방법을 설명한다. 우리가 예제에서 이미 얼마나 많은 애너테이션을 사용했는지 확인해 보았나? 애너테이션은 사용하기 편리하며, 자바 5와 함께 등장한 이후 특정 프레임워크를 사용하는 앱을 구성하는 데 사실상 표준 방식이 되었다. 오늘날 애너테이션을 사용하지 않는 자바 프레임워크는 아마도 없을 것이다. 또 애너테이션을 사용하여 복잡한 AspectJ 포인트컷 표현식을 작성하지 않아도 가능한 편리한 구문으로 가로채고자 하는 메서드를 표시할 수도 있다.

이 장에서 지금까지 설명한 것과 유사한 별도의 예제를 만들어 이 접근 방식을 배워 보자. CommentService 클래스에 publishComment(), deleteComment(), editComment() 세 가지 메서드를 추가할 것이며, 이 예제는 sq-ch6-ex4 프로젝트에서 찾을 수 있다. 사용자 정의 애너테이션을 정의하고 커스텀 애너테이션을 사용하여 표시한 메서드 실행만 로깅하길 원한다. 이 목표를 달성하려면 다음을 수행해야 한다.

1. 커스텀 애너테이션을 정의하고 런타임에 액세스할 수 있도록 한다. 이 애너테이션을 @ToLog라고 할 것이다.
2. 커스텀 애너테이션된 메서드를 가로채도록 애스펙트에 지시하고자 애스펙트 메서드에 대한 다른 AspectJ 포인트컷 표현식을 사용한다.

다음 그림은 이 단계를 시각적으로 표현한 것이다.

▼ 그림 6-12 애너테이션된 메서드를 가로채는 단계다. 애스펙트가 가로채야 하는 메서드에 애너테이션을 달 때 사용할 애너테이션을 만들어야 한다. 그런 다음 다른 AspectJ 포인트컷 표현식을 사용하여 생성한 커스텀 애너테이션된 메서드를 가로채도록 애스펙트를 구성한다

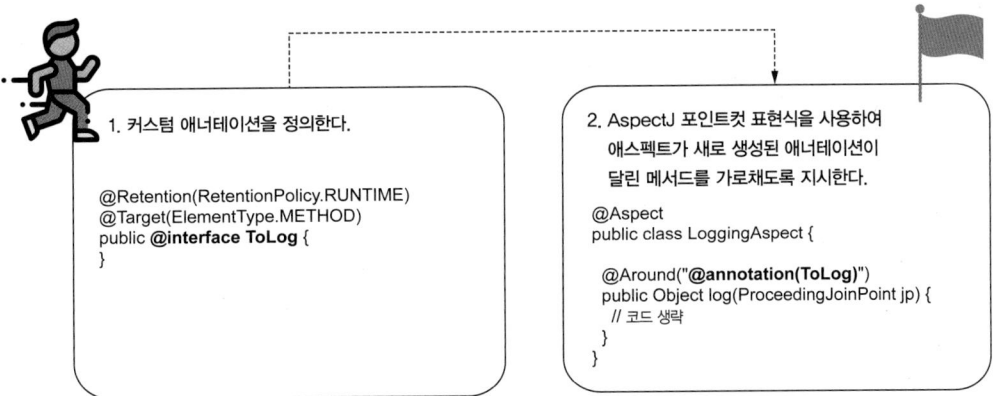

애스펙트 로직을 변경할 필요 없다. 이 예제에서는 앞의 예제와 동일한 작업(가로챈 메서드의 실행을 로깅)을 수행한다.

다음 코드에서는 커스텀 애너테이션의 선언이 있다. @Retention(RetentionPolicy.RUNTIME)이 포함된 리텐션(retention) 정책 정의는 매우 중요하다. 기본적으로 자바에서는 실행 중에 애너테이션을 가로챌 수 없다. 따라서 리텐션 정책을 RUNTIME으로 설정하여 다른 사람이 애너테이션을 가로챌 수 있도록 명시적으로 지정해야 한다. @Target 애너테이션은 이 애너테이션을 사용할 수 있는 언어 요소를 지정한다. 기본적으로 모든 언어 요소에 애너테이션을 할 수 있지만, 언제나 애너테이션을 만드는 대상(이 경우 메서드)으로만 애너테이션을 제한하는 편이 좋다.

```
@Retention(RetentionPolicy.RUNTIME)  ← 이 애너테이션을 활성화하여 실행 중에 가로챈다.
@Target(ElementType.METHOD)  ← 이 애너테이션을 메서드에만 사용되도록 제한한다.
public @interface ToLog {
}
```

다음 예제에서 세 가지 메서드를 정의하는 CommentService 클래스 정의를 확인할 수 있다. deleteComment() 메서드에만 애너테이션을 달았으므로 이 메서드만 가로챈다고 예상할 수 있다.

예제 6-10 메서드 세 개를 정의하는 CommentService 클래스

```
@Service
public class CommentService {

    private Logger logger = Logger.getLogger(CommentService.class.getName());

    public void publishComment(Comment comment) {
        logger.info("Publishing comment: " + comment.getText());
    }

    @ToLog  ← 애스펙트가 가로채기하려는 메서드에 대해 커스텀 애너테이션을 사용한다.
    public void deleteComment(Comment comment) {
        logger.info("Deleting comment: " + comment.getText());
    }

    public void editComment(Comment comment) {
        logger.info("Editing comment: " + comment.getText());
    }
}
```

그림 6-13과 같이 커스텀 애너테이션이 달린 메서드에 애스펙트를 적용하려고 AspectJ 포인트컷 표현식인 @annotation(ToLog)를 사용한다. 이 표현식은 @ToLog라는 애너테이션(이 경우 커스텀 애너테이션)으로 애너테이션된 모든 메서드를 참조한다. 다음 예제에서는 이제 새로운 포인트컷 표현식을 사용하여 상호 연결된 메서드에 애스펙트 로직을 적용하는 애스펙트 클래스를 찾을 수 있다. 꽤 간단하지 않은가?

예제 6-11 포인트컷 표현식을 변경하여 애스펙트를 애너테이션된 메서드에 적용하기

```
@Aspect
public class LoggingAspect {

    private Logger logger = Logger.getLogger(LoggingAspect.class.getName());

    @Around("@annotation(ToLog)")   ← 애스펙트를 @ToLog로 애너테이션된 메서드에 적용한다.
    public Object log(ProceedingJoinPoint joinPoint) throws Throwable {
        // 코드 생략
    }
}
```

▼ **그림 6-13** AspectJ 포인트컷 표현식을 사용하여 애스펙트 로직을 우리가 정의한 커스텀 애너테이션이 달린 모든 메서드에 적용할 수 있다. 이것은 특정 애스펙트 로직이 적용되는 메서드를 표시하는 편리한 방법이다

```
@Aspect
public class LoggingAspect {

private Logger logger =
  Logger.getLogger(LoggingAspect.class.getName());

@Around("@annotation(ToLog)")
public Object log(ProceedingJoinPoint joinPoint) throws Throwable {
  // 코드 생략
 }
}
```

위빙(weaving)

```
@Service
public class CommentService {

private Logger logger =
  Logger.getLogger(CommentService.class.getName());

public void publishComment(Comment comment) {
  logger.info("Publishing comment: " + comment.getText());
}

@ToLog
public void deleteComment(Comment comment) {
  logger.info("Deleting comment: " + comment.getText());
}

public void editComment(Comment comment) {
  logger.info("Editing comment: " + comment.getText());
}
}
```

앱을 실행하면 애너테이션된 메서드(이 경우 deleteComment())만 가로채어 이 메서드 실행을 콘솔에 출력한다. 콘솔에서 다음 코드와 유사하게 출력되어야 한다.

```
Mar 2, 2024 8:39:53 AM services.CommentService publishComment
INFO: Publishing comment:Demo comment
Mar 2, 2024 8:39:53 AM aspects.LoggingAspect log
```

```
INFO: Method deleteComment with parameters [Comment{text='Demo comment',
    author='Natasha'}] will execute
Mar 2, 2024 8:39:53 AM services.CommentService deleteComment
INFO: Deleting comment:Demo comment
Mar 2, 2024 8:39:53 AM aspects.LoggingAspect log
INFO: Method executed and returned null
Mar 2, 2024 8:39:53 AM services.CommentService editComment
INFO: Editing comment:Demo comment
```

애스펙트는 커스텀 애너테이션 @ToLog로 애너테이션된 deleteComment()만 가로챈다.

6.2.4 사용 가능한 다른 어드바이스 애너테이션

이 절에서는 스프링의 애스펙트를 위해 사용 가능한 다른 어드바이스 애너테이션을 설명한다. 이 장에서는 지금까지 @Around 애너테이션을 사용했다. 이 애너테이션은 실제로 스프링 앱에서 가장 많이 사용되는 어드바이스 애너테이션으로, 모든 구현 사례를 다룰 수 있기 때문에 가로챈 메서드의 이전 또는 이후 작업이나 메서드 자체를 대체해서 수행할 수 있다. 애스펙트에서는 원하는 방식으로 로직을 변경할 수 있다.

하지만 항상 이 모든 유연성이 필요한 것은 아니다. 구현해야 하는 것을 가장 간단하게 구현할 수 있는 방법을 찾는 것이 좋다. 모든 앱 구현은 단순성을 기준으로 정의해야 한다. 복잡성을 피하면 앱을 유지 관리하기가 더 쉬워진다. 간단한 시나리오의 경우 스프링은 @Around보다 덜 강력한 네 가지 대체 어드바이스 애너테이션을 제공한다. 이런 기능은 구현을 간단하게 유지하기에 충분할 때 사용하면 좋다.

스프링은 @Around 외에 다음 어드바이스 애너테이션을 제공한다.

- **@Before**: 가로채기된 메서드가 실행되기 전에 애스펙트 로직을 정의하는 메서드를 호출한다.
- **@AfterReturning**: 메서드가 성공적으로 반환된 후 애스펙트 로직을 정의하는 메서드를 호출하고 반환된 값을 애스펙트 메서드에 매개변수로 제공한다. 가로채기된 메서드가 예외를 던지면 애스펙트 메서드는 호출되지 않는다.
- **@AfterThrowing**: 가로채기된 메서드가 예외를 던지면 애스펙트 로직을 정의하는 메서드를 호출하고 예외 인스턴스를 애스펙트 메서드의 매개변수로 전달한다.
- **@After**: 메서드가 성공적으로 반환했는지 또는 예외를 던졌는지 여부와 관계없이 가로채기된 메서드 실행 후에만 애스펙트 로직을 정의하는 메서드를 호출한다.

이런 어드바이스 애너테이션은 @Around와 동일한 방식으로 사용된다. 특정 메서드 실행을 위한 애스펙트 로직을 짤 때는 AspectJ 포인트컷 표현식을 제공하면 된다.

애스펙트 메서드는 ProceedingJoinPoint 매개변수를 받지 않으며, 가로챈 메서드에 언제 위임할지 결정할 수도 없다. 이 이벤트는 이미 애너테이션의 목적에 따라 발생한다(예를 들어 @Before의 경우, 가로챈 메서드 호출은 항상 애스펙트 로직을 실행한 후에 이루어진다).

sq-ch6-ex5 프로젝트에서 @AfterReturning을 사용하는 예제를 찾을 수 있다. 다음 코드에서 @AfterReturning 애너테이션이 사용된 것을 확인해 보면 @Around와 방식이 같음을 알 수 있다.

부차적으로 @AfterReturning을 사용하면 가로채기된 메서드의 반환 값을 얻을 수 있다.
이 경우 'returning' 속성을 추가하는데, 이 속성 값은 제공될 메서드의 매개변수 이름과 대응된다.

```java
@Aspect
public class LoggingAspect {

    private Logger logger = Logger.getLogger(LoggingAspect.class.getName());

    @AfterReturning(value="@annotation(ToLog)",    ← AspectJ 포인트컷 표현식은 이 애스펙트
                    returning="returnedValue")      로직이 적용될 메서드가 어떤 것인지 지정한다.
    public void log(Object returnedValue) {    ← 매개변수 이름은 애너테이션의
        logger.info("Method executed and returned " + returnedValue);   'returning' 속성 값과 동일해야 한다.
    }
}
```

6.3 애스펙트 실행 체인

지금까지 모든 예제에서는 한 애스펙트가 메서드를 가로채면 어떤 일이 발생하는지 설명했다. 실제 앱에서는 메서드가 애스펙트 두 개 이상으로 가로채기될 때도 많다. 예를 들어 실행을 기록하고 몇 가지 보안 제약 조건을 적용하려는 메서드가 있다고 가정해 보자. 이런 책임을 처리하는 애스펙트들이 존재할 때가 많고, 이 경우 동일한 메서드를 실행할 때 두 개의 애스펙트가 동작한다. 필요한 만큼 많은 애스펙트를 갖는 것이 잘못은 아니지만, 이런 상황이 발생하면 다음 질문을 스스로에게 던져야 한다.

- 스프링은 이런 애스펙트를 어떤 순서로 실행하는가?
- 실행 순서가 중요한가?

이 절에서는 이 두 질문에 답하기 위해 예제를 분석해 볼 것이다.

메서드에 몇 가지 보안 제한을 적용하고 해당 메서드 실행을 기록해야 한다고 가정해 보자. 이런 책임을 처리하는 데 다음 두 애스펙트를 사용할 수 있다.

- `SecurityAspect`: 이 애스펙트는 보안 제한을 적용한다. 이 애스펙트는 메서드를 가로채고 호출의 유효성을 검사하며 일부 조건에서는 호출을 가로챈 메서드로 전달하지 않는다 (SecurityAspect의 작동 방식에 대한 자세한 내용은 현재 논의와 관련이 없으며, 이 애스펙트가 가로챈 메서드를 호출하지 않을 때도 있다는 점만 기억하라).
- `LoggingAspect`: 이 애스펙트는 가로챈 메서드 실행의 시작과 끝을 로깅한다.

동일한 메서드에 애스펙트 여러 개가 연결되어 있을 때 해당 애스펙트는 차례로 실행되어야 한다. 한 가지 방법은 SecurityAspect를 먼저 실행한 후 LoggingAspect로 위임하고 나서 LoggingAspect는 가로챈 메서드에 위임하는 것이다. 두 번째 옵션은 LoggingAspect가 먼저 실행된 후 SecurityAspect로 위임하고, SecurityAspect는 결국 가로챈 메서드에 추가로 위임하는 것이다. 이런 식으로 애스펙트는 실행 체인을 생성한다.

애스펙트를 다른 순서로 실행하면 결과가 달라질 수 있기 때문에 애스펙트가 실행되는 순서가 중요하다. 예를 들어 SecurityAspect가 모든 경우에 실행을 위임하지 않는다는 것을 알고 있을 때 이 애스펙트를 먼저 실행하도록 선택하면 때때로 LoggingAspect가 실행되지 못할 수 있다. 보안 제한으로 실패한 실행을 LoggingAspect가 로깅할 것으로 기대한다면 이 방식은 적합하지 않다(그림 6-14).

그렇다. 애스펙트 실행 순서는 때때로 중요할 수 있다. 그렇다면 이 순서를 정의할 수 있을까? 기본적으로 스프링은 동일한 실행 체인에 있는 두 애스펙트가 호출되는 순서를 보장하지 않는다. 따라서 실행 순서가 중요하지 않다면, 애스펙트를 정의하고 프레임워크가 아무 순서로 실행하게 그대로 두면 된다. 애스펙트 실행 순서를 정의해야 한다면 `@Order` 애너테이션을 사용할 수 있다. 이 애너테이션은 특정 애스펙트의 실행 체인에서 순서 번호를 받는다. 해당 애스펙트 숫자가 작을수록 더 일찍 실행된다. 두 값이 같으면 실행 순서가 지정되지 않는다. 예제에서 `@Order` 애너테이션을 사용해 볼 것이다.

❤ 그림 6-14 애스펙트 실행 순서는 중요하다. 앱 요구 사항에 따라 실행할 애스펙트에서 특정 순서를 정해야 한다. 이 시나리오에서 SecurityAspect가 먼저 실행되면 LoggingAspect는 모든 메서드 실행을 로깅할 수 없다

```
경우에 따라 SecurityAspect는 위임하지 않을 때도 있다.
따라서 SecurityAspect가 먼저 실행되면
LoggingAspect가 항상 실행되지 못할 수 있다.
이 경우 메서드 호출은 로깅되지 못한다.
```

애스펙트 실행 체인

Main main() → SecurityAspect secure() ✗→ LoggingAspect log() → CommentService publishComment()

Main main() → LoggingAspect log() ✗→ SecurityAspect secure() → CommentService publishComment()

```
SecurityAspect로 거부된 호출을 포함하여
LoggingAspect가 모든 호출을 로깅하리라고 기대한다면
LoggingAspect가 먼저 실행되는지 확인해야 한다.
```

sq-ch6-ex6 프로젝트에서 애스펙트 두 개를 정의하여 CommentService 빈의 publishComment() 메서드를 가로챈다. 다음 예제에서는 이름이 LoggingAspect인 애스펙트를 찾을 수 있다. 처음에는 애스펙트 순서를 정의하지 않는다.

예제 6-12 LoggingAspect 클래스 구현하기

```
@Aspect
public class LoggingAspect {

    private Logger logger =
            Logger.getLogger(LoggingAspect.class.getName());

    @Around(value="@annotation(ToLog)")
    public Object log(ProceedingJoinPoint joinPoint) throws Throwable {
        logger.info("Logging Aspect: Calling the intercepted method");

        Object returnedValue = joinPoint.proceed();

        logger.info("Logging Aspect: Method executed and returned " + returnedValue);
```

proceed() 메서드는 여기에서 애스펙트 실행 체인에 추가 위임한다. 이 메서드는 다음 두 애스펙트 중 하나를 호출하거나 가로챈 메서드를 실행할 수 있다.

```
        return returnedValue;
    }
}
```

이 예제에서 정의하는 두 번째 애스펙트는 다음 예제에 표시된 것처럼 SecurityAspect로 명명한다. 예제를 단순하게 유지하고 논의에 집중할 수 있도록 하기 위해 이 애스펙트에서는 특별한 작업을 수행하지 않지만, LoggingAspect와 마찬가지로 콘솔에 메시지를 출력하므로 언제 실행되는지 쉽게 관찰할 수 있다.

예제 6-13 SecurityAspect 클래스 구현하기

```
@Aspect
public class SecurityAspect {

    private Logger logger =
            Logger.getLogger(SecurityAspect.class.getName());

    @Around(value="@annotation(ToLog)")
    public Object secure(ProceedingJoinPoint joinPoint) throws Throwable {
        logger.info("Security Aspect: Calling the intercepted method");

        Object returnedValue = joinPoint.proceed();

        logger.info("Security Aspect: Method executed and returned " + returnedValue);
        return returnedValue;
    }
}
```

> proceed() 메서드는 여기에서 애스펙트 실행 체인에 추가 위임한다. 이 메서드는 다음 두 애스펙트 중 하나를 호출하거나 가로챈 메서드를 실행할 수 있다.

CommentService 클래스는 이전 예제에서 정의한 것과 비슷하다. 하지만 가독성을 위해 다음 예제처럼 정의할 수 있다.

예제 6-14 CommentService 클래스 구현하기

```
@Service
public class CommentService {

    private Logger logger =
            Logger.getLogger(CommentService.class.getName());

    @ToLog
    public String publishComment(Comment comment) {
```

```
        logger.info("Publishing comment: " + comment.getText());
        return "SUCCESS";
    }
}
```

두 애스펙트 모두 스프링 컨텍스트에서 빈이어야 한다는 점을 기억하라. 이 예제에서는 컨텍스트에 빈을 추가하는 데 @Bean 애너테이션 방식을 사용한다. 필자가 만든 구성 클래스는 다음 예제에서 볼 수 있다.

예제 6-15 Configuration 클래스에서 애스펙트 빈 선언하기

```
@Configuration
@ComponentScan(basePackages="services")
@EnableAspectJAutoProxy
public class ProjectConfig {

    @Bean
    public LoggingAspect loggingAspect() {
        return new LoggingAspect();
    }

    @Bean
    public SecurityAspect securityAspect() {
        return new SecurityAspect();
    }
}
```

두 애스펙트는 스프링 컨텍스트의 빈으로 추가되도록 정의되어야 한다.

main() 메서드는 CommentService 빈의 publishComment() 메서드를 호출한다. 필자 출력은 다음 코드와 같다.

```
Mar 2, 2024 6:04:22 PM aspects.LoggingAspect log          ← LoggingAspect가 항상 먼저 호출되고
INFO: Logging Aspect: Calling the intercepted method      ← SecurityAspect에 위임한다.
Mar 2, 2024 6:04:22 PM aspects.SecurityAspect secure      ← SecurityAspect가 두 번째로 호출되고
INFO: Security Aspect: Calling the intercepted method     ← 가로챈 메서드에 위임한다.
Mar 2, 2024 6:04:22 PM services.CommentService publishComment
INFO: Publishing comment:Demo comment                     ← 가로챈 메서드가 실행된다.
Mar 2, 2024 6:04:22 PM aspects.SecurityAspect secure      ← 가로챈 메서드가
INFO: Security Aspect: Method executed and returned SUCCESS ← SecurityAspect에 반환된다.
Mar 2, 2024 6:04:22 PM aspects.LoggingAspect log          ← SecurityAspect가
INFO: Logging Aspect: Method executed and returned SUCCESS ← LoggingAspect에 반환된다.
```

다음 그림은 이 실행 체인을 시각화하고 콘솔에 출력한 로그를 이해하는 데 도움을 준다.

▼ 그림 6-15 실행 흐름을 보여 준다. LoggingAspect가 먼저 메서드 호출을 가로챈다. LoggingAspect는 실행 체인에서 SecurityAspect에 추가 위임하고 SecurityAspect는 가로챈 메서드에 호출을 추가로 위임한다. 가로챈 메서드는 SecurityAspect로 반환되고 이 메서드는 다시 LoggingAspect로 반환된다

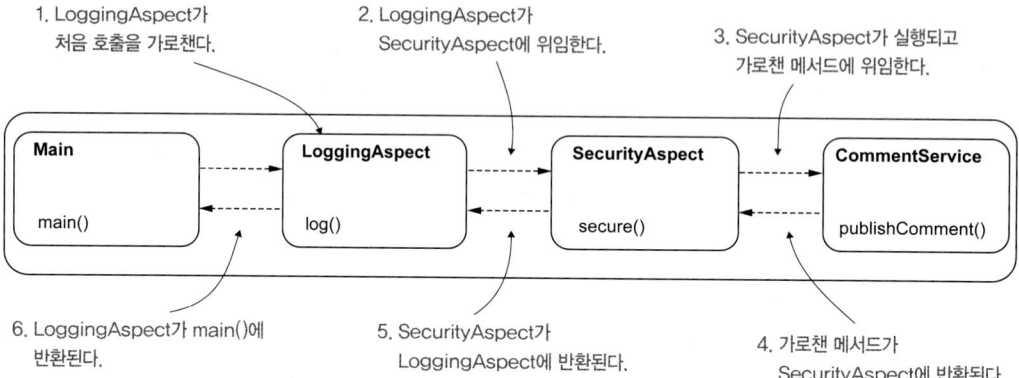

LoggingAspect와 SecurityAspect의 실행 순서를 바꾸려면 @Order 애너테이션을 사용한다. sq-ch6-ex7 프로젝트로 @Order 애너테이션을 사용하여 SecurityAspect 실행 위치를 지정하는 방법을 살펴보자.

```
@Aspect
@Order(1)  ◄── 애스펙트의 실행 순서를 지정한다.
public class SecurityAspect {

    // 코드 생략
}
```

LoggingAspect는 다음 코드에서 볼 수 있듯이 @Order를 사용하여 이 애스펙트를 더 높은 우선순위에 배치한다.

```
@Aspect
@Order(2)  ◄── LoggingAspect의 실행 순서를 두 번째로 정한다.
public class LoggingAspect {

    // 코드 생략
}
```

애플리케이션을 재실행하고 애스펙트가 실행되는 순서가 변경되었는지 확인하자. 이제 로깅 내용은 다음과 같이 출력될 것이다.

```
mar 3, 2024 6:38:20 PM aspects.SecurityAspect secure      ◄─┐  SecurityAspect는 메서드 호출을
INFO: Security Aspect: Calling the intercepted method    ◄──┤  처음 가로채고 호출 체인에서
mar 3, 2024 6:38:20 PM aspects.LoggingAspect log          ◄──┐  LoggingAspect에 추가로 위임한다.
INFO: Logging Aspect: Calling the intercepted method     ◄──┤  LoggingAspect가 실행되고
mar 3, 2024 6:38:20 PM services.CommentService publishComment ◄─┐ 가로챈 메서드에 위임한다.
INFO: Publishing comment:Demo comment                          ◄─┤ 가로챈 메서드가 실행되고
mar 3, 2024 6:38:20 PM aspects.LoggingAspect log              ◄──┐ LoggingAspect로 반환된다.
INFO: Logging Aspect: Method executed and returned SUCCESS   ◄──┤ LoggingAspect를 실행하고
mar 3, 2024 6:38:20 PM aspects.SecurityAspect secure         ◄──┐ SecurityAspect로 반환된다.
INFO: Security Aspect: Method executed and returned SUCCESS  ◄──┘ SecurityAspect가 처음 호출을
                                                                  시작한 main() 메서드로 반환된다.
```

다음 그림은 실행 체인을 시각화하고 콘솔에 출력한 로그를 이해하는 데 도움을 준다.

▼ 그림 6-16 애스펙트 순서를 변경한 후 실행 흐름이다. 처음 메서드 호출을 가로챈 SecurityAspect는 실행 체인에서 Logging Aspect에 추가 위임하고 LoggingAspect는 호출을 다시 가로챈 메서드에 위임한다. 가로챈 메서드는 LoggingAspect에 반환하고 LoggingAspect는 다시 SecurityAspect로 반환된다

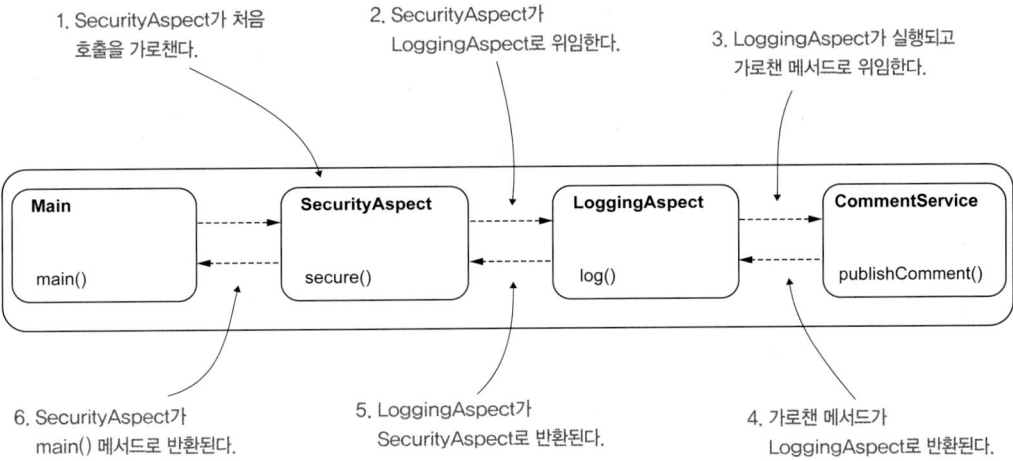

6.4 요약

애스펙트는 메서드 호출을 가로채는 객체로 가로챈 메서드를 실행하기 전후나 아예 대체 로직을 실행시킬 수도 있다. 이를 통해 비즈니스 구현에서 코드 일부를 분리하여 앱을 더 쉽게 유지 관리할 수 있다.

- 애스펙트를 사용하면 메서드 실행과 함께 실행되는 로직을 해당 메서드에서 완전히 분리해서 작성할 수 있다. 이렇게 하면 코드를 읽는 사람은 비즈니스 구현과 관련된 부분만 볼 수 있다.
- 하지만 애스펙트는 위험한 도구가 될 수 있다. 애스펙트로 코드를 오버엔지니어링하면 앱을 유지 관리하기가 어렵다. 모든 곳에 애스펙트를 사용할 필요는 없다. 따라서 사용할 때는 실제로 구현에 도움이 되는지 확인해야 한다.
- 애스펙트는 트랜잭션 및 보안 메서드 같은 많은 필수 스프링 기능을 지원한다.
- 스프링에서 애스펙트를 정의하려면 애스펙트 로직을 구현하는 클래스에 @Aspect 애너테이션을 추가한다. 하지만 스프링은 이 클래스의 인스턴스를 관리해야 하므로 스프링 컨텍스트에 해당 타입의 빈도 추가해야 한다는 점을 기억하라.
- 스프링에 어떤 메서드를 가로채야 하는지 알려 주려면 AspectJ 포인트컷 표현식을 사용한다. 이런 표현식을 어드바이스(advice) 애너테이션에 값으로 작성한다. 스프링은 다섯 가지 어드바이스 애너테이션(@Around, @Before, @After, @AfterThrowing, @AfterReturning)을 제공한다. 대부분은 가장 강력한 @Around를 사용한다.
- 여러 애스펙트가 동일한 메서드의 호출을 가로챌 수 있다. 이 경우 @Order 애너테이션을 사용하여 애스펙트가 실행할 순서를 정의하면 좋다.

제 2 부

구현

7장 스프링 부트와 스프링 MVC 이해

8장 스프링 부트와 스프링 MVC를 이용한 웹 앱 구현

9장 스프링 웹 스코프

10장 REST 서비스 구현

11장 REST 엔드포인트 사용

12장 스프링 앱에서 데이터 소스 사용

13장 스프링 앱에서 트랜잭션 사용

14장 스프링 데이터로 데이터 영속성 구현

15장 스프링 앱 테스트

2부에서는 실제로 자주 요구되는 스프링 기능을 사용하여 앱을 구현하는 방법을 학습한다. 웹 애플리케이션 논의에서 시작해서 앱 간 데이터 교환과 데이터 저장 방법을 배울 것이다. 여러분은 스프링이 이런 작업을 간단하고 쉽게 만들어 준다는 것을 알게 될 것이다. 후반부에서는 스프링 앱에서 구현한 기능에 대한 단위 테스트와 통합 테스트 작성 방법을 다룰 것이다. 2부에서 배우는 기술들은 스프링을 지탱하는 기초 개념인 스프링 컨텍스트와 애스펙트를 이해하는 데 좌우된다. 여러분이 이미 스프링 컨텍스트와 애스펙트의 작동 방식을 잘 알고 있으며 스프링 기능을 사용한 앱을 신속히 구현하고 싶다면 2부에서 시작할 수 있다. 하지만 스프링 컨텍스트와 애스펙트에 아직 확신이 없다면 1부에서 이것들을 먼저 배우고 오는 편이 좋다.

7장

스프링 부트와 스프링 MVC 이해

7.1 웹 앱이란

7.2 스프링 부트의 마법

7.3 스프링 MVC로 웹 앱 구현

7.4 요약

이 장에서 다룰 내용
- **첫 번째 웹 앱 구현하기**
- 스프링 부트를 사용한 스프링 앱 개발하기
- 스프링 MVC 아키텍처 이해하기

이제 필요한 스프링 기본 사항을 모두 확인했다. 지금부터는 웹 앱과 이를 구현하는 스프링 사용 방법에 집중해 보자. 앞서 설명한 스프링 기능을 모두 사용하면 어떤 종류의 앱이라도 구현할 수 있지만 스프링으로 구현하는 애플리케이션은 웹 앱일 때가 많다. 1장부터 6장까지는 이 책의 다음 내용을 이해하는 데 필수적인 스프링 컨텍스트와 애스펙트(이 장에서 다룰 내용 포함)를 설명했다. 앞의 내용을 숙지하지 않고 이 장으로 바로 넘어와서 컨텍스트와 애스펙트로 작업하는 방법을 아직 모른다면 이 장에서 설명하는 내용을 이해하기 어려울 수 있다. 더 진행하기 전에 프레임워크 사용의 기본 사항을 확실히 숙지하길 강력히 추천한다.

스프링을 사용하면 웹 앱 개발이 간단해진다. 이 장에서는 웹 앱이 무엇이며 어떻게 작동하는지 논의하는 것부터 시작한다.

웹 앱을 구현하려고 우리는 스프링 생태계의 스프링 부트(Spring Boot) 프로젝트를 사용한다. 7.2절에서는 스프링 부트를 설명하고 앱 구현에 필수적인 이유를 설명한다. 7.3절에서는 간단한 스프링 웹 앱의 표준 아키텍처를 설명하고 스프링 부트를 사용하여 웹 앱을 구현해 본다. 이 장이 끝나면 웹 앱의 작동 방식을 이해하고 스프링으로 기본적인 웹 앱을 구현할 수 있을 것이다.

이 장의 주요 목적은 웹 앱을 구현하는 기초 내용을 이해하는 데 도움을 주는 것이다. 8장과 9장에서는 프로덕션 환경에서 실행 중인 대부분의 웹 앱에서 볼 수 있는 주요 기능을 구현할 것이다. 하지만 다음 장에서 설명하는 모든 내용은 이 장에서 다루는 기초 내용에 의존한다.

7.1 웹 앱이란

지금부터 웹 앱이 무엇인지 살펴보자. 아마 여러분은 매일 웹 앱을 사용하고 있을 것이다. 이 장을 읽기 전에 웹 브라우저에 몇 개의 탭을 열어 두었을 수도 있다. 어쩌면 이 책 또한 종이책으로 읽지 않고 E-book 형식으로 보고 있을 수도 있다.

웹 브라우저로 접속하는 모든 앱은 웹 앱이다. 몇 년 전만 해도 우리는 컴퓨터에 설치된 데스크톱 앱을 거의 모든 업무에 사용했다(그림 7-1). 시간이 지나면서 이런 앱 대부분은 웹 브라우저로 접속할 수 있게 되었고 더 편하게 사용할 수 있게 되었다. 그 무엇도 별도로 설치할 필요가 없으며 태블릿이나 스마트폰 등 인터넷에 접속할 수 있는 모든 기기에서 사용 가능하다.

▼ 그림 7-1 시대가 변했다. 1990년대에는 모든 것을 데스크톱 앱에서 처리했다. 오늘날 우리가 사용하는 거의 모든 애플리케이션은 웹 앱이다. 이제 개발자에게 웹 앱의 구현 방법을 배우는 것은 필수가 되었다

이 절에서는 여러분이 구현할 내용을 명확하게 파악할 수 있게 하려고 한다. 웹 앱이란 무엇이며 이런 앱을 빌드하고 실행하는 데 무엇이 필요할까? 웹 앱에 대한 명확한 그림이 그려지면 스프링으로 웹 앱을 계속 구현할 것이다.

7.1.1 웹 앱에 대한 일반적인 개요

이 절에서는 기술적 관점에서 웹 앱이 무엇인지 개략적으로 살펴본다. 이 개요를 통해 웹 앱을 만드는 방법을 더 자세히 논의할 수 있다.

먼저 웹 앱은 두 부분으로 구성된다.

- **클라이언트 측**(the client side)은 사용자가 직접 상호 작용하는 부분이다. 웹 앱의 클라이언트 측을 대표하는 웹 브라우저는 웹 서버에 요청을 보내고, 서버에서 응답을 수신하며, 사용자가 앱과 상호 작용할 수 있는 방법을 제공한다. 웹 앱의 클라이언트 측을 **프런트엔드**(frontend)라고도 한다.

- **서버 측**(the server side)은 클라이언트에서 요청을 수신하고 응답에 데이터를 회신한다. 서버 측은 응답을 보내기 전에 클라이언트가 요청한 데이터를 처리하고, 때로는 저장하는 로직을 구현한다. 웹 앱의 서버 측을 **백엔드**(backend)라고도 한다.

다음 그림은 웹 앱의 큰 그림을 보여 준다.

▼ 그림 7-2 웹 앱의 큰 그림으로 사용자는 프런트엔드로 앱과 상호 작용한다. 프런트엔드는 백엔드와 통신하여 사용자 요청에 대한 로직을 실행하고 표시할 데이터를 얻는다. 백엔드는 비즈니스 로직을 실행하고 데이터베이스에 영속성 데이터를 저장하거나 다른 외부 서비스와 통신한다

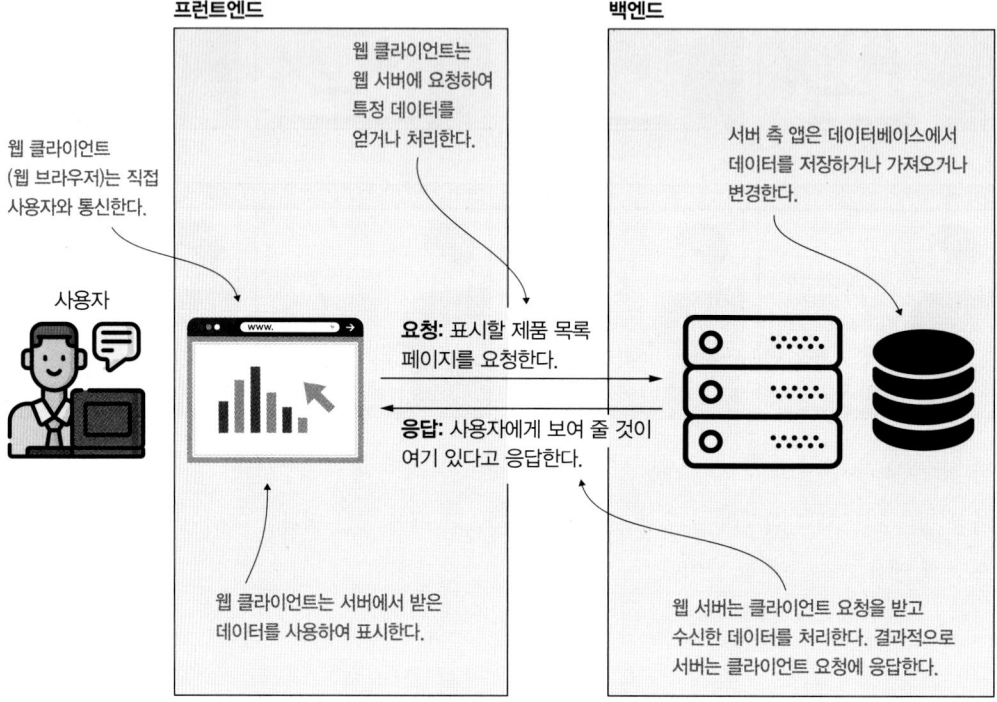

웹 앱을 논의할 때 일반적으로 클라이언트와 서버를 언급하지만, 백엔드는 동시에 여러 클라이언트에 서비스를 제공한다는 점을 명심해야 한다. 수많은 사람이 서로 다른 플랫폼에서 동시에 동일한 앱을 사용할 수 있다는 의미다. 알다시피 사용자는 컴퓨터, 휴대폰, 태블릿 등 웹 브라우저를 통해 앱에 접속할 수 있다(그림 7-3).

▼ 그림 7-3 웹 앱을 논의할 때 클라이언트를 하나의 인스턴스라고 하지만 여러 사용자가 웹 브라우저에 접속하고 동시에 같은 앱을 사용한다는 점을 염두에 두어야 한다. 각 사용자는 실행해야 하는 특정 작업을 위해 각각 요청한다. 이는 백엔드에서 일부 작업이 동시에 실행된다는 것을 의미하기 때문에 중요하다. 동일한 자원에 액세스하고 변경하는 코드를 작성하면 경쟁 상태(race condition) 시나리오로 앱이 오작동할 수 있다

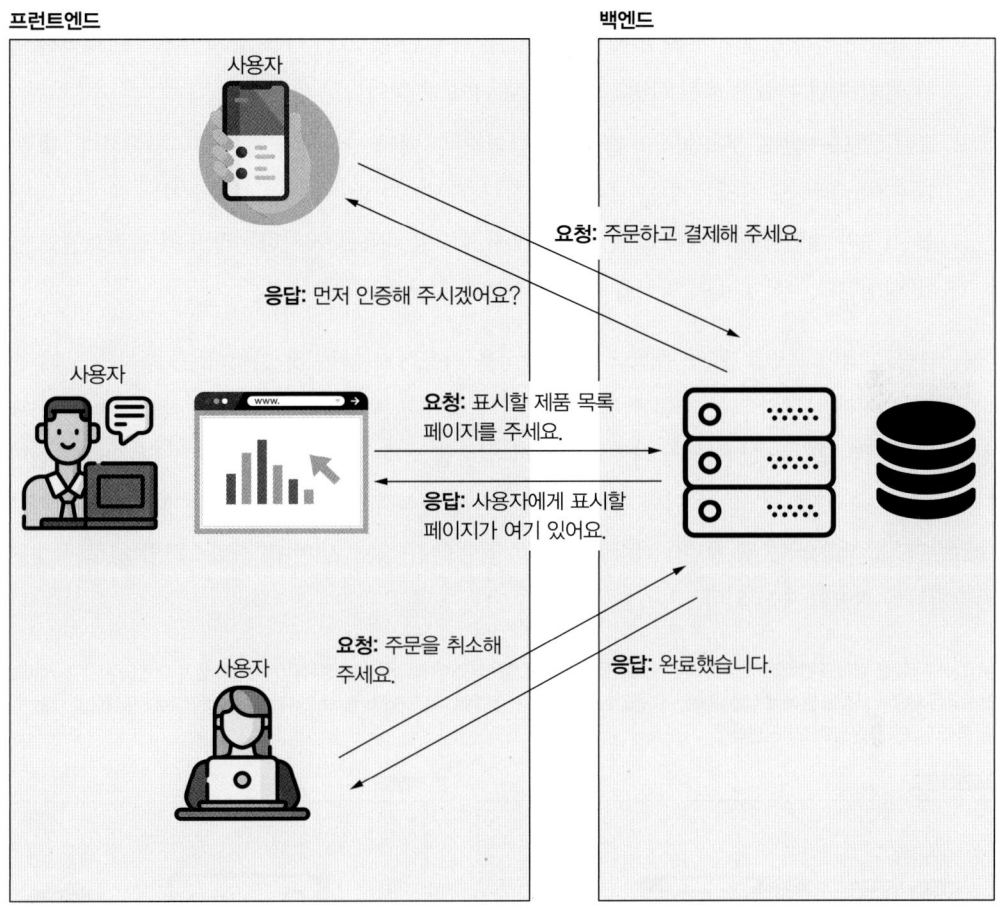

7.1.2 스프링으로 웹 앱을 구현하는 다양한 방식

이 절에서는 웹 애플리케이션을 구현하는 데 사용할 수 있는 두 가지 주요 설계 방법을 설명한다. 8장부터 10장까지 이 두 방법으로 앱을 구현할 것이며, 각 구현을 더 자세히 살펴볼 때 구현 세부 사항도 논의할 것이다. 하지만 지금은 여러분이 선택할 수 있는 선택지가 무엇인지 알고 이들을 전반적으로 이해하면 좋겠다. 나중에 예제를 구현할 때 혼동하지 않으려면 웹 앱을 어떻게 만드는지 아는 것이 중요하다.

웹 앱을 만드는 방식을 다음과 같이 분류할 수 있다.

1. **클라이언트 요청에 응답하여 백엔드가 완성된 뷰를 제공하는 앱**: 웹 브라우저는 백엔드에서 받은 데이터를 직접 해석하여 이 앱을 통해 사용자에게 이 정보를 표시한다. 이 장에서는 이 방식을 논의하고 보여 주기 위해 간단한 앱을 구현한다. 그런 다음 8~9장에서 프로덕션 앱과 관련된 더 복잡한 세부 사항으로 논의를 이어 갈 것이다.
2. **프런트엔드-백엔드 분리 방식의 앱**: 이런 앱의 경우 백엔드는 원시 데이터만 제공한다. 웹 브라우저는 백엔드 응답에 있는 데이터를 직접 표시하지 않는다. 웹 브라우저는 백엔드 응답을 가져와 데이터를 처리하고 웹 브라우저에 표시할 내용을 지시하는 별도의 프런트엔드 앱을 실행한다. 9장에서 이 방식을 설명하고 예제를 구현한다.

다음 그림은 앱이 프런트엔드-백엔드 분리 방식을 사용하지 않는 첫 번째 접근 방식을 보여 준다. 이런 앱에서는 거의 모든 일이 백엔드 쪽에서 발생한다. 백엔드는 사용자 동작을 나타내는 요청을 받고 일부 로직을 실행한다. 최종적으로 서버는 웹 브라우저에 표시해야 할 내용으로 응답한다. 백엔드는 HTML, CSS, 이미지 등 웹 브라우저가 해석하고 표시할 수 있는 형식의 데이터로 응답한다. 또 백엔드는 웹 브라우저가 이해하고 실행할 수 있는 언어(예 자바스크립트)로 작성된 스크립트를 전송할 수도 있다.

❤ 그림 7-4 웹 앱이 프런트엔드-백엔드 분리 방식을 사용하지 않는다면 웹 브라우저는 정확히 서버에서 받은 대로 표시한다. 서버는 웹 브라우저에서 요청을 받아 로직을 실행한 후 응답한다. 백엔드는 HTML 및 CSS와 웹 브라우저가 표시하기 위해 해석할 수 있는 다른 형식의 내용을 응답으로 제공한다

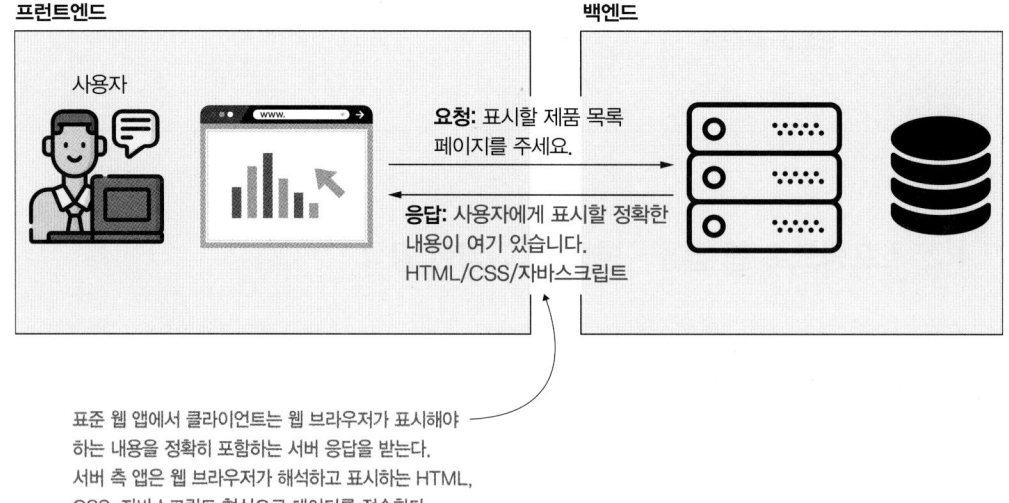

다음 그림은 프런트엔드-백엔드 분리 방식을 사용하는 앱을 보여 준다. 그림 7-5의 서버 응답과 그림 7-4의 서버 응답을 비교해 보자. 이제 서버는 웹 브라우저에 표시할 내용을 정확히 알려 주는 대신 원시 데이터만 전송한다. 웹 브라우저는 서버의 초기 요청에 로드하는 독립적인 프런트엔드 앱을 실행한다. 이 프런트엔드 앱은 서버의 원시 응답을 가져와서 해석하고 정보 표시 방식을 결정한다. 이 방식에 대한 자세한 내용은 9장에서 설명한다.

▼ 그림 7-5 프런트엔드-백엔드 분리 방식을 사용한다. 서버는 웹 브라우저에 표시해야 하는 데이터를 그대로 전송하지 않는다. 백엔드는 클라이언트에 데이터를 보내지만 데이터를 어떻게 표시하고 무엇을 할지 지정하지 않는다. 이제 백엔드는 일반적으로 JSON과 XML 처럼 쉽게 파싱할 수 있는 형식으로 원시 데이터를 보낸다. 웹 브라우저는 서버의 원시 데이터를 받아 표시하기 위해 처리하는 프런트엔드 앱을 실행한다

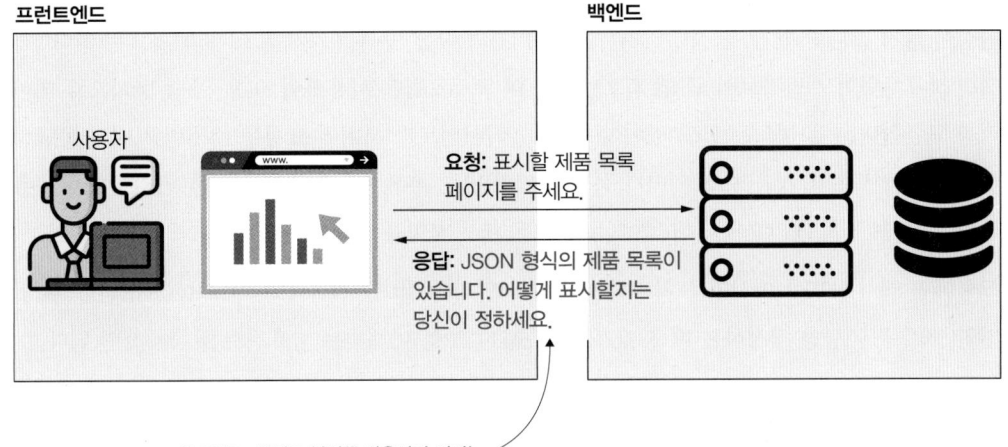

프로덕션 앱에서 이 두 가지 방식을 모두 발견할 수 있다. 때때로 개발자들은 프런트엔드-백엔드 분리 방식을 최신 방식이라고도 한다. 프런트엔드와 백엔드를 분리하면 대규모 앱 개발을 더 쉽게 관리할 수 있다. 여러 팀이 프런트엔드 및 백엔드 구현을 담당한다면 더 많은 개발자가 협업하여 앱을 개발할 수 있으며, 프런트엔드와 백엔드 배포를 독립적으로 관리할 수 있다. 대규모 앱에서는 이런 유연성도 큰 장점이다.

프런트엔드-백엔드 분리를 사용하지 않는 다른 방식은 주로 소규모 앱에 적합하다. 이 두 방식을 자세히 소개한 후 각각의 장점을 설명할 것이다. 이 장을 읽고 나면 앱 요구 사항에 따라 어떤 방식을 선택해야 하는지 알 수 있을 것이다.

7.1.3 웹 앱 개발에서 서블릿 컨테이너 사용

이 절에서는 스프링으로 웹 앱을 구축해야 하는 이유와 그 대상을 보다 자세히 분석한다. 지금까지 웹 앱에는 프런트엔드와 백엔드가 있다는 것을 살펴보았다. 하지만 스프링으로 웹 앱을 구현하는 것은 명시적으로 논의하지 않았다. 물론 우리 목적은 스프링을 배워 앱을 구현하는 것이므로, 한 걸음 더 나아가 프레임워크로 웹 앱을 구현하는 데 무엇이 필요한지 알아야 한다.

가장 중요하게 고려해야 할 것은 클라이언트와 서버 간 통신이다. 웹 브라우저는 HTTP(HyperText Transfer Protocol)라는 프로토콜을 사용하여 네트워크를 통해 서버와 통신한다. 이 프로토콜은 클라이언트와 서버가 네트워크를 통해 데이터를 교환하는 방법을 정확하게 설명한다. 네트워킹에 관심이 많지 않다면 웹 앱을 작성하기 위해 HTTP의 작동 방식을 자세히 이해할 필요는 없다. 하지만 소프트웨어 개발자로서 웹 앱 컴포넌트가 이 프로토콜을 사용하여 요청-응답 방식으로 데이터를 교환한다는 것 정도는 알고 있어야 한다. 클라이언트가 서버에 요청을 보내면 서버가 응답한다. 클라이언트는 요청을 보낼 때마다 응답을 기다린다. 부록 A.2절에서는 7장부터 9장까지 내용을 이해할 수 있게 HTTP에 대해 알아야 할 모든 세부 사항을 설명한다.

그렇다면 앱이 HTTP 메시지를 처리하는 방법을 알아야 할까? 원한다면 이 기능을 구현할 수 있지만, 저수준 기능을 작성하는 데 흥미가 없다면 HTTP를 이해하는 컴포넌트를 사용하면 된다.

실제로는 HTTP를 이해하고 HTTP 요청과 응답을 자바 앱으로 변환하는 것이 필요하다. 이것이 바로 웹 서버라고 하는 **서블릿 컨테이너**(servlet container)이며, 자바 앱의 HTTP 메시지를 변환하는 역할을 한다. 서블릿 컨테이너를 사용하면 자바 앱은 통신 계층을 구현할 필요가 없다. 가장 널리 알려진 구현체 중 하나는 이 책 예제에서 사용할 의존성이기도 한 톰캣(Tomcat)이다.

> Note ≡ 이 책 예제에서는 톰캣을 사용하지만 스프링 앱에는 다른 네이티브 버전을 쓸 수 있다. 실제 앱에서 사용되는 솔루션은 매우 많으며, 제티(Jetty: https://www.eclipse.org/jetty/), 제이보스(Jboss: https://www.jboss.org/), 파야라(Payara: https://www.payara.fish/) 등이 있다.

다음 그림은 앱 아키텍처에서 서블릿 컨테이너(톰캣)를 시각적으로 표현한 것이다.

하지만 이 그림이 서블릿 컨테이너가 하는 일의 전부라면 왜 '서블릿(servlet)' 컨테이너라는 이름을 붙였을까? 서블릿이란 서블릿 컨테이너와 직접 상호 작용하는 자바 객체에 불과하다. 서블릿 컨테이너는 HTTP 요청을 받으면 서블릿 객체의 메서드를 호출하고 그 요청을 매개변수로 제공한다. 또 동일한 메서드는 요청한 클라이언트에 반환할 응답을 설정하기 위해 서블릿에서 사용되는 HTTP 응답을 나타내는 매개변수도 가져온다.

▼ 그림 7-6 서비스 컨테이너(예 톰캣)는 HTTP로 통신한다. 이 컨테이너는 스프링 앱에 대한 HTTP 요청을 변환하고 앱 응답을 HTTP 응답으로 변환하는데 앱에서는 모든 것을 자바 객체와 메서드로 작성하기 때문에 네트워크 통신에 사용되는 프로토콜에 신경 쓸 필요가 없다

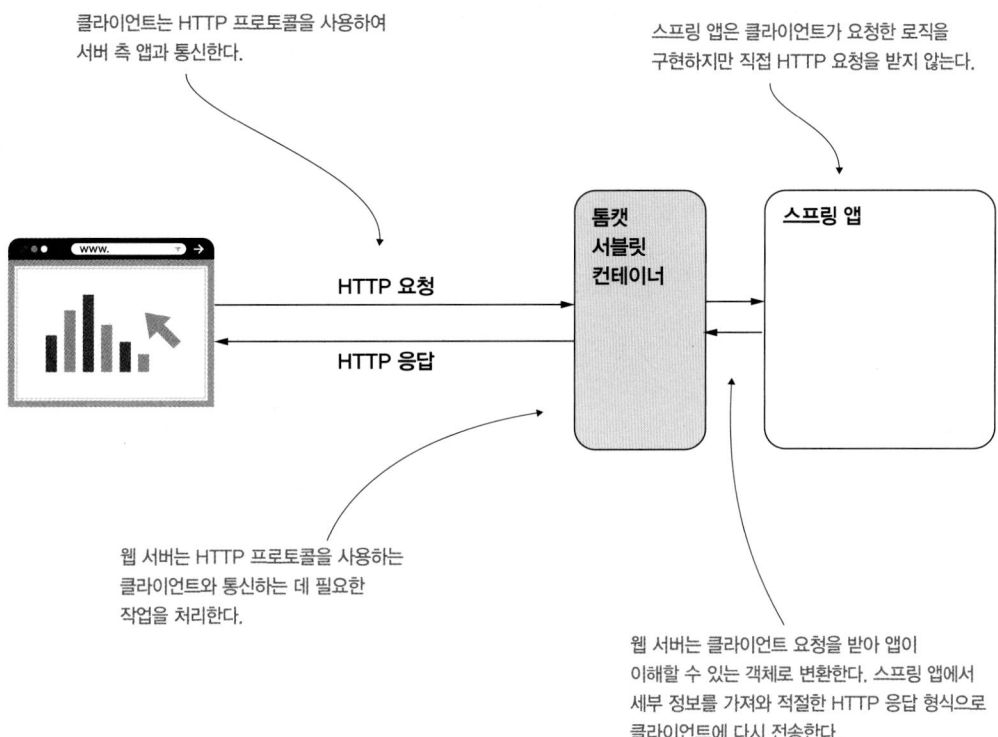

얼마 전까지만 해도 서블릿은 개발자 관점에서 바라볼 때, 백엔드 웹 앱에서 가장 중요한 구성 요소였다. 개발자가 웹 앱의 특정 경로(예 /home/profile/edit 등)에서 액세스할 수 있는 새 페이지를 구현해야 한다고 가정해 보자. 개발자는 새로운 서블릿 인스턴스를 생성하고, 서블릿 컨테이너에서 구성하며, 특정 경로에 할당해야 한다(그림 7-7). 서블릿에는 사용자 요청과 관련된 로직과 응답을 준비하는 기능(웹 브라우저에 응답을 표시하는 방법에 대한 정보 포함)이 포함되어 있다. 웹 클라이언트가 호출할 수 있는 모든 경로에 대해 개발자는 서블릿 컨테이너에 인스턴스를 추가하고 구성해야 한다. 이 컴포넌트가 컨텍스트에 추가한 서블릿 인스턴스를 관리하기 때문에 우리는 서블릿 컨테이너라고 한다. 스프링이 빈을 제어하는 것처럼 제어하는 서블릿 인스턴스의 컨텍스트가 있다. 이런 이유로 톰캣과 같은 컴포넌트를 서블릿 컨테이너라고 한다.

▼ 그림 7-7 서비스 컨테이너(톰캣)는 여러 서블릿 인스턴스를 등록한다. 각 서블릿은 각각의 경로(path)와 연관된다. 클라이언트가 요청을 보낼 때 톰캣은 클라이언트가 요청한 경로와 연관된 서블릿 메서드를 호출한다. 서블릿은 요청에서 값을 얻고 톰캣이 클라이언트에 다시 전달할 응답을 생성한다

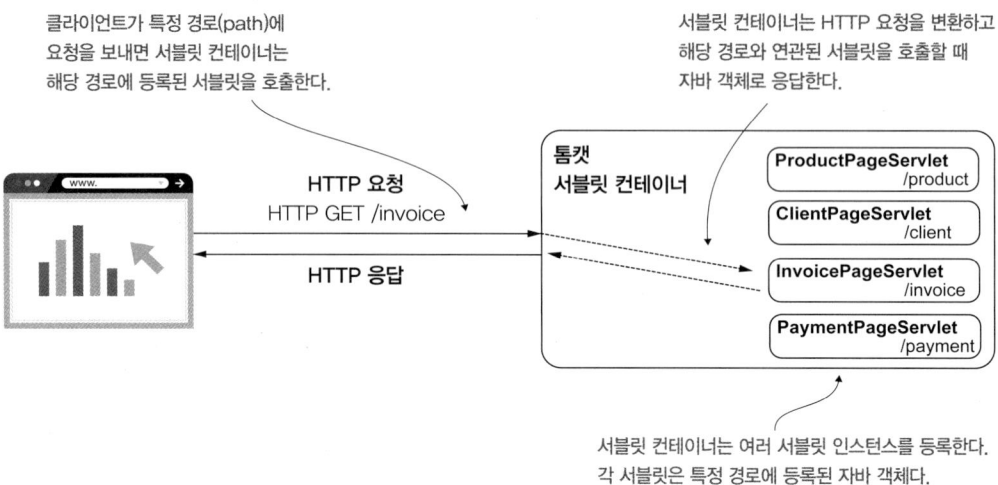

이 장에서 배우겠지만, 일반적으로는 서블릿 인스턴스를 생성하지 않는다. 스프링으로 개발하는 스프링 앱에서 서블릿을 사용하지만 직접 작성할 필요는 없으므로 서블릿 구현 방법을 배우는 데 집중하지 않아도 된다. 하지만 서블릿은 앱 로직의 진입점이라는 점을 기억해야 한다. 서블릿은 서블릿 컨테이너(이 책에서는 톰캣)가 직접 상호 작용하는 컴포넌트다. 다음 그림은 요청 데이터가 앱에 들어오고 응답이 톰캣을 통해 클라이언트로 돌아가는 방식을 보여 준다.

▼ 그림 7-8 스프링 앱은 서블릿 객체를 정의하고 서블릿 컨테이너에 등록한다. 이제 스프링과 서블릿 컨테이너 모두 이 객체를 알고 관리할 수 있다. 서블릿 컨테이너는 모든 클라이언트 요청에 대해 이 객체를 호출하여 서블릿이 요청과 응답을 관리할 수 있게 한다

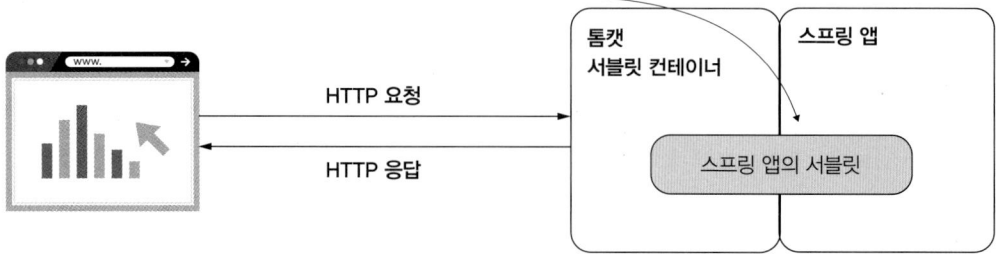

7.2 스프링 부트의 마법

스프링 웹 앱을 생성하려면 서블릿 컨테이너를 구성하고 서블릿 인스턴스를 생성한 후 클라이언트 요청이 있을 때 톰캣이 이 서블릿 인스턴스를 호출하도록 올바르게 구성해야 한다. 이렇게 많은 구성 내용(configurations)을 작성하는 일은 얼마나 골치 아플까! 수년 전 스프링 3(당시 최신 스프링 버전)을 가르치면서 웹 애플리케이션을 구성할 때 학생들과 필자가 가장 싫어했던 것이 바로 이 부분이었다. 다행히도 시대가 바뀌어 지금은 이런 구성을 가르치면서 여러분을 귀찮게 할 필요가 없다.

이 절에서는 최신 스프링 앱을 구현하는 도구인 스프링 부트를 설명한다. 스프링 부트는 현재 스프링 생태계에서 가장 인정받는 프로젝트 중 하나다. 이 도구는 구성을 위해 작성하던 코드의 상당 부분을 제거하여 앱을 보다 효율적으로 만들고 작성하는 비즈니스 코드에 집중할 수 있게 도와준다. 특히 앱을 더 자주 생성하는 서비스 지향 아키텍처(SOA)와 마이크로서비스(부록 A.1절에서 설명) 세계에서는 구성을 작성하는 고충을 덜어 주면 큰 도움이 된다.

필자가 가장 중요하다고 생각하는 스프링 부트 기능과 해당 기능이 제공하는 이점은 다음과 같다.

- **간소화된 프로젝트 생성**: 프로젝트 초기화 서비스를 이용하여 비어 있지만 구성된 스켈레톤(뼈대) 앱을 얻을 수 있다.
- **의존성 스타터**: 스프링 부트는 특정 목적에 사용되는 특정 의존성들을 의존성 스타터로 모았다. 특정 목적을 위해 프로젝트에 추가해야 하는 모든 필수 의존성을 파악하거나 호환성을 위해 어떤 버전을 사용해야 하는지 파악할 필요가 없다.
- **의존성에 기반을 둔 자동 구성**: 프로젝트에 추가한 의존성에 따라 스프링 부트는 몇 가지 기본 구성을 정의한다. 모든 구성을 직접 작성하는 대신 스프링 부트에서 제공하는 구성 중에서 필요한 구성과 다른 것만 변경하면 된다. 구성을 변경만 한다면, 모두 새로 작성하는 것보다 더 적은 코드가 필요할 것이다.

스프링 부트의 이런 필수 기능을 좀 더 자세히 알아보고 적용해 보자. 첫 번째 예제는 우리가 작성할 첫 번째 스프링 웹 앱이다.

7.2.1 프로젝트 초기화 서비스를 이용한 스프링 부트 프로젝트 생성

이 절에서는 프로젝트 초기화 서비스(Spring Initializr)를 이용하여 스프링 프로젝트를 생성하는 방법을 설명한다. 프로젝트 초기화 서비스를 그다지 중요하게 생각하지 않는 사람도 있지만, 필자는 이 기능이 얼마나 고마운지 모른다. 개발자는 하루에 프로젝트 여러 개를 만들지 않기 때문에 이 기능의 큰 이점을 느끼지 못한다. 하지만 하루에 수많은 스프링 부트 프로젝트를 작성하는 학생과 교사에게 이 기능은 매우 중요하다. 프로젝트를 처음부터 시작할 때 수행해야 하는 반복적이고 중요하지 않은 작업에 소요되는 시간을 절약해 주기 때문이다. 이 기능이 어떤 도움이 되는지 알아보기 위해 프로젝트 초기화 서비스를 이용하여 sq-ch7-ex1 프로젝트를 생성해 보자.

일부 IDE는 프로젝트 초기화 서비스를 직접 통합할 때도 있고 그렇지 않을 때도 있다. 예를 들어 IntelliJ Ultimate 또는 STS에서 새 프로젝트를 생성할 때 이 기능을 사용할 수 있지만(그림 7-9), IntelliJ Community에서는 이 기능을 사용할 수 없다.

▼ 그림 7-9 일부 IDE는 프로젝트 초기화 서비스를 직접 통합한다. 예를 들어 IntelliJ Ultimate에서 New Project > Spring Initializr를 선택하여 프로젝트 초기화 서비스가 포함된 스프링 앱을 생성할 수 있다

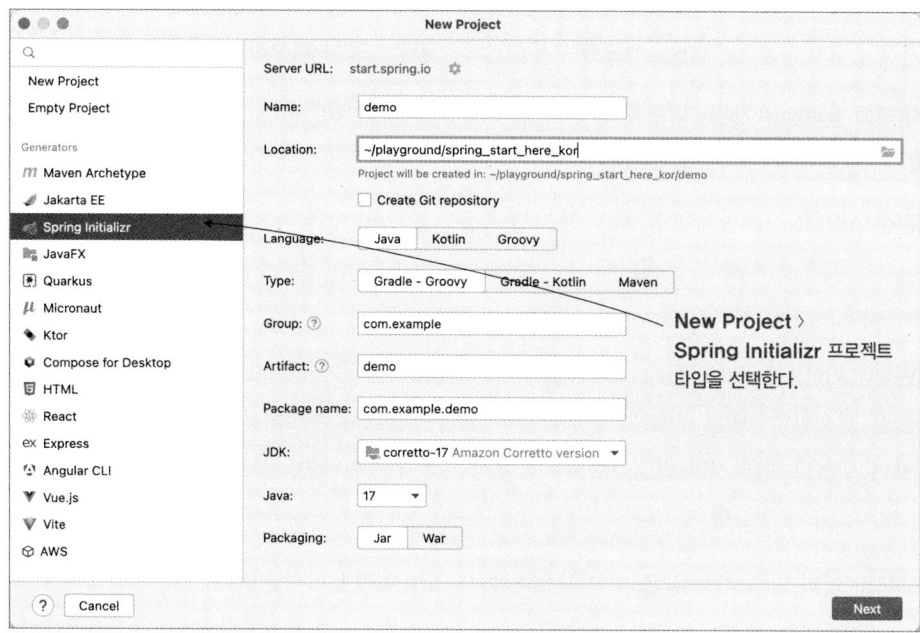

사용 중인 IDE에서 이 기능을 지원한다면 프로젝트 생성 메뉴에서 **스프링 Initializr** 기능을 찾을 수 있다. 하지만 사용 중인 IDE가 스프링 부트 프로젝트 초기화 서비스와 직접 통합되지 않았다면 웹 브라우저에서 https://start.spring.io에 접속하여 이 기능을 사용할 수 있다. 이 서비스는 모든 IDE로 사용할 수 있는 프로젝트를 생성하는 데 도움을 준다. 이 방식을 이용하여 첫 번째 프로젝트를 만들어 보자.

다음 목록은 https://start.spring.io에 접속하여 스프링 부트 프로젝트를 생성하려고 수행하는 단계를 요약한 것이다(그림 7-10).

1. 웹 브라우저에서 https://start.spring.io에 접속한다.
2. 프로젝트 속성(언어, 버전, 빌드 도구 등)을 선택한다.
3. 프로젝트에 추가해야 할 의존성을 선택한다.
4. [GENERATE] 버튼을 눌러 아카이브된(ZIP으로 압축된) 프로젝트를 내려받는다.
5. 프로젝트를 압축 해제하고 IDE에서 오픈한다.

▼ 그림 7-10 start.spring.io를 사용한 스프링 프로젝트 생성 단계: 웹 브라우저에서 https://start.spring.io에 접근하여 속성과 필요한 의존성을 선택하고 아카이브된 프로젝트를 내려받은 후 IDE에서 오픈한다

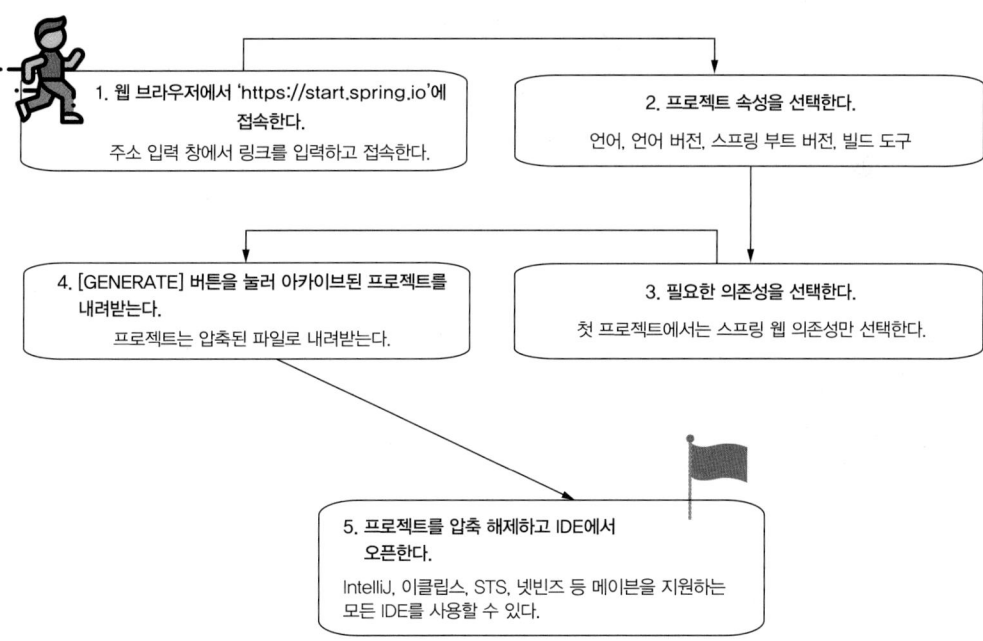

웹 브라우저에서 https://start.spring.io로 이동하면 다음 그림과 같은 인터페이스를 볼 수 있다. 메이븐(Maven)과 그레이들(Gradle) 중 선호하는 빌드 도구와 사용하려는 자바 버전 같은 몇 가지 프로젝트 속성을 지정해야 한다. 스프링 부트는 앱 구문을 코틀린(Kotlin) 또는 그루비(Groovy)로 변경할 수 있는 기능도 제공한다.

❤ 그림 7-11 start.spring.io 인터페이스: https://start.spring.io에 접속하여 프로젝트의 주요 구성 정보를 설정하고 의존성을 선택하면 아카이브된 프로젝트를 내려받을 수 있다

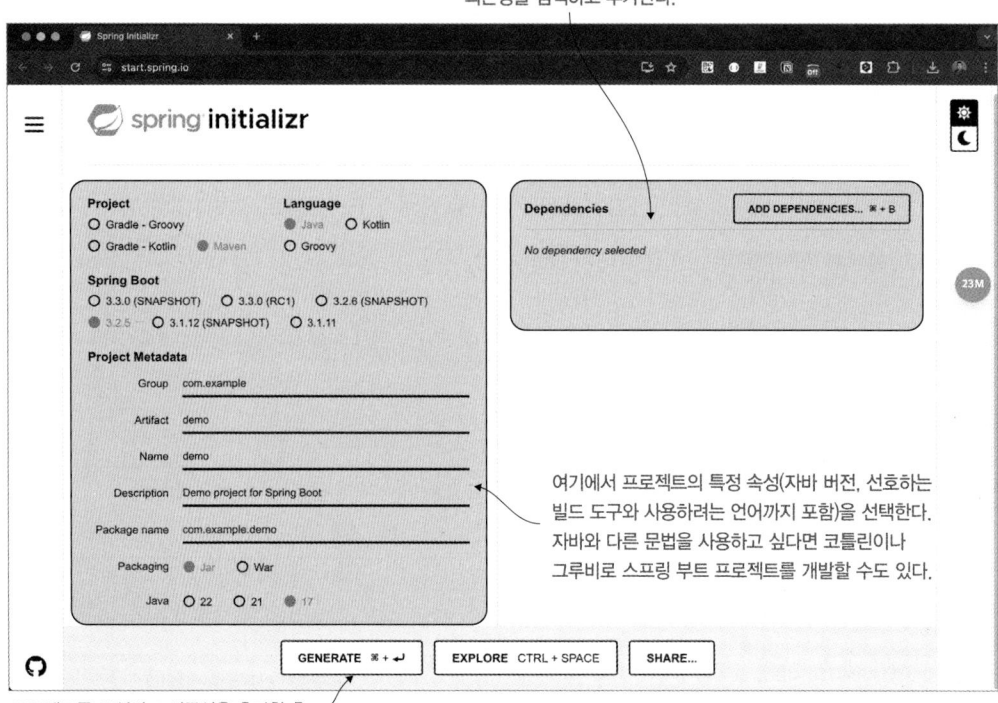

스프링 부트는 다양한 옵션을 제공하지만 예제의 일관성을 유지하려고 이 책 전체에서는 메이븐과 자바 11을 계속 사용할 것이다.[1] 다음 그림은 이 예제에서 새 스프링 부트 프로젝트를 생성하려고 필드를 채우는 예시를 보여 준다. 이 예제에서는 스프링 웹(Spring Web)이라는 의존성만 추가하면 된다. 이 의존성은 프로젝트가 스프링 웹 앱이 되는 데 필요한 모든 것을 추가한다.

---

1 역주 역자는 자바 17과 자바 21로 테스트를 마쳤다.

❤ 그림 7-12 이 예제에서는 스프링 웹 의존성을 추가해야 한다. 창 오른쪽 위에 있는 [ADD DEPENDENCIES] 버튼을 눌러 해당 의존성을 추가할 수 있고 프로젝트 이름도 지정할 수 있다

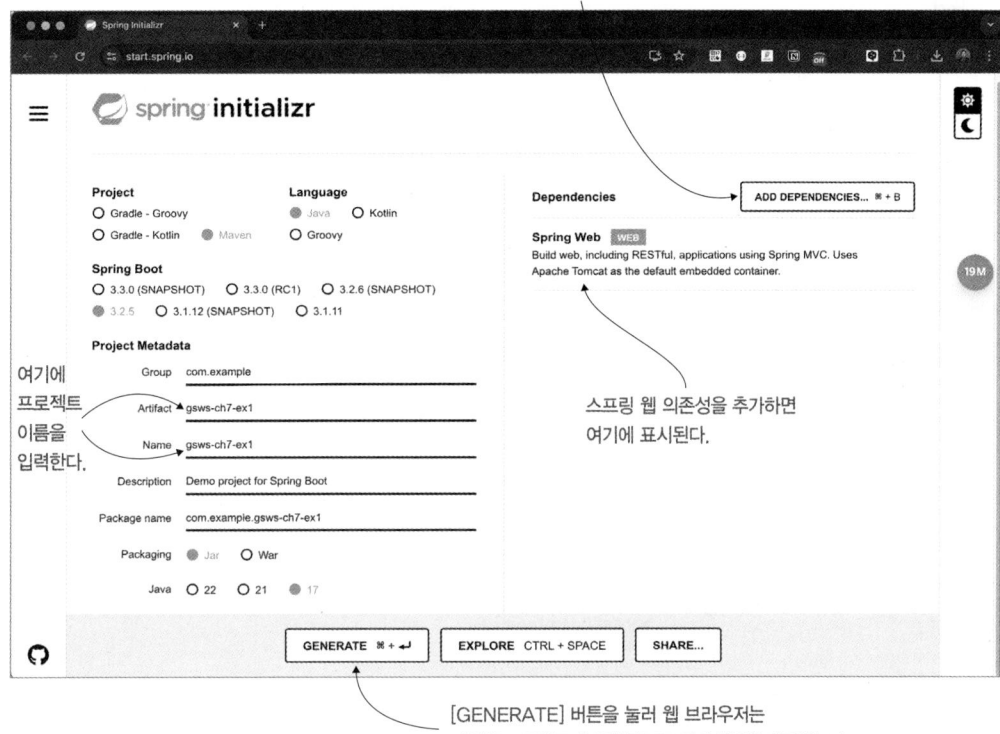

[GENERATE] 버튼을 눌러 웹 브라우저가 스프링 부트 프로젝트가 포함된 ZIP 아카이브를 내려받는다. 이제 메이븐 프로젝트에 구성된 스프링 Initializr의 주요 내용을 설명한다(그림 7-13).

- 스프링 앱 메인 클래스
- 스프링 부트 POM 부모
- 의존성
- 스프링 부트 메이븐 플러그인
- 프로퍼티 파일

프로젝트가 어떤 모습인지 알고 있어야 하므로 지금부터 각 구성을 살펴보자.

▼ 그림 7-13 스프링 Initializr로 스프링 부트 프로젝트를 생성할 때 일반 메이븐 프로젝트에서는 찾을 수 없는 몇 가지 구성을 프로젝트에 추가한다

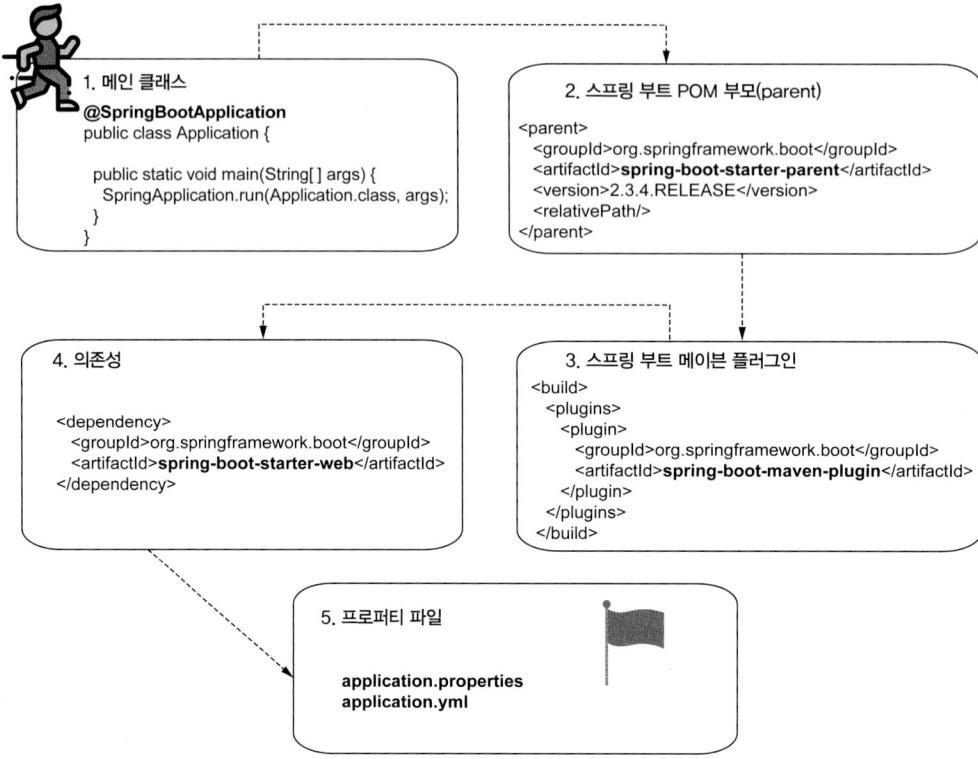

start.spring.io에서 생성된 앱의 메인 클래스

가장 먼저 살펴볼 것은 애플리케이션의 메인 클래스다. 내려받은 파일 압축을 풀고 IDE에서 오픈한다. 스프링 Initializr가 앱에 Main 클래스를 추가하고 pom.xml 파일에 몇 가지 구성을 추가한 것을 확인할 수 있다. 스프링 부트 앱의 Main 클래스에는 @SpringBootApplication 애너테이션이 추가되어 있으며, 다음 코드와 유사할 것이다.[2]

```
@SpringBootApplication  ◀── 이 애너테이션은 스프링 부트 앱의 Main 클래스를 정의한다.
public class Main {

    public static void main(String[] args) {
        SpringApplication.run(Main.class, args);
    }
}
```

---

2 역주 실제로 스프링 Initializr로 생성되는 main() 메서드의 클래스 이름은 {앱이름}Application으로 생성될 것이다.

스프링 Initializr가 이 코드를 모두 생성했다. 이 책에서는 예제와 관련된 내용만 집중적으로 다룰 것이다. 예를 들어 SpringApplication.run() 메서드가 무엇을 하는지, 스프링 부트가 @SpringBootApplication 애너테이션을 얼마나 정확하게 사용하는지 자세히 설명하지 않는다. 이런 상세한 내용은 지금 배우는 내용과 관련이 없다. 스프링 부트 자체로 책 한 권이 되는 주제다. 하지만 언젠가 여러분이 스프링 부트 앱의 작동 방법을 자세히 이해하고 싶다면 크레이그 월즈(Craig Walls)의 〈스프링 부트 코딩 공작소〉(길벗, 2016)와 마크 헤클러(Mark Heckler)의 〈처음부터 제대로 배우는 스프링 부트〉(한빛미디어, 2023)를 일독하길 권한다.

start.spring.io에서 구성된 스프링 부트 메이븐 부모

다음으로 pom.xml 파일을 살펴보자. 프로젝트의 pom.xml 파일을 열면 프로젝트 초기화 서비스가 몇 가지 상세 정보를 추가한 것을 확인할 수 있다. 가장 중요한 세부 사항 중 하나는 다음 코드와 유사한 스프링 부트의 부모 노드(<parent>)다.

```
<parent>
    <groupId>org.springframework.boot</groupId>
    <artifactId>spring-boot-starter-parent</artifactId>
    <version>3.2.5.RELEASE</version>
    <relativePath/>
</parent>
```

이 부모 노드가 하는 중요한 일은 프로젝트에 추가할 의존성에 대해 호환 가능한 버전을 제공하는 것이다. 대부분의 경우 사용하는 의존성 버전 지정을 하지 않는 것을 볼 수 있다. 호환성 문제가 발생하지 않도록 스프링 부트의 의존성 버전을 지정하면 좋다.

start.spring.io에서 구성된 스프링 부트 메이븐 플러그인

다음으로 프로젝트를 생성할 때 start.spring.io로 구성된 스프링 부트 메이븐 플러그인을 살펴보자. 이 플러그인도 pom.xml 파일에 구성되어 있다. 다음 코드는 플러그인 선언을 보여 주며, 일반적으로 pom.xml 파일 끝의 <build><plugins>~</plugins></build> 태그 안에서 찾을 수 있다. 이 플러그인은 프로젝트에서 관찰할 수 있는 기본 구성 일부를 추가하는 역할을 한다.

```
<build>
  <plugins>
    <plugin>
      <groupId>org.springframework.boot</groupId>
      <artifactId>spring-boot-maven-plugin</artifactId>
```

```
        </plugin>
    </plugins>
</build>
```

프로젝트를 생성할 때 start.spring.io에서 추가된 메이븐 의존성

pom.xml 파일에서는 start.spring.io에서 프로젝트를 생성할 때 추가한 스프링 웹 의존성도 찾을 수 있다. 다음 코드에 표시된 것처럼 이 의존성이 추가된 것을 확인할 수 있는데, 바로 spring-boot-starter-web 이름의 의존성 스타터다. 의존성 스타터가 무엇인지는 7.2.2절에서 자세히 설명한다. 지금은 이 의존성에서 버전을 지정하지 않는다는 것만 알아 두자.

우리가 작성한 모든 예제에서는 각 의존성 버전도 지정했다. 지금 버전을 지정하지 않는 이유는 스프링 부트가 적합한 버전을 선택하도록 하기 위해서다. 이 절 앞부분에서 설명했듯이, 이것이 바로 pom.xml 파일에 스프링 부트 부모(parent)가 필요한 이유다.

```
<dependency>
    <groupId>org.springframework.boot</groupId>
    <artifactId>spring-boot-starter-web</artifactId>
</dependency>
```

애플리케이션 프로퍼티 파일

스프링 Initializr가 프로젝트에 추가한 마지막 필수 항목은 application.properties 파일이다. 이 파일은 메이븐 프로젝트의 resources 폴더에서 찾을 수 있다. 생성된 이 파일에는 아무 내용도 없으며 첫 번째 예제에서는 수정하지 않고 나중에 이 파일을 사용하여 앱이 실행에 필요한 프로퍼티 값을 구성하는 방법을 설명할 것이다.

7.2.2 의존성 스타터를 사용한 의존성 관리 간소화

지금까지 여러분은 스프링 부트 프로젝트 초기화 서비스의 사용 방법을 배웠고 생성한 스프링 부트 프로젝트를 더 잘 파악했다. 이제부터 스프링 부트가 제공하는 두 번째 핵심적 장점인 **의존성 스타터**(dependency starter)에 집중해 보자. 의존성 스타터는 많은 시간을 절약해 주며, 스프링 부트가 제공하는 소중한 기능이다.

의존성 스타터는 특정 목적에 맞게 앱을 구성하려고 추가하는 의존성 그룹이다. 프로젝트의 pom.xml 파일에서 스타터는 다음 코드에 표시된 것처럼 일반 의존성처럼 보인다. 의존성 이름을 눈여겨보자. 스타터 이름은 일반적으로 'spring-boot-starter-'로 시작하고 그 뒤에 앱에 추가한 기능을 기술하는 관련된 이름이 따라온다.

```xml
<dependency>
    <groupId>org.springframework.boot</groupId>
    <artifactId>spring-boot-starter-web</artifactId>
</dependency>
```

앱에 웹 기능을 추가하고 싶다고 가정해 보자. 과거에는 스프링 웹 앱을 구성하는 데 필요한 모든 의존성을 pom.xml 파일에 직접 추가하고 해당 버전이 서로 호환되는지 확인해야 했다. 필요한 모든 의존성을 구성하는 일은 쉽지 않으며, 버전 호환성을 관리하는 것은 훨씬 더 복잡하다.

의존성 스타터를 사용하면 의존성을 직접 요구하지 않고 기능(capabilities)을 요청한다(그림 7-14). 웹 기능, 데이터베이스 또는 보안처럼 필요한 특정 기능에 대한 의존성 스타터를 추가하는 것이다. 스프링 부트는 요청된 기능과 적합한 호환 버전을 이용해서 앱에 올바른 의존성을 추가한다. 의존성 스타터는 호환 가능한 의존성들의 기능 지향적(capability-oriented) 그룹이라고 할 수 있다.

▼ 그림 7-14 의존성 스타터의 사용: 이제 앱은 특정 의존성을 개별적으로 참조하는 대신 스타터에만 의존한다. 스타터에는 특정 기능을 구현하는 데 필요한 모든 의존성이 포함되어 있다. 또 스타터는 이런 의존성의 상호 호환성을 보장한다

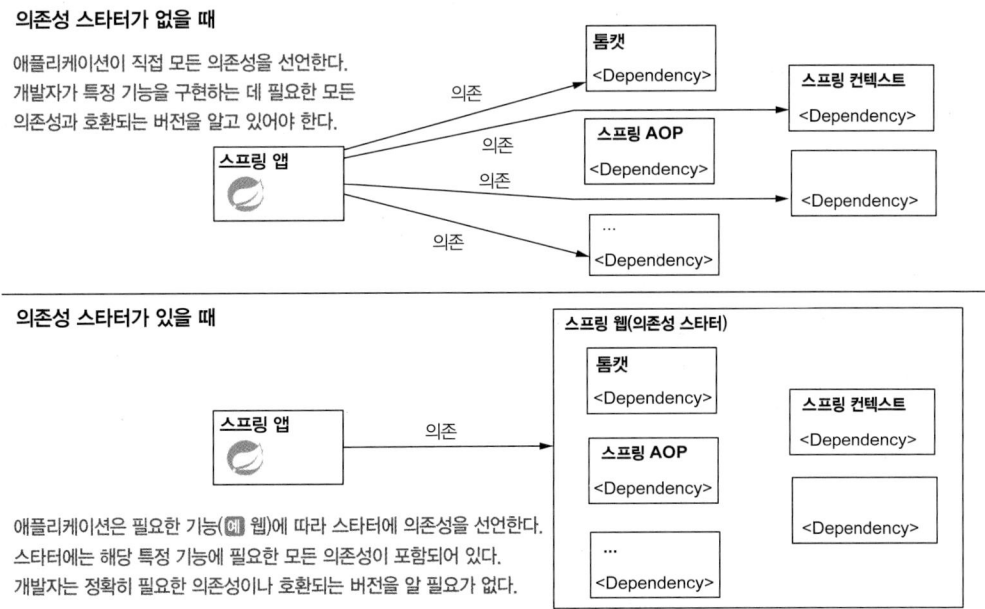

pom.xml 파일을 살펴보자. spring-boot-starter-web 의존성만 추가했고 스프링 컨텍스트, AOP, 톰캣은 이 파일에 없다! 하지만 앱의 External Libraries 폴더를 보면 이 모든 의존성에 대한 JAR 아카이브가 포함되어 있는 것을 확인할 수 있다. 스프링 부트가 이런 라이브러리가 필요하다는 것을 알고 호환된다고 알려진 특정 버전으로 내려받은 것이다.

7.2.3 의존성에 기반을 둔 관례에 따라 autoconfiguration 사용

스프링 부트는 애플리케이션에 대한 autoconfiguration도 제공한다. 이를 **구성보다 관례**(convention-over-configuration) 원칙을 적용한다고 한다. 이 절에서는 구성보다 관례가 무엇인지, 이 원칙을 적용하여 스프링 부트가 어떤 도움을 주는지 설명한다. 이 장에서 설명하는 이전의 모든 스프링 부트 기능 중에서 자동 구성은 아마도 가장 높이 평가되고 많이 알려진 기능일 것이다.

이제 앱을 시작해 보면 그 이유를 이해할 수 있을 것이다. 여러분은 아직 아무것도 작성하지 않았고 단지 프로젝트를 내려받아 IDE에서 열었을 뿐이지만, 앱을 시작하면 기본적으로 8080번 포트에서 액세스할 수 있는 톰캣 인스턴스가 앱에서 부팅되는 것을 확인할 수 있다. 콘솔에서 다음 코드와 비슷한 출력을 볼 수 있다.

```
Tomcat started on port(s): 8080 (http) with context path ''    ◀── 스프링 부트는 톰캣을 구성, 설정하고
Started Main in 1.684 seconds (JVM running for 2.306)              기본 8080번 포트로 시작했다.
```

추가한 의존성을 기반으로 스프링 부트는 앱에 대한 기대를 파악하고 몇 가지 기본 구성을 제공한다. 스프링 부트는 의존성을 추가할 때 요청한 기능에 일반적으로 사용되는 구성을 제공한다.

예를 들어 개발자는 대부분 이 구현을 사용하기 때문에 스프링은 사용자가 서블릿 컨테이너에 필요한 웹 의존성을 추가한 시점을 파악하고 톰캣 인스턴스를 구성한다. 스프링 부트에서 톰캣은 서블릿 컨테이너에 대한 관례(convention)로 선택된다.

관례는 특정한 목적을 위해 앱을 구성하는 데 가장 많이 사용되는 방법을 나타낸다. 스프링 부트는 관례에 따라 앱을 구성하므로 이제 앱에 더 특별한 구성이 필요한 부분만 변경하면 된다. 필요할 때 이 방식을 사용하면 구성을 위한 코드를 더 적게 작성할 수 있다.

7.3 스프링 MVC로 웹 앱 구현

이 절에서는 스프링 웹 앱에서 첫 웹 페이지를 구현한다. 기본 구성된 스프링 부트 프로젝트가 이미 있지만 이 앱은 톰캣 서버만 시작한다. 이 구성만으로는 아직 이 앱을 웹 앱으로 만들지 못한다! 웹 브라우저를 사용하여 접속할 수 있는 페이지를 구현해야 한다. 정적 콘텐츠가 포함된 웹 페이지를 추가하기 위해 sq-ch7-ex1 프로젝트에서 계속 구현할 것이다. 이 프로젝트를 변경하여 웹 페이지를 구현하는 방법과 스프링 앱이 백그라운드에서 어떻게 작동하는지 배울 수 있다.

앱에 웹 페이지를 추가하려면 다음 두 단계를 수행해야 한다(그림 7-15).

1. 웹 브라우저에 표시할 콘텐츠가 포함된 HTML 문서를 작성한다.
2. 1.에서 생성한 웹 페이지에 대한 액션이 포함된 컨트롤러를 작성한다.

▼ 그림 7-15 애플리케이션에 정적 웹 페이지를 추가하는 단계로 웹 브라우저에 표시할 정보가 포함된 HTML 문서를 추가한 후 액션이 할당된 컨트롤러를 작성한다

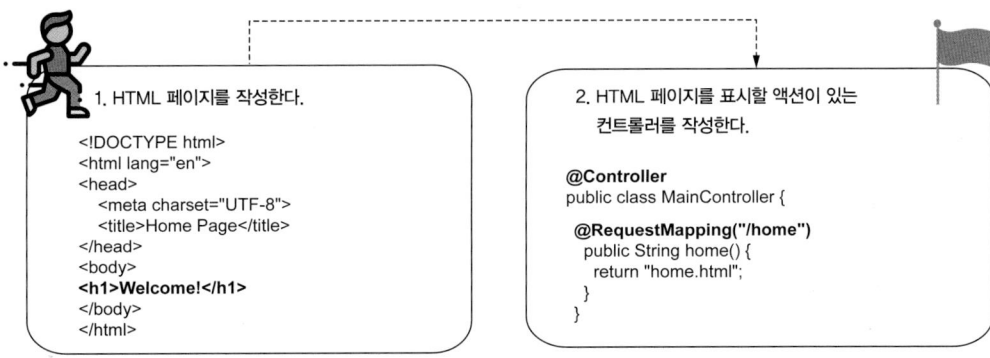

먼저 sq-ch7-ex1 프로젝트에서는 웹 브라우저에 표시할 콘텐츠가 포함된 정적 웹 페이지를 추가한다. 이 웹 페이지는 HTML 문서일 뿐이며, 이 예제에서는 짧은 텍스트 제목을 표시한다. 다음 예제는 이 파일의 콘텐츠가 어떤 모습이어야 하는지 보여 준다. 메이븐 프로젝트의 resources/static 폴더에 파일을 추가해야 한다. 이 폴더는 스프링 부트 앱이 렌더링할 페이지를 찾는 기본 위치다.

예제 7-1 HTML 파일 내용

```
<!DOCTYPE html>
<html lang="en">
<head>
```

```
        <meta charset="UTF-8">
        <title>Home Page</title>
    </head>
    <body>
        <h1>Welcome!</h1>  ◀── 표준 HTML 문서에서 제목 텍스트를 표시한다.
    </body>
</html>
```

두 번째 단계는 HTTP 요청과 앱이 응답으로 제공할 페이지를 연결하는 메서드가 포함된 컨트롤러를 작성하는 것이다. 컨트롤러는 특정 HTTP 요청에 대해 실행되는 메서드(보통 액션으로 지칭)를 가진 웹 앱의 구성 요소다. 결국 컨트롤러의 액션은 앱 응답으로 반환하는 웹 페이지에 대한 참조를 반환한다. 첫 번째 예제는 단순함을 위해 컨트롤러가 요청에 대해 특정 로직을 실행하지 않는다. 첫 번째 단계에서 생성한 resources/static 폴더에 저장한 home.html 문서의 콘텐츠를 응답으로 반환하는 액션만 구성한다.

클래스를 컨트롤러로 표시하려면 4장에서 설명한 @Component 및 @Service 같은 스테레오타입 애너테이션인 @Controller만 사용한다. 즉, 스프링은 이 클래스의 빈을 컨텍스트에 추가해서 관리한다. 이 클래스 안에서 특정 HTTP 요청과 관련된 메서드인 컨트롤러 액션을 정의할 수 있다.

사용자가 /home 경로에 액세스할 때 웹 브라우저가 이 페이지의 콘텐츠를 표시하길 원한다고 가정해 보자. 이 결과를 얻으려면 액션 메서드에 경로를 애너테이션 값으로 지정하는 @RequestMapping("/home")을 애너테이션으로 추가해야 한다. 이 메서드는 앱에서 응답으로 보낼 문서 이름을 문자열로 반환해야 한다. 다음 예제는 컨트롤러 클래스와 이 클래스가 구현하는 액션을 보여 준다.

예제 7-2 컨트롤러 클래스 정의하기

```
@Controller  ◀── 이 클래스에 @Controller 스테레오타입 애너테이션을 추가한다.
public class MainController {
                              @RequestMapping 애너테이션을 사용하여
    @RequestMapping("/home")  ◀── 액션을 HTTP 요청 경로와 연결한다.
    public String home() {
        return "home.html";  ◀── 웹 브라우저에 표시할 상세 내용이 있는 HTML 문서 이름을 반환한다.
    }
}
```

아마도 지금 여러분은 궁금한 점이 많을 것이다. 필자가 수업 시간에 스프링을 가르칠 때 학생들이 항상 하는 질문은 다음과 같다.

1. 이 메서드가 HTML 파일 이름을 반환하는 것 외에 다른 작업을 수행할 수 있는가?
2. 이 메서드가 매개변수를 받을 수 있는가?
3. 웹에서 @RequestMapping 이외의 애너테이션을 사용하는 예제를 보았는데, 그 방법이 더 좋은가?
4. HTML 페이지에 동적 콘텐츠를 포함할 수 있는가?

8장 예제에서 이 모든 질문에 답할 것이다. 하지만 지금 당장은 방금 작성한 내용을 이해할 수 있게 이 간단한 앱에 집중해 보자. 먼저 스프링이 어떻게 요청을 관리하고 우리가 구현한 컨트롤러 액션을 호출하는지 알아야 한다. 프레임워크가 웹 요청을 관리하는 방법을 올바르게 이해하는 것은 나중에 세부 사항을 더 빨리 배우고 웹 앱에서 필요한 모든 기능을 구현하는 중요한 기술이다.

이제 애플리케이션을 시작하여 동작을 분석하고 시각적 자료와 함께 이런 결과를 가능하게 하는 앱의 메커니즘을 논의해 볼 것이다. 앱을 시작하면 로그가 출력되며, 이 로그는 톰캣이 시작된 시간과 사용 중인 포트를 앱 콘솔에 보여 준다. (즉, 이 장에서 설명하지 않은 것을 구성하여 설정하지 않았다면) 기본값으로 톰캣은 8080번 포트를 사용한다.

```
Tomcat started on port(s): 8080 (http) with context path ''
```

앱을 실행한 컴퓨터에서 웹 브라우저 창을 열고 주소 표시줄에 http://localhost:8080/home을 입력한다(그림 7-16). 컨트롤러 동작에 매핑한 /home 경로를 작성하는 것을 잊지 말자. 그렇지 않으면 오류와 함께 '404 Not Found' 상태의 HTTP 응답이 표시될 것이다.

▼ 그림 7-16 구현한 것을 테스팅: 웹 브라우저를 사용하여 백엔드 앱으로 요청을 보낸다. 톰캣이 오픈한 포트와 @RequestMapping 애너테이션으로 지정한 특정 경로를 사용해야 한다

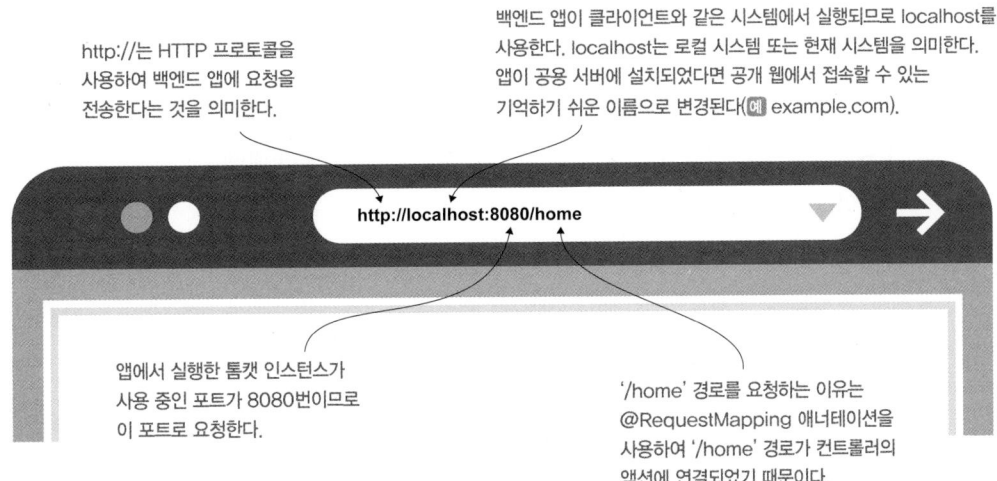

다음 그림은 웹 브라우저에서 웹 페이지에 액세스한 결과를 보여 준다.

❤ 그림 7-17 웹 브라우저에서 이 페이지에 액세스하면 'Welcome!'이라는 텍스트를 볼 수 있다. 웹 브라우저는 백엔드에서 응답으로 받은 HTML을 해석하고 표시한다

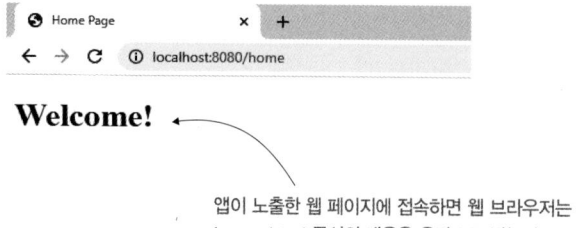

이제 앱 동작을 확인했으므로 그 이면의 메커니즘을 알아볼 차례다. 스프링에는 여러분이 주시하는 결과를 얻기 위해 서로 상호 작용하는 일련의 컴포넌트가 있다. 그림 7-18은 이런 컴포넌트들과 이들이 HTTP 요청을 관리하는 흐름을 다음과 같이 보여 준다.

1. 클라이언트가 HTTP 요청을 한다.
2. 톰캣이 클라이언트의 HTTP 요청을 수신한다. 톰캣은 HTTP 요청에 대한 서블릿 컴포넌트를 호출해야 한다. 스프링 MVC의 경우 톰캣은 스프링 부트가 구성한 서블릿을 호출한다. 우리는 이 서블릿 이름을 **디스패처 서블릿**(dispatcher servlet)이라고 한다.
3. 디스패처 서블릿은 스프링 웹 앱의 진입점이다(앞서 그림 7-8에서 설명한 그 서블릿이 바로 이 서블릿이며, 그림 7-18에도 나와 있다). 톰캣은 수신되는 모든 HTTP 요청에서 디스패처 서블릿을 호출한다. 디스패처 서블릿은 스프링 앱 내부의 요청을 제어하는 역할을 하므로 요청에 대해 호출할 컨트롤러 액션과 클라이언트 응답으로 전송할 액션을 찾아야 한다. 따라서 이 서블릿을 '프런트 컨트롤러(front controller)'라고도 한다.
4. 디스패처 서블릿이 가장 먼저 해야 할 일은 요청에 대해 호출할 컨트롤러 액션을 찾는 것이다. 호출할 컨트롤러 액션을 찾기 위해 디스패처 서블릿은 **핸들러 매핑**(handler mapping)이라는 컴포넌트에 위임한다. 핸들러 매핑은 `@RequestMapping` 애너테이션을 사용하여 요청과 연관된 컨트롤러 액션을 찾는다.
5. 호출할 컨트롤러 액션을 찾은 후 디스패처 서블릿은 해당되는 특정 컨트롤러 액션을 호출한다. 핸들러 매핑에서 요청과 연관된 액션을 찾을 수 없는 경우 앱은 HTTP '404 Not Found' 상태를 클라이언트에 응답한다. 컨트롤러는 응답을 위해 렌더링해야 하는 페이지 이름을 디스패처 서블릿에 반환한다. 이 HTML 페이지를 뷰(view)라고도 한다.

6. 이때 디스패처 서블릿은 컨트롤러에서 받은 이름으로 뷰를 찾아 콘텐츠를 가져오고 그 콘텐츠를 응답으로 보내야 한다. 디스패처 서블릿은 뷰 콘텐츠를 가져오는 책임을 '뷰 리졸버(View Resolver)' 컴포넌트에 위임한다.

7. 디스패처 서블릿은 렌더링된 뷰를 HTTP 응답으로 반환한다.

▼ 그림 7-18 스프링 MVC 아키텍처를 보여 주며 스프링 MVC의 주요 컴포넌트를 알 수 있다. 이런 컴포넌트들과 이들이 협업하는 방식은 웹 앱 동작을 담당한다. 컨트롤러(다른 색으로 표시된)는 우리가 구현하는 유일한 컴포넌트이며 스프링 부트는 다른 컴포넌트를 구성 및 설정한다

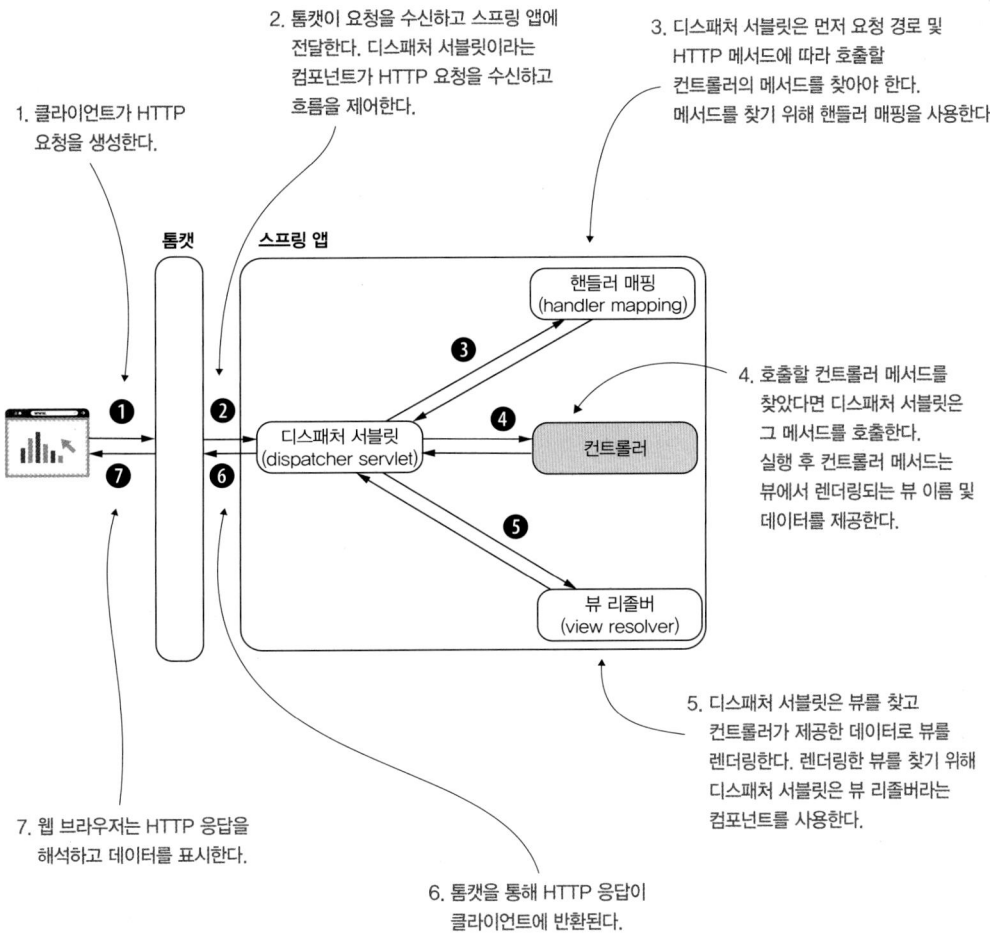

Note ≡ 이 장에서는 핸들러 매핑을 HTTP 요청 경로를 통해 컨트롤러 액션을 찾는 컴포넌트로 설명했다. 핸들러 매핑은 HTTP 메서드로도 검색하지만, 전체 흐름에 더 집중하기 위해 지금은 설명에서 제외했다. HTTP 메서드는 8장에서 더 자세히 설명한다.

스프링(스프링 부트 포함)은 이런 구조를 이용하여 웹 앱 개발을 상당히 간소화한다. 여러분은 컨트롤러 액션을 작성하고 애너테이션을 사용하여 요청에 매핑하기만 하면 된다. 대부분의 로직은 프레임워크에 숨어 있으므로 앱을 더 빠르고 깔끔하게 작성하는 데 도움을 준다.

8장에서는 컨트롤러 클래스로 할 수 있는 일을 더 자세히 다룬다. 실제 앱은 정적 HTML 페이지의 콘텐츠를 반환하는 것보다 더 복잡한 경우가 많다. 대부분의 경우 웹 페이지에는 HTTP 응답을 렌더링하기 전에 앱에서 처리한 동적인 세부 정보가 표시된다. 하지만 잠시 시간을 내어 이 장에서 배운 내용을 복습해 보자. 스프링 웹 앱의 작동 방식을 이해하는 것은 다음 장에서 논의할 내용을 이해하고 전문 스프링 개발자가 되는 데 반드시 필요하다. '기본을 제대로 이해하기 전에 세부 사항을 배우려고 하지 말라'는 말은 필자가 어떤 기술을 배울 때 사용하는 경험 법칙이다.

7.4 요약

- 오늘날 사람들은 데스크톱 앱보다 웹 앱을 더 자주 사용하므로 웹 앱의 작동 방식을 이해하고 구현하는 방법을 배울 필요가 있다.
- 웹 앱은 사용자가 웹 브라우저를 사용하여 상호 작용하는 애플리케이션이다. 웹 앱에는 데이터가 처리되고 저장되는 클라이언트 측과 서버 측이 있다. 클라이언트 측(프런트엔드)은 서버 측(백엔드)에 요청을 보낸다. 백엔드는 프런트엔드에서 요청한 작업을 실행하고 응답한다.
- 스프링은 웹 앱을 구현할 수 있는 기능을 제공한다. 많은 구성(configuration)을 작성하지 않으려면 스프링 부트를 사용할 수 있다. 스프링 에코 시스템 프로젝트인 스프링 부트는 구성보다 관례(convention-over-configuration) 원칙을 적용해서 앱에 필요한 기능에 대한 기본 구성을 제공한다.
- 스프링 부트에서 제공하는 여러 의존성 스타터(dependency starter)로 의존성을 더 쉽게 구성할 수도 있다. 의존성 스타터는 앱에 특정 기능을 제공하고자 호환 가능한 버전들로 구성된 의존성 그룹이다.
- HTTP 요청을 받고 응답을 전달하기 위해 자바 백엔드 웹 앱에는 HTTP 요청과 응답을 자바 앱으로 변환하는 기능이 있는 소프트웨어인 서블릿 컨테이너(예 톰캣)가 필요하다. 서블릿 컨테이너를 사용하면 HTTP 프로토콜로 네트워크를 통한 통신을 구현할 필요가 없다.

- 서블릿 컨테이너를 자동으로 구성하고 웹 앱의 사용 사례를 작성하는 데 필요한 기능을 제공하는 스프링 부트 프로젝트로 쉽게 웹 앱 프로젝트를 만들 수 있다. 또 스프링 부트는 HTTP 요청을 가로채고 관리하는 컴포넌트 집합을 구성한다. 이 컴포넌트들은 스프링 MVC라고 하는 클래스 설계의 일부다.
- 스프링 부트는 스프링 MVC 컴포넌트와 서블릿 컨테이너를 자동 구성하기 때문에 앱이 응답으로 보내는 데이터를 포함하는 HTML 문서와 최소한의 HTTP 요청-응답 흐름 작업을 위한 컨트롤러 클래스만 작성하면 된다.
- 애너테이션을 사용하여 컨트롤러와 컨트롤러의 액션을 구성한다. 클래스를 스프링 MVC 컨트롤러로 표시하려면 @Controller 스테레오타입 애너테이션을 사용하며, 특정 HTTP 요청에 컨트롤러 액션을 할당하려면 @RequestMapping 애너테이션을 사용한다.

memo

8장

스프링 부트와 스프링 MVC를 이용한 웹 앱 구현

8.1 동적 뷰를 사용한 웹 앱 구현
8.2 HTTP GET과 POST 메서드 사용
8.3 요약

이 장에서 다룰 내용
- 템플릿 엔진을 사용한 동적 뷰 구현하기
- HTTP 요청으로 클라이언트에서 서버로 데이터 전송하기
- HTTP 요청에 대한 GET 및 POST HTTP 메서드 사용하기

7장에서 우리는 스프링을 사용한 웹 앱의 작성 방법을 더욱 잘 이해하게 되었고 웹 앱의 컴포넌트, 웹 앱에 필요한 의존성, 스프링 MVC 아키텍처를 논의했다. 또 이런 구성 요소들이 상호 작용하며 동작한다는 것을 검증하기 위해 첫 번째 웹 앱을 작성하기도 했다.

이 장에서는 한 단계 더 나아가 모든 최신 웹 앱에서 볼 수 있는 몇 가지 기능을 구현해 볼 것이다. 앱이 특정 요청에 대해 데이터를 처리하는 방식에 따라 콘텐츠가 변경되는 페이지를 구현하는 것부터 시작해 보자. 오늘날 웹 사이트에서는 정적 페이지를 거의 찾아볼 수 없다. 여러분은 아마도 'HTTP 응답을 웹 브라우저에 다시 전달하기 전에 어떤 콘텐츠를 웹 페이지에 추가할지 결정할 방법이 있어야 한다'고 생각할 수 있다. 물론 이 작업을 수행할 수 있는 방법이 있다.

8.1절에서는 템플릿 엔진을 사용하여 동적 뷰를 구현한다. 템플릿 엔진은 컨트롤러가 전송하는 가변 데이터를 쉽게 가져와 표시할 수 있게 해 주는 의존성이다. 템플릿 엔진이 어떻게 작동하는지 먼저 예제로 다룬 후 스프링 MVC 흐름을 살펴보자.

또 HTTP 요청으로 클라이언트에서 서버로 데이터를 전송하는 방법을 배운다. 컨트롤러 메서드에서 해당 데이터를 사용하여 뷰에 동적 콘텐츠를 생성한다.

8.2절에서는 HTTP 메서드를 설명하며, 요청 경로만으로는 클라이언트 요청을 식별하기 어렵다는 것을 알게 될 것이다. 클라이언트는 요청 경로와 함께 클라이언트 의도를 표현하는 동사(GET, POST, PUT, DELETE, PATCH 등)로 표시되는 HTTP 메서드를 사용한다. 이 예제에서는 백엔드에서 처리해야 하는 값을 전송하는 데 사용할 수 있는 HTML 폼(form)을 구현한다. 12~13장에서는 이런 데이터를 데이터베이스에 보관하는 방법을 배우며, 여러분 앱은 프로덕션에 사용할 수 있는 결과물에 점점 더 가까워질 것이다.

8.1 동적 뷰를 사용한 웹 앱 구현

SPRING START HERE

온라인 쇼핑몰의 장바구니 페이지를 구현한다고 가정해 보자. 이 웹 페이지는 모든 사람에게 동일한 데이터를 표시해서는 안 되며, 동일한 사용자에게 매번 동일한 정보도 표시하지 않는다. 이 웹 페이지는 특정 사용자가 장바구니에 추가한 제품만 정확하게 표시한다. 다음 그림에서는 매닝 웹 사이트의 장바구니 기능이 표시된 동적 뷰 예를 볼 수 있다. 동일 유형의 웹 페이지인 https://www.manning.com/cart에 대한 요청이 어떻게 다른 데이터를 응답으로 받는지 관찰하자. 페이지가 동일하더라도 표시되는 정보는 다르다. 페이지가 동적 콘텐츠를 포함하기 때문이다!

❤ 그림 8-1 매닝의 쇼핑 카트 기능을 표시하는 동적 뷰다. 요청된 웹 페이지는 동일하더라도 웹 페이지 콘텐츠가 다르다. 백엔드는 카트에 제품을 하나 더 추가하기 전과 후의 응답에 다른 데이터를 보낸다

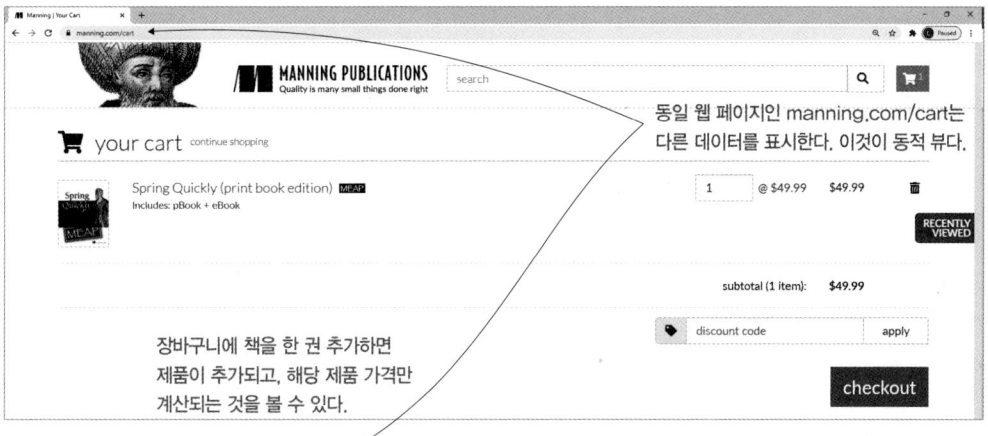

동일 웹 페이지인 manning.com/cart는 다른 데이터를 표시한다. 이것이 동적 뷰다.

장바구니에 책을 한 권 추가하면 제품이 추가되고, 해당 제품 가격만 계산되는 것을 볼 수 있다.

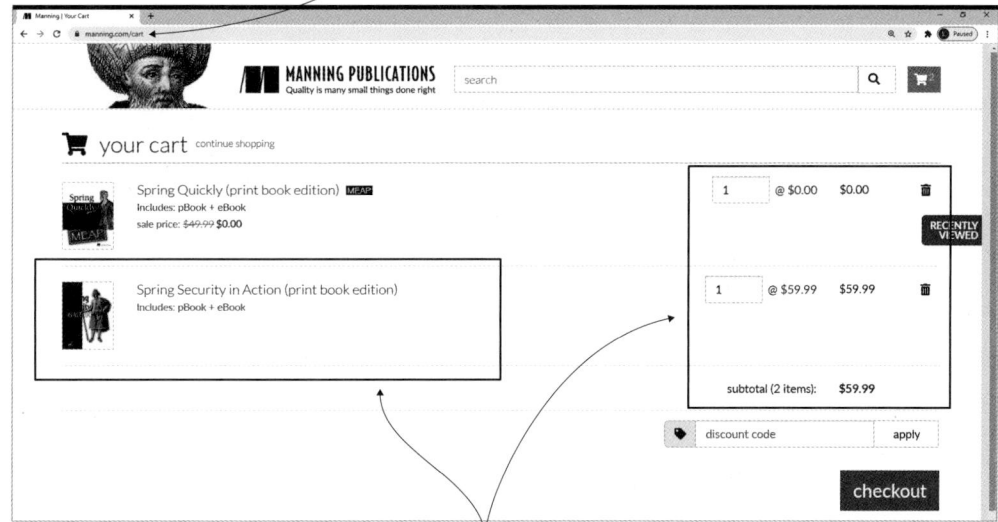

같은 웹 페이지에 책을 하나 더 추가하면 이제 두 제품이 모두 표시된다. 가격은 다시 계산되고 특정 할인이 적용된다. 요청 경로가 동일하더라도 서버는 다른 세부 정보를 HTTP 응답으로 전송한다.

이 절에서는 동적 뷰를 가진 웹 앱을 구현한다. 오늘날 대부분의 앱은 사용자에게 동적 데이터를 표시해야 한다. 이제 웹 브라우저가 보낸 HTTP 요청으로 표현된 사용자 요청에 대해 웹 앱은 데이터를 수신하고 처리한 후 웹 브라우저에서 표시해야 할 HTTP 응답을 재전송한다(그림 8-2).

▼ 그림 8-2 클라이언트는 HTTP 요청으로 데이터를 전송한다. 백엔드는 데이터를 처리하고 응답을 생성하여 클라이언트에 재전송한다. 백엔드의 데이터 처리 방식에 따라 다양한 요청에 대한 다른 데이터가 사용자에게 표시될 수 있다

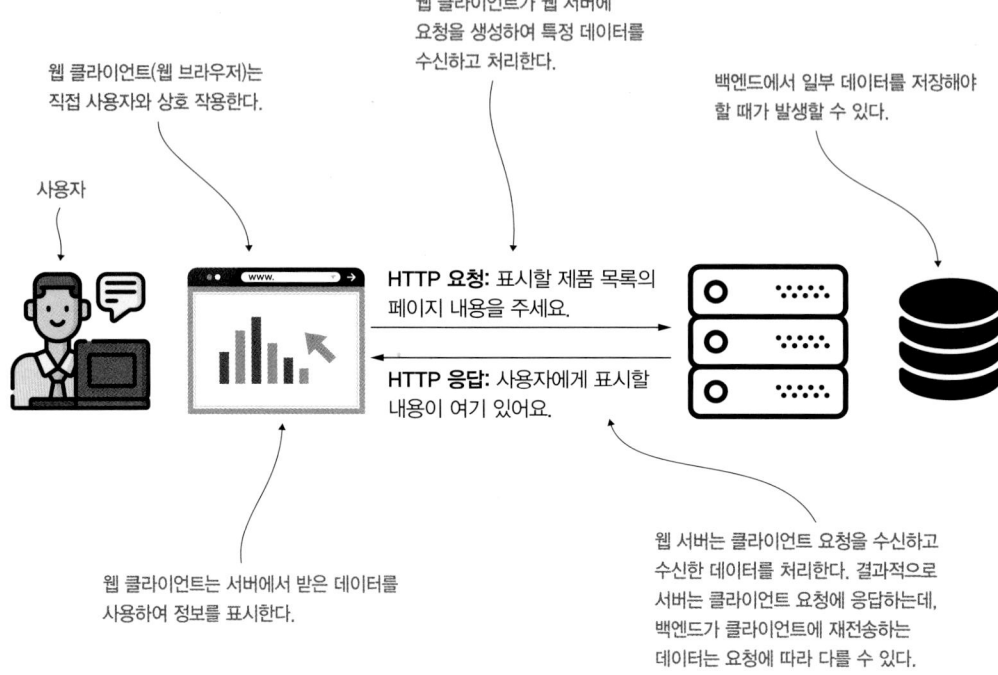

스프링 MVC 흐름을 검토한 후 예제로 뷰가 컨트롤러에서 동적인 값을 가져오는 방법을 보여 줄 것이다.

7장 마지막에 구현한 예제에서 웹 브라우저는 페이지에 대한 모든 HTTP 요청에서 동일한 콘텐츠를 표시했다. 스프링 MVC 흐름도를 떠올리길 바란다(그림 8-3).

1. 클라이언트가 웹 서버에 HTTP 요청을 보낸다.
2. 디스패처 서블릿은 핸들러 매핑을 사용하여 호출할 컨트롤러 액션을 찾는다.
3. 디스패처 서블릿은 컨트롤러의 액션을 호출한다.
4. HTTP 요청과 연관된 액션을 실행한 후 컨트롤러는 디스패처 서블릿이 HTTP 응답으로 렌더링하는 데 필요한 뷰 이름을 HTTP 응답으로 반환한다.
5. 응답은 클라이언트로 재전송된다.

4.가 변경해야 하는 부분이다. 우리는 컨트롤러가 뷰 이름을 반환할 뿐만 아니라 어떻게든 뷰에 데이터를 전송하길 원한다. 뷰는 이 데이터를 통합하여 HTTP 응답을 정의한다. 서버가 하나의 제품 목록을 전송하면 페이지에 제품 하나가 표시되는 방식이다. 컨트롤러가 동일한 보기에 대

해 제품 두 개를 보내면 웹 페이지에 이 두 제품이 표시되므로 표시되는 데이터는 달라진다(그림 8-1에서 관찰한 동작이다).

▼ 그림 8-3 스프링 MVC 흐름도: 동적 뷰를 정의하려면 컨트롤러는 뷰에 데이터를 전송해야 한다. 컨트롤러가 전송하는 데이터는 요청에 따라 다를 수 있다. 예를 들어 온라인 쇼핑몰의 장바구니 기능에서 처음에는 뷰에 한 제품만 있는 목록을 전송하지만 나중에 사용자가 더 많은 제품을 추가하면 컨트롤러는 장바구니에 있는 모든 제품 목록을 전송한다. 동일한 뷰라도 요청에 따라 다른 정보를 보여 준다

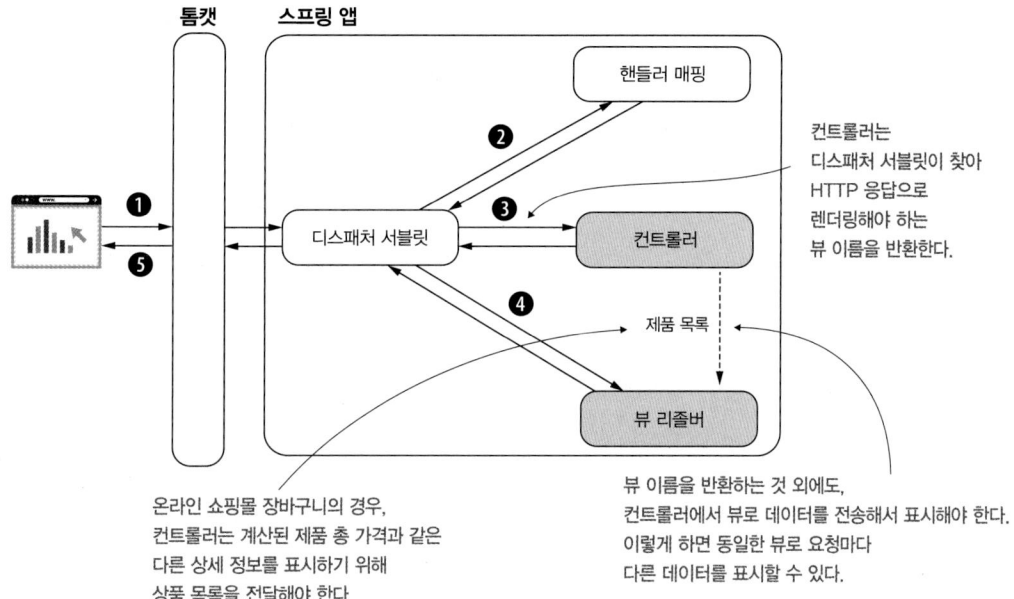

이제 새 프로젝트에서 컨트롤러에서 뷰로 데이터를 전송하는 방법을 보여 줄 것이다. 이 예제는 sq-ch8-ex1 프로젝트에서 확인할 수 있다. 구문에 집중할 수 있도록 간단하게 작성되었지만, 이 방식을 사용하면 컨트롤러에서 뷰로 어떤 데이터든 전송할 수 있다.

지금 여러분이 이름을 보내고 특정 색상으로 인쇄하고 싶다고 가정해 보자. 실제 사용자 시나리오에서는 웹 페이지 어딘가에 사용자 이름을 인쇄해야 할 수도 있다. 요청마다 다를 수 있는 데이터를 어떻게 가져와서 페이지에 인쇄할 수 있을까?

스프링 부트 프로젝트(sq-ch8-ex1)를 생성하고 pom.xml 파일 의존성에 템플릿 엔진을 추가하자. 여기에서는 타임리프(Thymeleaf)라는 템플릿 엔진을 사용한다. 템플릿 엔진은 컨트롤러에서 뷰로 데이터를 쉽게 전송하고 이 데이터를 특정 방식으로 표시할 수 있게 해 주는 의존성이다. 다른 엔진보다 덜 복잡하며 이해하고 배우기 쉽기 때문에 타임리프를 선택했다. 예제에서 볼 수 있듯이, 타임리프에 사용된 템플릿은 단순한 정적 HTML 파일이다. 다음 코드는 pom.xml 파일에 추가해야 하는 의존성을 보여 준다.

```xml
<dependency>
    <groupId>org.springframework.boot</groupId>
    <artifactId>spring-boot-starter-thymeleaf</artifactId>
</dependency>
<dependency>
    <groupId>org.springframework.boot</groupId>
    <artifactId>spring-boot-starter-web</artifactId>
</dependency>
```
← 타임리프를 템플릿 엔진으로 사용하려면 의존성 스타터가 추가되어야 한다.

← 웹 앱을 만들고 있으므로 여전히 웹 앱을 위한 의존성을 추가해야 한다.

다음 예제에서 이 컨트롤러의 정의를 볼 수 있다. 7장에서 배웠듯이 특정 요청 경로에 대한 액션을 매핑하기 위해 메서드에 @RequestMapping 애너테이션을 사용한다. 이제 메서드에 대한 매개변수도 정의한다. Model 타입의 매개변수는 컨트롤러가 뷰에 전송할 데이터를 저장한다. 뷰에 전송하려는 값을 이 Model 인스턴스에 추가한다. 키로 참조되는 것처럼 유일한 이름으로 각 값을 구분할 수 있다. 뷰에 새로운 값을 추가하려면 addAttribute() 메서드를 호출한다. addAttribute() 메서드의 첫 매개변수는 키이며, 두 번째 매개변수는 뷰에 전달할 값이다.

예제 8-1 컨트롤러 클래스에서 페이지 액션 정의하기

```java
@Controller    ← @Controller 스테레오타입 애너테이션은 이 클래스가 스프링 MVC 컨트롤러 클래스라고
public class MainController {    표시하고 스프링 컨텍스트에 이 타입의 빈을 추가한다.

    @RequestMapping("/home")    ← HTTP 요청 경로에 대한 컨트롤러의 액션을 할당한다.
    public String home(Model page) {    ← 액션 메서드의 Model 타입의 매개변수를 정의한다.
        page.addAttribute("username", "Katy");    이 Model 타입 안에 컨트롤러에서 뷰로 전송할 데이터를 저장한다.
        page.addAttribute("color", "red");    ← 컨트롤러가 뷰로 전송할 데이터를 추가한다.
        return "home.html";    ← 컨트롤러의 액션은 렌더링할 뷰를 HTTP 응답으로 반환한다.
    }
}
```

> Note ≡ 가끔 학생들이 웹 브라우저의 주소 표시줄에 직접 '/home'처럼 세부 경로 없이 localhost:8080만 추가하면 왜 오류가 발생하는지 묻는 경우가 있다. 오류가 표시되는 것이 정상이다. 이 오류는 HTTP '404 Not Found' 응답 상태가 발생했을 때 스프링 앱에 표시되는 기본 페이지다. localhost:8080만 바로 호출하면 '/' 경로를 참조한다. 이 경로에 컨트롤러 액션을 할당하지 않았기 때문에 HTTP 404가 표시되는 것은 정상이다. 여러분이 다른 경로의 것을 보고 싶다면 @RequestMapping 애너테이션을 사용하여 해당 경로에 컨트롤러 액션을 할당하라.

뷰를 정의하려면 스프링 부트 프로젝트의 resources/templates 폴더에 새로운 home.html 파일을 추가해야 한다. 7장에서는 정적 뷰를 만들었기 때문에 resources/static 폴더에 HTML 파일을 추가했었다. 이런 작은 차이점에 유의하기 바란다. 이제 템플릿 엔진을 사용하여 동적 뷰를 만들었으므로 resources/static 폴더 대신 resources/templates 폴더에 HTML 파일을 추가해야 한다.

다음 예제는 프로젝트에 추가한 home.html 파일의 내용을 보여 준다. 파일 콘텐츠에서 가장 먼저 주목해야 할 것은 xmlns:th="http://www.thymeleaf.org" 속성을 추가한 <html> 태그다. 이 정의는 자바에서 import와 동일하다. 이 속성이 추가되면 접두사 'th'를 사용하여 뷰에서 타임리프가 제공하는 특정 기능을 참조할 수 있다.

뷰에서 좀 더 들어가면 컨트롤러의 데이터를 뷰에 참조하기 위해 이 접두사 'th'가 두 곳에서 사용된 것을 알 수 있다. ${attribute_key} 구문을 사용하면 Model 인스턴트로 컨트롤러에서 보내는 모든 속성을 참조할 수 있다. 예를 들어 username 속성 값을 가져오려고 ${username}을 사용하고 color 속성 값을 가져오려고 ${color}를 사용했다.

예제 8-2 앱의 동적 뷰를 나타내는 home.html 파일

```html
<!DOCTYPE html>
<html lang="en" xmlns:th="http://www.thymeleaf.org">  ◀── 타임리프에 대한 'th' 접두사를 정의한다.
<head>
    <meta charset="UTF-8">
    <title>Home Page</title>
</head>
<body>
    <h1>Welcome
        <span th:style="'color:' + ${color}"         ◀── 'th' 접두사를 사용하여 컨트롤러가
              th:text="${username}"></span>!</h1>       전송한 값을 사용한다.
</body>
</html>
```

정상 동작을 테스트하려면 애플리케이션을 시작하고 웹 브라우저에서 웹 페이지에 액세스한다(http://localhost:8080/home?username=Katy&color=red). 그림 8-4와 같은 페이지가 보일 것이다.

▼ 그림 8-4 결과 페이지: 앱을 실행하고 웹 브라우저에서 해당 페이지에 액세스하면 컨트롤러에서 전송한 값을 뷰에서 볼 수 있다

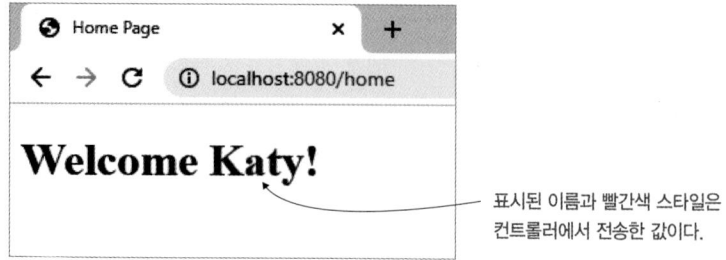

표시된 이름과 빨간색 스타일은
컨트롤러에서 전송한 값이다.

이제 컨트롤러가 전송하는 어떤 것이라도 뷰는 사용할 수 있다.

8.1.1 HTTP 요청에서 데이터 얻기

이 절에서는 클라이언트가 HTTP 요청으로 서버에 데이터를 전송하는 방법을 설명한다. 앱에서는 클라이언트가 서버에 정보를 보낼 수 있는 기능을 제공해야 할 때가 많은데, 이 데이터는 8.1절에서 배운 대로 처리된 다음 뷰에 표시된다. 다음은 클라이언트가 서버로 데이터를 전송해야 하는 몇 가지 사용 사례를 보여 준다.

- 온라인 쇼핑몰의 주문 기능을 구현한다. 클라이언트는 사용자가 주문한 제품을 서버로 전송해야 한다. 이후 서버가 주문을 처리한다.
- 사용자가 새 게시물을 추가하고 편집할 수 있는 웹 포럼을 구현한다. 클라이언트는 게시물 세부 정보를 서버로 전송하고, 서버는 데이터베이스에 세부 정보를 저장하거나 변경한다.
- 앱의 로그인 기능을 구현한다. 사용자는 자격 증명을 작성하며 이 자격 증명의 유효성을 검사해야 한다. 클라이언트는 자격 증명을 서버로 전송하고 서버는 이런 자격 증명의 유효성을 검사한다.
- 웹 앱의 연락처 페이지를 구현한다. 이 페이지에는 사용자가 메시지 제목과 본문을 작성할 수 있는 양식이 표시된다. 이런 세부 정보는 특정 이메일 주소로 전송되어야 한다. 클라이언트는 이 값을 서버로 전송하고 서버는 이를 처리하여 원하는 주소로 이메일을 보낸다.

대부분은 HTTP 요청으로 데이터를 전송할 때 다음 방식 중 하나를 사용한다.

- **HTTP 요청 매개변수**(request parameter)는 키-값 쌍으로 된 형식으로 클라이언트에서 서버로 값을 전송하는 간단한 방식을 나타낸다. HTTP 요청 매개변수를 보내려면 요청 쿼리 표현

식의 URI에 매개변수를 추가한다. **쿼리 매개변수**(query parameter)라고도 한다. 이 방식은 소량의 데이터를 전송할 때만 사용해야 한다.

- **HTTP 요청 헤더**(request header)는 요청 헤더가 HTTP 헤더로 전송된다는 점에서 요청 매개변수와 유사하다. 가장 큰 차이점은 URI에 표시되지 않는다는 것이지만 HTTP 헤더를 사용하여 대량의 데이터는 전송할 수 없는 것은 동일하다.
- **경로 변수**(path variable)는 요청 경로 자체를 이용하여 데이터를 전송한다. 요청 매개변수 접근 방식과 동일하게 경로 변수를 사용하여 소량의 데이터를 전송한다. 하지만 전송하는 값이 필수일 때는 경로 변수를 사용해야 한다.
- **HTTP 요청 본문**(request body)은 주로 대량의 데이터를 전송하는 데 사용된다(형식은 문자열이지만 때로는 파일처럼 바이너리 데이터도 포함된다). 이 방식은 REST 엔드포인트 구현 방법을 배우는 10장에서 설명한다.

8.1.2 클라이언트에서 서버로 데이터를 전송하려고 요청 매개변수 사용

이 절에서는 클라이언트에서 백엔드로 데이터를 전송하는 간단한 방법인 HTTP 요청 매개변수 사용 예제를 구현한다. 이 방식은 프로덕션 앱에서 자주 접할 수 있으며 요청 매개변수는 다음과 같은 시나리오에서 사용된다.

- **전송하는 데이터양이 많지 않을 때**: 쿼리 변수를 사용하여 요청 매개변수를 설정하며, 이 절 예제에서 볼 수 있다. 이 방식은 약 2000자로 제한된다.
- **필수가 아닌 데이터를 보내야 할 때**: 요청 매개변수는 클라이언트가 보내지 않아도 되는 값을 처리하는 깔끔한 방식이다. 서버는 특정 요청 매개변수에 대한 값을 전달받지 못할 수도 있다.

요청 매개변수가 자주 사용되는 사용 사례는 일부 검색 및 필터링 기준을 정의하는 경우다(그림 8-5). 앱에서 제품 세부 정보를 테이블에 표시한다고 가정해 보자. 각 제품은 이름, 가격, 브랜드로 식별된다. 사용자가 이 중 하나를 기준으로 제품을 검색할 수 있도록 하려고 한다. 사용자는 가격을 기준으로 검색하거나 이름과 브랜드를 기준으로 검색할 수 있고 모든 조합도 가능하다. 이런 시나리오에서는 요청 매개변수가 구현에 적합한 선택지가 된다. 앱은 이런 각각의 값(이름, 가격, 브랜드)을 선택적으로 요청 파라미터로 전송할 수 있으므로 클라이언트는 사용자가 검색하기로 결정한 값만 전송하면 된다.

▼ 그림 8-5 요청 매개변수는 선택 항목이다. 요청 매개변수를 사용하는 기본 시나리오는 선택적인 검색 조건을 가진 검색 기능을 구현하는 것이다. 클라이언트는 요청 매개변수 중 일부만 전송하고 서버는 수신받은 값만 사용한다는 것을 알고 있다. 서버가 일부 매개변수에 대한 값을 수신하지 못할 수도 있다는 점을 고려해서 서버를 구현해야 한다

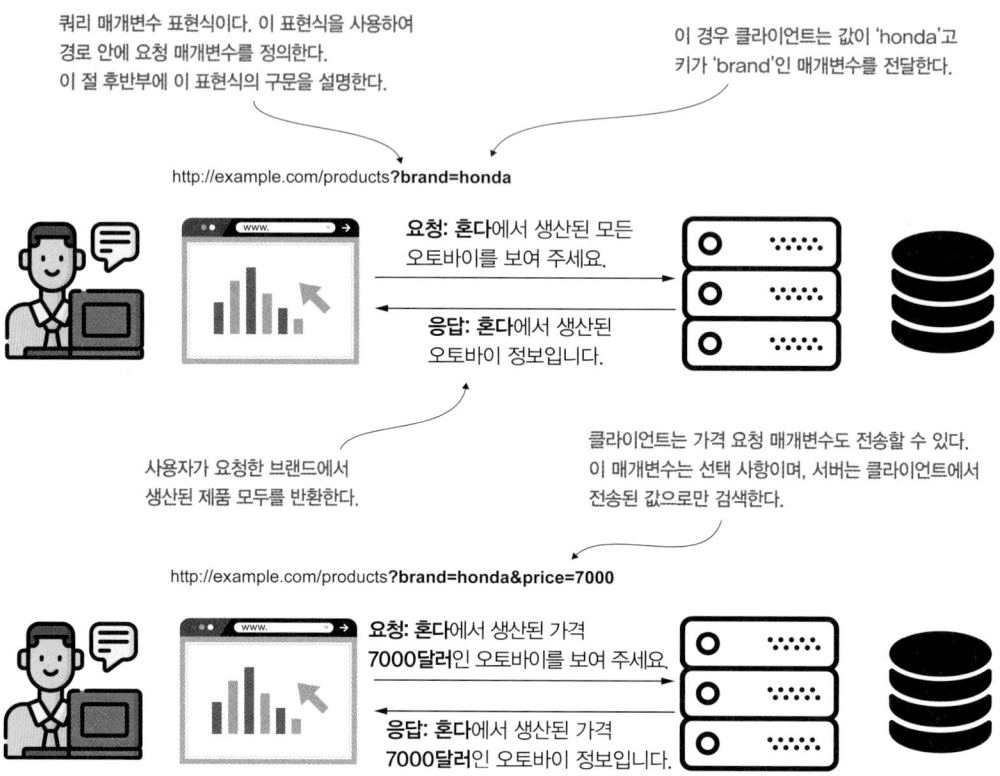

8.1절에서 설명한 예제를 변경하는데, 요청 매개변수를 사용하여 클라이언트에서 사용자 이름이 표시되는 색상을 가져올 것이다. 다음 예제는 요청 매개변수에서 클라이언트의 색상 값을 가져오도록 컨트롤러 클래스를 변경하는 방법을 보여 준다. 변경 사항을 더 쉽게 분석할 수 있도록 이 예제를 sq-ch8-ex2라는 프로젝트로 분리했다. 요청 매개변수에서 값을 가져오려면 컨트롤러의 액션 메서드에 매개변수를 하나 더 추가하고 해당 매개변수에 @RequestParam 애너테이션을 추가해야 한다. @RequestParam 애너테이션은 메서드의 매개변수 이름과 동일한 이름의 HTTP 요청 매개변수 값을 가져와야 한다고 스프링에 알려 준다.

예제 8-3 요청 매개변수로 값 얻기

```
@Controller
public class MainController {

    @RequestMapping("/home")
```

```
    public String home(
        @RequestParam String color,      ← @RequestParam 애너테이션을 추가한다.
        Model page) {   ← 컨트롤러에서 뷰로 데이터를 전송하는 데 사용하는 Model 매개변수도 추가한다.
      page.addAttribute("username", "Katy");
      page.addAttribute("color", color);   ← 컨트롤러는 클라이언트가 전송한 색상(color)을 뷰로 전달한다.
      return "home.html";
    }
}
```
컨트롤러의 액션 메서드에 대한 새로운 매개변수를 정의하고

다음 그림은 색상 매개변수 값이 클라이언트에서 백엔드의 컨트롤러 액션으로 이동하여 뷰에서 사용되는 과정을 보여 준다.

▼ 그림 8-6 스프링 MVC 관점에서 클라이언트에서 전송된 값의 흐름이다. 컨트롤러 액션은 클라이언트가 전송한 요청 매개변수를 수신하고 사용할 수 있다. 예를 들어 전달된 값은 Model에 설정되고 뷰에 전달된다

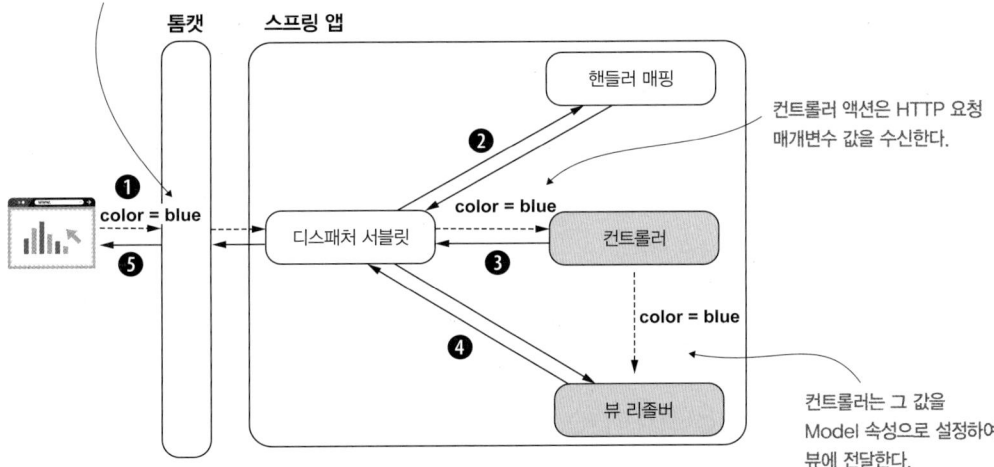

애플리케이션을 실행하고 /home 경로에 액세스해 보자. 요청 매개변수 값을 설정하려면 다음 구문을 사용해야 한다.

    http://localhost:8080/home?color=blue

HTTP 요청 매개변수를 설정할 때는 ? 기호로 경로를 확장한 후 & 기호로 구분된 '키=값' 매개변수 쌍을 추가한다. 예를 들어 이름을 요청 매개변수로도 전송하려면 다음과 같이 작성할 수 있다.

    http://localhost:8080/home?color=blue&name=Jane

컨트롤러의 액션에 새 매개변수를 추가해서 수신할 수 있다. 다음 코드는 이 변경 사항을 보여 주며 sq-ch8-ex3 프로젝트에서 확인할 수 있다.

```
@Controller
public class MainController {

    @RequestMapping("/home")
    public String home(
            @RequestParam(required=false) String name,   ← 새 요청 매개변수 'name'을 수신한다.
            @RequestParam(required=false) String color,
            Model page) {
        page.addAttribute("username", name);   ← 'name' 매개변수 값을 뷰에 전송한다.
        page.addAttribute("color", color);
        return "home.html";
    }
}
```

키=값(예 color=blue)에서 '키'는 요청 매개변수 이름이며 그 값은 = 기호 오른편에 기입한다. 다음 그림은 요청 매개변수 구문을 시각적으로 보여 준다.

▼ 그림 8-7 요청 매개변수로 데이터를 전송한다. 요청 매개변수 각각은 키-값 쌍으로 되어 있다. 물음표(?)로 시작하는 쿼리 경로에 요청 매개변수를 제공한다. 요청 매개변수를 두 개 이상 설정하는 경우 키-값 쌍을 & 기호로 분리한다

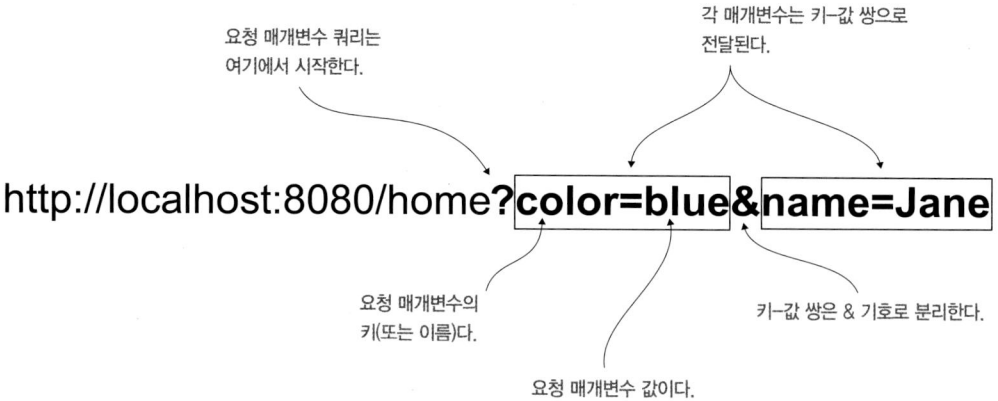

Note ≡ 요청 매개변수는 기본적으로 필수다. 클라이언트가 값을 제공하지 않으면 서버는 HTTP '400 Bad Request' 상태의 응답을 반환한다. 비필수 값으로 설정하려면 required 속성을 사용해야 하며 @RequestParam (required=false)처럼 애너테이션에 명시적으로 지정해야 한다.

8.1.3 경로 변수로 클라이언트에서 서버로 데이터 전송

이 절에서는 경로 변수 사용을 논의하고 8.1.2절에서 배운 클라이언트에서 서버로 데이터를 전송하는 방식과 비교해 본다. 경로 변수를 사용하는 것도 클라이언트에서 서버로 데이터를 전송하는 방법 중 하나다. 하지만 HTTP 요청 매개변수를 사용하는 대신 다음 제시된 것처럼 경로에 변수 값을 직접 설정한다.

- 요청 매개변수를 사용하는 경우(sq-ch8-ex3)

    http://localhost:8080/home?color=blue

- 경로 변수를 사용하는 경우(sq-ch8-ex4)

    http://localhost:8080/home/blue

더 이상 키로 값을 식별하지 않는다. 경로의 정확한 위치에서 해당 값을 가져오기만 하면 된다. 서버 측에서는 특정 위치의 경로에서 해당 값을 추출한다. 경로 변수로 값 두 개를 제공할 수 있지만, 일반적으로 복수 값은 사용하지 않는 편이 좋다. 경로 변수를 둘 이상 사용하면 경로 읽기가 더 어렵다는 것을 알 수 있는데, 8.1.2절에서 배운 것처럼 복수 값이 필요하다면 경로 변수 대신 요청 매개변수를 사용하는 편이 좋다. 또 비필수 매개변수라면 경로 변수를 사용해서는 안 되며, 필수 매개변수에만 경로 변수를 사용하는 편이 좋다. HTTP 요청에 전송할 값이 필수가 아니라면 8.1.2절에서 설명한 대로 요청 매개변수를 사용해야 한다. 다음 표는 요청 매개변수와 경로 변수 방식을 비교한 것이다.

▼ 표 8-1 요청 매개변수와 경로 변수 방식의 비교

요청 매개변수	경로 변수
• 비필수(optional) 값과 함께 사용할 수 있다.	• 비필수 값을 사용하면 안 된다.
• 많은 수의 매개변수는 피하는 것이 좋다. 세 개 이상을 사용해야 한다면 10장에서 배울 요청 본문을 사용하는 편이 좋다. 가독성을 위해 쿼리 매개변수를 세 개 이상 전송하는 것은 피한다.	• 언제든 경로 변수를 세 개 이상 전송하면 안 된다. 최대 두 개까지만 보내는 것이 훨씬 더 낫다.
• 일부 개발자는 경로 표현식보다 쿼리 표현식을 더 읽기 어렵다고 여긴다.	• 쿼리 표현식보다 읽기 쉽다. 공개적으로 노출되는 웹 사이트의 경우 검색 엔진(예 Google)이 페이지를 색인하기가 더 쉽다. 검색 엔진으로 웹 사이트를 더 쉽게 찾을 수 있다는 이점이 있다.

작성하는 페이지가 최종 결과의 핵심이 되는 값 한두 개만 의존하는 경우에는 요청을 더 쉽게 읽어 올 수 있도록 경로에 직접 작성하는 것이 좋다. 또 웹 브라우저에서 URL을 북마크할 때 더 쉽게 찾을 수 있고 검색 엔진에서 색인을 생성하기 쉽다(검색 엔진에 등록되는 것이 앱에 중요하다면).

값을 경로 변수로 가져오려고 컨트롤러에 작성해야 하는 구문을 보여 주는 예제를 작성해 보자. 8.1.2절에서 구현한 예제를 변경했지만 테스트하기 쉽도록 코드를 sq-ch8-ex4 프로젝트로 분리했다.

컨트롤러의 액션에서 경로 변수를 참조하려면 다음 예제처럼 이름을 지정하고 중괄호({}) 사이의 경로에 이름을 추가하기만 하면 된다. 그런 다음 @PathVariable 애너테이션으로 컨트롤러의 액션 매개변수를 표시하여 경로 변수 값을 가져온다. 다음 예제에서 경로 변수를 사용하여 색상 값을 가져오도록 컨트롤러 액션을 변경하는 방법을 보여 준다(나머지 예제는 8.1.2절에서 설명한 sq-ch8-ex2와 동일하다).

예제 8-4 클라이언트에서 값을 가져오려고 경로 변수 사용하기

```
@Controller
public class MainController {

    @RequestMapping("/home/{color}")    ← 경로 변수를 정의하려면 이름을 정의하고 '{}'에 넣어 경로에 추가한다.
    public String home(
            @PathVariable String color,    ← @PathVariable 애너테이션을 사용하여
            Model page) {                     경로 변수 값을 가져오려는 곳에 표시한다.
        page.addAttribute("username", "Katy");   매개변수 이름이 경로에 사용된 변수 이름과
        page.addAttribute("color", color);        동일해야 한다.
        return "home.html";
    }
}
```

앱을 실행하고 웹 브라우저에서 다른 색상으로 해당 페이지에 접근해 보자(sq-ch8-ex4).

```
http://localhost:8080/home/blue
http://localhost:8080/home/red
http://localhost:8080/home/green
```

각 요청은 웹 페이지에 표시되는 이름을 지정된 색상으로 표시한다. 다음 그림은 코드와 요청 경로 사이의 연결을 시각적으로 나타낸다.

▼ 그림 8-8 경로 변수를 사용한다. 경로 변수 값을 가져오려면 컨트롤러 액션에서 경로를 정의할 때 중괄호 {} 사이에 변수 이름을 지정한다. @PathVariable 애너테이션이 달린 매개변수를 사용하여 경로 변수 값을 가져온다

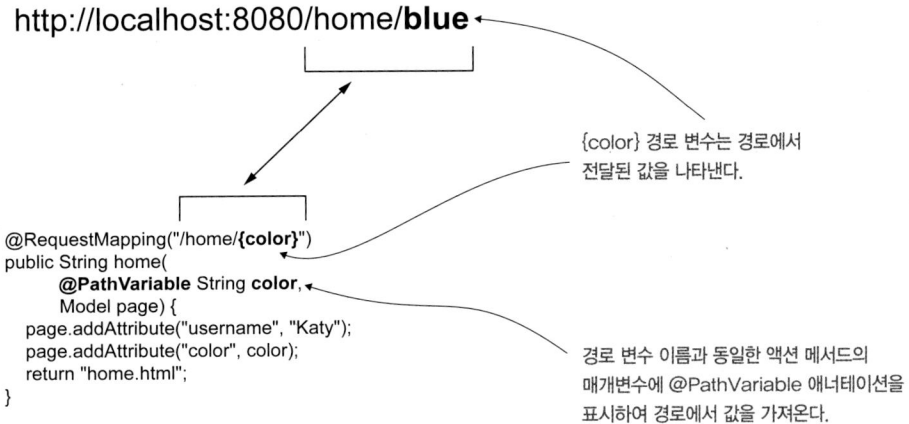

8.2 HTTP GET과 POST 메서드 사용

SPRING START HERE

이 절에서는 HTTP 메서드를 설명하고 클라이언트가 이 메서드를 사용하여 요청 리소스에 적용할 액션(생성, 변경, 조회, 삭제)을 표현하는 방법을 설명한다. 경로(path)와 동사(verb)는 HTTP 요청을 식별하는 데 사용된다. 지금까지는 경로만 참조했고 암묵적으로 HTTP GET 메서드를 사용했다. HTTP 메서드의 목적은 클라이언트가 요청하는 동작을 정의하는 것이다. 예를 들어 GET을 사용하면 데이터를 조회하는 액션만 나타내므로 클라이언트가 서버에서 무언가를 얻고 싶을 때 할 수 있는 방법이며, 호출로 데이터는 변경되지 않는다. 그러나 앱은 이보다 더 많은 액션이 필요하므로 데이터를 변경, 추가, 삭제할 수 있어야 한다.

> Note ≡ 주의! 설계된 목적과 다르게 HTTP 메서드를 사용할 수 있지만 이는 올바르지 않다. 예를 들어 HTTP GET을 사용하여 데이터를 변경하는 기능을 구현할 수 있다. 기술적으로는 가능하지만 이는 매우 잘못된 선택이다. HTTP 메서드를 본래 설계 목적과 다르게 사용해서는 안 된다.

지금까지는 컨트롤러의 특정 액션에 도달하고자 요청 경로에 의존했지만, 좀 더 복잡한 시나리오에서는 서로 다른 HTTP 메서드를 사용한다면 한 컨트롤러의 여러 액션에 동일한 경로를 할당할 수 있다. 이런 경우에 해당하는 예제를 살펴보자.

HTTP 메서드는 동사로 정의되며 클라이언트 의도를 나타낸다. 클라이언트 요청이 데이터만 검색하면 HTTP GET으로 엔드포인트를 구현한다. 그러나 클라이언트 요청이 서버 측 데이터를 변경할 때는 다른 동사를 사용하여 클라이언트 의도를 명확하게 표현한다.

다음 표에 앱에서 사용하게 될 필수 HTTP 메서드와 학습해야 할 메서드를 정리했다.

▼ 표 8-2 웹 앱에서 자주 사용하게 될 기본 HTTP 메서드

HTTP 메서드	설명
GET	클라이언트 요청은 데이터 조회만 한다.
POST	클라이언트 요청은 서버가 추가할 새로운 데이터를 전송한다.
PUT	클라이언트 요청은 서버에 있는 데이터 레코드를 변경한다.
PATCH	클라이언트 요청은 서버에 있는 데이터 레코드를 부분적으로 변경한다.
DELETE	클라이언트 요청은 서버에 있는 데이터를 삭제한다.

다음 그림은 필수 HTTP 메서드를 잘 기억할 수 있도록 시각적으로 나타낸다.

▼ 그림 8-9 기본 HTTP 메서드: 데이터를 조회하는 데 GET, 저장하는 데 POST, 레코드를 변경하는 데 PUT, 레코드 일부를 변경하는 데 PATCH, 데이터를 삭제하는 데 DELETE를 사용하며 클라이언트는 특정 요청으로 실행된 액션을 표현하는 데 적절한 HTTP 메서드를 사용해야 한다

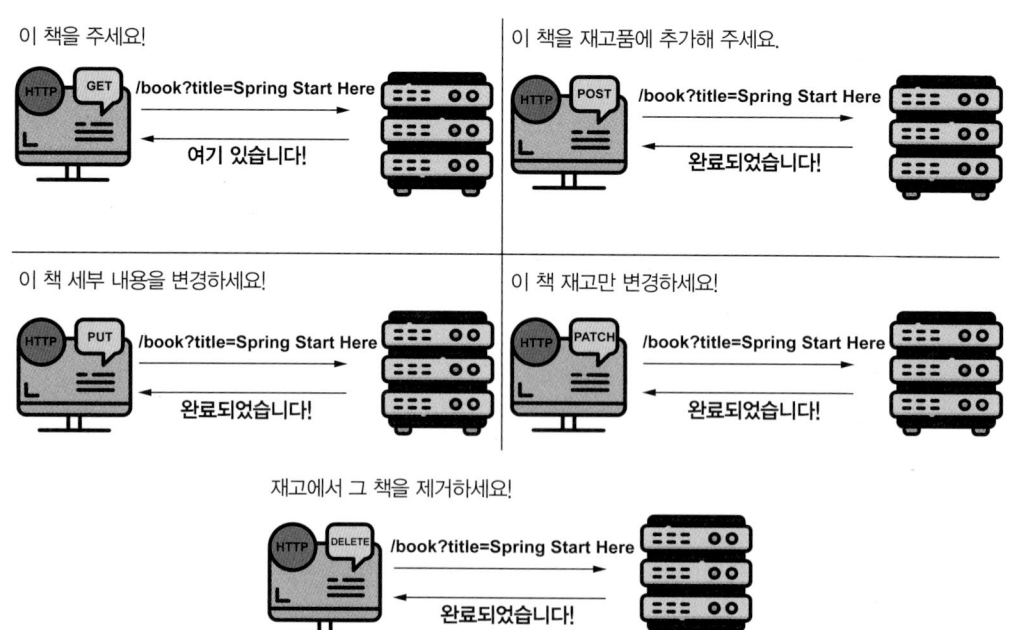

> Note ≡ 프로덕션 앱에서 레코드를 완전히 교체하는 것(PUT)과 일부만 변경하는 것(PATCH)을 구분하는 것은 좋은 관행이지만 항상 명확히 구분되는 것은 아니다.

이제 HTTP GET과 다른 메서드를 사용하는 예제를 구현해 보자. 시나리오는 다음과 같다. 제품 목록을 저장하는 앱을 만들어야 하며 각 제품에는 이름과 가격이 있다. 웹 앱은 모든 제품 목록을 표시하고 사용자가 HTML 양식을 이용하여 제품을 하나 더 추가할 수 있도록 한다.

다음 시나리오에서 설명하는 두 가지 사용 사례를 관찰하기 바란다. 사용자는 다음을 수행해야 한다.

- **목록에 있는 모든 제품 보기**: HTTP GET을 계속 사용한다.
- **목록에 제품 추가**: HTTP POST를 사용한다.

다음 코드에 설명된 대로 pom.xml에 웹 및 타임리프에 대한 의존성이 있는 sq-ch8-ex5 새 프로젝트를 생성한다.

```xml
<dependency>
    <groupId>org.springframework.boot</groupId>
    <artifactId>spring-boot-starter-thymeleaf</artifactId>
</dependency>
<dependency>
    <groupId>org.springframework.boot</groupId>
    <artifactId>spring-boot-starter-web</artifactId>
</dependency>
```

프로젝트에서 이름과 가격 속성을 가진 제품을 설명하는 Product 클래스를 생성한다. Product 클래스는 5장에서 설명한 것처럼 모델 클래스이므로 model 패키지에 만든다. 다음 목록은 Product 클래스를 보여 준다.

예제 8-5 이름과 가격 속성을 가진 제품을 표현하는 Product 클래스

```java
public class Product {

    private String name;
    private double price;

    // getters와 setters 생략
}
```

이제 앱에서 제품을 표현할 방법이 준비되었으므로 제품 목록을 만들어 보자. 웹 앱은 이 목록에 있는 제품을 웹 페이지에 표시하고, 사용자는 이 목록에서 제품을 더 추가할 수 있다. 두 가지 사용 사례(표시할 제품 목록 가져오기 및 새 제품 추가하기)를 서비스 클래스의 메서드로 구현할 것이다. service 패키지에 ProductService라는 새 서비스 클래스를 만들어 보자.

다음 예제에는 제품 목록(List<Product>) 인스턴스를 만들어 새 제품을 추가하고 가져오는 두 가지 메서드를 정의하는 서비스 클래스가 있다.

예제 8-6 앱의 사용 사례를 구현하는 ProductService 클래스

```
@Service
public class ProductService {

    private List<Product> products = new ArrayList <> ();

    public void addProduct(Product p) {
        products.add(p);
    }

    public List<Product> findAll() {
        return products;
    }
}
```

Note ≡ 이 예제는 HTTP 메서드 논의에 집중할 수 있도록 설계를 단순화한 것이다. 5장에서 설명한 것처럼 스프링 빈의 기본 범위는 싱글톤이며, 웹 애플리케이션은 본질적으로 다수 스레드(요청당 하나씩 생성)를 처리한다. 빈 속성으로 정의된 제품 목록(List<Product>)을 변경하면 많은 클라이언트가 동시에 제품을 추가하는 실제 앱에서는 경쟁 상태(race condition)가 발생할 수 있다. 목록을 데이터베이스로 대체하는 다음 장부터 이 문제는 더 이상 발생하지 않을 것이므로, 우선 지금은 단순하게 유지할 것이다. 하지만 이 방식은 5장에서 설명한 것처럼 프로덕션용 앱에서는 사용해서는 안 되는 나쁜 접근법이다. 싱글톤 빈은 스레드 세이프(thread-safe)하지 않다!

12장에서는 데이터 소스(data source)를 설명하며, 데이터베이스를 사용하여 프로덕션 앱에 더 가까운 방식으로 데이터를 저장할 것이다. 하지만 지금 당장은 논의 주제인 HTTP 메서드에 집중하고 예제를 점진적으로 보강해 보는 것이 좋겠다.

컨트롤러는 서비스에 구현한 사용 사례를 호출한다. 컨트롤러는 클라이언트에서 새 제품에 대한 데이터를 가져오고 서비스를 호출하여 목록에 추가하며, 제품 목록을 가져와 뷰로 보낸다. 이 장 앞부분에서 이런 기능을 구현하는 방법을 배웠다. 먼저 controllers 패키지에 ProductController 클

래스를 만들고 이 컨트롤러가 서비스 빈을 주입하도록 허용하자. 다음 예제는 컨트롤러 정의를 보여 준다.

예제 8-7 서비스로 사용 사례를 호출하는 ProductsController 클래스

```java
@Controller
public class ProductsController {

    private final ProductService productService;

    public ProductsController(
            ProductService productService) {   // ← 스프링 컨텍스트에서 서비스 빈을 얻기 위해 컨트롤러의
        this.productService = productService;  //   생성자 매개변수를 이용한 DI를 사용한다.
    }
}
```

이제 첫 번째 사용 사례인 웹 페이지에 제품 목록을 표시하는 방법을 살펴볼 것이다. 이 기능은 단순하며, 8.1절에서 배운 대로 Model 매개변수를 사용하여 컨트롤러에서 뷰로 데이터를 전송한다. 다음 예제에 컨트롤러 액션에 대한 구현이 나와 있다.

예제 8-8 제품 목록을 뷰로 전송하기

컨트롤러 액션을 /products 경로에 매핑한다. @RequestMapping 애너테이션은 기본으로 HTTP GET 메서드를 사용한다.

```java
@Controller
public class ProductsController {

    private final ProductService productService;

    public ProductsController(ProductService productService) {
        this.productService = productService;
    }

    @RequestMapping("/products")
    public String viewProducts(Model model) {   // ← 뷰에 데이터를 전송하는 데 사용되는
        var products = productService.findAll();  //   Model 매개변수를 정의한다.
                                                  // ← 서비스에서 제품 목록을 얻는다.
        model.addAttribute("products", products); // ← 제품 목록을 뷰로 전송한다.

        return "products.html";   // ← 뷰 이름이 반환되며 디스패처 서블릿이 받아 뷰를 렌더링한다.
    }
}
```

8.1절에서 배운 것처럼 뷰에 제품들을 표시하려고 프로젝트의 resources/templates 폴더에 products.html 페이지를 정의한다. 다음 예제는 products.html 파일의 내용, 즉 컨트롤러에서 전송한 제품 목록을 받아 HTML 표(<table>)에 표시한다.

예제 8-9 웹 페이지에서 제품 표시하기

```html
<!DOCTYPE html>
<html lang="en" xmlns:th="http://www.thymeleaf.org">  ← 'th' 접두사를 정의해서
<head>                                                   타임리프 기능을 사용한다.
    <meta charset="UTF-8">
    <title>Home Page</title>
</head>
<body>
    <h1>Products</h1>
    <h2>View products</h2>
    <table>
        <tr>
            <th>PRODUCT NAME</th>   ← 테이블의 정적 헤더를 정의한다.
            <th>PRODUCT PRICE</th>
        </tr>
                                        타임리프의 'th:each' 기능을 사용하여 컬렉션에서 순차 반복하고
        <tr th:each="p: ${products}">  ← 제품 목록의 각 제품을 테이블의 열에 표시한다.
            <td th:text="${p.name}"></td>
            <td th:text="${p.price}"></td>  ← 한 열(row)마다 각 제품의 이름과 가격을 표시한다.
        </tr>
    </table>
</body>
</html>
```

다음 그림은 스프링 MVC 다이어그램에서 HTTP GET으로 /products 경로의 호출 흐름을 보여 준다.

1. 클라이언트가 /products 경로에 대한 HTTP 요청을 전송한다.
2. 디스패처 서블릿은 핸들러 매핑을 사용하여 /products 경로를 호출하는 컨트롤러 액션을 찾는다.
3. 디스패처 서블릿이 컨트롤러의 액션을 호출한다.
4. 컨트롤러가 서비스에 제품 목록을 요청하고 렌더링하도록 제품 목록을 뷰에 전달한다.
5. 뷰가 렌더링되어 HTTP 응답에 포함된다.
6. HTTP 응답이 클라이언트로 재전송된다.

하지만 앱 기능을 테스트하기 전에 두 번째 사용 사례를 구현해야 한다. 목록에 제품을 추가할 수 있는 옵션이 없다면 빈 테이블만 표시된다. 컨트롤러를 변경하고 제품 목록에 제품을 추가할 수 있는 액션을 추가해 보자. 다음 예제에서 이 액션 정의를 보여 준다.

▼ **그림 8-10** HTTP GET /products를 호출하면 컨트롤러는 서비스에 제품 목록을 받아 뷰로 전송한다. HTTP 응답에는 목록 제품이 포함된 HTTP 테이블이 포함된다

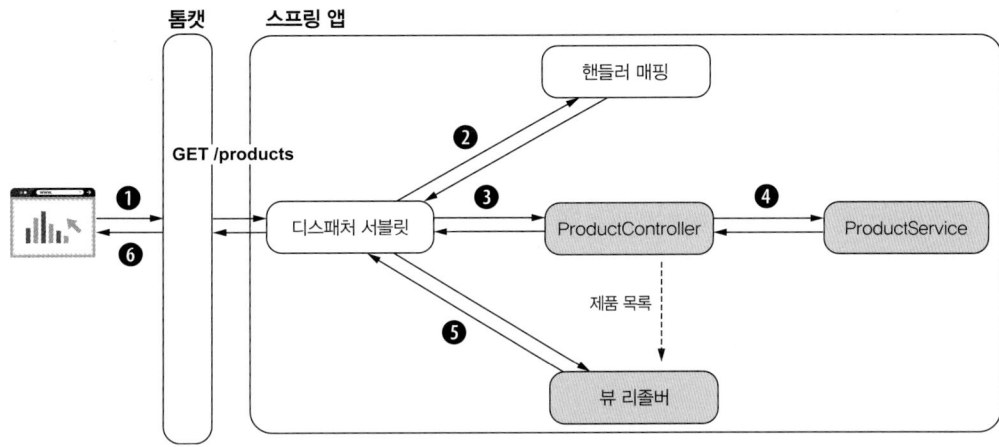

예제 8-10 제품을 추가하는 액션 메서드 구현하기

```
@Controller
public class ProductsController {

    // 코드 생략

    @RequestMapping(path="/products",
                    method=RequestMethod.POST)
    public String addProduct(
            @RequestParam String name,
            @RequestParam double price,
            Model model
    ) {

        Product p = new Product();
        p.setName(name);
        p.setPrice(price);
        productService.addProduct(p);

        var products = productService.findAll();
        model.addAttribute("products", products);
```

/products 경로에 대한 컨트롤러 액션을 매핑한다. @RequestMapping 애너테이션의 method 속성을 사용하여 HTTP 메서드를 POST로 변경한다.

요청 매개변수를 사용하여 추가할 제품의 이름과 가격을 가져온다.

새로운 Product 인스턴스를 생성하고 서비스의 메서드를 호출하여 제품 목록에 추가한다.

제품 목록을 가져와 뷰에 전송한다.

```
        return "products.html";  ← 렌더링할 뷰 이름을 반환한다.
    }
}
```

HTTP 메서드를 지정하려고 @RequestMapping 애너테이션의 속성 메서드를 사용했다. 메서드를 설정하지 않으면 @RequestMapping은 기본적으로 HTTP GET을 사용한다. 하지만 경로와 메서드는 모든 HTTP 호출에 필수이므로 항상 둘 다 확인해야 한다. 이런 이유로 개발자는 일반적으로 @RequestMapping 대신 각 HTTP 메서드에 해당되는 전용 애너테이션을 사용한다. 따라서 앱에서 @GetMapping을 사용하여 GET 요청을 액션에 매핑하고, @PostMapping을 사용하여 HTTP POST를 사용하는 요청에 매핑하는 등 방법을 자주 볼 수 있다. 이 예제에서도 HTTP 메서드에 이러한 전용 애너테이션을 사용하도록 변경한다. 다음 예제는 액션에 대한 매핑 애너테이션의 변경 사항을 포함하여 컨트롤러 클래스의 전체 내용을 보여 준다.

예제 8-11 Product Controller 클래스

```
@Controller
public class ProductsController {

    private final ProductService productService;

    public ProductsController(ProductService productService) {
        this.productService = productService;
    }

    @GetMapping("/products")  ← @GetMapping은 특정 경로에 대한 HTTP GET 요청을
    public String viewProducts(Model model) {    컨트롤러 액션과 매핑한다.
        var products = productService.findAll();
        model.addAttribute("products", products);

        return "products.html";
    }

    @PostMapping("/products")  ← @PostMapping은 특정 경로에 대한 HTTP POST 요청을
    public String addProduct(      컨트롤러 액션과 매핑한다.
            @RequestParam String name,
            @RequestParam double price,
            Model model
    ) {
        Product p = new Product();
        p.setName(name);
```

```
            p.setPrice(price);
            productService.addProduct(p);

            var products = productService.findAll();
            model.addAttribute("products", products);

            return "products.html";
        }
    }
```

우리는 사용자가 컨트롤러의 HTTP POST 액션을 호출하여 목록에 제품을 추가할 수 있도록 뷰를 변경할 수도 있다. 이 HTTP 요청을 위해 HTML 폼(form)을 사용할 수 있는데, 다음 예제에서 HTML 폼을 추가하기 위해 products.html 페이지(뷰)에서 변경해야 할 부분을 보여 준다. 다음 예제로 디자인된 페이지 결과는 그림 8-11에 나와 있다.

예제 8-12 제품 목록에 제품을 추가하도록 뷰에 HTML 폼 추가하기

```html
<!DOCTYPE html>
<html lang="en" xmlns:th="http://www.thymeleaf.org">
<head>
    <meta charset="UTF-8">
    <title>Home Page</title>
</head>
<body>
    <!-- 코드 생략 -->
        <h2>Add a product</h2>
        <form action="/products" method="post">
            Name: <input type="text" name="name"><br />
            Price: <input \\type="number" step="any" name="price"><br />
            <button type="submit">Add product</button>
        </form>
</body>
</html>
```

- input 컴포넌트로 사용자는 제품 이름을 설정할 수 있다. 컴포넌트 값은 'name' 키와 함께 요청 매개변수로 전송된다.
- 등록 폼이 제출(submit)되었을 때, HTML 폼은 /products 경로에 대해 POST 요청을 한다.
- 사용자는 제출(type=submit) 버튼을 눌러 폼을 제출한다.
- input 컴포넌트로 사용자는 제품 가격을 설정할 수 있다. 컴포넌트 값은 'price' 키와 함께 요청 매개변수로 전송된다.

앱을 실행하고 테스트해 보자. 웹 브라우저에서 http://localhost:8080/products에 액세스하면 새로운 제품을 추가할 수 있고 이미 추가된 제품을 볼 수 있어야 한다.

그림 8-11에서 이 결과를 보여 준다.

▼ 그림 8-11 최종 결과: 사용자는 웹 페이지의 HTML 표에서 제품들을 보고 HTML 폼을 이용하여 새 제품을 추가할 수 있다

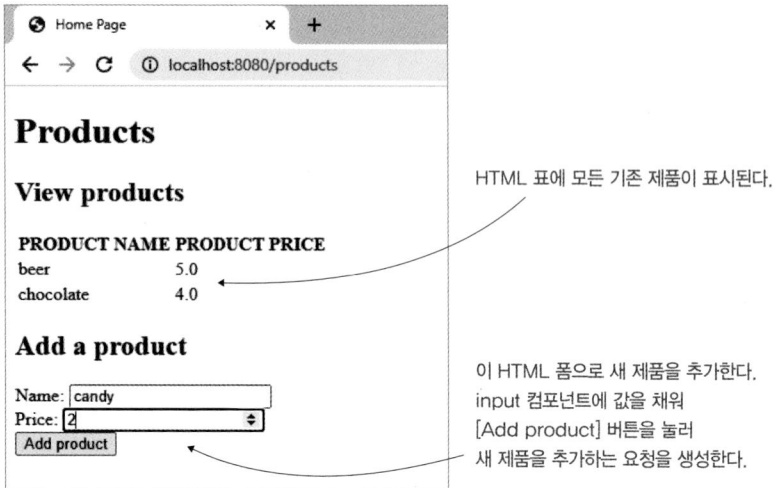

이 예제에서는 8.1.2절에서 배운 @RequestParam 애너테이션을 사용했다. 여기에서는 클라이언트가 데이터를 전송하는 방법을 명확히 하고자 이 애너테이션을 사용했지만, 스프링에서는 코드를 생략할 수 있는 경우도 있다. 예를 들어 다음 예제에서 볼 수 있듯이, 컨트롤러 동작의 매개변수로 Product를 직접 사용할 수 있다. 요청 매개변수 이름이 Product 클래스의 속성 이름과 동일하기 때문에 스프링은 이를 인식하고 자동으로 이 객체를 생성한다. 이미 스프링을 알고 있는 사람에게는 코드 줄을 작성하지 않아도 되므로 매우 유용하지만, 초보자에게는 이런 모든 세부 사항이 혼란스럽게 느껴질 것이다. 이런 구문을 사용하는 예제를 기사에서 발견했다고 가정해 보자. Product 인스턴스가 어디에서 왔는지 불분명할 수 있다. 이제 막 스프링을 배우기 시작했는데 이런 상황에 처했다면, 스프링은 가능한 한 많은 코드를 숨기려고 수많은 구문을 사용한다는 점을 염두에 두기 바란다. 예제나 문서에서 명확하게 이해되지 않는 구문을 발견할 때마다 프레임워크 명세의 상세 내용을 찾아보라.

이 작은 변경을 sq-ch8-ex5 프로젝트와 테스트하고 비교하려고 sq-ch8-ex6 프로젝트로 분리했다.

예제 8-13 컨트롤러 액션의 매개변수에 모델 직접 사용하기

```
@Controller
public class ProductsController {

    // 코드 생략

    @PostMapping("/products")
```

```
    public String addProduct(
            Product p,
            Model model
    ) {
        productService.addProduct(p);

        var products = productService.findAll();
        model.addAttribute("products", products);

        return "products.html";
    }
}
```

모델 클래스를 컨트롤러 액션의 매개변수로 직접 사용할 수 있다.
스프링은 요청 속성을 기반으로 인스턴스를 생성하는 것을 알고 있다.
모델 클래스에는 스프링이 액션 메서드를 호출하기 전에
인스턴스를 생성할 수 있도록 기본 생성자가 있어야 한다.

8.3 요약

- 오늘날 웹 앱은 동적 페이지(동적 뷰라고도 함)를 지원하며, 동적 페이지는 요청에 따라 다른 콘텐츠를 표시할 수 있다.
- 동적 뷰는 표시할 정보를 알려고 컨트롤러에서 변수 데이터를 가져온다.
- 스프링 앱에서 동적 페이지를 구현하는 쉬운 방법은 타임리프(Thymeleaf) 같은 템플릿 엔진을 사용하는 것이다. 타임리프의 대안으로는 머스태치(Mustache), 프리마커(FreeMarker), 자바 서버 페이지(JSP)가 있다.
- 템플릿 엔진은 컨트롤러가 전송하는 데이터를 쉽게 가져와서 뷰에 표시할 수 있는 기능을 앱에 제공하는 의존성이다.
- 클라이언트는 요청 매개변수 또는 경로 변수를 이용하여 서버로 데이터를 보낼 수 있다. 컨트롤러의 액션은 클라이언트가 보내는 세부 정보를 @RequestParam 또는 @PathVariable 애너테이션이 달린 매개변수로 가져온다.
- 요청 매개변수는 필수 변수가 아닐 수 있다.
- 클라이언트가 전송하는 필수 데이터에 대해 경로 변수를 사용해야만 한다.

- 경로와 HTTP 메서드로 HTTP 요청을 식별한다. HTTP 메서드는 클라이언트 의도를 식별하는 동사로 표시된다. 프로덕션 앱에서 자주 볼 수 있는 필수 HTTP 메서드는 GET, POST, PUT, PATCH, DELETE다.
  - GET은 백엔드에서 데이터를 변경하지 않고 데이터를 조회하려는 클라이언트 의도를 표현한다.
  - POST는 서버 측에 새 데이터를 추가하려는 클라이언트 의도를 표현한다.
  - PUT은 백엔드에서 데이터 레코드를 완전히 변경하려는 클라이언트 의도를 표현한다.
  - PATCH는 백엔드에서 데이터 레코드 일부를 변경하려는 클라이언트 의도를 표현한다.
  - DELETE는 백엔드에서 데이터를 제거하려는 클라이언트 의도를 표현한다.
- 웹 브라우저의 HTML 폼(form) 프로세스를 이용하여 HTTP GET과 HTTP POST만 사용 가능하다. DELETE 또는 PUT 같은 다른 HTTP 메서드를 사용하려면 자바스크립트와 같은 클라이언트 언어로 호출을 구현해야 한다.

9장

스프링 웹 스코프

9.1 스프링 웹 앱에서 요청 스코프 사용

9.2 스프링 웹 앱에서 세션 스코프 사용

9.3 스프링 웹 앱에서 애플리케이션 스코프 사용

9.4 요약

이 장에서 다룰 내용

- 스프링 웹 스코프 사용하기
- 웹 앱에서 간단한 로그인 기능 구현하기
- 웹 앱에서 한 페이지에서 다른 페이지로 리디렉션하기

5장에서는 스프링 빈 스코프(bean scope)를 설명했다. 스프링 컨텍스트에서 빈을 선언하는 방식에 따라 스프링이 빈의 라이프사이클을 다르게 관리한다는 것을 배웠다. 이 장에서는 스프링이 컨텍스트에서 빈을 관리하는 몇몇 새로운 방법을 소개한다. HTTP 요청을 참조 기준으로 사용하여 웹 앱의 인스턴스를 관리하는 맞춤형 방법을 배울 것이다. 스프링은 꽤 멋지지 않은가?

모든 스프링 앱에서 빈을 다음 중 하나로 선언하도록 정할 수 있다.

- **싱글톤**(Singleton): 프레임워크가 컨텍스트에서 이름으로 각 인스턴스를 고유하게 식별하는 스프링의 기본 빈 스코프다.
- **프로토타입**(Prototype): 프레임워크가 타입만 관리하고 요청받을 때마다 (컨텍스트에서 직접 또는 와이어링(wiring) 및 오토와이어링(auto-wiring)을 이용하여) 해당 클래스의 새 인스턴스를 생성하는 스프링의 빈 스코프다.

이 장에서 우리는 웹 앱에서는 오직 웹 애플리케이션만 관련된 빈 스코프들을 사용할 수 있다는 것을 알게 될 것이다. 우리는 이를 **웹 스코프**(web scope)라고 한다.

- **요청 스코프**(request scope): 스프링은 각 HTTP 요청에 대해 빈 클래스의 인스턴스를 생성한다. 이 인스턴스는 해당 HTTP 요청에서만 존재한다.
- **세션 스코프**(session scope): 스프링은 인스턴스를 생성하고 전체 HTTP 세션 동안 서버의 메모리에 이 인스턴스를 유지한다. 스프링은 컨텍스트에서 이 인스턴스를 클라이언트의 세션과 연결한다.
- **애플리케이션 스코프**(application scope): 인스턴스는 앱의 컨텍스트에서 고유하며, 앱이 실행되는 동안 사용할 수 있다.

스프링 애플리케이션에서 이런 웹 스코프가 어떻게 작동하는지 배울 수 있도록 로그인 기능의 구현 예제를 살펴볼 것이다. 오늘날 대부분의 웹 앱은 사용자가 로그인하고 계정에 액세스할 수 있는 기능을 제공하므로 이 예제는 실제 상황에서도 유효하다.

9.1절에서는 요청 스코프 빈을 사용하여 로그인을 위해 사용자 자격 증명을 가져오며 앱이 로그인 요청에만 해당 자격 증명을 사용하게 한다. 다음 9.2절에서는 세션 스코프 빈을 사용하여 사용자가 로그인한 상태로 유지되는 동안 로그인한 사용자를 위해 보관해야 하는 모든 관련 세부 정보를 저장한다. 9.3절에서는 애플리케이션 스코프 빈을 사용하여 로그인 횟수를 계산하는 기능을 추가한다. 다음 그림은 이 앱을 구현하는 수행 단계를 보여 준다.

▼ 그림 9-1 로그인 기능을 세 단계로 나누어서 구현한다. 각 단계를 구현할 때마다 다른 빈 스코프를 사용해야 한다. 9.1절에서는 로그인 요청보다 오랜 기간 자격 증명을 저장하는 위험을 최소화하기 위해 로그인 로직을 구현하는 데 요청 스코프 빈을 사용한다. 그런 다음 세션 스코프 빈에 인증된 사용자에 대해 어떤 세부 정보를 저장해야 하는지 결정한다. 끝으로 모든 로그인 요청을 계산하는 기능을 구현하고 이를 유지하기 위해 애플리케이션 스코프 빈을 사용한다

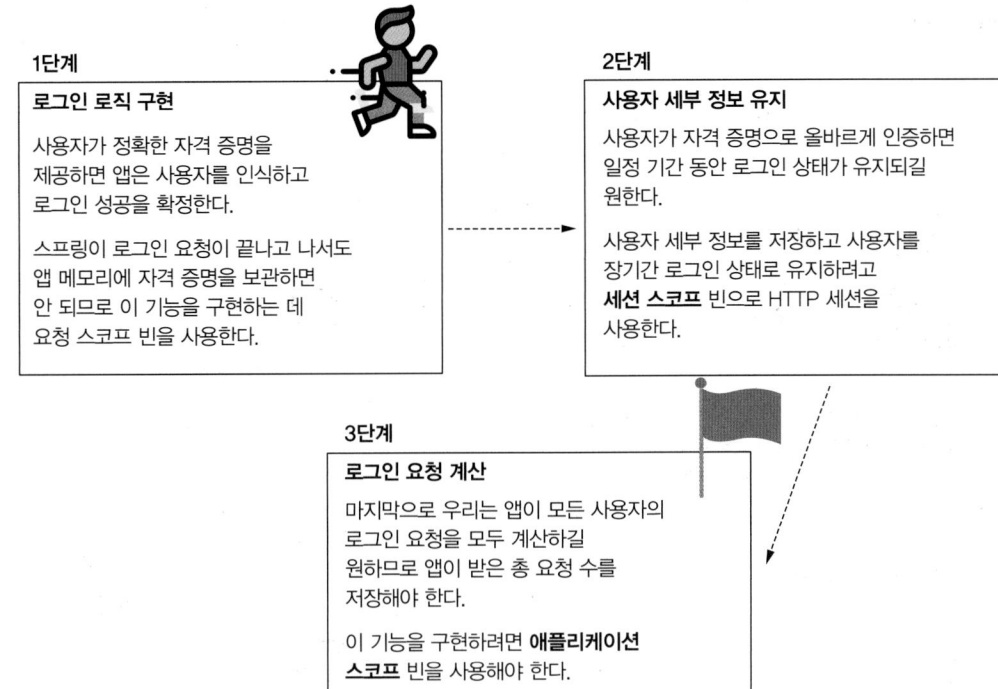

9.1 스프링 웹 앱에서 요청 스코프 사용

이 절에서는 스프링 웹 앱에서 요청 스코프 빈의 사용 방법을 알아본다. 7장과 8장에서 배운 것처럼 웹 앱은 HTTP 요청과 응답에 중점을 둔다. 그렇기 때문에 스프링이 HTTP 요청과 연관된 빈 라이프사이클을 관리하는 방법을 제공한다면 특정 기능을 웹 앱에서 관리하기가 더 쉬워진다.

요청 스코프 빈은 스프링에서 관리하는 객체로, 프레임워크는 HTTP 요청마다 새로운 인스턴스를 생성한다. 앱은 인스턴스를 생성한 요청에서만 해당 인스턴스를 사용할 수 있다. 각각의 새로운 HTTP 요청은 (같은 클라이언트나 다른 클라이언트에서) 동일한 클래스의 다른 인스턴스를 생성하고 사용한다(그림 9-2).

▼ 그림 9-2 매 HTTP 요청마다 스프링은 새로운 요청 스코프 빈 인스턴스를 제공한다. 요청 스코프 빈을 사용하면 빈에 추가한 데이터를 해당 빈을 생성한 HTTP 요청에서만 사용할 수 있다. 스프링은 빈 타입(커피 나무)을 관리하고 이를 사용하여 각 새 요청에 대한 인스턴스(커피 원두)를 얻는다

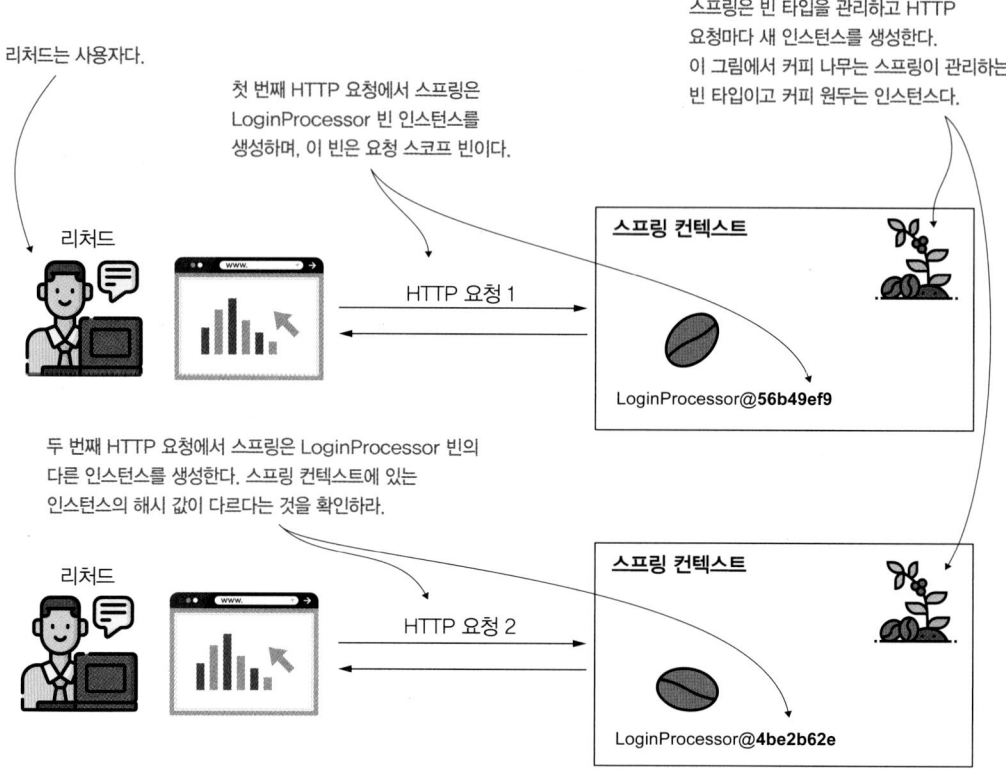

예제로 요청 스코프 빈의 사용법을 살펴보자. 웹 애플리케이션의 로그인 기능을 구현하고, 로그인 로직에 대한 사용자 자격 증명을 관리하는 데 요청 스코프 빈을 사용할 것이다.

> Note ≡ 이와 같은 로그인 예제는 학습용으로는 괜찮다. 하지만 프로덕션용 앱에서는 인증 및 권한 부여 메커니즘을 직접 구현하지 않는 것이 바람직하다. 실제 스프링 앱에서는 인증 및 권한 부여와 관련된 모든 것을 구현하는 데 스프링 시큐리티(Spring Security)를 사용한다. 스프링 생태계 일부이기도 한 스프링 시큐리티를 사용하면 구현을 간소화할 수 있고 애플리케이션 수준의 보안 로직을 직접 작성할 때 실수로 유입될 수 있는 취약성을 막을 수 있다. 필자가 집필한 또 다른 책으로 스프링 시큐리티를 사용한 스프링 앱의 보호 방법을 자세히 설명하는 〈스프링 시큐리티 인 액션〉(위키북스, 2022)의 일독을 권한다.

요청 스코프 빈의 핵심 관점

요청 스코프 빈을 사용하는 스프링 앱을 구현하기 전에 이 요청 스코프 빈 사용을 위한 핵심 관점을 간략히 나열해 보자. 이런 측면은 요청 스코프 빈이 실제 시나리오에서 올바른 접근 방식인지 분석하는 데 도움을 준다. 다음 표에 설명된 요청 스코프 빈과 연관성이 높은 관점들을 기억하기 바란다.

사실	결과	고려 사항	기피 사항
• 스프링은 모든 클라이언트의 HTTP 요청마다 새 인스턴스를 생성한다. • 하나의 요청만 요청 스코프 빈 인스턴스를 사용할 수 있다.	• 스프링은 실행 중 앱 메모리에 해당 빈의 인스턴스를 많이 생성한다. • 요청 스코프 빈 인스턴스는 하나의 스레드(요청당 하나)만 액세스할 수 있으므로 멀티스레드 관련 문제가 발생하지 않는다.	• 이런 인스턴스는 수명이 짧기 때문에 인스턴스 수는 일반적으로 큰 문제가 되지 않는다. 앱은 HTTP 요청을 완료하는 데 필요한 시간보다 더 오랜 시간 인스턴스가 필요하지는 않다. HTTP 요청이 완료되면 앱은 인스턴스를 해제하고 인스턴스는 가비지 컬렉션이 된다. • 인스턴스의 속성을 사용하여 요청에 사용된 데이터를 저장할 수 있다.	• 인스턴스를 생성하는 데 스프링이 실행해야 하는 시간 소모적인 로직(예를 들어 데이터베이스에서 데이터 가져오기 또는 네트워크 호출 구현)을 구현하지 않도록 하라. 생성자 또는 요청 스코프 빈에 대한 @PostConstruct 메서드에 로직을 작성하지 마라. • 이런 빈의 속성에 동기화 기술을 사용하면 안 된다. 이런 기술은 불필요할 수 있으며 앱 성능에 영향을 줄 뿐이다.

단순하게 설명하자면 우리는 자격 증명 집합을 애플리케이션 안에 보관하게 한다. 현실에서 앱은 사용자 정보를 데이터베이스에 저장하고 비밀번호도 암호화하여 보호한다. 지금은 이 장 본래 목적인 스프링 웹 빈 스코프에만 집중할 것이다. 나중에 11~12장에서 데이터베이스에 데이터를 저장하는 방법을 자세히 알아보자.

스프링 부트 프로젝트를 생성하고 필요한 의존성을 추가한다. 이 예제는 sq-ch9-ex1 프로젝트에서 확인할 수 있으며, 프로젝트를 생성할 때 직접 의존성을 추가하거나(**예** start.spring.io 사용) 나중에 pom.xml에서 종속성을 추가할 수 있다. 이 예제에서는 8장에서 했던 것처럼 웹 의존성과 타임리프(Thymeleaf)를 템플릿 엔진으로 사용한다. 다음 코드는 pom.xml 파일에 추가되어야 하는 의존성을 보여 준다.

```
<dependency>
    <groupId>org.springframework.boot</groupId>
    <artifactId>spring-boot-starter-thymeleaf</artifactId>
</dependency>
<dependency>
    <groupId>org.springframework.boot</groupId>
    <artifactId>spring-boot-starter-web</artifactId>
</dependency>
```

사용자 이름과 비밀번호를 묻는 로그인 양식이 포함된 웹 페이지를 만들어 볼 것이다. 앱은 사용자 이름과 비밀번호를 이미 알고 있는 자격 증명 집합과 비교한다(필자는 사용자 'natalie'와 비밀번호 'password'다). 올바른 자격 증명을 제공하면(앱이 알고 있는 자격 증명과 일치하면) 로그인 양식 아래에 "You are now logged in(로그인되었습니다)."이라는 메시지가 표시된다. 제공한 자격 증명이 틀리다면 "Login failed(로그인에 실패했습니다)!"라는 메시지가 표시된다.

7~8장에서 배운 것처럼 웹 페이지(뷰를 나타내는)와 컨트롤러 클래스를 구현해야 한다. 컨트롤러는 로그인 결과에 따라 뷰에 표시해야 하는 메시지를 전송한다(그림 9-3).

▼ **그림 9-3** 컨트롤러와 뷰를 구현해야 한다. 컨트롤러에서는 로그인 요청에서 전송된 자격 증명이 유효한지 확인하는 액션을 구현한다. 컨트롤러가 뷰에 메시지를 보내면 뷰가 이 메시지를 표시한다

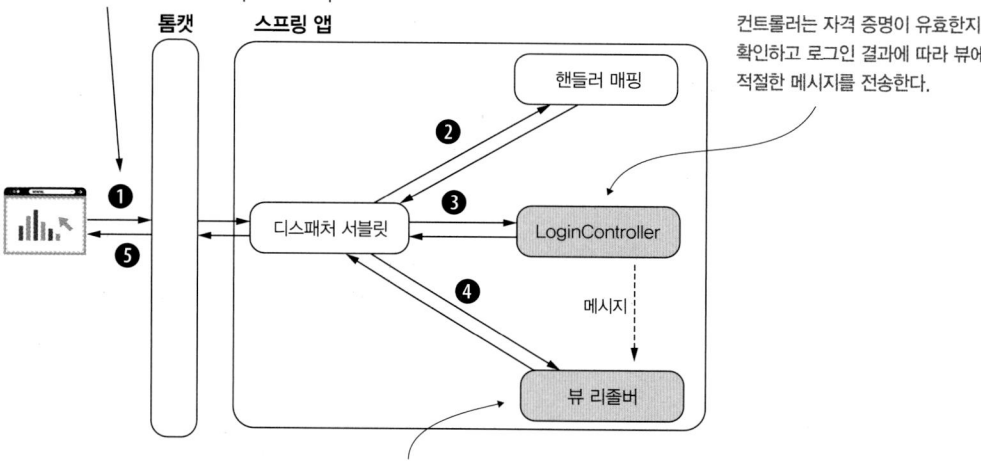

다음 예제는 이 앱에서 뷰를 정의하는 HTML 로그인 페이지를 보여 준다. 8장에서 배운 것처럼 이 페이지는 스프링 부트 프로젝트의 resources/templates 폴더에 저장해야 한다. 페이지 이름

을 'login.html'로 지정하자. 로직 결과에 따라 메시지를 표시하려면 컨트롤러에서 뷰로 매개변수를 전달해야 한다. 다음 예제에서 볼 수 있듯이 이 매개변수 이름을 'message'로 지정했으며, ${message} 구문을 사용하여 로그인 폼 아래에 이 메시지를 표시했다.

예제 9-1 login.html 로그인 페이지 정의하기

```html
<!DOCTYPE html>
<html lang="en" xmlns:th="http://www.thymeleaf.org">   ← 타임리프 접두사인 'th'를 정의해서
                                                          템플릿 엔진 기능을 사용한다.
<head>
    <meta charset="UTF-8">
    <title>Login</title>
</head>                                                  input 필드(username과 password)가
<body>                                                   자격 증명을 입력받는 데 사용된다.
    <form action="/" method="post">   ← 자격 증명을 서버로 전송하려고 HTML 폼을 정의한다.
        Username: <input type="text" name="username" /><br />
        Password: <input type="password" name="password" /><br />
        <button type="submit">Log in</button>   ← 사용자가 제출(submit) 버튼을 누르면 클라이언트는
    </form>                                        자격 증명이 포함된 HTTP POST 요청을 생성한다.
    <p th:text="${message}"></p>   ← HTML 폼 아래에 로그인 요청 결과 메시지를 표시한다.
</body>
</html>
```

컨트롤러 액션은 7~8장에서 배운 것처럼 디스패처 서블릿에서 HTTP 요청을 가져와야 하므로 예제 9-1에서 만든 웹 페이지에 대한 HTTP 요청을 수신하는 컨트롤러와 액션을 정의할 것이다. 다음 예제에서 컨트롤러 클래스의 정의를 찾을 수 있다. 컨트롤러의 액션을 웹 앱의 루트 경로("/")에 매핑하고 컨트롤러 이름을 LoginController로 명명한다.

예제 9-2 루트 경로에 매핑된 컨트롤러 액션

```java
@Controller   ← @Controller 스테레오타입 애너테이션을 사용하여 스프링 MVC 컨트롤러를 정의한다.
public class LoginController {

    @GetMapping("/")   ← 컨트롤러 액션을 애플리케이션의 루트 경로("/")에 매핑한다.
    public String loginGet() {
        return "login.html";   ← 앱이 렌더링하는 뷰 이름을 반환한다.
    }
}
```

이제 로그인 페이지가 생겼으니 로그인 로직을 구현해 보자. 사용자가 제출 버튼을 누르면 로그인 양식 아래에 적절한 메시지를 웹 페이지에 표시하려고 한다. 사용자가 올바른 자격 증명 집합을 제출하면 "You are now logged in(로그인되었습니다)."이라는 메시지가 표시되고, 그렇지 않으면 "Login failed(로그인에 실패했습니다)!"라는 메시지가 표시된다(그림 9-4).

▼ 그림 9-4 이 절에서는 구현하는 기능을 보여 준다. 이 웹 페이지는 사용자에게 로그인 폼을 표시한다. 그다음 사용자가 유효한 자격 증명을 제공하면 앱은 로그인 성공 결과 메시지를 표시하고 유효하지 않은 자격 증명을 제공하면 로그인 실패 메시지를 표시한다

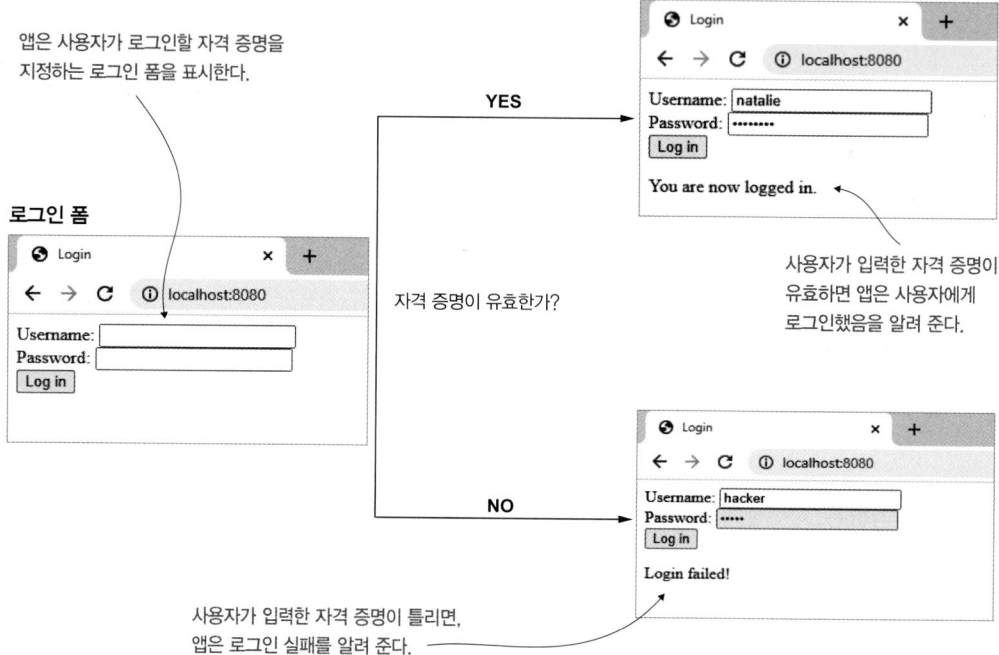

사용자가 제출 버튼을 누를 때 HTML 폼이 생성하는 HTTP POST 요청을 처리하려면 Login Controller에 액션을 하나 더 추가해야 한다. 이 액션은 클라이언트의 요청 매개변수(사용자 이름과 비밀번호)를 받아 로그인 결과에 따라 뷰에 메시지를 전달한다. 다음 예제는 컨트롤러의 액션 정의를 보여 주며, 이 액션을 HTTP POST 로그인 요청에 매핑할 것이다.

로그인 로직을 구현하지 않은 것을 주목하라. 다음 예제에서는 요청을 받고 요청 결과를 나타내는 변수에 따라 응답 메시지를 전달한다. 하지만 이 변수(예제 9-3의 loggedIn)는 항상 false다. 다음 예제에서는 로그인 로직에 대한 호출을 추가하여 이 액션을 완료한다. 이 로그인 로직은 클라이언트가 요청으로 보낸 자격 증명을 기반으로 로그인 결과를 반환한다.

예제 9-3 컨트롤러 로그인 액션

```
@Controller
public class LoginController {

    @GetMapping("/")
    public String loginGet() {
        return "login.html";
    }

    @PostMapping("/")  ◀── 컨트롤러 액션을 로그인 페이지의 HTTP POST 요청과 매핑한다.
    public String loginPost(
            @RequestParam String username,  ◀─┐ HTTP 요청 매개변수에서
            @RequestParam String password,  ◀─┘ 자격 증명을 가져온다.
            Model model  ◀── Model 매개변수를 선언하여 뷰에 메시지 값을 전달한다.
    ) {
        boolean loggedIn = false;  ◀── 나중에 로그인 로직을 구현할 때, 이 변수에 로그인 결과가 저장된다.

        if (loggedIn) {
            model.addAttribute("message", "You are now logged in.");
        } else {
            model.addAttribute("message", "Login failed!");
        }
        // 로그인 결과에 따라 뷰에 적절한 메시지를 전달한다.

        return "login.html";  ◀── 여전히 login.html (뷰 이름)을 반환하므로 동일한 페이지로 이동한다.
    }
}
```

다음 그림은 구현한 컨트롤러 클래스와 뷰 사이의 연결을 시각적으로 설명한다.

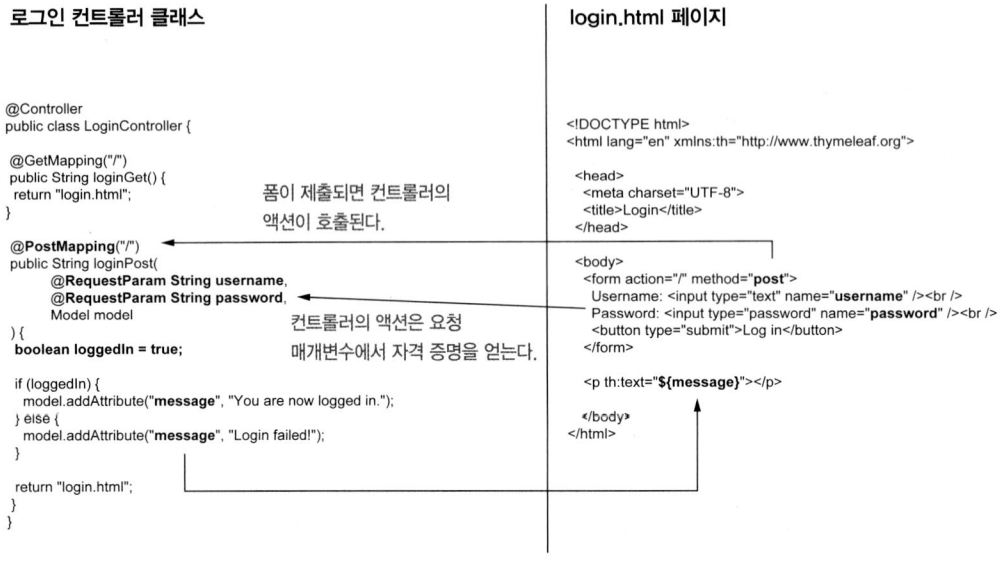

▼ 그림 9-5 HTML 로그인 폼이 제출되면 디스패처 서블릿은 컨트롤러 액션을 호출한다. 컨트롤러 액션은 HTTP 요청 매개변수에서 자격 증명을 얻는다. 로그인 요청 결과에 따라 컨트롤러는 뷰에 메시지를 전달하고 뷰는 HTML 폼 아래에 메시지를 표시한다

이제 컨트롤러와 뷰가 준비되었다. 그렇다면 여기에서 요청 스코프는 어디 있을까? 우리가 작성한 클래스는 `LoginController`뿐이며, 스프링의 기본 스코프인 싱글톤으로 설정되었다. 로그인 컨트롤러가 속성에 세부 정보를 저장하지 않는 한 로그인 컨트롤러의 스코프를 변경할 필요 없다. 하지만 로그인 로직을 구현해야 한다는 점을 기억하라. 로그인 로직은 사용자 자격 증명에 따라 달라지며, 이런 자격 증명에서는 두 가지 사항을 고려해야 한다.

1. 자격 증명은 민감한 세부 정보이므로 로그인 요청보다 오랜 시간 앱 메모리에 저장해서는 안 된다.
2. 다른 자격 증명을 가진 더 많은 사용자가 동시에 로그인을 시도할 수 있다.

이 두 사항을 고려할 때, 로그인 로직을 구현하려고 빈을 사용하려면 각 인스턴스가 HTTP 요청마다 고유한지 확인해야 한다. 이를 위해 요청 스코프 빈을 사용해야 한다. 그림 9-5에 표시된 대로 앱을 확장한다. 요청에 대한 자격 증명을 가져와서 유효성을 검사하는 요청 스코프 빈인 `LoginProcessor`를 추가한다(그림 9-6).

▼ 그림 9-6 LoginProcessor 빈은 요청 스코프로 지정된다. 스프링은 HTTP 요청마다 새로운 인스턴스가 생성되도록 한다. 이 빈은 로그인 로직을 구현하며 컨트롤러는 빈에 구현된 메서드를 호출한다. 메서드는 자격 증명이 유효하면 참(true)을 반환하고 그렇지 않으면 거짓(false)을 반환한다. LoginProcessor가 반환하는 값에 따라 LoginController는 적절한 메시지를 뷰에 전달한다

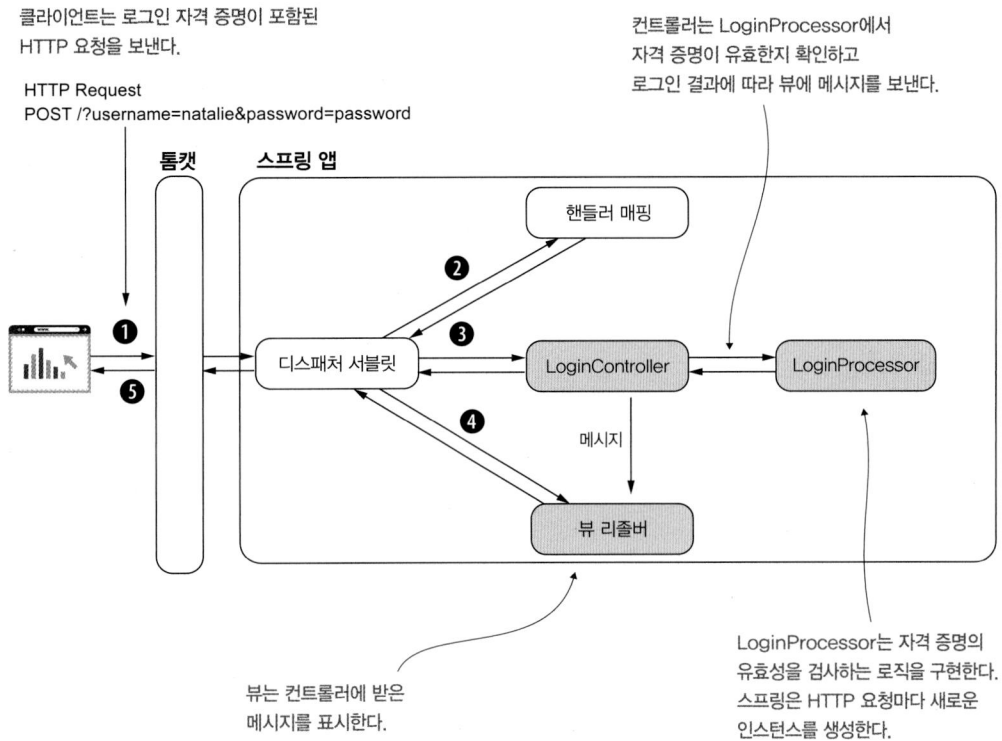

다음 예제는 LoginProcessor 클래스 구현을 보여 준다. 빈 범위를 변경하려고 @RequestScope 애너테이션이 사용된다. 물론 구성(configuration) 클래스 또는 스테레오타입 애너테이션에서 @Bean 애너테이션으로 스프링 컨텍스트에 이 클래스 타입으로 빈을 만들어야 하는데, 필자는 @Component 스테레오타입 애너테이션을 이 클래스에 사용하기로 했다.

예제 9-4 요청 스코프로 지정된 LoginProcessor에서 로그인 로직 구현하기

```
@Component  ←── 스프링에 이 클래스가 빈이라고 지정하려고 스테레오타입 애너테이션을 사용한다.
@RequestScope  ←────── @RequestScope 애너테이션을 사용하여 빈을 요청 스코프로 지정한다.
public class LoginProcessor {          즉, 스프링은 HTTP 요청마다 새로운 인스턴스를 생성한다.

    private String username;  ←┐
    private String password;  ←┘ 빈은 자격 증명을 속성으로 저장한다.

    public boolean login() {  ←── 빈은 로그인 로직을 구현하는 메서드를 정의한다.
        String username = this.getUsername();
        String password = this.getPassword();
```

```
        if ("natalie".equals(username) && "password".equals(password)) {
            return true;
        } else {
            return false;
        }
    }

    // getters와 setters 생략
}
```

애플리케이션을 실행하고 웹 브라우저 주소 표시줄에서 localhost:8080을 입력하여 로그인 페이지에 접속할 수 있다. 다음 그림은 웹 페이지에 액세스한 후 유효한 자격 증명을 사용했을 때와 아닌 때 앱 동작을 보여 준다.

▼ 그림 9-7 웹 브라우저에서 웹 페이지에 접속하면 앱은 로그인 폼을 보여 준다. 유효한 자격 증명을 사용하면 앱은 로그인 성공 메시지를 보여 준다. 잘못된 자격 증명을 사용하면 앱은 로그인 실패(Login failed!) 메시지를 표시한다

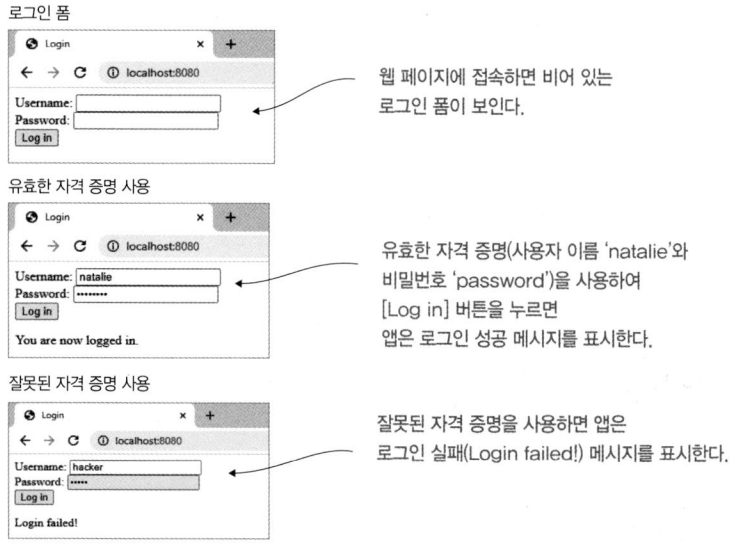

9.2 스프링 웹 앱에서 세션 스코프 사용

이 절에서는 세션 스코프 빈을 설명한다. 여러분이 웹 앱에 들어가 로그인하면 해당 앱의 웹 페이

지를 돌아다녀도 앱은 여전히 로그인되었다고 기억한다. 세션 스코프 빈은 스프링에서 관리되는 객체로, 스프링이 인스턴스를 생성하고 이를 HTTP 세션에 연결하는 역할을 한다. 클라이언트가 서버에 요청을 보내면 서버는 세션의 전체 기간 동안 이 요청을 위한 메모리 공간을 예약한다. 스프링은 특정 클라이언트에 대해 HTTP 세션이 생성될 때 세션 스코프 빈의 인스턴스를 생성한다. 이 인스턴스는 HTTP 세션이 활성화되어 있는 동안 동일한 클라이언트에서 재사용될 수 있다. 세션 스코프 빈 속성에 저장된 데이터는 HTTP 세션 동안 클라이언트의 모든 요청에 사용할 수 있다. 이런 데이터 저장 방식을 사용하면 사용자가 앱의 웹 페이지를 서핑하는 동안 수행하는 작업 정보의 저장이 가능하다.

▼ 그림 9-8 세션 스코프 빈은 클라이언트의 전체 HTTP 세션 기간 동안 컨텍스트에서 빈을 유지하는 데 사용된다. 스프링은 클라이언트가 오픈하는 세션마다 세션 스코프 빈 인스턴스를 생성한다. 클라이언트는 동일한 HTTP 세션으로 전송된 모든 요청에 대해 동일한 인스턴스에 액세스한다. 각 사용자는 고유한 세션을 가지며 세션 스코프 빈의 서로 다른 인스턴스에 액세스한다

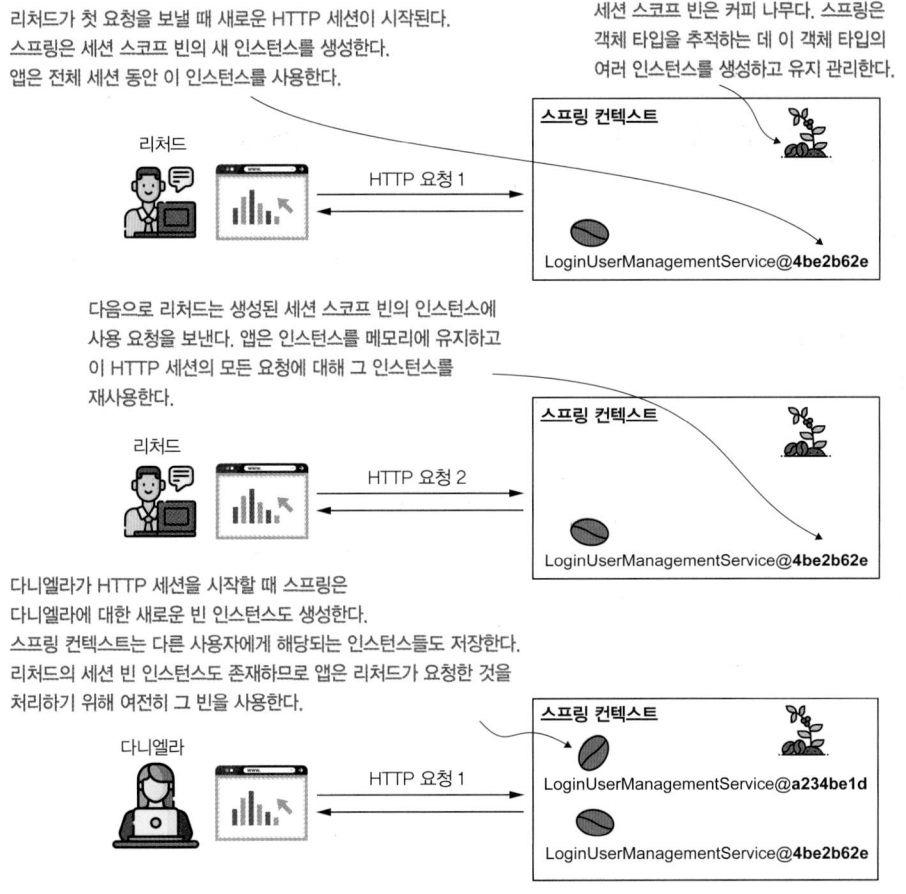

세션 스코프 빈을 나타내는 그림 9-8과 요청 스코프 빈을 나타내는 그림 9-2를 비교해 보자. 다

음 그림에서 두 방식의 차이를 비교했다. 요청 스코프 빈에서 스프링은 매 HTTP 요청마다 새로운 인스턴스를 생성하며, 세션 스코프 빈에서 스프링은 HTTP 세션당 하나의 인스턴스만 생성한다. 세션 스코프 빈에 동일한 클라이언트의 여러 요청 사이에 공유할 데이터를 저장할 수 있다.

❤ **그림 9-9** 요청 스코프 빈과 세션 스코프 빈을 비교하여 두 웹 빈 스코프의 차이점을 시각적으로 보여 준다. 스프링이 각 요청에 대해 새 인스턴스를 생성하도록 하려고 할 때 요청 스코프 빈을 사용한다. 세션 스코프 빈은 클라이언트의 HTTP 세션 전체에 걸쳐 빈과 함께 모든 세부 정보를 유지하려고 할 때 사용한다

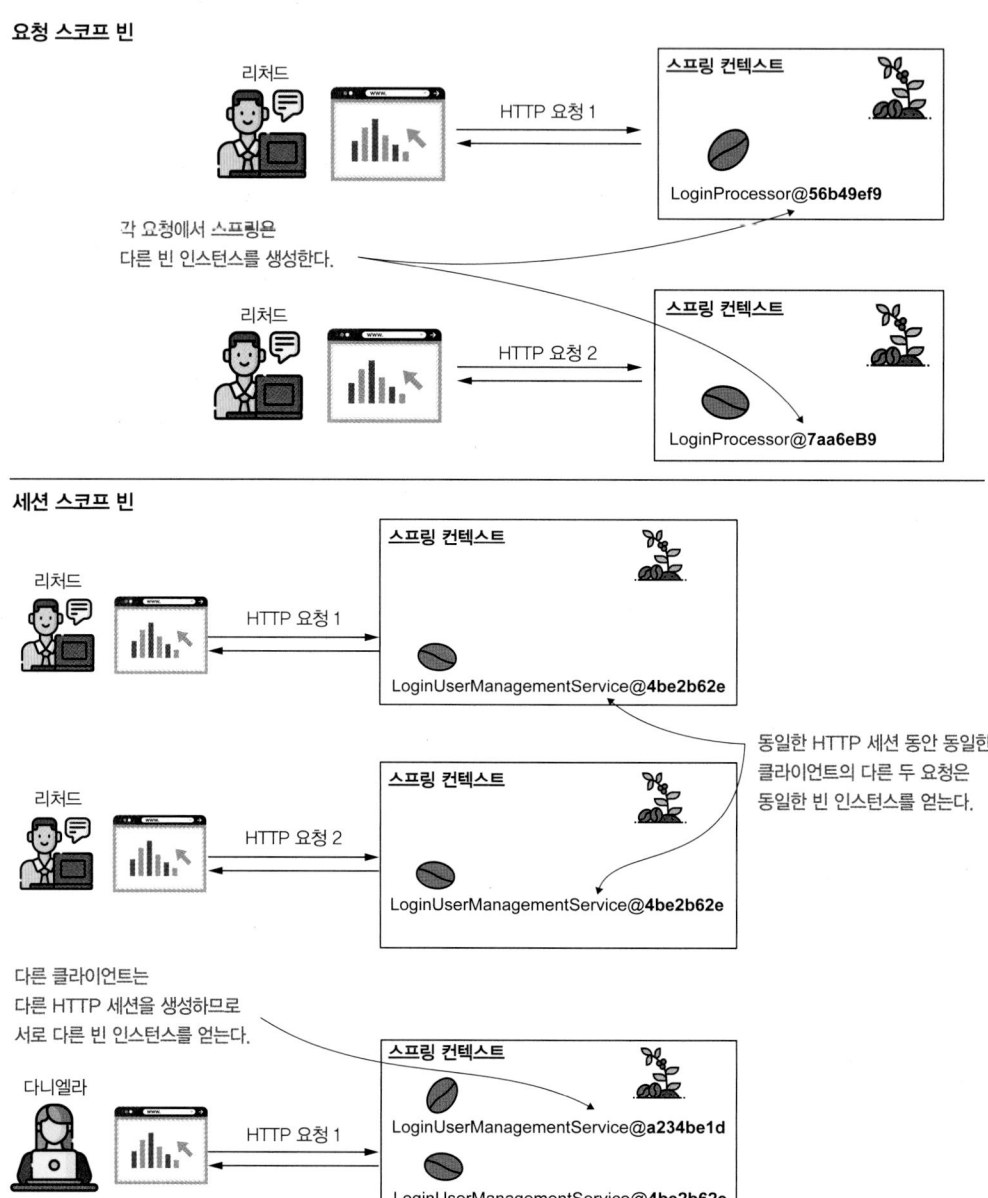

세션 스코프 빈을 사용하여 구현할 수 있는 몇 가지 기능에는 다음 예가 있다.

- **로그인**: 인증된 사용자가 앱의 여러 부분을 탐색하고 요청 전송하는 동안 그 사용자의 세부 정보를 유지한다.
- **온라인 쇼핑 장바구니**: 사용자가 앱의 여러 곳을 방문하여 장바구니에 추가할 제품을 검색한다. 장바구니는 고객이 추가한 모든 제품을 보관한다.

> **세션 스코프 빈의 핵심 관점**
>
> 요청 스코프 빈과 마찬가지로 프로덕션 앱에서 세션 스코프 빈을 사용하려는 경우 고려해야 할 세션 스코프 빈의 주요 특징을 분석해 보자.

사실	결과	고려 사항	기피 사항
• 세션 스코프 빈의 인스턴스는 전체 세션 기간 동안 유지된다. • 여러 요청이 세션 스코프 빈의 인스턴스를 공유할 수 있다. • 세션 스코프 빈은 데이터를 서버 측에 보관하여 요청 간 데이터를 공유하는 방법이다.	• 수명이 더 길고 요청 스코프 빈보다 가비지 컬렉션 빈도가 낮다. • 동일한 클라이언트가 인스턴스의 데이터를 변경하는 요청을 동시에 다수 실행하면 경쟁 조건 같은 멀티스레딩 관련 문제가 발생할 수 있다. • 구현하는 논리에 따라 요청이 서로 깊숙이 연관될 수 있다.	• 앱은 세션 스코프 빈에 저장한 데이터를 더 오랜 기간 동안 유지한다. • 이런 시나리오가 가능하다는 것을 알고 있다면 동기화 기술을 사용하여 동시성을 피해야 할 수도 있다. 일반적으로 이런 상황을 피할 수 있는지 확인하고 피할 수 없다면 최후의 수단으로 동기화를 유지하는 것이 좋다. • 한 앱의 메모리에 세부 정보를 상태 유지하게 하면(stateful) 클라이언트는 해당 앱의 특정 인스턴스에 종속된다. 세션 스코프 빈으로 특정 기능을 구현하기로 결정하기 전에 공유하려는 데이터를 세션이 아닌 데이터베이스에 저장하는 등 대안을 고려하라. 이렇게 하면 HTTP 요청을 서로 독립적으로 유지할 수 있다.	• 세션에 너무 많은 데이터를 보관해서는 안 된다. 이는 잠재적으로 성능 문제가 될 수 있다. 세션 스코프 빈 속성에는 비밀번호, 개인 키, 기타 세부 비밀 정보 같은 민감한 정보를 저장하면 안 된다.

사용자 로그인을 인식하고 사용자가 앱의 다른 웹 페이지에 액세스하는 동안 로그인한 사용자로 인식하려면 세션 스코프 빈을 계속 사용해야 한다. 이런 방식으로 예제에서는 프로덕션 애플리케이션으로 작업할 때 알아야 할 모든 관련 세부 사항을 알려 준다.

9.1절에서 구현한 애플리케이션을 로그인한 사용자만 액세스할 수 있는 웹 페이지를 표시하도록 변경해 보자. 사용자가 로그인하면 앱은 로그인한 사용자 이름이 포함된 환영 메시지를 표시하는 페이지로 사용자를 리디렉션하는데, 이 웹 페이지에는 로그아웃할 수 있는 링크가 있다.

이 변경 사항을 구현하려면 다음 단계를 수행해야 한다(그림 9-10).

1. 로그인한 사용자의 상세 정보를 유지할 세션 범위의 빈을 생성한다.
2. 사용자가 로그인한 후에만 액세스할 수 있는 웹 페이지를 만든다.
3. 사용자가 먼저 로그인하지 않으면 2.에서 만든 웹 페이지에 액세스할 수 없게 한다.
4. 인증에 성공하면 사용자를 로그인에서 메인 페이지로 리디렉션한다.

▼ 그림 9-10 세션 스코프 빈으로 로그인한 사용자만 액세스할 수 있는 앱 영역을 구현한다. 사용자가 인증하면 앱은 인증 후에만 접근할 수 있는 웹 페이지로 리디렉션한다. 사용자가 인증 전에 이 웹 페이지에 액세스하려면 앱은 로그인 폼으로 리디렉션한다

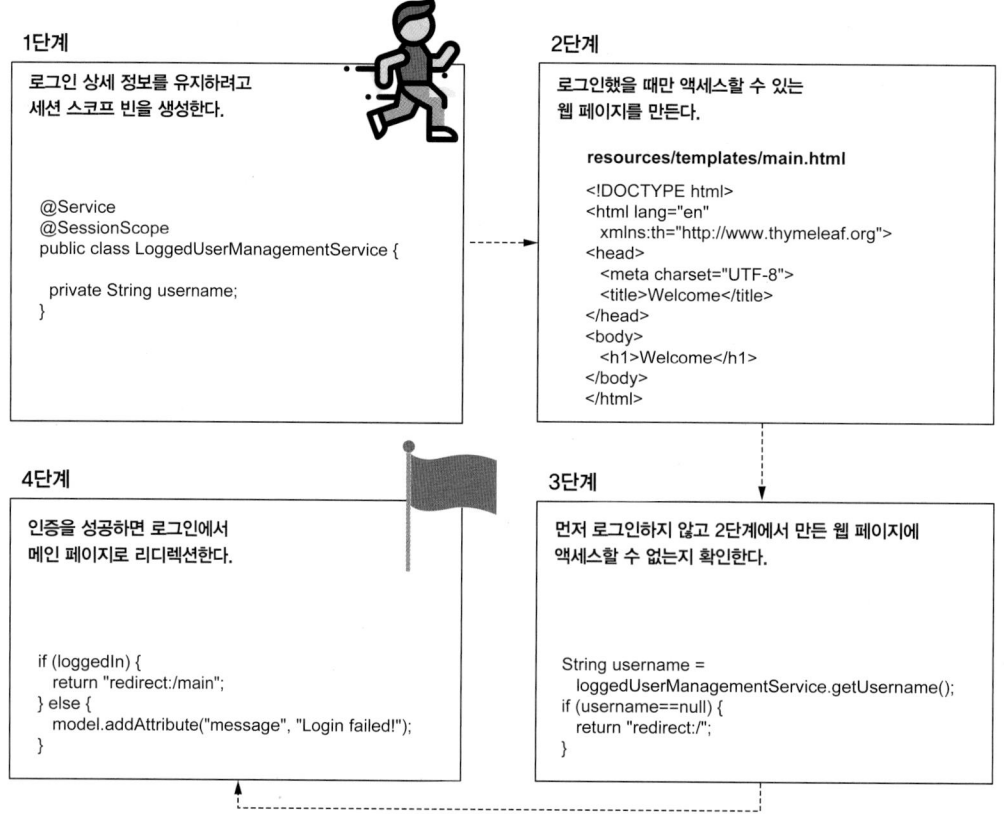

이 예제의 변경 사항을 sq-ch9-ex2 프로젝트로 분리했다.

다행히도 스프링에서 세션 스코프 빈을 생성하는 것은 빈 클래스에 @SessionScope 애너테이션을 사용하는 것처럼 간단하다. 다음 예제처럼 새 클래스인 LoggedUserManagementService를 생성하고 세션 스코프로 만들어 보자.

예제 9-5 세션 스코프 빈을 정의하여 로그인된 사용자 상세 정보 보관하기

```
                 @Service 스테레오타입 애너테이션을 추가하여 스프링이
@Service ◀─── 이 클래스를 컨텍스트 빈으로 관리하도록 지정한다.
@SessionScope ◀─── @SessionScope를 사용하면 빈의 스코프를 세션으로 변경할 수 있다.
public class LoggedUserManagementService {

    private String username;

    // getters와 setters 생략
}
```

사용자가 로그인에 성공할 때마다 이 빈의 username 속성에 사용자 이름을 저장한다. 다음 예제처럼 인증 로직을 처리하려고 9.1절에서 구현한 LoginProcessor 클래스에서 LoggedUserManagementService 빈을 오토와이어링한다.

예제 9-6 로그인 로직에 LoggedUserManagementService 사용하기

```
@Component
@RequestScope
public class LoginProcessor {

    private final LoggedUserManagementService loggedUserManagementService;

    private String username;
    private String password;

    public LoginProcessor( ◀─── LoggedUserManagementService 빈을 오토와이어링한다.
            LoggedUserManagementService loggedUserManagementService) {
        this.loggedUserManagementService = loggedUserManagementService;
    }

    public boolean login() {
        String username = this.getUsername();
        String password = this.getPassword();
```

```
        boolean loginResult = false;
        if ("natalie".equals(username) && "password".equals(password)) {
            loginResult = true;
            loggedUserManagementService.setUsername(username); ◀──┐
        }                                                          │
                                                      LoggedUserManagementService 빈에
        return loginResult;                           username을 저장한다.
    }

    // getters와 setters 생략
}
```

LoginProcessor 빈이 요청 스코프라는 것을 주시하자. 즉, 스프링은 매 로그인 요청에 대해 이 인스턴스를 생성한다. 인증 로직을 실행하기 위해서는 요청 중에 사용자 이름과 비밀번호 속성 값만 필요하다.

LoggedUserManagementService 빈은 세션 스코프로 지정되어 있으므로 이제 HTTP 세션 전체에서 사용자 이름 값에 액세스할 수 있다. 이 값을 사용하여 우리는 누가 로그인했는지 알 수 있다. 애플리케이션 프레임워크는 각 HTTP 요청을 올바른 세션에 연결하기 때문에 여러 사용자가 로그인해도 걱정할 필요 없다. 다음 그림은 로그인 흐름을 시각적으로 설명한다.

▼ 그림 9-11 예제에서 구현된 로그인 흐름도: 사용자가 자격 증명을 제출하면 로그인 프로세스가 시작된다. 사용자의 로그인 자격 증명이 올바르다면 사용자 이름(username)은 세션 스코프 빈에 저장되고 앱은 메인 페이지로 리디렉션된다. 자격 증명이 올바르지 않다면 앱은 로그인 페이지로 되돌아가 로그인 실패 메시지를 표시한다

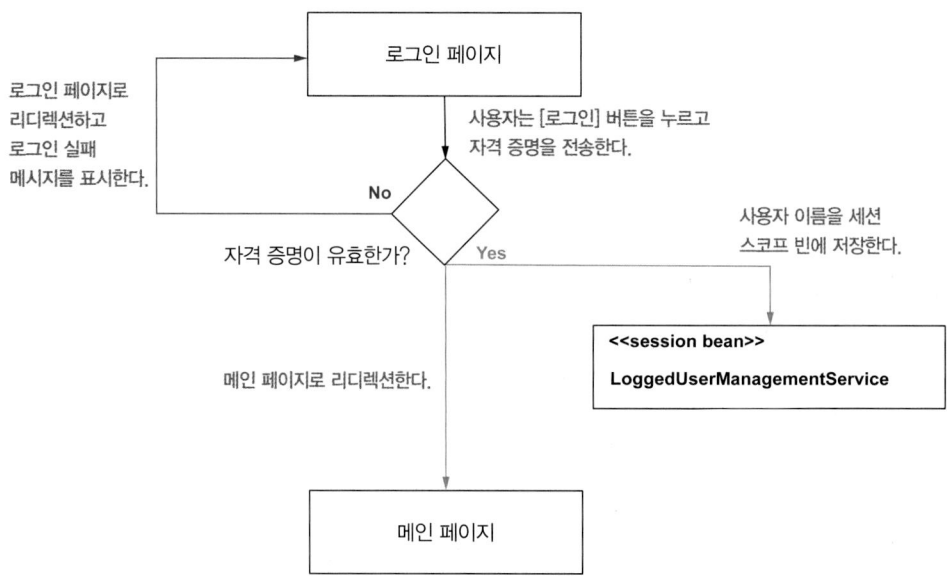

이제 새로운 페이지를 만들고 사용자가 이미 로그인했을 때만 해당 웹 페이지에 액세스할 수 있다. 새 웹 페이지에 대한 새 컨트롤러(MainController라고 정함)를 정의한다. 액션을 정의하고 /main 경로에 매핑한다. 사용자가 로그인했을 때만 이 경로에 액세스할 수 있도록 하려고 LoggedUserManagementService 빈에 사용자 이름이 저장되어 있는지 확인한다. 저장되어 있지 않다면 로그인 페이지로 리디렉션한다. 다른 웹 페이지로 리디렉션하려면 컨트롤러 액션이 리디렉션하려는 경로 뒤에 redirect: 문자열을 반환해야 한다. 다음 그림은 메인 페이지의 로직을 시각적으로 보여 준다.

▼ 그림 9-12 인증했을 때만 메인 페이지에 액세스할 수 있다. 앱이 사용자를 인증하면 사용자 이름(username)을 세션 스코프 빈에 저장한다. 이것으로 앱은 사용자가 로그인했는지 인식한다. 누군가 메인 페이지에 액세스할 때 사용자 이름이 세션 스코프 빈에 없다면 (인증하지 않았다면) 앱은 로그인 페이지로 리디렉션한다

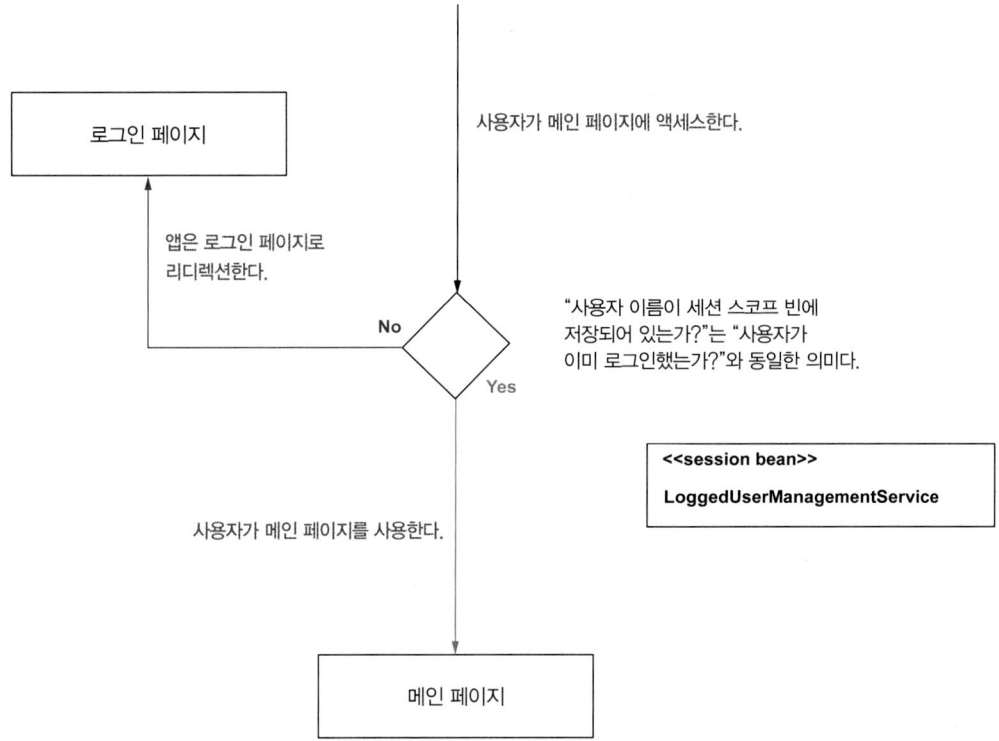

다음 예제는 MainController 클래스를 보여 준다.

예제 9-7 MainController 클래스

```
@Controller
public class MainController {
```

```java
        private final LoggedUserManagementService loggedUserManagementService;
                                    // 사용자의 로그인 여부를 알아내려고
        public MainController(  ◄── LoggedUserManagementService 빈을 오토와이어링한다.
                LoggedUserManagementService loggedUserManagementService) {
            this.loggedUserManagementService = loggedUserManagementService;
        }

        @GetMapping("/main")
        public String home() {
            String username =  ◄── username 값을 가져온다. 로그인했다면 null이 아닌 다른 값이어야 한다.
                loggedUserManagementService.getUsername();

            if (username==null) {  ◄── 사용자가 로그인하지 않았다면 로그인 페이지로 리디렉션한다.
                return "redirect:/";
            }

            return "main.html";  ◄── 사용자가 로그인했다면 메인 페이지 뷰를 반환한다.
        }
    }
```

스프링 부트 프로젝트의 resources/templates 폴더에 뷰를 정의할 main.html을 추가해야 한다. 다음 예제는 main.html 페이지 내용을 보여 준다.

예제 9-8 main.html 페이지 내용

```html
<!DOCTYPE html>
<html lang="en" xmlns:th="http://www.thymeleaf.org">
<head>
    <meta charset="UTF-8">
    <title>Welcome</title>
</head>
<body>
    <h1>Welcome</h1>
</body>
</html>
```

사용자가 로그아웃하는 것도 쉽다. LoggedUserManagementService 세션 빈에서 사용자 이름을 null로 설정하기만 하면 된다. 웹 페이지에 Log out 링크를 만들고 환영 메시지에 로그인한 사용자 이름도 추가해 보자. 다음 예제는 뷰를 정의하는 main.html의 변경 사항을 보여 준다.

예제 9-9 main.html 페이지에 Log out 링크 추가하기

```html
<!DOCTYPE html>
<html lang="en" xmlns:th="http://www.thymeleaf.org">
<head>
    <meta charset="UTF-8">
    <title>Login</title>
</head>
<body>
    <h1>Welcome, <span th:text="${username}"></span></h1>
    <a href="/main?logout">Log out</a>
</body>
</html>
```

컨트롤러에서 사용자 이름(username)을 받아 웰컴 메시지에 표시한다.

'logout'이라는 요청 매개변수를 설정하는 웹 페이지 링크를 추가한다. 컨트롤러가 이 매개변수를 받으면 세션에서 username 값을 삭제한다.

main.html 페이지의 이런 변경은 기능 완료를 위해 컨트롤러에서 일부 변경해야 한다는 것을 가정한다. 다음 예제는 컨트롤러의 액션에서 로그아웃 요청 매개변수를 가져와 웹 페이지에 표시할 뷰에 사용자 이름을 전달하는 방법을 보여 준다.

예제 9-10 로그아웃 요청 매개변수를 기반으로 사용자 로그아웃하기

```java
@Controller
public class MainController {

    // 코드 생략

    @GetMapping("/main")
    public String home(
            @RequestParam(required=false) String logout,
            Model model    // 뷰에 username을 전송하려고 Model 매개변수를 추가한다.
    ) {
        if (logout != null) {    // logout 매개변수가 있다면 LoggedUserManagementService 빈에서 username 값을 삭제한다.
            loggedUserManagementService.setUsername(null);
        }

        String username = loggedUserManagementService.getUsername();

        if (username == null) {
            return "redirect:/";
        }

        model.addAttribute("username", username);    // 뷰에 username을 전달한다.
        return "main.html";
    }
}
```

사용자가 인증하면 메인 페이지로 리디렉션하도록 LoginController를 변경하려고 한다. 원하는 결과를 얻으려면 다음 예제에 표시된 것처럼 LoginController 액션을 변경해야 한다.

예제 9-11 로그인 후 메인 페이지로 리디렉션하기

```
@Controller
public class LoginController {

    // 코드 생략

    @PostMapping("/")
    public String loginPost(
            @RequestParam String username,
            @RequestParam String password,
            Model model
    ) {
        loginProcessor.setUsername(username);
        loginProcessor.setPassword(password);
        boolean loggedIn = loginProcessor.login();

        if (loggedIn) {    ◀── 사용자가 성공적으로 인증하면 앱은 메인 페이지로 리디렉션한다.
            return "redirect:/main";
        }

        model.addAttribute("message", "Login failed!");
        return "login.html";
    }
}
```

이제 애플리케이션을 시작하여 로그인을 테스트할 수 있다(사용자 이름 'natalie'와 비밀번호 'password'). 올바른 자격 증명을 제공하면 앱이 메인 페이지로 리디렉션된다(그림 9-13). 로그 아웃 링크를 클릭하면 앱이 다시 로그인 페이지로 리디렉션된다. 인증하지 않고 메인 페이지에 액세스하려고 하면 앱은 로그인 페이지로 리디렉션한다.

▼ **그림 9-13** 두 페이지 사이의 흐름: 사용자가 로그인하면 앱은 메인 페이지로 리디렉션한다. 사용자가 Log out 링크를 클릭하면 다시 로그인 폼으로 리디렉션된다

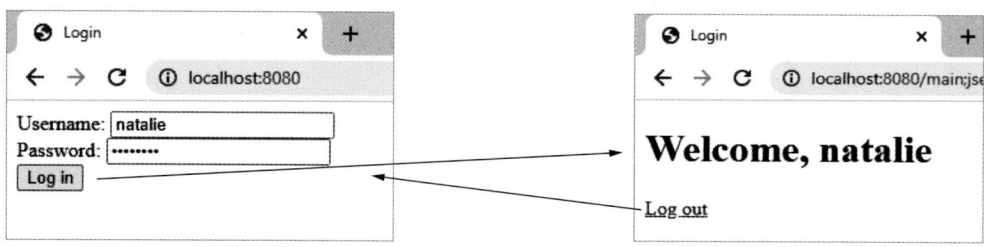

9.3 스프링 웹 앱에서 애플리케이션 스코프 사용

이 절에서는 애플리케이션 스코프(application scope)를 설명한다. 먼저 이런 스코프가 있다는 것과 스코프 동작 방식을 설명하고 프로덕션 앱에서는 사용하지 않는 것이 좋다는 점을 강조하고 싶다. 모든 클라이언트 요청은 애플리케이션 스코프 빈을 공유한다(그림 9-14).

애플리케이션 스코프는 싱글톤 작동 방식과 비슷하다. 차이점은 컨텍스트에 동일한 타입의 인스턴스가 없다는 것과 웹 스코프(애플리케이션 스코프 포함)의 라이프사이클을 논의할 때 항상 HTTP 요청을 참조 기준점으로 사용한다는 것이다. 애플리케이션 스코프 빈의 싱글톤 빈은 5장에서 설명한 것과 동일한 동시성 문제에 직면하게 되는데, 싱글톤 빈에는 불변 속성을 사용하는 편이 좋다. 애플리케이션 스코프 빈에도 동일한 규칙을 적용할 수 있는데, 빈의 속성을 불변으로 만들면 싱글톤 빈을 직접 사용할 수 있다.

▼ 그림 9-14 스프링 웹 앱에서 애플리케이션 스코프를 이해한다. 애플리케이션 스코프 빈은 모든 클라이언트에서 전송된 모든 HTTP 요청 사이에 공유된다. 스프링 컨텍스트는 해당 빈 타입의 인스턴스를 단 하나만 제공하고 누구나 사용할 수 있다

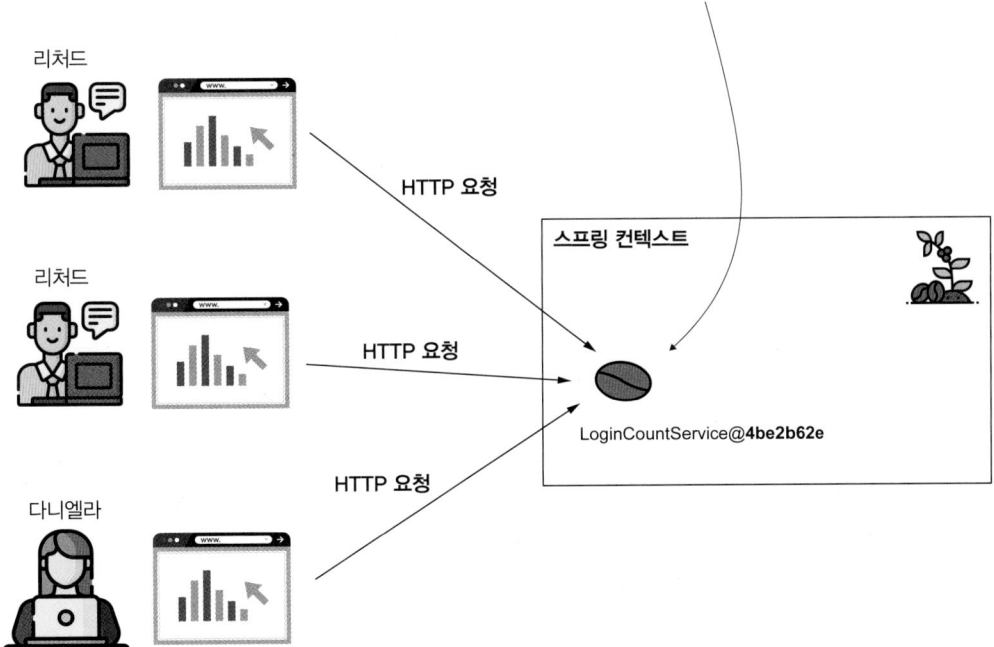

일반적으로 개발자는 애플리케이션 스코프 빈 대신에 데이터베이스와 같은 영속성(persistence) 계층(12장에서 자세히 다룬다)을 직접 사용하는 편이 좋다.

이러한 시나리오를 이해하는 데는 항상 예제를 활용하면 이해하기 편하다. 이 장에서 작업한 애플리케이션을 변경하고 로그인 시도 횟수를 계산하는 기능을 추가해 볼 것이다. 이 예제는 sq-ch9-ex3 프로젝트에서 확인할 수 있다.

모든 사용자의 로그인 시도 횟수를 세어야 하므로 애플리케이션 스코프 빈에 총 횟수를 저장한다. 그림 LoginCountService 애플리케이션 스코프 빈을 만들어 그 속성에 총 횟수를 저장해 보자. 다음 예제는 이 클래스 정의를 보여 준다.

예제 9-12 LoginCountService 클래스로 로그인 시도 횟수 세기

```
@Service
@ApplicationScope  ← @ApplicationScope 애너테이션은 애플리케이션 스코프(scope)에 대한 빈 스코프를 정의한다.
public class LoginCountService {

    private int count;

    public void increment() {
        count++;
    }

    public int getCount() {
        return count;
    }
}
```

LoginProcessor는 다음 예제처럼 이 빈을 오토와이어링해서 새로운 로그인 시도에 대한 increment() 메서드를 호출한다.

예제 9-13 모든 로그인 요청에 대한 로그인 횟수 구현하기

```
@Component
@RequestScope
public class LoginProcessor {

    private final LoggedUserManagementService loggedUserManagementService;
    private final LoginCountService loginCountService;

    private String username;
    private String password;
```

```
public LoginProcessor(      ◀── 생성자 매개변수를 사용하여 LoginCountService 빈을 주입한다.
        LoggedUserManagementService loggedUserManagementService,
        LoginCountService loginCountService) {
    this.loggedUserManagementService = loggedUserManagementService;
    this.loginCountService = loginCountService;
}

public boolean login() {
    loginCountService.increment();    ◀── 로그인 시도 횟수를 더한다.

    String username = this.getUsername();
    String password = this.getPassword();

    boolean loginResult = false;
    if ("natalie".equals(username) && "password".equals(password)) {
        loginResult = true;
        loggedUserManagementService.setUsername(username);
    }

    return loginResult;
}

// 코드 생략
}
```

마지막으로 해야 할 일은 이 값을 표시하는 것이다. 7장부터 지금까지 작업한 예제에서 이미 학습했듯이, 컨트롤러의 액션에서 Model 매개변수를 사용하여 카운트 값을 뷰로 전송할 수 있다. 그런 다음 타임리프를 사용하여 뷰에 로그인 횟수를 표시할 수 있다. 다음 예제는 컨트롤러에서 뷰로 값을 전송하는 방법을 보여 준다.

예제 9-14 컨트롤러의 로그인 횟수 값을 메인 페이지에 표시하려고 전송하기

```
@Controller
public class MainController {

// 코드 생략

    @GetMapping("/main")
    public String home(
            @RequestParam(required=false) String logout,
            Model model
    ) {
```

```
        if (logout != null) {
            loggedUserManagementService.setUsername(null);
        }

        String username = loggedUserManagementService.getUsername();
        int count = loginCountService.getCount();   ◀── 애플리케이션 스코프 빈에서
                                                          로그인 횟수 값을 얻는다.
        if (username==null) {
            return "redirect:/";
        }

        model.addAttribute("username", username);
        model.addAttribute("loginCount", count);   ◀── 뷰의 카운트 값을 전송한다.

        return "main.html";
    }
}
```

다음 예제는 로그인 횟수를 웹 페이지에 표시하는 방법을 보여 준다.

예제 9-15 메인 페이지에 로그인 횟수 표시하기

```
<!DOCTYPE html>
<html lang="en" xmlns:th="http://www.thymeleaf.org">
<head>
    <meta charset="UTF-8">
    <title>Login</title>
</head>
<body>
    <h1>Welcome, <span th:text="${username}"></span></h1>
    <h2>
        Your login number is
            <span th:text="${loginCount}"></span>   ◀── 웹 페이지에 횟수를 표시한다.
    </h2>
    <a href="/main?logout">Log out</a>
</body>
</html>
```

앱을 실행하면 다음 그림과 같이 메인 페이지에서 로그인을 시도한 전체 횟수를 확인할 수 있다.

▼ 그림 9-15 애플리케이션 실행 결과는 모든 사용자 로그인의 총 횟수를 표시하는 웹 페이지다. 이 메인 페이지에 로그인을 시도한 총 횟수가 표시된다

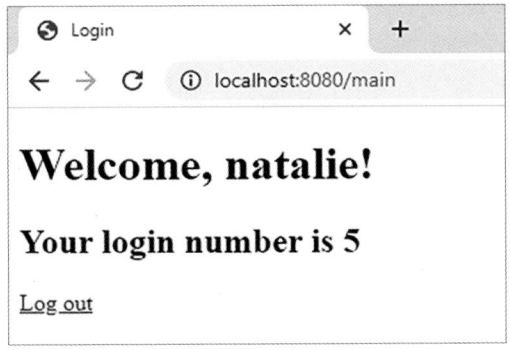

9.4 요약

- 싱글톤과 프로토타입 빈 스코프(2~5장에서 설명) 외에도 스프링 웹 앱에서 사용할 수 있는 세 가지 빈 스코프로 더 많은 이점을 얻을 수 있다. 이런 스코프는 웹 앱에서만 의미가 있어 웹 스코프라고 한다.
    - 요청 스코프(request scope): 스프링은 HTTP 요청별로 빈 인스턴스를 생성한다.
    - 세션 스코프(session scope): 스프링은 클라이언트의 HTTP 세션별로 빈 인스턴스를 생성한다. 동일 클라이언트의 여러 요청에서 동일한 인스턴스를 공유할 수 있다.
    - 애플리케이션 스코프(application scope): 해당 빈에 대해 애플리케이션 전체에서 하나의 인스턴스만 존재한다. 클라이언트의 모든 요청은 이 인스턴스에 액세스할 수 있다.
- 스프링은 요청 스코프가 지정된 빈 인스턴스가 한 HTTP 요청에서만 액세스되도록 보장한다. 따라서 동시성 관련 문제를 걱정할 필요 없이 인스턴스 속성을 사용할 수 있으며, 앱 메모리를 다 소진할 염려도 없다. 수명이 짧기 때문에 이 인스턴스는 HTTP 요청이 종료되면 가비지 컬렉션될 수 있다.
- 스프링은 각 HTTP 요청에 대해 요청 스코프 빈의 인스턴스를 생성하며, 이 작업은 매우 빈번히 발생하므로 생성자 또는 @PostConstruct 메서드에서 복잡한 로직을 구현해서 인스턴스 생성을 어렵게 만들지 않는 것이 좋다.

- 스프링은 세션 스코프의 빈 인스턴스를 클라이언트의 HTTP 세션에 연결한다. 이 세션 스코프의 빈 인스턴스를 사용하면 동일한 클라이언트에서 오는 여러 HTTP 요청 간에 데이터를 공유할 수 있다.
- 동일한 클라이언트라고 하더라도 클라이언트는 동시에 HTTP 요청을 보낼 수 있다. 여러 요청이 세션 스코프 인스턴스의 데이터를 변경한다면 경쟁 조건 시나리오에 빠질 수 있다. 따라서 이런 상황을 고려하여 이를 피하거나 코드를 동기화해서 동시성을 지원해야 한다.
- 애플리케이션 스코프 빈 인스턴스의 사용은 피하는 것이 좋다. 애플리케이션 스코프 빈 인스턴스는 모든 웹 앱 요청으로 공유되므로, 모든 쓰기 작업에는 일반적으로 동기화가 필요하여 병목 현상이 발생하고 앱 성능에 큰 영향을 미친다. 또 이런 빈은 앱 자체만큼 오랜 기간 앱 메모리에 상주하므로 가비지 컬렉션이 불가능하다. 더 나은 방식은 데이터를 데이터베이스에 직접 저장하는 방식이며, 11장에서 자세히 다룬다.
- 세션 스코프 빈과 애플리케이션 스코프 빈 모두 요청의 독립성을 저해한다. 이는 애플리케이션이 요청에 필요한 상태를 관리하거나 앱이 상태형(stateful)임을 의미한다. 상태형 앱은 다양한 문제를 야기하므로 피하는 것이 상책이다. 이런 문제를 모두 설명하는 것은 이 책의 목적을 벗어나지만, 대안을 고려하는 것이 더 현명한 결정임을 아는 것이 중요하다.

10장

REST 서비스 구현

10.1 REST 서비스를 이용한 앱 간 데이터 교환

10.2 REST 엔드포인트 구현

10.3 HTTP 응답 관리

10.4 요청 본문을 사용하여 클라이언트의 데이터 가져오기

10.5 요약

이 장에서 다룰 내용
- REST 서비스 이해하기
- REST 엔드포인트 구현하기
- HTTP 응답으로 서버가 클라이언트로 전송하는 데이터 관리하기
- HTTP 요청 본문(body)에서 클라이언트가 보낸 데이터 가져오기
- 엔드포인트 수준에서 예외 관리하기

7장부터 9장까지는 웹 애플리케이션과 관련하여 REST(REpresentational State Transfer) 서비스를 몇 번 언급했다. 이 장에서는 REST 서비스 논의를 확장하여 REST 서비스가 웹 앱에만 관련되지 않았음을 설명할 것이다.

REST 서비스는 두 앱 간 통신을 구현하는 데 가장 자주 접하는 방법 중 하나로, 클라이언트가 호출할 수 있는 엔드포인트를 이용하여 서버가 노출하는 기능에 액세스할 수 있게 해 준다.

웹 앱에서는 REST 서비스를 이용하여 클라이언트와 서버 간 통신을 설정하지만 모바일 앱과 백엔드, 두 백엔드 서비스 간 통신을 개발하는 데 REST 서비스를 이용할 수 있다(그림 10-1).

❤ 그림 10-1 REST 서비스는 두 앱 간 통신 방법 중 하나로 오늘날 많은 곳에서 REST 서비스를 찾을 수 있다. 웹 클라이언트 앱이나 모바일 앱은 REST 엔드포인트를 이용하여 백엔드 솔루션을 호출할 수 있다. 백엔드 서비스 간에도 REST 웹 서비스 호출을 사용하여 통신할 수 있다

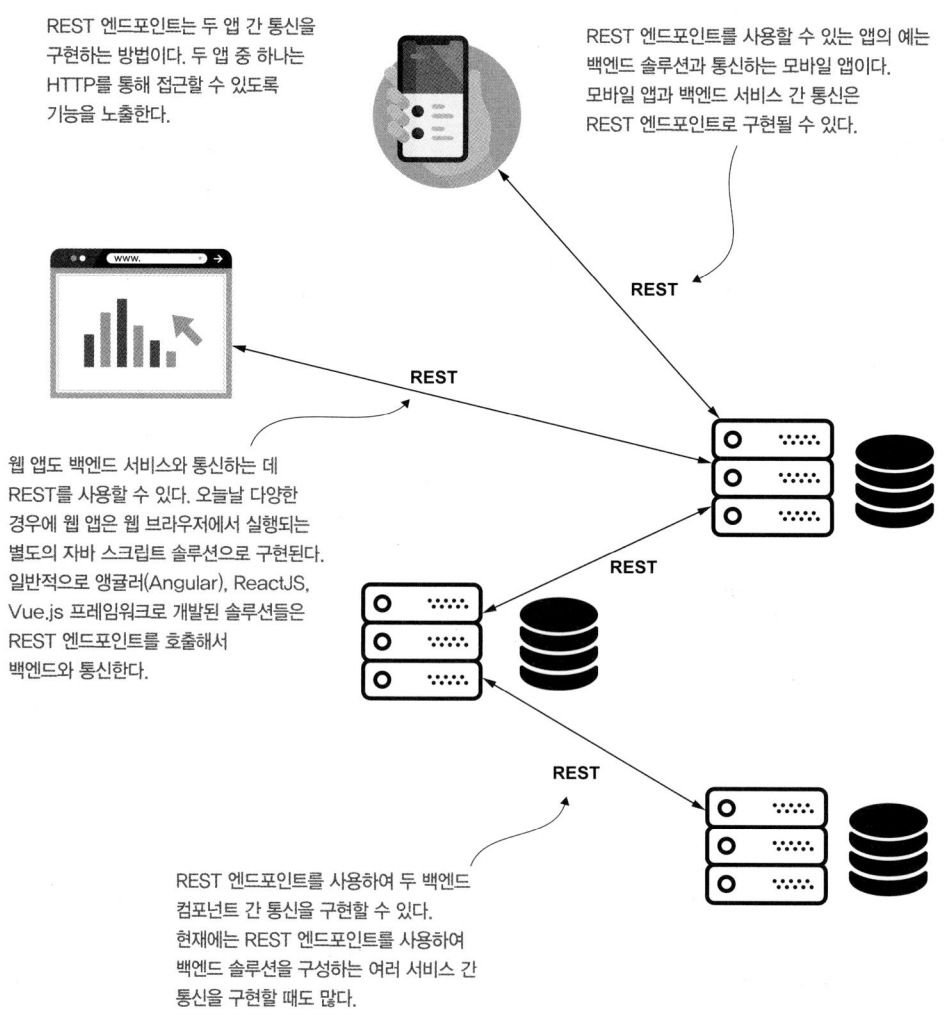

오늘날 많은 스프링 앱에서 REST 서비스를 접하고 작업할 수 있기 때문에 이 주제는 모든 스프링 개발자가 반드시 배워야 할 내용이라고 생각한다.

10.1절에서 REST 서비스가 정확히 무엇인지 논의하는 것부터 시작한다. 7장부터 9장까지 설명한 내용과 동일한 스프링 MVC 메커니즘으로 스프링이 REST 서비스를 지원함을 알게 될 것이다. 10.2절에서는 REST 엔드포인트로 작업할 때 알아야 할 필수 구문을 설명한다. 몇 가지 예제로 스프링 개발자가 REST 서비스를 이용하여 두 앱 간 통신을 구현할 때 알아야 할 중요한 점들을 자세히 설명할 것이다.

10.1 REST 서비스를 이용한 앱 간 데이터 교환

이 절에서는 REST 서비스와 스프링이 스프링 MVC 구현을 어떻게 지원하는지 설명한다. REST 엔드포인트는 단순히 두 앱 간 통신을 구현하는 방법이며, HTTP 메서드와 경로(path)에 매핑된 컨트롤러 액션을 구현하는 것만큼이나 간단하다. 앱은 HTTP로 이 컨트롤러 액션을 호출한다. 앱은 웹 프로토콜로 서비스를 노출하는 방식을 따르기 때문에 우리는 이 엔드포인트를 웹 서비스(web service)라고 한다.

결국 스프링에서 REST 엔드포인트는 HTTP 메서드와 경로에 매핑된 컨트롤러 액션이다. 스프링은 웹 앱에서 배운 것과 동일한 메커니즘을 사용하여 REST 엔드포인트를 노출한다. REST 서비스가 유일하게 다른 점은 스프링 MVC 디스패처 서블릿이 뷰를 찾지 않는다는 것이다. 따라서 7장에서 배운 스프링 MVC 다이어그램에서 뷰 리졸버가 없어진다. 서버는 컨트롤러의 액션이 반환하는 것을 클라이언트에 대한 HTTP 응답으로 직접 전송한다. 그림 10-2는 바뀐 MVC 흐름도를 보여 준다.

▼ 그림 10-2 REST 엔드포인트를 구현할 때 스프링 MVC 흐름도에 바뀌는 부분이 있다. 클라이언트는 컨트롤러의 액션이 직접 반환한 데이터가 필요하기 때문에 앱은 더 이상 뷰 리졸버가 필요 없다. 컨트롤러의 동작이 완료되면 디스패처 서블릿은 뷰를 렌더링하지 않고 HTTP 응답을 반환한다

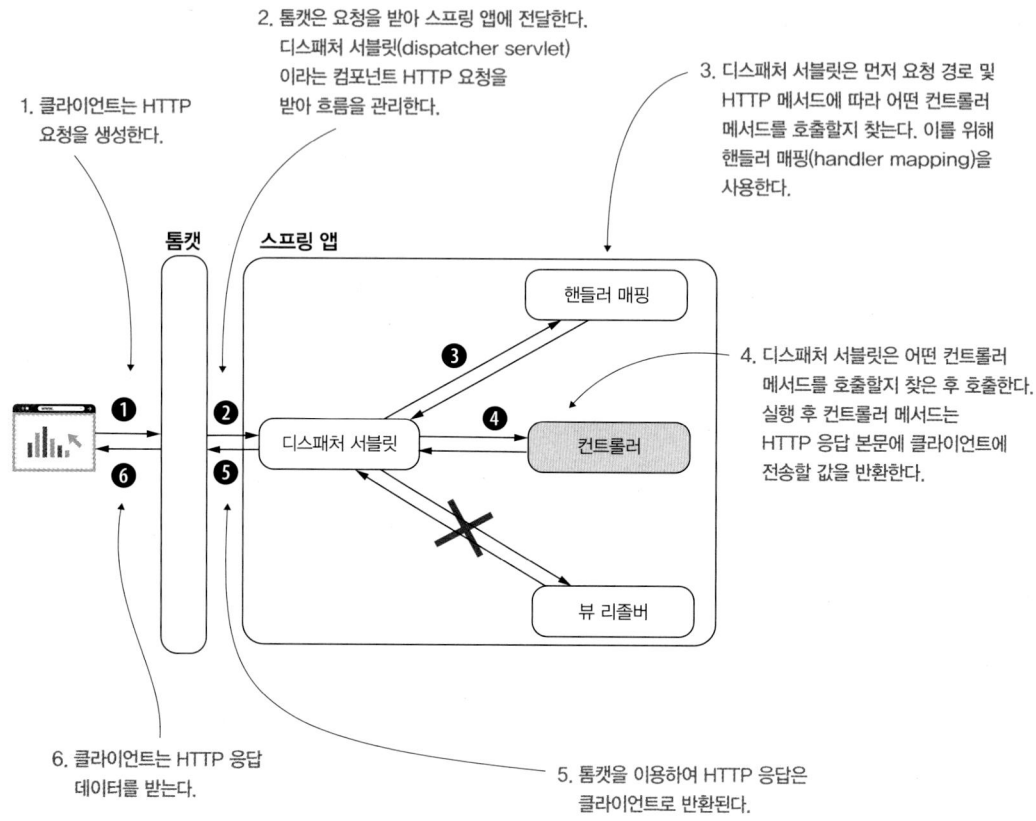

REST 서비스가 사용하기 편하다는 것을 알게 될 것이다. 그 단순함이 오늘날 REST를 자주 사용하는 이유로, 스프링을 사용하면 구현도 간단해진다. 하지만 첫 번째 예제를 시작하기 전에 REST 엔드포인트에 수반될 수 있는 몇 가지 통신 문제를 알려 주고자 한다.

- 컨트롤러 작업이 완료되는 데 오랜 시간이 소요된다면 엔드포인트에 대한 HTTP 호출이 타임아웃(time out)되어 통신이 중단될 수 있다.

- HTTP 요청으로 한 번의 호출에 대량의 데이터를 전송하면 호출이 타임아웃되어 통신이 중단될 수 있다. REST 호출로 수 메가바이트 이상을 전송하는 것은 일반적으로 올바른 결정이 아니다.

- 백엔드 컴포넌트로 노출된 엔드포인트에 대한 동시 호출이 과도하면 앱은 지나치게 많은 부하를 받아 실패할 수 있다.

- 네트워크는 HTTP 호출을 지원하지만 네트워크가 100% 신뢰할 수 있는 것은 아니다. 네트워크 때문에 REST 엔드포인트 호출이 실패할 가능성은 항상 존재한다.

REST를 사용하여 두 앱 간 통신을 구현할 때는 호출이 실패할 경우 발생할 수 있는 상황과 앱에 어떤 영향을 미칠 수 있는지 항상 고려해야 한다. 데이터가 어떤 식으로든 영향을 받을 수 있는지 스스로에게 되물어 보자. 앱을 설계한 방식이 엔드포인트 호출에 실패할 경우 데이터 불일치를 초래할 수 있을까? 앱이 사용자에게 오류를 표시해야 한다면 어떻게 해야 할까? 이는 복잡한 문제이며 이 책 범위를 벗어난 아키텍처 지식이 필요하다. 더 많은 내용이 궁금하다면 API 설계의 모범 사례를 설명하는 훌륭한 가이드인 지왁스(J. J. Geewax)의 〈API Design Patterns〉(Manning, 2021)의 일독을 권한다.

10.2 REST 엔드포인트 구현

이 절에서는 스프링에서 REST 엔드포인트 구현 방법을 배울 것이다. 좋은 소식은 스프링이 REST 엔드포인트의 이면에서 동일한 스프링 MVC 메커니즘을 사용하므로 이미 여러분은 7~8장에서 엔드포인트 작동 방식의 상당 부분을 배웠다는 것이다. sq-ch10-ex1 프로젝트의 예제부터 시작해 보자. 7~8장에서 이미 논의한 내용을 바탕으로 예제를 구축할 것이며, 간단한 웹 컨트롤러를 REST 컨트롤러로 변환하여 REST 웹 서비스를 구현하는 방법을 배울 것이다.

예제 10-1은 간단한 액션을 구현하는 컨트롤러 클래스를 보여 준다. 7장에서 배운 것처럼 컨트롤러 클래스에 @Controller 스테레오타입 애너테이션을 추가한다. 이렇게 하면 스프링 컨텍스트에서 클래스의 인스턴스가 빈이 되고 스프링 MVC는 이 애너테이션이 메서드를 특정 HTTP 경로에 매핑하는 컨트롤러라고 인식한다. 또 @GetMapping 애너테이션을 사용하여 액션 경로와 HTTP 메서드를 지정했다. 이 예제에서 유일하게 새로 추가된 점은 @ResponseBody 애너테이션을 사용한다는 것이다. @ResponseBody 애너테이션은 컨트롤러의 액션이 뷰 이름이 아니라 HTTP 응답으로 직접 전송된 데이터를 반환한다는 것을 디스패처 서블릿에 알려 준다.

예제 10-1 컨트롤러 클래스에서 REST 엔드포인트 액션 구현하기

```
@Controller       ◀── @Controller 애너테이션으로 스프링 MVC 컨트롤러라고 표시한다.
public class HelloController {
                            @GetMapping 애너테이션으로 GET HTTP 메서드와 경로를
    @GetMapping("/hello") ◀── 컨트롤러 액션과 연결한다.
    @ResponseBody    ◀──── @ResponseBody 애너테이션으로 이 메서드가 뷰 이름이 아닌
    public String hello() {  HTTP 응답을 직접 반환한다고 디스패처 서블릿에 알려 준다.
        return "Hello!";
    }
}
```

이제 다음 예제에 표시된 것처럼 컨트롤러에 메서드를 더 추가하면 어떻게 되는지 살펴보자. 모든 메서드에 @ResponseBody 애너테이션을 반복하는 것은 귀찮은 일이다.

예제 10-2 @ResponseBody 애너테이션이 중복된 코드

```
@Controller
public class HelloController {

    @GetMapping("/hello")
    @ResponseBody
    public String hello() {
        return "Hello!";
    }

    @GetMapping("/ciao")
    @ResponseBody
    public String ciao() {
        return "Ciao!";
    }
}
```

모범 사례는 코드 중복을 피하는 것이다. 모든 메서드에서 @ResponseBody 애너테이션을 반복해서 추가하는 것을 어떻게든 피하고 싶다. 이를 위해 스프링은 @Controller와 @ResponseBody의 조합인 @RestController 애너테이션을 제공한다. RestController를 사용하여 컨트롤러의 모든 액션이 REST 엔드포인트라고 스프링에 지시할 수 있으며, 더 이상 @ResponseBody 애너테이션을 반복하지 않아도 된다. 다음 예제는 모든 메서드에서 @ResponseBody 대신 클래스에 @RestController를 한 번만 사용하도록 컨트롤러에서 변경해야 하는 것을 보여 준다. 두 가지 방식을 테스트하고 비교할 수 있도록 sq-ch10-ex2 프로젝트에서 이 코드를 분리했다.

예제 10-3 코드 중복을 피하는 @RestController 애너테이션 사용하기

```
                         메서드마다 @ResponseBody 애너테이션 추가를 반복하지 않도록
@RestController  ◀── @Controller를 @RestController로 대체한다.
public class HelloController {

    @GetMapping("/hello")
    public String hello() {
        return "Hello!";
    }

    @GetMapping("/ciao")
    public String ciao() {
        return "Ciao!";
    }
}
```

엔드포인트 몇 개를 구현하는 것은 정말 쉬운 일이다. 하지만 엔드포인트들이 제대로 작동하는지 어떻게 검증할 수 있을까? 이 절에서는 실제 시나리오에서 자주 접할 수 있는 다음 도구 두 개를 사용하여 엔드포인트를 호출하는 방법을 배운다.

- **포스트맨**(Postman): 멋진 GUI를 제공하며 사용하기 편하다.
- **cURL**: GUI가 없는 경우에 유용한(예를 들어 SSH로 가상 머신에 연결하거나 배치 스크립트를 작성할 때) 명령줄 도구다.

이 둘은 모든 개발자가 반드시 배워야 할 도구다. 15장에서는 통합 테스트를 작성하여 엔드포인트가 예상대로 동작하는지 검증할 수 있는 세 번째 방식을 배울 것이다.

먼저 sq-ch10-ex1 또는 sq-ch10-ex2 프로젝트를 사용하여 애플리케이션을 시작한다. 동작은 동일한데 유일한 차이점은 이전 단락에서 설명한 것처럼 구문이다. 7장에서 배운 것처럼, 기본적으로 스프링 부트 앱은 8080번 포트에서 액세스할 수 있도록 톰캣 서블릿 컨테이너를 구성한다.

먼저 포스트맨을 알아보자. 공식 사이트(https://www.postman.com/)의 설명처럼 여러분 시스템에 도구를 설치해야 한다. 포스트맨을 설치한 후 실행하면 그림 10-3에 표시되었듯이 인터페이스를 볼 수 있다.

❤ 그림 10-3 포스트맨은 HTTP 요청을 구성하고 전송할 수 있는 친숙한 인터페이스를 제공한다. HTTP 메서드를 선택하고 HTTP 요청 URI를 설정한 후 [Send] 버튼을 눌러 HTTP 요청을 전송하면 된다. 필요한 경우 요청 매개변수, 헤더, 요청 본문 같은 다른 구성을 정의할 수도 있다

[Send] 버튼을 누르면 포스트맨은 HTTP 요청을 전송한다. 요청이 완료되면 다음 그림에 표시된 것처럼 HTTP 응답 상세 정보를 표시한다(그림 10-4).

GUI가 없다면 명령줄 도구를 사용하여 엔드포인트를 호출할 수 있다. 또 기사나 책에서도 명령을 더 짧게 표현하고자 GUI 도구보다는 명령줄 도구를 시연에 자주 사용하는 것을 볼 수 있다.

포스트맨처럼 명령줄 도구로 cURL을 사용하기로 선택했다면 먼저 cURL을 설치해야 한다. 공식 사이트(https://curl.se/)에 설명하는 것처럼 운영 체제에 따라 cURL을 설치하면 된다. 설치 및 구성이 완료되면 curl 명령을 사용하여 HTTP 요청을 보낼 수 있다. 다음 코드는 앱에서 노출된 /hello 엔드포인트를 테스트하려고 HTTP 요청을 전송하는 명령을 보여 준다.

```
curl http://localhost:8080/hello
```

HTTP 요청이 완료되면 콘솔은 다음 코드처럼 HTTP 응답 본문(body)만 표시한다.

```
Hello!
```

▼ 그림 10-4 HTTP 요청이 완료되면 포스트맨은 HTTP 응답 세부 정보를 표시하며 응답 상태, 요청 소요 시간, 전송된 데이터양(바이트 단위), 응답 본문과 헤더를 확인할 수 있다

[Send] 버튼을 누르면 포스트맨은 HTTP 요청을 전송한다.
HTTP 요청이 완료되면 포스트맨은 수신받은 HTTP 응답 상세 정보를 표시한다.

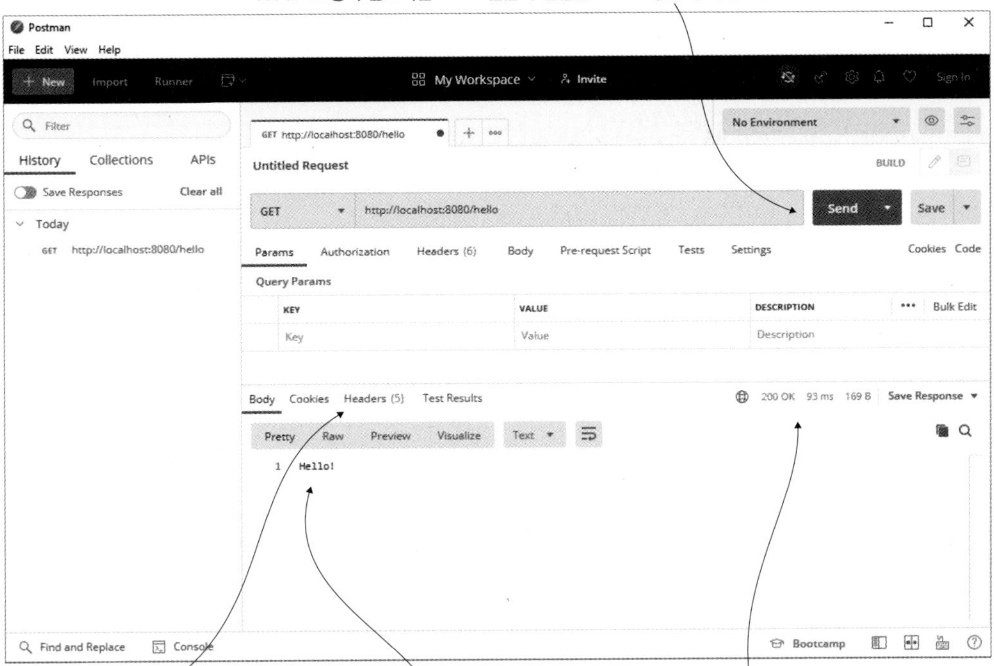

HTTP 응답 헤더를 보내면 포스트맨은 이 탭에서 표시한다.

여기에서 HTTP 응답 본문(예 "Hello!")을 확인할 수 있다.

여기에서 HTTP 응답 상태 코드, 실행 시간, 전송된 데이터의 바이트양을 확인할 수 있다.

HTTP 메서드가 HTTP GET일 때는 명시적으로 지정할 필요가 없다. 메서드가 HTTP GET이 아닌 경우 또는 명시적으로 지정하려면 다음 명령처럼 -X 플래그를 사용한다.

```
curl -X GET http://localhost:8080/hello
```

HTTP 요청에 대한 자세한 정보를 얻으려면 다음과 같이 명령에 -v 옵션을 추가해야 한다.

```
curl -v http://localhost:8080/hello
```

다음 코드는 이 명령 결과를 보여 주는데 좀 더 복잡하다. 긴 응답에서 상태, 전송된 데이터양, 헤더 등 세부 정보도 확인할 수 있다.

```
Trying ::1:8080...
* Connected to localhost (::1) port 8080 (#0)
> GET /hello HTTP/1.1
```

```
> Host: localhost:8080
> User-Agent: curl/7.73.0
> Accept: */*
>
* Mark bundle as not supporting multiuse
< HTTP/1.1 200   ◀── HTTP 응답 상태
< Content-Type: text/plain;charset=UTF-8
< Content-Length: 6
< Date: Fri, 25 Dec 2020 23:11:02 GMT
<
{ [6 bytes data]
100     6  100     6    0    0    857 0 --:--:-- --:--:-- --:--:-- 1000
Hello!  ◀── HTTP 응답 본문
* Connection #0 to host localhost left intact
```

10.3 HTTP 응답 관리

이 절에서는 컨트롤러의 액션에서 HTTP 응답을 관리하는 방법을 설명한다. HTTP 응답은 클라이언트 요청에 따라 백엔드 앱이 클라이언트에 데이터를 재전송하는 방식이다. HTTP 응답에는 다음 데이터가 포함된다.

- **응답 헤더**(response headers): 응답에 포함된 작은 데이터 조각이다(일반적으로 몇 개 단어 이하로 구성된다).
- **응답 본문**(the response body): 백엔드에서 응답으로 보내야 하는 많은 양의 데이터다.
- **응답 상태**(the response status): 요청 결과를 간략하게 표현한 내용이다.

계속 진행하기 전에 잠시 시간을 내어 부록 A.3절을 살펴보자. HTTP 상세 내용을 상기할 수 있다. 10.3.1절과 10.3.2절에서는 응답 본문에서 데이터를 전송할 수 있는 방법을 설명한다. 10.3.3절에서는 HTTP 응답 상태와 헤더를 설정하는 방법을 배운다.

10.3.1 객체를 응답 본문에 전송

이 절에서는 객체 인스턴스를 응답 본문으로 보내는 방법을 설명한다. 응답으로 클라이언트에 객체를 보내려면 컨트롤러의 액션이 해당 객체를 반환하게 만들기만 하면 된다. sq-ch10-ex3 프로젝트에서는 name(국가 이름 표시)과 population(해당 국가에 거주하는 인구 수백만 명을 표시) 속성을 가진 Country 모델 객체를 정의하고, 이 Country 타입의 인스턴스를 반환하는 컨트롤러 액션을 구현한다. 다음 예제는 Country 객체 클래스 정의를 보여 준다. 두 앱 간에 전송되는 데이터를 모델링하려고 Country 같은 객체를 사용할 때 이런 객체를 **데이터 전송 객체**(Data Transfer Object, DTO)라고 한다. 따라서 Country는 REST 엔드포인트로 HTTP 응답 본문에 반환되는 인스턴스이므로 DTO라고 할 수 있다.

예제 10-4 서버가 HTTP 응답 본문에 반환하는 데이터 모델

```
public class Country {

    private String name;
    private int population;

    public static Country of(        ◂— Country 인스턴스를 더 간단하게 만들고자 name과 population을 받는
            String name,                 정적 팩토리 메서드를 정의한다. 이 메서드는 제공된 매개변수 값으로
            int population) {            설정된 Country 인스턴스를 반환한다.
        Country country = new Country();
        country.setName(name);
        country.setPopulation(population);
        return country;
    }

    // getters와 setters 생략
}
```

다음 예제는 Country 타입의 인스턴스를 반환하는 컨트롤러의 액션 구현을 보여 준다.

예제 10-5 컨트롤러 액션에서 객체 인스턴스 반환하기

```
                         클래스를 REST 컨트롤러(@RestController)로 표시하면 스프링 컨텍스트에 빈으로 추가하고
@RestController    ◂— 디스패처 서블릿이 메서드가 반환될 때 뷰를 찾지 않도록 지시할 수 있다.
public class CountryController {

    @GetMapping("/france")    ◂— 컨트롤러 액션을 HTTP GET 메서드와 /france 경로로 매핑한다.
    public Country france() {
        Country c = Country.of("France", 67);
```

```
        return c;   ◀── Country 타입 인스턴스를 반환한다.
    }
}
```

이 엔드포인트를 호출하면 어떻게 될까? HTTP 응답 본문에서 객체는 어떻게 표시될까? 기본적으로 스프링은 객체의 문자열 표현을 생성하고 JSON(JavaScript Object Notation) 포맷으로 만든다. JSON은 문자열을 속성과 값의 쌍으로 포맷하는 간단한 방법이다. JSON을 이전에 사용해 보지 않았다면 알아야 할 내용은 부록 A.4절에 설명해 두었다.

/france 엔드포인트를 호출할 때 응답 본문은 다음과 같이 출력될 것이다.

```
{
    "name": "France",
    "population": 67
}
```

다음 그림은 포스트맨을 사용하여 엔드포인트를 호출할 때 HTTP 응답 본문을 찾을 수 있는 위치를 보여 준다.

▼ 그림 10-5 [Send] 버튼을 누르면 포스트맨은 요청을 전송하고 요청이 완료되면 포스트맨은 응답 본문을 포함한 응답 상세 정보를 표시한다

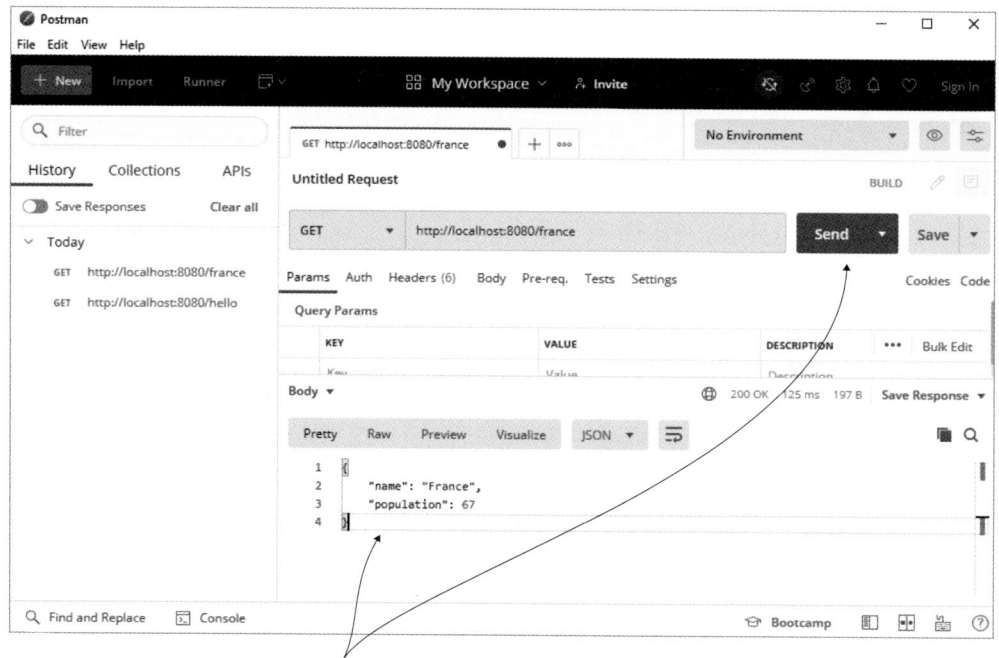

[Send] 버튼을 눌러 요청을 전송하면
여기에서 HTTP 응답 본문을 확인한다.

응답 본문에 객체 컬렉션 인스턴스를 전송할 수도 있다. 다음 예제에서는 Country 객체 List를 반환하는 메서드가 추가되었다.

예제 10-6 응답 본문에 컬렉션 반환하기

```
@RestController
public class CountryController {

// 코드 생략

    @GetMapping("/all")
    public List<Country> countries() {
        Country c1 = Country.of("France", 67);
        Country c2 = Country.of("Spain", 47);

        return List.of(c1, c2);   ◀── HTTP 응답 본문에 컬렉션을 반환한다.
    }
}
```

이 엔드포인트를 호출하면 응답 본문은 다음 코드와 같다.

```
[   ◀── JSON에서 리스트(List)는 대괄호([ ]) 로 정의된다.
    {
        "name": "France",          ┐ 각 객체는 중괄호({ })로 감싸고
        "population": 67           ┘ 객체들은 쉼표(,)로 분리한다.
    },
    {
        "name": "Spain",
        "population": 47
    }
]
```

JSON을 사용하는 것은 REST 엔드포인트로 작업할 때 객체를 표현하는 가장 일반적인 방법이다. JSON을 객체 표현 방법으로 사용해야 한다는 제약은 없지만, 아마도 다른 방법을 사용하는 사람은 거의 없을 것이다. 스프링은 원한다면 객체에 대한 맞춤형 변환기를 연결하여 응답 본문의 형식을 지정하는 다른 방법(예 XML 또는 YAML)도 제공한다. 하지만 실제 시나리오에서 이런 방법이 필요할 가능성은 희박하므로 이 설명은 건너뛰고 학습해야 할 다음 관련 주제로 바로 넘어가 보자.

10.3.2 응답 상태 및 헤더 설정

이 절에서는 응답 상태 및 응답 헤더 설정을 설명한다. 때로는 응답 헤더에 데이터 일부를 전송하는 것이 더 편할 때가 있다. 응답 상태는 요청 결과를 알리는 데 사용하는 HTTP 응답의 필수 플래그이기도 하다. 기본적으로 스프링은 다음과 같은 몇 가지 공통적인 HTTP 상태를 설정한다.

- **200 OK**: 요청을 처리하는 동안 서버 측에서 예외가 발생하지 않은 경우다.
- **404 Not Found**: 요청된 리소스가 존재하지 않는 경우다.
- **400 Bad Request**: 요청 일부가 서버가 예상한 방식과 일치하지 않는 경우다.
- **500 Error on server**: 요청을 처리하는 동안 어떤 이유로 서버 측에서 예외가 발생한 경우다. 일반적으로 이런 종류의 예외가 발생하면 클라이언트에서 할 일은 없으며 백엔드에서 문제를 해결해야 한다.

하지만 요구 사항에 따라 사용자 정의 상태를 구성해야 할 때도 있다. 어떻게 할 수 있을까? HTTP 응답을 사용자 정의할 때 가장 쉽고 일반적인 방법은 ResponseEntity 클래스를 사용하는 것이다. 스프링에서 제공하는 이 클래스를 사용하면 HTTP 응답의 응답 본문, 상태 및 헤더를 지정할 수 있다. sq-ch10-ex4에서 ResponseEntity 클래스의 사용을 보여 준다. 다음 예제에서 컨트롤러 액션은 응답 본문에 객체를 직접 설정하는 대신 ResponseEntity 인스턴스를 반환한다. ResponseEntity 클래스를 사용하면 응답 본문 값과 응답 상태 및 헤더를 모두 설정할 수 있다. 이 예제에서는 헤더 세 개를 설정하고 응답 상태를 '202 Accepted'로 변경한다.

예제 10-7 사용자 정의 헤더를 추가하고 응답 상태 설정하기

```
@RestController
public class CountryController {

    @GetMapping("/france")
    public ResponseEntity<Country> france() {
        Country c = Country.of("France", 67);
        return ResponseEntity
                .status(HttpStatus.ACCEPTED)    ← HTTP 응답 상태를 '202 Accepted'로 설정한다.
                .header("continent", "Europe")
                .header("capital", "Paris")                    ← 사용자 정의 헤더 세 개를
                .header("favorite_food", "cheese and wine")      응답에 추가한다.
                .body(c);    ← 응답 본문을 설정한다.
    }
}
```

포스트맨을 사용하여 요청을 보내면 HTTP 응답 상태가 '202 Accepted'로 변경된 것을 확인할 수 있다(그림 10-6).

❤ 그림 10-6 [Send] 버튼을 눌러 HTTP 요청을 전송한다. HTTP 응답을 수신한 후 HTTP 응답 상태가 '202 Accepted'고 응답 본문이 JSON 포맷의 문자열인 것을 확인한다

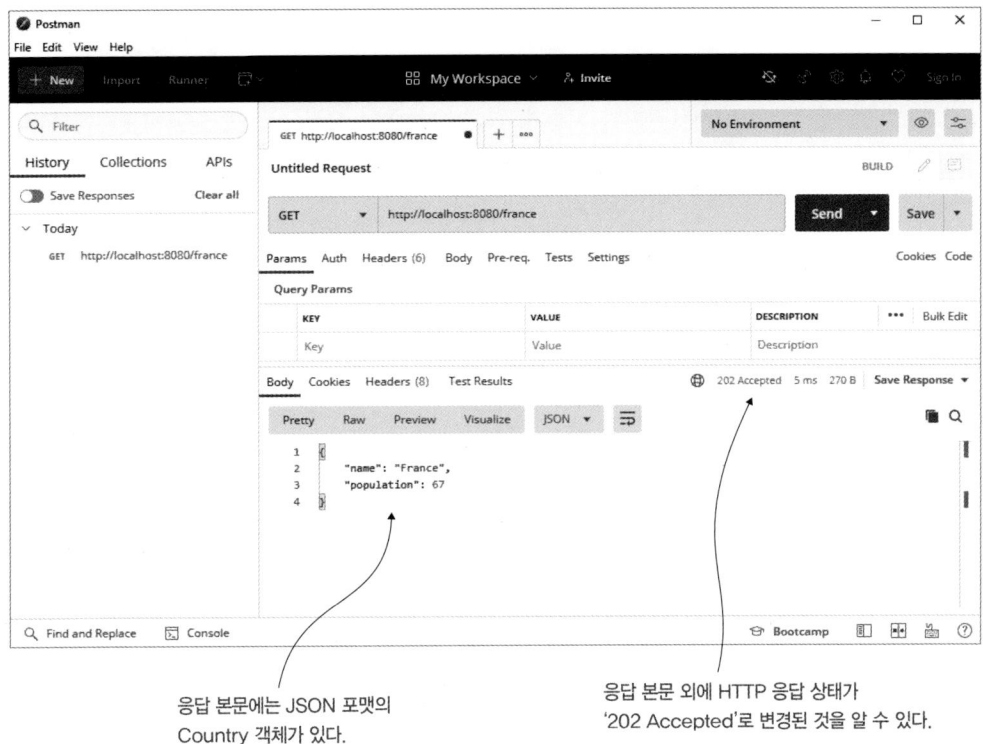

응답 본문에는 JSON 포맷의 Country 객체가 있다.

응답 본문 외에 HTTP 응답 상태가 '202 Accepted'로 변경된 것을 알 수 있다.

포스트맨의 HTTP 응답 헤더 탭에서 사용자 정의 응답 헤더 세 개가 추가된 것을 확인할 수 있다 (그림 10-7).

▼ 그림 10-7 포스트맨에서 사용자 정의 헤더는 HTTP 응답 Headers 탭에서 확인할 수 있다

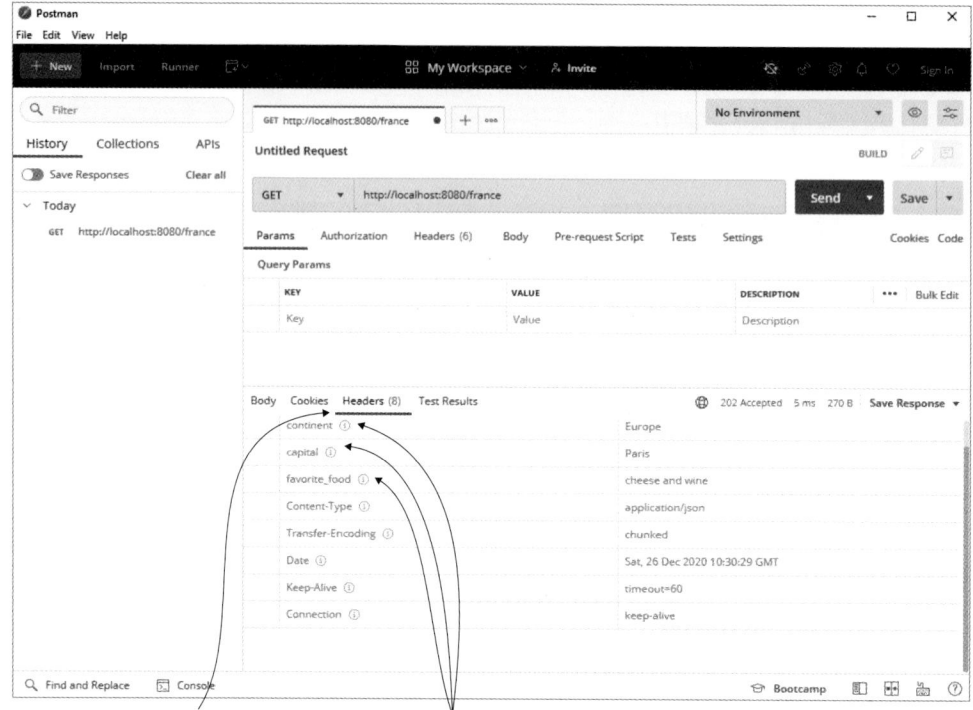

Headers 탭에서 HTTP 응답에 추가한
사용자 정의 헤더 세 개를 확인할 수 있다.

10.3.3 엔드포인트 수준에서 예외 관리

컨트롤러의 동작이 예외(exception)를 발생시키면 어떤 일이 발생할지 고려하는 것이 중요하다. 많은 경우 예외를 사용하여 특정한 상황을 알리는데, 이 중 일부는 비즈니스 로직과 관련이 있다. 예를 들어 클라이언트가 결제를 위해 호출하는 엔드포인트를 만든다고 가정해 보자. 사용자 계정에 잔액이 충분하지 않을 때 앱은 예외를 발생시켜 이 상황을 나타낼 수 있다. 이 경우 HTTP 응답에 몇 가지 세부 정보를 담아 발생한 특정 상황을 클라이언트에 알리고 싶을 것이다.

예외를 관리하는 방법 중 하나는 컨트롤러의 액션에서 예외를 포착하고 10.3.2절에서 배운 대로 ResponseEntity 클래스를 사용하여 예외가 발생할 때 응답을 다르게 구성해서 전송하는 것이다.

먼저 예제로 이 방식을 시연해 볼 것이다. 그런 다음 REST 컨트롤러 어드바이스(advice) 클래스를 사용하여 필자가 선호하는 또 다른 방식을 보여 줄 것이다. 이 클래스는 엔드포인트 호출이 예외를 던질 때 이를 가로채는 애스펙트로 특정 예외에 대해 실행할 사용자 정의 로직을 지정할 수 있다.

sq-ch10-ex5라는 새 프로젝트를 만들어 보자. 이 시나리오에서는 NotEnoughMoneyException이라는 예외를 정의하고, 클라이언트 계정에 돈이 충분하지 않아 결제를 처리할 수 없을 때 앱에서 이 예외를 던진다. 다음 코드에서 이 예외의 클래스 정의를 보여 준다.

```java
public class NotEnoughMoneyException extends RuntimeException {

}
```

또 이 사용 사례를 정의하는 서비스 클래스를 구현한다. 테스트에서는 이 예외를 직접 발생시켜(throw) 볼 것이다. 실제 시나리오에서는 이 서비스 클래스가 결제를 위한 복합 로직을 구현한다. 다음 코드는 테스트에 사용할 서비스 클래스를 보여 준다.

```java
@Service
public class PaymentService {

    public PaymentDetails processPayment() {
        throw new NotEnoughMoneyException();
    }
}
```

processPayment() 메서드의 반환 타입인 PaymentDetails는 결제가 성공할 때 컨트롤러의 액션이 반환할 것으로 기대되는 응답 본문에 기술하는 모델 클래스일 뿐이다. 다음 코드는 PaymentDetails 클래스를 보여 준다.

```java
public class PaymentDetails {

    private double amount;

    // getters와 setters 생략
}
```

앱에서 예외가 발생하면 ErrorDetails라는 다른 모델 클래스를 사용하여 클라이언트에 상황을 전달한다. ErrorDetails 클래스 역시 단순하게 오류 메시지를 속성으로만 정의한다. 다음 코드는 ErrorDetails 모델 클래스를 보여 준다.

```java
public class ErrorDetails {

    private String message;

    // getters와 setters 생략
}
```

컨트롤러에서 로직 흐름에 따라 어떤 객체를 반환할지 어떻게 결정할 수 있을까? 예외가 발생하지 않을 때(앱이 결제를 성공적으로 완료하면) 'Accepted' 상태인 PaymentDetails 타입으로 HTTP 응답을 반환하려고 한다. 또 실행 흐름 중 앱에 예외가 발생했다고 가정해 보자. 이 경우 컨트롤러의 액션은 '400 Bad Request' 상태의 HTTP 응답과 문제를 설명하는 메시지가 포함된 ErrorDetails 인스턴스를 반환한다. 다음 그림에서 이 컴포넌트 간 관계와 그 책임을 시각적으로 보여 준다.

❤ 그림 10-8 PaymentService 클래스에서 예외를 던질 수 있는 비즈니스 로직을 구현한다. PaymentController 클래스는 예외를 관리하고 실행 결과에 따라 클라이언트에 HTTP 응답을 전송한다

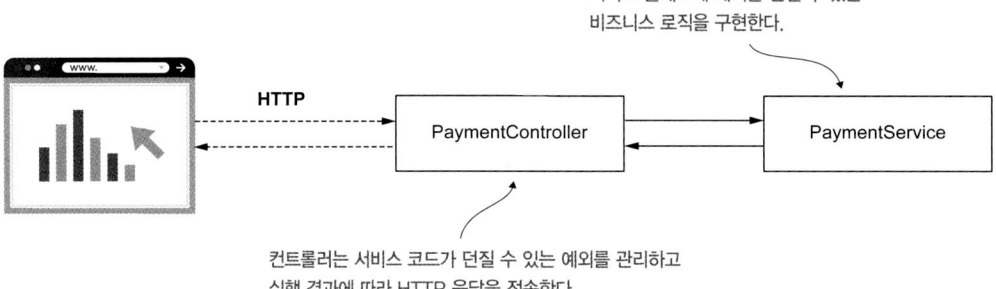

다음 예제는 컨트롤러 메서드에 구현된 이런 로직을 보여 준다.

예제 10-8 컨트롤러 액션의 예외에 대한 HTTP 응답 관리하기

```
@RestController
public class PaymentController {

    private final PaymentService paymentService;

    public PaymentController(PaymentService paymentService) {
        this.paymentService = paymentService;
    }

    @PostMapping("/payment")
    public ResponseEntity<?> makePayment() {
        try {
            PaymentDetails paymentDetails =        ◀── PaymentService의
                    paymentService.processPayment();    processPayment() 메서드를 호출한다.

            return ResponseEntity          ◀── 서비스 메서드 호출에 성공하면,
                    .status(HttpStatus.ACCEPTED)      상태가 Accepted고 응답 본문으로
                    .body(paymentDetails);            PaymentDetails 인스턴스를 하는
                                                      HTTP 응답을 반환한다.
```

```
        } catch (NotEnoughMoneyException e) {
            ErrorDetails errorDetails = new ErrorDetails();
            errorDetails.setMessage("Not enough money to make the payment.");
            return ResponseEntity              만약 NotEnoughMoneyException 타입의 예외가 발생하면
                    .badRequest()              Bad Request 상태 코드와 ErrorDetails 인스턴스를
                    .body(errorDetails);       본문으로 하는 HTTP 응답을 반환한다.
        }
    }
}
```

애플리케이션을 시작한 후 포스트맨 또는 cURL을 사용하여 엔드포인트를 호출한다. 서비스 메서드가 항상 NotEnoughMoneyException을 발생하게 만들었으므로 응답 상태 메시지는 '400 Bad Request'고 본문에는 오류 메시지가 포함된다고 예상할 수 있다. 다음 그림은 포스트맨에서 /payment 엔드포인트로 요청한 결과를 보여 준다.

▼ 그림 10-9 /payment 엔드포인트를 호출하면 HTTP 응답 상태가 '400 Bad Request'이며 응답 본문에 예외 메시지가 나타난다

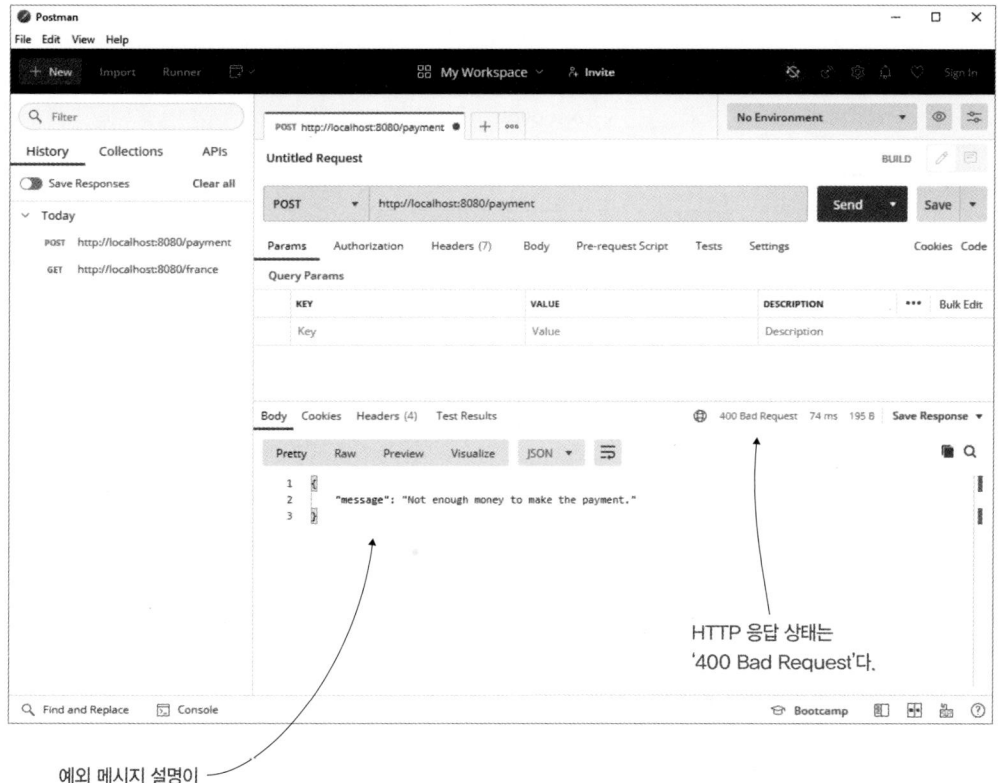

이 방식은 개발자가 예외 사례를 관리하기 좋고, 많이 사용된다. 하지만 더 복잡한 애플리케이션에서는 예외 관리의 책임을 분리하는 것이 더 편할 수 있다. 첫째, 여러 엔드포인트에 대해 동일한 예외를 관리해야 할 때가 있는데, 짐작했듯이 코드 중복을 피하고 싶을 것이다. 둘째, 특정한 사용 사례가 어떻게 작동하는지 이해해야 할 때 예외 로직을 한곳에서 모두 찾을 수 있다면 더 편리할 것이다. 이런 이유로 필자는 컨트롤러 동작으로 발생하는 예외를 가로채고 가로챈 예외에 따라 사용자 정의 로직을 적용하는 REST 컨트롤러 어드바이스를 사용하는 것을 좋아한다.

다음 그림은 클래스 설계에서 변경된 사항을 보여 준다. 이 새로운 클래스 디자인을 그림 10-8의 설계와 비교해 보자.

▼ 그림 10-10 컨트롤러는 이제 예외 경우를 관리하는 대신 기본 성공 시나리오만 관리한다. ExceptionControllerAdvice 컨트롤러 어드바이스를 추가하여 컨트롤러 액션이 예외를 발생시킬 때 구현할 로직을 처리한다

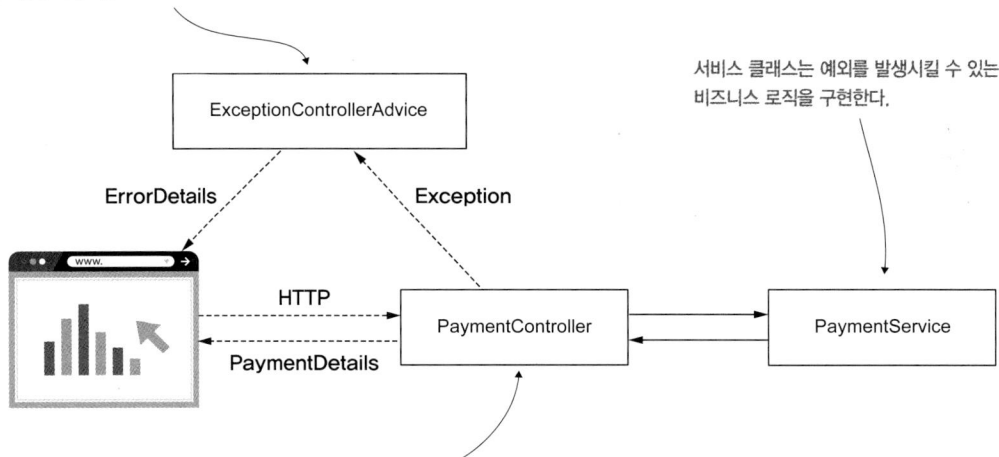

sq-ch10-ex6 프로젝트에서 이 변경 내용이 구현된 것을 확인할 수 있다. 컨트롤러 동작은 다음 예제에서 볼 수 있듯이 더 이상 예외 경우를 처리하지 않기 때문에 훨씬 단순해졌다.

예제 10-9 예외 경우를 더 이상 처리하지 않는 컨트롤러 액션

```
@RestController
public class PaymentController {

    private final PaymentService paymentService;

    public PaymentController(PaymentService paymentService) {
        this.paymentService = paymentService;
```

```java
    }

    @PostMapping("/payment")
    public ResponseEntity<PaymentDetails> makePayment() {
        PaymentDetails paymentDetails = paymentService.processPayment();
        return ResponseEntity
                .status(HttpStatus.ACCEPTED)
                .body(paymentDetails);
    }
}
```

컨트롤러의 액션이 NotEnoughMoneyException을 일으킬 때 발생하는 상황을 구현하는 ExceptionControllerAdvice라는 별도의 클래스를 만들었다. ExceptionControllerAdvice 클래스는 REST 컨트롤러 어드바이스이며, 이를 표시하려고 @RestControllerAdvice 애너테이션을 사용한다. 클래스가 정의하는 이 메서드를 예외 핸들러(exception handler)라고도 한다. 메서드 위에 @ExceptionHandler 애너테이션을 사용하여 컨트롤러 어드바이스 메서드를 트리거하는 예외를 지정할 수 있다. 다음 예제는 REST 컨트롤러 어드바이스 클래스의 정의와 NotEnoughMoneyException 예외와 관련된 로직을 구현하는 예외 핸들러 메서드를 보여 준다.

예제 10-10 REST 컨트롤러 어드바이스로 예외 로직 분리하기

```java
                                    // @RestControllerAdvice 애너테이션으로
@RestControllerAdvice  ←  이 클래스가 REST 컨트롤러 어드바이스라고 표시한다.
public class ExceptionControllerAdvice {

                                                      // @ExceptionHandler 메서드를 사용하여
    @ExceptionHandler(NotEnoughMoneyException.class)  ←  메서드가 구현할 로직을 예외와 연결한다.
    public ResponseEntity<ErrorDetails> exceptionNotEnoughMoneyHandler() {
        ErrorDetails errorDetails = new ErrorDetails();
        errorDetails.setMessage("Not enough money to make the payment.");
        return ResponseEntity
                .badRequest()
                .body(errorDetails);
    }
}
```

> **Note** ≡ 프로덕션 앱에서는 컨트롤러의 액션에서 발생한 예외 정보를 어드바이스로 보내야 할 때가 있다. 이때 처리되는 예외 타입에 대한 매개변수를 어드바이스의 예외 핸들러 메서드에 추가할 수 있다. 컨트롤러에서 어드바이스의 예외 핸들러 메서드로 예외에 대한 레퍼런스를 전달할 수 있을 정도로 스프링은 똑똑하다. 이렇게 하면 어드바이스 로직에서 예외 인스턴스의 세부 정보를 사용할 수 있다.

10.4 요청 본문을 사용하여 클라이언트의 데이터 가져오기

이 절에서는 HTTP 요청 본문에서 클라이언트가 전송한 데이터를 가져오는 방법을 설명한다. 8장에서 요청 매개변수와 경로 변수를 사용하여 HTTP 요청에서 데이터를 전송할 수 있다는 것을 배웠다. REST 엔드포인트는 동일한 스프링 MVC 메커니즘에 의존하기 때문에 8장에서 배운 방식 중 요청 매개변수와 경로 변수로 데이터를 전송하는 것과 관련해서 바뀐 것은 없다. 웹 페이지에 대한 컨트롤러 액션을 구현할 때와 동일한 애너테이션을 사용하고 REST 엔드포인트를 동일하게 구현할 수 있다.

하지만 한 가지 중요한 점을 설명하지 않았는데, HTTP 요청에는 요청 본문이 있으며 이를 사용하여 클라이언트에서 서버로 데이터를 전송할 수 있다는 것이다. REST 엔드포인트에 HTTP 요청 본문은 자주 사용된다. 부록 A.3절에서도 언급했듯이, 더 많은 양의 데이터를 전송해야 한다면 (50~100자 이상의 데이터일 경우) 요청 본문을 사용한다.

요청 본문을 사용하려면 컨트롤러 액션의 매개변수에 @RequestBody로 주석을 달기만 하면 된다. 기본적으로 스프링은 사용자가 애너테이션한 매개변수를 표현하는 데 JSON을 사용했다 가정하고 JSON 문자열을 매개변수 타입의 인스턴스로 디코딩하려고 시도한다. 스프링이 JSON 포맷의 문자열을 해당 타입으로 디코딩할 수 없으면 앱은 '400 Bad Request' 상태의 응답을 되돌려 보낸다. sq-ch10-ex7 프로젝트에서 요청 본문을 사용한 간단한 예를 구현한다. 컨트롤러는 HTTP POST를 사용하여 /payment 경로에 매핑된 액션을 정의하고 PaymentDetails 타입의 요청 본문을 가져올 것으로 예상된다. 또 서버 콘솔에 PaymentDetails 객체의 금액을 인쇄하고 응답 본문에 이 객체를 클라이언트로 재전송한다.

다음 예제는 sq-ch10-ex7 프로젝트에 있는 컨트롤러 정의를 보여 준다.

예제 10-11 요청 본문에 클라이언트의 데이터 가져오기

```
@RestController
public class PaymentController {

    private static Logger logger =
            Logger.getLogger(PaymentController.class.getName());

    @PostMapping("/payment")
```

```
public ResponseEntity<PaymentDetails> makePayment(
    @RequestBody PaymentDetails paymentDetails) {   ◀── HTTP 요청 본문에서
                                                        결제 상세 정보를 얻는다.
    logger.info("Received payment " + paymentDetails.getAmount());  ◀── 서버 콘솔에
                                                                        결제 금액을 로깅한다.
    return ResponseEntity  ◀──────────── HTTP 응답 본문에 결제 상세 정보 객체를
            .status(HttpStatus.ACCEPTED)   넣어 재전송하고 HTTP 응답 상태를
            .body(paymentDetails);         '202 Accepted'로 설정한다.
}
}
```

다음 그림에서는 포스트맨에서 요청 본문을 사용하여 /payment 엔드포인트를 호출하는 방법을 보여 준다.

▼ 그림 10-11 포스트맨에서 엔드포인트를 호출하고 요청 본문을 지정한다. 요청 본문의 텍스트 영역에 JSON 포맷으로 요청 본문을 채우고 데이터 인코딩을 JSON으로 선택해야 한다. 요청이 완료되면 포스트맨이 응답 상세 정보를 표시한다

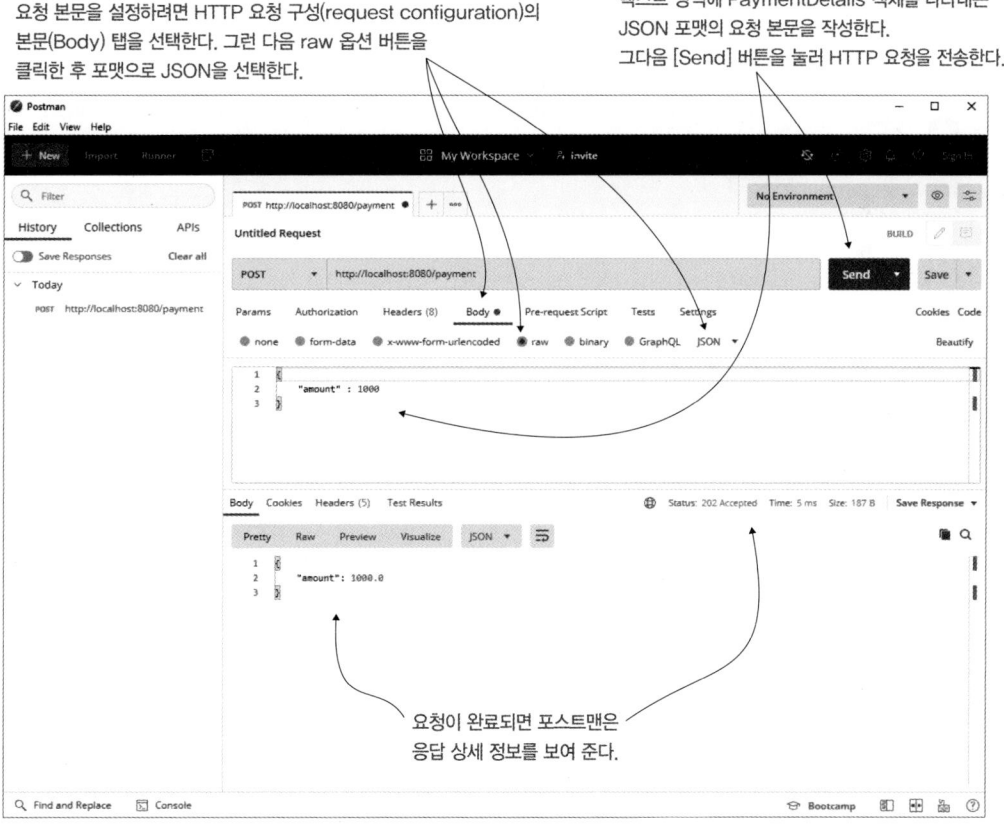

cURL을 사용하고 싶다면 다음 명령을 입력한다.

```
curl -v -X POST http://127.0.0.1:8080/payment -d '{"amount": 1000}' -H "Content-Type: application/json"
```

> **HTTP GET 엔드포인트를 호출하는 데 요청 본문을 사용할 수 있을까?**
>
> 학생들에게 이 질문을 자주 듣는다. 요청 본문과 함께 HTTP GET을 사용하는 것이 왜 혼란의 대상이 될까? 2014년 이전에는 HTTP 프로토콜 명세에서 HTTP GET 호출에 대해 요청 본문 사용이 허용되지 않았다. 클라이언트나 서버 측의 어떤 구현체도 HTTP GET 호출에 요청 본문을 사용할 수 있도록 허용하지 않았다.
>
> 2014년에 HTTP 명세가 변경되어 이제 HTTP GET 호출에 요청 본문을 사용할 수 있다. 하지만 가끔 학생들이 인터넷에서 오래된 기사를 찾거나 오래 전에 출간되어 업데이트되지 않은 책을 읽기도 하여 몇 년이 지난 후에도 혼란이 발생하고 있다.
>
> HTTP GET 메서드에 대한 자세한 내용은 HTTP 명세의 4.3.1절, RFC 7231(https://tools.ietf.org/html/rfc7231#page-24)에서 확인할 수 있다.

10.5 요약

- REST(REpresentational State Transfer) 웹 서비스는 두 애플리케이션 간 통신을 설정하는 간단한 방법이다.
- 스프링 앱에서 스프링 MVC 메커니즘은 REST 엔드포인트 구현을 지원한다. 메서드가 응답 본문을 직접 반환하도록 지정하려면 `@ResponseBody` 애너테이션을 사용하거나, REST 엔드포인트를 구현하기 위해 `@Controller` 애너테이션을 `@RestController`로 대체해야 할 필요가 있다. 이 중 하나를 사용하지 않으면 디스패처 서블릿은 컨트롤러의 메서드가 뷰 이름을 반환한다고 가정하고 해당 뷰를 찾으려고 할 것이다.
- 컨트롤러 액션이 HTTP 응답 본문을 직접 반환하게 만들면, HTTP 상태 설정은 스프링의 기본 동작에 의존한다.
- 컨트롤러 액션이 ResponseEntity 인스턴스를 반환하게 만들면 HTTP 상태 및 헤더를 모두 관리할 수 있다.

- 예외(exception)를 관리하는 한 가지 방법은 컨트롤러의 액션 수준에서 직접 예외를 처리하는 것이다. 이렇게 하면 예외를 처리하는 데 사용되는 로직이 특정 컨트롤러 액션과 결합되어 코드 중복이 발생할 수 있는데, 이는 가장 피해야 할 일이다.
- 컨트롤러 액션의 예외를 직접 관리하거나 컨트롤러 액션이 예외를 발생하는 경우 예외 실행 로직을 REST 컨트롤러 어드바이스 클래스를 사용하여 분리할 수 있다.
- 엔드포인트는 HTTP 요청의 요청 매개변수, 경로 변수, HTTP 요청 본문을 통해 클라이언트에서 데이터를 가져올 수 있다.

memo

11장

REST 엔드포인트 사용

11.1 스프링 클라우드 OpenFeign으로 REST 엔드포인트 호출

11.2 RestTemplate으로 REST 엔드포인트 호출

11.3 WebClient로 REST 엔드포인트 호출

11.4 요약

이 장에서 다룰 내용

- 스프링 클라우드 OpenFeign으로 REST 엔드포인트 호출하기
- RestTemplate으로 REST 엔드포인트 호출하기
- WebClient로 REST 엔드포인트 호출하기

10장에서는 REST 엔드포인트 구현을 설명했다. REST 서비스는 두 시스템 구성 요소 간 통신을 구현하는 일반적인 방법이다. 웹 앱의 클라이언트는 백엔드를 호출할 수 있으며, 다른 백엔드 컴포넌트도 호출할 수 있다. 여러 서비스로 구성된 백엔드 솔루션(부록 A.1절 참고)에서 이런 구성 요소는 데이터를 교환하기 위해 '대화'해야 하므로 스프링을 사용하여 이런 서비스를 구현할 때는 다른 서비스에서 노출된 REST 엔드포인트를 호출하는 방법을 알아야 한다(그림 11-1).

▼ 그림 11-1 백엔드 앱은 다른 백엔드 앱의 클라이언트 역할을 해야 할 때가 많으며, 특정 데이터로 작업하려고 노출된 REST 엔드포인트를 호출한다

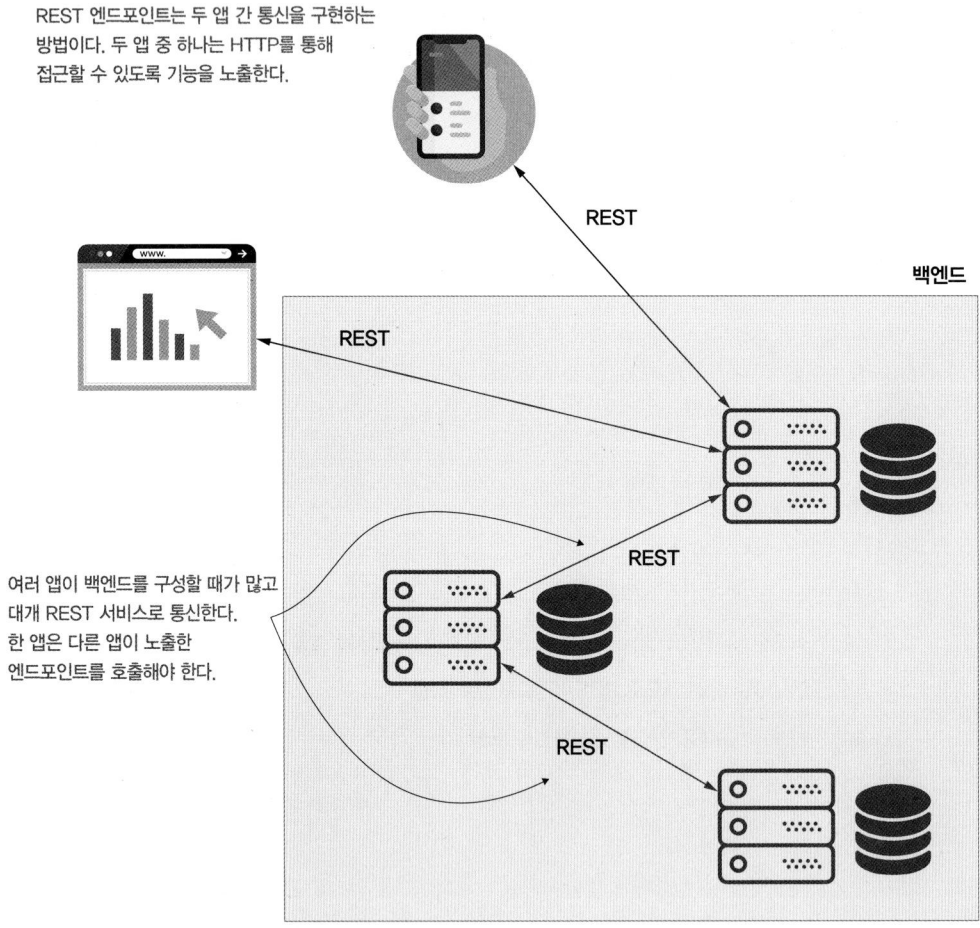

이 장에서는 스프링 앱에서 REST 엔드포인트를 호출하는 다음 세 가지 방법을 배운다.

1. **OpenFeign**: 스프링 클라우드(Spring Cloud) 프로젝트에서 제공하는 도구다. 새 앱에서 REST 엔드포인트를 사용할 때 이 기능을 추천한다.

2. **RestTemplate**: 스프링 3부터 개발자들이 REST 엔드포인트를 호출하는 데 사용하여 널리 알려진 도구로, 오늘날 스프링 앱에서 자주 쓴다. 하지만 이 장에서 설명하겠지만 OpenFeign이 RestTemplate보다 더 좋은 대안이므로 새로운 앱에서 작업한다면 RestTemplate 대신 OpenFeign을 사용할 가능성이 높다.

3. **WebClient**: RestTemplate의 대안으로 제시된 스프링 기능이다. 이 기능은 리액티브 프로그래밍(reactive programming)이라는 다른 프로그래밍 방식을 사용하며, 이 장의 마지막 부분에서 설명할 것이다.

11.1절에서 설명할 첫 번째 스프링 기능은 스프링 클라우드 제품군 일부로, 오늘날 모든 새로운 구현에 권장되는 기능인 OpenFeign이다. 앞으로 배우겠지만 OpenFeign은 단순한 구문을 제공하며 스프링 앱에서 REST 엔드포인트를 간단하게 호출할 수 있게 해 준다.

11.2절에서는 RestTemplate을 사용한다. 하지만 유의해야 한다. RestTemplate은 스프링 5부터 유지 보수 모드로 전환되었으며, 결국 더 이상 사용되지 않을 예정이다. 그렇다면 왜 지금 여러분에게 RestTemplate을 설명할까? 오늘날 스프링 프로젝트의 대부분은 RestTemplate을 사용하여 REST 엔드포인트를 호출한다. RestTemplate이 유일하거나 최상의 솔루션이었을 때 그 프로젝트들이 시작되었기 때문이다. 이런 앱 중 일부는 RestTemplate 기능만으로도 충분하고 잘 작동하므로 이를 대체하는 것은 의미가 없다. 때때로 RestTemplate을 새로운 솔루션으로 교체하는 데 너무 많은 시간이 소요될 수 있으므로 스프링 개발자는 여전히 필수적으로 RestTemplate을 배워야 한다.

일반적으로 학생들에게 혼란을 야기하는 흥미로운 사실이 있다. RestTemplate 문서(http://mng.bz/7lWe)에서는 RestTemplate 대체재로 WebClient를 권장한다. 11.3절에서는 WebClient가 항상 RestTemplate에 대한 가장 좋은 대체재가 되지 못하는 이유를 설명할 것이다. WebClient를 논의하고 언제 이 기능을 사용하면 좋은지도 확인할 것이다.

이 세 가지 기본 호출 방법을 배우기 위해 각각의 예제를 작성해 볼 것이다. 먼저 엔드포인트를 노출하는 프로젝트를 구현한다. 이 장에서 추구하는 목표는 세 가지 호출 방식인 OpenFeign, RestTemplate, WebClient로 엔드포인트를 호출하는 것이다.

사용자가 결제할 수 있는 앱을 구현한다고 가정해 보자. 결제를 하려면 다른 시스템의 엔드포인트를 호출해야 하는데, 그림 11-2는 이 시나리오를 시각적으로 보여 준다. 그림 11-3에서는 요청 및 응답 세부 정보를 보여 주는 시나리오를 자세히 나타낸다.

▼ 그림 11-2 REST 엔드포인트를 호출하는 방법을 학습하기 위한 몇 개의 예제와 예제마다 프로젝트를 두 개씩 구현한다. 첫 번째 프로젝트에서 REST 엔드포인트를 노출하고 두 번째 프로젝트에서 OpenFeign, RestTemplate, WebClient를 사용하여 해당 REST 엔드포인트를 호출하도록 구현할 것이다

이 장의 각 절마다 다르게 구현한 앱으로 먼저 OpenFeign을 사용하고, RestTemplate, WebClient 순으로 사용하여 결제 서비스의 /payment 엔드포인트를 호출한다.

구현할 앱은 결제 서비스로 노출된 /payment 엔드포인트를 호출해야 한다.

결제 서비스는 REST 엔드포인트 /payment를 구현한다. 이 시나리오에서 앱은 결제를 위해 이 엔드포인트를 호출해야 한다고 가정한다.

사용자는 웹 브라우저에서 앱의 프런트엔드와 상호 작용한다.

구현하는 앱이 웹 앱의 백엔드라고 가정한다. 사용자는 이 앱으로 청구서를 관리하고 필요할 때 결제할 수 있다.

결제할 때 프런트엔드는 이 앱의 /payment 엔드포인트를 호출하고, 이 엔드포인트는 차례로 결제 서비스의 /payment 엔드포인트를 호출한다.

▼ 그림 11-3 결제 서비스는 HTTP 요청 본문을 요구하는 엔드포인트를 노출한다. 앱은 OpenFeign과 RestTemplate 또는 WebClient를 사용하여 결제 서비스가 노출하는 엔드포인트에 요청을 전달한다

/payment 엔드포인트를 호출할 때 Payment 객체 형태로 요청 본문을 제공해야 한다.

앱은 결제 서비스를 추가로 호출하여 동일한 요청 본문을 전송하고 랜덤 값으로 'requestId'라는 요청 헤더를 추가한다.

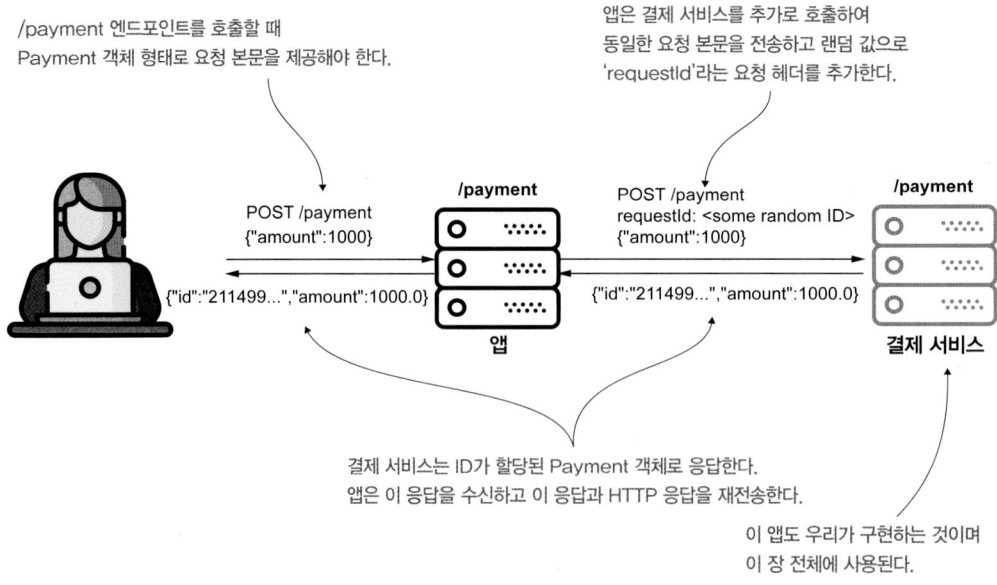

결제 서비스는 ID가 할당된 Payment 객체로 응답한다. 앱은 이 응답을 수신하고 이 응답과 HTTP 응답을 재전송한다.

이 앱도 우리가 구현하는 것이며 이 장 전체에 사용된다.

첫 번째 프로젝트에서는 결제 서비스 앱을 구현하는데 다음 모든 예제 앱에서 사용된다.

결제 서비스를 구현하는 sq-ch11-payments 프로젝트를 만들어 보자. 이 프로젝트는 웹 앱이므로 7장부터 10장까지 설명한 모든 프로젝트와 마찬가지로 다음 코드에 표시된 것처럼 pom.xml 파일에 웹 의존성(web dependency)을 추가해야 한다.

```xml
<dependency>
    <groupId>org.springframework.boot</groupId>
    <artifactId>spring-boot-starter-web</artifactId>
</dependency>
```

다음 코드에서 표시된 것처럼 Payment 클래스로 결제를 모델링할 것이다.

```java
public class Payment {

    private String id;
    private double amount;

    // getters와 setters 생략
}
```

다음 예제는 컨트롤러 클래스의 엔드포인트 구현을 보여 주며 기술적으로는 별다른 기능을 하지 않는다. 이 메서드는 Payment 인스턴스를 수신하고 결제에 랜덤 ID 값을 설정한 후 반환한다. 엔드포인트는 단순하지만 시연용으로 충분하다. HTTP POST를 사용하며 요청 헤더와 요청 본문을 지정해야 한다. 엔드포인트가 호출되면 HTTP 응답에 헤더를 반환하고, 응답 본문에는 Payment 객체를 반환한다.

예제 11-1 컨트롤러 클래스에서 /payment 엔드포인트 구현하기

```java
@RestController
public class PaymentsController {

    private static Logger logger =    ◀── 엔드포인트가 호출될 때 올바른 컨트롤러의 메서드가
        Logger.getLogger(PaymentsController.class.getName());   올바른 데이터를 가져오는지 확인하고자 Logger를 사용한다.

    @PostMapping("/payment")   ◀── 앱은 /payment 경로로 HTTP POST를 사용하여 엔드포인트를 노출한다.
    public ResponseEntity<Payment> createPayment(
            @RequestHeader String requestId,    ◀── 엔드포인트는 호출자에서 요청 헤더와 요청
            @RequestBody Payment payment            본문을 가져와야 한다. 컨트롤러 메서드는
    ) {                                             이 두 가지 세부 정보를 매개변수로 가져온다.
        logger.info("Received request with ID " + requestId +
                " ;Payment Amount: " + payment.getAmount());
```

```
            payment.setId(UUID.randomUUID().toString());     ◀── 이 메서드는 결제 ID용으로
                                                                 랜덤 값을 설정한다.
        return ResponseEntity    ◀──── 컨트롤러 액션은 HTTP 응답을 반환한다. 이 응답에는
                .status(HttpStatus.OK)                   헤더와 랜덤 ID 값이 설정된 결제가 포함된 응답 본문이 있다.
                .header("requestId", requestId)
                .body(payment);
    }
}
```

이 앱을 실행하면 7장에서 설명한 것처럼 스프링 부트 기본값인 8080번 포트에서 톰캣이 시작된다. 이제 엔드포인트에 액세스가 가능하며 cURL 또는 포스트맨으로 호출할 수 있다. 하지만 이 장의 목적은 앱에서 엔드포인트를 호출하는 구현 방법을 배우는 것이므로 11.1~11.3절의 각 절에서 이 작업을 수행할 것이다.

11.1 스프링 클라우드 OpenFeign으로 REST 엔드포인트 호출

이 절에서는 스프링 앱에서 REST 엔드포인트를 호출하는 최신 방법을 설명한다. 대다수 앱에서 개발자는 11.2절에서 논의할 RestTemplate을 사용해 왔다. 이 장 초반에 언급한 것처럼 스프링 5부터 RestTemplate은 유지 보수 단계로 전환되었다. 무엇보다 RestTemplate은 곧 종료될 예정이므로, 필자는 이 장에서 RestTemplate의 대체재인 OpenFeign으로 시작하길 권장한다.

이 절에서 예제를 작성하면 알 수 있겠지만, OpenFeign을 사용하면 여러분은 인터페이스만 작성하고 이 도구가 구현을 제공한다.

OpenFeign이 어떻게 작동하는지 보여 주고자 sq-ch11-ex1 프로젝트를 생성하고 OpenFeign으로 엔드포인트를 노출하는 앱인 sq-ch11-payments를 호출하는 앱을 구현한다(그림 11-4).

우리는 REST 엔드포인트를 사용하는 메서드를 선언하는 인터페이스를 정의할 것이다. 이 일은 메서드에 애너테이션을 추가하여 경로, HTTP 메서드, 최종적으로 매개변수, 헤더 및 요청 본문을 정의하기만 하면 된다. 흥미로운 점은 메서드를 직접 구현할 필요가 없다는 것이다. 개발자가 애너테이션을 기반으로 인터페이스 메서드를 정의하고 스프링은 이 정의를 구현할 방법을 알고 있다. 우리는 다시 한 번 스프링의 놀라운 마법에 의존한다.

❤ 그림 11-4 결제 서비스가 노출하는 /payment 엔드포인트를 사용하는 앱을 구현한다. REST 엔드포인트를 사용하는 기능을 구현하는 데 OpenFeign을 사용한다

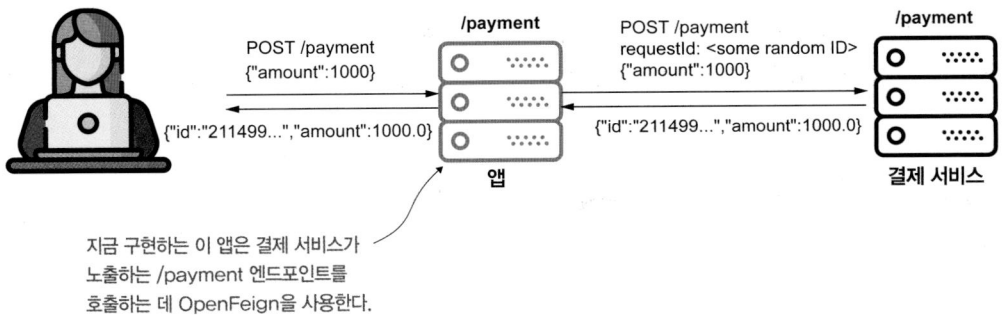

다음 그림에서 REST 엔드포인트를 사용하는 애플리케이션을 만드는 클래스 설계를 확인할 수 있다.

❤ 그림 11-5 OpenFeign을 사용하면 인터페이스(계약)를 정의하고 이 계약을 구현하는 계약 위치를 OpenFeign에 알려 주기만 하면 된다. Open Feign은 인터페이스를 구현하고 애너테이션으로 정의한 구성 정보를 기반으로 스프링 컨텍스트에 빈으로 된 구현체를 제공한다. 앱에서 필요한 곳 어디에서든지 스프링 컨텍스트에서 빈을 삽입할 수 있다

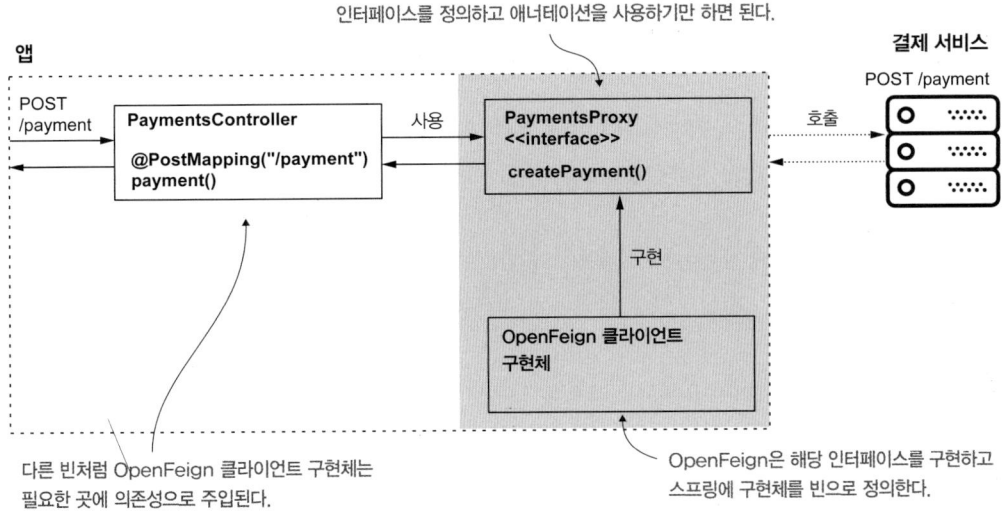

다음 코드처럼 pom.xml 파일에 의존성을 정의해야 한다.

```
<dependency>
    <groupId>org.springframework.cloud</groupId>
    <artifactId>spring-cloud-starter-openfeign</artifactId>
</dependency>
```

의존성을 설정하고 나면 그림 11-5와 같은 프록시 인터페이스를 만들 수 있다. OpenFeign 용어로는 이 인터페이스를 OpenFeign 클라이언트라고 한다. OpenFeign은 이 인터페이스를 구현하므로 엔드포인트를 호출하는 코드를 작성하는 데 신경 쓸 필요가 없다. 몇 가지 애너테이션을 사용하여 OpenFeign에 요청 전송 방법을 알려 주기만 하면 된다. 다음 예제는 OpenFeign으로 요청을 정의하는 것이 얼마나 간단한지 보여 준다.

예제 11-2 OpenFeign 클라이언트 인터페이스 정의하기

```
@FeignClient(name="payments", url="${name.service.url}")   ← @FeignClient 애너테이션을 사용하여
public interface PaymentsProxy {                              REST 클라이언트를 구성한다.
                                                              최소 구성 정보인 이름(name)과
                                                              엔드포인트 기본 URI(url)를 정의한다.

    @PostMapping("/payment")   ← 엔드포인트 경로와 HTTP 메서드를 지정한다.
    Payment createPayment(
        @RequestHeader String requestId,   ←
        @RequestBody Payment payment);     ←   요청 헤더와 본문을 정의한다.
}
```

가장 먼저 해야 할 일은 인터페이스에 @FeignClient 애너테이션을 추가하여 이 계약에 대한 구현을 제공해야 한다고 OpenFeign에 지시하는 것이다. @FeignClient 애너테이션의 name 속성을 사용하여 OpenFeign이 내부적으로 사용하는 프록시에 이름을 할당해야 한다. 앱은 이 이름으로 OpenFeign 클라이언트를 고유하게 식별한다. 또 @FeignClient 애너테이션은 요청의 기본 URI를 지정하는 곳이다. 기본 URI는 @FeignClient의 url 속성을 사용하여 문자열로 정의할 수 있다.

> Note ≡ 환경마다 달라질 수 있는 URI 및 기타 세부 정보는 항상 프로퍼티(property) 파일에 저장하고 앱에 하드 코딩해서는 안 된다.

프로젝트의 application.properties 파일에 프로퍼티를 정의하고 ${property_name} 구문을 사용하여 소스 코드에서 참조할 수 있다. 이 방법을 사용하면 다른 환경에서 앱을 실행하려는 경우에도 코드를 재컴파일할 필요가 없다.

인터페이스에서 선언하는 각 메서드는 REST 엔드포인트 호출을 나타낸다. 다음과 같이 10장에서 배운 것과 동일한 애너테이션을 컨트롤러 액션에 사용하여 REST 엔드포인트를 노출한다.

- 경로와 HTTP 메서드를 지정하려면 @GetMapping, @PostMapping, @PutMapping 등을 사용한다.
- 요청 헤더를 지정하려면 @RequestHeader를 사용한다.

- 요청 본문을 지정하려면 @RequestBody를 사용한다.

필자는 이렇게 애너테이션을 재사용하면 어떤 이점이 있다는 것을 알게 되었다. 여기에서 '애너테이션을 재사용'한다는 것은 OpenFeign이 엔드포인트를 정의할 때 사용하는 것과 동일한 애너테이션을 사용한다는 의미다. OpenFeign을 위해 특별히 따로 무언가를 배울 필요는 없고, 스프링 MVC 컨트롤러 클래스에서 REST 엔드포인트를 노출할 때와 동일한 애너테이션을 사용하기만 하면 된다.

OpenFeign은 클라이언트 계약을 정의하는 인터페이스를 어디에서 찾을 수 있는지 알아야 한다. 그래서 구성 클래스에 @EnableFeignClients 애너테이션을 추가하여 OpenFeign 기능을 활성화하고 클라이언트 계약을 검색할 위치를 OpenFeign에 알려 준다. 다음 예제에서 프로젝트의 구성 클래스에서 OpenFeign 클라이언트를 활성화하는 것을 확인할 수 있다.

예제 11-3 구성 클래스에서 OpenFeign 클라이언트 활성화하기

```
@Configuration
@EnableFeignClients(basePackages="com.example.proxy")   ← OpenFeign 클라이언트를 활성화하고
public class ProjectConfig {                               OpenFeign 의존성에
                                                           프록시 계약을 찾을 위치를 지정한다.

}
```

예제 11-2에서 정의한 인터페이스에 OpenFeign 클라이언트를 주입할 수 있다. OpenFeign을 활성화하면 OpenFeign은 @FeignClient로 애너테이션이 달린 인터페이스를 구현해야 하는 것을 알고 있다. 5장에서 스프링은 추상화를 사용할 때 컨텍스트에서 빈 인스턴스를 제공할 수 있을 정도로 똑똑하다고 설명했는데, 바로 여기에서 그 일을 수행한다. 다음 예제는 FeignClient를 주입하는 컨트롤러 클래스를 보여 준다.

예제 11-4 OpenFeign 클라이언트 주입 및 사용하기

```
@RestController
public class PaymentsController {

    private final PaymentsProxy paymentsProxy;

    public PaymentsController(PaymentsProxy paymentsProxy) {
        this.paymentsProxy = paymentsProxy;
    }

    @PostMapping("/payment")
```

```
    public Payment createPayment(
        @RequestBody Payment payment
    ) {
        String requestId = UUID.randomUUID().toString();
        return paymentsProxy.createPayment(requestId, payment);
    }
}
```

이제 두 프로젝트(결제 서비스 및 이 절에서 구현하는 호출 앱)를 모두 시작하고 cURL 또는 포스트맨을 사용하여 앱의 /payment 엔드포인트를 호출한다. cURL을 사용하면 요청 명령은 다음과 같다.

```
curl -X POST -H 'content-type:application/json' -d '{"amount":1000}' http://localhost:9090/payment
```

cURL 명령을 실행한 콘솔에서 다음 코드와 같은 응답을 확인할 수 있다.

```
{"id":"1c518ead-2477-410f-82f3-54533b4058ff","amount":1000.0}
```

결제 서비스 콘솔에서 앱이 결제 서비스에 요청을 올바르게 전송했다는 것을 보여 주는 로그를 확인할 수 있다.

```
Received request with ID 1c518ead-2477-410f-82f3-54533b4058ff ;PaymentAmount: 1000.0
```

11.2 RestTemplate으로 REST 엔드포인트 호출

이 절에서는 결제 서비스의 /payment 엔드포인트를 호출하는 앱을 다시 구현하지만, 이번에는 다른 방식인 RestTemplate을 사용한다.

여러분이 RestTemplate에 문제가 있다고 결론을 내리지 않았으면 한다. 제대로 작동하지 않거나 좋은 도구가 아니기 때문에 사용하지 않는 것이 아니라 앱이 발전하면서 더 많은 기능이 필요해졌기 때문이다. 개발자들은 다음과 같이 RestTemplate으로 구현하기 어려운 여러 가지 기능을 활용하고 싶어 했다.

- 엔드포인트를 동기 및 비동기식으로 모두 호출하기
- 더 적은 코드 작성 및 더 적은 예외 처리(상용구 코드 제거)
- 호출 실행 재시도 및 폴백 작업(앱이 어떤 이유로 특정 REST 호출을 실행할 수 없을 때 수행되는 대체 로직) 구현

다시 말해 개발자는 어떤 것을 구현하기보다 가능한 한 기본 기능으로 많은 것을 제공받길 원한다. 1장에서 설명한 것처럼 코드를 재사용하고 상용구 코드를 피하는 것이 프레임워크의 주요 목적 중 하나라는 점을 기억하자. 11.1절과 11.2절에서 구현한 예제를 비교해 보면, RestTemplate보다는 OpenFeign을 사용하는 것이 훨씬 쉽다는 것을 알 수 있다.

> Note ≡ 필자가 경험으로 얻은 좋은 교훈이 있다. 어떤 기술이 '지원 종료(deprecated)' 또는 '레거시(legacy)'라고 해서 반드시 배우지 말아야 한다는 의미는 아니다. 더 이상 지원되지 않는 기술이라도 수년이 지난 후 여전히 프로젝트에서 사용되는 경우가 있는데 RestTemplate, Spring Security OAuth 프로젝트가 그 예다.

호출을 정의하는 단계는 다음과 같다(그림 11-6).

1. HttpHeaders 인스턴스를 생성 및 구성하여 HTTP 헤더를 정의한다.
2. 요청 데이터(헤더와 본문)를 나타내는 HttpEntity 인스턴스를 생성한다.
3. exchange() 메서드를 사용하여 HTTP 호출을 전송하고 HTTP 응답을 수신한다.

▼ 그림 11-6 보다 복잡한 HTTP 요청을 정의하려면 HttpHeaders 클래스로 헤더를 정의해야 한다. 그런 다음 HttpEntity 클래스를 이용하여 전체 요청 데이터를 표현한다. 요청에 대한 데이터를 정의했다면 exchange() 메서드를 데이터로 전송한다

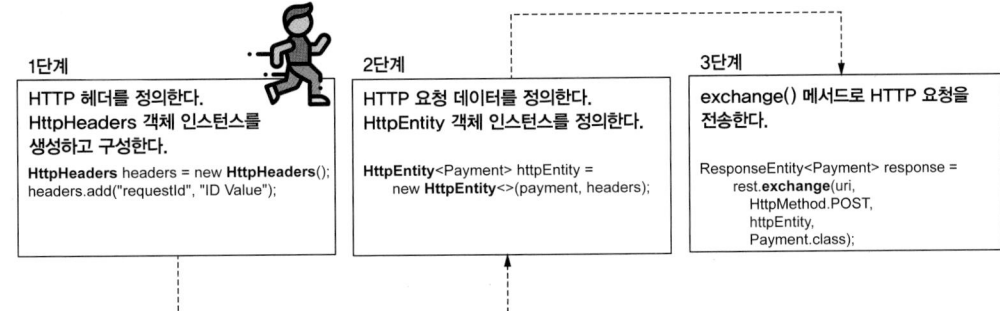

sq-ch11-ex2 프로젝트에서 이 예제를 구현하기 시작한다. 다음 예제에서 프록시 클래스 정의를 확인할 수 있다. createPayment() 메서드가 헤더를 정의하는 방법을 관찰하여 HttpHeaders 인스턴스를 생성하고, add() 메서드에서 이 인스턴스에 필요한 헤더 "requestId"를 추가한다. 그런 다음 헤더와 본문(메서드에서 매개변수로 받은)을 기반으로 HttpEntity 인스턴스를 생성하고, 이 메서드는 RestTemplate의 exchange() 메서드로 HTTP 요청을 전송한다. exchange() 메서드는 URI, HTTP 메서드, 요청할 데이터를 가진 HttpEntity 인스턴스, 기대하는 응답 본문 타입을 매개변수로 받는다.

예제 11-5 /payment 엔드포인트를 호출하는 앱의 PaymentProxy

```java
@Component
public class PaymentsProxy {

    private final RestTemplate rest;

    @Value("${name.service.url}")
    private String paymentsServiceUrl;  ← 프로퍼티 파일에서 결제 서비스에 대한 URL을 가져온다.

    public PaymentsProxy(RestTemplate rest) {  ← 생성자 DI를 사용하여 스프링 컨텍스트의
        this.rest = rest;                          RestTemplate을 주입한다.
    }

    public Payment createPayment(Payment payment) {
        String uri = paymentsServiceUrl + "/payment";

        HttpHeaders headers = new HttpHeaders();            ┐ HttpHeaders 객체를 만들어
        headers.add("requestId", UUID.randomUUID().toString());  ┘ HTTP 요청 헤더를 정의한다.

        HttpEntity<Payment> httpEntity =                    ┐ HttpEntity 객체를 만들어
                      new HttpEntity<>(payment, headers);   ┘ 요청 데이터를 정의한다.

        ResponseEntity<Payment> response =
                      rest.exchange(uri,
                              HttpMethod.POST,              ┐ HTTP 요청을 전송하고
                              httpEntity,                   ┘ HTTP 응답 값을 얻는다.
                              Payment.class);

        return response.getBody();  ← HTTP 응답 본문을 반환한다.
    }
}
```

11.1절에서 호출한 작은 엔드포인트와 동일하게 이 구현을 호출하는 간단한 엔드포인트를 정의한다. 다음 예제는 컨트롤러 클래스를 정의하는 방법을 보여 준다.

예제 11-6 구현을 테스트하는 컨트롤러 클래스 정의하기

```
@RestController
public class PaymentsController {

    private final PaymentsProxy paymentsProxy;

    public PaymentsController(PaymentsProxy paymentsProxy) {
        this.paymentsProxy = paymentsProxy;
    }

    @PostMapping("/payment")   ◀── 컨트롤러 액션을 정의하고 /payment 경로와 매핑한다.
    public Payment createPayment(
            @RequestBody Payment payment   ◀── 결제 데이터를 요청 본문(@RequestBody)으로 받는다.
    ) {
        return paymentsProxy.createPayment(payment);   ◀── 프록시 메서드를 호출하면 결제
    }                                                       엔드포인트가 호출되며, 응답 본문을
}                                                           받아 클라이언트에 반환한다.
```

결제 서비스(sq-ch11-payments)와 이 절에서 구현한 앱(sq-ch11-ex2)은 서로 다른 포트에서 실행되며, 구현이 예상대로 작동하는지 확인한다. 이 예제에서는 11.1절과 동일한 구성을 유지했다. 결제 서비스는 8080번 포트를 사용하고, 이 서비스를 호출하는 앱은 9090번 포트를 사용한다.

다음 명령 코드처럼 cURL을 사용하여 앱의 엔드포인트를 호출할 수 있다.

```
curl -X POST -H 'content-type:application/json' -d '{"amount":1000}' http://localhost:9090/payment
```

cURL 명령을 실행한 콘솔에서 다음과 같이 응답을 확인할 수 있다.

```
{
    "id":"21149959-d93d-41a4-a0a3-426c6fd8f9e9",
    "amount":1000.0
}
```

결제 서비스 콘솔에서 다음과 같이 앱이 결제 서비스 요청을 올바르게 전송했음을 보여 주는 로그를 확인할 수 있다.

```
Received request with ID e02b5c7a-c683-4a77-bd0e-38fe76c145cf ;Payment Amount: 1000.0
```

11.3 WebClient로 REST 엔드포인트 호출

이 절에서는 WebClient를 사용한 REST 엔드포인트 호출 방법을 설명한다. WebClient는 다양한 앱에서 사용되는 도구이며 **리액티브 방식**(reactive approach)이라는 방법론을 기반으로 한다. 리액티브 방법론은 진보된 방식이므로 기본 사항을 잘 이해하고 공부하길 추천한다. 이 방법론에 관해서는 크레이그 월즈(Craig Walls)의 〈Spring in Action(6판)〉(Manning, 2022)의 12~13장을 읽는 것이 좋은 출발점이 될 수 있다.

스프링 문서에서는 WebClient 사용이 권장되지만, 이는 리액티브(반응형) 앱에서만 해당되는 권장 사항이다. 리액티브 앱을 작성 중이 아니면 OpenFeign을 사용하라. 소프트웨어 분야의 다른 것들과 마찬가지로 어떤 곳에는 적합하지만 다른 곳에서는 복잡한 경우가 많다. REST 엔드포인트 호출을 구현하려고 WebClient를 사용하는 것은 앱을 리액티브하게 만드는 것과 밀접히 관련되어 있다.

> Note ≡ 리액티브 앱으로 구현하지 않기로 정했다면 OpenFeign을 사용하여 REST 클라이언트 기능을 구현하라. 리액티브 앱을 구현한다면 적절한 리액티브 도구인 WebClient를 사용해야 한다.

리액티브 앱은 기본을 조금 벗어난 것일 수 있다. 하지만 필자는 여러분이 WebClient를 사용한다는 것은 어떤 의미인지, 이 도구가 지금까지 설명한 다른 도구와 어떻게 다른지 이해하고 방식들을 서로 비교할 수 있게 하고 싶었다. 리액티브 앱을 설명한 후 WebClient로 11.1절과 11.2절에서 예시로 사용한 /payment 엔드포인트를 호출해 보자.

리액티브가 아닌 앱에서는 스레드가 비즈니스 흐름(business flow)을 실행한다. 비즈니스 흐름은 여러 태스크(task)로 구성되지만 이 태스크들은 상호 독립적이지 않으며 동일 스레드가 이 플로를 구성하는 모든 태스크를 실행한다. 이 방식에서 문제가 발생할 수 있는 부분과 이를 개선할 수 있는 방법을 관찰하기 위해 예를 들어 볼 것이다.

은행 고객이 하나 이상의 신용 계좌를 가지고 있는 은행 애플리케이션을 구현한다고 가정해 보자. 구현하는 시스템 컴포넌트는 은행 고객의 총 채무를 계산한다. 이 기능을 사용하려고 다른 시스템 컴포넌트는 REST를 호출하여 사용자에게 고유 ID를 전달한다. 이 값을 계산하기 위해 구현할 플로에는 다음 단계가 있다(그림 11-7).

1. 앱은 사용자 ID를 받는다.

2. 시스템의 다른 서비스를 호출하여 사용자가 다른 기관에 신용 계좌를 보유하고 있는지 확인한다.
3. 시스템의 다른 서비스를 호출하여 내부 신용 계좌에 대한 채무를 가져온다.
4. 사용자에게 외부 채무가 있다면 외부 서비스를 호출하여 외부 채무를 확인한다.
5. 앱은 채무를 합산하여 그 값을 HTTP 응답으로 반환한다.

❤ 그림 11-7 리액티브 방식의 유용성을 보여 주는 기능 시나리오: 은행 앱에서 사용자의 총 채무를 계산하려면 다른 여러 앱을 호출해야 한다. 이런 호출로 요청을 실행하는 스레드는 I/O 작업이 완료될 때까지 기다리는 동안 여러 번 블로킹된다

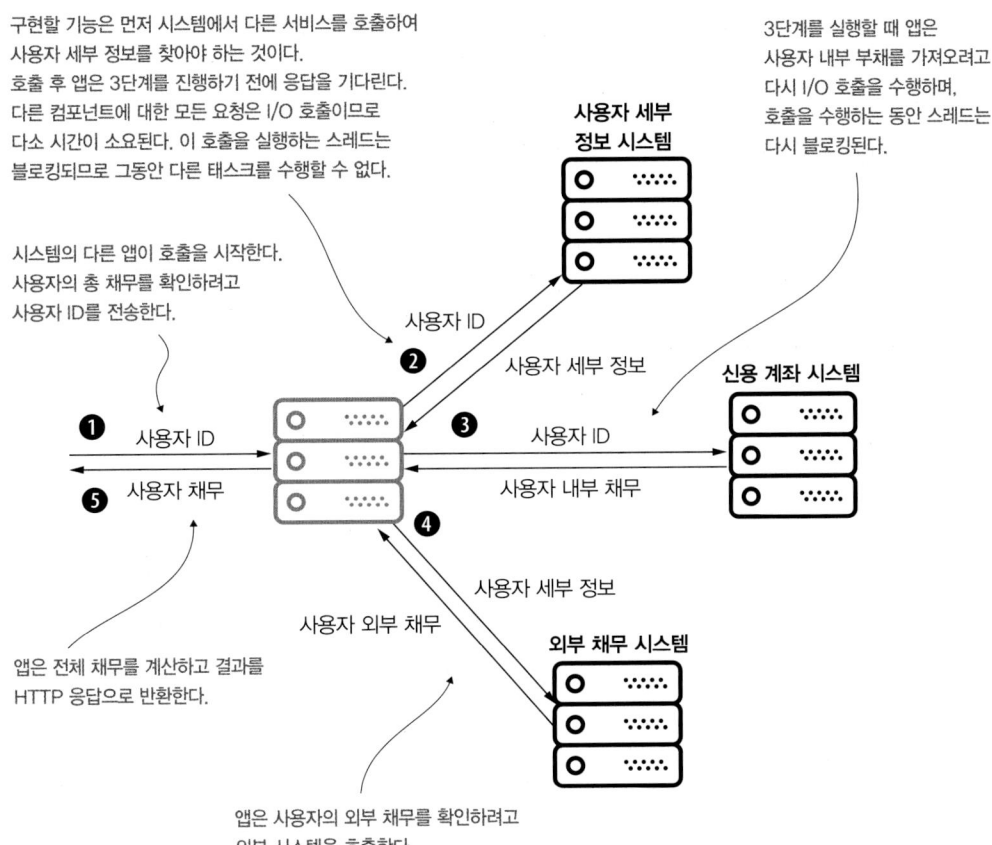

그림 11-7은 가상의 단계에 불과하지만, 리액티브 앱을 사용하면 어떤 경우에 도움이 될 수 있는지 증명하고자 설계했다. 그림 각 단계를 좀 더 자세히 분석해 보자. 그림 11-8은 스레드 관점에서 시나리오가 실행되는 것을 보여 준다. 앱은 요청마다 새로운 스레드를 생성하고 이 스레드가 하나씩 단계를 수행한다. 스레드는 다음 단계로 진행하기 전에 현재 단계가 완료될 때까지 기다려야 하며, 앱이 I/O 호출을 수행할 때까지 기다릴 때마다 블로킹된다.

여기에서 두 가지 중요한 문제가 드러난다.

1. I/O 호출이 스레드를 블로킹하는 동안 스레드는 유휴(idle) 상태다. 스레드를 사용하지 않고 앱의 메모리를 계속 점유하게 된다. 즉, 아무런 이득도 얻지 못한 채 자원만 소모한다. 이런 방식을 사용하면 앱에 동시에 요청이 열 개 들어와 다른 시스템에서 상세 정보를 기다리는 동안 모든 스레드가 동시에 유휴 상태가 될 수 있는 상황이 발생할 수 있다.
2. 일부 태스크는 상호 의존적이지 않다. 예를 들어 앱이 2단계와 3단계를 동시에 실행 가능하므로 3단계를 실행하기 전에 2단계가 완료될 때까지 기다릴 이유가 없다. 결과적으로 앱은 총 부채를 계산하는 데 두 단계의 결과만 있으면 된다.

▼ 그림 11-8 스레드 관점에서 시나리오 기능의 실행을 보여 주며 화살표는 스레드의 타임라인을 나타낸다. 일부 단계에서 세부 정보 때문에 스레드를 블로킹하므로 태스크가 계속 진행되려면 완료될 때까지 기다려야 한다

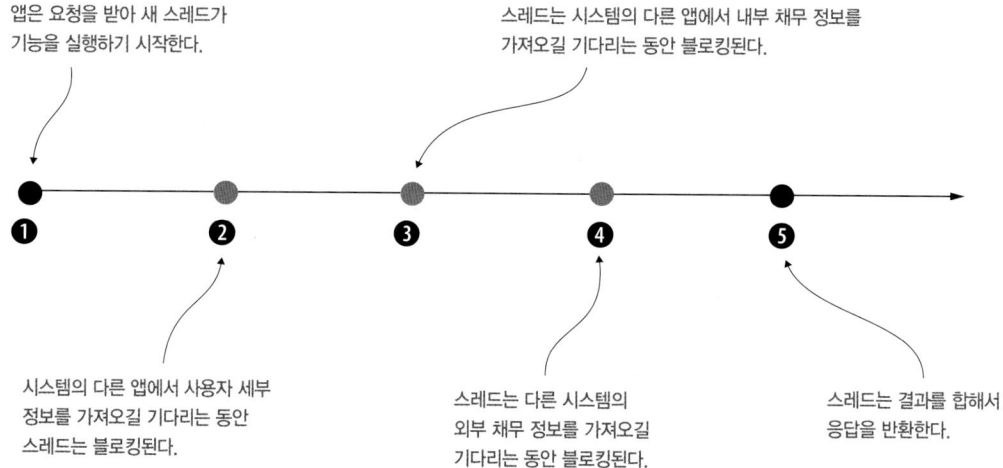

리액티브 앱은 하나의 스레드가 처음부터 끝까지 모든 태스크를 실행하는 하나의 원자적 흐름(flow) 개념을 바꾼다. 리액티브 앱에서는 태스크를 독립적인 것으로 간주하고 여러 스레드와 협업하여 여러 태스크로 구성된 비즈니스 흐름을 완료할 수 있었다.

이 기능을 시간선상의 단계로 구성된 것이 아니라 태스크 백로그와 백로그를 해결하는 개발자 팀으로 생각해 보자. 이런 비유는 리액티브 앱의 작동 방식을 이해하는 데 도움이 될 것이다. 즉, 개발자는 스레드로, 백로그에 있는 태스크는 기능 단계로 볼 수 있다.

개발자 두 명이 서로 의존하지 않는다면 서로 다른 태스크 두 개를 동시에 구현할 수 있다. 외부 의존성으로 태스크가 블로킹되면 일시적으로 그 태스크를 남겨 두고 다른 태스크를 수행할 수 있다. 개발자는 해당 태스크의 블로킹이 해제되면 태스크로 돌아가거나 다른 개발자가 그 태스크를 완료할 수 있다(그림 11-9).

▼ 그림 11-9 리액티브 앱의 동작 방식을 비유한 것이다. 스레드는 요청 태스크들을 순서대로 가져오지 않고 블로킹되면 대기하지 않는다. 모든 요청의 모든 태스크는 백로그에 있고 가용한 스레드는 어떤 요청의 태스크도 수행할 수 있다. 이 방식을 사용하면 독립된 태스크는 병렬로 수행될 수 있고 스레드는 유휴 상태가 되지 않는다

자, 여러분! 동시 요청 세 개가 있네요.
지니, 첫 번째 요청의 2단계는 내가 맡을게요.

스레드 1

수행해야 할 태스크 목록

좋아요, 조지! 그럼 내가 첫 번째 요청의
3단계를 맡을게요.
이 단계는 당신 단계와는 독립적이에요.

스레드 2

여러분 두 번째 요청의 4단계에서 외부 신용 목록을
기다리는 동안 블로킹되었어요. 나중에 처리하게
남겨 두고 세 번째 요청의 1단계부터 시작할게요.

스레드 3

지니, 조금 전 블로킹되어 대기 중인 태스크를
이제 수행할 수 있어요. 내가 맡아 계속할게요.

스레드 4

이 방식을 사용하면 요청당 하나의 스레드가 필요하지 않다. 스레드를 유휴 상태로 유지할 필요가 없으므로 더 적은 수의 스레드로 여러 요청을 해결할 수 있다. 특정 태스크가 블로킹되면 스레드는 해당 태스크를 떠나 블로킹되지 않은 다른 태스크에서 작업한다.

기술적으로 리액티브 앱에서는 태스크와 태스크 간 의존 관계를 정의하여 비즈니스 흐름을 구현한다. 리액티브 앱의 명세에서는 태스크 간 의존 관계를 구현하고자 생산자(producer)와 구독자(subscriber)라는 두 가지 구성 요소를 제공한다.

태스크는 다른 태스크가 구독할 수 있는 생산자를 반환함으로써 태스크 간 의존 관계를 선언한다. 태스크는 구독자를 통해 다른 태스크의 제공자에 연결하고 태스크가 종료되면 해당 태스크 결과를 소비한다.

그림 11-10은 앞서 설명한 시나리오가 리액티브 방식으로 구현된 것을 보여 준다. 잠시 동안 이 그림을 그림 11-8과 비교해 보라. 태스크는 시간선상에 있는 단계가 아니며 어떤 스레드와도 독립적이고 태스크 간 의존 관계도 선언한다. 여러 스레드는 이 태스크들을 실행할 수 있으며, I/O 통신이 태스크를 블로킹할 때 어떤 스레드도 태스크를 기다릴 필요 없이 다른 태스크를 시작할 수 있다.

▼ 그림 11-10 리액티브 앱에서 단계는 태스크가 된다. 각 태스크는 다른 태스크와 의존 관계를 표시하고 태스크는 서로 의존할 수 있다. 스레드는 어떤 태스크도 수행할 수 있다

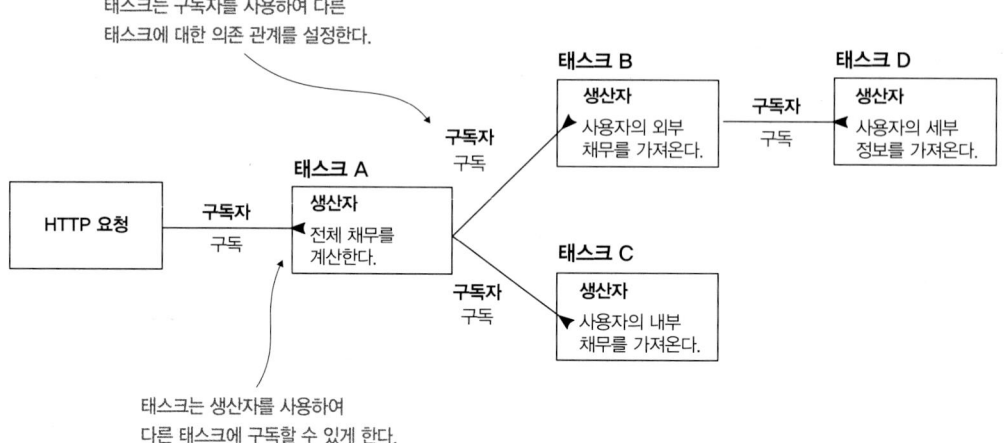

게다가 서로 의존하지 않는 태스크는 동시에 실행될 수 있다. 그림 11-10에서는 리액티브가 아닌 설계에서 처음에 2단계와 3단계였던 태스크 C와 태스크 D를 동시에 실행할 수 있어 앱 성능을 향상시킬 수 있다.

이 시나리오를 보여 주고자 sq-ch11-payments(결제 서비스)와 sq-ch11-ex3(앱) 프로젝트를 사용했다. 우리는 11.1절과 11.2절에서 결제 서비스를 사용했고 이 서비스는 HTTP POST 메서드로 액세스할 수 있는 /payment 엔드포인트를 노출한다. 이 절에서 앱은 WebClient를 사용하여 결제 서비스가 노출하는 엔드포인트로 요청을 전송한다.

WebClient는 리액티브 방식을 적용하기 때문에 표준 웹 의존성 대신 WebFlux라는 의존성을 추가해야 한다. 다음 코드는 WebFlux 의존성을 보여 주며, 이 의존성을 pom.xml 파일에 추가하거나 start.spring.io로 프로젝트 빌드 위치를 선택할 수 있다.

```
<dependency>
  <groupId>org.springframework.boot</groupId>
  <artifactId>spring-boot-starter-webflux</artifactId>
</dependency>
```

REST 엔드포인트를 호출하려면 WebClient 인스턴스를 사용해야 한다. 2장에서 배운 대로 구성 클래스 메서드와 함께 @Bean 애너테이션을 사용하여 스프링 컨텍스트에 추가하는 것이 쉽게 액세스할 수 있는 가장 좋은 방법이다. 다음 예제는 앱의 구성 클래스를 보여 준다.

예제 11-7 구성 클래스에서 WebClient 빈을 스프링 컨텍스트에 추가하기

```
@Configuration
public class ProjectConfig {

    @Bean
    public WebClient webClient() {
        return WebClient
                .builder()   ◀── WebClient 빈을 생성하고 스프링 컨텍스트에 추가한다.
                .build();
    }
}
```

다음 예제는 WebClient로 앱이 노출하는 엔드포인트를 호출하는 프록시 클래스의 구현을 보여 준다. 구현 로직은 RestTemplate에서 배운 것과 유사하다. 프로퍼티 파일에서 기본 URL을 가져와 HTTP 메서드, 헤더, 본문을 지정하고 호출을 실행한다. WebClient의 메서드 이름은 서로 다르지만 이름만 보면 어떤 작업을 수행하는지 쉽게 파악할 수 있다.

예제 11-8 WebClient로 프록시 클래스 구현하기

```
@Component
public class PaymentsProxy {

    private final WebClient webClient;

    @Value("${name.service.url}")   ◀── 프로퍼티 파일에서 기본 URL을 가져온다.
    private String url;

    public PaymentsProxy(WebClient webClient) {
        this.webClient = webClient;
    }

    public Mono<Payment> createPayment(
            String requestId,
            Payment payment) {
        return webClient.post()   ◀── 호출할 때 사용할 HTTP 메서드를 지정한다.
                .uri(url + "/payment")   ◀── 호출 URI를 지정한다.
                .header("requestId", requestId)   ◀── 요청에 HTTP 헤더 값을 추가한다. 추가할 헤더가 많다면 header() 메서드를 여러 번 호출할 수 있다.
                .body(Mono.just(payment), Payment.class)   ◀── HTTP 요청 본문을 제공한다.
                .retrieve()   ◀── HTTP 요청을 전송하고 HTTP 응답을 수신한다.
                .bodyToMono(Payment.class);   ◀── HTTP 응답 본문을 가져온다.
    }
}
```

이 시나리오에서 우리는 Mono라는 클래스를 사용하는데, 이 클래스는 생산자(producer)를 정의한다. 예제 11-8을 보면 호출을 수행하는 메서드가 입력을 직접 받지 않고 대신 Mono를 전송한다는 것을 볼 수 있다. 이런 식으로 요청 본문 값을 제공하는 독립적인 태스크를 만들어 낼 수 있다. 이 태스크를 구독하는 WebClient는 해당 태스크에 종속된다.

이 메서드는 또한 값을 직접 반환하지 않는다. 그 대신 다른 기능이 Mono를 구독할 수 있도록 Mono를 반환한다. 이렇게 하면 앱은 스레드로 태스크를 연결하지 않고 생산자와 소비자를 통해 태스크 간 의존 관계를 연결해서 비즈니스 흐름을 구성한다(그림 11-11).

▼ 그림 11-11 리액티브 앱에서 태스크 체인이다. 리액티브 웹 앱을 빌드할 때 태스크와 태스트 간 의존 관계를 정의한다. HTTP 요청을 시작하는 WebFlux 기능은 컨트롤러의 액션이 반환하는 생산자를 통해 생성한 태스크를 구독하는데 생산자는 WebClient로 HTTP 요청을 전송하고 얻는 것이다. WebClient는 요청을 하기 위해 요청 본문을 제공하는 다른 태스크를 구독한다

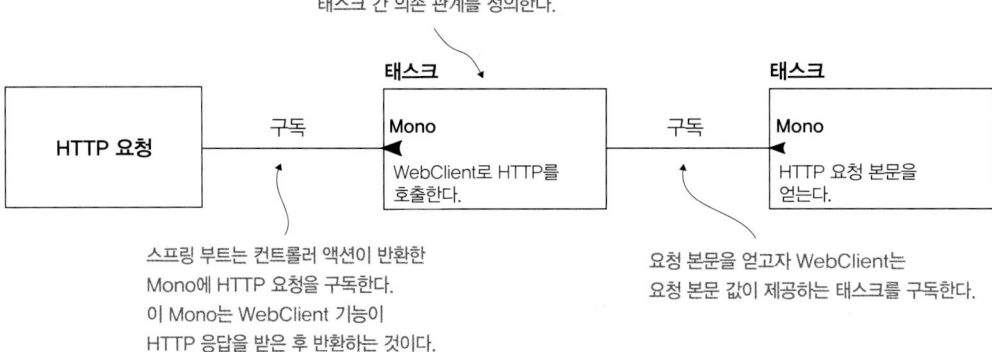

예제 11-8은 또한 HTTP 요청 본문을 제공하는 Mono를 사용하고 WebFlux 기능이 구독하는 대상에 Mono를 반환하는 프록시 메서드를 보여 준다.

이 장의 이전 예제처럼 호출이 올바르게 작동하는지 증명하기 위해 호출할 엔드포인트를 노출하는 컨트롤러 클래스를 구현한다. 이 클래스는 프록시를 사용하여 구현 동작을 테스트하고자 호출할 엔드포인트를 노출한다. 다음 예제는 컨트롤러 클래스의 구현을 보여 준다.

예제 11-9 엔드포인트를 노출하고 프록시를 호출하는 컨트롤러 클래스

```
@RestController
public class PaymentsController {

    private final PaymentsProxy paymentsProxy;

    public PaymentsController(PaymentsProxy paymentsProxy) {
        this.paymentsProxy = paymentsProxy;
```

```
    }

    @PostMapping("/payment")
    public Mono<Payment> createPayment(
        @RequestBody Payment payment
    ) {
        String requestId = UUID.randomUUID().toString();
        return paymentsProxy.createPayment(requestId, payment);
    }
}
```

결제 서비스인 sq-ch11-payments와 sq-ch11-ex3이라는 두 앱의 기능을 테스트하려면 cURL 또는 포스트맨으로 /payment 엔드포인트를 호출한다. cURL을 사용하는 요청 명령은 다음과 같다.

```
curl -X POST -H 'content-type:application/json' -d '{"amount":1000}' http://localhost:9090/payment
```

cURL 명령을 실행한 콘솔에서 다음 응답을 확인할 수 있다.

```
{
    "id":"e1e63bc1-ce9c-448e-b7b6-268940ea0fcc",
    "amount":1000.0
}
```

결제 서비스 콘솔에서 이 절의 앱이 결제 서비스에 요청을 올바르게 전송했다는 것을 보여 주는 로그를 확인할 수 있다.

```
Received request with ID e1e63bc1-ce9c-448e-b7b6-268940ea0fcc ;Payment Amount: 1000.0
```

11.4 요약

- 실제 백엔드 솔루션에서는 다른 백엔드 앱이 노출한 엔드포인트를 한 백엔드 앱이 호출해야 할 때가 많다.

- 스프링은 REST 서비스의 클라이언트 측을 구현하는 데 필요한 여러 솔루션을 제공한다. 가장 유력한 세 가지 솔루션은 다음과 같다.
    - `OpenFeign`: 스프링 클라우드 프로젝트에서 제공된 솔루션으로 REST 엔드포인트를 호출하기 위해 작성해야 하는 코드를 간소화하고, 오늘날 서비스 구현 방식과 관련된 다양한 기능을 추가한다.
    - `RestTemplate`: 스프링 앱에서 REST 엔드포인트를 호출하는 데 사용되는 간단한 도구다.
    - `WebClient`: 스프링 앱에서 REST 엔드포인트를 호출하는 리액티브 솔루션이다.
- 새롭게 구현할 곳에서 `RestTemplate`을 사용해서는 안 된다. `OpenFeign`과 `WebClient` 중에서 선택해서 REST 엔드포인트를 호출할 수 있다.
- 표준(리액티브가 아닌) 방식을 따르는 앱이 선택할 수 있는 가장 좋은 방법은 `OpenFeign`을 사용하는 것이다.
- `WebClient`는 리액티브 방식으로 설계된 앱을 위한 훌륭한 도구다. 하지만 사용하기 전에 리액티브 방식과 스프링에서 리액티브 앱의 구현 방법을 깊이 이해해야 한다.

12장

스프링 앱에서 데이터 소스 사용

12.1 데이터 소스

12.2 JdbcTemplate으로 영속성 데이터 작업

12.3 데이터 소스 구성을 사용자 정의

12.4 요약

이 장에서 다룰 내용
- 데이터 소스란 무엇인가?
- 스프링 앱에서 데이터 소스 구성하기
- JdbcTemplate으로 데이터베이스 작업하기

오늘날 거의 모든 앱은 작업 데이터를 저장해야 하며, 앱은 영구적으로 저장할 데이터를 관리하려고 일반적으로 데이터베이스를 사용한다. 수년 동안 관계형 데이터베이스는 다양한 시나리오에서 성공적으로 적용할 수 있는 간단하고 우아한 데이터 저장 방법을 애플리케이션에 제공했다. 다른 앱과 마찬가지로 스프링 앱도 데이터를 영구 저장하기 위해 데이터베이스를 사용해야 할 때가 많기 때문에 스프링 앱에서 이런 기능을 어떻게 구현하는지 배울 필요가 있다.

이 장에서는 데이터 소스가 무엇인지와 스프링 앱이 데이터베이스를 사용하는 가장 간단한 방법을 설명한다. 그 간단한 방법은 바로 스프링이 제공하는 JdbcTemplate 도구다.

다음 그림은 이전 장에서 배운 스프링으로 시스템의 다양한 기본 기능을 구현한 것을 보여 준다. 지금까지 많은 진전이 있었으며 이제 여러분은 스프링을 사용하여 시스템의 다양한 부분에서 기능을 구현할 수 있다.

▼ 그림 12-1 여러분은 이미 시스템에서 스프링으로 구현되는 필수적인 부분을 이해했다. 1장부터 6장까지는 기초 내용과 스프링이 앱에서 사용하는 기능을 제공할 수 있는 원리를 배웠고 7장부터 11장까지는 시스템 구성 요소 간 통신을 설정하려고 웹 앱과 REST 엔드포인트를 구현하는 방법을 배웠다. 이제 스프링 앱이 영속성 있는 데이터와 함께 작동하게 하는 중요한 기술을 배우는 여정을 시작하자

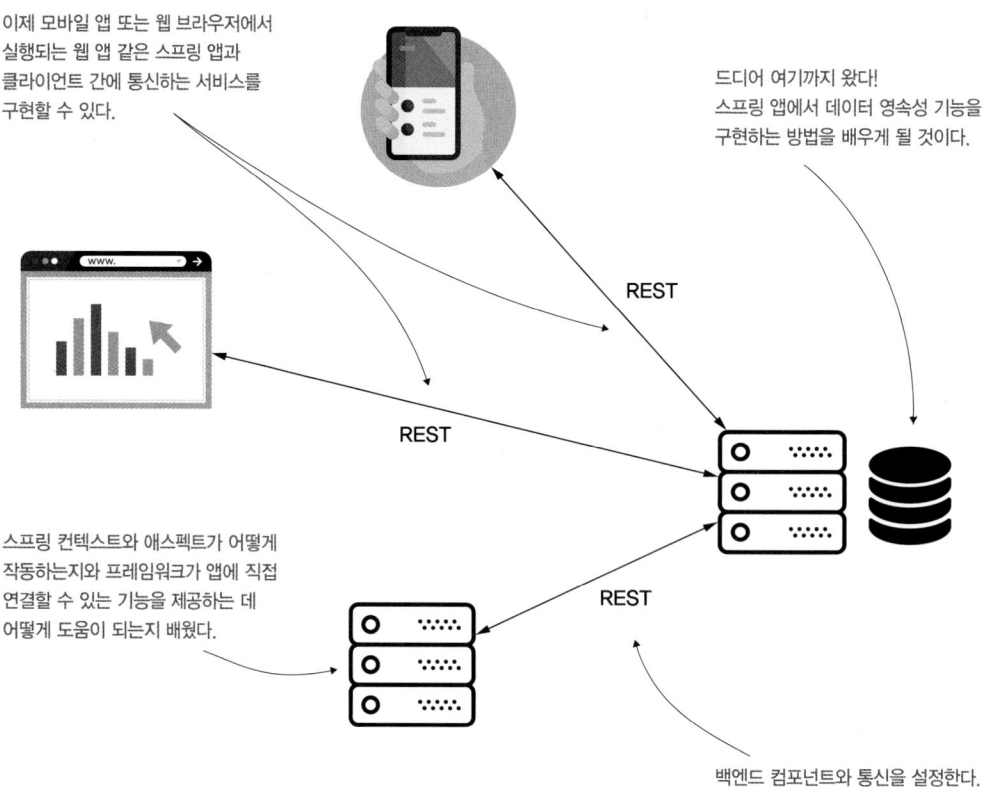

12.1 데이터 소스

이 절에서는 스프링 앱이 데이터베이스에 액세스하는 데 필요한 필수 구성 요소인 데이터 소스(data source)를 설명한다. 데이터 소스(그림 12-2)는 데이터베이스를 처리하는 서버(즉, 데이터베이스 관리 시스템 또는 DBMS)에 대한 커넥션(connection)을 관리하는 구성 요소다.

> Note ≡ DBMS는 데이터를 안전하게 유지하면서 영속적 데이터를 효율적으로 관리(추가, 변경, 검색)할 수 있게 하는 소프트웨어다. DBMS는 데이터베이스의 데이터를 관리하며 데이터베이스는 영속성 데이터의 집합이다.

▼ 그림 12-2 데이터 소스는 데이터베이스 관리 시스템(DBMS)에 대한 커넥션을 관리하는 구성 요소다. 데이터 소스는 JDBC 드라이버를 사용하여 자신이 관리하는 커넥션을 가져온다. 데이터 소스는 앱 로직에서 DBMS 커넥션을 재사용하고 필요할 때만 새 커넥션을 요청하게 해 앱 성능을 개선하는 것이 목표다. 또 데이터 소스는 커넥션을 해제할 때 커넥션을 닫는다

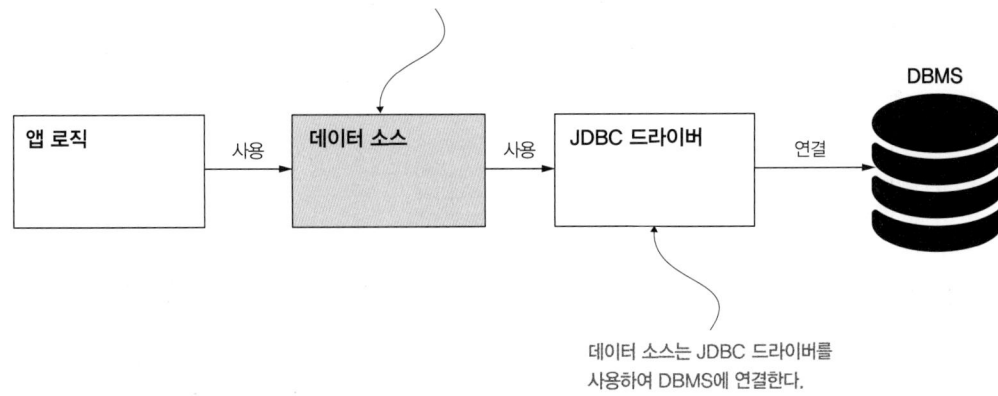

데이터 소스를 담당하는 객체가 없다면 앱은 데이터와 작업할 때마다 새로운 커넥션을 요청해야 한다. 네트워크로 통신할 때 매 작업마다 새로운 커넥션을 설정한다면 애플리케이션 속도가 크게 느려지고 성능 문제가 발생할 수 있어 이 방식은 프로덕션 시나리오에서는 현실적이지 못하다. 데이터 소스는 앱이 실제로 필요할 때만 새 연결을 요청하므로 앱 성능을 개선시킨다.

관계형 데이터베이스의 데이터 영속성과 관련된 도구로 작업할 때 스프링은 데이터 소스를 정의될 것으로 기대한다. 이 때문에 먼저 데이터 소스가 앱 영속성 계층에서 어디에 적합한지 설명한 후 예제를 통해 데이터 영속성 계층의 구현 방법을 보여 주는 것이 중요하다.

자바 앱에서 관계형 데이터베이스에 연결할 수 있는 언어 기능을 JDBC(Java DataBase Connectivity)라고 한다. JDBC는 DBMS에 연결하여 데이터베이스로 작업할 수 있는 방법을 제공한다. 그러나 JDK는 특정한 기술(예 MySQL, 포스트그레스, 오라클)을 상세하게 구현하지 않는 대신 앱이 관계형 데이터베이스와 작업하는 데 필요한 객체에 대한 추상화만 제공한다. 이 추상화를 구현하고 앱이 특정 DBMS 기술에 연결할 수 있도록 하려면 JDBC 드라이버라는 런타임 의존성을 추가해야 한다(그림 12-3). 모든 기술 공급 업체는 앱이 특정 DB 기술과 연결될 수 있도록 앱에 필요한 JDBC 드라이버를 제공한다. 하지만 JDBC 드라이버가 JDK나 스프링 같은 프레임워크에서 제공되는 것은 아니다.

▼ 그림 12-3 데이터베이스에 연결할 때 자바 앱은 JDBC를 사용한다. JDK는 일련의 추상화를 제공하지만 앱이 연결하는 관계형 데이터베이스 기술에 따라 특별한 구현이 필요하다. JDBC 드라이버라는 런타임 의존성이 특정 기술 구현을 제공한다. 각각 특정 기술에 대한 드라이버가 제공되며 앱은 연결해야 하는 서버 기술 구현에 적합한 드라이버가 필요하다

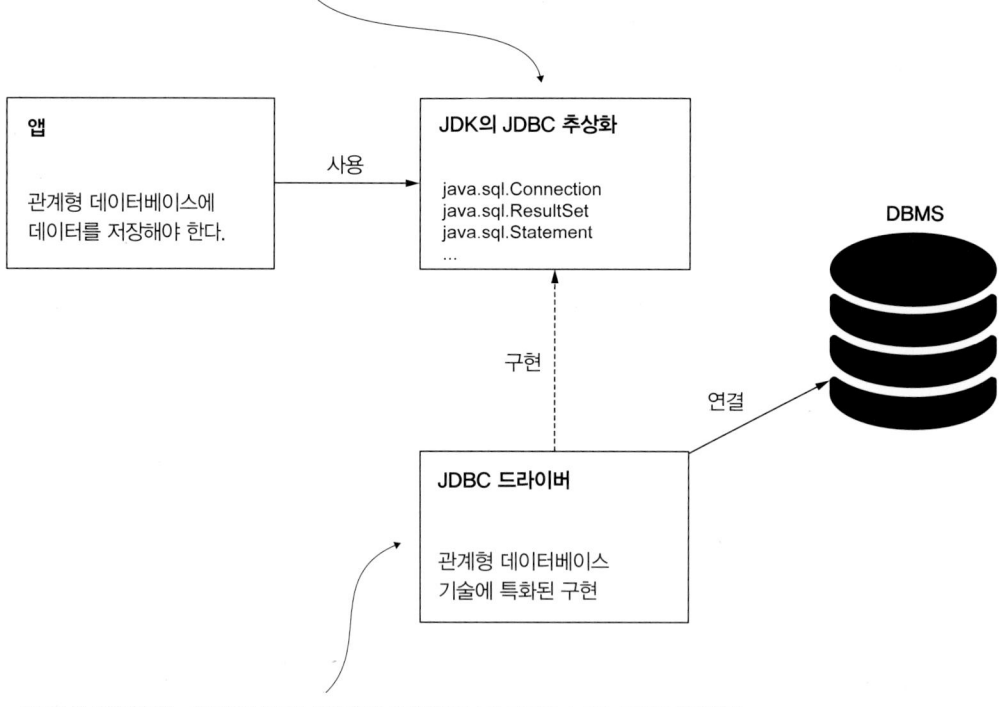

JDBC 드라이버는 DBMS에 대한 커넥션을 얻는 방법을 제공한다. 첫 번째 방식은 JDBC 드라이버를 직접 사용하고 앱이 영속성 데이터에 대해 새로운 작업을 실행해야 할 때마다 연결이 필요하도록 구현하는 것이다. 이 방식은 자바 기초 교재에서 자주 볼 수 있다. JDBC를 배울 때 학습 교재 예제에서는 일반적으로 다음 코드처럼 DriverManager 클래스를 사용하여 커넥션을 얻는다.

```
Connection con = DriverManager.getConnection(url, username, password);
```

getConnection() 메서드는 첫 번째 파라미터 값으로 제공된 URL로 앱이 액세스해야 하는 데이터베이스를 식별하고 사용자 이름과 비밀번호로 데이터베이스의 액세스를 인증한다(그림 12-4). 하지만 새로운 연결을 요청하고 매 작업마다 반복해서 인증하는 것은 클라이언트와 데이터베이스 서버 모두에 자원과 시간 낭비를 가져온다. 술집에 가서 맥주를 주문했는데 바텐더가 당신이 젊어 보여서 신분증을 요구한다고 상상해 보라. 한 번은 괜찮지만 두 번째, 세 번째 맥주를 주문할 때도 바텐더가 신분증을 재차 요구한다면 짜증이 날 수도 있다(물론 가상의 경우다).

▼ 그림 12-4 앱은 데이터베이스 커넥션을 재사용할 수 있다. 새로운 커넥션을 요청한다면 앱은 불필요한 작업을 실행하게 되므로 앱 성능은 저하된다. 이를 위해서는 앱의 커넥션 관리를 담당하는 객체, 즉 데이터 소스가 필요하다

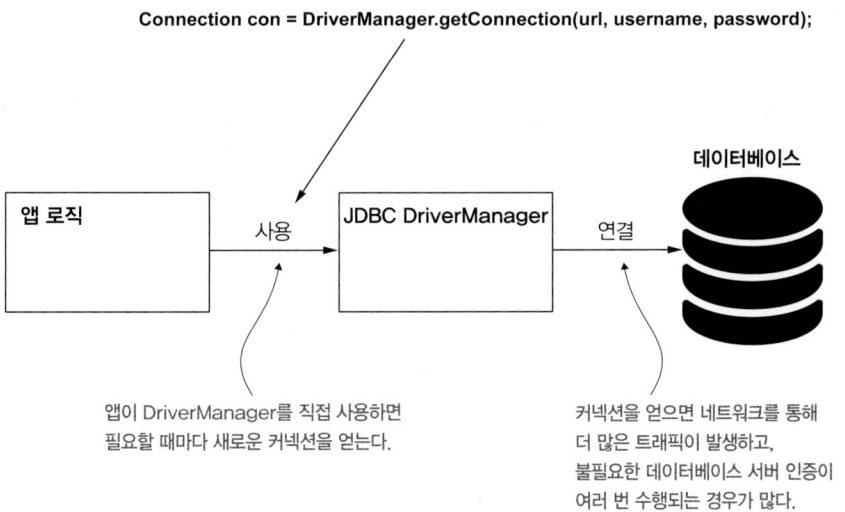

데이터 소스 객체는 커넥션을 효율적으로 관리하여 불필요한 작업 수를 최소화할 수 있다. 우리는 JDBC 드라이버 관리자를 직접 사용하는 대신 데이터 소스로 커넥션을 검색하고 관리한다(그림 12-5).

Note ≡ 데이터 소스는 앱의 데이터베이스 서버에 대한 커넥션을 관리하는 역할을 하는 객체다. 앱은 데이터베이스에 커넥션을 효율적으로 요청하여 영속성 계층의 작업 성능을 향상시킨다.

▼ 그림 12-5 클래스 설계에 데이터 소스를 추가하면 앱이 불필요한 작업에 소요되는 시간을 절약할 수 있다. 데이터 소스는 커넥션을 관리하다 요청을 받으면 그것을 제공하고 필요할 때면 새롭게 생성한다

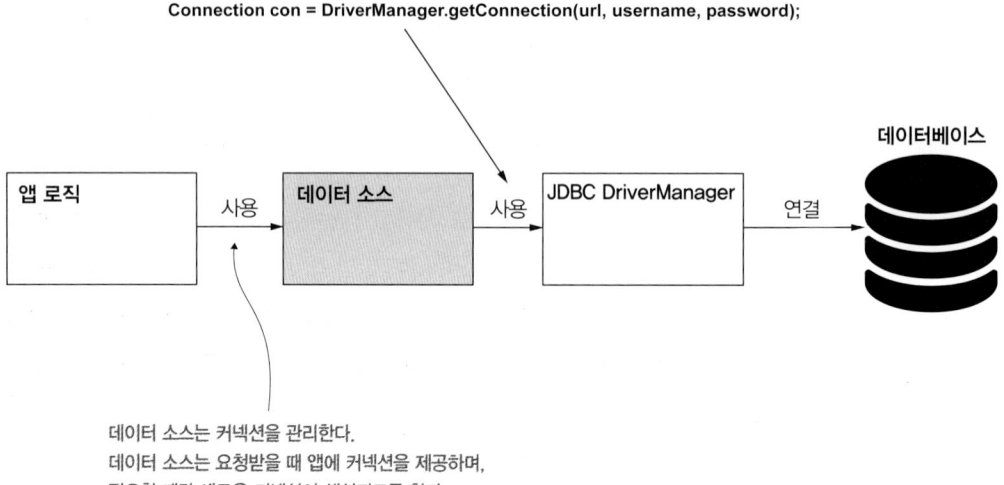

자바 앱은 데이터 소스 구현에서 여러 가지를 선택할 수 있지만, 오늘날 가장 일반적으로 사용되는 것은 HikariCP(Hikari Connection Pool) 데이터 소스다. 스프링 부트의 관례(convention) 구성에서도 HikariCP를 기본 데이터 소스로 사용하고 있으며, 예제에서도 이 데이터 소스를 사용할 것이다. 이 데이터 소스에 대한 자세한 내용은 https://github.com/brettwooldridge/HikariCP에서 확인할 수 있으며, 오픈 소스이므로 여러분도 개발에 기여할 수 있다.

12.2 JdbcTemplate으로 영속성 데이터 작업

이 절에서는 데이터베이스를 사용하는 첫 번째 스프링 앱을 구현하고, 영속성(persistence) 계층을 구현할 때의 스프링 장점을 설명한다. 앱은 데이터 소스로 데이터베이스 서버에 대한 연결을 효율적으로 얻을 수 있다. 하지만 데이터와 동작하는 코드를 얼마나 쉽게 작성할 수 있을까? JDK의 JDBC 클래스를 사용하는 것은 영속성 데이터로 작업하는 데 편리한 방법은 아니다. 가장 간단한 작업에도 장황한 코드 블록을 작성해야 하기 때문이다. 아마 한 번쯤은 자바 기초 예제에서 다음과 같은 코드를 보았을 것이다.

```
String sql = "INSERT INTO purchase VALUES (?,?)";
try (PreparedStatement stmt=con.prepareStatement(sql)) {
    stmt.setString(1, name);
    stmt.setDouble(2, price);
    stmt.executeUpdate();
} catch (SQLException e) {
    // 예외가 발생하면 처리
}
```

테이블에 새 레코드를 추가하는 아주 간단한 작업을 위해서도 이렇게나 긴 코드 블록이 필요하다! 게다가 catch 블록의 로직을 생략한 것도 감안하자. 하지만 스프링을 사용하면 이런 작업을 위해 작성하는 코드를 최소화할 수 있다. 스프링 앱에서는 다양한 대안을 이용하여 영속성 계층을 구현할 수 있으며, 이 장과 13~14장에서 중요한 다른 방안들을 배울 것이다. 이 절에서는 간단한 방식으로 JDBC로 데이터베이스에서 작업할 수 있는 JdbcTemplate 도구를 사용한다. JdbcTemplate은 특정한 영속성 프레임워크가 별도로 필요하지 않으므로 소규모 앱에 가장 적절하다. 앱에 다른 의존성을 원하지 않는다면 스프링에서 영속성 계층을 구현하는 최고의 선택은 JdbcTemplate이다. 또 스프링 앱의 영속성 계층을 구현하는 방법을 배우기 시작할 때 아주 좋은 방법이다. JdbcTemplate의 사용 방법을 보여 주고자 다음 단계에 따라 예제를 구현해 보자.

1. DBMS에 대한 커넥션을 생성한다.
2. 리포지터리 로직을 작성한다.
3. REST 엔드포인트의 동작을 구현하는 메서드에서 리포지터리 메서드를 호출한다.

이 예제는 sq-ch12-ex1 프로젝트에서 찾을 수 있다.

이 앱에는 데이터베이스에 purchase 테이블이 있다. 이 테이블에는 온라인 쇼핑몰에서 구매한 제품과 구매 가격에 대한 상세 정보를 저장한다. 이 테이블의 열(column)은 다음과 같다(그림 12-6).

- **id**: 테이블의 기본 키 역할을 하며 자동으로 증가하는 고윳값
- **product**: 구매한 제품 이름
- **price**: 구매 가격

▼ 그림 12-6 구매(purchase) 테이블로 각 구매는 테이블의 행에 저장된다. 구매에 저장된 속성은 구매한 제품과 가격이다. 테이블의 기본 키(ID) 값은 자동 생성된 숫자다

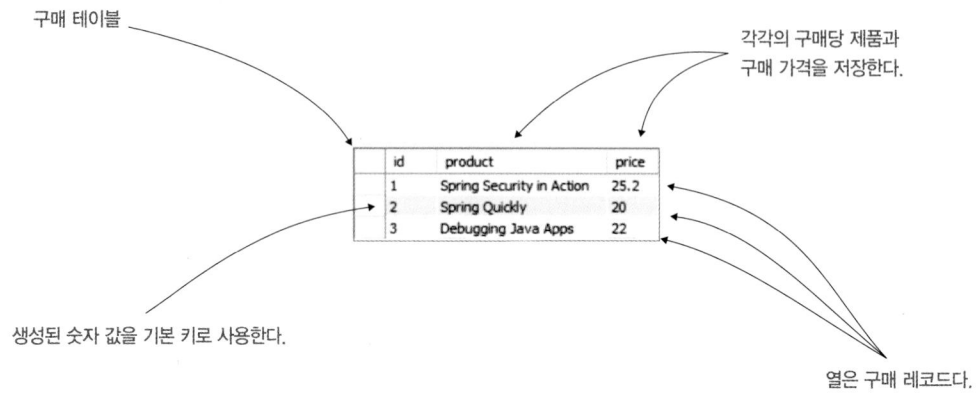

이 책 예제는 선택된 이 관계형 데이터베이스 기술에 종속되지 않는다. 원하는 기술에 동일한 코드를 사용할 수 있지만 예제를 위해 특정 기술을 선택해야 했다. 이 책에서는 H2(인메모리 데이터베이스로 예제와 15장에서 확인할 수 있듯이 통합 테스트를 구현하는 데 적합하다)와 MySQL(로컬에 쉽게 설치할 수 있는 무료의 경량 기술로 인메모리 데이터베이스가 아닌 다른 기술에서도 예제가 동작한다는 것을 검증할 수 있다)을 사용한다. 포스트그레스(Postgres), 오라클(Oracle), MS SQL처럼 여러분이 선호하는 다른 관계형 데이터베이스 기술로 예제를 구현할 수 있다. 이 경우 런타임에 적절한 JDBC 드라이버를 사용해야 한다(이 장 앞부분에서 언급했으며 자바 기초에서 알 수 있듯이). 또 두 관계형 데이터베이스 기술의 SQL 구문이 서로 다를 수 있다. 따라서 다른 기술을 사용하기로 했다면 선택한 기술에 맞게 조정해야 할 것이다.

> Note ≡ 앱은 H2 데이터베이스를 위해서도 JDBC 드라이버를 사용하지만 H2에서 H2 데이터베이스 의존성은 pom.xml에 포함되어 제공되므로 별도로 추가할 필요가 없다.

이 책 예제에서는 여러분이 이미 SQL 기본을 알고 있고 간단한 SQL 쿼리 구문을 이해한다고 가정한다. 또 스프링을 배우는 필수 전제 조건인 자바 기초에서 이 내용을 배웠기 때문에 최소한 이론적 예제에서 JDBC를 사용해 본 적이 있다고 가정한다. 하지만 더 나아가기 전에 이 분야에 대한 지식을 다시 숙지하고 싶을 수도 있다. JDBC 부분에서는 진 보얄스키(Jeanne Boyarsky)와 스콧 셀리코프(Scott Selikoff)가 저술한 〈OCP Oracle Certified Professional Java SE 11 Developer Complete Study Guide〉(Sybex, 2020)의 21장을 추천한다. SQL을 복습하기 원한다면 앨런 볼리외(Alan Beaulieu)의 〈러닝 SQL〉(한빛미디어, 2021)을 추천한다.

우리가 구현할 앱의 요구 사항은 단순하다. 엔드포인트 두 개를 노출하는 백엔드 서비스를 개발한다. 클라이언트는 한 엔드포인트를 호출하여 구매 테이블에 새 레코드를 추가하고, 다른 엔드포인트를 호출하여 구매 테이블에서 모든 레코드를 가져온다.

데이터베이스로 작업할 때는 영속성 계층과 관련된 모든 기능을 (관례에 따라) 'repository'라고 명명한 클래스에서 구현한다. 다음 그림은 우리가 구현하려는 애플리케이션의 클래스 설계를 보여 준다.

> Note ≡ 리포지터리는 데이터베이스 작업을 담당하는 클래스다.

▼ 그림 12-7 REST 컨트롤러는 엔드포인트 두 개를 구현한다. 클라이언트가 엔드포인트를 호출하면 컨트롤러는 데이터베이스를 사용하려고 리포지터리 객체에 위임한다

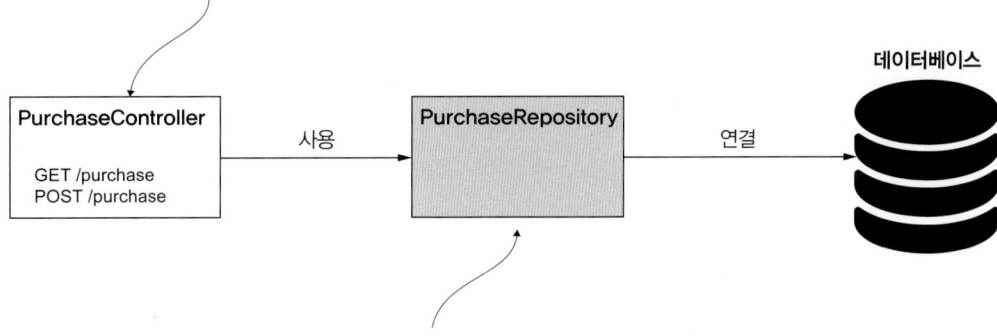

늘 그랬듯이 필요한 의존성을 추가하면서 구현을 시작한다. 다음 코드는 프로젝트의 pom.xml 파일에 추가해야 할 의존성을 보여 준다.

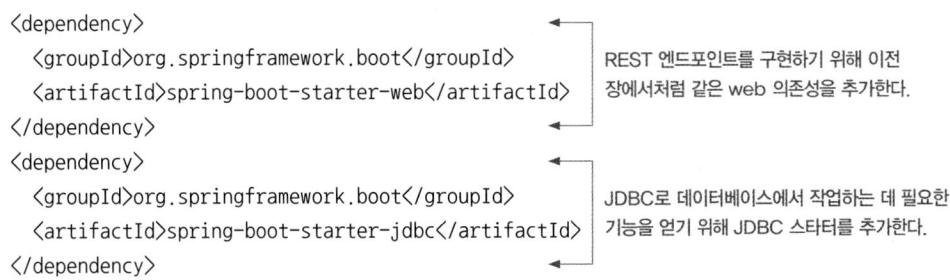

```
<dependency>
    <groupId>com.h2database</groupId>
    <artifactId>h2</artifactId>
    <scope>runtime</scope>
</dependency>
```

이 예제를 위한 인메모리 데이터베이스와 JDBC 드라이버를 모두 얻으려고 H2 의존성을 추가한다.

앱은 런타임 때만 데이터베이스와 JDBC 드라이버가 필요하며 컴파일할 때는 필요하지 않다. 런타임 때만 이런 의존성이 필요하도록 메이븐(Maven)에 지시하려면 scope 태그에 'runtime' 값을 추가한다.

이 예제에서 데이터베이스 서버가 없더라도 H2 의존성은 데이터베이스를 시뮬레이션한다. H2는 앱 기능을 테스트하되 데이터베이스 의존성을 제외하고자 할 때 예제와 애플리케이션 테스트에 모두 사용할 수 있는 훌륭한 도구다(15장에서 애플리케이션 테스트를 설명한다).

이제 구매 기록을 저장할 테이블을 추가해야 한다. 이론용 예제에서는 메이븐 프로젝트의 리소스 폴더에 schema.sql 파일을 추가하여 데이터베이스 구조를 쉽게 만들 수 있다(그림 12-8).

▼ 그림 12-8 메이븐 프로젝트에서 resources 폴더의 schema.sql 파일에 데이터베이스 구조를 정의하는 쿼리를 작성할 수 있다. 스프링은 앱이 시작할 때 이 쿼리를 실행한다

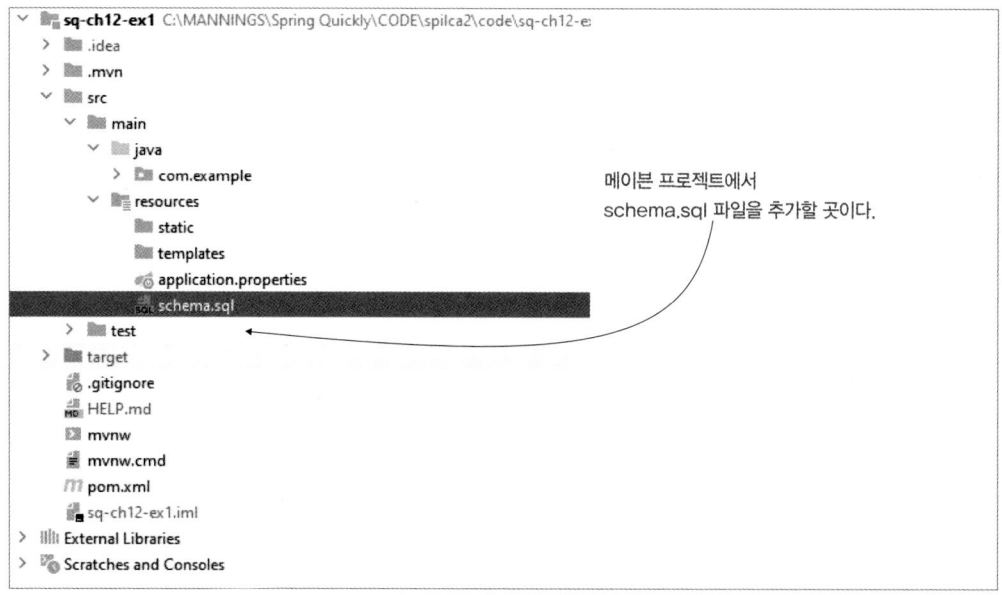

이 파일 안에 데이터베이스 구조를 정의하는 데 필요한 구조적 SQL 쿼리를 모두 작성해서 넣을 수 있다. 개발자는 이런 쿼리를 데이터 정의 언어(Data Definition Language, DDL)라고도 한다. 프로젝트에 이런 파일을 추가하고 다음 코드처럼 구매 테이블을 생성하는 쿼리를 추가하자.

```
CREATE TABLE IF NOT EXISTS purchase (
    id INT AUTO_INCREMENT PRIMARY KEY,
    product varchar(50) NOT NULL,
    price double NOT NULL
);
```

> Note ≡ schema.sql 파일로 데이터베이스 구조를 정의하는 것은 이론용 예제에서만 사용해야 한다. 이 방식은 빠르며 지침서에 있는 데이터베이스 구조의 정의보다는 학습하는 내용에 집중할 수 있기 때문에 쉽다. 하지만 실제 예제에서는 데이터베이스 스크립트의 버전을 관리할 수 있는 의존성을 사용해야 한다. Flyway(https://flywaydb.org/) 및 Liquibase(https://www.liquibase.org/)를 살펴보기 바란다. 이 둘은 데이터베이스 스키마 버전을 관리하는 데 매우 인정받는 의존성들이다. 이 의존성들은 스프링 기초를 벗어나므로 이 책의 예제에서는 사용하지 않지만 기본을 숙지한 후에는 바로 배울 것을 권장한다.

앱에서 구매 데이터를 정의하려면 모델(model) 클래스가 필요하다. 이 클래스의 인스턴스는 데이터베이스의 구매 테이블 행을 매핑하므로 각 인스턴스에는 ID, 제품 및 가격이 속성으로 필요하다. 다음 코드는 구매 모델 클래스를 보여 준다.

```java
public class Purchase {

    private int id;
    private String product;
    private BigDecimal price;

    // getters와 setters 생략
}
```

구매 클래스 가격(price)의 속성 타입이 BigDecimal이라는 점이 흥미로울 수 있다. double로 정의할 수도 있지 않았을까? 여기에서 한 가지 알아 두어야 하는 중요한 점이 있다. 이론용 예제에서는 십진수 값에 double을 사용할 때가 많지만, 실제 예제에서 십진수에 double이나 float을 사용하는 것은 올바른 방법이 아닐 경우가 많다. double 또는 float 값으로 연산할 때는 더하거나 빼기 같은 간단한 산술 연산에서도 정밀도가 떨어질 수 있기 때문이다. 이 효과는 자바가 이런 값을 메모리에 저장하는 방식 때문에 발생하는데, 가격 같은 민감한 정보를 작업할 때는 BigDecimal 타입을 사용해야 한다. 변환을 걱정하지 마라. 스프링이 제공하는 모든 주요 기능에는 BigDecimal을 사용하는 방법이 제공된다.

> Note ≡ 부동 소수점 값을 정확하게 저장하고 그 값으로 다양한 연산을 실행할 때 소수점 정밀도를 잃지 않으려면 double 또는 float이 아닌 BigDecimal을 사용해야 한다.

컨트롤러에서 필요할 때 PurchaseRepository 인스턴스를 쉽게 가져올 수 있도록 이 객체를 스프링 컨텍스트에서 빈으로 만들 것이다. 가장 간단한 방식은 3장에서 배운 것처럼 스테레오타입 애너테이션(예 @Component 또는 @Service)을 사용하는 것이지만, 스프링은 @Component 대신 리포지터리 전용 애너테이션인 @Repository를 제공한다. 3장에서 서비스 클래스에 @Service를 사용한 것처럼 리포지터리는 @Repository 스테레오타입 애너테이션을 사용하여 스프링이 컨텍스트에 빈을 추가하도록 지시해야 한다. 다음 예제는 리포지터리 클래스 정의를 보여 준다.

예제 12-1 PurchaseRepository 빈 정의하기

```
@Repository   ◀── @Repository 스테레오타입 애너테이션을 사용하여 이 클래스 타입의 빈을 스프링 컨텍스트에 추가한다.
public class PurchaseRepository {

}
```

이제 애플리케이션 컨텍스트에서 PurchaseRepository 빈이 추가되었으므로 데이터베이스 작업에 사용할 JdbcTemplate 인스턴스를 주입할 수 있다. 여러분이 무슨 생각을 하는지 알고 있다! "이 JdbcTemplate 인스턴스는 어디서 나온 거지? 누가 이 인스턴스를 생성하여 미리 리포지터리에 주입할 수 있을까?" 이 예제에서는 많은 프로덕션 시나리오와 마찬가지로 스프링 부트 마법의 혜택을 다시 한 번 누리게 된다. 스프링 부트는 사용자가 pom.xml에 H2 의존성을 추가한 것을 보고 데이터 소스와 JdbcTemplate 인스턴스를 자동으로 구성한 것이다. 이 예제에서는 이들을 직접 사용해 볼 것이다.

스프링 부트가 아닌 스프링만 하는 경우 2장에서 배운 대로 구성 클래스에 @Bean 애너테이션을 사용하여 스프링 컨텍스트에서 DataSource 빈과 JdbcTemplate 빈을 정의해야 한다(2장에서 배운 대로 @Bean 애너테이션으로 추가할 수 있다). 12.3절에서는 자체 데이터 소스 및 JdbcTemplate 인스턴스를 정의하는 데 필요한 시나리오에 따라 사용자를 정의하는 방법을 보여 준다. 다음 예제에서는 스프링 부트가 앱을 위해 구성한 JdbcTemplate 인스턴스를 어떻게 주입하는지 보여 준다.

예제 12-2 영속성 데이터 작업을 위한 JdbcTemplate 빈 주입하기

```
@Repository
public class PurchaseRepository {

    private final JdbcTemplate jdbc;

    public PurchaseRepository(JdbcTemplate jdbc) {   ◀── 생성자 주입으로 애플리케이션 컨텍스트에서
        this.jdbc = jdbc;                                JdbcTemplate 인스턴스를 얻는다.
    }
}
```

끝으로 여러분은 JdbcTemplate 인스턴스가 있어 앱의 요구 사항을 구현할 수 있다. JdbcTemplate은 데이터 변형을 위한 쿼리(INSERT, UPDATE, DELETE)를 실행하는 데 사용되는 update() 메서드를 갖고 있다. SQL과 필요한 매개변수만 전달하면 나머지 작업(커넥션 획득, 쿼리문(statement) 생성, SQLException 처리 등)은 JdbcTemplate이 알아서 처리한다. 다음 예제에서는 PurchaseRepository 클래스에 storePurchase() 메서드를 추가했고, 이 메서드는 JdbcTemplate으로 구매 테이블에 새 레코드를 추가한다.

예제 12-3 JdbcTemplate으로 테이블에 새로운 레코드 추가하기

쿼리는 문자열로 작성되며, 쿼리의 매개변수 값은 물음표(?)로 대체된다.
ID의 경우 이 열 값을 생성하도록 DBMS를 구성했기 때문에 NULL을 사용한다.

```
@Repository
public class PurchaseRepository {

    private final JdbcTemplate jdbc;

    public PurchaseRepository(JdbcTemplate jdbc) {
        this.jdbc = jdbc;
    }

    public void storePurchase(Purchase purchase) {
        String sql = "INSERT INTO purchase VALUES (NULL, ?, ?)";

        jdbc.update(sql,
                    purchase.getProduct(),
                    purchase.getPrice());
    }
}
```

메서드는 저장될 데이터를 나타내는 매개변수를 받는다.

JdbcTemplate update() 메서드는 쿼리를 데이터베이스 서버로 보낸다. 메서드가 받는 첫 번째 매개변수는 쿼리고 다음 매개변수는 매개변수에 대한 값이다. 이 값들은 쿼리의 각 물음표를 동일한 순서로 대체한다.

코드 몇 줄 만으로도 테이블에 레코드를 추가, 수정, 삭제할 수 있다. 데이터 조회는 이보다 더 쉽다. 추가의 경우 쿼리를 작성해서 전송하면 된다. 이번에는 데이터를 검색할 수 있게 SELECT 쿼리를 작성한다. 그리고 데이터를 Purchase 객체(모델 클래스)로 변환하는 방법을 JdbcTemplate에 알려 주고자 RowMapper(ResultSet 행을 특정 객체로 변환하는 역할을 하는 객체)를 구현한다. 예를 들어 Purchase 객체로 모델링된 데이터베이스에서 데이터를 가져오려면 행(row)이 구매 인스턴스에 매핑되는 방식을 정의하는 RowMapper를 구현해야 한다(그림 12-9).

❤ 그림 12-9 JdbcTemplate은 RowMapper를 사용하여 ResultSet을 Purchase 인스턴스 리스트로 변경한다. ResultSet의 각 행에 대해 JdbcTemplate은 RowMapper를 호출하여 행을 Purchase 인스턴스에 매핑한다. 이 다이어그램은 SELECT 쿼리를 전송하기 위해 JdbcTemplate이 따르는 세 단계, 즉 ❶ DBMS 커넥션 얻기, ❷ 쿼리 전송 및 결과 조회, ❸ 결과를 구매 인스턴스에 매핑 단계를 모두 보여 준다

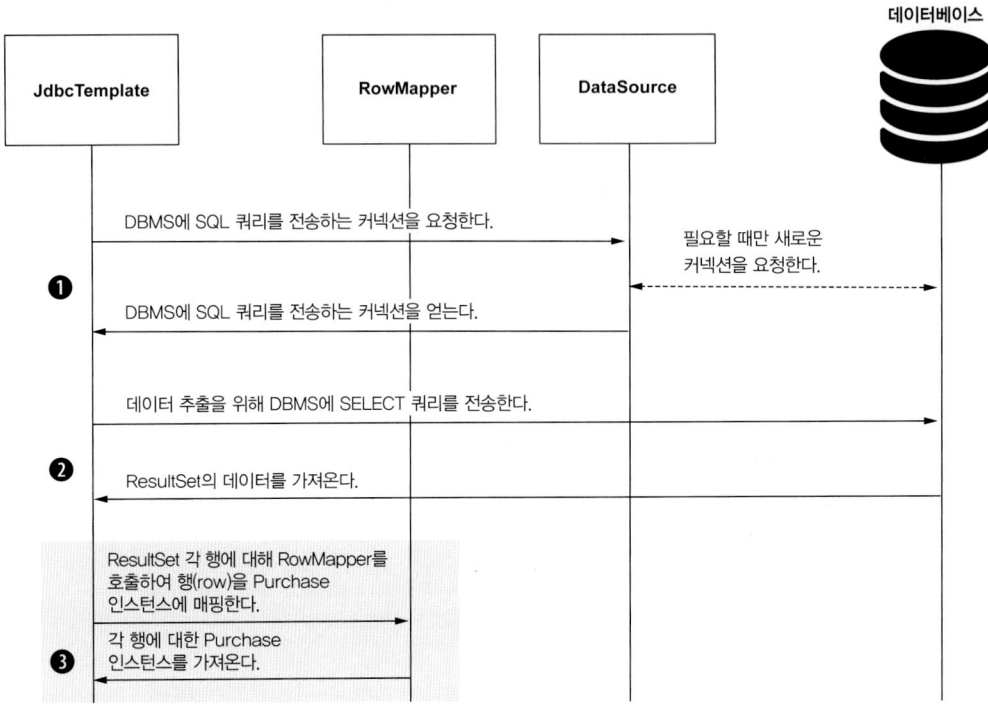

다음 예제는 구매 테이블의 모든 레코드를 가져오는 리포지터리 메서드 구현 방법을 보여 준다.

예제 12-4 JdbcTemplate으로 데이터베이스에서 레코드 선택하기

```
                        JdbcTemplate에 결과 집합(ResultSet)의 행을 Purchase 객체로 매핑하는 방법을
                        알려 주는 RowMapper 객체를 구현한다. 람다 표현식에서 매개변수 r은 데이터베이스에서
@Repository             가져온 데이터인 ResultSet이고, 매개변수 i는 행 번호를 나타내는 정수다.
public class PurchaseRepository {

    // 코드 생략

                                                          이 메서드는 데이터베이스에서 조회한 레코드를
    public List<Purchase> findAllPurchases() {  ◀── Purchase 객체 리스트로 반환한다.
        String sql = "SELECT * FROM purchase";  ◀── SELECT 쿼리를 정의하여 구매 테이블의
                                                    모든 레코드를 가져온다.
        RowMapper<Purchase> purchaseRowMapper = (r, i) -> {
            Purchase rowObject = new Purchase();        ◀──
            rowObject.setId(r.getInt("id"));                   구매(Purchase) 인스턴스에
            rowObject.setProduct(r.getString("product"));      데이터를 설정한다.
            rowObject.setPrice(r.getBigDecimal("price"));      JdbcTemplate은 결과 집합의
            return rowObject;                                  각 행에 대해 이 로직을 사용한다.
```

```
        };

        return jdbc.query(sql, purchaseRowMapper);
    }
}
```

쿼리 메서드를 사용하여 SELECT 쿼리를 전송하고, JdbcTemplate이 Purchase 객체에서 가져온 데이터 변환 방법을 알려 주고자 JdbcTemplate에 행 맵퍼(RowMapper) 객체를 제공한다.

리포지터리 메서드를 만들어 데이터베이스에 레코드를 저장하고 검색할 수 있다면 이제 엔드포인트로 이런 메서드를 노출할 차례다. 다음 예제는 컨트롤러의 구현을 보여 준다.

예제 12-5 컨트롤러 구현하기

```
@RestController
@RequestMapping("/purchase")
public class PurchaseController {

    private final PurchaseRepository purchaseRepository;

    public PurchaseController(PurchaseRepository purchaseRepository) {
        this.purchaseRepository = purchaseRepository;
    }

    @PostMapping
    public void storePurchase(@RequestBody Purchase purchase) {
        purchaseRepository.storePurchase(purchase);
    }

    @GetMapping
    public List<Purchase> findPurchases() {
        return purchaseRepository.findAllPurchases();
    }
}
```

클라이언트가 구매 레코드를 데이터베이스에 저장하려고 호출할 엔드포인트를 구현한다. 컨트롤러의 액션이 HTTP 요청 본문에서 가져온 데이터를 유지하고자 리포지터리의 storePurchase() 메서드를 사용한다.

클라이언트가 구매 테이블에서 모든 레코드를 가져오려고 호출할 엔드포인트를 구현한다. 컨트롤러의 액션은 리포지터리의 메서드를 사용하여 데이터베이스에서 데이터를 가져오고 HTTP 응답 본문으로 클라이언트에 데이터를 반환한다.

지금 애플리케이션을 실행하면 포스트맨 또는 cURL로 두 엔드포인트를 테스트할 수 있다.

구매 테이블에 새 레코드를 추가하려면 다음 명령 코드처럼 HTTP POST로 /purchase 경로를 호출한다.

```
curl -XPOST 'http://localhost:8080/purchase' \
-H 'Content-Type: application/json' \
-d '{
    "product":"Spring Security in Action",
```

```
        "price":25.2
    }'
```

그런 다음 HTTP GET /purchase 엔드포인트를 호출하여 앱이 구매 기록을 올바르게 저장했다는 것을 확인할 수 있다. 다음 코드는 이 요청을 위한 cURL 명령을 보여 준다.

```
curl 'http://localhost:8080/purchase'
curl 'http://localhost:8080/purchase'
```

요청의 HTTP 응답 본문은 다음 코드에 표시된 것처럼 데이터베이스에 있는 모든 구매 레코드의 목록을 보여 준다.

```
[
    {
        "id":1,
        "product":"Spring Security in Action",
        "price":25.2
    }
]
```

12.3 데이터 소스 구성을 사용자 정의

이 절에서는 JdbcTemplate이 데이터베이스로 작업하는 데 사용하는 데이터 소스를 사용자 정의하는 방법을 알아보자. 12.2절에서 사용한 H2 데이터베이스는 예제 및 지침서와 앱 영속성 계층 구현을 시작하는 데 적합하다. 그러나 프로덕션 앱에서는 인메모리 데이터베이스 이상의 것이 필요하며 데이터 소스를 구성해야 하는 경우도 많다.

실제 환경의 시나리오에서 DBMS를 사용하는 방법을 논의하고자 12.2절에서 구현한 예제를 MySQL 서버를 사용하도록 변경한다. 예제의 로직은 변경이 없으며 다른 데이터베이스와 연결하도록 데이터 소스를 변경하는 것도 까다롭지 않음을 알 수 있다. 우리가 수행할 단계는 다음과 같다.

1. 12.3.1절에서는 MySQL 데이터베이스를 사용하려고 application.properties 파일에 MySQL JDBC 드라이버를 추가하고 데이터 소스를 구성한다. 정의한 프로퍼티를 기반으로 스프링 컨텍스트에 DataSource 빈을 정의할 것이다.
2. 12.3.2절에서는 프로젝트를 수정하여 DataSource 빈을 사용자 정의하고 실제 시나리오에서 이런 작업이 필요할 상황을 논의한다.

12.3.1 애플리케이션 프로퍼티 파일에서 데이터 소스 정의

이 절에서는 애플리케이션을 MySQL DBMS에 연결해 본다. 프로덕션 지원 애플리케이션은 외부 데이터베이스 서버를 사용하므로 이 기술이 있다면 도움이 될 것이다.

이 절의 예제 프로젝트는 sq-ch12-ex2이며, 필자가 권장한 것처럼 이 예제를 직접 실행하려면 MySQL 서버를 설치하고 연결할 데이터베이스를 만들어야 한다. 원하는 경우 다른 데이터베이스 기술(예 포스트그레스 또는 오라클)을 사용하도록 이 예제를 수정할 수도 있다.

이 프로젝트를 변경하려면 다음 두 단계를 실행한다.

1. 프로젝트 의존성을 변경하여 H2를 제외하고 적절한 JDBC 드라이버를 추가한다.
2. 새 데이터베이스에 대한 커넥션 프로퍼티를 application.properties 파일에 추가한다.

1단계에서는 pom.xml 파일에서 H2 종속성을 제외한다. MySQL을 사용한다면 MySQL JDBC 드라이버를 추가해야 한다. 이제 프로젝트에 다음 의존성들이 포함되어야 한다.

```xml
<dependency>
  <groupId>org.springframework.boot</groupId>
  <artifactId>spring-boot-starter-jdbc</artifactId>
</dependency>
<dependency>
  <groupId>org.springframework.boot</groupId>
  <artifactId>spring-boot-starter-web</artifactId>
</dependency>
<dependency>
  <groupId>mysql</groupId>
  <artifactId>mysql-connector-java</artifactId>   ← MySQL JDBC 드라이버를
  <scope>runtime</scope>                             런타임 의존성으로 추가한다.
</dependency>
```

2단계에서 application.properties 파일은 다음 코드 내용과 같아야 한다. spring.datasource.url 프로퍼티를 추가하여 데이터베이스 위치를 정의하고, spring.datasource.username 및 spring.datasource.password 프로퍼티를 추가하여 앱을 인증하고 DBMS에서 커넥션을 얻는 데 필요한 자격 증명을 정의한다. 또 spring.datasource.initialization-mode 속성을 always 값으로 설정하여 스프링 부트가 schema.sql 파일로 구매 테이블을 생성하도록 지시해야 한다. H2에서는 이 속성을 사용할 필요가 없는데, H2의 경우 스프링 부트가 기본 설정으로 schema.sql 파일(이 파일이 있다면)의 쿼리를 실행하기 때문이다.

```
spring.datasource.url=jdbc:mysql://localhost/spring_quickly?
useLegacyDatetimeCode=false&serverTimezone=UTC    ◄── 데이터베이스 위치를 정의하는 URL을 구성한다.
spring.datasource.username=<dbms username>   ◄── DBMS에서 인증하고 커넥션을 얻으려고
spring.datasource.password=<dbms password>   ◄── 자격 증명을 구성한다.
spring.datasource.initialization-mode¹=always  ◄── 이 initialization-mode를 'always'로 설정하여
                                                   스프링 부트가 schema.sql 파일의 쿼리를
                                                   실행하도록 지시해야 한다.
```

> **Note ≡** 프로덕션 단계의 애플리케이션에서 프로퍼티 파일에 시크릿(secret)(역주 비밀번호)을 저장하는 것은 좋은 행동이 아니다. 이런 개인 정보는 시크릿 볼트(secret vault)에 저장해야 한다. 이 주제는 기초 내용을 훨씬 벗어나므로 이 책에서는 다루지 않는다. 따라서 이런 식으로 비밀번호를 저장하는 것은 학습용 예제와 튜토리얼에 한해서 사용된다는 점을 알아 두기 바란다.

이런 몇 가지 변경만으로 애플리케이션은 이제 MySQL 데이터베이스를 사용할 수 있다. 스프링 부트는 application.properties 파일에서 제공된 spring.datasource 프로퍼티로 DataSource 빈을 생성할 수 있다는 것을 알고 있다. 이제 12.2절에서 한 것처럼 앱을 시작하고 엔드포인트를 테스트할 수 있다.

구매 테이블에 새 레코드를 추가하려면 다음 코드처럼 HTTP POST를 사용하여 /purchase 경로를 호출한다.

```
curl -XPOST 'http://localhost:8080/purchase' \
-H 'Content-Type: application/json' \
-d '{
    "product":"Spring Security in Action",
    "price":25.2
}'
```

---

1 역주 spring.datasource.initialization-mode는 스프링 부트 2.5 버전에서는 deprecated되어 spring.sql.init.mode를 사용한다.

그런 다음 HTTP GET /purchase 엔드포인트를 호출하여 앱이 구매 레코드를 올바르게 저장했는지 확인할 수 있다. 요청을 전송하는 cURL 명령은 다음과 같다.

```
curl 'http://localhost:8080/purchase'
```

요청의 HTTP 응답 본문은 다음 코드에 표시된 것처럼 데이터베이스에 있는 모든 구매 레코드의 목록을 보여 준다.

```
[
    {
        "id":1,
        "product":"Spring Security in Action",
        "price":25.2
    }
]
```

12.3.2 사용자 정의 DataSource 빈 사용

application.properties 파일의 커넥션 상세 정보를 바탕으로 스프링은 DataSource 빈을 만들고 사용하는 방법을 알고 있다. 때로는 이것으로 충분하며, 평소처럼 문제를 해결하는 가장 간단한 솔루션을 사용하면 좋다. 하지만 가끔 DataSource 빈을 생성하는 데 스프링 부트를 의존할 수 없는 경우에는 직접 빈을 정의해야 한다. 빈을 직접 정의해야 하는 몇 가지 시나리오는 다음과 같다.

- 런타임에서 얻을 수 있는 조건에 따라 특정 DataSource 구현을 사용해야 한다.
- 앱은 둘 이상의 데이터베이스에 연결하므로 여러 데이터 소스를 만들고 제한자(qualifier)를 이용하여 구분해야 한다.
- 런타임에만 있는 특정 조건에 따라 DataSource 객체의 특정 매개변수를 구성해야 한다. 예를 들어 앱은 실행 환경에 따라 성능 최적화를 위해 커넥션 풀에 더 많거나 적은 커넥션이 필요할 수 있다.
- 앱이 스프링 프레임워크를 사용하지만 스프링 부트는 사용하지 않는다.

걱정하지 않아도 된다! DataSource는 다른 빈과 마찬가지로 스프링 컨텍스트에 추가하는 빈일 뿐이다. 스프링 부트가 여러분을 대신해서 구현체를 선택하고 데이터 소스 객체를 구성하게 두지 않고, 3장에서 배운 대로 구성 클래스에서 @Bean으로 주석이 달린 메서드를 정의하여 컨텍스트에 직접 객체를 추가한다. 이렇게 하면 객체 생성을 완전히 제어할 수 있다.

스프링 부트가 데이터 소스에 대한 빈을 프로퍼티 파일로 생성하지 않고 해당 빈을 정의할 수 있도록 sq-ch12-ex2를 변경해 볼 것이다. 이런 변경 사항은 sq-ch12-ex3 프로젝트에서 확인할 수 있다. 구성 파일을 만들고 @Bean으로 애너테이션이 달린 메서드를 정의하고, 이 메서드는 스프링 컨텍스트에 추가된 DataSource 인스턴스를 반환한다. 다음 예제는 구성 클래스와 @Bean 애너테이션된 메서드의 정의를 보여 준다.

예제 12-6 구성 클래스와 @Bean 애너테이션된 메서드 정의하기

```
                            ── 이 메서드는 DataSource 객체를 반환한다. 스프링 부트는 스프링 컨텍스트에
    @Configuration             이미 DataSource가 있음을 발견한다면 이를 구성하지 않는다.
    public class ProjectConfig {

        @Value("${custom.datasource.url}")      ◄
        private String datasourceUrl;
                                                    커넥션 세부 정보는 구성을 설정할 수 있으므로
        @Value("${custom.datasource.username}") ◄   소스 코드 외부에 정의한 것은 좋은 생각이다.
        private String datasourceUsername;          이 예제에서는 application.properties 파일에
                                                    보관한다.
        @Value("${custom.datasource.password}") ◄
        private String datasourcePassword;

        @Bean ◄── @Bean 애너테이션을 메서드에 달아 스프링이 메서드의 반환 값을 컨텍스트에 추가하도록 지시한다.
     ─► public DataSource dataSource() {
            HikariDataSource dataSource = ◄── 여기에서는 데이터 소스 구현체로 HikariCP를 사용한다.
                new HikariDataSource();          하지만 빈을 직접 정의한다면 프로젝트에 다른 구현체가
                                                 필요할 때 다른 것을 선택할 수 있다.
            dataSource.setJdbcUrl(datasourceUrl);         ◄
            dataSource.setUsername(datasourceUsername);   ◄── 데이터 소스에 커넥션 매개변수를 설정한다.
            dataSource.setPassword(datasourcePassword);   ◄
            dataSource.setConnectionTimeout(1000); ◄── (결과적으로 특정 조건에 해당되는) 다른 프로퍼티도
                                                       구성 설정할 수 있다. 이 경우 커넥션 타임아웃(데이터 소스가
            return dataSource; ◄── DataSource 인스턴스를    커넥션을 획득하기까지 대기하는 시간)을 예로 사용한다.
        }                       반환하면 스프링은 그 인스턴스를
    }                           스프링 컨텍스트에 추가한다.
```

@Value 애너테이션으로 주입할 프로퍼티에 대한 값을 구성하는 것을 기억하기 바란다. application.properties 파일에서 이런 프로퍼티는 다음 코드처럼 표시되어야 한다. 필자는 의도적으로 프로퍼티 이름에 'custom'이라는 단어를 사용하여 스프링 부트의 고유 프로퍼티가 아니라는 것을 강조했다. 이런 프로퍼티에는 어떤 이름이라도 지정할 수 있다.

```
custom.datasource.url=jdbc:mysql://localhost/spring_quickly?
useLegacyDatetimeCode=false&serverTimezone=UTC

custom.datasource.username=root
custom.datasource.password=
```

이제 sq-ch12-ex3 프로젝트를 시작하고 테스트할 수 있다. 결과는 이 장의 이전 두 프로젝트와 동일해야 한다.

구매 테이블에 새 레코드를 추가하려면 다음 명령 코드처럼 HTTP POST로 /purchase 경로를 호출해야 한다.

```
curl -XPOST 'http://localhost:8080/purchase' \
-H 'Content-Type: application/json' \
-d '{
    "product":"Spring Security in Action",
    "price":25.2
}'
```

그런 다음 HTTP GET /purchase 엔드포인트를 호출하여 앱이 구매 기록을 올바르게 저장했다는 것을 확인할 수 있다. 요청을 전송하는 cURL 명령은 다음과 같다.

```
curl 'http://localhost:8080/purchase'
```

요청의 HTTP 응답 본문은 다음 코드처럼 데이터베이스에 있는 모든 구매 레코드 목록이다.

```
[
    {
        "id":1,
        "product":"Spring Security in Action",
        "price":25.2
    }
]
```

> Note ≡ 구매 테이블을 정리하지 않고 sq-ch12-ex2 프로젝트와 동일한 데이터베이스를 사용하면 이전에 추가한 레코드가 결과에 포함될 수 있다.

12.4 요약

- 자바 애플리케이션은 JDK(Java Development Kit)라는 앱이 관계형 데이터베이스 연결에 필요한 객체의 추상화를 제공한다. 앱은 항상 이런 추상화를 구현하는 런타임 의존성을 추가해야 한다. 이런 의존성을 JDBC 드라이버라고 한다.
- 데이터 소스는 데이터베이스 서버에 대한 커넥션을 관리하는 객체다. 데이터 소스가 없다면 앱이 커넥션을 너무 자주 요청해서 성능에 영향을 미친다.
- 스프링 부트는 HikariCP라는 데이터 소스 구현을 기본적으로 구성한다. 이 HikariCP는 커넥션 풀로 앱이 데이터베이스에 대한 커넥션을 사용하는 방식을 최적화한다. 앱에 다른 데이터 소스 구현체가 더 적절하다면 다른 것을 사용할 수 있다.
- JdbcTemplate은 JDBC를 사용하여 관계형 데이터베이스에 액세스하려고 작성하는 코드를 간소화하는 스프링 도구다. JdbcTemplate 객체는 데이터베이스 서버에 접속하려고 데이터 소스에 의존한다.
- 테이블의 데이터를 변경하는 쿼리를 전송하려면 JdbcTemplate 객체의 update() 메서드를 사용한다. 데이터를 검색할 수 있게 SELECT 쿼리를 보내려면 JdbcTemplate의 query() 메서드 중 하나를 사용한다. 이런 작업은 대부분 영속성 데이터를 변경하거나 검색할 때 사용해야 한다.
- 스프링 부트 애플리케이션에서 사용되는 데이터 소스를 사용자 정의하려면 java.sql.DataSource 타입의 빈을 맞춤 구성한다. 스프링의 컨텍스트에서 이 타입의 빈을 선언하면 스프링 부트는 기본 빈을 구성하지 않고 이 빈을 사용한다. 사용자 정의 JdbcTemplate 객체가 필요할 때도 동일한 방식을 사용한다. 일반적으로 스프링 부트에서 제공하는 기본값을 사용하지만, 특정 상황에서는 다양하게 최적화를 하려고 사용자 정의 구성 또는 구현이 필요할 때도 있다.
- 앱이 여러 데이터베이스에 연결하려면 고유한 JdbcTemplate 객체가 연결된 여러 데이터 소스 객체를 만들 수 있다. 이런 시나리오에서는 4~5장에서 배운 대로 애플리케이션 컨텍스트에서 동일한 타입의 객체를 구별하는 데 @Qualifier 애너테이션을 사용해야 한다.

13장

스프링 앱에서 트랜잭션 사용

13.1 트랜잭션

13.2 스프링에서 트랜잭션의 작동 방식

13.3 스프링 앱에서 트랜잭션 사용

13.4 요약

이 장에서 다룰 내용
- 트랜잭션이란 무엇인가?
- 스프링이 트랜잭션을 관리하는 방법
- 스프링 앱에서 트랜잭션 사용하기

데이터를 관리할 때 가장 중요하게 여기는 점은 정확한 데이터를 유지하는 것이다. 우리는 특정 실행 시나리오가 잘못되거나 일관되지 못한 데이터로 끝나 버리기를 원치 않는다. 예를 들어 돈을 공유하는 데 사용되는 애플리케이션, 즉 전자 지갑(electronic wallet)을 구현한다고 가정해 보자. 이 애플리케이션에서 사용자는 돈을 저장하는 계좌를 보유하고 있다. 여러분은 사용자가 한 계좌에서 다른 계좌로 돈을 이체할 수 있는 계좌 이체 기능을 구현할 것이다. 이 구현 예제를 단순화하기 위해 이 기능에는 다음 두 단계가 있다고 가정한다(그림 13-1).

1. 원본 계좌에서 돈을 출금한다.
2. 대상 계좌에 돈을 입금한다.

이 두 단계는 모두 데이터를 변경하는 작업(가변 데이터 작업)이며, 이체가 올바르게 실행되려면 두 작업이 모두 성공해야 한다. 하지만 2단계에서 문제가 발생하여 작업을 완료할 수 없다면 어떻게 해야 할까? 1단계는 완료되었지만 두 번째 단계가 완료되지 못하면 데이터 불일치가 발생한다.

존이 제인에게 100달러를 이체한다고 가정해 보자. 이체 전 존의 계좌에는 1000달러가 있었고 제인의 계좌에는 500달러가 있었다. 이체가 완료되면 존의 계좌에는 100달러가 줄어들고(즉, 1000 − 100 = 900), 제인은 100달러를 받게 될 것이므로 제인은 600달러(500 + 100 = 600)를 갖고 있어야 한다.

❤ 그림 13-1 사용 사례를 위한 예제를 보여 준다. 한 계좌에서 다른 계좌로 돈을 이체할 때 앱은 첫 번째 계좌에서 이체된 돈을 빼고 두 번째 계좌에 더하는 두 가지 작업을 실행한다. 우리는 이 사용 사례를 구현하며 실행할 때 데이터에 불일치가 발생하지 않도록 해야 한다

계좌 이체 작업 전

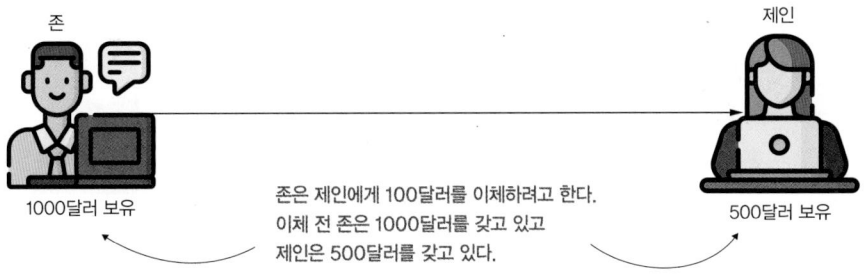

존은 제인에게 100달러를 이체하려고 한다.
이체 전 존은 1000달러를 갖고 있고
제인은 500달러를 갖고 있다.

1단계: 존의 계좌에서 100달러를 출금한다.

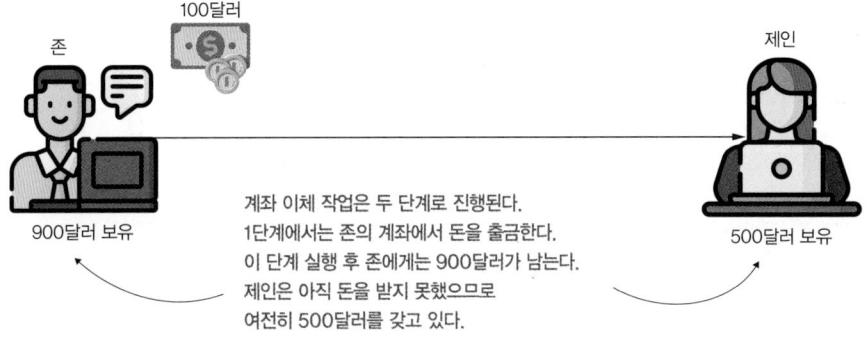

계좌 이체 작업은 두 단계로 진행된다.
1단계에서는 존의 계좌에서 돈을 출금한다.
이 단계 실행 후 존에게는 900달러가 남는다.
제인은 아직 돈을 받지 못했으므로
여전히 500달러를 갖고 있다.

2단계: 제인의 계좌에 100달러를 입금한다.

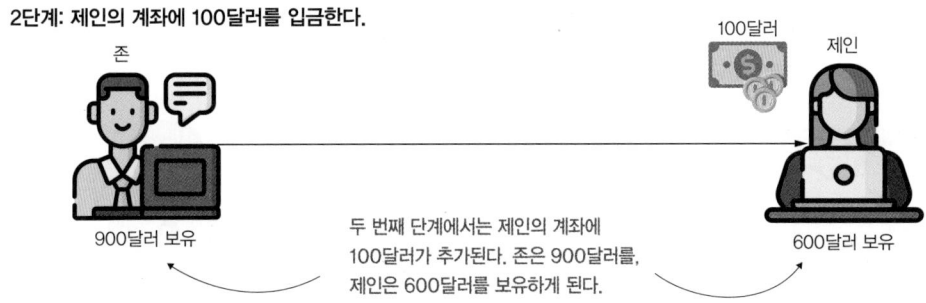

두 번째 단계에서는 제인의 계좌에
100달러가 추가된다. 존은 900달러를,
제인은 600달러를 보유하게 된다.

2단계가 실패하면 존의 계좌에서 돈이 인출되었지만 제인은 돈을 받지 못한 상황이 된다. 존은 900달러를 갖게 되고 제인은 여전히 500달러를 갖는다. 100달러는 어디로 갔을까? 그림 13-2는 이 동작을 보여 준다.

❤ 그림 13-2 사용 사례의 한 단계가 실패하면 데이터는 일관되지 않는다. 계좌 이체 예제는 첫 번째 계좌에서 출금 작업은 성공했지만 대상 계좌에 입금 작업이 실패하면 돈은 손실된다

계좌 이체 작업 전

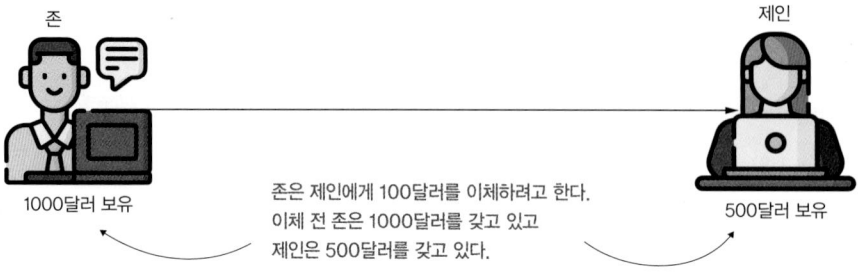

존은 제인에게 100달러를 이체하려고 한다.
이체 전 존은 1000달러를 갖고 있고
제인은 500달러를 갖고 있다.

1단계: 존의 계좌에서 100달러를 출금한다.

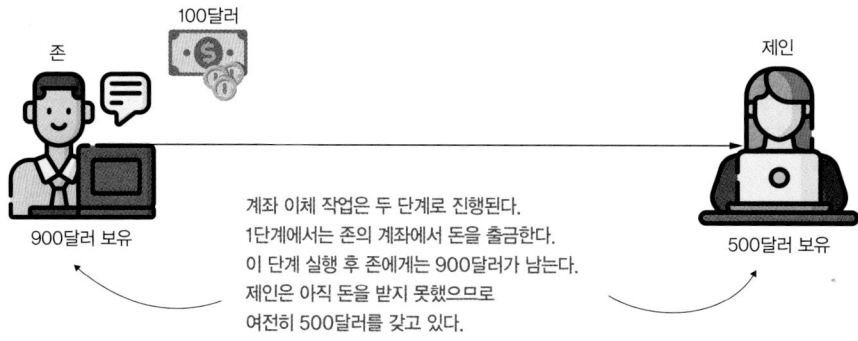

계좌 이체 작업은 두 단계로 진행된다.
1단계에서는 존의 계좌에서 돈을 출금한다.
이 단계 실행 후 존에게는 900달러가 남는다.
제인은 아직 돈을 받지 못했으므로
여전히 500달러를 갖고 있다.

2단계: 제인의 계좌로 100달러 입금이 실패한다.

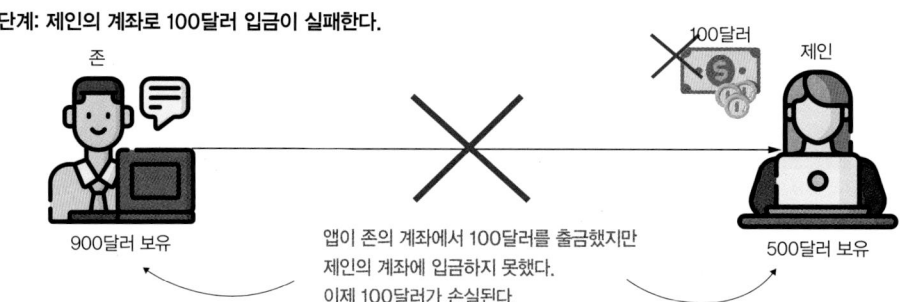

앱이 존의 계좌에서 100달러를 출금했지만
제인의 계좌에 입금하지 못했다.
이제 100달러가 손실된다.

데이터 일관성이 없는 이런 시나리오를 방지하려면 두 단계 모두 올바르게 실행되거나 둘 중 어느 하나도 실행되지 않아야 한다. 트랜잭션은 모든 작업을 올바르게 실행하거나 어떤 작업도 실행되지 않도록 구현할 수 있게 해 준다.

13.1 트랜잭션

이 절에서는 **트랜잭션**(transaction)을 설명한다. 트랜잭션은 정해진 가변 작업(데이터를 변경하는 작업)의 집합으로, 작업을 모두 올바르게 실행하거나 전혀 실행하지 않을 수 있다. 이를 **원자성**(atomicity)이라고 한다. 트랜잭션은 앱에서 이미 데이터를 변경했을 때 사용 사례의 어떤 단계에서 실패하더라도 데이터 일관성 유지를 보장하기 때문에 필수적이다. 다시 두 단계로 구성된(단순화된) 이체 기능을 생각해 보자.

1. 원본 계좌에서 돈을 출금한다.
2. 대상 계좌에 돈을 입금한다.

1단계 전에 트랜잭션을 시작하고 2단계 후에 트랜잭션을 종료할 수 있다(그림 13-3). 이 경우 두 단계가 모두 성공적으로 실행되면 트랜잭션이 종료될 때(2단계 이후) 앱은 두 단계에서 수행한 변경 사항을 유지한다. 이를 트랜잭션이 **커밋**되었다고도 한다. 커밋 작업은 트랜잭션이 종료되고 모든 단계가 성공적으로 실행될 때 발생하므로 앱은 데이터 변경 사항을 유지할 수 있다.

커밋(commit): 트랜잭션의 변경 작업으로 수행된 모든 변경 사항을 저장할 경우 트랜잭션이 성공적으로 완료된 것이다.

1단계가 문제없이 실행되었지만 2단계가 어떤 이유로든 실패한다면 앱은 1단계에서 변경한 내용을 복원한다. 이 작업을 **롤백**이라고 한다.

롤백(rollback): 앱이 데이터 불일치를 피하려고 데이터를 트랜잭션 시작 시점의 상태로 복원하면 트랜잭션이 롤백으로 종료된다.

❤ 그림 13-3 트랜잭션은 사용 사례의 단계 중에서 하나라도 실패할 경우 나타날 수 있는 불일치를 해결한다. 트랜잭션을 사용하면 단계 중 하나라도 실패한 경우 데이터가 트랜잭션 시작 시점의 상태로 되돌아간다

계좌 이체 작업 전

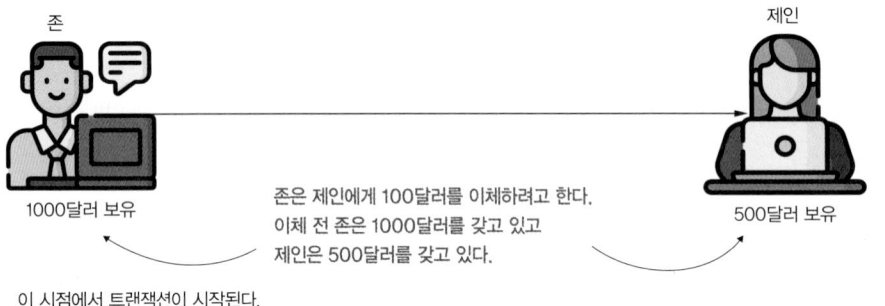

존은 제인에게 100달러를 이체하려고 한다.
이체 전 존은 1000달러를 갖고 있고
제인은 500달러를 갖고 있다.

이 시점에서 트랜잭션이 시작된다.

1단계: 존의 계좌에서 100달러를 출금한다.

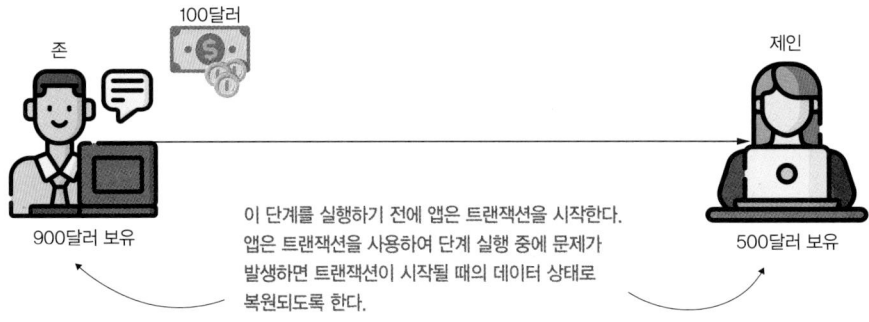

이 단계를 실행하기 전에 앱은 트랜잭션을 시작한다.
앱은 트랜잭션을 사용하여 단계 실행 중에 문제가
발생하면 트랜잭션이 시작될 때의 데이터 상태로
복원되도록 한다.

2단계: 제인의 계좌로 100달러 입금이 실패한다.

단계 중 하나라도 실패하면 앱은 데이터를
거래 시작 시점의 상태로 복원한다.
이체는 실패했지만 적어도 존은 돈을 잃지 않는다.

이 시점에서 트랜잭션은 롤백된다.

13.2 스프링에서 트랜잭션의 작동 방식

스프링 앱에서 트랜잭션 사용 방법을 보여 주기 전에 스프링에서 트랜잭션 작동 방식과 트랜잭션 코드를 구현하고자 프레임워크가 제공하는 기능을 설명한다. 사실 트랜잭션 이면에는 스프링 AOP 애스펙트가 있다(6장에서 애스펙트의 작동 방식을 설명했다).

오늘날 대부분의 경우 애너테이션으로 애스펙트가 실행을 가로채고 변경해야 할 메서드를 표시한다. 스프링 트랜잭션에서도 상황이 다르지 않다. 스프링이 트랜잭션에서 감싸길 원하는 메서드를 표시하려고 @Transactional이라는 애너테이션을 사용한다. 그 내부에서는 스프링이 애스펙트를 구성 설정(사용자가 직접 구현하는 대신 스프링이 제공)하고 해당 메서드가 실행하는 작업에 트랜잭션 로직을 적용한다(그림 13-4).

▼ 그림 13-4 메서드에 @Transactional 애너테이션을 사용하면 스프링에서 구성한 애스펙트가 메서드 호출을 가로채고 해당 호출에 대한 트랜잭션 로직을 적용한다. 메서드가 런타임 예외를 발생시키면 앱은 메서드가 변경한 내용을 유지하지 않는다

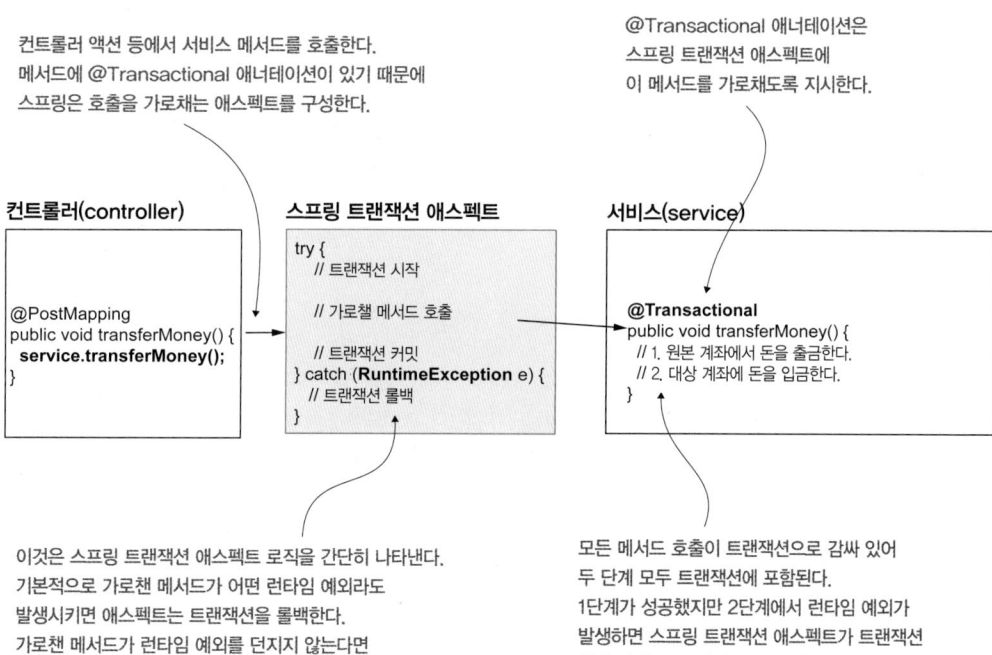

스프링은 메서드가 런타임 예외를 발생시키면 트랜잭션을 롤백하는 것을 알고 있다. 하지만 필자는 '던지다(throw)'는 단어를 강조하고 싶다. 수업 시간에 스프링을 가르칠 때, 학생들은 transferMoney() 메서드 내부의 일부 연산이 런타임 예외를 던지는 것으로 충분하다고 이해할 때가 많다. 하지만 이것만으로는 충분하지 않다! 트랜잭션 메서드는 예외를 더 많이 던져야 애스펙트가 변경 사항을 롤백해야 한다는 것을 알 수 있다. 메서드가 로직에서 예외를 처리하고 더 이상 던지지 않는다면 애스펙트는 예외가 발생했다는 사실을 알 수 없다(그림 13-5).

▼ 그림 13-5 런타임 예외를 메서드 내부에서 던지면 메서드가 그 예외를 처리하고 호출자에게는 그 예외를 전달하지 않는다. 애스펙트는 예외를 받을 수 없으며 트랜잭션을 커밋할 것이다. 이와 같이 트랜잭션 메서드에서 직접 예외를 처리하는 경우 트랜잭션을 관리하는 애스펙트는 예외를 볼 수 없으므로 트랜잭션은 롤백되지 않는다는 점을 유의해야 한다

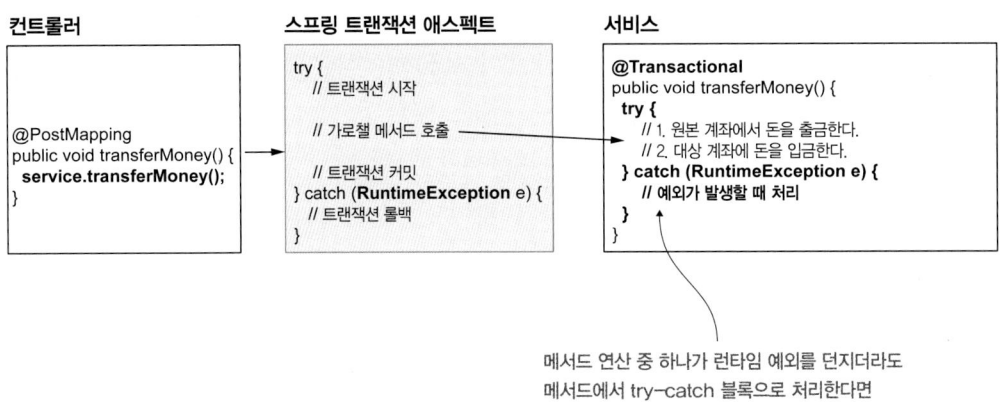

> **트랜잭션에서 체크 예외는 어떨까?**
>
> 지금까지는 런타임 예외만 설명했다. 하지만 **체크 예외**(checked exception)는 어떨까? 자바에서 체크 예외란 처리하거나 던져야 하는 예외로, 그렇지 않으면 앱이 컴파일되지 않는다. 메서드에서 예외가 발생하면 트랜잭션 롤백도 발생할까? 기본적으로 그렇지 않다! 스프링 기본 동작은 런타임 예외가 발생할 때만 트랜잭션을 롤백하는 것으로, 이는 거의 모든 실제 시나리오에서 트랜잭션을 사용하는 방식이다.
>
> 체크 예외로 작업할 때는 메서드 명세에 throws 절을 추가해야 한다. 그렇지 않으면 코드가 컴파일되지 않아 로직에서 언제 예외가 발생하는지 알 수 없다. 따라서 체크 예외로 대표되는 상황은 데이터 불일치가 야기되는 문제가 아니라 개발자가 구현하는 로직으로 관리되어야 하는 통제된 시나리오가 해당된다.
>
> 스프링이 체크 예외일 때도 트랜잭션을 롤백하게 하려면 스프링 기본 동작을 변경하면 된다. 13.3절에서 사용법을 배울 @Transactional 애너테이션에는 스프링이 어떤 예외에 대해 트랜잭션을 롤백할지 정의할 수 있는 속성이 있다.
>
> 그러나 애플리케이션을 항상 단순하게 유지하고 필요한 경우가 아니라면 프레임워크의 기본 동작에 의존하는 것이 좋다.

13.3 스프링 앱에서 트랜잭션 사용

스프링 앱에서 트랜잭션 사용 방법을 알려 주는 예제부터 시작할 것이다. 스프링 앱에서 트랜잭션을 선언하는 것은 애너테이션(@Transactional)을 사용하는 것만큼이나 쉽다. @Transactional로 스프링에서 트랜잭션으로 래핑할(wrapping) 메서드를 표시한다. 그 외 다른 작업은 필요 없다. 스프링은 사용자가 @Transactional로 애너테이션한 메서드를 가로채는 애스펙트를 구성한다. 이 애스펙트는 트랜잭션 액션을 시작하고 모든 것이 정상적으로 진행되면 메서드 변경 사항을 커밋하거나 런타임 예외가 발생했을 때는 변경 사항을 롤백한다.

데이터베이스 테이블에 계좌 상세 정보를 저장하는 앱을 작성해 보자. 이것을 여러분이 구현하는 전자 지갑 앱의 백엔드라고 가정하고 한 계좌에서 다른 계좌로 돈을 이체하는 기능을 만들어 볼 것이다. 이 사용 사례에서는 예외가 발생해도 데이터가 일관성을 유지하도록 트랜잭션을 사용해야 한다.

우리가 구현하는 앱 클래스 설계는 간단하다. 데이터베이스의 테이블에 계좌 상세 정보(금액 포함)를 저장한다. 이 테이블의 데이터로 작업하기 위해 리포지터리를 구현하고 비즈니스 로직(계좌 이체 사용 사례)을 서비스 클래스에 구현한다. 비즈니스 로직이 구현되는 서비스 메서드는 트랜잭션을 사용해야 하는 곳이다. 컨트롤러 클래스에서 엔드포인트를 구현하여 이 사용 사례를 노출한다. 한 계좌에서 다른 계좌로 돈을 이체하려면 누군가 이 엔드포인트를 호출해야 한다. 다음 그림은 앱 클래스 설계를 보여 준다.

▼ 그림 13-6 계좌 사용 사례를 서비스 클래스로 구현하고 이 서비스의 메서드를 REST 엔드포인트로 노출한다. 서비스 메서드는 리포지터리를 사용하여 데이터베이스의 데이터에 액세스하고 변경한다. 비즈니스 로직을 구현하는 서비스 메서드 실행 중 문제가 발생하면 데이터 불일치를 방지하고자 메서드를 트랜잭션으로 래핑해야 한다

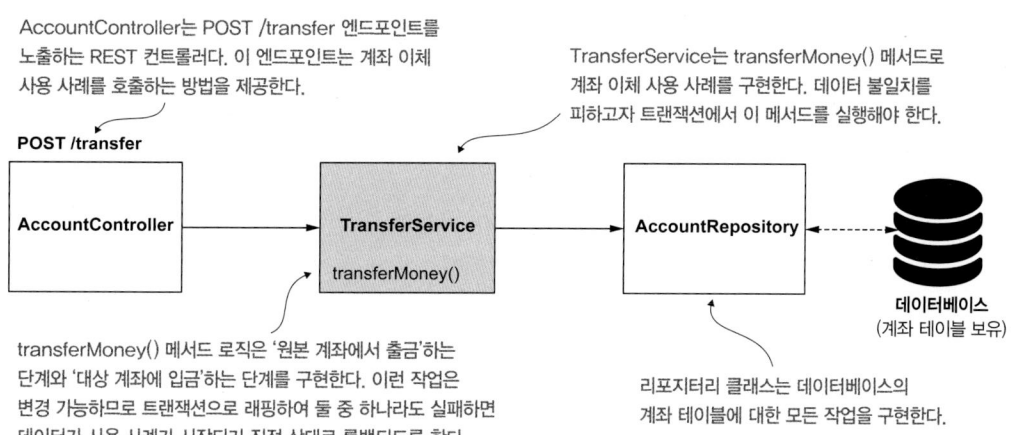

예제는 sq-ch13-ex1 프로젝트에서 확인할 수 있다. 다음 코드처럼 스프링 부트 프로젝트를 생성하고 의존성을 pom.xml 파일에 추가한다. 12장과 마찬가지로 스프링 JDBC와 H2 인메모리 데이터베이스를 계속 사용한다.

```xml
<dependency>
    <groupId>org.springframework.boot</groupId>
    <artifactId>spring-boot-starter-web</artifactId>
</dependency>
<dependency>
    <groupId>org.springframework.boot</groupId>
    <artifactId>spring-boot-starter-data-jdbc</artifactId>
</dependency>
<dependency>
    <groupId>com.h2database</groupId>
    <artifactId>h2</artifactId>
    <scope>runtime</scope>
</dependency>
```

앱은 데이터베이스의 한 테이블과 작동하고 이 테이블 이름은 account이며 다음과 같은 필드가 있다.

- **id**: 기본 키(primary key)로, 이 필드는 자체 증가하는 INT 값으로 정의한다.
- **name**: 계좌 소유자 이름이다.
- **amount**: 소유자가 계좌에 보유한 금액이다.

프로젝트의 resources 폴더에 있는 schema.sql 파일로 테이블을 만든다. 이 파일에서 다음 코드처럼 테이블을 만드는 SQL 쿼리를 작성한다.

```sql
create table account (
    id INT NOT NULL AUTO_INCREMENT PRIMARY KEY,
    name VARCHAR(50) NOT NULL,
    amount DOUBLE NOT NULL
);
```

또 resources 폴더의 schema.sql 근처에 data.sql 파일을 추가하여 나중에 테스트에 사용할 레코드 두 개를 생성한다. data.sql 파일에는 데이터베이스에 계좌 레코드 두 개를 추가하려고 다음 SQL 쿼리가 포함되어 있다.

```sql
INSERT INTO account VALUES (NULL, 'Helen Down', 1000);
INSERT INTO account VALUES (NULL, 'Peter Read', 1000);
```

앱에서 데이터를 참조할 수 있도록 계좌 테이블을 모델링하는 클래스가 필요하다. 따라서 다음 예제처럼 데이터베이스의 계좌 레코드를 모델링하는 Account 클래스를 생성한다.

예제 13-1 계좌 테이블을 모델링하는 Account 클래스

```java
public class Account {

    private long id;
    private String name;

    private BigDecimal amount;

    // getters와 setters 생략
}
```

계좌 이체 사용 사례를 구현하려면 리포지터리 계층에 다음 기능이 필요하다.

1. 계좌 ID를 사용하여 계좌 상세 정보를 찾는다.
2. 특정 계좌의 금액을 업데이트한다.

12장에서 설명한 대로 JdbcTemplate을 사용하여 이 기능을 구현할 것이다. 1단계에서는 매개변수에서 계좌 ID를 받아 JdbcTemplate으로 데이터베이스에서 해당 ID의 계좌 상세 정보를 가져오는 findAccountById(long id) 메서드를 구현한다. 2단계에서는 changeAmount(long id, BigDecimal amount) 메서드를 구현한다. 이 메서드는 두 번째 매개변수로 가져온 금액을 첫 번째 매개변수에서 가져온 ID를 가진 계좌에 설정한다. 다음 예제는 이 두 메서드 구현을 보여 준다.

예제 13-2 리포지터리에 영속성 기능 구현하기

```java
                    @Repository 애너테이션으로 이 클래스의 빈을 스프링 컨텍스트에 추가하고,
@Repository  ◀── 나중에 서비스 클래스에서 이 빈을 사용하는 곳에 주입한다.
public class AccountRepository {

    private final JdbcTemplate jdbc;
                                                    생성자 의존성 주입으로 데이터베이스와 함께
    public AccountRepository(JdbcTemplate jdbc) {  ◀── 작동할 JdbcTemplate 객체를 가져온다.
        this.jdbc = jdbc;
    }                                   JdbcTemplate의 queryForObject() 메서드를 사용하여
                                        DBMS에 SELECT 쿼리를 전송하고 계좌 상세 정보를 가져온다.
                                        또 결과의 행을 모델 객체에 매핑하는 방법을 JdbcTemplate에
    public Account findAccountById(long id) {   알려 주려면 RowMapper를 제공해야 한다.
        String sql = "SELECT * FROM account WHERE id = ?";  ◀──
        return jdbc.queryForObject(sql, new AccountRowMapper(), id);
    }
```

```java
    public void changeAmount(long id, BigDecimal amount) {
        String sql = "UPDATE account SET amount = ? WHERE id = ?";
        jdbc.update(sql, amount, id);  // ← JdbcTemplate의 update() 메서드를 사용하여
    }                                   //    DBMS에 UPDATE 쿼리를 전송하고 계좌 금액을 변경한다.
}
```

12장에서 배운 것처럼, JdbcTemplate을 이용하여 SELECT 쿼리로 데이터베이스에서 데이터를 조회할 때는 데이터베이스에서 특정 모델 객체에 결과의 각 행을 매핑하는 방법을 JdbcTemplate에 알려 주는 RowMapper 객체를 제공해야 한다. 이때는 결과의 행을 Account 객체에 매핑하는 방법을 JdbcTemplate에 알려 주어야 한다. 다음 예제는 RowMapper 객체의 구현 방법을 보여 준다.

예제 13-3 RowMapper로 행을 모델 객체 인스턴스에 매핑하기

```java
public class AccountRowMapper
        implements RowMapper<Account> {  // ← RowMapper 계약을 구현하고 결과 행을 매핑할 모델 클래스를
                                         //   제네릭 프로그래밍(generic programming) 타입으로 제공한다.

    @Override
    public Account mapRow(ResultSet resultSet, int i)  // ← 쿼리 결과를 매개변수(ResultSet 객체 형태)로
            throws SQLException {                      //   가져와 현재 행을 매핑한 Account 인스턴스를
                                                       //   반환하는 mapRow() 메서드를 구현한다.
        Account a = new Account();
        a.setId(resultSet.getInt("id"));
        a.setName(resultSet.getString("name"));         // ← 현재 결과 행의 값을
        a.setAmount(resultSet.getBigDecimal("amount")); //   Account 속성에 매핑한다.
        return a;  // ← 결과 값을 매핑한 후 Account 인스턴스를 반환한다.
    }
}
```

앱을 더 쉽게 테스트하고자 다음 예제처럼 데이터베이스에서 모든 계좌 상세 정보를 가져오는 기능도 추가할 것이다. 앱이 예상대로 작동하는지 확인할 때 이 기능을 사용할 수 있다.

예제 13-4 데이터베이스에서 모든 계좌 레코드 가져오기

```java
@Repository
public class AccountRepository {

    // 코드 생략

    public List<Account> findAllAccounts() {
        String sql = "SELECT * FROM account";
        return jdbc.query(sql, new AccountRowMapper());
```

        }
    }

서비스 클래스에서는 '계좌 이체(transfer money)' 사용 사례의 로직을 구현한다. TransferService 클래스는 계좌 테이블의 데이터를 관리하는 데 AccountRepository 클래스를 사용한다. 메서드에서 구현하는 로직은 다음과 같다.

1. 원본 계좌 및 대상 계좌의 상세 정보를 가져와 두 계좌의 금액을 확인한다.
2. 첫 번째 계좌에서 이체할 금액을 뺀 금액을 설정하고 출금한다.
3. 계좌의 현재 금액에 이체 금액을 더한 금액으로 새 값을 설정하여 대상 계좌에 입금한다.

다음 예제는 서비스 클래스의 transferMoney() 메서드에서 이 로직의 구현 방법을 보여 준다. 2~3단계에서 데이터 변경 연산을 정의한다. 이 두 연산은 모두 영속성 데이터를 변경한다(즉, 일부 계좌의 금액을 업데이트한다). 트랜잭션으로 래핑하지 않으면 두 단계 중 하나가 실패하여 데이터가 불일치하는 경우가 발생할 수 있다.

다행히도 @Transactional 애너테이션을 사용하여 메서드를 트랜잭션으로 표시하고 스프링에 이 메서드 실행을 가로채서 트랜잭션으로 래핑해야 한다고 알려 주기만 하면 된다. 다음 예제는 서비스 클래스에서 계좌 이체 로직의 구현 내용을 보여 준다.

예제 13-5 서비스 클래스에서 계좌 이체 사용 사례 구현하기

```
@Service
public class TransferService {

    private final AccountRepository accountRepository;

    public TransferService(AccountRepository accountRepository) {
        this.accountRepository = accountRepository;
    }

    @Transactional    ←── @Transactional 애너테이션을 사용하여 메서드 호출이 트랜잭션에 포함되도록 지시한다.
    public void transferMoney(long idSender,
                              long idReceiver,
                              BigDecimal amount) {           각 계좌의 현재 금액을 얻는 데
                                                             계좌 상세 정보를 가져온다.
        Account sender = accountRepository.findAccountById(idSender);   ←──
        Account receiver = accountRepository.findAccountById(idReceiver); ←──
```

```
                                                              출금 계좌에서 새 금액을 계산한다.
        BigDecimal senderNewAmount = sender.getAmount().subtract(amount);
        BigDecimal receiverNewAmount = receiver.getAmount().add(amount);
                                                              입금 계좌에서 새 금액을 계산한다.
        accountRepository.changeAmount(idSender, senderNewAmount);
                                                              출금 계좌에 새 금액을 설정한다.
        accountRepository.changeAmount(idReceiver, receiverNewAmount);
                                                              입금 계좌에 새 금액을 설정한다.
    }
}
```

다음 그림은 트랜잭션 범위와 transferMoney() 메서드가 실행하는 단계를 시각적으로 보여 준다.

▼ 그림 13-7 트랜잭션은 서비스 메서드 실행 직전에 시작하고 메서드가 성공적으로 종료된 직후에 종료된다. 메서드에서 런타임 예외가 발생하지 않으면 앱은 트랜잭션을 커밋한다. 어떤 단계에서 런타임 예외가 발생하면 앱은 데이터를 트랜잭션이 시작되기 전 상태로 복원한다

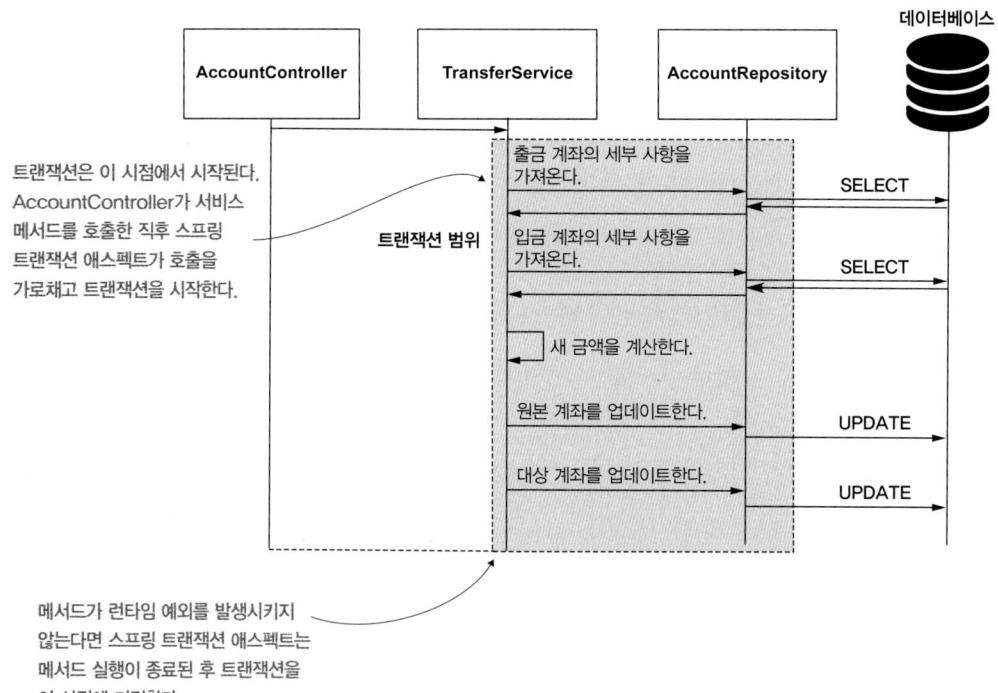

모든 계좌를 조회하는 메서드도 구현해 보자. 이 메서드는 나중에 정의할 컨트롤러 클래스에서 엔드포인트로 노출한다. 그리고 계좌 이체 사용 사례를 테스트할 때 데이터가 올바르게 변경되었는지 확인하는 데 이 메서드를 사용할 것이다.

> **@Transactional 사용**
>
> @Transactional 애너테이션을 클래스에 직접 적용할 수도 있다. 다음 코드처럼 클래스에서 사용하면 모든 클래스 메서드에 애너테이션이 적용된다. 서비스 클래스의 메서드가 사용 사례를 정의하고 일반적으로 모든 사용 사례는 트랜잭션이어야 하기 때문에 실제 앱에서는 종종 @Transactional 애너테이션이 클래스에 사용되는 것을 볼 수 있다. 각 메서드에서 애너테이션을 반복하지 않으려면 클래스에 한 번만 표시하는 편이 더 간편하다. 클래스와 메서드 모두에 @Transactional을 사용하면 메서드 수준의 구성이 클래스의 구성에 우선한다.
>
> ```
> @Service                ← @Transactional 애너테이션을 클래스에 직접 사용할 때가 많다.
> @Transactional          ← 클래스에 여러 메서드가 있다면 @Transactional은 모든 메서드에 적용된다.
> public class TransferService {
>
>     // 코드 생략
>
>     public void transferMoney(long idSender,
>                               long idReceiver,
>                               BigDecimal amount) {
>         // 코드 생략
>     }
> }
> ```

다음 예제는 데이터베이스의 모든 계좌 레코드 목록을 반환하는 getAllAccounts() 메서드를 구현하는 것을 보여 준다.

예제 13-6 현재 모든 계좌를 반환하는 서비스 메서드 구현하기

```
@Service
public class TransferService {

    // 코드 생략

    public List<Account> getAllAccounts() {
        return accountRepository.findAllAccounts();
    }
}
```

다음 예제에서는 서비스 메서드를 노출하는 엔드포인트를 정의하는 AccountController 클래스를 구현하는 것을 보여 준다.

예제 13-7 사용 사례를 컨트롤러 클래스의 REST 엔드포인트로 노출하기

```
@RestController
public class AccountController {

    private final TransferService transferService;

    public AccountController(TransferService transferService) {
        this.transferService = transferService;
    }

    @PostMapping("/transfer")    ← 데이터베이스 데이터 변경 작업을 하기 때문에
    public void transferMoney(      /transfer 엔드포인트에 HTTP POST 메서드를 사용한다.
            @RequestBody TransferRequest request    ← 요청 본문을 사용하여 필요한 값(원본 계좌 ID,
    ) {                                                대상 계좌 ID, 이체 금액)을 가져온다.
        transferService.transferMoney(    ←── 계좌 이체 사용 사례를 구현하는 트랜잭션 메서드인
                request.getSenderAccountId(),       서비스의 transferMoney() 메서드를 호출한다.
                request.getReceiverAccountId(),
                request.getAmount());
    }

    @GetMapping("/accounts")
    public List<Account> getAllAccounts() {
        return transferService.getAllAccounts();
    }
}
```

transferMoney() 컨트롤러 액션 매개변수로 TransferRequest 타입의 객체를 사용하며 TransferRequest 객체는 단순히 HTTP 요청 본문을 모델링한다. 두 앱 간 전송되는 데이터를 모델링하는 역할을 하는 이런 객체를 DTO(Data Transfer Object)라고 한다. 다음 예제는 TransferRequest DTO 정의를 보여 준다.

예제 13-8 HTTP 요청 본문을 모델링하는 TransferRequest DTO

```
public class TransferRequest {

    private long senderAccountId;
    private long receiverAccountId;
    private BigDecimal amount;
```

```
// 코드 생략
}
```

애플리케이션을 시작하고 트랜잭션이 어떻게 작동하는지 테스트해 보자. 앱이 노출하는 엔드포인트를 호출하려고 cURL 또는 포스트맨을 사용한다. 먼저 /accounts 엔드포인트를 호출하여 이체 작업을 실행하기 전에 데이터 상태를 확인해 보자. 다음 명령 코드는 /accounts 엔드포인트를 호출하는 데 사용할 cURL 명령을 보여 준다.

```
curl http://localhost:8080/accounts
```

이 명령을 실행하면 콘솔에서 다음 출력을 확인할 수 있다.

```
[
    {"id":1,"name":"Helen Down","amount":1000.0},
    {"id":2,"name":"Peter Read","amount":1000.0}
]
```

데이터베이스에는 계좌 두 개가 있다(이 절 앞부분에서 data.sql 파일을 정의할 때 추가했다). 헬렌과 피터는 각각 1000달러를 갖고 있다. 이제 헬렌이 피터에게 100달러를 이체하는 계좌 이체 사용 사례를 실행한다. 다음 코드는 헬렌이 피터에게 100달러를 이체할 수 있도록 해 주는 /transfer 엔드포인트를 호출하기 위해 cURL 명령을 실행하는 것을 보여 준다.

```
curl -XPOST -H "content-type:application/json" -d '{"senderAccountId":1,
"receiverAccountId":2, "amount":100}' http://localhost:8080/transfer
```

accounts 엔드포인트를 다시 호출하여 차이가 있는지 확인해야 한다. 계좌 이체 작업 후 헬렌은 900달러를 보유하고, 피터는 이제 1100달러를 보유한다.

```
curl http://localhost:8080/accounts
```

이 작업 후 /accounts 엔드포인트를 호출한 결과는 다음 코드와 같다.

```
[
    {"id":1,"name":"Helen Down","amount":900.0},
    {"id":2,"name":"Peter Read","amount":1100.0}
]
```

앱이 작동하면 사용 사례에 맞게 예상된 결과를 제공하지만 트랜잭션이 실제로 작동한다는 것을 어떻게 증명할 수 있을까? 앱은 모든 것이 정상적으로 작동한다면 올바르게 데이터를 보관한다.

하지만 메서드에서 런타임 예외가 발생한다면 앱이 실제로 데이터를 복원하는지 어떻게 알 수 있을까? 그냥 믿어야 할까? 물론 아니다!

> Note ≡ 필자가 앱에서 배운 가장 중요한 교훈은 제대로 테스트하지 않는 한 어떤 것도 작동한다고 믿어서는 안 된다는 것이다!

앱의 모든 기능을 테스트하기 전까지 앱은 슈뢰딩거(Schrödinger) 상태에 있다고 표현하는 것을 좋아한다. 그 상태를 증명하기 전까지 기능은 작동한 상태이기도 하고 작동하지 않은 상태이기도 하다. 물론 이것은 양자 역학의 핵심 개념을 이용하여 필자가 개인적으로 비유한 것일 뿐이다.

런타임 예외가 발생했을 때 트랜잭션이 예상대로 롤백되는지 테스트해 보자. sq-ch13-ex1 프로젝트를 sq-ch13-ex2 프로젝트로 복제했다. 복제한 프로젝트에 다음 예제에 표시된 것처럼 transferMoney() 서비스 메서드 끝에 런타임 예외를 던지는 코드를 한 줄만 추가했다.

예제 13-9 실행 중 문제 발생 시뮬레이션

```java
@Service
public class TransferService {

    // 코드 생략

    @Transactional
    public void transferMoney(
            long idSender,
            long idReceiver,
            BigDecimal amount) {

        Account sender = accountRepository.findAccountById(idSender);
        Account receiver = accountRepository.findAccountById(idReceiver);

        BigDecimal senderNewAmount = sender.getAmount().subtract(amount);
        BigDecimal receiverNewAmount = receiver.getAmount().add(amount);

        accountRepository.changeAmount(idSender, senderNewAmount);
        accountRepository.changeAmount(idReceiver, receiverNewAmount);

        throw new RuntimeException("Oh no! Something went wrong!");
    }
}
```

서비스 메서드 끝부분에서 런타임 예외를 던져 트랜잭션에서 문제가 발생한 상황을 시뮬레이션한다.

다음 그림은 transferMoney() 서비스 메서드에 변경한 내용을 보여 준다. 애플리케이션을 시작하고 /accounts 엔드포인트를 호출하면 데이터베이스에 있는 모든 계좌를 반환한다.

```
curl http://localhost:8080/accounts
```

❤ 그림 13-8 메서드가 런타임 예외를 발생시키면(throw) 스프링은 트랜잭션을 롤백한다. 데이터 변경이 성공했더라도 유지되지 않고 앱은 데이터를 트랜잭션 시작 시점의 상태로 복원한다

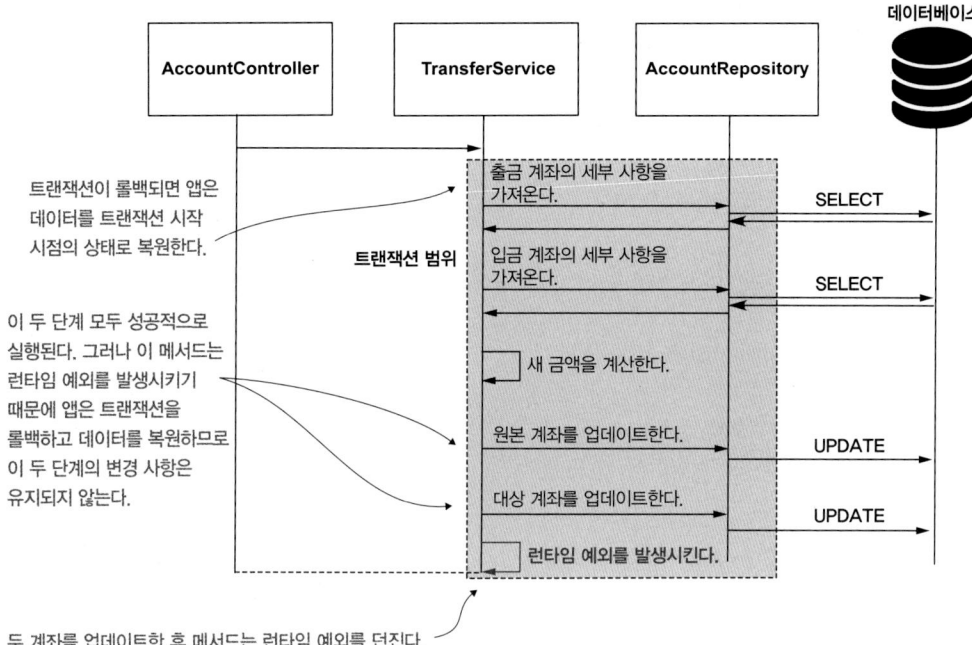

이 명령을 실행하면 콘솔에서 다음 코드 출력을 확인할 수 있다.

```
[
    {"id":1,"name":"Helen Down","amount":1000.0},
    {"id":2,"name":"Peter Read","amount":1000.0}
]
```

이전 테스트에서와 마찬가지로 다음과 같이 /transfer 엔드포인트를 호출하는 cURL 명령으로 헬렌에서 피터로 100달러를 이체해 보자.

```
curl -XPOST -H "content-type:application/json" -d '{"senderAccountId":1, "receiverAccountId":2, "amount":100}' http://localhost:8080/transfer
```

이제 서비스 클래스의 transferMoney() 메서드에서 예외가 발생하여 클라이언트로 전송되는 응답에 500 오류가 일어난다. 앱 콘솔 로그에서 이 예외를 찾을 수 있으며, 예외에 대한 스택 트레이스(stack trace)는 다음 코드처럼 출력될 것이다.

```
java.lang.RuntimeException: Oh no!Something went wrong!
    at
com.example.services.TransferService.transferMoney(TransferService.java: 30) ~[classes
/: na]
    at
com.example.services.TransferService$$FastClassBySpringCGLIB$$338bad6b.invoke(〈
generated 〉) ~[classes /: na]
    at
org.springframework.cglib.proxy.MethodProxy.invoke(MethodProxy.java: 218) ~[spring -
core - 5.3 .3.jar: 5.3 .3]
```

/accounts 엔드포인트를 다시 호출하여 앱이 계좌를 변경했는지 확인해 보자.

```
curl http://localhost:8080/accounts
```

이 명령을 실행하면 콘솔에서 다음 코드와 같은 출력을 볼 수 있다.

```
[
    {"id":1,"name":"Helen Down","amount":1000.0},
    {"id":2,"name":"Peter Read","amount":1000.0}
]
```

계좌 금액을 변경하는 두 가지 작업 후 예외가 발생하더라도 데이터가 변경되지 않았다는 것을 확인할 수 있다. 헬렌은 900달러, 피터는 1100달러를 보유해야 하지만 두 사람의 계좌에는 여전히 동일한 금액이 남아 있다. 이는 앱이 트랜잭션을 롤백하여 데이터를 트랜잭션 시작 시점의 상태로 복원한 결과다. 두 단계의 변경이 모두 실행되었더라도 스프링 트랜잭션 애스펙트가 런타임 예외를 받으면 트랜잭션을 롤백한다.

13.4 요약

- 트랜잭션은 데이터를 변경하는 일련의 작업으로, 모두 실행되거나 전혀 실행되지 않도록 해준다. 실제 시나리오에서는 데이터 불일치를 방지하고자 거의 모든 사용 사례가 트랜잭션 대상이 되어야 한다.
- 작업 중 하나라도 실패하면 앱은 데이터를 트랜잭션의 시작 시점 상태로 복원한다. 이런 상황이 발생할 때 트랜잭션이 롤백되었다고 한다.
- 모든 작업이 성공하면 트랜잭션이 커밋된다고 한다. 이는 앱이 사용 사례가 실행되어 수행된 모든 변경 사항을 유지한다는 의미다.
- 스프링에서 트랜잭션 코드를 작성하려면 @Transactional 애너테이션을 사용하고, 이 애너테이션으로 스프링이 트랜잭션에 해당 메서드를 포함하도록 표시할 수 있다. 또 클래스에 @Transactional 애너테이션을 추가하면 스프링에 클래스의 모든 메서드가 트랜잭션에 포함된다고 알려 준다.
- 실행하면 스프링 애스펙트는 @Transactional 애너테이션이 달린 메서드를 가로챈다. 트랜잭션을 시작하고 예외가 발생하면 트랜잭션을 롤백한다. 그 메서드가 예외를 던지지 않는다면 트랜잭션은 커밋되고 앱은 메서드의 변경 사항을 저장한다.

memo

14장
스프링 데이터로 데이터 영속성 구현

14.1 스프링 데이터란

14.2 스프링 데이터의 작동 방식

14.3 스프링 데이터 JDBC 사용

14.4 요약

이 장에서 다룰 내용
- 스프링 데이터의 작동 방식 이해하기
- 스프링 데이터의 리포지터리 정의하기
- 스프링 데이터 JDBC를 이용한 스프링 앱의 영속성 계층 구현하기

이 장에서는 최소의 노력으로 스프링 앱의 영속성 계층을 구현할 수 있는 스프링 생태계의 한 프로젝트인 스프링 데이터(Spring Data) 사용 방법을 배운다. 이미 알고 있듯이, 애플리케이션 프레임워크의 핵심적인 역할은 별도의 설치 없이 앱에 바로 활용 가능한 기본 기능들을 제공하는 것이다. 프레임워크는 시간을 절약하고 앱 설계를 더 쉽게 이해하도록 돕는다.

인터페이스를 선언하여 앱의 리포지터리 생성 방법을 배울 것이다. 프레임워크가 이런 인터페이스 구현을 제공하는데, 말 그대로 리포지터리를 직접 구현하지 않고도 최소의 노력으로 앱이 데이터베이스와 작동하게 할 수 있다.

이 장에서는 먼저 스프링 데이터의 작동 방식을 설명하고 14.2절에서 스프링 데이터가 스프링 앱에 어떻게 통합되는지 알아볼 것이다. 그런 다음 14.3절에서 스프링 데이터 JDBC로 애플리케이션의 영속성 계층 구현 방법을 알 수 있는 실용적인 예제를 계속해서 진행한다.

14.1 스프링 데이터란

이 절에서는 스프링 데이터 프로젝트란 어떤 것이며 이 프로젝트를 사용하여 스프링 앱의 영속성 기능을 구현해야 하는 이유를 설명한다. 스프링 데이터는 우리가 사용하는 영속성 기술에 맞는 구현을 제공하여 영속성 계층의 개발을 편리하게 해 주는 스프링 생태계의 한 프로젝트다. 이것으로 우리는 코드 몇 줄만 작성해서 스프링 앱의 리포지터리를 정의할 수 있다. 다음 그림은 앱 관점에서 스프링 데이터 위치를 시각적으로 표현한다.

▼ 그림 14-1 자바 생태계는 다양하고 많은 영속성 기술을 제공한다. 각 기술은 특정 방식으로 사용되며 기술마다 고유한 추상화 및 클래스 설계가 있다. 스프링 데이터는 이런 모든 영속성 기술에서 공통적인 추상화 계층을 제공하며 많은 지속성 기술을 간편하게 사용할 수 있게 해 준다

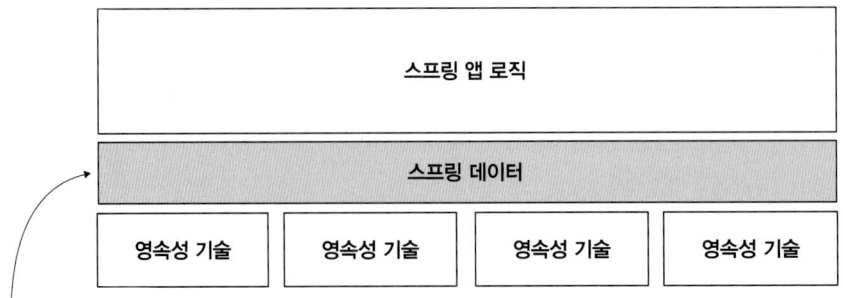

스프링 데이터가 스프링 앱의 어떤 부분에 적합한지 알아보자. 앱에는 영속성 데이터 연산을 위한 다양한 기술이 있다. 12~13장에서는 드라이버 관리자를 이용하여 관계형 DBMS에 직접 연결하는 JDBC를 사용했다. 하지만 관계형 데이터베이스에 연결하는 방법에 JDBC만 있는 것은 아니다. 데이터 영속성을 구현하는 다른 일반적인 방법은 하이버네이트(Hibernate) 같은 ORM 프레임워크를 사용하는 것이다. 그리고 데이터 영속성 기술은 관계형 데이터베이스로 국한되지 않기 때문에 앱은 다양한 NoSQL 기술 중 하나를 사용하여 데이터를 유지할 수 있다.

다음 그림은 스프링에서 데이터를 영구 저장하는 여러 대안 기술들을 보여 준다. 각 기술에는 앱의 리포지터리를 구현하는 고유한 방법이 있다. 가끔은 한 기술(예 JDBC)의 앱 영속성 계층을 구현하는 데 더 많은 옵션이 존재할 수도 있다. 예를 들어 JDBC의 경우 12장에서 배운 것처럼 JdbcTemplate을 사용할 수 있지만 JDK 인터페이스(Statement, PreparedStatement, ResultSet 등)로 직접 작업할 수도 있다. 앱의 영속성 기능을 구현하는 방법이 너무 많으면 복잡성은 증가한다.

▼ 그림 14-2 앱의 영속성 계층을 구현할 때 JDBC가 관계형 DBMS에 연결하는 유일한 선택지는 아니다. 실제 사용할 때는 다른 방법들도 사용하며 데이터를 유지하는 각 방법에는 사용법을 익혀야 하는 고유한 라이브러리와 API 세트가 있다. 따라서 이런 다양성으로 복잡성은 크게 증가한다

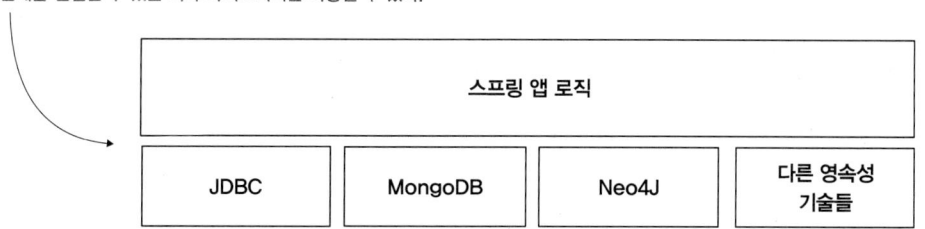

하이버네이트 같은 ORM 프레임워크를 추가하면 다이어그램은 더 복잡해진다. 그림 14-3은 하이버네이트 위치를 보여 준다. 앱은 다양한 방식으로 JDBC를 직접 사용할 수도 있지만, JDBC를 기반으로 구현된 프레임워크에 의존할 수도 있다.

▼ 그림 14-3 일부 앱은 하이버네이트 같은 JDBC 기반으로 구축된 프레임워크를 사용한다. 선택 폭이 다양하기 때문에 영속성 계층을 구현하는 일이 복잡해지므로 앱에서 이런 복잡성을 제거하고 싶다. 앞으로 배우겠지만 스프링 데이터가 이를 도와줄 것이다

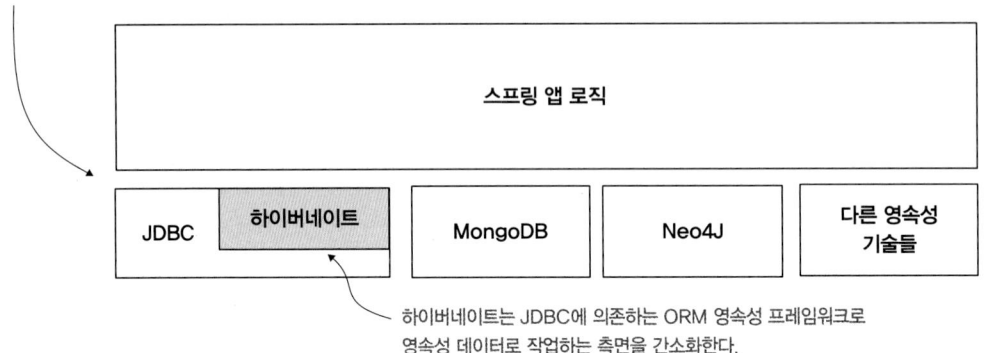

걱정하지 않아도 된다! 이 모든 것을 한꺼번에 배울 필요도 없고, 스프링 데이터를 배우려고 모든 것을 알아야 할 필요도 없다. 12~13장에서 JDBC를 설명한 내용을 기억하고 있다면 이미 스프링 데이터를 배울 수 있는 기초는 충분하다. 이들을 모두 설명한 이유는 스프링 데이터가 그렇게 가치가 있는지 보여 주기 위해서다. 여러분은 이미 '이 모든 기술마다 다른 접근 방식을 일일이 알 필요 없이 영속성을 구현할 방법이 없을까?' 하는 질문을 해 보았을 것이다. 대답은 '있다'이며, 스프링 데이터는 이 목표를 달성하도록 돕는다.

스프링 데이터는 다음 방법으로 영속성 계층 구현을 단순화한다.

- 다양한 영속성 기술에 대한 공통적인 추상화(인터페이스) 집합을 제공한다. 이렇게 하면 서로 다른 기술에 대한 영속성을 구현할 때 유사한 방식을 취할 수 있다.

- 스프링 데이터가 구현체를 제공하는 추상화만 사용하여 사용자가 영속성 연산 작업을 구현할 수 있게 한다. 이렇게 하면 코드를 더 적게 작성할 수 있으므로 앱 기능을 더 빠르게 구현할 수 있다. 코드가 줄어들면 앱의 이해와 유지 관리가 쉽다.

다음 그림은 스프링 앱에서 스프링 데이터 위치를 보여 준다. 그림에서 볼 수 있듯이, 스프링 데이터는 영속성을 구현하는 다양한 방법의 상위 계층이다. 따라서 앱 영속성을 구현하려고 어떤 방법을 선택하든 스프링 데이터를 사용한다면 영속성 연산 작업을 유사한 방식으로 작성할 수 있다.

▼ 그림 14-4 스프링 데이터는 다양한 기술에 대한 공통의 추상화 집합을 제공하여 영속성 계층 구현을 간소화한다

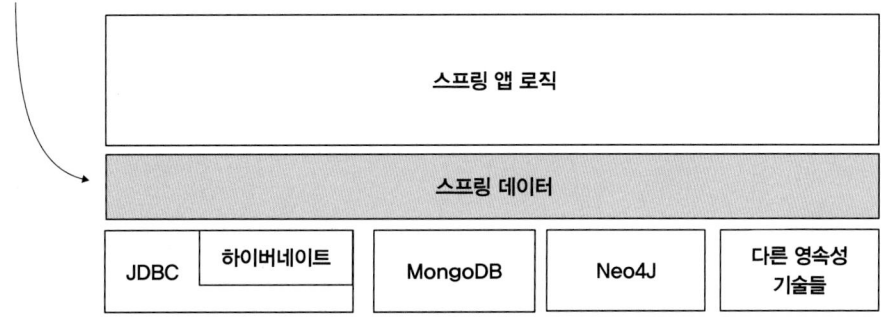

14.2 스프링 데이터의 작동 방식

SPRING START HERE

이 절에서는 스프링 데이터의 작동 방식과 스프링 앱의 영속성 계층을 구현하는 방법을 설명한다. 개발자가 '스프링 데이터(Spring Data)'라는 용어를 사용할 때는 일반적으로 다양한 영속성 기술에 연결하려고 이 프로젝트가 스프링 앱에 제공하는 모든 기능을 의미한다. 앱에서는 일반적으로 JDBC, 하이버네이트, MongoDB나 그 외 다른 기술처럼 특정 기술을 사용한다.

스프링 데이터 프로젝트는 한 기술 또는 다른 기술을 위한 다양한 모듈을 제공한다. 이런 모듈은 서로 독립적이며, 다른 메이븐 의존성을 사용하여 프로젝트에 추가할 수 있다. 따라서 앱을 구현할 때 스프링 데이터 의존성을 별도로 사용하지 않기 때문에 독립된 스프링 데이터 의존성은 제공되지 않는다. 스프링 데이터 프로젝트는 스프링 데이터가 지원하는 영속성 방식에 따라 하나의 메이븐 의존성을 제공한다. 예를 들어 스프링 데이터 JDBC 모듈을 사용하여 JDBC로 DBMS에 직접 연결하거나 스프링 데이터 Mongo 모듈을 사용하여 MongoDB 데이터베이스에 연결할 수 있다. 그림 14-5는 JDBC를 사용하는 스프링 데이터 구조를 보여 준다.

▼ 그림 14-5 앱이 JDBC를 사용할 때는 스프링 데이터 프로젝트에서 JDBC로 영속성을 관리하는 부분만 필요하다. JDBC로 영속성을 관리하는 스프링 데이터 모듈을 스프링 데이터 JDBC라고 한다. 이 스프링 데이터 모듈 의존성으로 앱에 추가한다

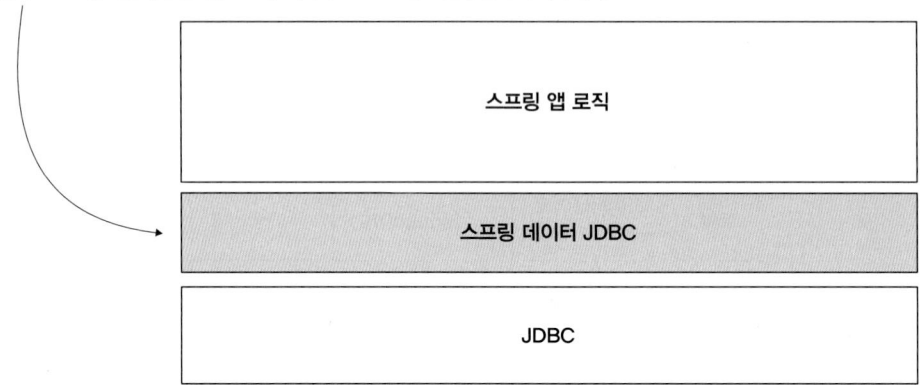

스프링 데이터 모듈의 전체 목록은 스프링 데이터 공식 페이지(https://spring.io/projects/spring-data)에서 확인할 수 있다.

앱에서 사용하는 영속성 기술이 어떤 것이든 스프링 데이터는 앱 영속성 기능을 정의하기 위해 확장하는 공통된 인터페이스(계약) 집합을 제공한다. 그림 14-6에서는 다음 인터페이스를 보여 준다.

- **Repository**는 가장 추상적인 계약이다. 이 계약을 확장하면 앱은 사용자가 작성한 인터페이스를 특정 스프링 데이터 리포지터리로 인식한다. 하지만 새 레코드 추가, 모든 레코드 조회, 기본 키로 레코드 가져오기 같은 어떤 사전 정의된 연산 작업도 상속되지 않는다. Repository 인터페이스는 어떤 메서드도 선언하지 않는 마커 인터페이스(marker interface)다.[1]

- **CrudRepository**는 일부 영속성 기능도 제공하는 가장 간단한 스프링 데이터 계약이다. 이 계약을 확장하여 앱 영속성 기능을 정의하면 레코드를 생성, 검색, 업데이트, 삭제하는 가장 간단한 연산 작업을 수행할 수 있다.

- **PagingAndSortingRepository**는 CrudRepository를 확장하여 레코드를 정렬하거나 특정 수(페이지) 단위로 조회하는 것과 관련된 연산 작업을 추가한다.

---

1 역주 객체 지향 프로그래밍에서 마커 인터페이스는 내부에 어떤 메서드나 필드도 포함하지 않는 인터페이스를 의미한다. 이는 해당 인터페이스를 구현하는 클래스가 특정한 동작이나 기능을 가지고 있다는 것을 나타낸다. 여기에서 Repository 인터페이스는 구체적인 메서드를 선언하지 않아 구현해야 하는 메서드가 없기 때문에 마커 인터페이스가 되어 스프링 데이터 리포지터리로 인식되길 원하는 클래스에 대한 표시자(marker) 역할을 한다.

❤ 그림 14-6 스프링 데이터를 사용하여 앱의 리포지터리를 구현하려면 특정 인터페이스를 확장해야 한다. 스프링 데이터 계약이 나타내는 주요 인터페이스는 Repository, CrudRepository, PagingAndSortingRepository다. 여러분은 이 계약 중 하나를 확장하여 앱을 위한 영속성 기능을 구현할 수 있다

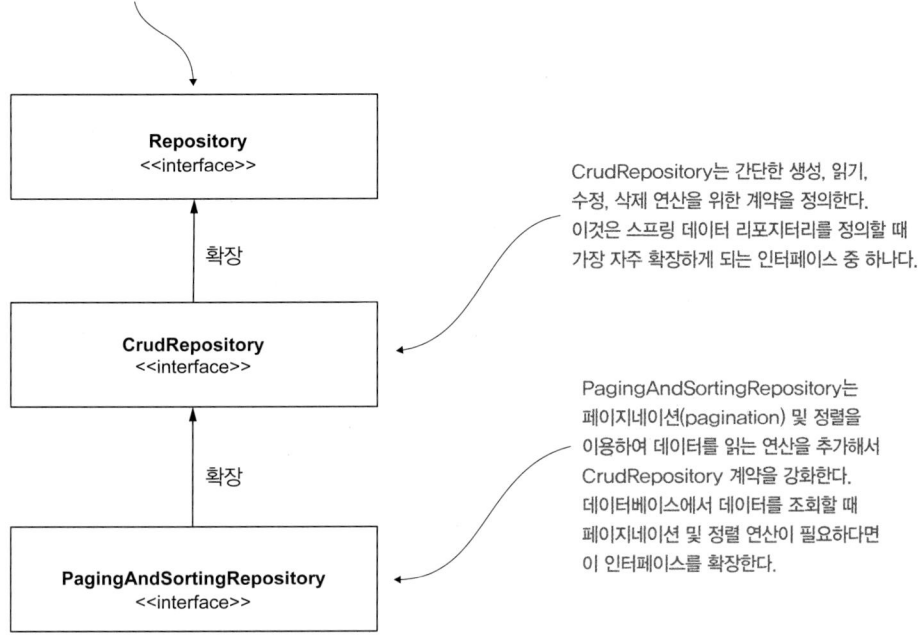

> Note ≡ 4장에서 설명한 @Repository 애너테이션을 스프링 데이터 Repository 인터페이스와 혼동하면 안 된다. @Repository 애너테이션은 클래스와 함께 사용하는 스테레오타입 애너테이션으로, 스프링이 애너테이션된 클래스의 인스턴스를 애플리케이션 컨텍스트에 추가하도록 지시한다. 이 장에서 설명하는 이 Repository 인터페이스는 스프링 데이터만 해당되며, 앞으로 배우겠지만 스프링 데이터 리포지터리를 정의하려고 이 인터페이스 또는 이 인터페이스에서 확장된 다른 인터페이스를 확장할 것이다.

스프링 데이터가 왜 서로 확장하는 여러 인터페이스를 제공하는지 궁금할 것이다. 왜 모든 연산 작업이 포함된 하나의 인터페이스만 제공하지 않을까? 모든 연산이 포함된 하나의 '뚱뚱한(fat)' 계약을 제공하는 대신 확장 가능한 여러 계약을 구현함으로써 스프링 데이터는 앱에 필요한 연산만 구현할 수 있게 해 준다. 이런 접근 방식은 **인터페이스 분리**(interface segregation)라고 하는 알려진 원칙이다. 예를 들어 앱에서 CRUD 연산만 사용해야 할 때는 CrudRepository 계약을 확장한다. 앱은 레코드 정렬 및 페이징과 관련된 연산을 가져오지 않으므로 더 단순해진다(그림 14-7).

▼ 그림 14-7 스프링 데이터 리포지터리를 생성하려면 스프링 데이터 계약의 하나를 확장하여 인터페이스를 정의한다. 예를 들어 CRUD 연산만 필요하다면 여러분이 리포지터리로 정의할 인터페이스는 CrudRepository 인터페이스를 확장해야 한다. 앱은 이 계약을 구현한 빈을 스프링 컨텍스트에 추가하므로 이 빈을 사용해야 하는 다른 앱 구성 요소들은 컨텍스트에서 가져와 간단히 주입할 수 있다

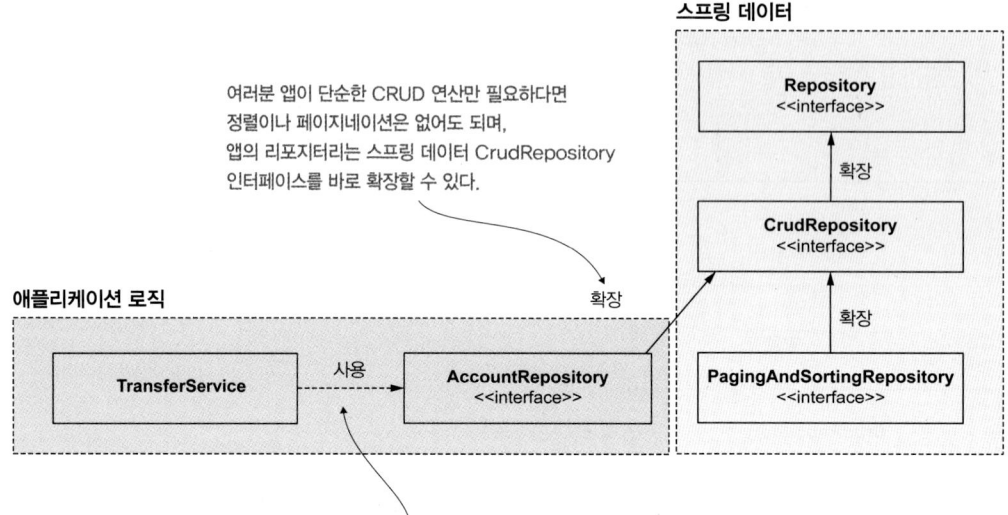

앱에 단순한 CRUD 연산 외에 페이지네이션 및 정렬 기능이 필요하다면 보다 구체적인 계약 형태인 PagingAndSortingRepository 인터페이스를 확장해야 한다(그림 14-8).

▼ 그림 14-8 앱에 정렬 및 페이지네이션 기능이 필요하다면 보다 특별한 계약을 확장해야 한다. 앱은 이 계약을 구현한 빈을 스프링 컨텍스트에 추가하여 제공하므로 이를 사용해야 하는 다른 앱 구성 요소에 쉽게 주입할 수 있다

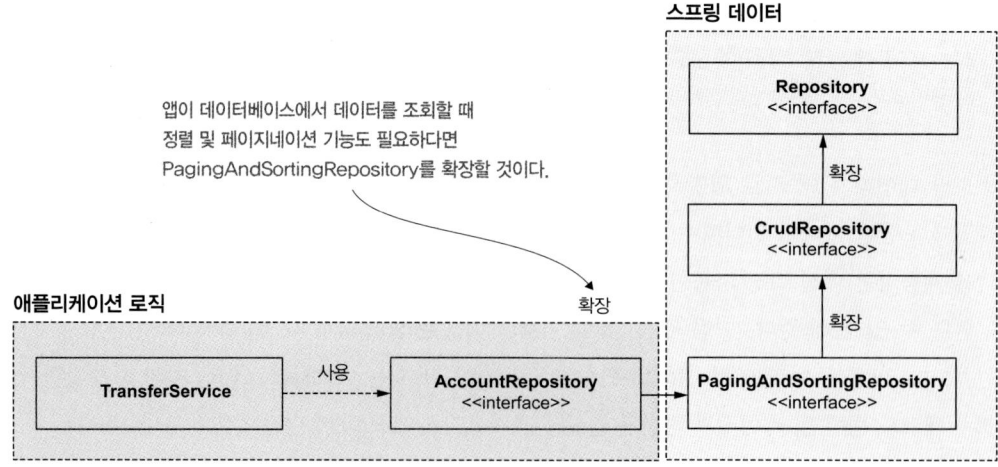

일부 스프링 데이터 모듈은 해당 모듈이 나타내는 기술에 대한 특정 계약을 제공할 수 있다. 예를 들어 스프링 데이터 JPA를 사용하면 다음 그림에 표시된 것처럼 JpaRepository 인터페이스를 직접 확장할 수도 있다. JpaRepository 인터페이스는 PagingAndSortingRepository보다 더 구체적인 계약이다. 이 계약에는 하이버네이트 같은 특정 기술을 사용할 때만 적용 가능한 연산(메서드)이 추가되며, 이 기술은 JPA(Jakarta Persistence API) 명세를 구현한다.

▼ 그림 14-9 특정 기술에 대한 스프링 데이터 모듈은 해당 기술과 함께 제공되는 연산 작업을 정의하는 특정 계약을 제공할 수 있다. 이런 기술을 사용할 때 앱은 해당 기술에 대한 특정 계약을 사용할 가능성이 높다

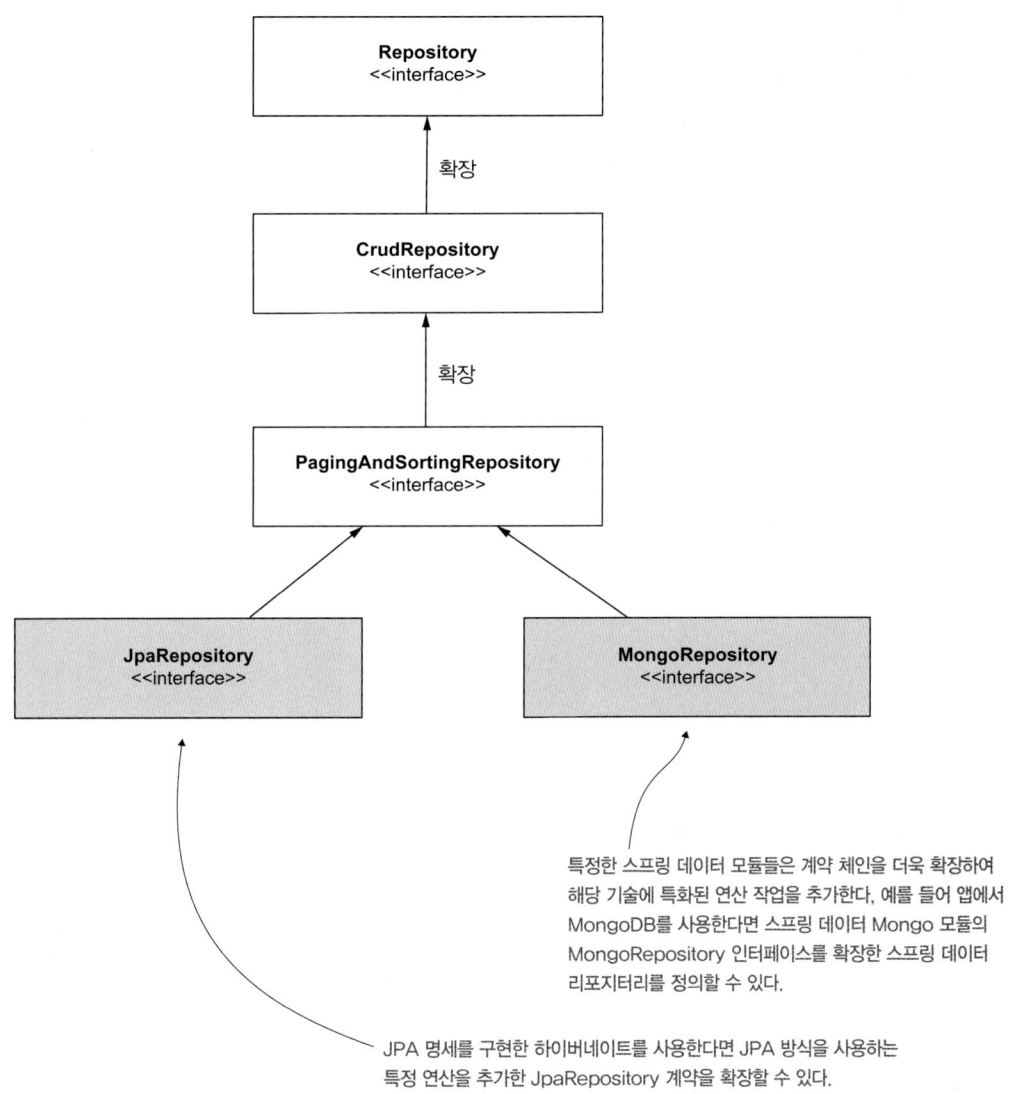

또 다른 예는 MongoDB 같은 NoSQL 기술을 사용하는 것이다. MongoDB와 함께 스프링 데이터를 사용하려면 앱에 스프링 데이터 Mongo 모듈을 추가해야 하며, 이 모듈은 영속성 기술에 특정한 연산을 추가하는 MongoRepository라는 특정 계약도 제공한다.

앱이 특정 기술을 사용할 때는 해당 기술에 특화된 연산을 제공하는 스프링 데이터 계약을 확장한다. 앱에 CRUD 연산 이상이 필요하지 않을 때도 CrudRepository를 구현할 수 있지만, 일반적으로 특정 계약은 특정 기술을 사용하기에 더 편리한 솔루션을 제공한다. 다음 그림에서 앱의 AccountRepository 클래스는 JpaRepository(Spring Data JPA 모듈)를 확장한다.

▼ 그림 14-10 다양한 스프링 데이터 모듈은 보다 특정한 계약을 제공할 수 있다. 예를 들어 JPA를 구현하는 하이버네이트 같은 ORM 프레임워크를 스프링 데이터와 함께 사용할 때 JpaRepository 인터페이스를 확장할 수 있다. 이 인터페이스는 하이버네이트 같은 JPA 구현체를 사용할 때만 적용되는 연산을 제공하는 보다 구체적인 계약이다

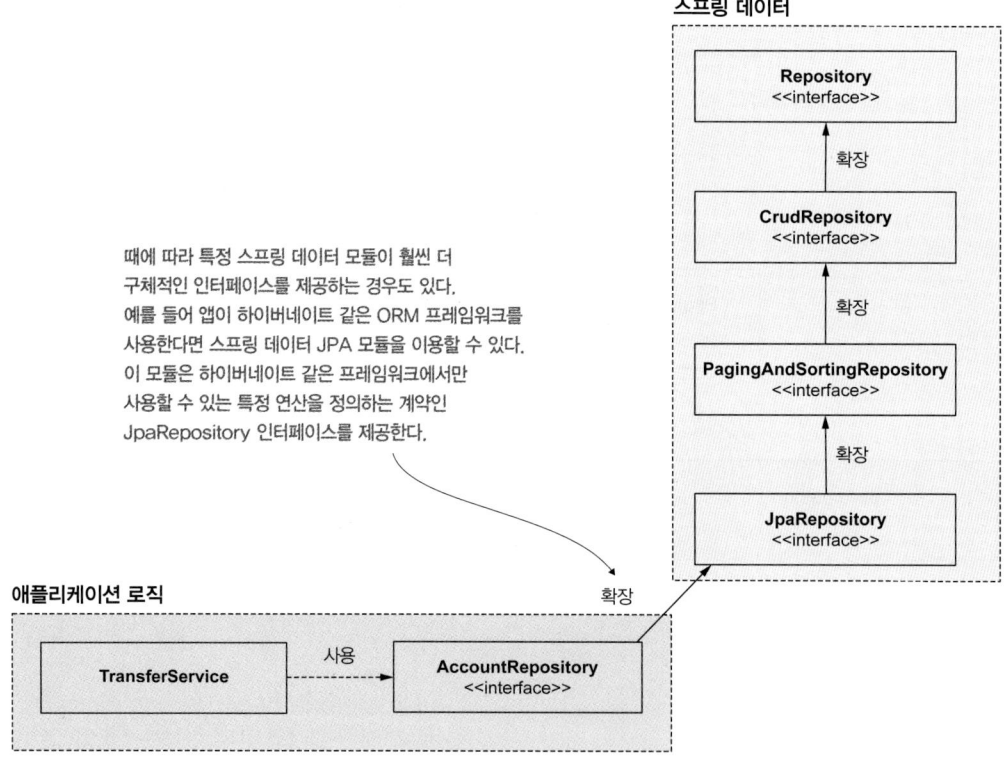

14.3 스프링 데이터 JDBC 사용

이 절에서는 스프링 데이터 JDBC로 스프링 앱의 영속성 계층을 구현한다. 스프링 데이터 계약을 확장하기만 하면 된다고 설명했지만, 실제로 어떻게 하는지 살펴보자. 일반 리포지터리를 구현하는 것 외에도 사용자 정의 리포지터리 연산 작업을 생성하고 사용하는 방법을 배울 것이다.

13장에서 다룬 내용과 유사한 시나리오를 고려해 보자. 우리가 구축하려는 애플리케이션은 사용자 계좌를 관리하는 전자 지갑으로 사용자는 자신의 계좌에서 다른 계좌로 돈을 이체할 수 있다. 학습을 위해 사용자가 한 계정에서 다른 계좌로 이체할 수 있는 이체 사용 사례를 구현한다. 이체 연산은 다음 두 단계로 구성된다(그림 14-11).

1. 발신인 계좌에서 지정된 금액을 인출한다.
2. 수취인 계좌에 해당 금액을 입금한다.

계좌 상세 정보를 데이터베이스의 테이블에 저장할 것이다. 예제를 단순화하고 이 절 주제에 집중할 수 있도록 12장에서 설명한 대로 H2 인메모리 데이터베이스를 사용한다.

계정 테이블에는 다음 필드가 있다.

- **id**: 기본 키(primary key)로, 이 필드는 자체 증가하는 INT 값으로 정의한다.
- **name**: 계좌 소유자 이름이다.
- **amount**: 소유자가 계좌에 보유한 금액이다.

이 예제는 sq-ch14-ex1 프로젝트에서 찾을 수 있다. 프로젝트의 pom.xml에 추가해야 하는 의존성은 다음 코드에 나와 있다.

```xml
<dependency>
    <groupId>org.springframework.boot</groupId>
    <artifactId>spring-boot-starter-web</artifactId>
</dependency>
<dependency>
    <groupId>org.springframework.boot</groupId>         ⬅ 앱 영속성 계층을 구현하려고 스프링 데이터
    <artifactId>spring-boot-starter-data-jdbc</artifactId>   JDBC 모듈을 사용한다.
</dependency>
<dependency>
    <groupId>com.h2database</groupId>
    <artifactId>h2</artifactId>
    <scope>runtime</scope>
</dependency>
```

▼ 그림 14-11 송금 사용 사례는 두 단계를 의미한다. 먼저 앱이 발신인(존) 계좌에서 송금액을 인출한다. 다음으로 앱이 수취인(제인) 계좌에 송금한 금액을 입금한다

계좌 이체 연산 전

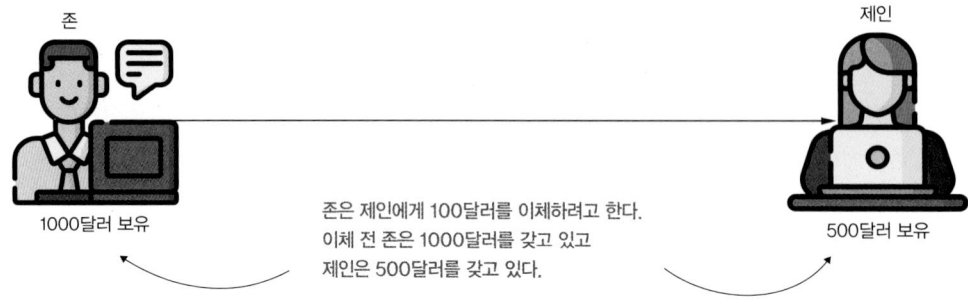

존은 제인에게 100달러를 이체하려고 한다.
이체 전 존은 1000달러를 갖고 있고
제인은 500달러를 갖고 있다.

1단계: 존의 계좌에서 100달러를 출금한다.

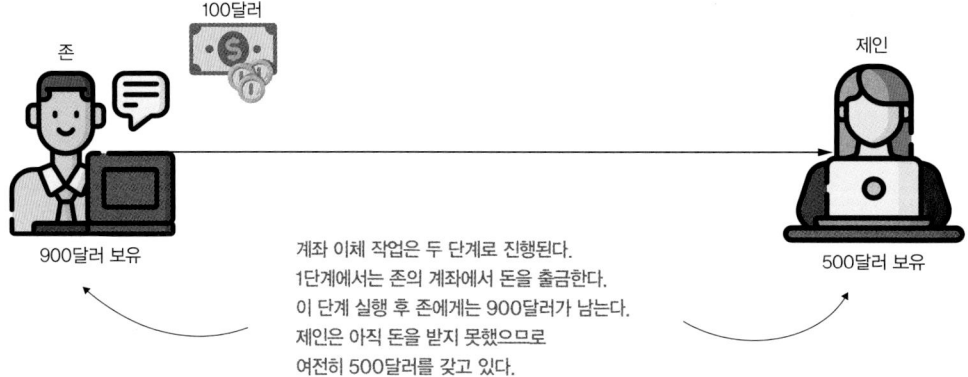

계좌 이체 작업은 두 단계로 진행된다.
1단계에서는 존의 계좌에서 돈을 출금한다.
이 단계 실행 후 존에게는 900달러가 남는다.
제인은 아직 돈을 받지 못했으므로
여전히 500달러를 갖고 있다.

2단계: 제인의 계좌에 100달러를 입금한다.

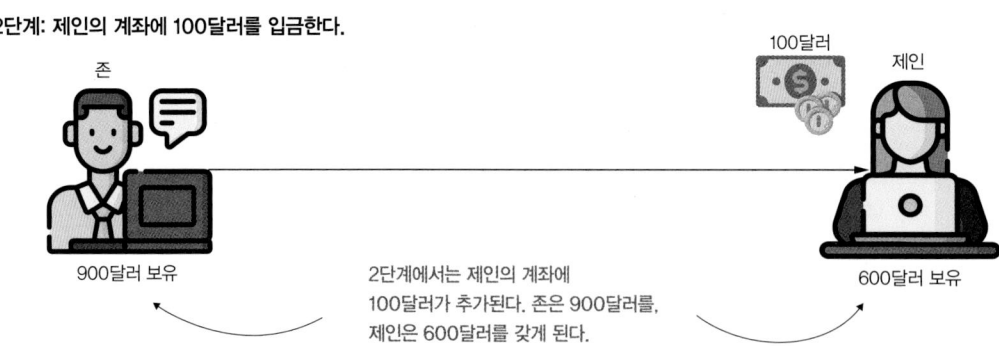

2단계에서는 제인의 계좌에
100달러가 추가된다. 존은 900달러를,
제인은 600달러를 갖게 된다.

앱의 H2 인메모리 데이터베이스에 계정 테이블을 생성하려고 메이븐 프로젝트의 resources 폴더에 schema.sql 파일을 추가한다. 이 파일에는 다음 코드에 표시된 대로 계좌 테이블을 만드는 데 필요한 DDL 쿼리가 저장된다.

```
create table account (
    id INT NOT NULL AUTO_INCREMENT PRIMARY KEY,
    name VARCHAR(50) NOT NULL,
    amount DOUBLE NOT NULL
);
```

그리고 계좌 테이블에 레코드 몇 개를 추가해야 한다. 이 레코드는 나중에 애플리케이션 구현을 완료할 때 테스트용으로 사용된다. 앱에 레코드 두 개를 추가하기 위해 메이븐 프로젝트의 resources 폴더에 data.sql 파일을 생성한다. 계좌 테이블에 레코드 두 개를 추가하려면 다음 코드처럼 data.sql 파일에 INSERT 문 두 개를 작성한다.

```
INSERT INTO account VALUES (NULL, 'Jane Down', 1000);
INSERT INTO account VALUES (NULL, 'John Read', 1000);
```

이 절 마지막에서는 제인(Jane)에서 존(John)에게 100달러를 이체하여 앱이 작동하는 것을 보여 준다. Account 클래스로 계좌 테이블 레코드를 모델링해 보자. 필드로 테이블의 각 열을 적절한 타입에 매핑한다.

소수의 경우 산술 연산 정밀도와 관련된 잠재적인 문제를 피할 수 있게 double이나 float 대신 BigDecimal을 사용하면 좋다.

데이터베이스에서 데이터를 조회하는 것처럼 데이터베이스가 제공하는 여러 연산 작업에서 스프링 데이터는 어떤 필드가 테이블의 기본 키에 매핑되는지 알아야 한다. 다음 예제에 표시된 것처럼 @Id 애너테이션으로 기본 키를 표시한다. 다음 예제는 계좌 모델 클래스를 보여 준다.

예제 14-1 계좌 테이블 레코드를 모델링하는 Account 클래스

```
public class Account {

    @Id
    private long id;    ◀── 기본 키를 모델링하는 속성에 @Id 애너테이션을 추가한다.

    private String name;
    private BigDecimal amount;

    // getters와 setters 생략
}
```

이제 모델 클래스가 생겼으므로 스프링 데이터 리포지터리(예제 14-2)를 구현할 수 있다. 이 애플리케이션에는 CRUD 연산만 필요하므로 CrudRepository 인터페이스를 확장하는 인터페이스를 작성할 것이다. 모든 스프링 데이터 인터페이스는 다음과 같이 제공해야 하는 제네릭 타입이 두 개 있다.

1. 리포지터리를 작성하는 모델 클래스(엔티티(entity)라고도 함)
2. 기본 키 필드 타입

예제 14-2 스프링 데이터 리포지터리 정의하기

```
public interface AccountRepository
        extends CrudRepository<Account, Long> {   ← 첫 번째 제네릭 타입 값은 테이블을 나타내는 모델
                                                     클래스 타입이다. 두 번째는 기본 키 필드의 타입이다.
}
```

CrudRepository 인터페이스를 확장할 때 스프링 데이터는 기본 키로 값 가져오기, 테이블에서 모든 레코드 가져오기, 레코드 삭제 등 간단한 연산을 제공한다. 하지만 스프링 데이터가 SQL 쿼리로 구현할 수 있는 모든 가능한 연산 작업을 기본으로 제공할 수는 없다. 실제 앱에서는 사용자가 정의한 연산 작업(메서드)이 필요하며, 이를 구현하려면 SQL 쿼리를 작성해야 한다. 스프링 데이터 리포지터리에서 사용자 정의 연산을 어떻게 구현할 수 있을까?

스프링 데이터는 이런 연산을 매우 쉽게 제공하므로 때로는 SQL 쿼리를 작성할 필요조차 없다. 스프링 데이터는 몇 가지 명명 규칙에 따라 메서드 이름을 해석하고 사용자를 위해 백그라운드에서 SQL 쿼리를 생성한다. 예를 들어 주어진 이름에 대한 모든 계정을 가져오는 연산 작업을 작성한다고 가정해 보자. 스프링 데이터에서는 findAccountsByName 같은 이름의 메서드를 작성할 수 있다.

메서드 이름이 'find'로 시작하면 스프링 데이터는 사용자가 무언가를 SELECT하려고 하는지 알 수 있다. 다음으로 'Accounts' 단어는 사용자가 무엇을 SELECT하고 싶은지 스프링 데이터에 알려 준다. 스프링 데이터는 매우 영리해서 메서드 이름을 findByName이라고 지을 수도 있다. 메서드가 AccountRepository 인터페이스에 있다는 이유만으로 어떤 것을 SELECT해야 하는지 알 수 있다. 이 예제에서는 좀 더 구체적으로 연산 작업 이름을 명확하게 하려고 노력했다. 스프링 데이터는 메서드 이름의 'By' 뒤에는 쿼리의 조건(WHERE 절)을 가져올 것으로 예상한다. 이때 'ByName'을 선택하고자 하므로 스프링 데이터는 이를 WHERE name = ?로 변환한다.

다음 그림은 메서드 이름과 스프링 데이터가 백그라운드에서 생성하는 쿼리 사이의 관계를 시각적으로 나타낸다.

▼ 그림 14-12 리포지터리의 메서드 이름과 스프링 데이터가 백그라운드에서 생성하는 쿼리 사이의 관계

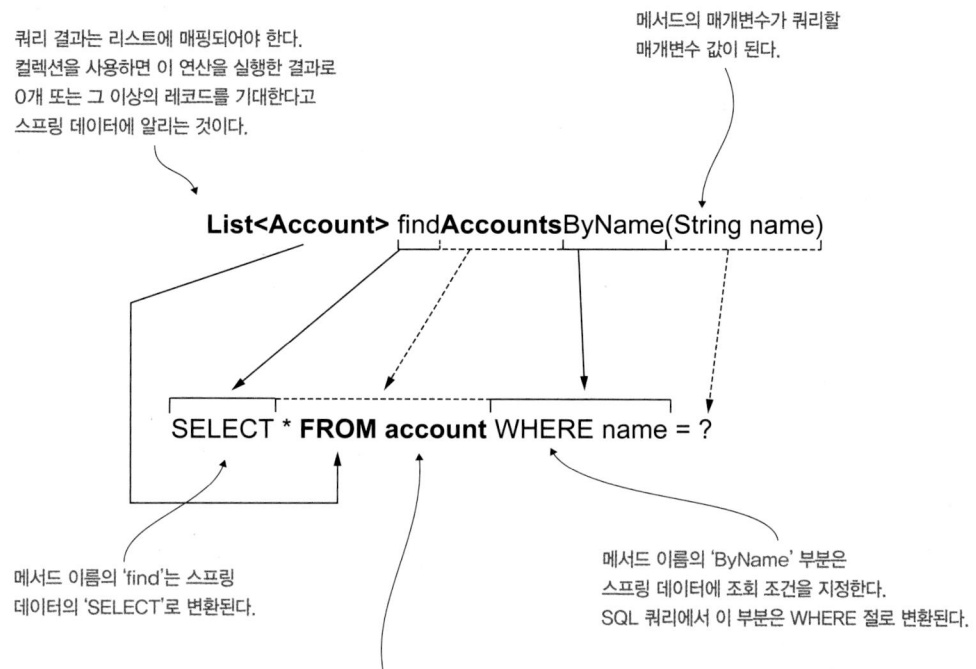

다음 예제는 AccountRepository 인터페이스의 메서드 정의를 보여 준다.

예제 14-3 특정 이름의 계좌를 모두 가져오는 리포지터리 연산 추가하기

```
public interface AccountRepository
        extends CrudRepository<Account, Long> {

    List<Account> findAccountsByName(String name);
}
```

메서드 이름을 쿼리로 변환하는 이 마법은 얼핏 보면 놀랍다. 하지만 경험이 쌓이면 이것이 만병통치약이 아니라는 것을 알게 된다. 몇 가지 단점 때문에 필자는 항상 개발자가 스프링 데이터에 의존하여 메서드 이름을 변환하는 대신 쿼리를 명시적으로 지정할 것을 권장한다. 메서드 이름에 의존할 때 보이는 단점은 다음과 같다.

- 연산 작업에 더 복잡한 쿼리가 필요할 때는 메서드 이름이 너무 길어 읽기 어려울 수 있다.
- 개발자가 실수로 메서드 이름을 리팩터링하면 자신도 모르게 앱 동작에 영향을 미칠 수 있다(안타깝게도 모든 앱이 충분히 테스트되는 것은 아니므로 이 점을 고려해야 한다).
- 메서드 이름을 작성할 때 힌트를 제공하는 IDE가 없다면 여러분은 스프링 데이터의 명명 규칙을 학습해야 한다. 이미 SQL을 알고 있기 때문에 스프링 데이터에만 적용되는 일련의 규칙을 배우는 것이 크게 도움이 되지 않는다.
- 스프링 데이터도 메서드 이름을 쿼리로 변환해야 하기 때문에 앱 초기화가 느려져 성능에 영향을 미친다(앱은 부팅될 때 메서드 이름을 쿼리로 변환한다).

이런 문제를 피하는 가장 간단한 방법은 @Query 애너테이션을 사용하여 해당 메서드를 호출할 때 앱이 실행할 SQL 쿼리를 지정하는 것이다. 메서드에 @Query 주석을 달면 메서드 이름을 어떻게 지정하는지는 더 이상 중요하지 않다. 스프링 데이터는 메서드 이름을 쿼리로 변환하는 대신 사용자가 제공한 쿼리를 사용하며, 이는 성능 향상도 가져온다. 다음 목록은 @Query 애너테이션의 사용 방법을 보여 준다.

예제 14-4 @Query 애너테이션으로 연산 작업에 SQL 쿼리 사용하기

```
public interface AccountRepository
        extends CrudRepository<Account, Long> {

    @Query("SELECT * FROM account WHERE name = :name")
    List<Account> findAccountsByName(String name);
}
```

쿼리의 매개변수 이름은 메서드 매개변수 이름과 동일해야 한다는 점을 기억하자. 콜론(:)과 매개변수 이름 사이에 공백이 없어야 한다.

@Query 애너테이션을 쿼리를 정의하는 방식과 동일하게 사용한다. 하지만 쿼리가 데이터를 변경하면 메서드에 @Modifying 애너테이션도 추가해야 한다. 즉, UPDATE, INSERT, DELETE를 사용할 때는 메서드에 @Modifying 애너테이션도 추가해야 한다. 다음 예제는 @Query로 리포지터리 메서드에 대한 UPDATE 쿼리를 정의하는 방법을 보여 준다.

예제 14-5 리포지터리의 변경 연산 정의하기

```
public interface AccountRepository
        extends CrudRepository<Account, Long> {

    @Query("SELECT * FROM account WHERE name = :name")
    List<Account> findAccountsByName(String name);
```

```
        @Modifying    ◄── 데이터를 변경하는 연산을 정의하는 메서드에 @Modifying 애너테이션을 추가한다.
        @Query("UPDATE account SET amount = :amount WHERE id = :id")
        void changeAmount(long id, BigDecimal amount);
    }
```

DI를 사용하여 앱에서 필요한 곳 어디에서나 AccountRepository 인터페이스를 구현한 빈을 사용할 수 있다. 인터페이스만 작성했다고 걱정하지 마라. 스프링 데이터는 동적 구현체를 생성하고 앱 컨텍스트에 빈으로 추가한다. 다음 예제는 앱의 TransferService 컴포넌트가 생성자 주입을 사용하여 AccountRepository 타입의 빈을 가져오는 방법을 보여 준다. 5장에서 여러분은 스프링은 영리해서 인터페이스 타입의 필드에 대한 DI를 요청하면, 해당 인터페이스를 구현한 빈을 찾을 줄 안다는 것을 배웠다.

예제 14-6 사용 사례를 구현하는 서비스 클래스에서 리포지터리 주입하기

```
@Service
public class TransferService {

    private final AccountRepository accountRepository;

    public TransferService(AccountRepository accountRepository) {
        this.accountRepository = accountRepository;
    }
}
```

다음 예제는 계좌 이체 사용 사례를 구현하는 것을 보여 준다. AccountRepository를 사용하여 계좌 상세 정보를 가져오고 계좌 금액을 변경한다. 13장에서 배운 것처럼, 트랜잭션으로 사용 사례 로직을 감싸고 연산이 실패하더라도 데이터가 손상되지 않도록 하려면 @Transactional 애너테이션을 계속 사용한다.

예제 14-7 계좌 이체 사용 사례 구현하기

```
@Service
public class TransferService {

    private final AccountRepository accountRepository;

    public TransferService(AccountRepository accountRepository) {
        this.accountRepository = accountRepository;
    }
```

```
    @Transactional  ◀── 사용 사례의 로직을 트랜잭션에 포함시켜 실패할 경우 데이터 불일치를 피한다.
    public void transferMoney(
            long idSender,
            long idReceiver,
            BigDecimal amount) {

        Account sender = accountRepository.findById(idSender)
                .orElseThrow(() -> new AccountNotFoundException());

        Account receiver = accountRepository.findById(idReceiver)
                .orElseThrow(() -> new AccountNotFoundException());

        BigDecimal senderNewAmount = sender.getAmount().subtract(amount);

        BigDecimal receiverNewAmount = receiver.getAmount().add(amount);

        accountRepository.changeAmount(idSender, senderNewAmount);

        accountRepository.changeAmount(idReceiver, receiverNewAmount);
    }
}
```
- 발송 및 수취 계좌 정보를 가져온다.
- 이체한 금액을 발송 계좌에서 차감하고 수취 계좌에 증감하는 방식으로 새로운 계좌 금액을 계산한다.
- 데이터베이스에 금액을 변경한다.

계좌 이체 사용 사례에서는 AccountNotFoundException이라는 간단한 런타임 예외 클래스를 사용했으며, 다음 코드에서 클래스 정의를 보여 준다.

```
public class AccountNotFoundException extends RuntimeException {

}
```

데이터베이스에서 소유자 이름으로 모든 레코드를 조회하고 계좌 상세 정보를 가져오는 서비스 메서드를 추가해 보자. 앱을 테스트할 때 이 연산을 사용한다. 모든 레코드를 가져오는 메서드는 직접 작성하지 않고 AccountRepository는 다음 예제처럼 CrudRepository 계약에서 findAll() 메서드를 상속한다.

예제 14-8 계좌 상세 정보를 조회하는 서비스 메서드 추가하기

```
@Service
public class TransferService {

    // 코드 생략
```

```java
    public Iterable<Account> getAllAccounts() {
        return accountRepository.findAll();   // AccountRepository는 스프링 데이터
    }                                          // CrudRepository 인터페이스에서 이 메서드를 상속한다.

    public List<Account> findAccountsByName(String name) {
        return accountRepository.findAccountsByName(name);
    }
}
```

다음 예제는 AccountController 클래스의 REST 엔드포인트로 계좌 이체 사용 사례를 노출하는 방법을 보여 준다.

예제 14-9 REST 엔드포인트로 계좌 이체 사용 사례 노출하기

```java
@RestController
public class AccountController {

    private final TransferService transferService;
    public AccountController(TransferService transferService) {
        this.transferService = transferService;
    }

    @PostMapping("/transfer")
    public void transferMoney(   // 발송 및 수취 계좌 ID와 이체 금액을 HTTP 요청의 본문에서 가져온다.
            @RequestBody TransferRequest request
    ) {
        transferService.transferMoney(   // 계좌 이체 사용 사례를 실행하는 서비스를 호출한다.
                        request.getSenderAccountId(),
                        request.getReceiverAccountId(),
                        request.getAmount());
    }
}
```

다음 코드는 /transfer 엔드포인트가 HTTP 요청 본문을 매핑하는 데 사용하는 TransferRequest DTO를 구현하는 것을 보여 준다.

```java
public class TransferRequest {

    private log senderAccountId;
    private long receiverAccountId;
    private BigDecimal amount;
```

```
        // getters와 setters 생략
    }
```

다음 예제에서는 데이터베이스에서 레코드를 가져오는 엔드포인트를 구현한다.

예제 14-10 계좌 정보를 조회하는 엔드포인트 구현하기

```
@RestController
public class AccountController {

    // 코드 생략

    @GetMapping("/accounts")                           계좌 상세 정보를 반환하기 위해
    public Iterable<Account> getAllAccounts(  ◀── 비필수 매개변수를 사용하여 이름을 얻는다.
            @RequestParam(required=false) String name
    ) {
        if (name==null) {  ◀── 요청 매개변수에 이름이 전달되지 않으면 모든 계좌 상세 정보를 반환한다.
            return transferService.getAllAccounts();
        } else {  ◀── 요청 매개변수에 이름이 저장되면 해당 이름에 대한 계좌 상세 정보만 반환한다.
            return transferService.findAccountsByName(name);
        }
    }
}
```

애플리케이션을 시작하고 데이터베이스의 모든 계좌를 반환하는 /accounts 엔드포인트를 다음 명령으로 호출하여 계좌 레코드를 확인한다.

```
curl http://localhost:8080/accounts
```

이 명령을 실행하면 콘솔에서 다음과 유사한 출력을 확인할 수 있다.

```
[
    {"id":1,"name":"Jane Down","amount":1000.0},
    {"id":2,"name":"John Read","amount":1000.0}
]
```

다음 cURL 명령으로 /transfer 엔드포인트를 호출하여 제인이 존에게 100달러를 이체한다.

```
curl -XPOST -H "content-type:application/json" -d '{"senderAccountId":1,
"receiverAccountId":2, "amount":100}' http://localhost:8080/transfer
```

/accounts 엔드포인트를 다시 호출하여 차이가 있는지 확인한다. 이체 작업 후 이제 제인은 900

달러만 갖고 존은 1100달러를 갖는다.

```
curl http://localhost:8080/accounts
```

이체 작업 후 /accounts 엔드포인트를 호출한 결과는 다음과 같다.

```
[
    {"id":1,"name":"Jane Down","amount":900.0},
    {"id":2,"name":"John Read","amount":1100.0}
]
```

다음 코드처럼 /accounts 엔드포인트와 함께 이름 쿼리 매개변수를 사용한다면 제인의 계좌만 조회하도록 요청할 수도 있다.

```
curl http://localhost:8080/accounts?name=Jane+Down
```

이 cURL 명령의 응답 본문에 다음과 같이 제인 계좌만 가져온다.

```
[
    {
        "id":1,
        "name":"Jane Down",
        "amount":900.0
    }
]
```

14.4 요약

- 스프링 데이터는 스프링 앱의 영속성 계층을 보다 쉽게 구현할 수 있도록 도와주는 스프링 생태계 프로젝트 중 하나다. 스프링 데이터는 여러 영속성 기술에 대한 추상화 계층을 제공하고 공통의 계약 집합을 제공하여 구현을 용이하게 한다.
- 스프링 데이터를 사용하면 다음과 같이 표준 스프링 데이터 계약을 확장하는 인터페이스를 사용하여 리포지터리를 구현한다.
    - Repository: 어떤 영속성 연산 작업도 제공하지 않는다.

- CrudRepository: 간단한 생성, 읽기, 수정, 삭제(CREATE, READ, UPDATE, DELETE(CRUD)) 연산 작업을 제공한다.
- PagingAndSortingRepository: CrudRepository를 확장하여 페이지네이션(pagination)과 정렬을 위한 연산 작업을 추가한다.

• 스프링 데이터를 사용할 때는 앱에서 사용하는 영속성 기술에 따라 특정 모듈을 선택한다. 예를 들어 앱이 JDBC로 DBMS에 연결하는 경우 앱은 스프링 데이터 JDBC 모듈이 필요하고, 앱이 MongoDB 같은 NoSQL 구현을 사용하는 경우 스프링 데이터 Mongo 모듈이 필요하다.

• 스프링 데이터 계약을 확장할 때 앱은 해당 계약에서 정의한 연산을 상속해서 사용할 수 있다. 하지만 앱에서는 사용자 정의 메서드를 사용하여 사용자가 정의한 연산을 정의할 수 있다.

• 스프링 데이터 리포지터리 메서드에 @Query 애너테이션을 사용하면 특정 연산 작업을 실행하는 SQL 쿼리를 정의할 수 있다.

• 메서드를 선언하고 @Query 애너테이션으로 쿼리를 명시적으로 지정하지 않으면 스프링 데이터는 메서드 이름을 SQL 쿼리로 변환한다. 메서드 이름을 스프링 데이터 명명 규칙에 따라 정의해야 올바른 쿼리로 변환할 수 있다. 스프링 데이터가 메서드 이름을 해석할 수 없다면 애플리케이션은 예외를 발생시키고 시작하지 못한다.

• 메서드 이름을 쿼리로 변환하는 스프링 데이터에 의존하지 말고 @Query 애너테이션을 사용하는 것이 좋다. 이름을 변환하는 방식에는 다음 어려움이 있다.
  - 복잡한 연산 작업에 대해 길고 읽기 어려운 메서드 이름이 생성되어 앱을 유지 보수하는 데 영향을 준다.
  - 앱이 메서드 이름을 쿼리로 변환해야 하기 때문에 앱 초기화 속도가 느려진다.
  - 스프링 데이터 메서드 이름의 규칙을 배워야 한다.
  - 메서드 이름을 잘못 리팩터링하면 앱 동작에 영향을 미칠 위험이 있다.

• 데이터를 변경하는 모든 연산(예 INSERT, UPDATE, DELETE 쿼리 실행)에는 @Modifying 애너테이션을 추가하여 해당 연산 작업이 데이터 레코드를 변경한다는 것을 스프링 데이터에 알려야 한다.

15장

스프링 앱 테스트

15.1 올바른 테스트 작성
15.2 스프링 앱에서 테스트 구현
15.3 요약

이 장에서 다룰 내용
- 앱 테스트가 중요한 이유
- 테스트 동작 방식 이해하기
- 스프링 앱의 단위 테스트 구현하기
- 스프링 통합 테스트 구현하기

이 장에서는 스프링 앱에 대한 테스트를 구현하는 방법을 배운다. 테스트는 앱이 구현하는 특정 기능이 예상대로 작동하는지 확인하는 것을 목적으로 하는 작은 로직이다. 우리는 테스트를 다음 두 가지 범주로 구분한다.

- **단위 테스트**(unit tests): 격리된 로직 부분에만 집중한다.
- **통합 테스트**(integration tests): 여러 구성 요소가 서로 올바르게 상호 작용하는지 검증하는 데 집중한다.

필자가 '테스트'라는 용어를 사용할 때는 이 두 가지 범주를 모두 의미하고 싶은 경우다.

테스트는 모든 애플리케이션에 필수적이다. 앱 개발 과정에서 변경한 사항이 기존 기능을 손상시키지 않는지(또는 적어도 오류를 줄이는지) 확인하고 문서화 역할도 한다. 안타깝게도 많은 개발자가 앱의 비즈니스 로직에 직접적으로 포함되지 않고 작성하는 데 시간이 걸린다는 이유로 테스트를 간과한다. 이 때문에 테스트가 큰 영향을 주지 않는 것처럼 보이기도 한다. 하지만 사실, 테스트의 영향력은 단기적으로 잘 드러나지 않는 경우가 많지만, 장기적으로 보면 테스트는 매우 중요하다. 앱의 로직을 제대로 테스트하는 것이 얼마나 중요한지는 아무리 강조해도 지나치지 않다.

기능을 수동으로 테스트하지 않고 테스트를 작성해야 하는 이유는 다음과 같다.

- 테스트를 반복해서 실행하여 최소한의 노력으로 예상대로 작동하는지 검증할 수 있다(앱이 지속적으로 올바르게 작동하는지 검증할 수 있다).
- 테스트 단계를 읽으면서 사용 사례 목적을 쉽게 이해할 수 있다(문서화 역할을 한다).
- 테스트는 개발 과정에서 새로운 애플리케이션 문제에 대해 이른 피드백을 제공한다.

앱 기능이 처음에는 작동했는데, 두 번째에는 작동하지 않는다면 이유가 무엇일까?

- 버그를 수정하거나 새로운 기능을 추가하려고 앱의 소스 코드를 지속적으로 변경하기 때문이다. 소스 코드를 변경하면 이전에 구현된 기능이 중단될 수 있다.

이런 기능에 대한 테스트를 작성하면 앱을 변경할 때마다 테스트를 실행하여 예상대로 작동하는지 확인할 수 있다. 기존 기능에 영향을 주었다면 코드를 프로덕션 환경에 배포하기 전에 어떤 일이 발생했는지 확인할 수 있다. **회귀 테스트**(regression testing)는 기존 기능을 지속적으로 테스트하여 여전히 올바르게 작동하는지 확인하는 방식이다.

구현하는 기능에 대해 모든 관련 시나리오를 테스트하는 방식이 좋다. 그런 다음 무언가를 변경할 때마다 테스트를 실행하여 이전에 구현된 기능이 변경 사항으로 인해 영향받지 않았는지 확인할 수 있다.

오늘날에는 개발자가 수동으로 테스트를 실행하는 것에만 그치지 않고 앱 빌드 프로세스 한 부분으로 테스트를 실행한다. 일반적으로 개발 팀은 개발자가 변경할 때마다 빌드 프로세스를 실행하도록 젠킨스(Jenkins) 또는 팀시티(TeamCity) 같은 도구를 구성하는 CI, 즉 **지속적 통합**(Continuous Integration) 방식을 사용한다. 지속적 통합 도구는 개발 프로세스 중에 구현한 앱을 빌드하고 설치하는 데 필요한 단계를 실행하려고 사용하는 소프트웨어다. 이 CI 도구는 테스트를 실행하고 문제가 발생하면 개발자에게 알려 준다(그림 15-1).

15.1절에서는 단위 테스트가 무엇이며 어떻게 작동하는지에 대한 큰 그림을 그리는 것부터 시작한다. 15.2절에서는 스프링 앱에서 가장 많이 사용되는 두 가지 테스트 타입인 단위 테스트와 통합 테스트를 설명한다. 이 책 전체에 걸쳐 구현한 기능들을 예로 들어 테스트를 구현할 것이다.

이 장을 심화 학습하기 전에 테스트는 복잡한 주제임을 이해하기 바라며, 여기에서는 스프링 앱을 테스트할 때 필요한 필수 지식에만 초점을 맞추고자 한다. 하지만 테스트는 그 자체로 책장 한 켠을 차지할 만큼 중요한 주제다. 유용한 테스트 문제를 더 많이 소개하는 커틀린 투도세(Catalin Tudose)의 〈JUnit in Action〉(Manning, 2020)을 읽어 보길 권한다.

▼ 그림 15-1 개발자가 앱을 변경할 때마다 젠킨스 또는 팀시티 같은 CI 도구가 테스트를 실행한다. 테스트 중 하나라도 실패하면 CI 도구는 개발자에게 알림을 보내 어떤 기능이 예상대로 작동하지 않는지 확인하고 문제를 수정하게 한다

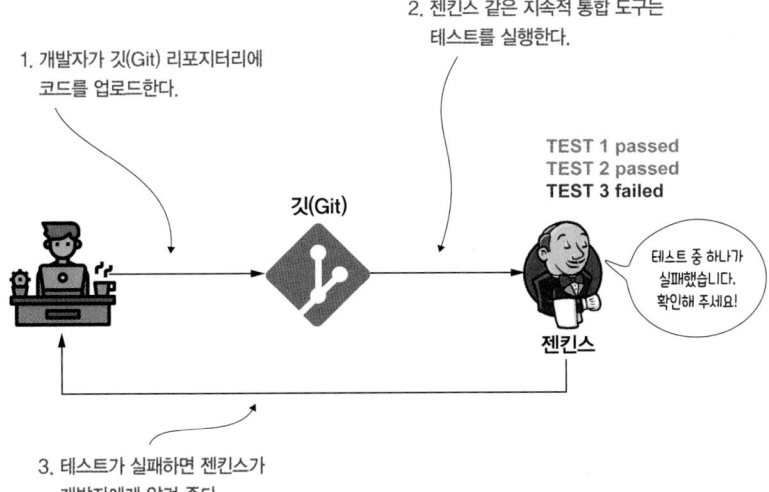

15.1 올바른 테스트 작성

이 절에서는 테스트의 작동 방식과 올바르게 구현된 테스트란 어떤 것인지 설명한다. 테스트하기 쉽도록 앱 코드를 작성하는 방법을 배우고, 앱을 테스트할 수 있게 하는 것과 유지 관리할 수 있게 하는 것(즉, 새로운 기능을 구현하고 오류를 수정하기 위해 쉽게 변경할 수 있게 하는 것) 사이에 밀접한 관련이 있음을 알 수 있다. 테스트 가능성(testability)과 유지 보수성(maintainability)은 상호 보완적인 소프트웨어 품질 요소다. 앱을 테스트할 수 있도록 설계하면 유지 관리가 용이해진다.

프로젝트에서 특정 메서드로 구현된 로직이 원하는 방식으로 작동하는지 검증하고자 테스트를 작성한다. 특정 메서드를 테스트할 때는 일반적으로 여러 시나리오(다양한 입력에 따라 앱이 동작하는 방식)를 검증해야 한다. 각 시나리오에 대한 테스트 클래스의 테스트 메서드를 작성한다. 이 책 전체에서 구현한 예제와 같은 메이븐 프로젝트에서는 프로젝트의 테스트 폴더에 테스트 클래스를 작성한다(그림 15-2).

❤ 그림 15-2 메이븐 프로젝트의 test 폴더에서 테스트 클래스를 작성한다

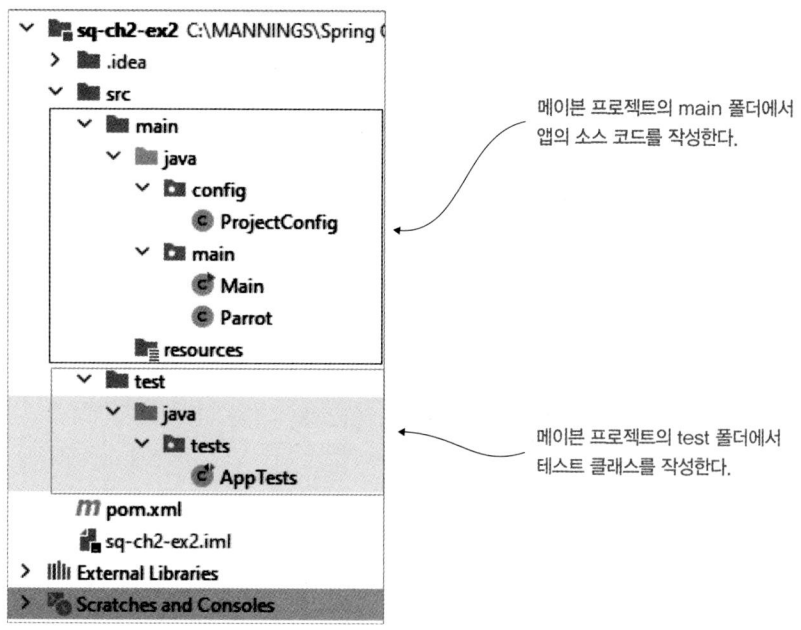

테스트 클래스는 로직을 테스트하는 특정 메서드에만 집중해야 한다. 간단한 로직이라고 할지라도 다양한 시나리오가 존재한다. 각각의 시나리오에 대해 해당 사례의 유효성을 검증하는 테스트 클래스의 메서드를 작성한다.

예를 들어 13~14장에서 논의했던 계좌 이체 사용 사례를 기억하는가? 이 예는 서로 다른 두 계좌 사이에 특정 금액을 이체하는 간단한 구현이었다. 이 사용 사례는 다음 네 단계로만 구성되었다.

1. 데이터베이스에서 발신인 계좌 상세 정보를 얻는다.
2. 데이터베이스에서 수취인 계좌 상세 정보를 얻는다.
3. 이체 후 두 계좌의 새 금액을 계산한다.
4. 데이터베이스에서 계좌 금액을 업데이트한다.

이 단계들을 거쳐 다음과 같이 테스트에 적절한 여러 시나리오를 찾을 수 있다.

1. 앱이 발신인 계좌의 상세 정보를 찾을 수 없다면 어떤 일이 발생하는지 테스트한다.
2. 앱이 수취인 계좌의 상세 정보를 찾을 수 없다면 어떤 일이 발생하는지 테스트한다.
3. 발신인 계좌의 금액이 충분하지 않다면 어떤 일이 발생하는지 테스트한다.
4. 금액 업데이트가 실패하면 어떤 일이 발생하는지 테스트한다.
5. 모든 단계가 정상적으로 작동하면 어떤 일이 발생하는지 테스트한다.

각 테스트 시나리오에 대해 앱이 어떻게 동작해야 하는지 이해하고, 요구에 작동하는지 검증하는 테스트 메서드를 작성해야 한다. 예를 들어 테스트 케이스 3은 발신인 계좌에 잔액이 충분하지 않다면 이체되지 않도록 앱이 특정 예외를 발생시키고 송금되지 않는지 테스트할 것이다. 그러나 앱 요구 사항에 따라 발신인 계좌에 대해 정해진 신용 한도를 허용할 수 있다. 이 경우 테스트에서 이 한도도 고려해야 한다.

테스트 시나리오 구현은 앱의 작동 방식과 밀접한 관련이 있다. 하지만 기술적으로는 테스트 시나리오를 식별하고 각 시나리오에 대한 테스트 방법을 작성한다는 점에서 모든 앱에 동일하게 해당된다(그림 15-3).

여기에서 관찰할 중요한 점은 작은 메서드에서도 관련된 많은 테스트 시나리오를 도출할 수 있다는 것이다. 이 점은 애플리케이션의 메서드를 작게 유지해야 하는 또 다른 이유다! 코드 줄과 매개변수가 많고 동시에 여러 가지에 초점을 맞춘 큰 메서드를 작성하면 관련 테스트 시나리오를 식별하기가 매우 어려워진다. 다양한 책임을 작고 읽기 쉬운 메서드로 분리하지 못할 때 앱의 테스트 가능성은 떨어진다고 한다.

▼ 그림 15-3 어떤 로직을 테스트하더라도 관련 테스트 시나리오를 찾아야 한다. 각각의 테스트 시나리오에 대해 테스트 클래스의 테스트 메서드를 작성한다. 앱 메이븐 프로젝트의 test 폴더에 테스트 클래스를 추가한다. 이 그림에서 TransferMoneyTests 클래스는 transferMoney() 메서드에 대한 테스트 시나리오를 갖고 있는 테스트 클래스다. TransferMoneyTests는 transferMoney()의 메서드 로직에 연관된 각각의 시나리오를 테스트하는 여러 테스트 케이스 메서드를 정의한다

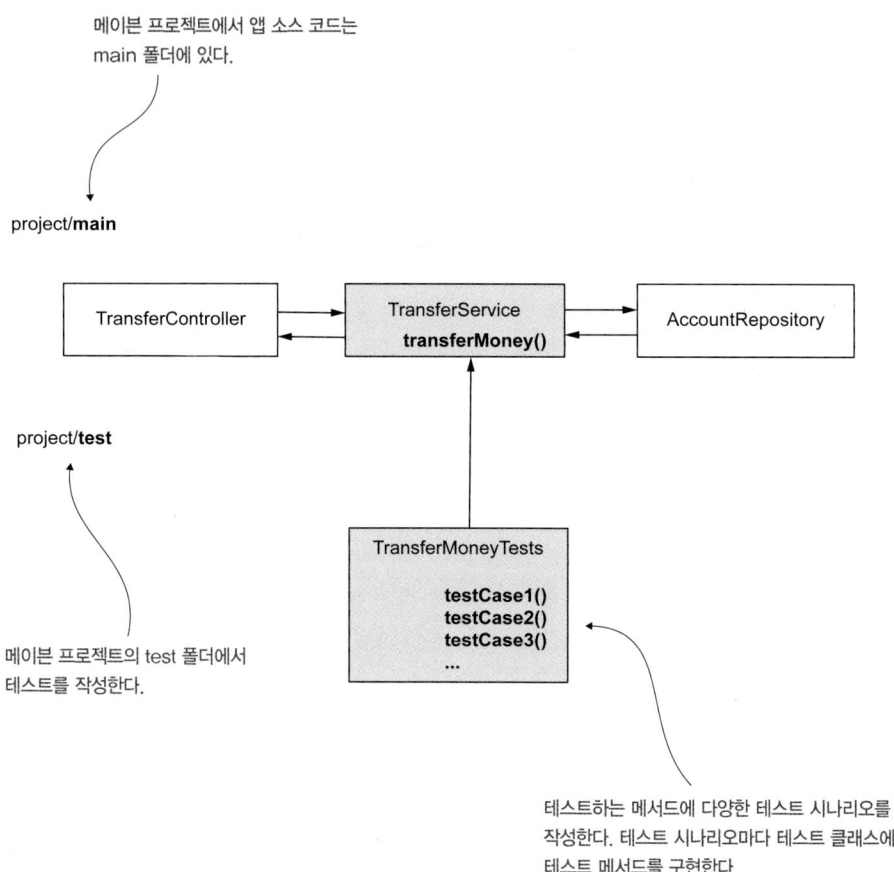

15.2 / 스프링 앱에서 테스트 구현

SPRING START HERE

이 절에서는 실제 프로젝트에서 자주 접할 수 있는 스프링 앱에 대한 두 가지 테스트 기법을 사용한다. 이전 장에서 구현한 사용 사례를 고려하여 두 기법을 시연하고 해당 테스트를 작성해 볼 것이다. 필자 개인적인 생각에 이 기법은 모든 개발자가 반드시 알아야 할 기술이다.

- **단위 테스트를 작성하여 메서드의 로직을 검증한다.** 단위 테스트는 짧고 빠르게 실행할 수 있으며, 한 가지 흐름(flow)에만 집중한다. 이 테스트는 모든 의존성을 제거하여 작은 로직의 유효성을 검사하는 데 집중할 수 있는 방법이다.
- **스프링 통합 테스트를 작성하여 메서드의 로직과 프레임워크가 제공하는 특정 기능의 통합을 검증한다.** 이 테스트로 의존성을 업그레이드할 때 앱 기능이 여전히 작동하는지 확인할 수 있다.

15.2.1절에서는 단위 테스트를 알아본다. 단위 테스트가 필요한 이유와 단위 테스트를 작성할 때 고려해야 할 단계를 설명하고, 이전 장에서 구현한 사용 사례 예제로 몇 가지 단위 테스트를 작성한다. 15.2.2절에서는 통합 테스트를 구현하는 방법, 통합 테스트와 단위 테스트의 차이점, 스프링 앱에서 통합 테스트로 단위 테스트를 보완하는 방법을 알아본다.

15.2.1 단위 테스트 구현

이 절에서는 단위 테스트를 설명한다. 단위 테스트는 동작을 검증하려고 특정 조건에서 특정 사용 사례를 호출하는 메서드다. 단위 테스트 방법은 사용 사례가 실행되는 조건을 정의하고 앱 요구 사항으로 정의된 동작을 검증하는 것이다. 단위 테스트는 테스트하는 기능의 모든 의존성을 제거하여 격리된 특정 로직만 테스트한다.

단위 테스트는 실패하면 특정 코드에 문제가 있다는 것을 알 수 있고 수정해야 할 부분을 정확히 알 수 있기 때문에 유용하다. 단위 테스트는 자동차 계기판의 표시등 중 하나와 같다. 자동차 시동을 걸었는데 시동이 걸리지 않는다면 연료가 부족하거나 배터리가 제대로 작동하지 않기 때문일 수 있다. 자동차는 복잡한 시스템(앱도 마찬가지)으로 구성되어 있기 때문에 표시등이 없으면 어떤 문제가 발생했는지 알 수 없다. 그러나 자동차 계기판에 연료가 부족하다는 표시가 나타나면 즉시 문제를 파악할 수 있을 것이다!

단위 테스트 목적은 로직 동작을 하나씩 검증하는 것이며, 자동차 표시등과 마찬가지로 특정 컴포넌트 문제를 식별하는 데 도움이 된다.

첫 번째 단위 테스트 구현하기

14장에서 작성한 사용 사례 중 하나인 계좌 이체 사용 사례를 살펴보자. 이 사례의 로직은 다음 단계로 구성된다.

1. 발신인의 계좌 정보를 찾는다.
2. 수취인의 계좌 상세 정보를 찾는다.
3. 각 계좌에 대한 새 금액을 계산한다.
4. 발신인의 계좌 금액을 업데이트한다.
5. 수취인의 계좌 금액을 업데이트한다.

다음 예제는 sq-ch14-ex1 프로젝트에서 사용 사례를 구현한 것을 보여 준다.

예제 15-1 계좌 이체 사용 사례 구현하기

```
@Transactional
public void transferMoney(
        long idSender,
        long idReceiver,
        BigDecimal amount) {

    Account sender = accountRepository.findById(idSender)    ← 발신인 계좌의 상세 정보를 가져온다.
            .orElseThrow(() -> new AccountNotFoundException());

    Account receiver = accountRepository.findById(idReceiver)    ← 수취인 계좌의 상세 정보를
            .orElseThrow(() -> new AccountNotFoundException());      가져온다.

    BigDecimal senderNewAmount = sender.getAmount().subtract(amount);    ← 계좌 금액을
    BigDecimal receiverNewAmount = receiver.getAmount().add(amount);        계산한다.

    accountRepository.changeAmount(idSender, senderNewAmount);    ← 발신인 계좌의 새 금액을
                                                                      업데이트한다.
    accountRepository.changeAmount(idReceiver, receiverNewAmount);    ← 수취인 계좌의 새 금액을
}                                                                        업데이트한다.
```

일반적으로 가장 확실한 시나리오이자 가장 먼저 테스트를 작성하는 것은 예외나 오류가 발생하지 않는 실행 시나리오인 **정상 플로**(happy flow)다. 다음 그림은 계좌 이체 사용 사례의 정상 플로를 시각적으로 재현한 것이다.

▼ 그림 15-4 정상 플로: 오류나 예외가 발생하지 않는 실행 시나리오를 의미하는데, 일반적으로 정상 플로는 가장 확실한 시나리오이기 때문에 가장 먼저 테스트를 작성한다

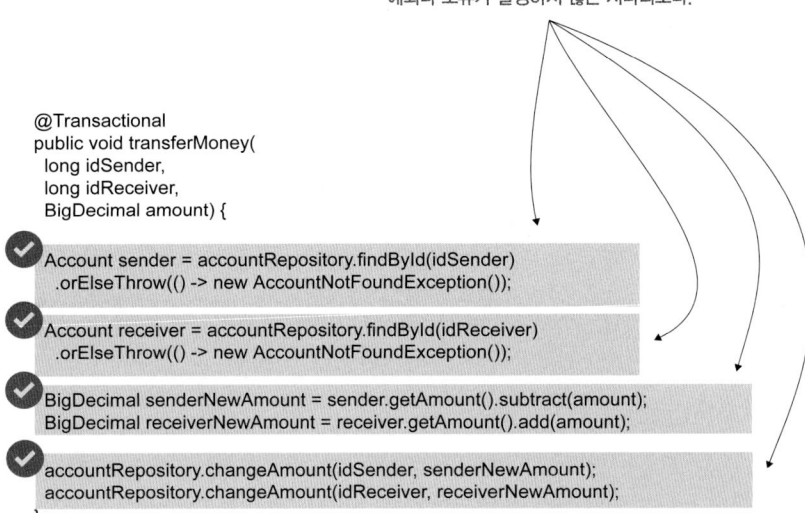

그럼 이 계좌 이체 사용 사례의 정상 플로에 대한 단위 테스트를 작성해 보자. 모든 테스트는 세 가지 주요 부분으로 구성된다(그림 15-5).

1. **가정**(assumptions): 원하는 시나리오 플로를 달성하려면 입력(inputs)을 정의하고 제어해야 할 로직의 의존성을 찾아야 한다. 이를 위해 우리는 다음 두 가지 질문, 즉 어떤 입력을 제공해야 하는가와 테스트 대상 로직이 기대하는 특정한 방식으로 동작하려면 의존성이 어떻게 동작해야 하는지에 답할 것이다.
2. **호출/실행**(call/execution): 테스트 대상 로직을 호출하여 동작을 검증해야 한다.
3. **유효성 검사**(validations): 해당 로직에 대해 수행해야 하는 모든 유효성 검사를 정의해야 한다. 우리는 해당 로직이 주어진 조건에서 호출되면 어떤 일이 발생되는지 묻는 질문에 답할 수 있어야 한다.

> Note ≡ 가끔씩 이 세 단계(가정, 호출, 유효성 검사)가 '준비(arrange), 행동(act), 단언(assert)' 또는 'given, when, then'처럼 다소 다르게 명명되는 경우도 있다. 어떤 용어를 선호하든 테스트를 작성하는 개념은 동일하다.

▼ 그림 15-5 단위 테스트 작성 단계다. 메서드 입력을 정의하여 가정을 작성한다. 정의된 가정으로 메서드를 호출하고 메서드 동작이 올바른지 검증하고자 테스트에서 수행해야 하는 검사를 작성한다

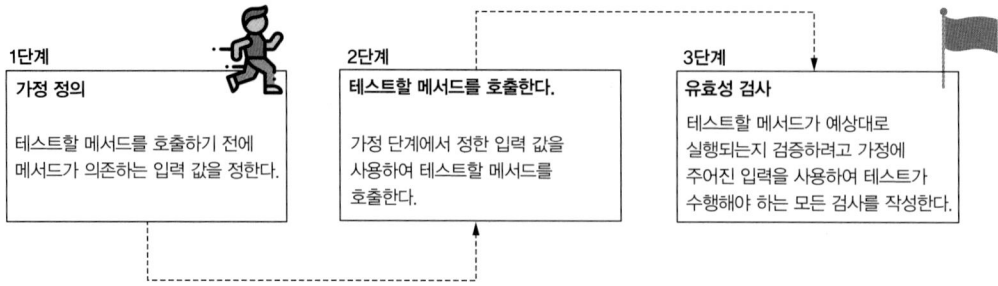

테스트의 **가정** 단계에서는 우리가 작성하는 테스트의 테스트 케이스에 대한 의존성을 식별한다. 테스트할 로직이 특정 방식으로 작동하도록 입력과 의존성의 동작 방식을 선택한다. 계좌 이체 사용 사례의 의존성은 어떤 것일까? 의존성이란 메서드가 사용하지만 자체적으로 생성하지 않는 모든 것을 의미한다.

- 메서드의 매개변수
- 메서드가 사용하지만 메서드로 생성되지 않는 객체 인스턴스

다음 그림에서 예제에 대한 이런 의존성을 식별하여 보여 준다.

▼ 그림 15-6 단위 테스트는 의존성에서 독립된 상태에서 사용 사례의 로직을 검증한다. 이 테스트를 작성하려면 의존성을 알고 그들을 어떻게 제어할지 확실히 알아야 한다. 이 시나리오에서는 매개변수와 AccountRepository 객체가 테스트를 위해 제어해야 하는 의존성이다

매개변수는 실행 의존성이다.
매개변수 값에 따라 메서드가 어떤
방식으로 동작할 수 있을지 결정된다.

```
@Transactional
public void transferMoney(
    long idSender,
    long idReceiver,
    BigDecimal amount) {

    Account sender = accountRepository.findById(idSender)
        .orElseThrow(() -> new AccountNotFoundException());

    Account receiver = accountRepository.findById(idReceiver)
        .orElseThrow(() -> new AccountNotFoundException());

    BigDecimal senderNewAmount = sender.getAmount().subtract(amount);
    BigDecimal receiverNewAmount = receiver.getAmount().add(amount);

    accountRepository.changeAmount(idSender, senderNewAmount);
    accountRepository.changeAmount(idReceiver, receiverNewAmount);
}
```

메서드 외부에 있지만 메서드가 로직을 구현하는 데 사용되는 다른 객체도 실행 의존성이다.
이런 객체 동작에 따라 메서드 동작 방식도 좌우된다.

메서드를 호출하여 테스트할 때 실행 흐름을 제어하려고 세 가지 매개변수에 원하는 값을 제공할 수 있다. 하지만 AccountRepository 인스턴스는 좀 더 복잡하다. transferMoney() 메서드 실행은 AccountRepository 인스턴스의 findById() 메서드가 어떻게 동작하는지에 따라 달라진다.

하지만 단위 테스트는 한 부분의 로직에만 초점을 맞추므로 findById() 메서드를 호출해서는 안 된다는 점을 기억하라. 단위 테스트는 findById()가 주어진 방식으로 작동한다 가정하고 테스트 대상 메서드가 주어진 상황에서 예상되는 작업을 수행한다고 단언해야(assert) 한다.

하지만 테스트 대상 메서드는 findById()를 호출한다. 이를 어떻게 제어할 수 있을까? 이런 의존성을 제어하고자 동작을 제어할 수 있는 가짜 객체인 모의(mock) 객체를 사용한다. 이 경우 실제 AccountRepository 객체를 사용하는 대신 테스트 메서드가 이 가짜 객체를 사용하게 할 것이다. 이 가짜 객체 동작을 제어하여 테스트하려는 transferMoney() 메서드의 모든 다른 실행 흐름을 유도하는 데 활용한다.

다음 그림은 우리가 하려는 것을 보여 준다. 테스트 대상 객체의 의존성을 제거하려고 AccountRepository 객체를 모의 객체로 대체한다.

▼ 그림 15-7 단위 테스트가 transferMoney() 메서드 로직에만 집중하려면 AccountRepository 객체에 대한 의존성을 제거해야 한다. 모의 객체를 사용하여 AccountRepository 인스턴스를 대체하고 이 가짜 인스턴스를 제어하여 다양한 상황에서 transferMoney() 메서드 동작을 테스트한다

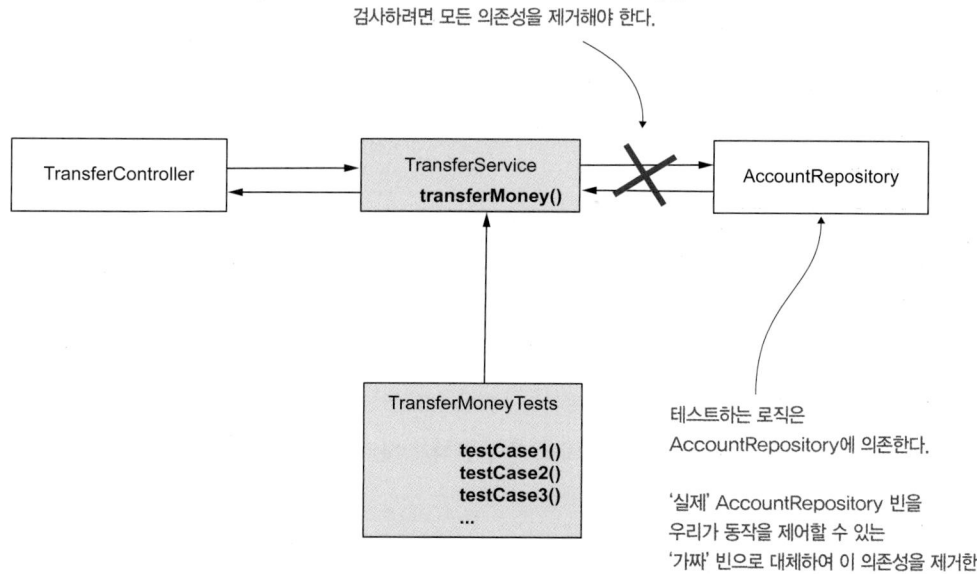

예제 15-2에서 단위 테스트 구현을 시작한다. 메이븐 프로젝트 test 폴더에 새 클래스를 생성한 후 @Test 애너테이션으로 주석을 달아 새 메서드를 작성하고는 첫 번째 테스트 시나리오 구현을 시작할 것이다.

> **Note ≡** 이 책 예제에서는 단위 및 통합 테스트를 구현하려고 최신 JUnit 버전인 JUnit 5 주피터(Jupiter)를 사용한다. 하지만 실제 앱에서는 JUnit 4를 자주 사용할 수 있다. 이런 이유로 테스팅 전문 서적을 읽어 볼 권장한다. 전문 서적 중에서 커틀린 투도세(Catalin Tudose)의 〈JUnit in Action〉(Manning, 2020) 4장에서는 JUnit 4와 JUnit 5 차이점을 중점적으로 설명한다.

테스트하려는 transferMoney() 메서드를 호출하려고 TransferService 인스턴스를 생성한다. 실제 AccountRepository 인스턴스를 사용하는 대신 제어할 수 있는 모의 객체를 생성한다. 이런 모의 객체를 생성하려면 mock()이라는 메서드를 사용한다. 이 mock() 메서드는 테스트를 구현하려고 JUnit과 함께 자주 사용되는 모키토(Mockito) 의존성에서 제공된다.

예제 15-2 단위 테스트할 메서드를 가진 객체 생성하기

```java
public class TransferServiceUnitTests {

    @Test
    public void moneyTransferHappyFlow() {
        AccountRepository accountRepository =
            mock(AccountRepository.class);  // 모키토의 mock() 메서드로 AccountRepository 객체에 대한 모의 인스턴스를 생성한다.

        TransferService transferService =  // 테스트할 메서드를 가진 TransferService 객체의 인스턴스를 생성한다. 실제 AccountRepository 인스턴스 대신 AccountRepository 모의 객체를 생성한다. 이렇게 하면 의존성을 우리가 제어할 수 있는 것으로 대체할 수 있다.
            new TransferService(accountRepository);
    }
}
```

이제 모의 객체가 어떻게 동작해야 할지 정한 후 테스트할 메서드를 호출하고 주어진 조건에서 예상대로 작동하는지 증명할 수 있다. 예제 15-3에 표시된 것처럼 given() 메서드로 모의 객체의 동작을 제어할 수 있다. given() 메서드를 사용하면 모의 객체에 메서드 중 하나가 호출될 때 어떻게 동작할지 알려 줄 수 있다. 이 예제에서는 AccountRepository의 findById() 메서드가 주어진 매개변수 값에 따라 특정 Account 인스턴스를 반환하게 하려고 한다.

> **Note ≡** 실제 앱에서는 다음 예제에서 볼 수 있듯이, 테스트 시나리오를 설명할 때 @DisplayName 애너테이션을 사용하는 것은 좋은 관례다. 그러나 이 예제에서는 공간을 절약하고 테스트 로직에 집중할 수 있도록 @DisplayName 애너테이션을 생략했다. 실제 앱에서 이 애너테이션을 사용하면 여러분뿐만 아니라 팀의 다른 개발자도 구현된 테스트 시나리오를 더 잘 이해할 수 있을 것이다.

예제 15-3 정상 플로를 검증하는 단위 테스트

발신인 계좌 ID로 발신인 계좌 인스턴스를 반환하려고 모의 객체의 findById() 메서드를 제어한다.
이 코드 줄은 '발신인 ID 매개변수로 findById() 메서드를 호출하면 발신인 계좌 인스턴스를 반환한다'로 읽을 수 있다.

```java
public class TransferServiceUnitTests {

    @Test
    @DisplayName("Test the amount is transferred " +
                "from one account to another if no exception occurs.")
    public void moneyTransferHappyFlow() {\
        AccountRepository accountRepository =
                        mock(AccountRepository.class);
        TransferService transferService =
                        new TransferService(accountRepository);

        Account sender = new Account();
        sender.setId(1);
        sender.setAmount(new BigDecimal(1000));

        Account destination = new Account();
        destination.setId(2);
        destination.setAmount(new BigDecimal(1000));

        given(accountRepository.findById(sender.getId()))
            .willReturn(Optional.of(sender));

        given(accountRepository.findById(destination.getId()))
            .willReturn(Optional.of(destination));

        transferService.transferMoney(
                        sender.getId(),
                        destination.getId(),
                        new BigDecimal(100)
        );
    }
}
```

발신인(sender) 및 수취인(destination) Account 인스턴스를 생성하여 앱이 데이터베이스에서 찾을 수 있는 계좌 상세 정보를 보관한다.

발신인 ID, 수취인 ID, 이체 금액을 사용하여 테스트할 메서드를 호출한다.

findById() 메서드가 수취인 계좌 ID를 받으면 수취인 계좌 인스턴스를 반환하기 위해 모의 객체의 findById() 메서드를 제어한다. 이 코드 줄은 '수취인 ID 매개변수로 findById() 메서드를 호출하면 수취인 계좌 인스턴스를 반환한다'로 읽을 수 있다.

테스트할 메서드가 실행될 때 어떤 일이 일어날지 테스트에 알려 주기만 하면 된다. 우리는 무엇을 기대할 수 있을까? 우리는 이 메서드 목적이 한 계좌에서 다른 계좌로 돈을 이체하는 것임을 알고 있다. 따라서 리포지터리 인스턴스를 호출하여 올바른 값으로 금액이 변경될 것을 예상한다. 다음 예제는 메서드가 리포지터리 인스턴스의 메서드를 올바르게 호출하여 금액을 변경하는지 확인하는 테스트 명령을 추가했다.

모의 객체의 메서드가 호출되었는지 확인하려면 다음 예제에서 볼 수 있듯이 verify() 메서드를 사용한다.

예제 15-4 정상 플로의 유효성을 검증하는 단위 테스트

```java
public class TransferServiceUnitTests {

    @Test
    public void moneyTransferHappyFlow() {
        AccountRepository accountRepository =
                        mock(AccountRepository.class);
        TransferService transferService =
                        new TransferService(accountRepository);

        Account sender = new Account();
        sender.setId(1);
        sender.setAmount(new BigDecimal(1000));

        Account destination = new Account();
        destination.setId(2);
        destination.setAmount(new BigDecimal(1000));

        given(accountRepository.findById(sender.getId()))
              .willReturn(Optional.of(sender));

        given(accountRepository.findById(destination.getId()))
              .willReturn(Optional.of(destination));

        transferService.transferMoney(
                    sender.getId(),
                    destination.getId(),
                    new BigDecimal(100)
        );

        verify(accountRepository)
              .changeAmount(1, new BigDecimal(900));    // 예상 매개변수를 사용하여 AccountRepository의 changeAmount()가 호출되었는지 검증한다.
        verify(accountRepository)
              .changeAmount(2, new BigDecimal(1100));
    }
}
```

지금 테스트를 실행하면 (일반적으로 IDE에서 테스트 클래스를 마우스 오른쪽 버튼으로 눌러 [Run tests]를 선택하는 방법으로) 테스트가 성공하는 것을 확인할 수 있다. 테스트가 성공하면 IDE에 녹색으로 표시되고, 콘솔에는 예외 메시지가 표시되지 않는다. 테스트가 실패하면 일반적으로 IDE에 빨간색 또는 노란색으로 표시된다(그림 15-8).

▼ 그림 15-8 테스트 실행: IDE는 일반적으로 테스트를 실행할 수 있는 여러 가지 방법을 제공한다. 그중 하나는 테스트 클래스를 마우스 오른쪽 버튼으로 눌러 [Run]을 선택하는 것이다. 프로젝트 이름을 마우스 오른쪽 버튼으로 눌러 [Run tests]를 선택하면 모든 프로젝트 테스트를 실행할 수도 있다. IDE마다 그래픽 인터페이스가 약간 다를 수 있지만 모두 이 그림에 표시된 것과 비슷하게 보일 것이다. 테스트를 실행하면 IDE에 각 테스트 상태가 표시된다

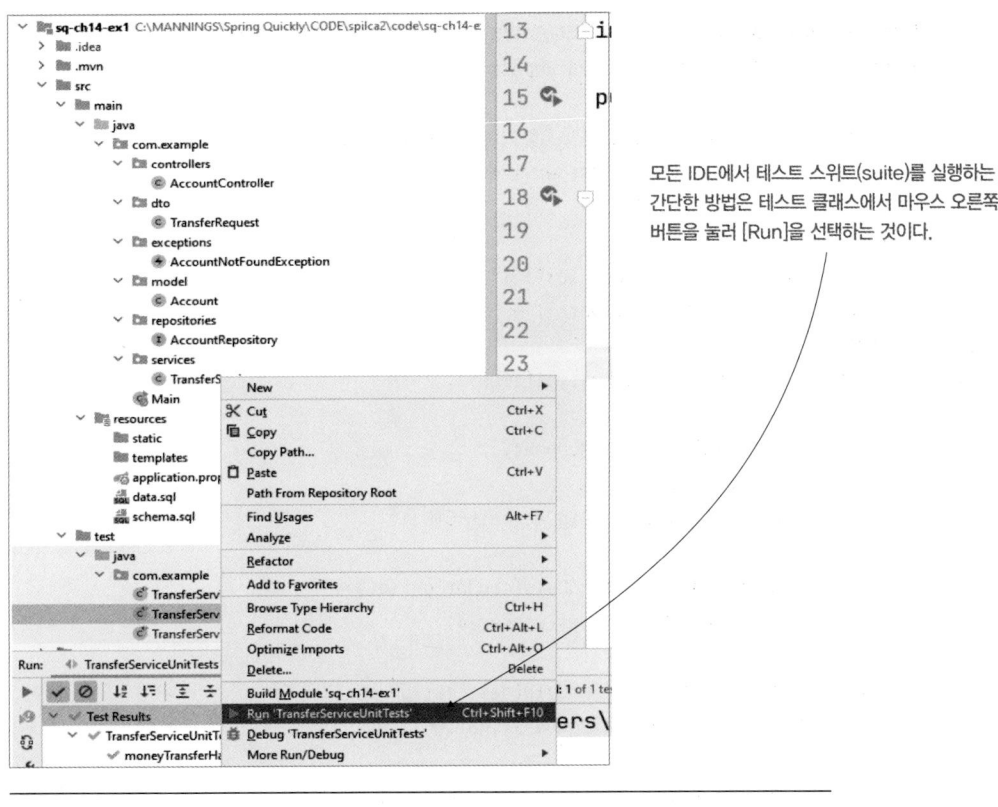

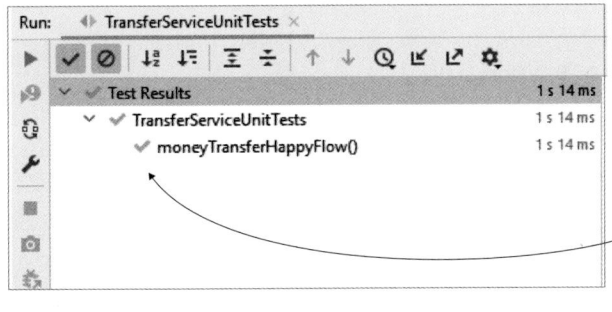

예제 15-2부터 예제 15-4에서 본 것과 같이 메서드 내부에 mock() 메서드가 선언되어 있는 것을 발견할 때가 많더라도 필자는 보통 모의 객체를 생성하는 다른 방식을 선호한다. 이 방식이 반드시 더 좋거나 더 자주 사용되는 것은 아니지만, 예제 15-5에 제시된 것처럼 애너테이션으로 모의 객체와 테스트 객체를 생성하는 것이 더 깔끔한 방법이라고 생각한다.

예제 15-5 모의 객체 의존성에 애너테이션 사용하기

```
@ExtendWith(MockitoExtension.class)  ◀── @Mock과 @InjectMocks 애너테이션을 사용하도록 활성화한다.
public class TransferServiceWithAnnotationsUnitTests {

    @Mock  ◀── @Mock 애너테이션으로 모의 객체를 생성하고 테스트 클래스의 애너테이션된 필드에 주입한다.
    private AccountRepository accountRepository;

    @InjectMocks  ◀── @InjectMocks로 테스트할 객체를 생성하고 클래스의 애너테이션된 필드에 주입한다.
    private TransferService transferService;

    @Test
    public void moneyTransferHappyFlow() {
        Account sender = new Account();
        sender.setId(1);
        sender.setAmount(new BigDecimal(1000));

        Account destination = new Account();
        destination.setId(2);
        destination.setAmount(new BigDecimal(1000));

        given(accountRepository.findById(sender.getId()))
                .willReturn(Optional.of(sender));

        given(accountRepository.findById(destination.getId()))
                .willReturn(Optional.of(destination));

        transferService.transferMoney(1, 2, new BigDecimal(100));

        verify(accountRepository)
                .changeAmount(1, new BigDecimal(900));

        verify(accountRepository)
                .changeAmount(2, new BigDecimal(1100));
    }
}
```

테스트 메서드 내부에서 이런 객체를 선언하는 대신 클래스 매개변수로 가져와서 `@Mock` 및 `@InjectMocks`로 애너테이션하는 방법을 알아보자. `@Mock` 애너테이션을 사용하면 프레임워크가 애너테이션된 속성에 모의 객체를 생성하고 삽입할 수 있다. `@InjectMocks` 애너테이션을 사용하면 테스트할 객체를 생성하고 프레임워크가 해당 매개변수에 모든 모의 객체(@Mock으로 생성된)를 주입하도록 지시한다.

`@Mock` 및 `@InjectMocks` 애너테이션이 작동하려면 테스트 클래스에 `@ExtendWith(MockitoExtension.class)` 애너테이션도 함께 추가해야 한다. 이런 방법으로 클래스에 애너테이션을 달면 프레임워크가 `@Mock`과 `@InjectMocks` 애너테이션을 해석하고 이 애너테이션이 달린 필드를 제어할 수 있는 확장 기능을 활성화한다.

다음 그림은 우리가 만든 테스트를 시각적으로 요약한 것이다. 테스트를 작성하기 시작할 때 우리가 다음과 같이 나열한 각 단계를 해결하기 위해 작성한 단계와 코드를 확인할 수 있다.

1. **가정**(assumptions): 의존성을 나열하고 제어한다.
2. **호출**(call): 테스트한 메서드를 실행한다.
3. **유효성 검사**(validations): 실행된 메서드가 예상 동작을 하는지 확인한다.

▼ 그림 15-9 테스트 구현을 위한 주요 부분: ❶ 의존 속성을 정의 및 제어하고, ❷ 테스트할 메서드를 실행하고, ❸ 메서드가 예상대로 동작하는지 확인한다

```
@ExtendWith(MockitoExtension.class)
public class TransferServiceWithAnnotationsUnitTests {

❶   @Mock
    private AccountRepository accountRepository;

    @InjectMocks
    private TransferService transferService;

    @Test
    public void moneyTransferHappyFlow() {
        Account sender = new Account();
        sender.setId(1);
        sender.setAmount(new BigDecimal(1000));

        Account destination = new Account();
        destination.setId(2);
        destination.setAmount(new BigDecimal(1000));

        given(accountRepository.findById(sender.getId()))
            .willReturn(Optional.of(sender));

        given(accountRepository.findById(destination.getId()))
            .willReturn(Optional.of(destination));

❷       transferService.transferMoney(1, 2, new BigDecimal(100));

❸       verify(accountRepository).changeAmount(1, new BigDecimal(900));
        verify(accountRepository).changeAmount(2, new BigDecimal(1100));
    }
}
```

예외 플로에 대한 테스트 작성하기

정상 플로만 테스트해야 하는 것은 아니라는 점을 기억하라. 메서드가 예외를 만났을 때 기대한 방식으로 실행되는지도 확인해야 한다. 이런 플로(flow)를 **예외 플로**(exception flow)라고 한다. 이 예제에서는 다음 그림에 표시된 것처럼 발신인 또는 수취인 계좌 상세 정보를 지정된 ID로 찾을 수 없을 때 예외 플로가 발생할 수 있다.

▼ 그림 15-10 예외 플로는 오류 또는 예외가 발생한 실행이다. 예를 들어 수취인 계좌 상세 정보를 찾을 수 없을 때 앱은 AccountNotFoundException을 발생시키고 changeAmount() 메서드는 호출되지 않아야 한다. 예외 플로도 중요하며 이런 시나리오 테스트는 정상 플로 테스트와 동일하게 구현해야 한다

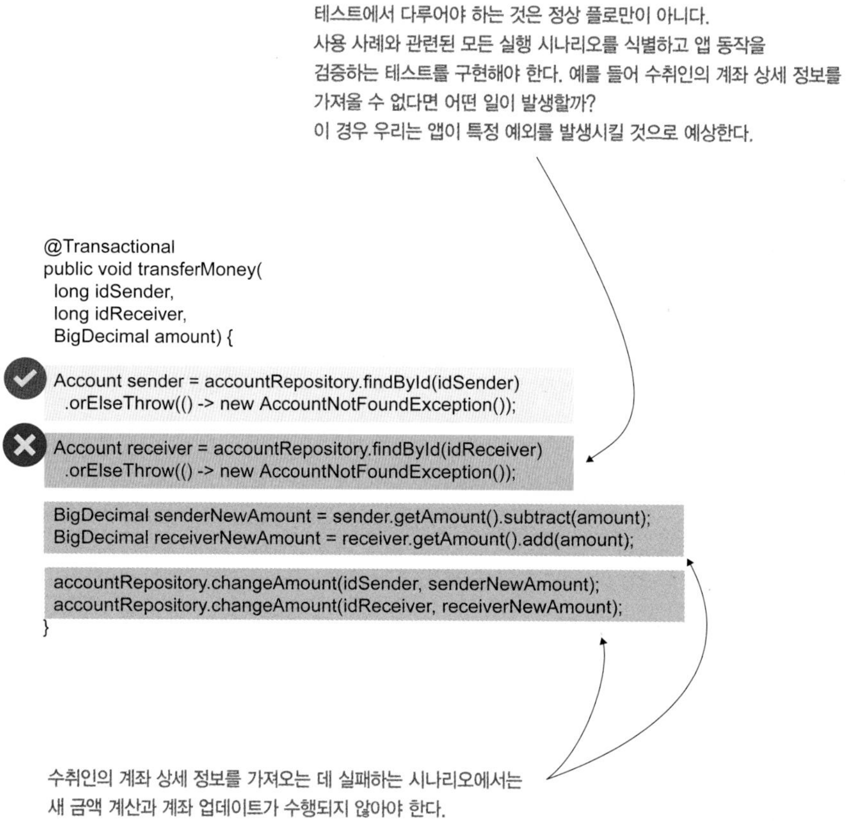

테스트에서 다루어야 하는 것은 정상 플로만이 아니다.
사용 사례와 관련된 모든 실행 시나리오를 식별하고 앱 동작을
검증하는 테스트를 구현해야 한다. 예를 들어 수취인의 계좌 상세 정보를
가져올 수 없다면 어떤 일이 발생할까?
이 경우 우리는 앱이 특정 예외를 발생시킬 것으로 예상한다.

```
@Transactional
public void transferMoney(
  long idSender,
  long idReceiver,
  BigDecimal amount) {

  Account sender = accountRepository.findById(idSender)
    .orElseThrow(() -> new AccountNotFoundException());

  Account receiver = accountRepository.findById(idReceiver)
    .orElseThrow(() -> new AccountNotFoundException());

  BigDecimal senderNewAmount = sender.getAmount().subtract(amount);
  BigDecimal receiverNewAmount = receiver.getAmount().add(amount);

  accountRepository.changeAmount(idSender, senderNewAmount);
  accountRepository.changeAmount(idReceiver, receiverNewAmount);
}
```

수취인의 계좌 상세 정보를 가져오는 데 실패하는 시나리오에서는
새 금액 계산과 계좌 업데이트가 수행되지 않아야 한다.

다음 예제는 예외 플로에 대한 단위 테스트를 작성하는 방법을 보여 준다. 메서드가 예외를 던지는지 확인하려면 assertThrows()를 사용한다. 메서드가 던질 것으로 예상되는 예외를 지정하고, 테스트된 메서드를 지정한다. assertThrows() 메서드는 테스트 메서드를 호출하고 예상된 예외를 던지는지 검증한다.

예제 15-6 예외 플로 테스팅하기

```java
@ExtendWith(MockitoExtension.class)
public class TransferServiceWithAnnotationsUnitTests {

    @Mock
    private AccountRepository accountRepository;

    @InjectMocks
    private TransferService transferService;

    @Test
    public void moneyTransferDestinationAccountNotFoundFlow() {
        Account sender = new Account();
        sender.setAmount(new BigDecimal(1000));
        sender.setId(1);
        given(accountRepository.findById(1L))
            .willReturn(Optional.of(sender));

        given(accountRepository.findById(2L))
            .willReturn(Optional.empty());    ← 수취인 계좌에 대해 findById() 메서드가
                                                호출될 때 비어 있는 Optional을 반환하도록
                                                AccountRepository 모의 객체를 제어한다.

        assertThrows(
            AccountNotFoundException.class    ← 주어진 시나리오에서 메서드가
                                                AccountNotFoundException을
            () -> transferService.transferMoney(1, 2, new BigDecimal(100)));
                                                발생하는 것을 단언(assert)한다.

        verify(accountRepository, never())    ← changeAmount()가 호출되지 않았다는 것을
            .changeAmount(anyLong(), any());    단언하려고 never() 조건과 함께
                                                verify() 메서드를 사용한다.
    }
}
```

메서드 반환 값 테스트하기

메서드의 반환 값을 확인해야 하는 경우가 자주 있다. 다음 예제는 9장 sq-ch9-ex1 프로젝트에서 구현한 메서드를 보여 준다. 사용자가 로그인하기 위해 올바른 자격 증명을 제공하는 시나리오를 테스트해야 한다고 가정할 때, 이 메서드에 대한 단위 테스트를 어떻게 구현할 수 있을까?

예제 15-7 단위 테스트를 하려는 로그인 컨트롤러의 액션 구현하기

```java
@PostMapping("/")
public String loginPost(
        @RequestParam String username,
```

```
        @RequestParam String password,
        Model model
) {
    loginProcessor.setUsername(username);
    loginProcessor.setPassword(password);
    boolean loggedIn = loginProcessor.login();

    if (loggedIn) {
        model.addAttribute("message", "You are now logged in.");
    } else {
        model.addAttribute("message", "Login failed!");
    }
    return "login.html";
}
```

이 절에서 배운 것과 동일한 단계를 따른다.

1. 의존성을 식별하고 제어한다.
2. 테스트할 메서드를 호출한다.
3. 테스트할 메서드 실행이 예상대로 작동하는지 확인한다.

다음 예제에서 단위 테스트 구현 코드를 보여 준다. 동작을 제어하거나 확인하려는 의존성인 Model 및 LoginProcessor 객체의 모의 구현을 볼 수 있다. LoginProcessor 모의 객체에 true를 반환하도록 지시하고(이는 사용자가 올바른 자격 증명을 제공했다고 가정하는 것과 동일하다) 테스트하려는 메서드를 호출한다.

- 메서드가 login.html 문자열을 반환하는지 확인한다. 단언문(assert) 메서드를 사용하여 메서드 값의 반환 여부를 검증한다. 다음 예제에 표시된 것처럼, 예상 값과 메서드가 반환한 값을 비교하는 데 assertEquals() 메서드를 사용할 수 있다.
- Model 인스턴스에는 'You are now logged in'이라는 유효한 메시지가 포함되어 있다. verify() 메서드를 사용하여 Model 인스턴스의 addAttribute() 메서드가 매개변수에 올바른 값으로 호출되었는지 확인한다.

예제 15-8 단위 테스트에서 반환 값 테스트하기

```
@ExtendWith(MockitoExtension.class)
class LoginControllerUnitTests {

    @Mock
```

```java
    private Model model;                          ◄──┐
                                                     │ 모의 객체를 정의하여 동작을
    @Mock                                            │ 테스트할 인스턴스에 주입한다.
    private LoginProcessor loginProcessor;        ◄──┘

    @InjectMocks
    private LoginController loginController;      ◄──

    @Test
    public void loginPostLoginSucceedsTest() {
        given(loginProcessor.login()).willReturn(true);   ◄── LoginProcessor 모의 인스턴스를
                                                              제어하여 login() 메서드가
                                                              호출될 때 true를 반환한다.
        String result =   ◄── 주어진 가정에 따라 테스트할 메서드를 호출한다.
                loginController.loginPost("username", "password", model);

        assertEquals("login.html", result);   ◄── 테스트 메서드의 반환 값을 검증한다.

        verify(model).addAttribute("message", "You are now logged in.");  ◄──
                                                        모델 객체에서 메시지 속성이
                                                        올바른 값으로 추가되었는지 확인한다.
    }
}
```

입력(매개변수 값, 모의 객체의 동작 방식)을 제어하여 다양한 시나리오에서 어떤 일이 발생하는지 테스트할 수도 있다. 다음 예제에서는 로그인에 실패하면 어떤 일이 발생하는지 테스트하려고 LoginProcessor 모의 객체의 login() 메서드가 false를 반환하게 만든다.

예제 15-9 로그인 시나리오 실패를 검증하는 테스트 추가하기

```java
@ExtendWith(MockitoExtension.class)
class LoginControllerUnitTests {

    // 코드 생략
    @Test
    public void loginPostLoginFailsTest() {
        given(loginProcessor.login()).willReturn(false);

        String result = loginController.loginPost("username", "password", model);

        assertEquals("login.html", result);
        verify(model).addAttribute("message", "Login failed!");
    }
}
```

15.2.2 통합 테스트 구현

이 절에서는 통합 테스트를 설명한다. 통합 테스트는 단위 테스트와 매우 유사하며 계속 JUnit으로 작성할 것이다. 하지만 통합 테스트는 특정 컴포넌트의 작동 방식에 초점을 맞추기보다 컴포넌트 두 개 이상이 상호 작용하는 방식에 중점을 둔다.

자동차의 대시보드 표시등에 대한 비유를 기억하는가? 자동차의 연료 탱크는 가득 찼지만 탱크와 엔진 사이의 가스 분사에 문제가 생기면 시동이 걸리지 않는다. 안타깝게도 이번에는 탱크에 가스가 충분하고 독립된 구성 요소로는 올바르게 작동하기 때문에 가스 표시기에 아무런 문제가 표시되지 않는다. 이 경우에는 자동차가 작동하지 않는 이유를 알 수 없다. 앱에서도 같은 문제가 발생할 수 있다. 일부 컴포넌트가 서로 격리되어 있을 때는 올바르게 작동하더라도 서로 제대로 '통신하지 못하는' 경우가 있다. 통합 테스트를 작성하면 구성 요소가 독립적으로 올바르게 작동하지만 올바르게 통신하지 않을 때 발생할 수 있는 문제를 완화하는 데 도움이 된다.

이 예제에서는 단위 테스트에 사용한 것과 동일한 예제인 14장에서 구현한 sq-ch14-ex1 프로젝트의 계좌 이체 사용 사례를 사용한다.

어떤 종류의 통합을 테스트할 수 있을까? 다음과 같이 몇 가지 가능한 예가 있다.

- **앱 내의 객체 두 개(또는 그 이상) 간의 통합**: 객체가 올바르게 상호 작용하는지 테스트하면, 객체 중 하나가 변경될 경우 협업하는 데 문제는 없는지 파악할 때 도움이 된다.
- **프레임워크의 앱 향상 기능과 앱 객체의 통합**: 프레임워크가 제공하는 기능과 상호 작용하는 방식을 테스트하면, 프레임워크를 새 버전으로 업그레이드할 때 생길 수 있는 문제를 발견하는 데 도움이 된다. 우리는 통합 테스트로 프레임워크에서 변경된 사항과 객체가 의존하는 기능이 동일 방식으로 작동하는지 즉시 식별할 수 있다.
- **앱과 영속성 계층(데이터베이스)의 통합**: 리포지터리가 데이터베이스와 어떻게 작동하는지 테스트하면 앱이 영속 데이터(예 JDBC 드라이버)와 작업하는 데 도움을 주는 의존성을 업그레이드하거나 변경할 때 발생할 수 있는 문제를 신속하게 파악할 수 있다.

통합 테스트는 단위 테스트와 매우 비슷해 보인다. 통합 테스트도 가정을 인식하고 테스트할 메서드를 호출하며 결과를 검증하는 동일한 단계를 따른다. 차이점은 격리된 로직을 테스트하지 않기 때문에 모든 의존성을 모의하여(mocking) 테스트할 필요가 없다는 것이다. 두 객체가 올바르게 통신하는지 테스트하기 위해 테스트받는 메서드가 다른 객체의 실제 메서드(모의가 아닌)를 호출하게 할 수 있다. 따라서 단위 테스트에서는 리포지터리를 모의하는 것이 필수였지만 통합 테스트에서는 더 이상 필수가 아니다. 작성할 테스트가 서비스와 해당 리포지터리가 상호 작용하는 방식과 관련이 없다면 모의해도 되지만, 이 두 객체가 통신하는 방식을 테스트하고 싶다면 실제 객체로도 호출할 수 있다(그림 15-11).

▼ 그림 15-11 단위 테스트에서 의존성은 모두 모의(mock)해야 한다. 통합 테스트 목적이 TestService와 AccountRepository의 상호 작용 방식을 검증하는 것이라면 리포지터리는 실제 객체가 될 수 있다. 통합 테스트는 특정 컴포넌트와 통합을 검증하는 것이 목적이 아니라면 여전히 객체를 모의할 수 있다

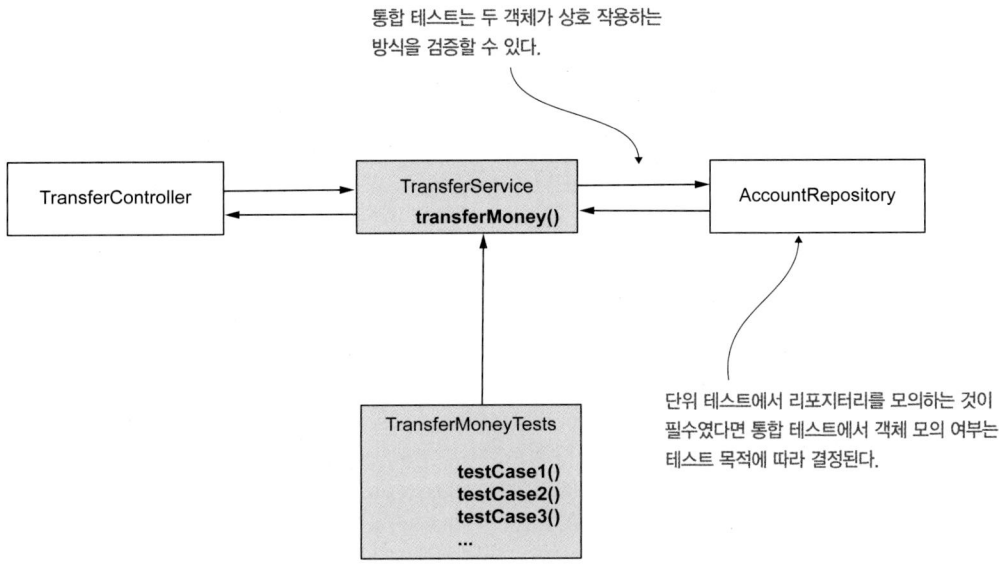

Note ≡ 통합 테스트에서 리포지터리를 모의하지 않기로 결정했다면 실제 데이터베이스 대신 H2 같은 인메모리 (in-memory) 데이터베이스를 사용해야 한다. 이것으로 앱을 실행하는 인프라와 테스트를 독립적으로 유지할 수 있다. 실제 데이터베이스를 사용하면 테스트를 실행하는 데 지연이 발생할 수 있으며, 인프라 또는 네트워킹 문제가 발생할 경우 테스트가 실패할 수도 있다. 인프라가 아닌 애플리케이션을 테스트하기 때문에 모의한 인메모리 데이터베이스를 사용하여 이런 문제를 모두 피해야 한다.

스프링 앱에서는 일반적으로 통합 테스트를 사용하여 앱의 동작이 스프링이 제공하는 기능과 올바르게 상호 작용하는지 확인한다. 이런 테스트를 '스프링 통합 테스트'라고 한다. 단위 테스트와 달리 통합 테스트는 스프링이 앱을 실행할 때처럼 빈을 생성하고 컨텍스트를 구성할 수 있게 해 준다. 다음 예제는 단위 테스트를 스프링 통합 테스트로 변환하는 것이 얼마나 간단한지 보여 준다. 스프링 부트 애플리케이션에서 모의 객체를 생성하는 데 @MockBean 애너테이션을 사용할 수 있다는 것을 확인하라. 이 애너테이션은 단위 테스트에 사용한 @Mock 애너테이션과 매우 유사하지만, 모의 객체가 애플리케이션 컨텍스트에 추가되는지도 확인하기 바란다. 이렇게 하면 3장에서 배운 것처럼 @Autowired를 사용하여 테스트할 동작을 가진 객체를 쉽게 주입할 수 있다.

예제 15-10 스프링 통합 테스트 구현하기

```
@SpringBootTest
class TransferServiceSpringIntegrationTests {

    @MockBean    ◀── 스프링 컨텍스트 일부이기도 한 모의 객체를 생성한다.
    private AccountRepository accountRepository;

    @Autowired   ◀── 동작을 테스트할 스프링 컨텍스트에서 실제 객체를 삽입한다.
    private TransferService transferService;

    @Test
    void transferServiceTransferAmountTest() {
        Account sender = new Account();    ◀── 테스트에 대한 모든 가정을 정의한다.
        sender.setId(1);
        sender.setAmount(new BigDecimal(1000));

        Account receiver = new Account();
        receiver.setId(2);
        receiver.setAmount(new BigDecimal(1000));

        when(accountRepository.findById(1L)).thenReturn(Optional.of(sender));
        when(accountRepository.findById(2L)).thenReturn(Optional.of(receiver));
                                                            테스트 대상 메서드를 호출한다.
        transferService.transferMoney(1, 2, new BigDecimal(100));  ◀──
                                               테스트 대상 메서드 호출이 예상한 동작을 하는지 확인한다.
        verify(accountRepository).changeAmount(1, new BigDecimal(900));   ◀──
        verify(accountRepository).changeAmount(2, new BigDecimal(1100));
    }
}
```

> Note ≡ @MockBean 애너테이션은 스프링 부트 애너테이션이다. 여기에 소개된 것처럼 스프링 부트 앱이 아닌 일반 스프링 앱을 사용할 경우 @MockBean은 사용할 수 없다. 하지만 구성 클래스에 @ExtendsWith(SpringExtension.class)를 애너테이션하여 동일한 방식으로 계속 사용할 수 있으며, 이 애너테이션을 사용한 예는 sq-ch3-ex1 프로젝트에서 볼 수 있다.

통합 테스트는 다른 테스트와 같은 방식으로 실행된다. 그렇지만 단위 테스트와 아주 비슷하더라도 이제 스프링은 테스트할 객체를 인식하고 실행 중인 앱에서처럼 객체를 관리한다. 예를 들어 스프링 버전을 업그레이드했는데 어떤 이유로 의존성 주입이 더 이상 작동하지 않는다면 테스트 객체에서 아무것도 변경하지 않더라도 테스트가 실패할 것이다. 이는 스프링이 테스트 대상 메서드에 제공하는 모든 기능(트랜잭션성, 보안, 캐싱 등)에도 마찬가지다. 앱에서 메서드가 사용하는 이런 기능을 메서드에 통합하는 테스트를 할 수 있다.

> **Note ≡** 실제 앱에서는 단위 테스트를 사용하여 구성 요소의 동작을 검증하고 스프링 통합 테스트로 필요한 통합 시나리오를 검증한다. 스프링 통합 테스트로 컴포넌트 동작(메서드 로직에 대한 모든 테스트 시나리오를 구현한 것)을 검증할 수 있더라도, 이런 목적으로 통합 테스트를 사용하는 것은 좋지 않다. 통합 테스트는 스프링 컨텍스트를 구성해야 하기 때문에 실행하는 데 더 오랜 시간이 걸린다. 또 모든 메서드 호출은 특정 메서드에 어떤 기능을 제공하는지에 따라 스프링에 필요한 여러 스프링 메커니즘을 트리거한다. 앱 로직의 모든 시나리오에 대해 이런 메커니즘을 실행하는 데 시간과 자원을 소비하는 것은 합리적이지 않다. 시간을 절약하는 가장 좋은 방법은 단위 테스트로 앱 구성 요소 로직을 검증하고 통합 테스트는 프레임워크와 어떻게 통합되는지 확인하는 데만 사용하는 것이다.

15.3 요약

- 테스트는 앱에 구현된 특정 로직의 동작을 검증하려고 작성하는 작은 코드다. 테스트는 향후 앱 개발에서 기존 기능을 손상시키지 않는 데 필요하며, 문서화에도 도움이 된다.
- 테스트는 단위 테스트와 통합 테스트 두 가지 범주로 나뉘며 자체의 목적이 있다.
  - 단위 테스트는 격리된 로직에만 초점을 맞추고 다른 기능과 하나의 간단한 구성 요소가 어떻게 작동하는지 검증한다. 단위 테스트가 유용한 이유는 빠르게 실행되고 특정 구성 요소가 직면할 수 있는 문제를 직접적으로 알려 주기 때문에 유용하다.
  - 통합 테스트는 구성 요소 간 상호 작용을 검증하는 데 중점을 둔다. 두 구성 요소가 개별적으로는 올바르게 작동하지만 제대로 통신하지 않는 경우가 있기 때문에 통합 테스트는 필수다. 통합 테스트는 이렇게 발생하는 문제를 완화하는 데 도움이 된다.
- 테스트에서 일부 구성 요소에 대한 의존성을 제거하여 모든 구성 요소가 아닌 일부 컴포넌트의 상호 작용 방식에 집중하고 싶을 때가 있다. 이때는 테스트하고 싶지 않은 구성 요소를 모의 객체(mocks)로 대체한다. 모의 객체는 테스트를 원치 않는 의존성을 제거하고 테스트가 특정 상호 작용에만 집중할 수 있도록 제어하는 가짜 객체를 의미한다.

- 모든 테스트는 다음 세 가지 주요 부분으로 구성된다.
    - 가정(assumptions): 입력 값과 모의 객체의 동작 방식을 정의한다.
    - 호출/실행(call/execution): 테스트하려는 메서드를 호출한다.
    - 유효성 검사(validations): 테스트한 메서드의 동작 방식을 확인한다.

부록 A

A.1 아키텍처 방식

A.2 컨텍스트 구성에 XML 사용

A.3 HTTP 기초 이해

A.4 JSON 형식 사용

A.5 MySQL 설치와 데이터베이스 생성

A.6 권장 도구

A.7 심화 학습용 추천 자료

A.8 IntelliJ에서 예제 프로젝트 오픈 및 실행

A.1 아키텍처 방식

이 부록에서는 여러분이 접할 몇 가지 아키텍처 개념을 설명한다. 이 책에서 설명하는 모든 내용을 완전히 이해하려면 최소한 이런 개념에 대한 기본적 개요를 알고 있어야 한다. 필자는 여러분을 모놀리스(monolith), 서비스 지향 아키텍처(SOA), 마이크로서비스(microservices)라는 개념으로 안내할 것이다. 또 해당 주제를 심화 학습하는 데 필요한 다른 자료도 추천할 것이다. 이 주제들은 복잡하기에 많은 책으로 출간하고 발표했다. 따라서 몇 페이지만 읽는다고 전문가가 될 수는 없다. 하지만 이 부록은 책에서 논의하는 특정 시나리오에서 스프링을 사용하는 이유를 이해하는 데 도움을 줄 것이다. 우리는 앱 시나리오를 예로 들어, 소프트웨어 개발 초기부터 현재까지 진행된 아키텍처 방식의 변화를 논의할 것이다.

A.1.1 모놀리식 방식

이 절에서는 모놀리스(monolith)가 무엇인지 설명한다. 여러분은 초기에 개발자가 앱을 모놀리식하게 설계한 이유를 이해하고 다음 절에서 다른 아키텍처 방식이 등장한 이유를 더 쉽게 이해할 수 있을 것이다. 개발자들이 앱을 '모놀리식(monolithic)' 또는 '모놀리스(monolith)'라고 하는 것은 그 앱은 배포하고 실행하는 하나의 구성 요소로만 구성되어 있다는 것을 의미하며, 이 구성 요소에 모든 기능도 구현된다. 예를 들어 서점 관리 앱을 생각해 보자. 사용자는 서점에서 판매하는 제품, 송장, 배송, 고객을 관리한다. 그림 A-1의 시스템은 모놀리스이며 모든 기능이 동일한 프로세스 일부로 동작한다.

> Note ≡ 비즈니스 흐름(flow)은 사용자가 애플리케이션에서 수행하려는 것을 의미한다. 예를 들어 서점 주인이 책을 판매할 때 흐름은 그림 A-1과 같을 것이다. 제품(products) 기능은 재고에서 책을 예약하고, 청구(billing) 기능은 해당 책의 송장을 생성하며, 배송(deliveries)은 언제 책을 배달할지 계획하고 고객(customers) 기능에 알린다. 그림 A-2는 '책 판매' 비즈니스 흐름을 시각적으로 표현한다.

처음에는 모든 애플리케이션이 모놀리식 방식으로 개발되었고, 이런 방식은 애플리케이션 개발 초창기에는 매우 효과적이었다. 1990년대만 해도 인터넷은 컴퓨터 몇 대로 구성된 네트워크에 불과했지만, 몇 년 만에 수많은 기기로 구성된 네트워크가 되었다. 오늘날 기술은 더 이상 기술 전문가를 위한 것이 아니라 모든 사람을 위한 것이다. 그리고 이런 변화는 많은 시스템에서 처리하는 사용자 및 데이터 수가 크게 증가했음을 의미한다. 30년 전만 해도 아무 데에서나 택시를 부른다거나 길을 건너려고 기다리면서 길거리에서 메시지를 보내는 일은 상상도 할 수 없었다.

▼ 그림 A-1 모놀리식 애플리케이션을 보여 준다. 이 애플리케이션은 모든 기능을 하나의 프로세스에서만 구현한다. 구현된 기능은 비즈니스 흐름을 위해 프로세스 내에서 상호 작용한다

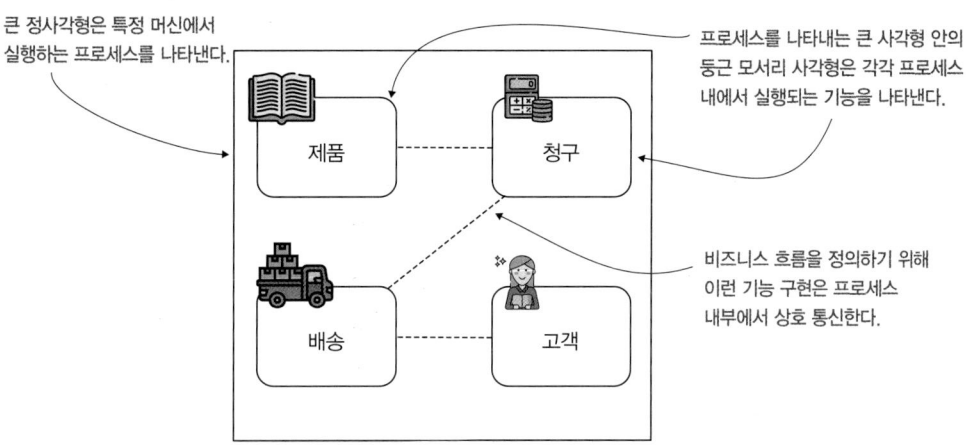

▼ 그림 A-2 비즈니스 흐름 예시: 사용자는 책을 판매하길 원한다. 클라이언트 앱은 요청을 백엔드에 전송한다. 각 백엔드는 전체 흐름에서 제 역할을 담당하며 각 기능들은 비즈니스 흐름을 완성하려고 서로 통신한다. 마지막으로 클라이언트 앱은 주문 상태를 수신한다

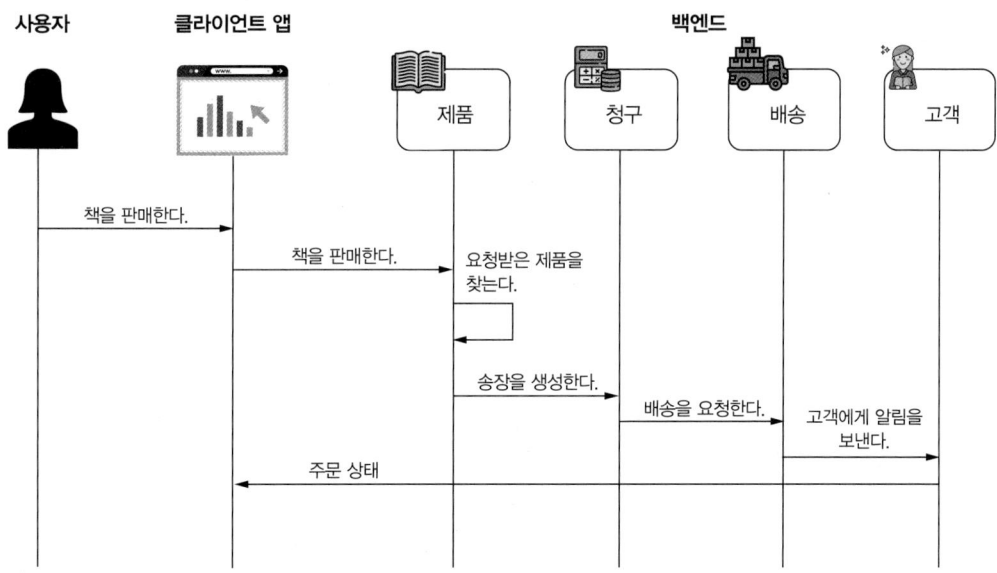

Note ≡ 그림 A-2에서는 논의 주제에 더 집중하도록 구성 요소 간 통신을 단순화했다. 구성 요소의 상호 통신 방식을 결정하는 실제 클래스 설계와는 다를 수 있다.

이런 사용자 수의 변화와 데이터 증가를 처리하려고 앱에는 더 많은 자원이 필요했고, 하나의 프로세스만 사용하면 자원 관리가 더 어려워졌다. 시간이 지나면서 변화한 것은 사용자 수와 데이터 양만이 아니었다. 사람들은 원격으로 하고 싶은 거의 모든 작업을 위해 앱을 사용하기 시작했다. 예를 들어 오늘날에는 즐겨 찾는 카페에서 카푸치노를 마시면서 은행 계좌를 관리할 수 있다. 이는 쉬워 보이지만 더 많은 보안 위험을 의미한다. 이런 서비스를 제공하는 시스템은 보안이 철저하고 신뢰할 수 있어야 한다.

물론 이런 모든 변화는 앱을 만들고 개발하는 방식에도 변화를 가져왔다. 간단히 사용자 수 증가 건만 고려해 보자. 앱이 더 많은 요청을 처리할 수 있게 할 수 있는 하나의 방법은 무엇일까? 여러 시스템에서 동일한 앱을 실행할 수 있다. 이렇게 하면 실행 중인 애플리케이션의 다수 인스턴스가 요청을 분할하여 시스템이 더 많은 부하를 처리할 수 있다(그림 A-3). 이런 확장 방식을 **수평 확장**(horizontal scaling)이라고 한다. 단순히 선형적으로 증가한다고 가정해서 실행 중인 하나의 앱 인스턴스가 동시 요청을 5만 건 처리할 수 있다고 한다면, 앱 인스턴스 세 개는 동시 요청 15만 건에 응답할 수 있어야 한다.

▼ 그림 A-3 수평 확장: 동일 인스턴스를 다수 실행함으로써 더 많은 자원을 사용하고 더 많은 클라이언트 요청을 처리할 수 있다

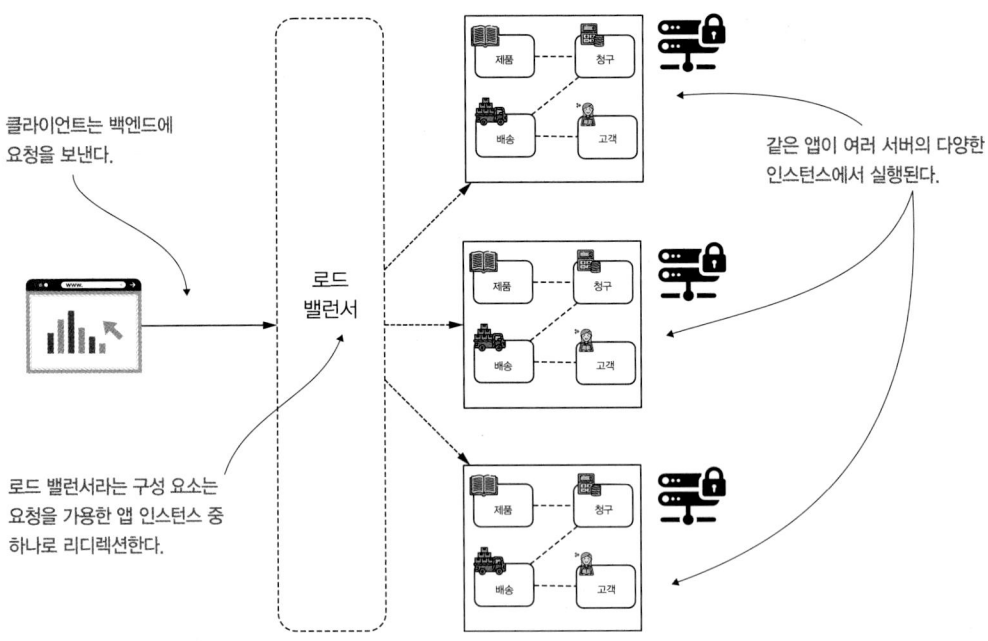

우리가 고려하는 또 다른 측면은 일반적으로 앱이 지속적으로 진화하고 있다는 점이다. 모놀리식 앱에서는 작은 변경 사항이라도 발생하면 전부 다시 배포해야 한다. 동시에 마이크로서비스 아키텍처를 사용하면 변경한 부분만 서비스를 다시 배포하면 된다. 이런 단순함은 시스템에도 이점을 가져다 준다.

앱 설계에 대해 모놀리식 방식을 계속 사용하는 데 문제가 될까? 전혀 문제가 되지 않을 수도 있다. 다른 기술이나 기법과 마찬가지로 앱을 모놀리식으로 설계하는 것이 여러분 시나리오에 가장 적합한 접근 방식일 수 있다. 필자는 모놀리스가 올바른 선택지가 아닌 경우를 설명하지만, 앱을 개발하는 데 모놀리스 아키텍처를 사용하는 것이 잘못된 선택이거나 필자가 제시하는 방법이 더 낫다는 인식을 갖지 않았으면 한다.

많은 사람이 모놀리스 사용을 잘못 판단한다. 개발자들이 모놀리식 앱을 유지 관리하기가 어렵다고 불평하는 것을 언제나 듣는데, 사실 문제는 앱이 모놀리스라서가 아니다. 앱을 유지 관리하기 어렵게 만드는 주요 원인은 지저분한 코드일 가능성이 높다. 또는 개발자가 책임을 뒤섞고 제대로 추상화하지 않았기 때문에 앱 유지 관리가 어려운 것일 수도 있다. 하지만 모놀리식 앱이 반드시 엉망이 되어야 하는 것은 아니다. 소프트웨어가 발전하면서 모놀리식 접근 방식이 더 이상 작동하지 않는 상황이 발생하면 대안을 찾을 필요가 있다.

A.1.2 서비스 지향 아키텍처

이 절에서는 서비스 지향 아키텍처를 설명한다. 1.1절 예를 사용하여 모놀리식 방식에는 한계가 있으며, 경우에 따라 다른 방식으로 앱을 설계해야 한다는 것을 보여 줄 것이다. 서비스 지향 아키텍처가 제시된 문제를 해결하는 방법을 학습하고, 이 새로운 방식이 앱 개발에 추가하는 어려움도 함께 논의할 것이다.

도서 판매 앱의 사례로 돌아가 보자. 이 앱에는 제품(products), 배송(deliveries), 청구(billing), 고객(customers)이라는 네 가지 주요 기능이 있다. 실제 앱에서 종종 발생되는 것은 모든 기능이 자원을 동일하게 소비하는 것은 아니라는 점이다. 어떤 기능은 더 복잡하거나 더 자주 사용되기 때문에 다른 기능보다 자원을 더 많이 소비한다.

모놀리식 앱에서는 앱 일부만 확장하도록 결정할 수 없다. 이 경우 네 가지 기능을 모두 확장하거나 아예 확장하지 못한다. 자원을 더 효율적으로 관리하려면 실제로 더 많은 자원이 필요한 기능만 확장하고 다른 기능은 확장하지 않아야 한다(그림 A-4).

▼ **그림 A-4** 일부 기능은 다른 기능보다 더 과도하게 사용되는데 이 때문에 이 기능들은 더 많은 자원을 소비하므로 확장되어야 한다

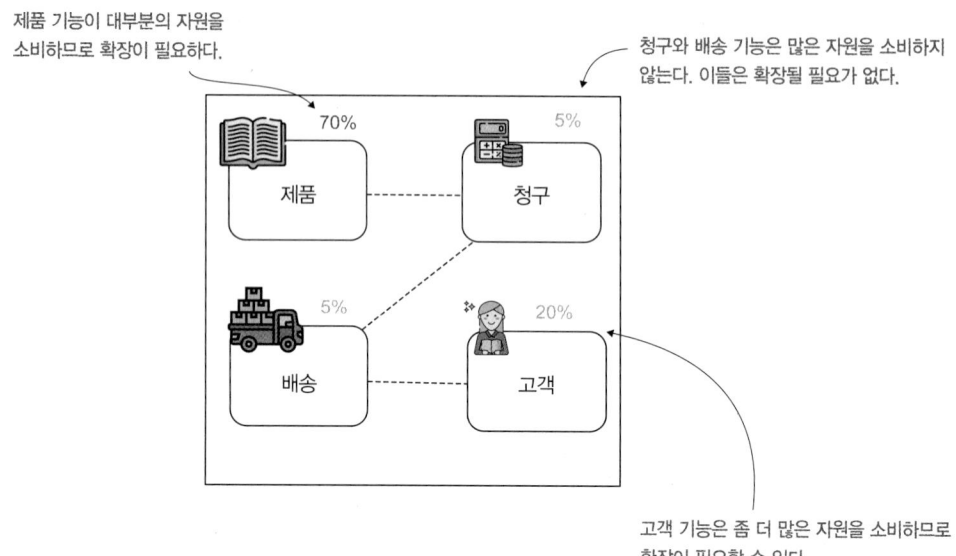

제품(products) 기능만 확장하고 다른 기능은 확장하지 않는 것이 가능할까? 가능하다. 모놀리스는 여러 서비스로 분리될 수 있다. 우리는 앱 아키텍처를 모놀리스에서 서비스 지향 아키텍처(SOA)로 변경할 것이다. SOA에서는 모든 기능을 하나의 프로세스에서 사용하는 대신 여러 프로세스에서 기능을 구현한다. 이렇게 하면 더 많은 자원이 필요한 기능을 구현하는 서비스만 확장하는 것이 가능하다(그림 A-5).

▼ **그림 A-5** SOA에서 각 기능은 독립적인 프로세스이므로 더 많은 자원이 필요한 기능만 확장할 수 있다

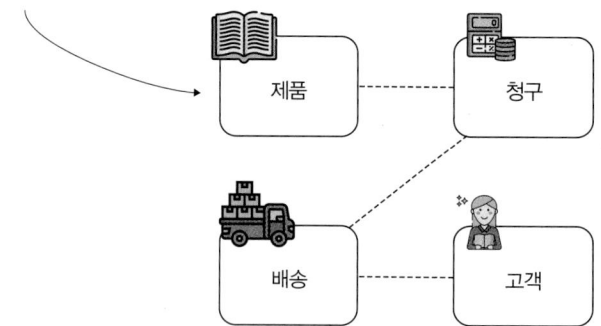

청구 전용 앱과 배송 전용 앱이 따로 있는 것처럼 SOA는 책임을 더 잘 분리할 수 있다는 장점과 함께 구현을 분리하고 일관성을 유지하기가 더 쉽다. 또 시스템을 유지 관리하는 데도 도움이 된다. 결과적으로 여러 팀이 동일한 앱에서 함께 작업하는 대신 해당 팀별로 다른 서비스에서 작업할 수 있으므로 시스템에서 작업하는 팀을 관리하기도 더 쉽다(그림 A-6).

❤ 그림 A-6 하나의 앱으로 구성된 모놀리스 시스템에서 여러 팀은 그 시스템에서 작업한다. 이런 방식에서는 더 많은 조정 작업이 필요하다. SOA에서 시스템은 여러 앱으로 구성되어 각 팀은 서로 다른 앱에서 작업하므로 더 적은 조정이 필요하다

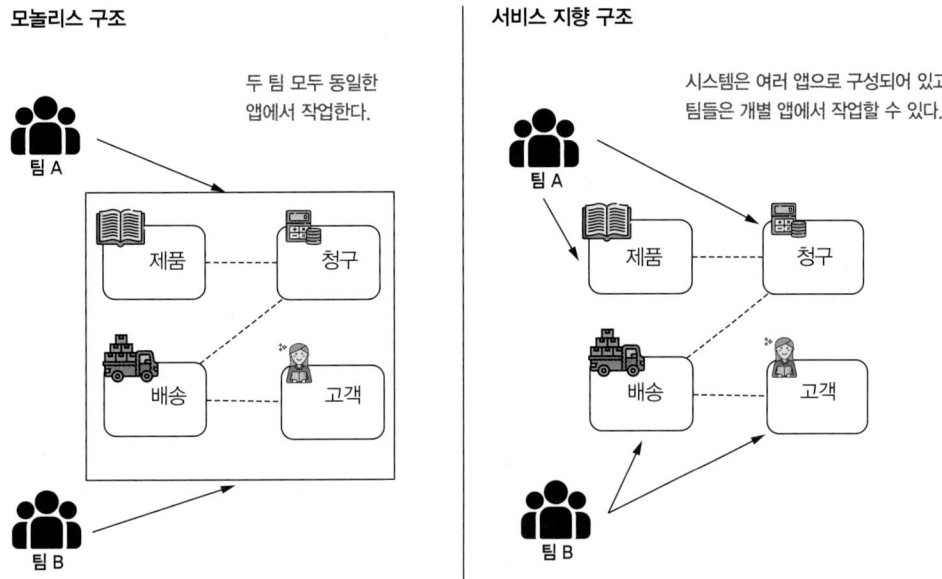

처음 보면 쉬워 보일 수 있다. 이 많은 장점에도 왜 처음부터 모든 앱을 이런 식으로 만들지 않았을까? 왜 모놀리식 방식이 어떤 경우에는 여전히 해결책이라고 주장할까? 이 질문들에 답을 이해하려면 SOA를 사용함으로써 발생하는 복잡성을 알아볼 필요가 있다. SOA를 사용할 때 우리가 만나는 다양한 이슈는 다음과 같이 구분된다.

1. 서비스 간 통신
2. 보안
3. 데이터 영속성
4. 배포

몇 가지 예를 살펴보자.

서비스 간 통신으로 발생한 복잡성

비즈니스 로직 흐름을 구현하려면 기능들은 여전히 통신할 필요가 있다. 이전의 모놀리식 방식에서 기능은 동일 앱의 일부였기 때문에 두 기능을 메서드 호출로 연결하는 것은 쉬웠다. 하지만 이제 서로 다른 프로세스로 분리되면서 이 과정은 더 복잡해졌다.

기능들은 이제 네트워크로 통신해야 한다. 항상 기억해야 할 핵심 원칙 중 하나는 네트워크가 완벽하게 신뢰할 수 있는 것은 아니라는 사실이다. 많은 개발자가 두 구성 요소 간 통신이 어느 순간 실패했을 때 발생하는 상황을 고려하지 않는 함정에 빠지곤 한다. 안타깝게도 모놀리식 방식과 달리 서비스 지향 아키텍처(SOA)에서는 두 구성 요소 간 모든 호출이 언젠가 실패할 수 있다. 앱에 따라 개발자들은 이 문제를 해결하려고 호출 반복, 회로 차단기(circuit breaker), 캐시(cache) 같은 다양한 기법이나 패턴을 사용한다.

두 번째 고려할 점은 서비스 간 통신을 설정하는 다양한 방법이 있다는 것이다(그림 A-7). REST 서비스, GraphQL, SOAP, gRPC, JMS 메시지 브로커, 카프카(Kafka) 등을 사용할 수 있다. 어떤 방법이 가장 좋을까? 물론 상황에 따라 한 가지 이상의 방법을 택하는 것이 적합할 수 있다. 일반적인 상황에 맞는 올바른 선택을 할 수 있는 방법에 대해 많은 책에서 오랜 논쟁과 논의를 해 왔다.

▼ 그림 A-7 서비스 간 통신은 시스템에 복잡성을 더한다. 두 서비스 간 통신을 어떻게 구현할지 결정해야 한다. 통신이 실패했을 때 발생할 상황과 잘못된 통신으로 발생한 잠재적 문제를 해결하는 방법도 이해해야 한다

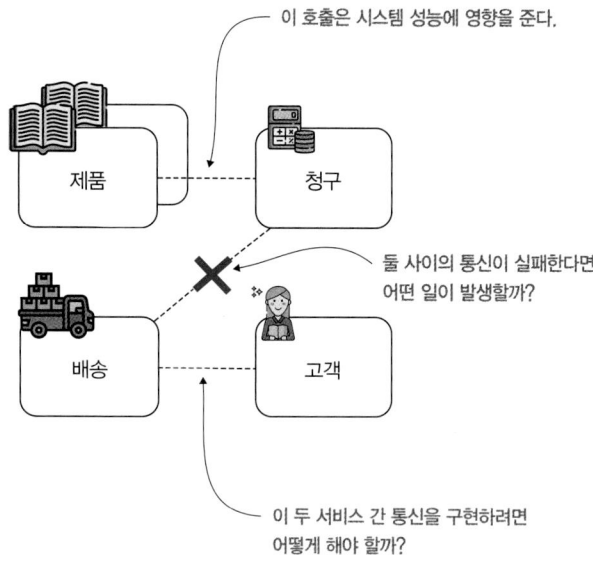

시스템 보안에 추가된 복잡성

기능을 독립된 서비스로 분리함으로써 보안 구성은 복잡해졌다. 이 서비스들은 네트워크를 통해 메시지를 교환하므로, 이 과정에서 정보가 노출될 수 있다. 교환되는 데이터(비밀번호, 은행 카드 정보, 기타 개인 정보 등) 중 일부는 못 보게 할 때도 있다. 그렇다면 이런 정보는 전송 전에 암호화되어야 한다. 한 구성 요소에서 다른 구성 요소로 정보가 이동하는 동안 교환되는 상세 내용을 누군가 볼 수 있을지 여부는 상관없더라도, 누구도 그 내용을 변경할 수 없길 원한다(그림 A-8).

▼ **그림 A-8** SOA에서 기능은 분리된 서비스가 되며 네트워크로 통신한다. 이런 측면에서 개발자가 앱을 만들 때 고려해야 하는 많은 취약점이 드러난다

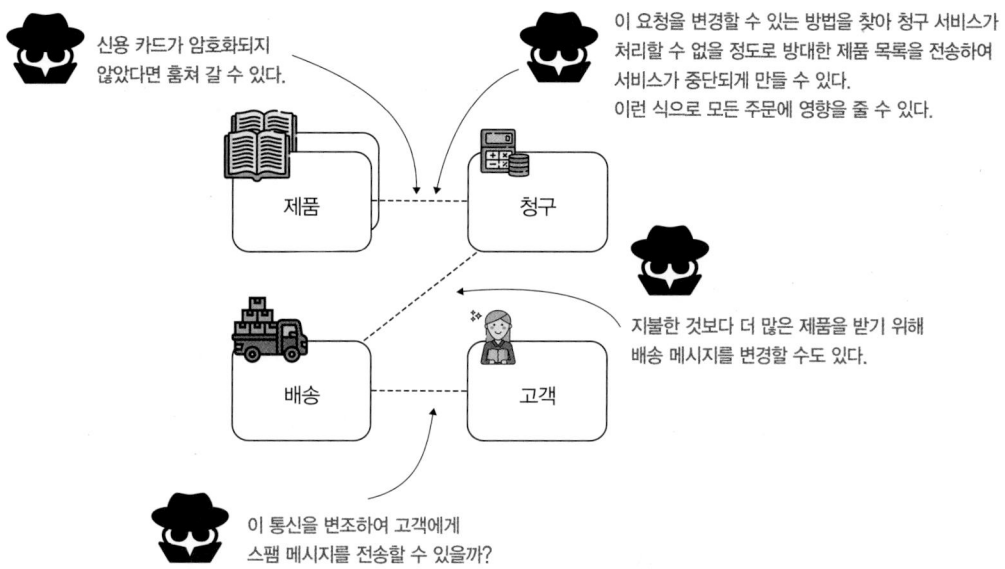

데이터 영속성에 추가된 복잡성

대부분의 앱은 데이터를 저장할 방법이 필요하다. 데이터베이스는 앱에서 영속성을 구현하는 데 널리 사용되는 방식이다. 모놀리식 방식에서는 그림 A-9에 표시된 것처럼 앱에 데이터를 저장하는 데이터베이스가 하나뿐이다. 클라이언트, 백엔드, 영속성을 위해 사용되는 데이터베이스로 구성된 계층이 세 개이기 때문에 이를 **3티어 아키텍처**(three-tier architecture)라고 한다.

▼ 그림 A-9 모놀리식 방식에서는 애플리케이션이 하나뿐이며 대개 하나의 데이터베이스를 갖는다. 시스템이 단순하여 쉽게 시각화하고 이해할 수 있다

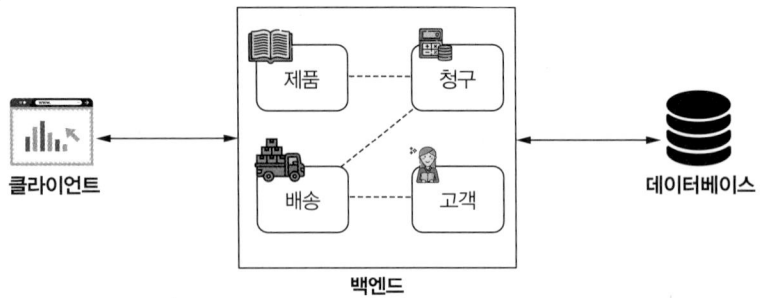

SOA에서는 이제 데이터를 저장해야 하는 서비스가 여러 개 존재한다. 그리고 서비스가 많아지면 설계 고려 사항도 늘어난다. 모든 서비스가 공유하는 단일 데이터베이스를 사용해야 할까? 아니면 각 서비스마다 데이터베이스를 하나씩 가져야 할까? 다음 그림에서 이런 고려 사항을 시각적으로 보여 준다.

▼ 그림 A-10 SOA에서는 여러 서비스가 동일한 데이터베이스를 공유하거나 서비스마다 개별 데이터베이스를 갖도록 결정할 수 있다. 장단점을 가진 대안이 많다는 것은 SOA에서 영속성 계층의 설계를 더욱 어렵게 만든다

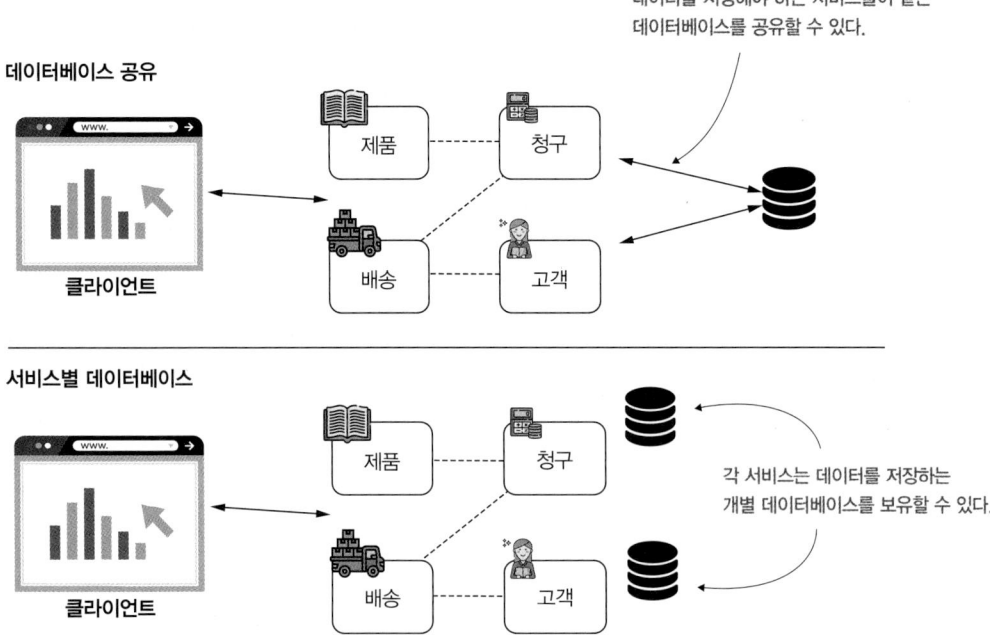

대부분의 사람은 데이터베이스를 공유하는 것이 나쁜 관행이라고 생각한다. 모놀리식을 여러 서비스로 분리한 필자 경험에 따르면 공유된 데이터베이스는 배포의 악몽이 될 수 있다. 하지만 각 서비스마다 개별 데이터베이스를 갖는 것도 어려움이 존재한다. 트랜잭션을 처리할 때 알 수 있겠지만, 단일 데이터베이스로 데이터 일관성을 확보하는 것이 훨씬 쉽다. 독립된 데이터베이스가 더 늘어날수록 모든 데이터의 일관성을 유지하는 일은 어려워진다.

시스템 배포에 추가된 복잡성

아마도 가장 쉽게 관찰할 수 있는 문제는 시스템 배포에 복잡성이 늘어난다는 것이다. 이제 서비스도 더 많아졌지만, 앞서 배운 것처럼 데이터베이스도 늘어날 것이다. 시스템 보안을 위해 더 많은 설정이 필요하다는 것을 고려하면, 시스템 배포의 복잡성이 얼마나 더 증가하는지 알 수 있다.

모놀리스가 부정적 의미를 갖는 이유

여러분은 SOA가 반드시 쉽지 않다는 것을 알기 때문에 모놀리식 아키텍처가 왜 부정적으로 연관되는지 궁금할 수 있다. 실제로 일부 시스템에서는 모놀리스가 SOA보다 더 낫다.

필자 생각에 모놀리식 아키텍처가 부정적으로 인식되는 이유는 이 아키텍처가 구식 시스템을 대표한다는 사실에서 비롯된 것 같다. 구식 시스템은 대부분 클린 코딩과 설계 원칙에 대해 누구도 신경쓰지 않았을 때 구현되었다. 이제 우리는 이런 원칙을 모두 고려하여 유지 보수가 가능한 코드를 작성하고 있다.

클린 코딩과 설계 원칙이 존재하지 않았던 시절을 돌아보는 것이 이상하게 느껴질 수 있고, 때때로 문제가 발생했을 때 그러한 구식 시스템을 구현한 사람들을 비난하는 개발자들을 본 적도 있다. 하지만 진실은 그 당시 모두가 최선이라고 여겼던 도구와 관행을 사용한 사람들의 잘못은 아니라는 것이다. 오늘날 많은 개발자는 무질서하고 형편없이 작성된 코드를 모놀리식 개념과 연결시킨다. 하지만 모놀리식 앱도 모듈식이며 클린 코드가 될 수 있는 것처럼 서비스 지향 앱도 무질서하고 잘못된 설계가 될 수 있다.

A.1.3 마이크로서비스에서 서버리스까지

이 절에서는 마이크로서비스를 논의한다. 필자는 책 여기저기에서 마이크로서비스를 언급하고 있어 최소한 마이크로서비스가 무엇을 의미하는지는 알고 있어야 한다. 마이크로서비스는 SOA에 대한 특정 구현 방식으로, 일반적으로 하나의 책임을 갖고 자체적인 영속성 기능을 한다(데이터베이스를 공유하지 않는다).

시간이 지나면서 앱을 배포하는 방식도 변했다. 소프트웨어 아키텍처는 앱 기능성에 관한 것만은 아니다. 시스템을 작업하는 팀의 방식뿐만 아니라 시스템이 배포되는 방식에 맞추어 시스템의 아키텍처를 적응시키는 것도 포함된다. 소프트웨어 배포 방식과 소프트웨어 개발 작업 방식을 모두

아우르는 'DevOps 운동'을 들어 보았을 것이다. 현재 우리는 클라우드에서 가상 머신이나 컨테이너화된 환경을 이용하여 앱을 배포하며, 이런 접근 방식은 일반적으로 앱을 더 작게 만들 필요가 있다는 것을 내포한다. 물론 진화는 서비스가 얼마나 작아야 하는가와 같은 또 다른 불확실성을 가져왔다. 이런 불확실성에 대해 책과 기사, 토론에서 많은 논의가 진행되었다.

서비스를 작게 만드는 기술은 오늘날 코드 몇 줄만으로 간단한 기능을 구현하고 환경에 배포할 수 있을 정도로 발전했다. HTTP 요청, 타이머, 메시지 같은 이벤트가 이 기능을 트리거하고 실행하게 한다. 우리는 이런 작은 구현체를 **서버리스**(serverless) 함수라고 한다. '서버리스'는 함수가 서버에서 실행되지 않는다는 것을 의미하지 않는다. 하지만 개발과 관련된 모든 것이 숨겨 있고 우리는 오직 그 로직을 구현하는 코드와 그것을 트리거하는 이벤트만 신경 쓰기 때문에 마치 서버가 없는 것처럼 보일 뿐이다.

A.1.4 추가 참고 자료

소프트웨어 아키텍처와 그 진화는 매우 흥미롭고 복잡한 주제다. 필자는 이 주제를 완벽히 다룰 수 있는 책이 많다고 생각하지 않는다. 이런 개념들을 참고할 때 여러분 이해를 돕고자 이 절을 추가했다. 여러분이 이 주제들을 더 자세히 탐구하고 싶어 할 수 있어 필자 책장에서 가져온 책 목록을 여기 소개한다. 책들은 필자가 읽길 추천하는 순서대로 나열되어 있다.

1. 〈마이크로서비스 인 액션〉(위키북스, 2019)
   마이크로서비스를 배울 때 시작하기 좋은 훌륭한 책이다. 이 책에서는 마이크로서비스의 모든 기본 주제를 유용한 예제와 함께 설명한다.

2. 〈마이크로서비스 패턴〉(길벗, 2020)
   앞의 책을 완독한 후 계속해서 읽길 권한다. 필자는 마이크로서비스를 사용하여 프로덕션에 바로 사용 가능한 앱 개발 방법에 대한 실용적인 접근법을 제시한다.

3. 〈스프링 마이크로서비스 코딩 공작소〉(길벗, 2022)
   스프링으로 마이크로서비스를 구축하는 방법을 더 잘 이해할 수 있도록 도와준다.

4. 〈Microservices Security in Action: 마이크로서비스 아키텍처 보안 설계와 구현〉(에이콘, 2021)
   마이크로서비스 아키텍처에 보안을 적용하는 의미를 자세히 설명한다. 보안은 모든 시스템에서 중요한 요소이며, 개발 과정의 초기 단계부터 항상 고려해야 한다. 이 책은 보안을 기초부터 설명하므로 일독한다면 마이크로서비스 보안 관련 측면을 더 잘 이해할 수 있다.

5. 〈마이크로서비스 도입, 이렇게 한다〉(책만, 2021)

    모놀리식 아키텍처를 마이크로서비스로 전환하는 패턴을 다룬다. 이 책에서는 마이크로서비스 사용 여부를 결정하는 방법을 설명한다.[1]

A.2 컨텍스트 구성에 XML 사용

예전에 필자가 스프링을 처음 사용하기 시작했을 때, 개발자들은 일반적으로 컨텍스트와 스프링 프레임워크를 설정하는 데 XML을 사용했다. 오늘날에는 여전히 유지되는 구형 애플리케이션에서만 XML 설정을 찾아볼 수 있다. 개발자들은 수년 전에 구성 코드가 가독성이 낮다는 이유로 XML 설정을 사용하지 않게 되었고, 애너테이션을 사용하는 것으로 대체했다. XML도 장점이 있지만, 앱의 가독성과 유지 보수를 위해서는 애너테이션을 사용하는 것이 훨씬 더 쉽다. 이런 이유로 필자는 이 책에 XML 구성을 포함시키지 않기로 결정했다.

지금 스프링을 시작하는 사람이라면, 오래된 프로젝트를 유지 보수해야 하고 다른 선택의 여지가 없을 때만 XML 구성 방식을 배우라고 조언하고 싶다. 이 책에 제시된 방식을 배우는 것부터 시작하라. 이런 기술은 XML뿐만 아니라 어떤 구성에도 적용할 수 있다. 다른 점은 단지 다른 구문을 사용한다는 것뿐이다. 하지만 실제로 이런 구성 방식을 접해 볼 기회가 없다면 굳이 배울 필요는 없다.

구성에 XML을 사용하는 것이 어떤 의미인지 파악하려고 필자는 이 구식 방법(XML)으로 스프링 컨텍스트에 빈을 추가하는 방법을 보여 줄 것이다. 예시는 sq-app2-ex1 프로젝트에서 찾아볼 수 있다.

한 가지 차이점은 XML을 사용하면 별도의 구성 파일이 필요하다는 것이다(실제로는 여러 파일이 될 수 있지만 불필요한 세부 사항은 다루지 않을 것이다). 이 파일 이름을 config.xml이라고 지정하고 메이븐 프로젝트의 resources 폴더에 추가한다. 이 파일 내용은 다음 코드에 나와 있다.

---

1 역주 동저자인 샘 뉴먼의 최신서인 〈마이크로서비스 아키텍처 구축: 대용량 시스템의 효율적인 분산 설계 기법〉(한빛미디어, 2023)은 마이크로서비스를 이해하는 데 큰 도움이 된다.

```xml
<?xml version="1.0" encoding="UTF-8"?>

<beans xmlns="http://www.springframework.org/schema/beans"
       xmlns:xsi="http://www.w3.org/2001/XMLSchema-instance"
       xsi:schemaLocation="http://www.springframework.org/schema/beans
       http://www.springframework.org/schema/beans/spring-beans.xsd">

    <bean id="parrot1" class="main.Parrot">   ◀─ id가 parrot1인 Parrot 타입의 빈을 생성한다.
        <property name="name" value="Kiki" />   ◀─ 그 앵무새(parrot) 이름 값을 Kiki로 설정한다.
    </bean>
</beans>
```

\<beans\> 태그는 이 XML 파일의 루트(root)다. 루트 태그 안에서 Parrot 타입 빈의 정의를 찾을 수 있다. 이 코드처럼 빈을 정의하는 데 \<bean\> XML 태그를 사용할 수 있으며, 앵무새 인스턴스에 이름을 주려고 \<property\> XML 태그를 사용한다. 이와 같이 XML 방식의 구성 개념은 특정 기능을 설정하려고 다양한 XML 태그를 사용하는 것이다. 이전에 애너테이션을 사용했더라도 이제는 XML 태그를 사용해야 한다.

Main 클래스에서는 스프링 컨텍스트를 대표하는 인스턴스를 생성하고, 콘솔에서 앵무새를 참조하여 이름을 출력함으로써 스프링이 빈을 성공적으로 추가했는지 테스트할 수 있다. 다음 코드는 메인 메서드를 구현하는 것을 보여 준다. 스프링 컨텍스트의 인스턴스를 생성하려면 다른 클래스를 사용해야 한다.

ClassPathXmlApplicationContext 클래스를 사용하여 스프링 컨텍스트 인스턴스를 생성할 때는 XML 구성을 담고 있는 config.xml 파일 위치도 제공해야 한다.

```java
public class Main {

    public static void main(String[] args) {
        var context = new ClassPathXmlApplicationContext("config.xml");
        Parrot p = context.getBean(Parrot.class);
        System.out.println(p.getName());
    }
}
```

앱을 실행하면 XML 구성에서 앵무새 인스턴스에 부여한 이름(이 경우 Kiki)이 콘솔에 출력된다.

A.3 HTTP 기초 이해

이 부록에서는 개발자가 알아야 할 HTTP 필수 사항을 설명한다. 다행히도 훌륭한 웹 앱을 구현하려고 HTTP 전문가가 되어 그 세부 사항을 속속들이 암기할 필요는 없다. 소프트웨어 개발자 여정에서 HTTP의 다른 측면도 배우겠지만, 필자는 여러분이 이 책에서 7장부터 다룬 예제들을 이해하는 데 필요한 정보를 잘 갖추고 있는지 확인하고자 한다.

왜 스프링에 관한 책에서 HTTP를 배워야 할까? 오늘날 스프링과 같은 애플리케이션 프레임워크로 구현하는 대부분의 앱은 웹 앱이고, 웹 앱은 HTTP를 사용하기 때문이다.

HTTP가 무엇인지 알아보고 그 정의를 시각적으로 분석해 볼 것이다. 그런 다음 클라이언트가 만드는 HTTP 요청과 서버가 어떻게 응답하는지에 대한 세부 사항을 설명한다.

A.3.1 HTTP란 무엇인가?

이 절에서는 HTTP가 무엇인지 논의한다. 필자는 간단한 정의를 선호하므로, HTTP를 웹 앱에서 클라이언트가 서버와 통신하는 방식이라고 설명하겠다. 애플리케이션은 엄격하게 '말하는(speak)' 방식을 선호하며, 프로토콜은 정보를 교환하는 데 필요한 규칙을 제공한다. 그림 A-11로 HTTP 정의를 시각적으로 분석해 보자.

> Note ≡ **HTTP**는 클라이언트-서버 컴퓨팅 모델을 사용하는 상태를 유지하지 않는 무상태(stateless) 텍스트 기반의 요청-응답 프로토콜이다.

❤ **그림 A-11** HTTP는 클라이언트와 서버가 대화하는 방식을 기술하는 프로토콜이다. HTTP는 클라이언트가 요청하고 서버가 응답하는 것을 가정한다. 이 프로토콜은 클라이언트의 요청과 응답이 어떤 모습인지 기술한다. HTTP는 상태를 저장하지 않는 무상태 프로토콜이며 이는 각 요청이 서로 독립적이고 텍스트 기반(정보가 일반 텍스트로 교환)임을 의미한다

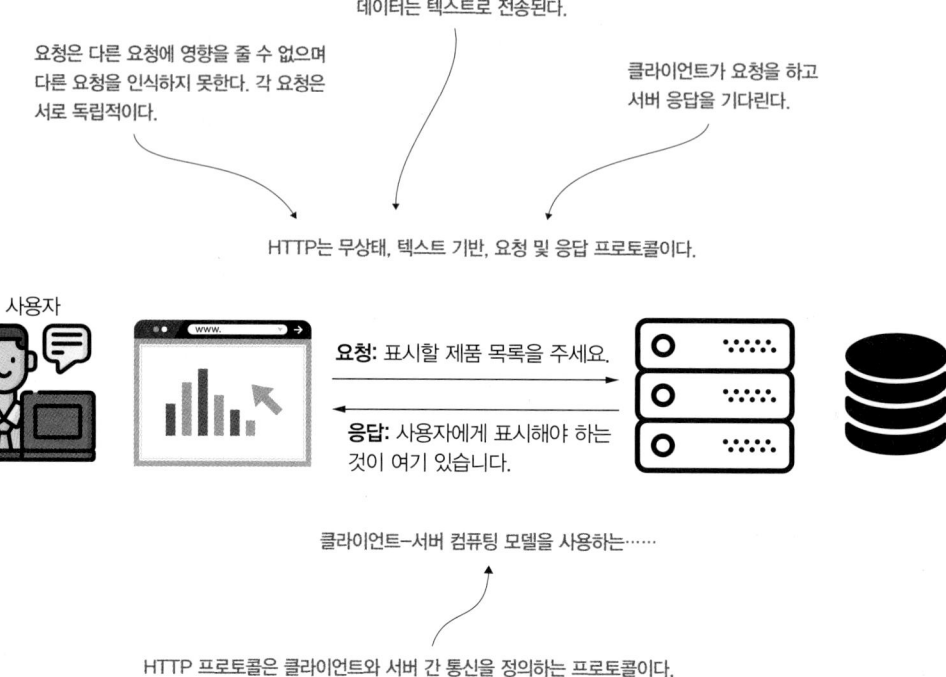

A.3.2 클라이언트와 서버 간 언어로서 HTTP 요청

이 절에서는 HTTP 요청을 논의한다. 필자가 구현하는 스프링 앱에서는 클라이언트에서 서버로 데이터를 보내려면 HTTP 요청을 사용해야 한다. 클라이언트를 구현할 때는 HTTP 요청에 데이터를 추가해야 한다. 서버를 구현할 때는 요청에서 데이터를 가져와야 한다. 어느 쪽이든 HTTP 요청을 이해할 필요가 있다.

HTTP 요청은 간단한 형식을 취하는데 고려해야 할 사항은 다음과 같다.

1. **요청 URI**(request URI): 클라이언트는 경로(path)를 사용하여 서버에 요청하는 자원을 알린다. 요청 URI 예는 http://www.manning.com/books/spring-start-here와 같다.
2. **요청 메서드**(request method): 클라이언트가 요청한 자원에 대해 수행할 행동을 나타내는 동사(verb)다. 예를 들어 웹 브라우저의 주소 창에 주소를 입력할 때 웹 브라우저는 항상 GET

이라는 HTTP 메서드를 사용한다. 다음 단락에서 볼 수 있듯이, 클라이언트는 POST, PUT, DELETE 같은 다른 메서드를 사용하여 HTTP 요청을 전송할 수도 있다.

3. **요청 매개변수**(request parameter)**(비필수)**: 클라이언트가 요청과 함께 서버로 보내는 소량의 데이터다. '소량'이라고 할 때, 대략 10~50자 정도를 표현할 수 있는 것을 의미한다. 요청에서 매개변수는 필수가 아니다. 요청 매개변수(쿼리 매개변수라고도 함)는 쿼리 표현식을 추가하여 URI에 전송된다.

4. **요청 헤더**(request header)**(비필수)**: 요청 헤더에서 소량으로 전송되는 데이터다. 요청 매개변수와 달리 이 값들은 URI에서 보이지 않는다.

5. **요청 본문**(request body)**(비필수)**: 클라이언트가 요청과 함께 서버로 전송하는 대량의 데이터다. 클라이언트가 문자 수백 개로 구성된 데이터를 보낼 때 HTTP 본문을 사용할 수 있다. 요청 본문은 필수가 아니다.

다음 코드는 HTTP 요청에서 이런 세부 정보를 보여 준다.

```
POST /servlet/default.jsp HTTP/1.1    ← 요청은 메서드와 경로를 지정한다.

Accept: text/plain; text/html
Accept-Language: en-gb
Connection: Keep-Alive
Host: localhost                       } -> 2.
Referer: http://localhost/ch8/SendDetails.html    값이 포함된 다양한 헤더를 요청 데이터로
User-Agent: Mozilla/4.0 (MSIE 4.01;Windows 98)    추가할 수 있다.
Content-Length: 33
Content-Type: application/x-www-form-urlencoded
Accept-Encoding: gzip, deflate

lastName=Einstein&firstName=Albert    ← 요청 매개변수를 사용하여 요청 데이터를 전송할 수도 있다.
```

요청 URI는 클라이언트가 작업하고자 하는 서버 측 자원을 식별한다. URI는 사람들이 웹 사이트에 접속할 때마다 웹 브라우저의 주소 창에 입력해야 하기 때문에 대부분이 알고 있는 HTTP 요청의 일부분이다. URI 형식은 다음 코드에서 볼 수 있다. 조각에서 <server_location>은 서버 앱이 실행되는 시스템의 네트워크 주소, <application_port>는 실행 중인 서버 앱 인스턴스를 식별하는 포트 번호, <resource_path>는 개발자가 특정 자원과 연관된 경로다. 클라이언트는 특정 자원과 작업하려면 특정 경로를 요청해야 한다.

```
http://<server_location>:<application_port>/<resource_path>
```

▼ **그림 A-12** HTTP 요청 URI는 클라이언트가 작업하길 요청하는 자원을 식별한다. URI의 첫 번째 부분은 프로토콜을 식별하고 경로는 서버가 노출하는 자원을 식별한다

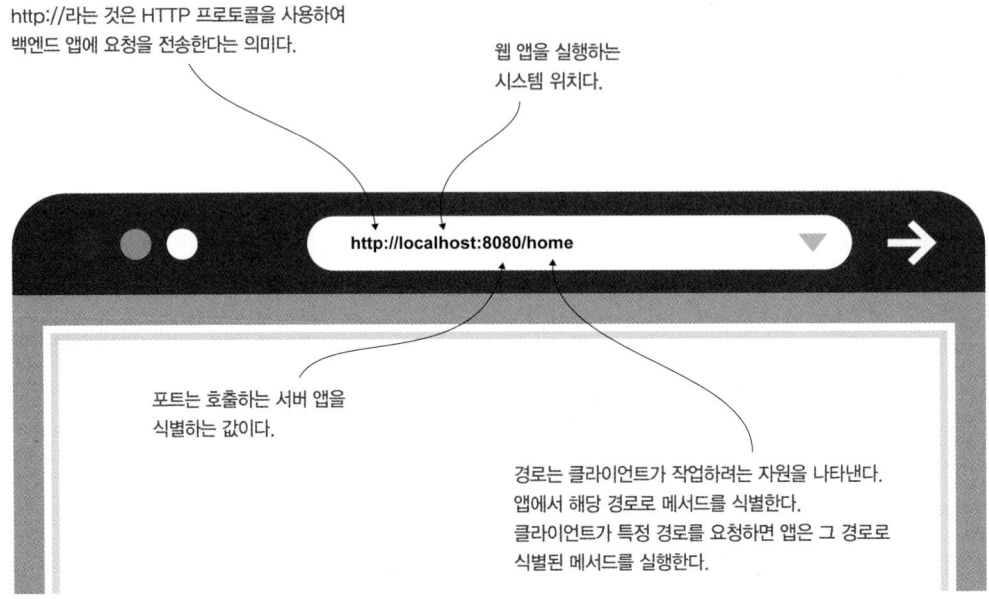

그림 A-12는 HTTP 요청 URI의 형식을 분석한다.

> Note ≡ URI(Uniform Resource Identifier)에는 URL(Uniform Resource Locator)과 경로(path)가 포함된다. 공식은 URI = URL + path라고 할 수 있다. 하지만 많은 사람이 URI와 URL을 혼동하거나 같은 것으로 간주하기도 한다. URL은 서버와 애플리케이션을 식별하며, 그 애플리케이션의 특정 자원에 경로를 추가하면 URI가 된다는 것을 기억해야 한다.

클라이언트가 요청에서 자원을 식별하면 **HTTP 요청 메서드**(request method)라고 하는 동사를 사용하여 자원에 대해 수행할 작업을 명시한다. 클라이언트가 메서드를 지정하는 방식은 서버로 호출을 보내는 방식에 따라 다르다. 예를 들어 웹 브라우저 주소 창에 주소를 직접 입력할 때 웹 브라우저는 GET 요청을 보낸다. 대부분의 경우 웹 페이지 양식에서 제출 버튼을 누르면 웹 브라우저는 POST를 사용한다. 웹 페이지 개발자는 양식 제출 결과로 발생한 요청을 보낼 때 웹 브라우저가 사용해야 할 메서드를 결정한다. 이것은 9장에서 배웠다. HTTP 요청은 자바스크립트 같은 클라이언트 측 언어로 작성된 스크립트로 전송될 수 있다. 이때 스크립트 개발자가 요청에서 사용될 HTTP 메서드를 결정한다.

웹 애플리케이션에서 가장 자주 만나는 HTTP 메서드는 다음과 같다.

- **GET**: 클라이언트가 서버에서 데이터를 가져오려고 할 때 사용한다.
- **POST**: 클라이언트가 서버에 데이터를 추가하려고 할 때 사용한다.
- **PUT**: 클라이언트가 서버의 데이터를 변경하려고 할 때 사용한다.
- **DELETE**: 클라이언트가 서버에서 데이터를 제거하려고 할 때 사용한다.

> Note ≡ 구현체가 동사에 제약받는 것은 아니라는 점은 항상 기억하자. 예를 들어 HTTP 프로토콜은 백엔드 측에서 HTTP GET 기능으로 데이터를 변경하지 못하게 구현을 강제할 수 없다. 그러나 절대로 HTTP 메서드를 잘못 사용해서는 안 된다. 앱의 신뢰성, 보안 및 유지 보수성을 확보하는 데 사용하는 HTTP 메서드 의미를 항상 고려해야 한다.

자주 사용되지 않더라도 중요한 다른 HTTP 메서드들이 있다.

- **OPTIONS**: 서버가 요청에 대해 지원하는 매개변수 목록을 반환하도록 지시한다. 예를 들어 클라이언트는 서버가 지원하는 HTTP 메서드가 어떤 것인지 물어볼 수 있다. OPTIONS 메서드를 사용하는 가장 흔한 기능은 보안 구현과 관련된 CORS(Cross-Origin Resource Sharing)이다. 필자가 집필한 〈스프링 시큐리티 인 액션〉(위키북스, 2022)(https://livebook.manning.com/book/spring-security-in-action/chapter-10/) 10장에서 CORS에 대한 훌륭한 논의를 찾아볼 수 있다.
- **PATCH**: 서버 뒷단에서 특정 자원을 나타내는 데이터 일부만 변경될 때 사용할 수 있다. HTTP PUT은 클라이언트 행동이 특정 자원을 완전히 대체하거나 갱신할 데이터가 없어 새로 추가할 때만 사용된다. 필자 경험으로 개발자들은 대부분, 심지어 동작이 PATCH를 나타내는 경우에도 여전히 HTTP PUT을 사용하는 경향이 높다.

URI와 HTTP 메서드는 필수적이다. 클라이언트는 HTTP 요청을 할 때 작업할 자원(URI를 통해)과 그 자원으로 수행하는 작업(메서드)을 명시해야 한다.

예를 들어 다음 코드에 표시된 요청은 서버에서 관리하는 모든 제품(product)을 반환하도록 지시한다. 여기에서는 제품(product)이 서버가 관리하는 자원이라고 가정한다.

```
GET http://example.com/products
```

다음 코드에 표시된 요청은 클라이언트가 서버에서 모든 제품을 삭제하고자 한다는 것을 의미할 수 있다.

```
DELETE http://example.com/products
```

때때로 클라이언트는 요청과 함께 데이터를 보내야 할 필요가 있다. 서버는 이 데이터가 요청을 완료하는 데 필요하다. 클라이언트가 모든 제품을 삭제하고자 하는 것이 아니라 특정 제품만 삭제하길 원한다고 가정해 보자. 그러면 클라이언트는 서버에 어떤 제품을 삭제해야 하는지 알려 주고 이 세부 정보를 요청과 함께 보내야 한다. HTTP 요청은 다음 코드처럼 보일 수 있으며, 여기에서 클라이언트는 매개변수를 사용하여 "Beer"라는 제품을 삭제하고 싶다고 서버에 알린다.

```
DELETE http://example.com/products?product=Beer
```

클라이언트는 **요청 매개변수**(request parameter), **요청 헤더**(request header), **요청 본문**(request body)을 이용하여 서버로 데이터를 보낼 수 있다. 요청 매개변수와 요청 본문은 HTTP 요청에서 선택적 요소이므로 클라이언트가 서버에 특정 데이터를 보내고자 할 때만 이들을 추가하면 된다.

요청 매개변수는 클라이언트가 HTTP 요청에 첨부하여 서버에 특정 정보를 보낼 수 있는 키-값 쌍이다. 우리는 소량의 개별 데이터를 전송할 때 요청 매개변수를 사용한다. 더 많은 데이터를 교환해야 할 때 데이터를 전송하는 가장 좋은 방법은 HTTP 요청 본문을 사용하는 것이다. 7장에서 10장까지 클라이언트에서 서버로 HTTP를 요청하는 데 이 두 가지 방법으로 데이터를 보낸다.

A.3.3 HTTP 응답: 서버가 응답하는 방식

이 절에서는 HTTP 응답을 논의한다. HTTP는 웹 애플리케이션에서 클라이언트가 서버와 통신할 수 있게 해 주는 프로토콜이다. 앱에서 클라이언트 요청을 처리했다면 그다음은 서버 응답을 구현해야 한다. 클라이언트 요청에 대해 서버는 다음과 같이 응답한다.

- **응답 상태**(response status): 요청 결과의 간단한 표현을 정의하는 100에서 599 사이의 정수다.
- **응답 헤더**(response header)**(비필수)**: 요청 매개변수와 유사하게 키-값 쌍 데이터를 나타낸다. 클라이언트 요청에 대한 응답으로 서버에서 클라이언트로 소량의 데이터(10~50자)를 보내는 데 사용된다.
- **응답 본문**(response body)**(비필수)**: 서버가 클라이언트로 대량의 데이터(예를 들어 문자 몇백 개나 전체 파일)를 보낼 수 있는 방법이다.

다음 코드는 HTTP 응답을 시각적으로 이해하는 데 도움을 줄 것이다.

```
HTTP/1.1 200 OK  ◄── HTTP 응답은 HTTP 버전과 응답 코드 및 메시지를 지정한다.

Server: Microsoft-IIS/4.0
Date: Mon, 14 May 2012 13:13:33 GMT         HTTP 응답은 응답 헤더로
Content-Type: text/html                      데이터를 전송할 수 있다.
Last-Modified: Mon, 14 May 2012 13:03:42 GMT
Content-Length: 112

<html>
<head><title>HTTP Response</title></head>    HTTP 응답은 응답 본문으로
<body>Hello Albert!</body>                    데이터를 전송할 수 있다.
</html>
```

응답 상태는 서버가 클라이언트 요청에 응답으로 전달하는 유일한 필수 정보다. 상태 코드는 클라이언트에 서버가 요청을 이해하고 모든 처리가 잘 되었는지, 아니면 클라이언트 요청을 처리하는 동안 문제가 발생했는지 알려 준다. 예를 들어 서버가 2로 시작하는 상태 값을 반환하면 클라이언트에 모든 것이 잘 처리되었다는 신호를 보낸다. HTTP 상태 코드는 요청의 전체 결과를 간략하게 나타낸 것이며, 서버가 요청의 비즈니스 로직을 처리할 수 있었는지 여부도 포함한다. 모든 상태 코드를 자세히 알 필요는 없지만, 실제 구현에서 자주 마주치는 몇 가지 주요 상태 코드는 다음과 같다.

- 2로 시작하는 상태 코드는 서버가 요청을 올바르게 처리했다는 것을 의미한다. 요청 처리가 성공적이었고 서버는 클라이언트 요청대로 작업을 수행했다.

- 4로 시작하는 상태 코드는 서버가 클라이언트 요청에 문제가 있음을 알리는 경우다(클라이언트 측 문제). 예를 들어 클라이언트가 없는 자원을 요청하거나 서버가 예상치 못한 요청 매개변수를 보낸 경우다.

- 5로 시작하는 상태 코드는 서버가 서버 측에 문제가 발생했음을 통신하는 경우다. 예를 들어 서버가 데이터베이스에 연결해야 하는데 접근할 수 없을 때 해당된다. 이때 서버는 클라이언트가 요청을 완료하지 못했음을 알리는 상태 코드를 보내지만, 그 원인이 클라이언트의 잘못된 행동 때문이 아니라는 점을 알린다.

> Note ≡ 필자는 앱에서 자주 마주치지 않는 1과 3으로 시작하는 값들은 건너뛰고 필수적인 세 개의 상태 코드 종류(2XX, 4XX, 5XX)를 자세히 다룰 것이다.

2로 시작하는 다양한 값은 서버가 클라이언트 요청을 올바르게 처리했다는 메시지 변형들이다. 몇 가지 예는 다음과 같다.

- **200 OK**: 이 코드는 가장 잘 알려져 있고 가장 간단한 응답 상태다. 서버가 요청을 처리하는 데 아무 문제도 없었다는 것을 클라이언트에 알린다.
- **201 Created**: 예를 들어 이 코드는 POST 요청에 대한 응답으로 사용되며, 서버가 요청된 자원을 추가하는 데 성공했다는 것을 클라이언트에 알린다. 이런 세부 정보를 응답 상태에 추가하는 것이 항상 필수는 아니기 때문에 일반적으로 모든 것이 정상임을 나타내는 가장 많이 사용되는 응답 상태는 200 OK이다.
- **204 No Content**: 이 코드는 클라이언트가 이 응답에 대해 응답 본문을 기대하지 않아도 된다는 것을 알릴 수 있다.

HTTP 응답 상태 값이 4로 시작할 때, 서버는 클라이언트 요청에 문제가 있었다고 알린다. 클라이언트가 특정 자원을 요청하는 과정에서 뭔가 잘못된 것이다. 자원이 없을 수 있거나(잘 알려진 404 Not Found) 데이터 검증 중 문제가 있었다는 것이다. 가장 자주 마주치는 클라이언트 오류 응답 상태 중 일부는 다음과 같다.

- **400 Bad Request**: HTTP 요청에 대한 문제(예를 들어 데이터 검증 요청 본문이나 요청 매개변수의 특정 값 읽기 문제)를 나타내는 데 종종 사용되는 일반적인 상태다.
- **401 Unauthorized**: 일반적으로 클라이언트에 요청 인증이 필요하다는 것을 알리는 데 사용되는 상태 값이다.
- **403 Forbidden**: 서버가 클라이언트에 해당 요청을 실행할 권한이 없음을 알리려고 일반적으로 보내는 상태 값이다.
- **404 Not Found**: 요청된 자원이 없다는 것을 클라이언트에 알리기 위해 서버가 보내는 상태 값이다.

응답 상태가 5로 시작하면 서버 측이 뭔가 잘못된 것을 의미하지만, 결과적으로는 서버 문제다. 클라이언트는 유효한 요청을 보냈지만 서버가 어떤 이유로 요청을 완료하지 못했다. 이 범주에 가장 자주 사용되는 상태는 500 Internal Server Error다. 이 응답 상태는 백엔드가 클라이언트 요청을 처리하는 동안 문제가 발생했다는 것을 서버가 클라이언트에 알리려고 보내는 일반적인 오류 값이다.

더 많은 상태 코드에 대해 더 자세히 알고 싶다면 https://datatracker.ietf.org/doc/html/rfc7231 웹 페이지를 읽어 보길 권한다.

서버는 필요에 따라 응답 헤더 또는 응답 본문을 이용하여 클라이언트에 응답으로 데이터를 전송할 수 있다.

A.3.4 HTTP 세션

이 절에서는 HTTP 세션(session)을 논의한다. HTTP 세션은 서버가 동일한 클라이언트와 여러 번의 요청-응답에 대한 상호 작용 사이에 데이터를 저장할 수 있는 메커니즘이다. HTTP에서 각 요청은 다른 요청과 서로 독립적이라는 점을 기억해야 한다. 즉, 한 요청은 이전 요청, 이후 요청, 동시에 오는 다른 요청에 대해 전혀 알지 못한다. 요청은 다른 요청과 데이터를 공유할 수 없고 백엔드가 그 요청에 대해 응답하는 세부 정보에도 접근할 수 없다.

그러나 서버가 일부 요청을 서로 연관시켜야 하는 시나리오가 있다. 온라인 쇼핑몰의 장바구니 기능이 좋은 예다. 사용자는 장바구니에 여러 품목을 추가한다. 품목을 장바구니에 추가하려면 클라이언트는 요청을 해야 한다. 두 번째 품목을 추가하려면 클라이언트는 다른 요청을 해야 한다. 서버는 동일한 클라이언트가 이전에 추가한 동일한 장바구니에 품목을 추가했다는 것을 알아야 한다(그림 A-13).

▼ 그림 A-13 온라인 쇼핑몰의 경우 백엔드는 클라이언트를 식별하고 클라이언트가 카트에 추가한 제품을 기억해야 한다. HTTP 요청은 서로 독립적이고 백엔드는 각각의 클라이언트가 추가한 제품을 기억할 다른 방법이 필요하다

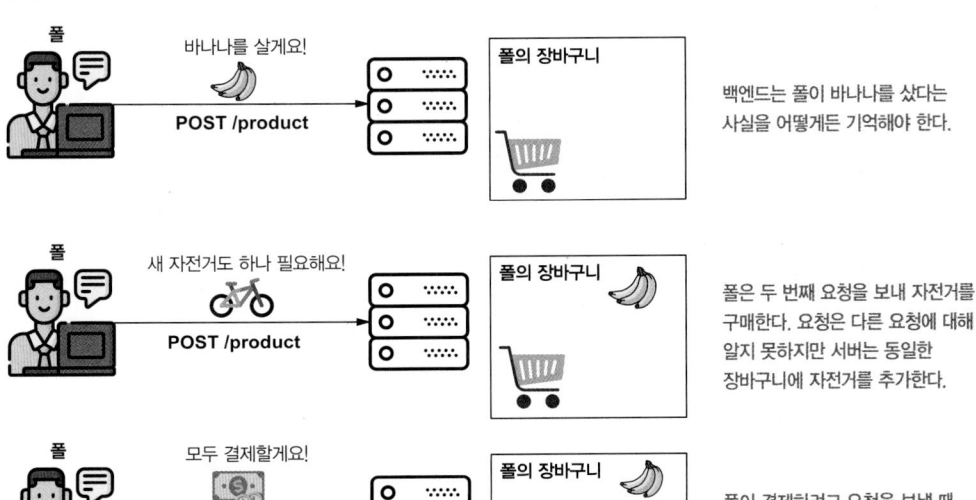

이런 행위를 구현하는 한 가지 방법은 HTTP 세션을 사용하는 것이다. 백엔드는 클라이언트에 '세션 ID'라는 고유 식별자를 할당한 후 이를 앱 메모리의 특정 위치와 연결한다. 세션 ID가 할당된 후 클라이언트가 보내는 각 요청은 요청 헤더에 세션 ID를 포함해야 한다. 이렇게 하면 백엔드 앱은 특정 세션의 요청들을 연관 지을 수 있다(그림 A-14).

▼ 그림 A-14 HTTP 세션 메커니즘: 서버는 자신이 생성한 고유한 세션 ID로 클라이언트를 식별한다. 클라이언트는 다음 요청에서 세션 ID를 전송하므로 백엔드 앱은 이전에 클라이언트를 위해 예약한 메모리 위치를 알 수 있다

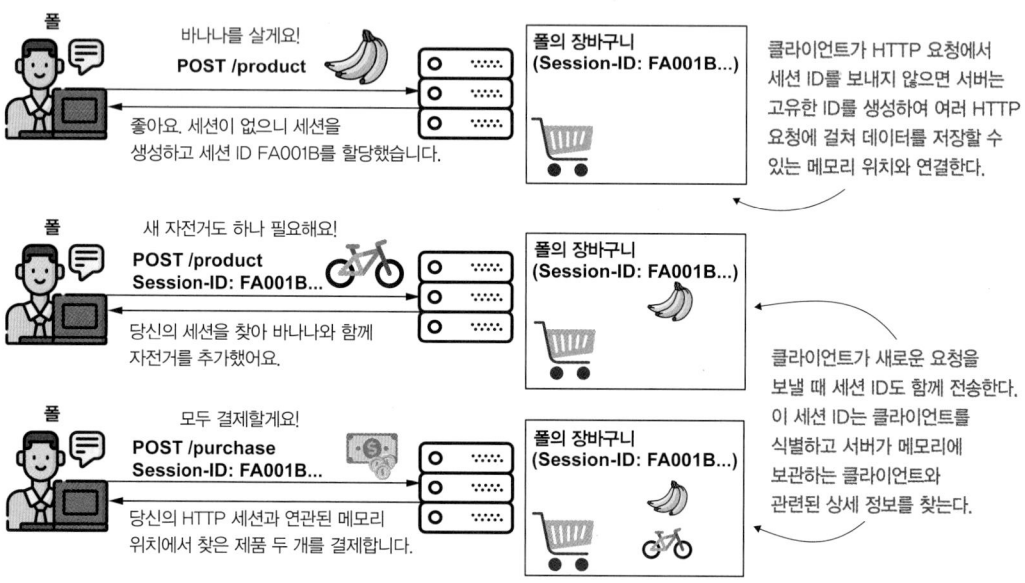

클라이언트가 더 이상 요청을 보내지 않으면, 일반적으로 HTTP 세션은 특정 시간이 지나 종료된다. 이 시간은 일반적으로 서블릿 컨테이너와 앱 모두에서 설정할 수 있다. 이 시간은 몇 시간을 넘지 않아야 한다. 세션이 너무 오래 지속되면, 서버는 많은 메모리를 소모하게 된다. 대부분의 앱에서는 클라이언트가 더 이상 요청을 보내지 않으면 한 시간 미만으로 세션이 종료된다.

세션이 종료된 후 클라이언트가 다른 요청을 보내면 서버는 그 클라이언트를 위해 새로운 세션을 시작한다.

A.4 JSON 형식 사용

이 부록에서는 자바스크립트 객체 표기법(JSON)을 설명한다. JSON은 앱이 REST 엔드포인트를 통해 통신할 때 HTTP 요청과 응답에서 교환하는 데이터 형식을 지정하는 데 자주 사용되는 방법이다(그림 A-15). REST 엔드포인트는 앱 간 통신을 설정하는 데 가장 많이 사용되는 방법이며, JSON은 교환되는 데이터 형식을 지정하는 주요 방법이기 때문에 JSON 형식을 이해하고 사용하는 방법을 아는 것은 필수다.

▼ 그림 A-15 비즈니스 로직을 구현할 때 여러 앱 간에 통신을 설정해야 할 때가 있다. 대부분의 경우 JSON을 사용하여 앱이 교환하는 데이터 형식을 지정한다. REST 엔드포인트를 구현하고 테스트하려면 JSON을 이해해야 한다

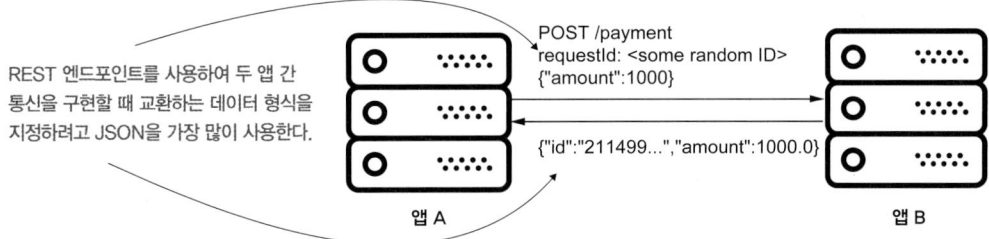

다행히 JSON은 이해하기 쉽고 기본 규칙 몇 개를 따를 뿐이다. 우선 JSON으로 표현하는 것이 속성을 가진 객체의 인스턴스라는 것을 알아야 한다. 자바 클래스와 마찬가지로 속성은 이름으로 식별되고 값을 가진다. 예를 들어 Product라는 객체는 name과 price 속성을 가진다고 할 수 있다. Product 클래스의 인스턴스는 이 속성들에 값을 할당한다. 예를 들어 name이 'chocolate'이고 price가 '5'라고 할 수 있다. 이를 JSON으로 표현하고자 한다면 다음 규칙들을 고려해야 한다.

- 객체 인스턴스를 정의하기 위해 JSON에서는 중괄호({ })를 사용한다.
- 중괄호 사이에 속성-값 쌍을 쉼표(,)로 구분하여 나열한다.
- 속성 이름은 쌍따옴표 사이에 작성한다.
- 문자열 값은 쌍따옴표 사이에 작성한다(문자열에 포함된 모든 쌍따옴표 앞에는 역슬래시(\)가 있어야 한다).
- 숫자 값은 따옴표 없이 작성한다.
- 속성 이름과 그 값을 콜론(:)으로 구분한다.

다음 그림은 이름이 'chocolate'이고 가격이 '5'인 Product 인스턴스를 JSON 형식으로 표현한 것을 보여 준다.

❤ 그림 A-16 JSON으로 객체 인스턴스를 설명한다. 중괄호로 속성-값 쌍을 둘러싸며 콜론은 속성 이름과 해당 값을 구분하고 속성-값 쌍은 쉼표로 구분한다

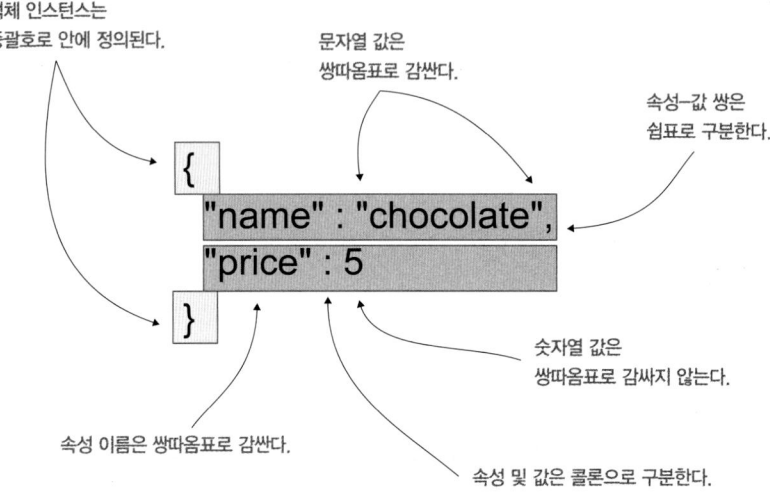

JSON에서는 객체 자체에 이름이나 타입이 없다. 코드 어디에도 제품(product)을 설명하는 내용은 없다. 객체와 관련된 유일한 항목은 속성뿐이다. 그림 A-16은 객체를 설명하는 JSON 규칙을 자세히 설명한다.

객체는 한 속성 값으로 다른 객체 인스턴스를 포함할 수 있다. Product에 Pack이 포함되어 있고 Pack이 color 속성을 기술하는 객체일 때 Product 인스턴스의 표현은 다음 코드와 같다.

```
{
    "name":"chocolate",
    "price":5,
    "pack":{     ← pack 속성 값은 객체 인스턴스다.
        "color":"blue"
    }
}
```

동일한 규칙이 반복된다. 다른 객체를 나타내는 많은 속성을 가질 수 있으며 필요한 만큼 포함할 수 있다.

JSON으로 객체 컬렉션을 정의하려면 대괄호([ ])를 사용하고 쉼표로 항목을 구분한다. 다음 코드는 Product 인스턴스 두 개를 포함하는 컬렉션 정의 방법을 보여 준다.

```
[     ◄── 대괄호를 사용하여 컬렉션의 객체 인스턴스를 둘러싼다.
    {
        "name":"chocolate",
        "price":5
    },    ◄── 인스턴스는 쉼표로 구분한다.
    {
        "name":"candy",
        "price":3
    }
]
```

A.5 MySQL 설치와 데이터베이스 생성

이 부록에서는 MySQL 데이터베이스의 생성 방법을 보여 준다. 12장부터 14장까지 구현하는 예제 중 일부에서는 외부 데이터베이스 관리 시스템(DBMS)을 사용한다. 이런 예제에서는 프로젝트를 구현하기 전에 앱에서 사용할 데이터베이스를 만들어야 한다.

데이터베이스 기술에는 MySQL, 포스트그레스(Postgres), 오라클, MS SQL 서버 등 선택할 수 있는 대안이 많다. 선호하는 기술이 이미 있다면 원하는 기술을 선택하는 것이 좋다. 이 책 예제에서는 특정 데이터베이스 기술을 선택해야 했고, 무료이며 가볍고 모든 운영 체제에 쉽게 설치할 수 있는 MySQL을 사용하기로 결정했다. 튜토리얼과 예제에서는 일반적으로 MySQL을 사용했다.

자바와 스프링을 배우는 데 어떤 DBMS 기술을 사용하는지는 중요하지 않다. 자바와 스프링의 클래스와 메서드는 MySQL, 오라클, 포스트그레스, 기타 관계형 데이터베이스 기술 중 어떤 것을 선택하더라도 큰 차이가 없다.

예제에서 사용할 데이터베이스를 만드는 단계는 다음과 같다.

1. 로컬 시스템에 DBMS를 설치한다(여기에서는 MySQL 사용).
2. DBMS용 클라이언트 애플리케이션을 설치한다. 여기에서는 가장 잘 알려진 클라이언트 애플리케이션 중 하나인 MySQL 워크벤치(Workbench)를 사용한다.

3. 이 클라이언트 앱에서 로컬 DBMS 설치에 연결한다.
4. 예제에서 사용할 데이터베이스를 생성한다.

A.5.1 1단계: 로컬 시스템에 DBMS 설치하기

첫 번째 단계는 작업할 DBMS를 확인하는 것이다. 이 책 예제에서는 MySQL을 사용하지만 다른 기술을 선호한다면 다른 DBMS를 설치할 수 있다. MySQL을 설치하기로 선택했다면 여기(https://dev.mysql.com/downloads/mysql/)에서 설치 프로그램을 내려받을 수 있다.

운영 체제에 따라 설치 프로그램을 내려받고 설치 가이드(https://dev.mysql.com/doc/refman/8.0/en/installing.html)에 설명된 단계를 따라 설치하라.

DBMS를 설치하는 동안 계정을 만들어야 할 수도 있다. 이런 자격 증명은 3단계에서 필요하므로 기억해 두기 바란다.

A.5.2 2단계: DBMS용 클라이언트 애플리케이션 설치하기

DBMS 작업을 하려면 데이터베이스를 생성하고 때로는 구조를 변경하고 앱의 유효성을 검증하는 데 사용되는 클라이언트 앱이 필요하다. 선택된 DBMS 기술에 따라 클라이언트 앱을 설치해야 한다. MySQL로 작업할 때는 가장 많이 사용되는 MySQL 클라이언트 중 하나인 MySQL 워크벤치를 쓸 수 있다.

사용 중인 운영 체제에 따라 MySQL 워크벤치를 내려받아(https://dev.mysql.com/downloads/workbench/) 설치 설명서(https://dev.mysql.com/doc/workbench/en/wb-installing.html)에 따라 설치한다.

A.5.3 3단계: 로컬 DBMS에 연결하기

로컬 시스템에 DBMS와 DBMS용 클라이언트를 설치한 후에는 클라이언트를 DBMS에 연결해야 한다. 연결을 설정하려면 1단계에서 구성한 자격 증명이 필요하다. DBMS를 설치할 때 사용자 이름과 비밀번호 설정을 요청하지 않는다면 빈 비밀번호와 함께 사용자 이름 'root'를 사용할 수 있다.[2]

---

2 역주 최근 버전의 MySQL DBMS에서는 빈 비밀번호를 허용하지 않는다.

MySQL 워크벤치에서 연결을 추가하는 방법을 보여 줄 것이다. 다음 그림에 표시된 대로 MySQL 워크벤치를 열고 'MySQL Connections' 문구 옆의 ⊕ 아이콘을 클릭한다.

▼ 그림 A-17 MySQL 워크벤치를 실행한 후 'MySQL Connections' 문구 옆 ⊕ 아이콘을 클릭하여 새로운 커넥션을 추가한다

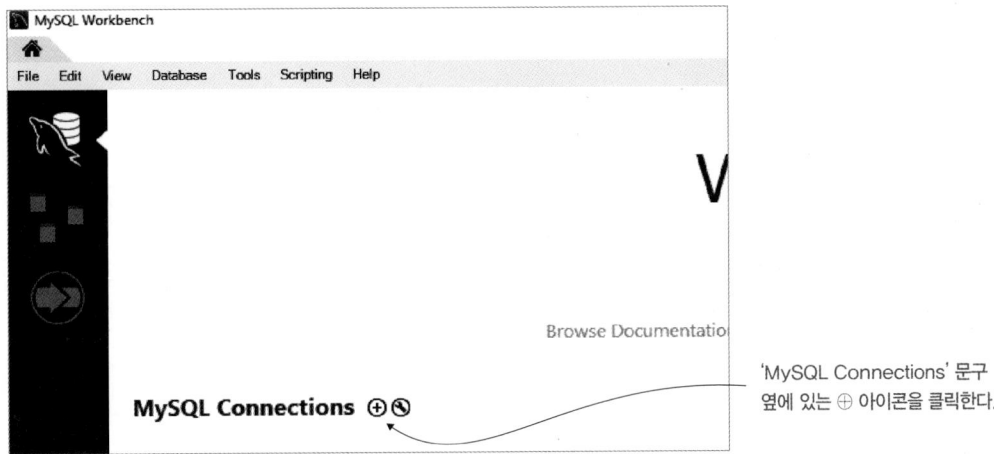

⊕ 아이콘을 클릭하면 팝업 창이 나타나며, 커넥션에 이름을 지정하고 DBMS 설치 중 구성한 자격 증명을 사용해야 한다. MySQL 워크벤치는 이 자격 증명을 사용하여 DBMS에서 인증한다(그림 A-18).

▼ 그림 A-18 커넥션 이름을 지정하고 DBMS를 설치할 때 구성한 자격 증명을 입력한다. 그런 다음 [Test Connection] 버튼을 눌러 MySQL 워크벤치가 데이터베이스에 연결될 수 있는지 확인한다

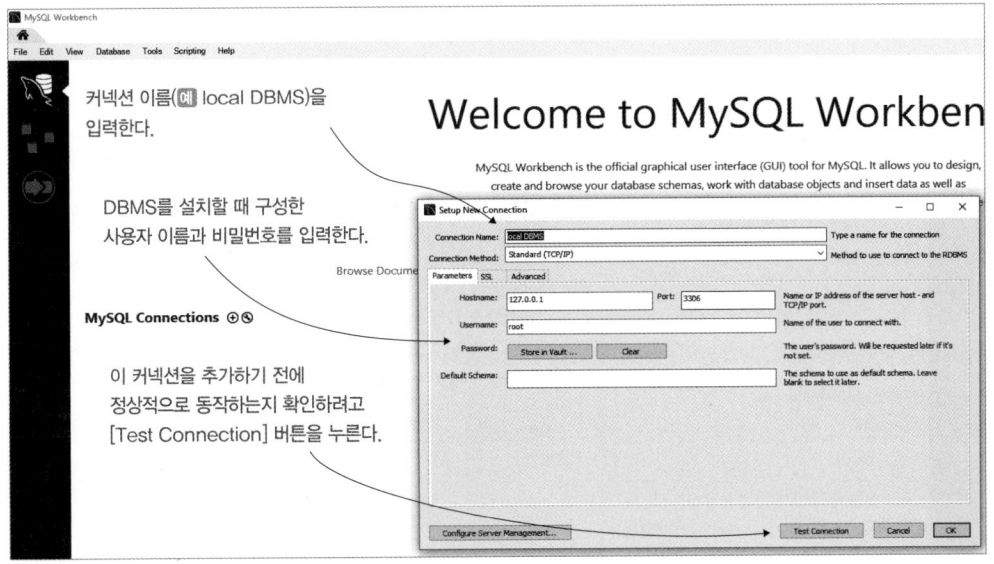

449

일부 MySQL 버전에서는 MySQL 워크벤치에서 경고 메시지가 표시될 수 있다. 이 책 예제를 구현하는 데는 아무런 영향이 없으므로 이런 메시지가 표시되면 [Continue Anyway] 버튼을 누른다(그림 A-19).

▼ 그림 A-19 MySQL 워크벤치에 경고 메시지가 표시될 때가 있지만 이 책 예제를 구현하는 방식에는 영향을 주지 않는다. 이런 메시지가 표시되면 [Continue Anyway(계속 진행)] 버튼을 누른다

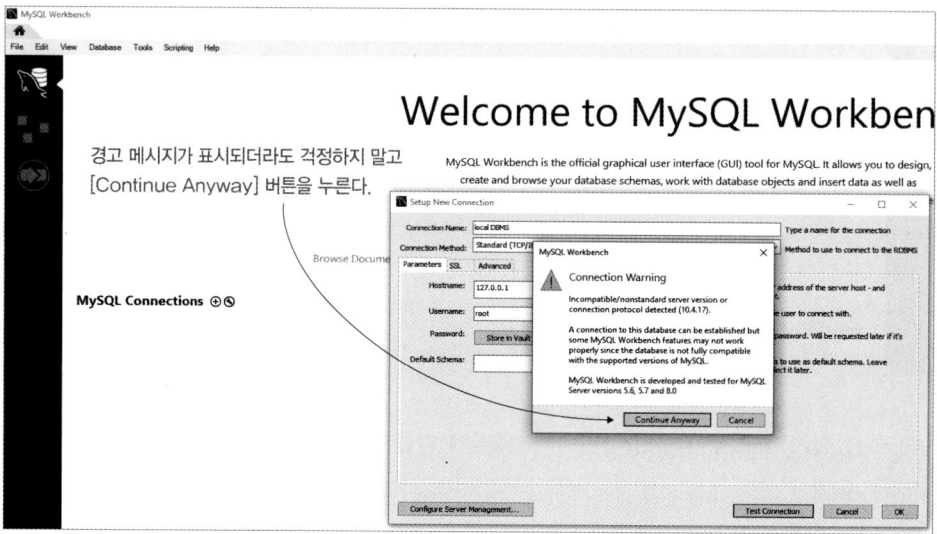

커넥션 상세 정보가 정확하고 MySQL 워크벤치가 로컬 DBMS와 연결에 성공했다면 다음 그림과 같은 팝업 창이 나타난다.

▼ 그림 A-20 MySQL 워크벤치가 로컬 DBMS에 연결되면 팝업 창에 'Successfully made the MySQL connection' 메시지가 표시된다

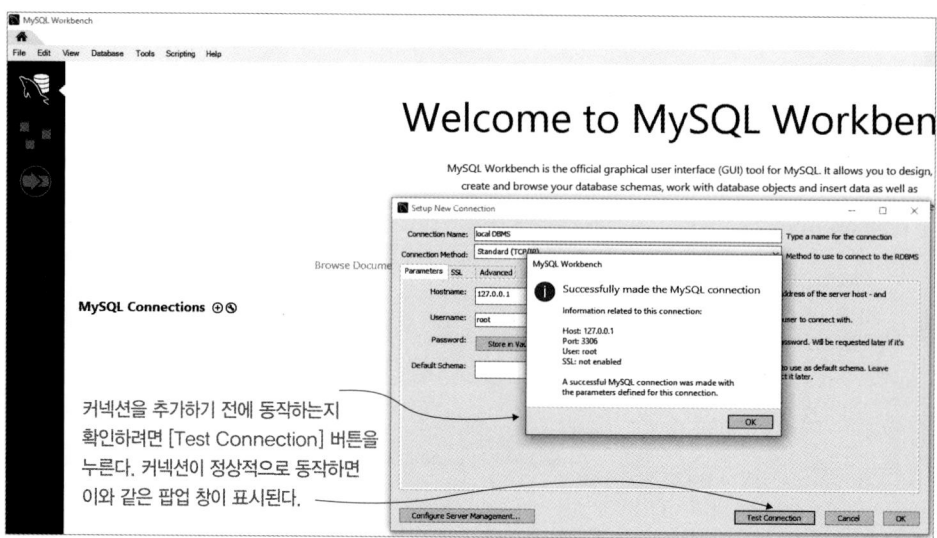

[OK] 버튼을 눌러 새 연결이 추가되면 다음 그림과 같이 MySQL 워크벤치 홈 화면에서 해당 커넥션 이름의 사각형을 볼 수 있다.

▼ 그림 A-21 이제 MySQL 워크벤치의 홈 화면에서 추가된 커넥션을 확인할 수 있다. 커넥션은 이름과 함께 회색 사각형으로 표시된다

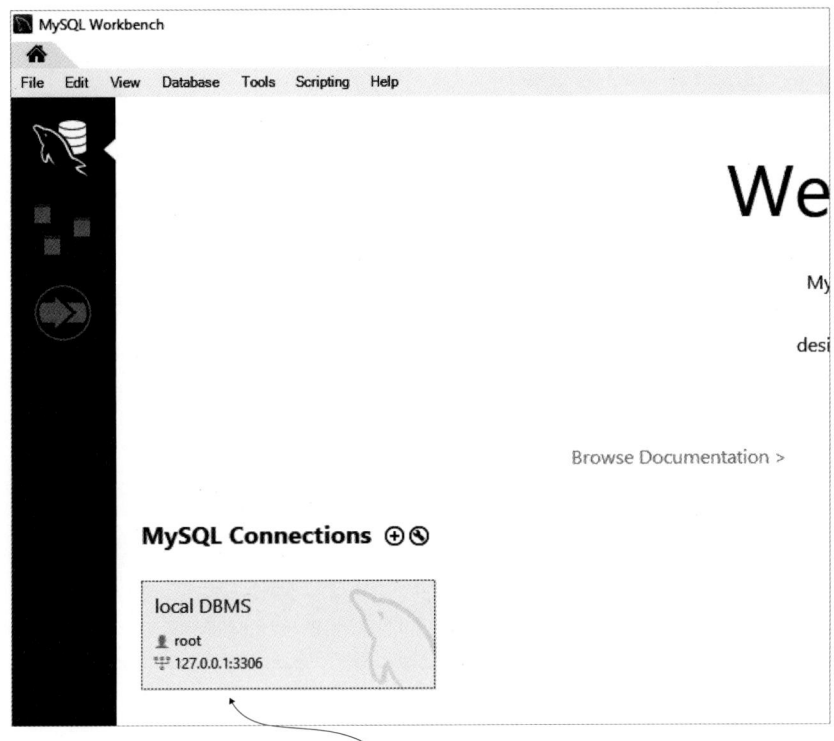

새 커넥션이 추가되었다면 MySQL 워크벤치의
홈 화면에서 표시된 사각형을 더블클릭한다.

A.5.4 4단계: 새 데이터베이스 생성하기

커넥션을 추가했으므로 이제 데이터베이스를 생성할 차례다. 12장부터 14장까지 구현한 예제에서는 데이터베이스를 사용하며, 데이터베이스를 사용하는 앱을 개발하기 전에 데이터베이스를 생성해야 한다.

MySQL 워크벤치 홈 화면에서 로컬 DBMS 연결을 나타내는 사각형을 더블클릭하면 그림 A-22와 같은 화면이 나온다. 도구 모음에서 작은 원통 아이콘을 클릭하여 새 데이터베이스를 생성한다.

▼ 그림 A-22 DBMS에 연결되면 작은 원통 아이콘을 클릭하여 새 데이터베이스를 생성할 수 있다

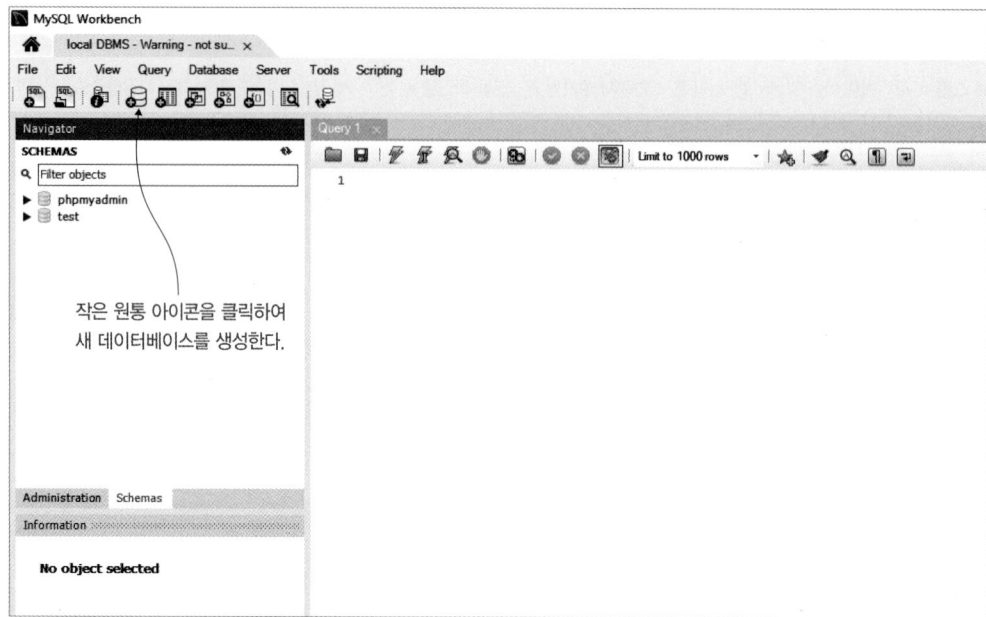

데이터베이스에 이름을 지정한 후 그림 A-23과 같이 [Apply] 버튼을 누른다.

▼ 그림 A-23 데이터베이스 이름(예 spring _quickly)을 입력하고 [Apply] 버튼을 누르면 새로운 데이터베이스가 생성된다

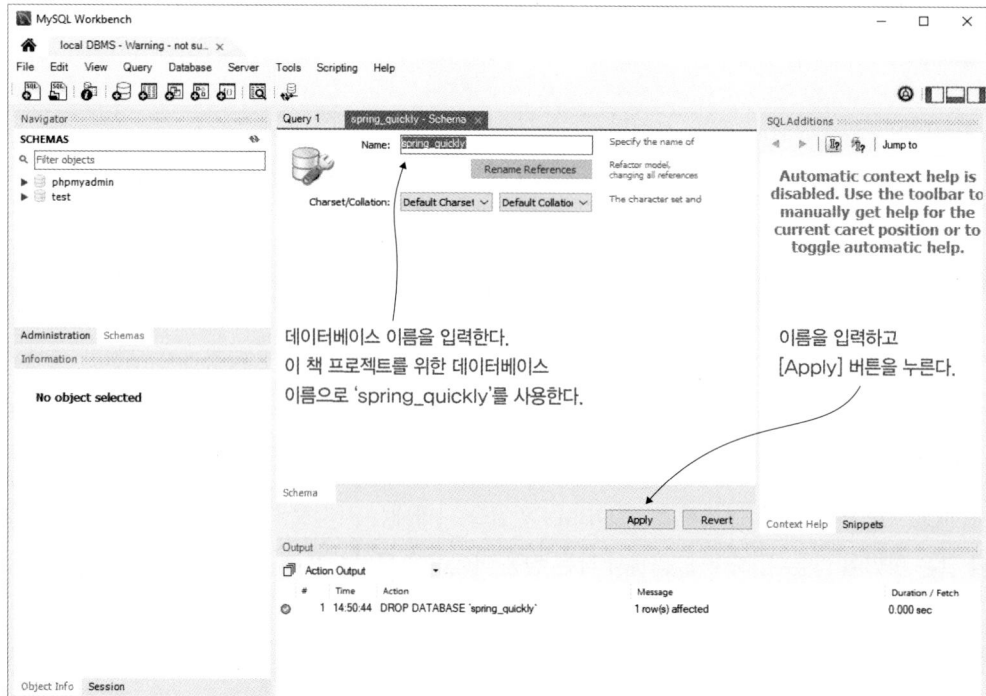

데이터베이스를 추가하기 전에 MySQL 워크벤치에서 재확인 메시지가 표시되면 [Apply] 버튼을 다시 누른다(그림 A-24).

▼ 그림 A-24 데이터베이스 생성을 재확인해야 한다. MySQL 워크벤치가 새 데이터베이스를 만들려고 DBMS에 전송하는 쿼리도 볼 수 있다. [Apply] 버튼을 눌러 쿼리를 실행하고 새 데이터베이스를 생성한다

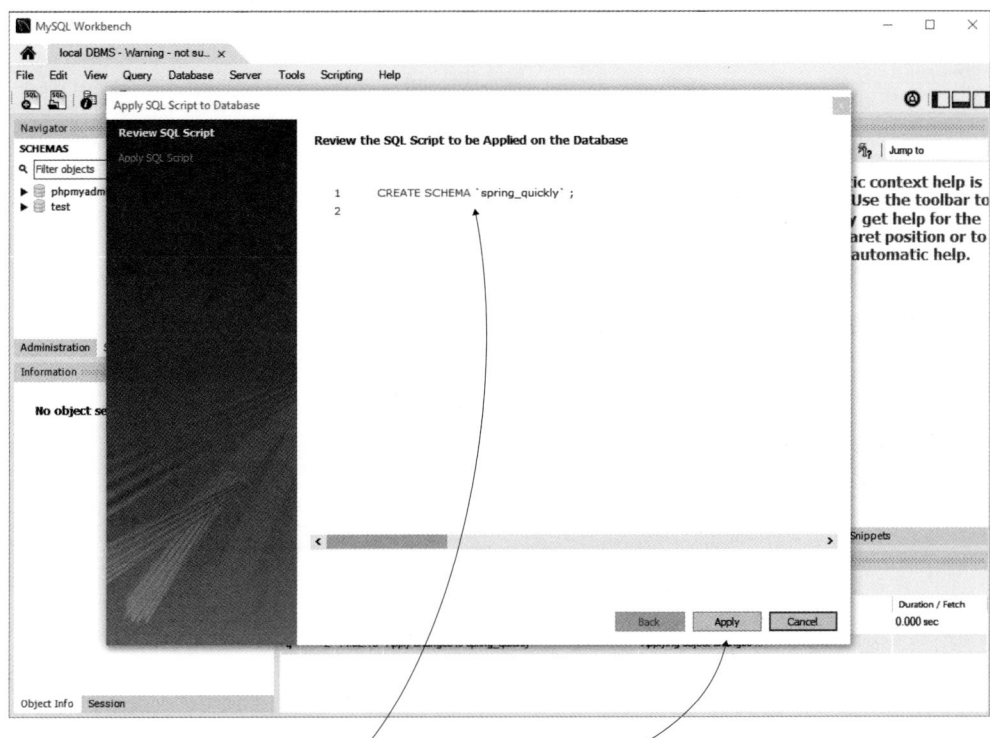

이 팝업 창에서 새 데이터베이스를 생성하려고
MySQL 워크벤치가 DBMS에 전송하는 SQL 쿼리를 보여 준다.
[Apply] 버튼을 누르면 SQL 쿼리가 전송되고 데이터베이스가 생성된다.

창 왼쪽에 새로운 데이터베이스가 보인다면 성공적으로 생성된 것이며, 스프링 앱에서도 데이터베이스를 사용할 수 있어야 한다(그림 A-25).

▼ 그림 A-25 새 데이터베이스가 창 왼쪽에 나타나는데 이는 새 데이터베이스가 성공적으로 생성되었음을 의미한다

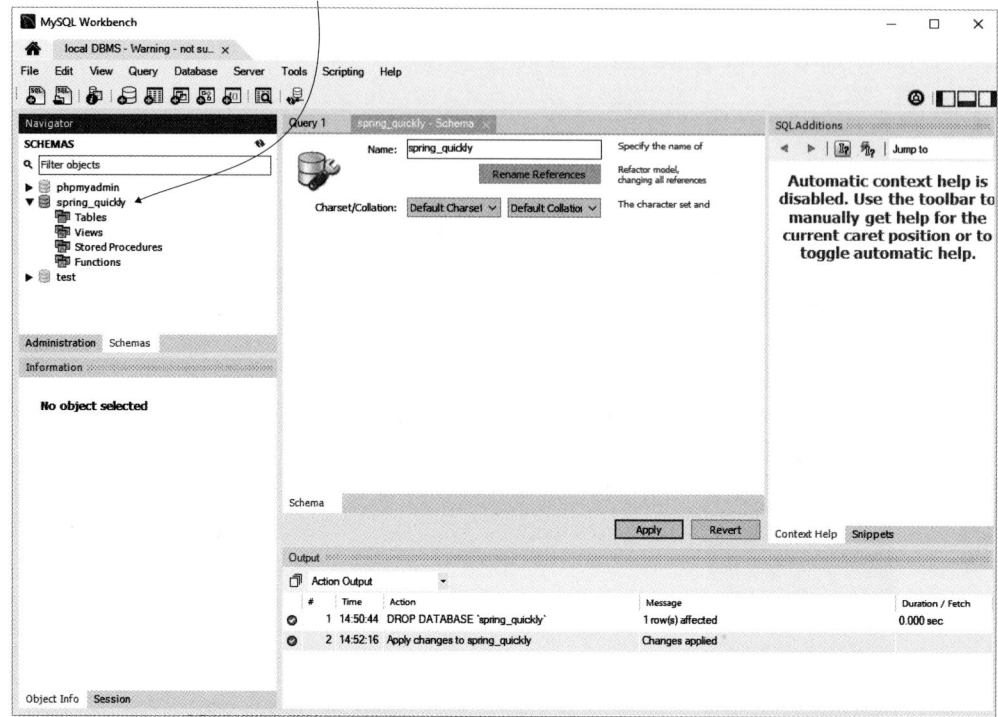

A.6 권장 도구

이 부록에서는 책 예제에 사용된 도구와 그 외 추천 가능한 대체 도구들을 나열한다.

IDE

- **JetBrains IntelliJ IDEA**: IntelliJ는 이 책 예제를 구현하는 데 사용한 IDE다. IntelliJ Community 에디션은 무료로 사용할 수 있으며, 예제 프로젝트를 직접 열거나 빌드할 수 있다. IntelliJ Ultimate를 사용하면 스프링 앱을 구현하는 데 도움이 되는 다양한 기능을 추가할 수 있다. Ultimate 버전은 라이선스가 필요하며, IntelliJ에 대한 더 자세한 정보는 공식 사이트 https://www.jetbrains.com/idea/에서 확인할 수 있다.

- **이클립스 IDE**(Eclipse IDE): 이클립스는 IntelliJ IDEA의 대안으로 사용할 수 있는 오픈 소스 IDE다. 스프링 앱 개발에 더 나은 경험을 위해 이클립스에 Spring Tools를 사용하는 것을 추천한다. 더 자세한 이클립스 정보와 내려받기는 https://www.eclipse.org/downloads/에서 할 수 있다.
- **Spring Tools**: Spring Tools는 이클립스 같은 오픈 소스 IDE와 통합하여 스프링 앱 구현을 용이하게 하는 도구 모음이다. 더 자세한 Spring Tools 정보는 공식 사이트 https://spring.io/tools에서 찾을 수 있다.

REST 도구

- **포스트맨**(Postman): 포스트맨은 REST 엔드포인트를 테스트하는 데 손쉽게 사용할 수 있는 도구다. 이 책 예제와 REST 엔드포인트를 노출하는 앱을 테스트하는 데 이 도구를 사용할 수 있지만, 포스트맨은 더 복잡하며 자동화 스크립트와 앱 문서화를 포함한 여러 기능을 갖고 있다. 포스트맨에 대한 더 많은 정보는 https://www.postman.com/에서 확인할 수 있다.
- **cURL**: cURL은 REST 엔드포인트 호출이 가능한 간단한 명령행 도구다. 책에서 제공된 REST 예제를 테스트하는 포스트맨을 대체하는 경량의 도구로 사용할 수 있다. cURL을 내려받고 설치하는 방법과 관련한 더 많은 세부 정보는 https://curl.se/download.html에서 찾을 수 있다.

MySQL

- **MySQL 서버**: MySQL 서버는 로컬 데이터베이스가 필요한 이 책 예제를 테스트하려고 로컬 시스템에 쉽게 설치할 수 있는 DBMS다. 자세한 MySQL 서버 정보는 https://dev.mysql.com/downloads/mysql/에서 확인할 수 있다.
- **MySQL 워크벤치**(Workbench): MySQL 워크벤치는 MySQL 서버용 클라이언트 도구로, 이 도구를 사용하여 MySQL 서버에서 관리하는 데이터베이스에 액세스해서 앱이 지속된 데이터로 올바르게 작동하는지 확인할 수 있다. 자세한 MySQL 워크벤치 정보는 https://www.mysql.com/products/workbench/에서 확인할 수 있다.
- **SQLYog**: MySQL 워크벤치의 대안으로 SQLYog가 있다. https://webyog.com/product/sqlyog/에서 이 도구를 내려받을 수 있다.

PostgreSQL

- **PostgreSQL**: PostgreSQL은 이 책 예제를 테스트하거나 데이터베이스가 필요한 앱을 구현하는 데 사용할 수 있는 MySQL DBMS의 대안이다. 자세한 PostgreSQL 정보는 https://www.postgresql.org/download/에서 확인할 수 있다.
- **pgAdmin**: pgAdmin은 PostgreSQL DBMS를 관리하는 데 사용할 수 있는 도구다. 데이터베이스가 필요한 예제를 실행하려고 MySQL 대신 PostgreSQL을 사용하기로 했다면 DBMS를 관리하는 데 pgAdmin도 필요하다. https://www.pgadmin.org/에서 자세한 pgAdmin 정보를 확인할 수 있다.

A.7 심화 학습용 추천 자료

이 부록에는 여러분이 이 책을 읽고 나서 학습을 이어 나갈 수 있도록 도와줄 훌륭한 책을 정리했다.

- 〈Spring in Action(6판)〉(Manning, 2022)
  스프링 학습을 이 책으로 계속하는 것을 추천한다. 이 책에서 배운 내용을 복습하고 스프링 생태계의 다양한 프로젝트를 배울 것이다. 이 책은 스프링 시큐리티, 비동기 통신, 프로젝트 리액터(Reactor), RSocket, 스프링 부트 액추에이터 사용을 훌륭하게 설명한다.

- 〈스프링 시큐리티 인 액션〉(위키북스, 2022)
  앱 보안은 기초를 마친 후 바로 배워야 할 가장 중요한 주제다. 이 책에서는 인증 및 권한 부여를 올바르게 구현하여 다양한 종류의 공격에서 앱을 보호하려고 스프링 시큐리티(Spring Security)를 사용하는 방법을 자세히 설명한다.

- 〈처음부터 제대로 배우는 스프링 부트〉(한빛미디어, 2023)
  스프링 부트는 스프링 생태계에서 가장 중요한 프로젝트 중 하나다. 오늘날 대부분의 팀은 스프링 앱을 쉽게 구현하려고 스프링 부트를 사용한다. 이 책에서 절반이 넘게 스프링 부트를 사용한 이유도 바로 여기에 있다. 기초를 마친 후에는 스프링 부트를 깊이 살펴보길 권장한다. 필자는 스프링을 배우는 개발자에게 이 책이 훌륭한 자료라고 생각한다.

- 〈Reactive Spring〉(자체 출판, 2020)

    필자가 진행하는 프로젝트에서 웹 앱을 구현할 때 리액티브 방식을 사용하면 큰 이점이 있다. 조시 롱은 이 책에서 이런 이점들을 설명하고 스프링 리액티브 앱을 제대로 구현하는 방법을 보여 준다. 〈Spring in Action〉을 읽고 나서 이 책의 일독을 권한다.

- 〈JUnit in Action〉(Manning, 2020)

    15장에서 논의했듯이, 애플리케이션을 테스트하는 것은 중요하다. 이 책에서는 스프링 앱 테스트의 기본을 설명한다. 하지만 이 주제는 매우 복잡해서 별도의 책이 필요하다. 커틀린은 이 책에서 자바 앱 테스트를 자세히 논의한다. 테스트 작성 지식을 높이려면 이 책을 읽어 보길 추천한다.

- 〈러닝 SQL(3판)〉(한빛미디어, 2021)

    12장부터 14장까지 스프링 앱의 영속성 계층 구현을 논의한다. 이 장에서 필자는 SQL 쿼리를 사용하는데, 이미 SQL 기본 사항을 알고 있다고 가정한다. SQL 복습이 필요하다면, 대부분의 앱에서 사용하는 필수 SQL 기술을 자세히 다룬 이 책을 읽어 보길 추천한다.

- 〈OCP Oracle Certified Professional Java SE 11 Developer Complete Study Guide〉(Sybex, 2020)

    스프링을 배우려면 대부분의 기본 사항을 적용해 보아야 한다. 하지만 때로는 가장 기본적인 문법과 기술조차 복습이 필요하다. OCP 시험 준비를 위한 진(Jeanne)과 스콧(Scott)이 쓴 책은 필자가 기본 문법을 기억하려고 제일 먼저 읽는 책이다. 필자는 OCP 자격증을 갱신할 때 항상 이 책의 최신판을 읽는다.

- 필자의 유튜브 채널 〈Spring Framework playlist〉

    비디오 튜토리얼과 라이브 이벤트를 좋아한다면 필자의 유튜브 채널(https://www.youtube.com/c/laurentiuspilca)에서 자바 주제 토론을 찾아볼 수 있다. 스프링에 대한 전체 플레이리스트는 http://mng.bz/yJQE에서 확인할 수 있다. 채널을 구독하면 새 비디오를 올리거나 새 라이브 이벤트를 예약할 때 알림을 받을 수 있다.

- 필자의 블로그(https://laurspilca.com/blog/)

    유튜브 채널 외에도 필자의 블로그에서 많은 글을 찾을 수 있다. 자바 주제를 다룬 다양한 글을 작성하는 블로그를 팔로우하길 추천한다.

A.8 IntelliJ에서 예제 프로젝트 오픈 및 실행

이 부록에서는 IntelliJ IDEA 사용이 아직 익숙하지 않은 사람들을 위해 예제 프로젝트를 내려받아 IntelliJ에서 빌드하고 실행하는 기초 방법을 설명한다. 이 책을 장별로 학습하면서 프로젝트를 추가하여 실행 결과를 확인할 수 있다.

A.8.1 1단계: IntelliJ 설치하기

IntelliJ(https://www.jetbrains.com/ko-kr/idea/download/)에서 Community 버전 또는 Ultimate 트라이얼 버전을 설치한다. 예제를 실행하는 데 어떤 버전이든 관계없다(그림 A-26).

▼ 그림 A-26 IntelliJ IDEA를 내려받는 웹 페이지

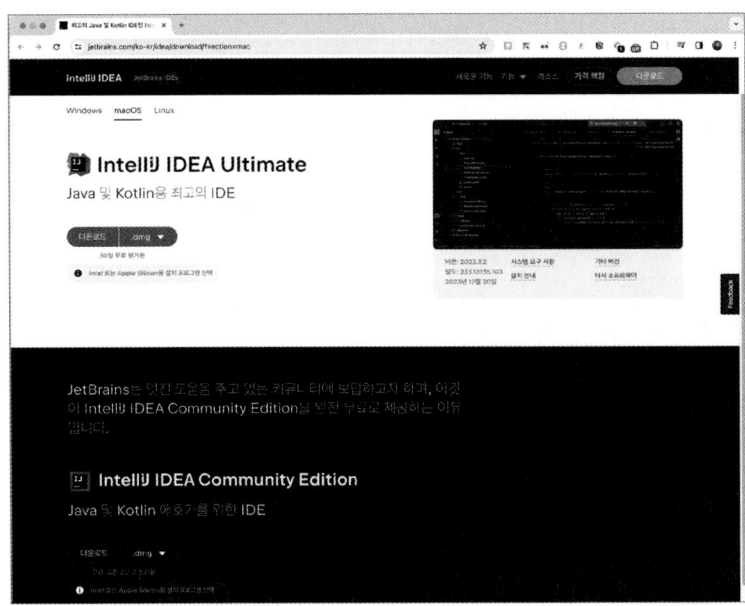

A.8.2 2단계: 예제 내려받기

출판사 웹 사이트(https://www.manning.com/books/spring-start-here)에서 왼쪽 **Source code** 링크를 클릭하여 내려받은 후 적절한 작업 폴더에 압축을 푼다.

A.8.3 3단계: 예제 프로젝트 오픈하기

IntelliJ를 실행하여 설정된 프로젝트가 없을 때 나타나는 웰컴 윈도(Welcome to IntelliJ IDEA)에서 **Open** 아이콘을 클릭하거나 **File** > **Open** 메뉴를 선택하여 내려받은 예제 프로젝트 중 pom.xml을 클릭한다. Open 방식은 **Open as Project**를 선택한다(그림 A-27~그림 A-29).

▼ 그림 A-27 IntelliJ의 웰컴 윈도

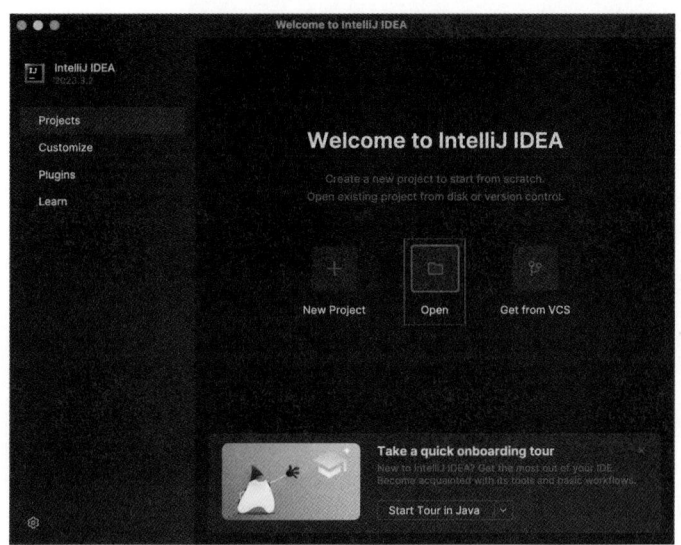

▼ 그림 A-28 오픈할 프로젝트 선택

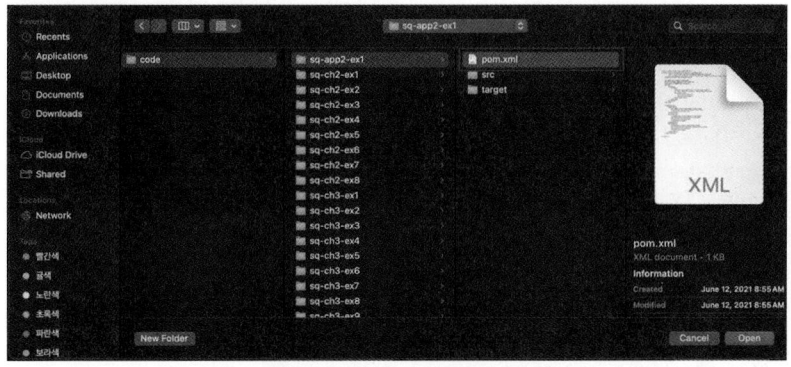

▼ 그림 A-29 프로젝트로 오픈

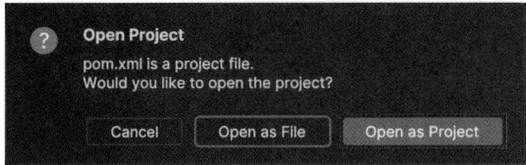

프로젝트 윈도에 다른 프로젝트를 계속 추가하려면 다음 그림과 같이 오른쪽 m(maven) 메뉴를 열어 (+) 버튼을 클릭하여 pom.xml을 추가한다. 다음 그림은 sq-ch2-ex1 프로젝트를 추가한 것을 보여 준다.

▼ 그림 A-30 작업 프로젝트 윈도에 다른 예제 프로젝트 추가

A.8.4 4단계: JDK 설치 또는 설정하기

JDK가 설치되지 않았거나 설정되지 않았다면 File > Project Structure > Project Settings > Project 메뉴의 SDK 항목에서 Download JDK를 선택하여 내려받거나 내려받은 JDK를 설정한다. 한글판에서는 JDK 17을 사용했다(그림 A-31).

▼ 그림 A-31 JDK 내려받기 및 선택

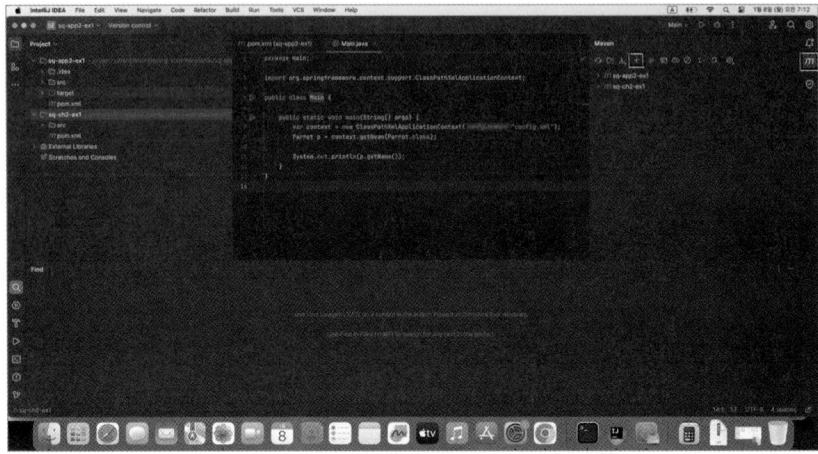

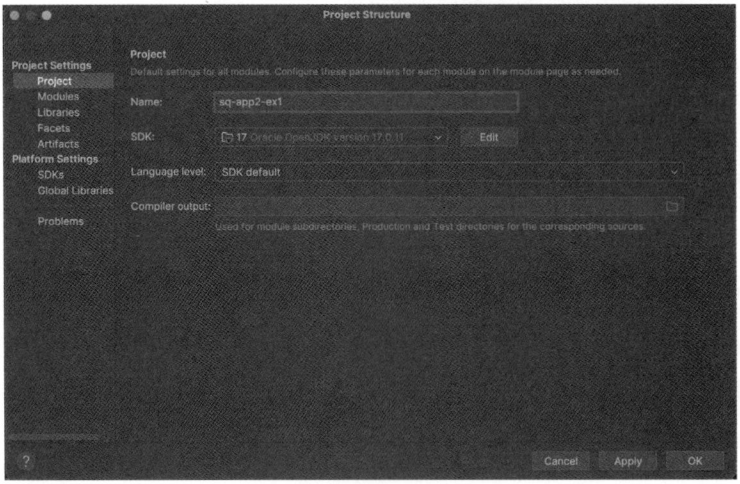

A.8.5 5단계: 실행하기

프로젝트의 src > main > java > main > Main.java 파일에 있는 Main 클래스에서 마우스 오른쪽 버튼을 눌러 Run 'Main.main()' 또는 Debug 'Main.main()'을 선택하여 실행한다. 정상적으로 수행되면 아래 콘솔 출력 창에서 실행 결과(Kiki가 출력)를 확인할 수 있다(그림 A-32).

▼ 그림 A-32 프로젝트 실행 및 결과 확인

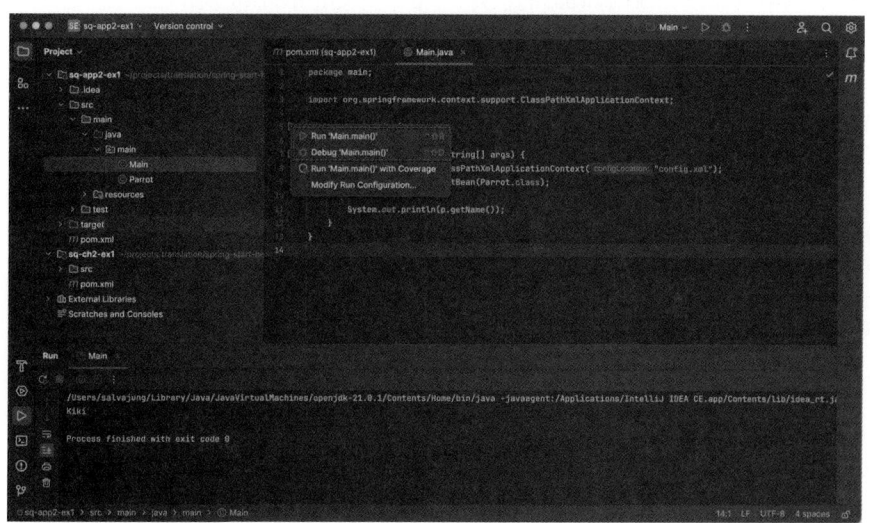

찾아보기

A~B

advice 166
AnnotationConfigApplicationContext 058
AOP 032, 164
application scope 254, 275
aspecting the method 032
Aspect-Oriented Programming 032, 164
aspects 164
assumptions 403
atomicity 355
autoconfiguration 218
auto-wiring 080
basePackages 070, 124
bean 048
BeanDefinition.SCOPE_PROTOTYPE 152

C

call/execution 403
checked exception 358
ClassPathXmlApplicationContext 434
commit 355
configuration 031, 068
connection 331
context 048
Continuous Integration 397
convention-over-configuration 034
CrudRepository 378
cURL 287, 455

D

DAO 115
Data Access 032
data source 331
Data Transfer Object 291
DELETE 242
Dependency Injection 080
DI 080, 090
dispatcher servlet 222
DriverManager 333
DTO 291

E~H

eager instantiation 148
exception flow 412
front controller 222
GET 242
H2 의존성 338
handler mapping 222
Hibernate 032, 043, 375
horizontal scaling 424
HTTP 435
HTTP 메서드 241
HTTP 세션 443
HTTP 요청 매개변수 234
HTTP 요청 본문 235
HTTP 요청 헤더 235

I

IDE 049, 454
integration tests 396
IntelliJ IDEA 049
interface 118
interface segregation 379
Inversion of Control 031
IoC 031, 090-091

J

Jakarta Persistence API 381
Java DataBase Connectivity 332
JDBC 332
JDBC 드라이버 350
JdbcTemplate 043, 330
Jenkins 397
JetBrains IntelliJ IDEA 454
joint point 166
JPA 381
JpaRepository 381
JSON 445
JUnit 406

L~M

lazy instantiation 148
Log4j 170
Logback 170
marker interface 378
maven 216

mock() 메서드 406
MockitoExtension 410
MockitoExtension.class 411
mocks 419
Model 타입 232
MongoDB 377
Mono 326
monolith 422
monolithic 422
MVC 030, 033
MySQL 344, 447
MySQL 서버 455
MySQL 워크벤치 448, 455

O

Object-Relational Mapping 032
OpenFeign 308
OPTIONS 439
ORM 032

P

PagingAndSortingRepository 378
PATCH 242, 439
path variable 235
persistence 034, 334
pgAdmin 456
pointcut 166
POST 242
PostConstruct 072
PostgreSQL 456
Postman 287, 455
prototype 138, 151
Prototype 254
proxy 115, 167
PUT 242

Q~R

query parameter 235
reactive approach 320
registerBean 073
registerBean() 074
regression testing 396
Repository 378
REpresentational State Transfer 282
request body 235, 437

request header 235, 437
request method 436
request parameter 234, 437
request scope 254
request URI 436
response body 440
ResponseEntity 클래스 294
response header 440
response headers 290
response status 440
REST 282
REST 엔드포인트 285
RestTemplate 309
ResultSet 342
RetentionPolicy.RUNTIME 185–186
rollback 355
RowMapper 342, 362

S

schema.sql 346
scope 138
serverless 432
server-less function 041
service 115
session 443
session scope 254
singleton 138
Singleton 254
SOA 426
Spring Batch 033
Spring Boot 034
Spring Cloud 033
Spring Core 030
Spring Data 034, 377
Spring Data Access 030
spring.datasource 346
Spring Security 033, 256
Spring Tools 455
SQLYog 455
stereotype 055

T

TeamCity 397
the response body 290
the response status 290
thread-safe 244
Thymeleaf 231

transaction 355
transactionality 164

U~X

unit tests 396
validations 403
view 222
View Resolver 223
weaving 167
WebClient 309
web scope 254
wiring 080
Workbench 455
XML 433

ㄱ

가정 403
객체 관계형 매핑 032
경로 변수 235
경쟁 상태 146
구성 031
구성보다 관례 034, 218
구성 클래스 060, 068
그레이들 049

ㄷ~ㄹ

다이렉트 와이어링 086
단위 테스트 396
데이터 소스 331
데이터 액세스 030, 032
데이터 액세스 객체 115
데이터 전송 객체 291
디스패처 서블릿 222
롤백 355
리액티브 방식 320
리포지터리 115

ㅁ~ㅂ

마이크로서비스 431
마커 인터페이스 378
메이븐 049
모놀리스 422
모놀리식 422
모델-뷰-컨트롤러 030
모의 416
모의 객체 419
뷰 222
뷰 리졸버 223

비즈니스 로직 028
빈 048

ㅅ

사용 사례 028
서비스 함수 041, 432
서블릿 컨테이너 206
서비스 115
서비스 지향 아키텍처 425–426
세션 스코프 254
셀레늄 038
수평 확장 424
순환 의존성 097
스레드 세이프 244
스코프 138
스테레오타입 애너테이션 055, 071
스프링 관점 지향 프로그래밍 032
스프링 데이터 034, 377
스프링 배치 033
스프링 부트 034
스프링 시큐리티 033, 256
스프링 컨텍스트 048, 055, 080
스프링 코어 030
스프링 클라우드 033
스프링 프레임워크 026
스프링 Initializr 211
스프링 MVC 225
싱글톤 138, 161, 254
싱글톤 스코프 140

ㅇ

아파치 메이븐 049
애스펙트 164
애스펙트(관점) 지향 프로그래밍 164
애스펙팅 032
애플리케이션 스코프 254, 275
애플리케이션 컨텍스트 048
애플리케이션 프레임워크 026
애플리케이션 프로퍼티 216
어드바이스 166
영속성 334
영속성 계층 034
예외 플로 412
오토와이어링 080, 126
와이어링 080
외부 의존성 053
요청 매개변수 437

요청 메서드 436
요청 본문 437
요청 스코프 254, 257
요청 헤더 437
요청 URI 436
원자성 355
웹 스코프 254
위빙 167
유효성 검사 403
응답 본문 290, 440
응답 상태 290, 440
응답 헤더 290, 440
의존성 스타터 216, 224
의존성 주입 080, 090
이클립스 IDE 455
인터페이스 111, 118
인터페이스 분리 379

ㅈ

자격 증명 270
자바 로깅 API 170
제어 역전 031
젠킨스 397
조인트 포인트 166
즉시 인스턴스 생성 148
지속적 통합 397
지연 인스턴스 생성 148

ㅊ~ㅋ

체크 예외 358
추상화 110
커넥션 331
커밋 355
컨테이너 041
컨텍스트 048
코틀린 026
쿼리 매개변수 235
클라이언트 측 201

ㅌ

타임리프 231
통합 개발 환경 049
통합 테스트 396, 416
트랜잭션 355
트랜잭션성 164
팀시티 397

ㅍ~ㅎ

포스트맨 287, 455
포인트컷 166
프런트 컨트롤러 222
프레임워크 027, 030
프로토타입 138, 151, 161, 254
프로토타입 스코프 138, 162
프록시 115
프록시 객체 167
하이버네이트 032, 043, 375
핸들러 매핑 222
호출/실행 403
회귀 테스트 396

기호

@After 188
@AfterReturning 188
@AfterThrowing 188
@Around 애너테이션 175
@Autowired 092
@Bean 055, 058-059
@Bean 애너테이션 071
@Before 188
@Component 069, 089, 133
@ComponentScan 069-070
@Configuration 059-060
@Controller 220
@Controller 스테레오타입 애너테이션 225
@DisplayName 애너테이션 406
@EnableAspectJAutoProxy 173
@EnableAspectJAutoProxy 애너테이션 173
@EnableFeignClients 애너테이션 315
@ExtendWith 410
@ExtendWith 애너테이션 411
@FeignClient 애너테이션 314
@GetMapping 273
@GetMapping 애너테이션 285
@InjectMocks 410
@InjectMocks 애너테이션 411
@Lazy 애너테이션 149
@Mock 410
@Mock 애너테이션 411
@MockBean 애너테이션 417
@Modifying 애너테이션 388
@PostConstruct 애너테이션 072
@PostMapping 274
@Primary 애너테이션 127
@Qualifier 100, 102, 130
@Qualifier 애너테이션 127
@Query 애너테이션 388
@Repository 133
@RequestMapping 220
@RequestMapping 애너테이션 225
@RequestParam 애너테이션 236
@ResponseBody 애너테이션 286
@RestController 애너테이션 286
@RestControllerAdvice 애너테이션 301
@Retention 185-186
@Scope 152
@Service 133
@SpringBootApplication 214
@Target 186
@ToLog 192
@Transactional 357
@Value 애너테이션 348

번호

200 OK 294, 442
201 Created 442
202 Accepted 295
204 No Content 442
400 Bad Request 294, 442
401 Unauthorized 442
403 Forbidden 442
404 Not Found 294, 442
500 Error on server 294